Prozeßorientierte Kostenrechnung in Bundesverwaltungen

Europäische Hochschulschriften
Publications Universitaires Européennes
European University Studies

**Reihe V**
**Volks- und Betriebswirtschaft**

Série V Series V
Sciences économiques, gestion d'entreprise
Economics and Management

**Bd./Vol. 2977**

PETER LANG
Frankfurt am Main · Berlin · Bern · Bruxelles · New York · Oxford · Wien

Ludwig Bauer

# Prozeßorientierte Kostenrechnung in Bundesverwaltungen

PETER LANG
Europäischer Verlag der Wissenschaften

**Bibliografische Information Der Deutschen Bibliothek**
Die Deutsche Bibliothek verzeichnet diese Publikation in der Deutschen Nationalbibliografie; detaillierte bibliografische Daten sind im Internet über <http://dnb.ddb.de> abrufbar.

Zugl.: Erlangen, Nürnberg, Univ., Diss., 2002

D 29 (n2)
ISSN 0531-7339
ISBN 3-631-50476-4



www.peterlang.de

## Vorwort

Die vorliegende Arbeit entstand im Rahmen meiner Forschungsaktivitäten zur Kosten- und Leistungsrechnung öffentlicher Verwaltungen am Lehrstuhl für Betriebswirtschaftslehre, insbesondere Rechnungswesen und öffentliche Betriebe der Friedrich-Alexander-Universität Erlangen-Nürnberg und wurde im April 2002 von der Wirtschafts- und Sozialwissenschaftlichen Fakultät als Dissertation angenommen. An dieser Stelle möchte ich allen Personen recht herzlich danken, die durch ihre Unterstützung zum Gelingen der Arbeit beigetragen haben.

Mein besonderer Dank gilt meinem akademischen Lehrer, Herrn Prof. Dr. Wolfgang Männel, der mich in jeder Phase der Promotion in fachlicher und menschlicher Hinsicht unterstützt hat. Er bot mir die Gelegenheit zur Promotion und bereicherte diese Arbeit durch sein Interesse, seine ständige Bereitschaft zum wissenschaftlichen Dialog sowie seine wertvollen Anregungen. Herrn Prof. Dr. Volker H. Peemöller danke ich für die Übernahme des Korreferates, insbesondere für die termingerechte Verfassung des Zweitgutachtens, trotz des erheblichen Zeitdrucks.

Für die harmonische Zusammenarbeit und die konstruktiven Diskussionen bedanke ich mich bei meinen langjährigen Kollegen und Freunden Dipl.-Kfm. Harald Christ, Dipl.-Kfm. Roland Dietrich, Dipl.-Kffr. Andrea Kämmler, Dipl.-Kfm. Jörg Mailer, Dipl.-Kfm. Kai Nobach, PD Dr. Jochen R. Pampel, Dr. Frank Reiners, Dr. Klaus Rösgen, Dr. Alexander Sasse und Frau Elfriede Wagner. Dipl.-Kfm. Andreas Engel und Dr. Bernd Zirkler danke ich zusätzlich für die äußerst sorgfältige Durchsicht des Manuskriptes.

Von ganzem Herzen möchte ich meinen Eltern danken, die mich während meiner gesamten Ausbildungszeit jederzeit rückhaltlos unterstützt und gefördert haben.

Ludwig Manfred Bauer

# Inhaltsverzeichnis

# Abbildungsverzeichnis

# Abkürzungsverzeichnis

| | |
|---|---|
| A | Administration |
| A | Aktivität |
| Abs. | Absatz |
| Abt. | Abteilung |
| AD | Auswärtiger Dienst |
| ADL | Arthur D. Little |
| AfA | Absetzung für Abnutzung |
| AK | Anschaffungskosten |
| AU | Abteilungsumlage |
| Aufl. | Auflage |
| BAFl | Bundesamt für die Anerkennung ausländischer Flüchtlinge |
| BGB | Bürgerliches Gesetzbuch |
| BHO | Bundeshaushaltsordnung |
| BMF | Bundesministerium der Finanzen |
| BMI | Bundesministerium des Innern |
| BPA | Presse- und Informationsamt der Bundesregierung |
| BW | Baden-Württemberg |
| BY | Bayern |
| d. h. | das heißt |
| DLR | Deutsches Zentrum für Luft- und Raumfahrt e. V. |
| DPMA | Deutsches Patent- und Markenamt |
| DV | Datenverarbeitung |
| DWD | Deutscher Wetterdienst |

| | |
|---|---|
| EIG ECOMET | Zusammenarbeit der europäischen Wetterdienste auf dem kommerziellen Sektor |
| EK | Einzelkosten |
| ESA | Europäische Weltraumagentur für Technologieprogramme |
| EUMETNET | Zusammenarbeit der europäischen Wetterdienste auf dem nicht kommerziellen Sektor |
| EUMETSAT | Europäische Organisation zur Nutzung meteorologischer Satelliten |
| EZMW | Europäisches Zentrum für mittelfristige Wettervorhersage |
| f. | folgende |
| ff. | fortfolgende |
| FKZ | Fahrtkostenzuschüsse |
| GemHVO | Gemeindehaushaltsverordnung |
| GG | Grundgesetz |
| GK | Gemeinkosten |
| GO | Gemeindeordnung |
| H | Haupt |
| h | Stunde |
| HGrG | Haushaltsgrundsätzegesetz |
| HK | Herstellkosten bzw. Herstellungskosten |
| HKR | Haushalts-, Kassen- und Rechnungswesen |
| HP | Hauptprozeß |
| Hrsg. | Herausgeber |
| hrsg. | herausgegeben |
| IKO-Netz | Der Interkommunale Vergleich |
| inkl. | inklusive |

| | |
|---|---|
| IT | Informationstechnologie |
| Jg. | Jahrgang |
| KAG | Kommunalabgabengesetz |
| KB | Kostenblock |
| KBA | Kraftfahrt-Bundesamt |
| KGSt | Kommunale Gemeinschaftsstelle für Verwaltungsvereinfachung |
| KLR | Kosten- und Leistungsrechnung |
| KT | Kostentreiber |
| LHO | Landeshaushaltsordnung |
| LM | Leitung und Management |
| LME | Leistungsmengeneinheit |
| lmi | leistungsmengeninduziert |
| lmn | leistungsmengenneutral |
| Nr. | Nummer |
| NW | Nordrhein-Westfalen |
| o. Jg. | ohne Jahrgang |
| o.V. | ohne Verfasser |
| P | Prozeß |
| RegTP | Regulierungsbehörde für Telekommunikation und Post |
| S. | Seite |
| S | Service |
| Sp. | Spalte |
| TG | Trennungsgeld |
| UK | Umzugskosten |

| | |
|---|---|
| usw. | und so weiter |
| VD | Verdichtung |
| vgl. | vergleiche |
| VOP | Verwaltung – Organisation – Personal |
| VR | Verrechnung |
| VV | Verwaltungsvorschriften |
| z. B. | zum Beispiel |

# 1. Kapitel: Einführung

## I. Problemstellung und Zielsetzung der Arbeit

Hohe Verschuldung, Bürokratie und Rechtmäßigkeitsstreben beim Verwaltungshandeln prägen den öffentlichen Sektor in negativer Hinsicht. In der Vergangenheit wurden dem Staat immer mehr Aufgaben übertragen, für deren Erfüllung enorme Kreditaufnahmen erforderlich waren. Inzwischen liegt die Staatsquote bei 50 %, welche die immense Bedeutung der öffentlichen Wirtschaft für die Gesamtwirtschaft widerspiegelt. Der hohe Anteil der öffentlichen Ausgaben an den Gesamtausgaben der Volkswirtschaft, von denen ein beträchtlicher Part auf die Entrichtung von Zinsen für das aufgenommene Fremdkapital entfällt, belegt die Notwendigkeit des rationellen Umgangs mit den finanziellen Mitteln öffentlicher Haushalte.[1] Da die finanziellen Spielräume des Staates immer geringer werden, gleichzeitig aber die Öffentlichkeit zunehmend verbesserte öffentliche Dienstleistungen fordert, ist eine grundlegende strukturelle Verwaltungsreform derart notwendig, die auf eine Steigerung der Verwaltungseffizienz abzielt.[2] Insbesondere bedarf es der Erneuerung der Steuerungsinstrumente, wodurch öffentliche Institutionen in die Lage versetzt werden sollen, die Erstellung öffentlicher Sach- und Dienstleistungen nach betriebswirtschaftlichen Kriterien zu steuern.[3]

Die Verwaltungskameralistik ist eine rein finanzwirtschaftliche Rechnung und beschränkt sich auf die Erfassung sowie entsprechende Abbildung von Einnahmen und Ausgaben. Sie informiert über die Zuteilung der Haushaltsmittel an die jeweiligen Haushaltsstellen. Deshalb gilt die Verwaltungskameralistik als inputorientiertes Rechnungssystem, das die Leistungsseite außen vor läßt.[4] Gerade aber Informationen über die Leistungsspähre einer öffentlichen Institution haben elementare Bedeutung für ein sinnvolles und effizientes Verwaltungshandeln.[5] Denn die zentrale Aufgabe öffentlicher Verwaltungen besteht in der Erbringung von Leistungen für die Bürger. Dabei sollte die Bereitstellung der Verwaltungsleistungen möglichst bürgernah und mit einem angemessenen Ressourceneinsatz erfolgen.[6] Um ein wirtschaftliches Verwaltungshandeln zu ermöglichen, hat die Verwaltungsrechnung die Beziehungen zwischen Mitteleinsatz und erbrachten Verwaltungsleistungen (Ergebnisse des Verwaltungshandelns) entsprechend aufzuzeigen. Neben der Finanzsphäre bedarf es deshalb ebenfalls der Abbildung der Leistungssphäre. Hierfür ist die zahlungsorientierte Kameralrechnung um eine Kosten- und Leistungsrechnung zu ergänzen.[7]

---

1 Vgl. Lang, Eva: Modernisierung der öffentlichen Verwaltung...(1996), S. 14 – 17; Lachnit, Laurenz: Kosten- und Leistungsrechnung...(1999), S. 44; Gruber, Klaus: Kosten-Leistungsrechnung...(1998), S. 15 – 17; Knöll, Heinz-Dieter: Verwaltungsökonomie...(1997), S. 17.

2 Vgl. Knöll, Heinz-Dieter: Verwaltungsökonomie...(1997), S. 17; Haiber, Thomas: Controlling...(1997), S. 1; Gruber, Klaus: Kosten-Leistungsrechnung...(1998), S. 15.

3 Vgl. Furch, Kristian: Kosten- und Leistungsrechnung...(1995), S. 19; Fischer, Thomas M.: Prozeßkostencontrolling...(1999), S. 115.

4 Vgl. Gruber, Klaus: Kosten-Leistungsrechnung...(1998), S. 118 – 119; Zimmermann, Gebhard: Leistungsfähigkeit...(1993), S. 167.

5 Vgl. Zimmermann, Gebhard – Grundmann Ralf: Prozeßkostenrechnung...(1996), S. 106.

6 Vgl. Schwarze, Jochen - Koß, Torsten: Prozeßorientierte Kosten- und Leistungsrechnung...(1996), S. 13.

7 Vgl. Zimmermann, Gebhard: Leistungsfähigkeit...(1993), S. 167; Schwarze, Jochen - Koß, Torsten: Prozeßorientierte Kosten- und Leistungsrechnung...(1996), S. 5.

Die Kosten- und Leistungsrechnung dient der Erfassung, Abbildung und Auswertung jenes Werteverzehrs, der für die Erstellung bestimmter Leistungen erforderlich ist. Dieses betriebswirtschaftliche Instrument stellt also den Leistungsbezug der für die beschafften Ressourcen verausgabten finanziellen Mittel her. Mit der Aufdeckung und kostenrechnerischen Durchdringung der in öffentlichen Verwaltungen ablaufenden administrativen Prozesse soll das Betriebsgeschehen mengen- und wertmäßig transparent werden.[8] Als modernes Steuerungsinstrument erlaubt die Kosten- und Leistungsrechnung eine outputorientierte respektive leistungsorientierte Steuerung des Verwaltungshandelns. In Divergenz dazu ist mit der Kameralistik nur eine inputorientierte Verwaltungssteuerung möglich, welche auf die Zuteilung oder Vorenthaltung von Ressourcen abstellt, ohne das Leistungsspektrum im Auge zu haben.[9] Effiziente Verwaltungsprozesse lassen sich hierdurch kaum realisieren, weshalb die Verwaltungskameralistik kein geeigentes Steuerungsinstrument zur betriebswirtschaftlichen Führung von Verwaltungsbetrieben darstellt.[10]

Durch den Einsatz der Kosten- und Leistungsrechnung können öffentliche Verwaltungen jene Informationen generieren, die für eine wirtschaftliche Verwaltungsführung unabdingbar sind.[11] Die haushaltsrechtlichen Vorschriften verpflichten die öffentlichen Institutionen zu einem sparsamen und wirtschaftlichen Verwaltungshandeln. Das Gebot der Beachtung der Wirtschaftlichkeit hat sogar Verfassungsrang und ist in Art. 114 Abs. 2 GG geregelt. Daneben fordert § 6 Abs. 1 HGrG die Verfolgung der Wirtschaftlichkeit und Sparsamkeit beim Haushaltsvollzug in öffentlichen Verwaltungen. Speziell für Bundesverwaltungen regelt § 7 Abs.1 BHO die Verpflichtung zu einem effizienten Verwaltungshandeln.

Die enorme Bedeutung der Kosten- und Leistungsrechnung für eine wirtschaftliche Verwaltungssteuerung belegt die Abänderung von Haushaltsgrundsätzegesetz und Bundeshaushaltsordnung, mit der diese beiden Haushaltsvorschriften die Einführung einer Kosten- und Leistungsrechnung fordern. § 6 Abs. 3 HGrG enthält folgenden Wortlaut: „In geeigneten Bereichen soll eine Kosten- und Leistungsrechnung eingeführt werden." Damit handelt es sich hier um eine Soll-Vorschrift.[12] Einen Schritt weiter geht hingegen die Bundeshaushaltsordnung. Diesbezüglich findet sich in § 7 Abs. 3 BHO folgende Forderung vor: „In geeigneten Bereichen ist eine Kosten- und Leistungsrechnung einzuführen." Man sieht, daß die Bestimmung der Bundeshaushaltsordnung enger ausgelegt ist, als die des Haushaltsgrundsätzegesetzes. Hierdurch wird die Forderung nach einer Kosten- und Leistungsrechnung in Bundesverwaltungen bekräftigt.

Neben der zunehmend angespannten Haushaltssituation und den haushaltsrechtlichen Vorschriften sprechen auch noch andere Gründe für die Einführung einer Kosten- und Leistungsrechnung in öffentlichen Verwaltungen. Mit dem Wandel von der

8 Vgl. Fischer, Thomas M.: Prozeßkostencontrolling...(1999), S. 115.
9 Vgl. Schwarze, Jochen - Koß, Torsten: Prozeßorientierte Kosten- und Leistungsrechnung...(1996), S. 13; Gruber, Klaus: Kosten-Leistungsrechnung...(1998), S. 118 – 119.
10 Vgl. Lüder, Klaus: Haushalts- und Rechnungswesen...(1999), S. 344; Gruber, Klaus: Kosten-Leistungsrechnung...(1998), S. 41; Mahnkopf, Rudolf: Budgetierung...(1996), S. 130.
11 Vgl. Schwarze, Jochen - Koß, Torsten: Prozeßorientierte Kosten- und Leistungsrechnung...(1996), S. 5.
12 Siehe hierzu Seeger, Tilman – Walter, Matthias: Kosten- und Leistungsrechnung...(1999), S. 9.

Eingriffsverwaltung zur Dienstleistungsverwaltung treten Aspekte der Rechtmäßigkeit des Verwaltungshandelns in den Hintergrund. Statt dessen kann betriebswirtschaftlichen Aspekten mehr Gehör geschenkt werden, wobei sich das von öffentlichen Institutionen angebotene Leistungsspektrum verstärkt an den Bedürfnissen der Bürger zu orientieren hat.[13] Natürlich steigen die Ansprüche der Bürger an die Leistungen des Staates stetig, wodurch eine Leistungssteigerung desselben erforderlich wird, zu dessen Realisierung die Kosten- und Leistungsrechnung einen positiven Beitrag zu leisten vermag.[14] Aufgrund der immer weiter fortschreitenden Entwicklungen im IT-Bereich läßt sich eine Kosten- und Leistungsrechnung mit einigermaßen begrenztem Aufwand durchführen, weshalb Nutzen-Kosten-Überlegungen zugunsten der Implementierung der Kosten- und Leistungsrechnung in öffentlichen Institutionen sprechen.

Die Notwendigkeit einer Kosten- und Leistungsrechnung für öffentliche Verwaltungen ist unbestreitbar, was insbesondere auch für Bundesverwaltungen gilt. Bei den Bundesbehörden ließen sich nach einer Einschätzung der Beratungsgesellschaft Arthur D. Little innerhalb von vier Jahren 40 Milliarden DM einsparen, wenn man sich für die Verwaltungssteuerung einer aussagefähigen Kosten- und Leistungsrechnung bedienen würde.[15] Deshalb hat die Bundesregierung in ihrem Programm zur Verwaltungsmodernisierung festgelegt, die Kosten- und Leistungsrechnung für die Schaffung einer leistungsstarken, kostengünstigen und transparenten Verwaltung im Bereich des Bundes zu nutzen.[16] Mittels Beschluß vom 7. Februar 1996 wurde das Bundesministerium der Finanzen vom Bundeskabinett beauftragt, konzeptionelle Grundlagen für eine einheitliche Kosten- und Leistungsrechnung in Bundesverwaltungen zu entwickeln. Daraufhin fertigte das Bundesministerium der Finanzen in Zusammenarbeit mit dem Beratungsunternehmen Arthur D. Little ein Konzept einer standardisierten Kosten- und Leistungsrechnung (Standard-KLR) an,[17] das als verbindliche Rahmenvorgabe für die in den Bundesverwaltungen jeweils beabsichtigten oder bereits realisierten behördenindividuellen Kostenrechnungskonzepte dient.[18] Hierdurch will man primär eine outputorientierte Leistungserfassung ermöglichen und die für die Erstellung der Leistungen notwendigen Ressourcen eruieren.[19] Gleichzeitig wird mit dem geschaffenen Konzept das Ziel eines bundesweit einheitlichen Benchmarkings verfolgt.[20]

Vor dem Hintergrund des für sämtliche Bundesverwaltungen geschaffenen einheitlichen Basiskonzepts der Kosten- und Leistungsrechnung besteht ein Ziel der vorliegenden Arbeit in der Darlegung der Grundzüge des Konzepts der Standard-KLR des Bundes. Hierbei gilt es entsprechend zu beleuchten, inwieweit die Standard-KLR den Ansprüchen einer aussagefähigen, der Struktur öffentlicher Verwaltungen adäquaten, Kosten- und Leistungsrechnung gerecht wird. Diesbezüglich interessieren vor

[13] Vgl. Seeger, Tilman – Walter, Matthias: Kosten- und Leistungsrechnung...(1999), S. 12 – 13.
[14] Vgl. Bundesministerium des Innern (Hrsg.): Moderner Staat...(1999), S. 16.
[15] Siehe hierzu Seeger, Tilman – Walter, Matthias: Kosten- und Leistungsrechnung...(1999), S. 5.
[16] Siehe Bundesministerium des Innern (Hrsg.): Moderner Staat...(1999), S. 16.
[17] Siehe Liebe, Rüdiger: Kosten- und Leistungsrechnung...(1999), S. 138; Scholz, Jörg Thomas: KLR-Handbuch...(1997), S. 25; Scholz, Jörg Thomas: Standard-KLR...(1997), S. 28.
[18] Siehe Bundesministerium der Finanzen (Hrsg.): Kosten- und Leistungsrechnung...(1997), S. 2 – 4.
[19] Siehe Bundesministerium des Innern (Hrsg.): Moderner Staat...(1999), S. 17.
[20] Siehe Scholz, Jörg Thomas: KLR-Handbuch...(1997), S. 25.

allem Aspekte hinsichtlich der Verwendung prozeßkostenrechnerischer Kalküle. Um etwaige Beurteilungen der Leistungsfähigkeit der Standard-KLR vornehmen zu können, sind entsprechende Bezugnahmen zu den Aussagen der einschlägigen Literatur zur Kosten- und Leistungsrechnung erforderlich.

Je nach individuellem Informationsbedarf können die Bundesverwaltungen die einheitlichen Rahmenregelungen der Standard-KLR für ein behördenspezifisches Kostenrechnungskonzept konkretisieren bzw. detaillieren. Zudem läßt das Regelwerk der Standard-KLR als Optionen teilweise Abweichungen von den vorgegebenen Standards zu, die es den einzelnen Bundesbehörden gestatten, unterschiedliche Varianten des Systems der Kosten- und Leistungsrechnung zu kreieren. Die Implementierung einer Kosten- und Leistungsrechnung nimmt einige Zeit in Anspruch und läßt sich zum Teil nur in mehreren Stufen realisieren, weshalb bis dato der Entwicklungsstand der behördenindividuellen Kostenrechnungskonzepte in Bundesverwaltungen noch weit vom Anspruchsniveau der Standard-KLR entfernt ist. Wegen der genannten Gründe können die bestehenden oder beabsichtigten Kostenrechnungssysteme der einzelnen Bundesinstitutionen in unterschiedlichem Maße von den Rahmenvorgaben der Standard-KLR divergieren, was diese Arbeit anhand ausgewählter Beispiele mitunter aufzeigen will.

Neben der speziell für Bundesverwaltungen geschaffenen Standard-KLR interessieren ebenfalls die in der Literatur diskutierten Lösungsansätze einer Kosten- und Leistungsrechnung für den gesamten Bereich öffentlicher Verwaltungen, der natürlich auch die Bundesbehörden miteinschließt. Ansätze der traditionellen Verwaltungskostenrechnung beziehen sich auf die zentralen Probleme der Generierung von Kostendaten in öffentlichen Verwaltungsbetrieben und weisen mehr oder minder große Defizite auf. Dabei bleiben wichtige Fragen unbeantwortet, die es an eine aussagefähige Kosten- und Leistungsrechnung zu stellen gilt. Neuere Ansätze stellen auf die Prozeßkostenrechnung ab und sind als entsprechende Ergänzungen bzw. Modifikationen des Konzepts der klassischen Verwaltungskostenrechnung zu verstehen. Der Beziehungszusammenhang zwischen Rechnungszwecken und diesen adäquaten Kostenrechnungs(teil)systemen wird jedoch auch in der aktuellen Literatur zur verwaltungsbetrieblichen Kostenrechnung nicht genügend herausgestellt. Aufgrund dessen erfolgt mit der vorliegenden Untersuchung die Integration der in der Literatur vorzufindenden traditionellen und modernen Ansätze zur Kosten- und Leistungsrechnung in öffentlichen Verwaltungen. Angestrebtes Ziel ist dabei die Schaffung eines in sich geschlossenen Gesamtkonzepts einer modernen und leistungsfähigen Kosten- und Leistungsrechnung, das die spezifische Struktur öffentlicher Verwaltungen entsprechend berücksichtigt. Diesbezüglich bedarf es auch der Herstellung der Verbindungen zwischen angestrebten Rechnungszwecken und des dafür notwendigen Instrumentariums der Kosten- und Leistungsrechnung. Das so kreierte Konzept soll als Leitmaxime für die Durchführung der Kosten- und Leistungsrechnung im öffentlichen Sektor dienen. Hieran können sich sämtliche öffentliche Verwaltungen einschließlich der Bundesverwaltungen orientieren. Zudem kann es als Vergleichsmaßstab für die Würdigung der in der Praxis angewandten Konzepte fungieren.

## II. Aufbau und Vorgehensweise der Untersuchung

Nach der Hinführung zur Problemstellung werden im soeben einführenden 1. Kapitel die Zielsetzung und Struktur der vorliegenden Untersuchung dargelegt.

Das anschließende 2. Kapitel befaßt sich mit dem Aufbau und der Ausgestaltung einer für öffentliche Verwaltungen strukturadäquaten und aussagefähigen betriebswirtschaftlichen Kosten- und Leistungsrechnung. Den Ausgangspunkt bildet dabei die historische Entwicklung der klassischen Verwaltungskostenrechnung. Die in der Literatur zur traditionellen Verwaltungskostenrechnung aufgezeigten Lösungsansätze stellen auf die grundlegenden Probleme der Generierung von Kostendaten in öffentlichen Verwaltungsbetrieben ab. Diese dienen als Basisgerüst im Zuge der Konzipierung einer Kosten- und Leistungsrechnung für öffentliche Verwaltungen. Neuere Ansätze im Schrifttum bauen darauf auf und ergänzen respektive modifizieren die grundlegenden Elemente der traditionellen Verwaltungskostenrechnung in Richtung prozeßkostenrechnerischer Kalküle. Um zu einem leistungsfähigen Konzept der auf die Belange öffentlicher Verwaltungen zugeschnittenen Kosten- und Leistungsrechnung zu gelangen, werden deshalb mit dieser Arbeit die in der einschlägigen Literatur existierenden traditionellen und modernen Lösungsansätze integriert. Der zweckmäßige Einsatz eines Kostenrechnungssystems erfordert im Vorfeld die Festlegung der mit der Kosten- und Leistungsrechnung verfolgten Rechnungszwecke. Diesbezüglich sind zunächst die besonders bedeutsamen Kostenrechnungszwecke öffentlicher Verwaltungen herauszuarbeiten, bevor es in einem nächsten Schritt ein zweckadäquates System der Kosten- und Leistungsrechnung zu konzipieren gilt. Die entsprechenden Ausführungen zu den Teilgebieten und zum System der Kosten- und Leistungsrechnung nehmen jeweils Bezug zu den Rechnungszwecken und zeigen damit die bestehenden Zusammenhänge zwischen Rechenzwecke und Rechensystem auf. Das auf diese Weise geschaffene Konzept einer verwaltungskonformen Kosten- und Leistungsrechnung dient mitunter der späteren Würdigung der im Bereich der Bundesverwaltungen zugrunde gelegten Systematik der Kosten- und Leistungsrechnung.

Im 3. Kapitel werden die Grundzüge des Konzepts der vom Bundesministerium der Finanzen in Zusammenarbeit mit der Unternehmensberatung Arthur D. Little für den gesamten Bereich der Bundesverwaltungen entwickelten standardisierten Kosten- und Leistungsrechnung dargestellt. Die Standard-KLR bildet die Plattform, auf der die individuellen Kostenrechnungssysteme der einzelnen Bundesverwaltungen aufbauen. Bei den bundeseinheitlichen Regelungen der Standard-KLR handelt es sich um Rahmenvorgaben, an denen die Bundesverwaltungen ihre behördenindividuellen Kostenrechnungskonzepte auszurichten haben. Hierdurch will man sicherstellen, daß die generierten Kostendaten neben der betriebswirtschaftlichen Steuerung des Verwaltungshandelns ebenfalls bundesweite Vergleiche zwischen den einzelnen Verwaltungen erlauben. Demzufolge kann das Konzept der Standard-KLR als repräsentativ für die Grundstruktur sämtlicher in Bundesverwaltungen geplanter oder bereits implementierter Kostenrechnungskonzepte angesehen werden. Die mit den entsprechenden Ausführungen aufgezeigten weitreichenden Gemeinsamkeiten der Kosten- und Leistungsrechnung von Bundesinstitutionen begründen einen gewissen Grad an allgemeiner Gültigkeit dieser hinsichtlich der kostenrechnerischen Operationen im Bereich des Bundes. Zum Zwecke beabsichtigter Evaluierungen der Leistungsfähigkeit des Konzepts der Standard-KLR werden entsprechende Aussagen der Literatur sowie des vorherigen Kapitels herangezogen.

Aufbauend auf den Ausführungen zum Basiskonzept der Kosten- und Leistungsrechnung in Bundesbehörden, der Standard-KLR, widmet sich das 4. Kapitel konkreter Ausgestaltungsformen der Kostenrechnung einzelner Bundesinstitutionen. Hierzu werden in der Praxis geplante bzw. realiserte behördenindividuelle Kostenrechnungs(teil)systeme ausgewählter Bundesverwaltungen vorgestellt. Die Rahmenregelungen der Standard-KLR bilden einen Korridor, innerhalb dessen Grenzen für die Bundesbehörden ausreichende Freiräume bestehen, um ein den speziellen Informationsbedürfnissen und behördenindividuellen Gegebenheiten entsprechendes Kostenrechnungskonzept generieren zu können. Dabei sind Konkretisierungen, Detaillierungen sowie Spezifizierungen der bundeseinheitlichen Rahmenvorgaben möglich. Je nach Intensität der Individualiserung einzelner Kostenrechnungskonzepte divergieren diese in unterschiedlichem Maße von den Rahmenvorgaben der Standard-KLR, worauf ebenfalls der jeweilige Entwicklungsstand einwirkt. Ausgewählte Beispiele vermögen dies zu verdeutlichen.

Aus sachlogischen Gründen werden die Ausführungen in den Kapiteln 2 bis 4 zunehmend konkreter. Während mit dem 2. Kapitel ein Kostenrechnungskonzept vorgestellt wird, das den gesamten öffentlichen Sektor einschließlich der Bundesverwaltungen abdeckt, sollen die Beispiele im 4. Kapitel konkrete Maßnahmen der Umsetzung des Konzepts der Standard-KLR des Bundes (dargestellt im 3. Kapitel) aufzeigen.

Die Arbeit endet im 5. Kapitel mit einer Schlußbetrachtung, in der insbesondere der Einsatz der Prozeßkostenrechnung gefordert wird. Abbildung 1-1 soll einen Überblick über den Aufbau der vorliegenden Untersuchung geben.

Abbildung 1-1

**Aufbau der Arbeit**

**1. Kapitel**

**Einführung**

↓

**2. Kapitel**

**Aufbau und Ausgestaltung einer für öffentliche Verwaltungen strukturadäquaten und leistungsfähigen betriebswirtschaftlichen Kosten- und Leistungsrechnung**

↓

**3. Kapitel**

**Standard-KLR des Bundes als Plattform diverser behördenspezifischer Kostenrechnungskonzepte in Bundesverwaltungen**

↓

**4. Kapitel**

**Spezifikas und Entwicklungen hinsichtlich konkreter Ausgestaltungsformen der Kostenrechnung in ausgewählten Bundesverwaltungen**

↓

**5. Kapitel**

**Schlußbetrachtung**

# 2. Kapitel: Betriebswirtschaftliche Kosten- und Leistungsrechnung in öffentlichen Verwaltungen

Dieses Kapitel soll aufzeigen, wie eine für öffentliche Verwaltungen leistungsfähige, strukturadäquate betriebswirtschaftliche Kosten- und Leistungsrechnung aufzubauen und auszugestalten ist. Die Kosten- und Leistungsrechnung dient als Informationsgenerator für die Entscheidungsträger einer öffentlichen Institution und hat deren Informationsbedarfe zweckentsprechend zu befriedigen.[1] Die Informationsbedarfe der Verwaltungsführung determinieren die Rechnungszwecke, welche wiederum auf den konkreten Aufbau und das spezifische System der Kosten- und Leistungsrechnung Einfluß nehmen. Aus logischen Gründen wird deshalb bei der vorliegenden Untersuchung auf den Beziehungszusammenhang zwischen den verfolgten Rechnungszwecken und dem Aufbau sowie dem System der Kosten- und Leistungsrechnung öffentlicher Verwaltungen abgestellt.

Hierfür bedarf es zunächst der Klärung der spezifischen Rechenzwecke, die mit einer modernen und leistungsfähigen Kosten- und Leistungsrechnung in den öffentlichen Verwaltungen zu verfolgen sind. Um dem Anspruch der Erfüllung der Rechenzwecke zu genügen, werden an das betriebswirtschaftliche Instrumentarium der Kosten- und Leistungsrechnung bestimmte Anforderungen gestellt. Neben der Abgrenzung der Perioden und neutralen Ausgaben muß mit der Kosten- und Leistungsrechnung der vollständige Ausweis etwaiger Kosten sichergestellt werden, wobei die Ermittlung benötigter Kosteninformationen auf prozeßorientierter Basis zu erfolgen hat.

Darauf aufbauend ist nach der Klärung wichtiger Begriffe sowie der Deskription der Verwaltungskostendeterminanten die verwaltungsadäquate und zweckmäßige Struktur einer aussagefähigen Kosten- und Leistungsrechnung zu bestimmen, zu deren Kernelemente die Kostenartenrechnung, Kostenstellenrechnung und Kostenträgerrechnung mit den jeweils entsprechenden Formen der verwaltungsspezifischen Ausgestaltung gehören. Das System der Kosten- und Leistungsrechnung muß so konzipiert werden, daß es die ihr übertragenen Informationsaufgaben zweckentsprechend erfüllen kann.[2] Die Spezifika der verwaltungsbetrieblichen Leistungserstellung erfordern diesbezüglich eine prozeß- respektive leistungsorientierte inhaltliche Ausgestaltung des Systems der Kostenrechnung in öffentlichen Institutionen.

Die Ausführungen in diesem Kapitel nehmen ebenfalls Bezug auf die historische Entwicklung der klassischen Verwaltungskostenrechnung. Mit der traditionellen Verwaltungskostenrechnung werden für die zentralen Probleme der Generierung von Kostendaten in öffentlichen Verwaltungsbetrieben mehr oder minder brauchbare Lösungsansätze aufgezeigt. Dabei bleiben wichtige Fragen offen, die an eine aussagefähige Kosten- und Leistungsrechnung zu stellen sind. Aufgrund der Defizite, welche die traditionelle Verwaltungskostenrechnung aufweist, können hierdurch die Informationsbedürfnisse einer Verwaltungsführung nur in Grenzen befriedigt werden. Für eine leistungsfähige und moderne Kosten- und Leistungsrechnung öffentlicher Verwaltungen bedarf es entsprechender Ergänzungen und Modifikationen des Kon-

---

1 Vgl. Zimmermann, Gebhard: Leistungsfähigkeit...(1993), S. 169; Hummel, Siegfried – Männel, Wolfgang: Kostenrechnung 1...(1986), S. 42.

2 Vgl. Kloock, Josef u. a.: Kosten- und Leistungsrechnung...(1999), S. 65; Schweitzer, Marcell – Küpper, Hans-Ulrich: Kosten- und Erlösrechnung...(1998), S. 69.

zepts der klassischen Verwaltungskostenrechnung. Deshalb stellt dieses Kapitel auf die Integration traditioneller und neuerer Ansätze ab, welche sich in der Literatur zur verwaltungsbetrieblichen Kosten- und Leistungsrechnung wiederfinden. Angestrebtes Ziel ist dabei die Vorstellung eines in sich geschlossenen Gesamtkonzepts einer leistungsfähigen Kosten- und Leistungsrechnung, das auf die spezifische Struktur öffentlicher Verwaltungen zugeschnitten ist.

## I. Entwicklung, Zwecke und Anforderungen der Kosten- und Leistungsrechnung öffentlicher Institutionen

### A. Historische Entwicklung der Verwaltungskostenrechnung und entsprechende Einordnung in das Rechnungswesen öffentlicher Verwaltungen

Die betriebswirtschaftliche Literatur präsentiert bezüglich des Rechnungswesens eine Fülle verschiedenartiger – teils mehr oder minder abstrakter - Definitionen.[3] Nach *Wöhe* sind unter dem Begriff des betriebswirtschaftlichen Rechnungswesens sämtliche Verfahren zu subsumieren, deren Aufgabe es ist, alle in einer Organisation auftretenden Geld- und Leistungsströme mengen- und wertmäßig zu erfassen bzw. zu überwachen, welche vor allem durch den Prozeß der betrieblichen Leistungserstellung und –verwertung hervorgerufen werden.[4] Das Rechnungswesen von Erwerbswirtschaften umfaßt traditionell die folgenden vier Teilgebiete:[5]

- Finanzbuchhaltung und Bilanz,
- Kostenrechnung,
- Betriebswirtschaftliche Statistik und Vergleichsrechnung sowie
- Planungsrechnung.

Diese traditionelle Einteilung beruht nicht auf Willkür, sondern resultiert aus den unterschiedlichen Aufgaben,[6] die an eine Unternehmensrechnung gestellt werden. All den vier Teilgebieten des Rechnungswesens ist gemeinsam, daß sie nicht Selbstzweck, sondern Mittel zur Verfolgung festgelegter Zwecke sind. Das Grundanliegen des Rechnungswesens besteht in der Vermittlung von Informationen.[7] Dabei determinieren die konkreten Informationsbedarfe die entsprechenden Ziele und somit auch die Ausgestaltung der Rechenwerke. Je nach unterschiedlicher Dimension der Interessenlage, kann man das Rechnungswesen anhand der Kriterien Informationsempfänger, Wertekategorie, sachliches Bezugsobjekt, zeitlicher Bezugsrahmen sowie Instrumentalcharakter und Wiederholungscharakter der Rechnungen systematisieren.[8]

---

[3] Siehe hierzu beispielsweise Hummel, Siegfried - Männel, Wolfgang: Kostenrechnung 1...(1986), S. 3 - 4; Schneider, Dieter: Betriebswirtschaftslehre...(1994), S. 3 oder Haberstock, Lothar: Kostenrechnung 1...(1997), S. 1.

[4] Vgl. Wöhe, Günter: Allgemeine Betriebswirtschaftslehre...(1996), S. 963.

[5] Vgl. Wöhe, Günter: Allgemeine Betriebswirtschaftslehre...(1996), S. 964.

[6] Die einzelnen Aufgaben der vier Teilbereiche des Rechnungswesens werden hier nicht angeführt. Vgl. dazu beispielsweise Wöhe, Günter: Allgemeine Betriebswirtschaftslehre...(1996), S. 965 – 971.

[7] Vgl. Mühlhaupt, Ludwig - Gornas, Jürgen: Finanzwirtschaftliches und betriebswirtschaftliches Rechnen...(1973), S. 27.

[8] Vgl. Männel, Wolfgang: Bilanzlehre...(1996), S. 11 – 12. Hierbei werden die einzelnen Kriterien präzisiert.

Das kaufmännische Rechnungswesen wird heutzutage üblicherweise nach den Informationsempfängern in ein externes und in ein internes Rechnungswesen gegliedert.[9] Einer solchen Differenzierung bedient man sich ebenfalls im öffentlichen Sektor. Während das externe Rechnungswesen primär der Information verwaltungsexterner Instanzen dient, liefert das interne Rechnungswesen vorwiegend Informationen für verwaltungsinterne Instanzen.[10] Verwaltungsexterne Instanzen sind außenstehende Dritte, die nicht zur Verwaltungseinheit und deren Träger gehören. Bei verwaltungsinternen Instanzen hingegen handelt es sich um Informationsempfänger, die als Element der Verwaltungseinheit gelten.[11] Die kamerale Haushaltsrechnung, ein wichtiges Teilgebiet des verwaltungsspezifischen Rechnungswesens, zeichnet alle Geschäftsvorfälle planmäßig und lückenlos auf und ermöglicht somit die Rechenschaftslegung im Haushalt gegenüber der Öffentlichkeit. Deshalb ist die Kameralistik im externen Rechnungswesen anzusiedeln.[12] Zum internen Rechnungswesen gehört die Kosten- und Leistungsrechnung. Diese stellt der Verwaltungsführung Informationen für die Planung, Steuerung und Kontrolle des Verwaltungshandelns sowie für die Kalkulation von Verwaltungsleistungsentgelten zur Verfügung.[13] Die Kosten- und Leistungsrechnung beschränkt sich auf die Erfassung jenes Verzehrs an Ressourcen, der durch den Prozeß der Leistungserstellung und Leistungsverwertung verursacht wurde. Neben der Kosten- und Leistungsrechnung umfaßt die interne Verwaltungsrechnung noch weitere Rechnungen der Leistungssphäre. Zu nennen wären beispielsweise die Nutzen-Kosten-Analyse, das Bestandsverzeichnis, die Personalbedarfsprognose, die Investitionsrechnung und die Verwaltungsstatistik.[14]

Die Zweiteilung des Rechnungswesens, in eine interne und in eine externe Rechnung, wurde vom öffentlichen Sektor aus der Erwerbswirtschaft übernommen.[15] Dabei stellt sich die Frage, ob eine solche Unterteilung bei Gemeinwirtschaften sinnvoll ist, oder ob die bloße Übertragung des Gedankenguts von Wirtschaftsunternehmen in den öffentlichen Bereich nicht genügend reflektiert wurde. Zu Recht kritisiert *Männel* die Trennung zwischen interner und externer Rechnungslegung in der öffentlichen Wirtschaft.[16] Kameralistik und Kosten- und Leistungsrechnung erfüllen sowohl externe als auch interne Aufgaben und können deshalb nicht entsprechend abgegrenzt werden. Die Generierung von Informationen für die Gebührenermittlung erfolgt durch die Kosten- und Leistungsrechnung. Damit der Bürger die Rechtmäßigkeit der Gebührenkalkulation kontrollieren kann, müssen für ihn diese Kostenrechnungsinformationen dokumentiert werden,[17] weshalb die Kostenrechnung auch die Funktion eines externen Rechnungswesens erfüllt. Wertvolle Daten zur Steuerung eines sinn-

9 Siehe hierzu Ewert, Ralf - Wagenhofer, Alfred: Interne Unternehmensrechnung...(1997), S. 5.
10 Vgl. Gornas, Jürgen: Verwaltungskostenrechnung...(1992), S. 110.
11 Vgl. Gornas, Jürgen: Verwaltungskostenrechnung...(1992), S. 110; Mühlhaupt, Ludwig: Theorie und Praxis des öffentlichen Rechnungswesens...(1987), S. 62.
12 Vgl. Schwarze, Jochen - Koß, Torsten: Prozeßorientierte Kosten- und Leistungsrechnung...(1996), S. 46.
13 Vgl. Mühlhaupt, Ludwig - Gornas, Jürgen: Finanzwirtschaftliches und betriebswirtschaftliches Rechnen...(1973), S. 27.
14 Vgl. Eichhorn, Peter: Öffentliche Verwaltung...(1981), Sp. 1230.
15 Vgl. Eichhorn, Peter: Liquiditätsplanung...(1973), S. 35; Gornas, Jürgen: Verwaltungskostenrechnung...(1992), S. 110.
16 Vgl. Männel, Wolfgang: Internes Rechnungswesen öffentlicher Verwaltungen...(1990), S. 361; Männel, Wolfgang: Besonderheiten der internen Rechnungslegung...(1988), S. 840.
17 Vgl. Männel, Wolfgang: Besonderheiten der internen Rechnungslegung...(1988),S. 840; Zimmermann, Gebhard: Kostendeckung...(1999), S. 332.

vollen und effizienten Verwaltungshandelns bekommt die Verwaltungsführung neben der Kosten- und Leistungsrechnung ebenfalls von der Kameralistik. Die Verwaltungsführung kann der kameralen Haushaltsrechnung unter anderem entnehmen, inwieweit bestimmte Titel bereits ausgeschöpft sind. Kapitel- und Titelstruktur setzen jedoch dem Informationsgehalt beträchtliche Grenzen.[18] Trotzdem kommt der Kameralistik teilweise die Funktion der internen Informationsversorgung zu.

Die angeführten Beispiele belegen plastisch, daß eine Differenzierung in internes und externes Rechnungswesen bei öffentlichen Haushalten als suboptimal anzusehen ist. Besser wäre eine Gliederung gemäß den Rechnungszielen.[19] Während die kamerale Haushaltsrechnung den finanzwirtschaftlichen Zielen Rechnung trägt, dient die Kosten- und Leistungsrechnung der Verfolgung betriebswirtschaftlicher Ziele.

### 1. Determinanten des öffentlichen Rechnungswesens

Die zentralen Determinanten für die Struktur des Rechnungswesens öffentlicher Haushalte sind gemäß *Gornas*:

- der zu verarbeitende Rechnungsstoff (Einnahmen, Ausgaben, Aufwand, Ertrag usw.);
- die materielle Ausgestaltung (Kontenrahmen usw.);
- der eingesetzte Rechnungsstil als wichtigste Komponente.[20]

Der angewandte Rechnungsstil, als eigentlich strukturbildendes Element, ist Ausdruck der mit dem Rechnungswesen verfolgten Ziele.[21] Diese Ziele sind wiederum abhängig von den Anforderungen, die seitens verschiedener Interessenten an das Rechnungswesen gestellt werden.[22] In erster Linie dient das Rechnungswesen öffentlicher Haushalte bis dato der Verfolgung finanzwirtschaftlicher Ziele. Durch den entsprechenden Nachweis der Herkunft und der bestimmungsgemäßen Verwendung öffentlicher Mittel erfolgt die Rechenschaftslegung gegenüber den Entscheidungsgremien, den Aufsichts- und Prüfungsbehörden und dem Bürger.[23] Dazu bedient man sich zweckmäßigerweise der Kameralistik,[24] die nach wie vor als das grundlegende Rechnungssystem der öffentlichen Verwaltungsrechnung gilt.[25]

Neben der finanzwirtschaftlichen Grundausrichtung muß die öffentliche Verwaltungsrechnung in zunehmenden Maße auch betriebswirtschaftlichen Ansprüchen gerecht werden. Die sich verschärfende Finanzmisere im öffentlichen Sektor unterstreicht die Notwendigkeit, bei der verwaltungsbetrieblichen Aufgabenerfüllung das Gebot der

---

[18] Vgl. Männel, Wolfgang: Internes Rechnungswesen öffentlicher Verwaltungen...(1990), S. 361; Gornas, Jürgen: Internes versus externes öffentliches Rechnungswesen...(1999), S. 317.

[19] Auch Eichhorn hält die Rechnungszwecke für ein sinnvolles Differenzierungskriterium. In Abhängigkeit davon, welcher Adressat – ob interner oder externer Adressat – die einzelnen Rechnungszwecke verfolgt, gelangt Eichhorn sodann zum internen oder externen öffentlichen Rechnungswesen. Siehe hierzu Eichhorn, Peter: Kostendenken...(1977), S. 38 – 39.

[20] Vgl. Gornas, Jürgen: Verwaltungskostenrechnung...(1992), S. 109.

[21] Vgl. Knöll, Heinz-Dieter: Verwaltungsökonomie...(1997), S. 78.

[22] Vgl. Mühlhaupt, Ludwig - Gornas, Jürgen: Finanzwirtschaftliches und betriebswirtschaftliches Rechnen...(1973), S. 26.

[23] Vgl. Mühlhaupt, Ludwig: Rechnungswesen...(1989), Sp. 1367.

[24] Vgl. Gornas, Jürgen: Verwaltungskostenrechnung...(1992), S. 112.

[25] Vgl. Wilmer, Lothar: Kostenrechnung...(1992), S. 8.

Wirtschaftlichkeit zu befolgen.[26] Zur Planung, Steuerung und Kontrolle des rationalen Verwaltungshandelns sind entsprechende Informationen erforderlich, welche vor allem durch adäquate kostenrechnerische Systeme zu generieren sind.[27] Mit der traditionellen Kameralistik ist die Verwaltungsführung nur begrenzt imstande, eine effiziente Ressourcenallokation zu betreiben. Dennoch fungiert dieses Recheninstrument in der öffentlichen Verwaltung nach wie vor als Basisrechnung, das den Nachweis für die Rechtmäßigkeit der Mittelverwendung erbringt und den Dateninput für die Kosten- und Leistungsrechnung liefert.[28]

Im Gegensatz zur Kameralistik wird die Kostenrechnung in der speziellen Literatur zur Verwaltungskostenrechnung als Ergänzungs- oder Aufbaurechnung angesehen.[29] Die Integration der betriebswirtschaftlichen Elemente in den kameralistischen Rechnungsstil hat im Laufe der Zeit verschiedene Formen angenommen. Ausgehend von der Verwaltungskameralistik entwickelte man zunächst die Betriebskameralistik, welche mit einer Fülle von Problemen behaftet war. Etliche Jahre später wurde deshalb die Erweiterte Kameralistik geschaffen, womit man den Verwaltungsbetrieben ein in Grenzen brauchbares betriebswirtschaftliches Instrument zur Verfügung stellte.[30] Auf die Erweiterte Kameralistik stellt die traditionelle Verwaltungskostenrechnung ab.

Im folgenden werden die für öffentliche Haushalte entwickelten Varianten des kameralistischen Rechnungswesens mit den jeweiligen Zielen, Inhalten, Strukturen sowie auch Grenzen in der Reihenfolge ihrer historischen Entstehung kurz aufgezeigt.

## 2. Verwaltungskameralistik

Als Verwaltungskameralistik bezeichnet man das Buchhaltungssystem der öffentlichen Verwaltung, bei dem der Kameralstil verwendet wird.[31] Den kameralistischen Rechnungsstil haben all diejenigen Trägerkörperschaften zu verfolgen, deren Wirtschaftsführung von den in einem Haushaltsplan veranschlagten Einnahmen und Ausgaben abhängig ist.[32] Die Kameralistik[33] ist seit jeher das in den öffentlichen Verwaltungen der Bundesrepublik Deutschland vorherrschende Rechensystem. Öffentliche Verwaltungen finanzieren sich zur Erfüllung ihrer Aufgaben vorwiegend aus den Mitteln der Steuerzahler. Somit sind sie in erster Linie den Bürgern zur Rechenschaft verpflichtet, was mittels der Kameralistik erfolgt.[34] Dieses Rechnungssystem stellt vor allem auf die finanziellen Dimensionen der Haushaltsplanung, des Haushaltsvollzugs sowie der Haushaltsrechnung ab.[35]

---

26 Vgl. Knöll, Heinz-Dieter: Verwaltungsökonomie...(1997), S. 78.
27 Vgl. Mühlhaupt, Ludwig: Theorie und Praxis des öffentlichen Rechnungswesens...(1987), S. 58.
28 Vgl. Schwarze, Jochen - Koß, Torsten: Prozeßorientierte Kosten- und Leistungsrechnung...(1996), S. 47.
29 Vgl. Wilmer, Lothar: Kostenrechnung...(1992), S. 8.
30 Vgl. zur historischen Entwicklung Fuchs, Manfred: Betriebskameralistik...(1989), Sp. 133 – 134.
31 Vgl. Gornas, Jürgen: Verwaltungskameralistik...(1989), Sp. 1650.
32 Vgl. Gornas, Jürgen: Verwaltungskameralistik...(1989), Sp. 1650.
33 Das Wort Kameralistik kommt vom lateinischen „camera", welches die fürstliche Rechnungskammer des 18. Jahrhunderts bezeichnet. Vgl. hierzu Nau, Hans-Rainer - Wallner, Gerhard: Verwaltungs-Controlling...(1998), S. 52.
34 Vgl. Mühlhaupt, Ludwig: Kameralistik...(1991), S. 435; Mühlhaupt, Ludwig - Gornas, Jürgen: Finanzwirtschaftliches und betriebswirtschaftliches Rechnen...(1973), S. 28.
35 Vgl. Gornas, Jürgen: Internes versus externes Rechnungswesen...(1999), S. 313.

Die Basis für die Verwaltungskameralistik bildet der Haushaltsplan. Dieser gliedert sich in eine Vielzahl verschiedener Einzelpläne. Der Haushaltsplan wird von der Regierung bzw. dem Parlament[36] aufgestellt sowie verabschiedet und enthält in einer systematisch gegliederten Form alle Einnahmen und Ausgaben, die für einen bestimmten Zeitraum zu erwarten sind.[37] Stringent nach der Haushaltsplanung hat sich die Wirtschaftsführung in öffentlichen Institutionen zu vollziehen, was entsprechend nachzuweisen ist. Dies resultiert aus dem Gesetzes- bzw. Satzungscharakter, welcher öffentlichen Haushaltsplänen anhaftet.[38]

Nicht der Haushaltsplan, sondern die Verwaltungsbuchführung kann als der zentrale Bereich der Verwaltungskameralistik angesehen werden. Mit Hilfe der Verwaltungsbuchführung generiert die Verwaltungsleitung jene Daten, die für den Nachweis des Haushaltsvollzugs, dem primären (finanzwirtschaftlichen) Rechenziel der Verwaltungskameralistik,[39] erforderlich sind. Dabei handelt es sich um die Erfassung und Aufzeichnung aller finanzwirtschaftlichen Vorgänge, welche auf der Ausführung des Haushaltsplans beruhen.[40]

Das Procedere der Verwaltungsbuchführung ist weitgehend gesetzlich geregelt.[41] Zum rechnungsmäßigen Nachweis des Haushaltsplanvollzugs werden im Rahmen der Verwaltungsbuchführung hauptsächlich Zeitbücher und Sachbücher geführt. In den Zeitbüchern sind alle Einzahlungen und Auszahlungen eines Verwaltungsträgers in chronologischer Reihenfolge zu erfassen.[42] Im Gegensatz zu den Zeitbüchern verkörpern jedoch die Sachbücher das eigentlich bedeutsame Rechenwerk der Verwaltungsbuchführung. Das Sachbuch wird im staatlichen Bereich als Titelbuch, im kommunalen Bereich hingegen als Haushaltsbuch bezeichnet. Im Sachbuch ist für jede Haushaltsstelle ein eigenes Sachbuchkonto angelegt, wobei die Einteilung des Sachbuches der Gliederung der Einzelpläne im Haushaltsplan entspricht.[43] In den Sachbuchkonten wird aufgezeichnet, in welcher Höhe die in den Einzelplänen des Haushaltsplans veranschlagten Einnahmen und Ausgaben fällig geworden (Anordnungssoll)[44] und die angeordneten Zahlungen erfolgt (Kassen-Ist)[45] sind. Die Daten der Verwaltungsbuchführung gehen zusammen mit den Daten des Haushaltsplans in den Rechnungsabschluß ein.[46]

---

36 Regierung und Parlament sind Organe des staatlichen Bereichs. Im kommunalen Bereich stellt der Rat (z. B. Gemeinderat oder Kreisrat) den Haushaltsplan auf. Siehe hierzu Gornas, Jürgen: Verwaltungskostenrechnung...(1992), S. 117; Gornas, Jürgen: Verwaltungskameralistik...(1989), Sp. 1650.

37 Vgl. Gornas, Jürgen: Verwaltungskostenrechnung...(1992), S. 115 – 116.

38 Vgl. Gornas, Jürgen: Internes versus externes Rechnungswesen...(1999), S. 313.

39 Vgl. Knöll, Heinz-Dieter: Verwaltungsökonomie...(1997), S. 79.

40 Vgl. Gornas, Jürgen: Verwaltungskameralistik...(1989), Sp. 1651.

41 Vgl. Gornas, Jürgen: Verwaltungskostenrechnung...(1992), S. 122.

42 Vgl. Gornas, Jürgen: Verwaltungskameralistik...(1989), Sp. 1651 – 1652.

43 Vgl. Gornas, Jürgen: Verwaltungskostenrechnung...(1992), S. 123.

44 Bei öffentlichen Haushalten darf eine Zahlung erst dann erfolgen, wenn dazu eine entsprechende Anordnung vorliegt, wobei der Grundsatz der Trennung von Anordnung und Ausführung gilt. Die Buchung im Anordnungssoll erfolgt aufgrund der Anordnung einer Zahlung. Dies bedeutet, daß eine Forderung oder eine Verbindlichkeit entstanden ist. Vgl. hierzu Mühlhaupt, Ludwig: Kameralistik...(1991), S. 434 – 435.

45 Die Buchungen im Kassen-Ist zeigen an, inwieweit die Zahlung im Rechnungsjahr tatsächlich empfangen bzw. geleistet worden ist. Vgl. hierzu Gornas, Jürgen: Verwaltungskostenrechnung...(1992), S. 124.

46 Vgl. Gornas, Jürgen: Verwaltungskostenrechnung...(1992), S. 124 – 125.

Der rechnungsmäßige Nachweis des Haushaltsplanvollzugs erfolgt durch die Haushaltsrechnung, die wichtiger Bestandteil des Rechnungsabschlusses ist und auf der Grundlage des Haushaltsplans sowie der Verwaltungsbuchführung erstellt wird. In der Haushaltsrechnung ist mittels Haushaltsvergleich nachzuweisen, ob die im Haushaltsplan veranschlagten Einnahmen auch wirklich aufgekommen sind und ob die Ausgaben im Rahmen der Ausgabenbewilligung eingehalten wurden. Dazu werden den Ansätzen des Haushaltsplans, genauer gesagt der Einzelpläne, die Daten vom Anordnungssoll (kommunale Soll-Rechnung) bzw. Kassen-Ist (staatliche Ist-Rechnung) gegenübergestellt.[47] Neben dem Vollzugsnachweis des Haushaltsplans verfolgt die Verwaltungskameralistik noch weitere finanzwirtschaftliche Rechenziele, wozu die Kassen- und Liquiditätskontrolle sowie der Ausweis des Ergebnisses der Haushaltswirtschaft gehören.[48] Auf diese Rechnungsziele, welche vor allem gesamtwirtschaftlichen Charakter aufweisen,[49] wird jedoch im Rahmen dieser Untersuchung nicht näher eingegangen.

Die Verwaltungskameralistik ist eine reine Einnahmen-Ausgaben-Rechnung und beschränkt sich auf die Erfassung finanzwirtschaftlicher Vorgänge. Informationen über die tatsächlichen Aufwendungen und Erträge einer Periode sowie den Nachweis von Vermögens- bzw. Kapitalveränderungen vermag dieses Rechensystem nicht zu leisten.[50] Somit eignet sich die Verwaltungskameralistik nur in sehr begrenztem Maße zur Verfolgung betriebswirtschaftlicher Ziele.

Erst durch den Aufbau und die Integration eines umfassenden Rechensystems, das vor allem mit Bestands-, Aufwands-, Kosten- und Leistungsgrößen operiert, kann das öffentliche Rechnungswesen seine umfangreichen Steuerungsfunktionen wahrnehmen und so zu einem wirkungsvollen entscheidungsorientierten Instrument der Verwaltungsführung werden.[51] Mit der Entwicklung der Betriebskameralistik und der Erweiterten Kameralistik wurde der Versuch unternommen, ein solches Rechnungssystem zu schaffen.

### 3. Betriebskameralistik

Die Betriebskameralistik wurde 1926 von Walb zwecks der Ermöglichung der gleichzeitigen Verfolgung finanzwirtschaftlicher und betriebswirtschaftlicher Rechenziele kreiert[52] und stellt neben der Verwaltungskameralistik eine weitere Form des kameralistischen Rechnungswesens dar. Sie kann in diversen Varianten auftreten, welche alle die klassische Kameralistik (Verwaltungskameralistik) als Basis haben. Mit jeder Variante ist der Anspruch verbunden, zusätzlich zu den ursprünglich finanzwirtschaftlichen Rechenergebnissen Informationen bereitzustellen, die Auskunft geben

47 Vgl. Gornas, Jürgen: Verwaltungskameralistik...(1989), Sp. 1655- 1656; Gornas, Jürgen: Verwaltungskostenrechnung...(1992), S. 125 – 126. Im kommunalen Bereich erfolgt der Nachweis des Haushaltsvollzugs mittels Soll-Rechnung; der staatliche Bereich erbringt den Nachweis durch die Ist-Rechnung. Siehe hierzu Mühlhaupt, Ludwig: Rechnungswesen öffentlicher Verwaltungen...(1989), Sp. 1370.

48 Vgl. Mühlhaupt, Ludwig: Rechnungswesen öffentlicher Verwaltungen...(1989), Sp. 1367; Gornas, Jürgen: Verwaltungskostenrechnung...(1992), S. 128.

49 Vgl. Gornas, Jürgen: Verwaltungskostenrechnung...(1992), S. 127 – 128 und 134.

50 Vgl. Fuchs, Manfred: Betriebskameralistik...(1989), Sp. 132 und 134.

51 Vgl. Mühlhaupt, Ludwig - Gornas, Jürgen: Finanzwirtschaftliches und betriebswirtschaftliches Rechnen...(1973), S. 31.

52 Vgl. Fuchs, Manfred: Betriebskameralistik...(1989), Sp. 133.

über den betriebswirtschaftlichen Erfolg sowie den Vermögens- und Kapitalbestand einer öffentlichen Verwaltung.[53] Um dies zu gewährleisten, wird von der Betriebskameralistik der gleiche Rechnungsstoff verarbeitet wie in der doppelten kaufmännischen Buchhaltung. Dabei handelt es sich um Einzahlungen, Auszahlungen, Einnahmen, Ausgaben sowie Erträge und Aufwendungen. Analog zur doppelten kaufmännischen Buchführung sind die betriebswirtschaftlichen Erfolgs- und Vermögensrechnungen in den kameralistischen Rechenkreis integriert.[54]

Zur Herstellung dieses geschlossenen Rechensystems gliedert sich das Sachbuchkonto der Betriebskameralistik in eine Einnahmenseite und in eine Ausgabenseite, was bei der Verwaltungskameralistik nicht der Fall ist. Jede Seite weist die für die Kameralistik typische Dreiteilung in Soll, Ist und Rest auf. Bei der Soll-Spalte bedarf es einer zusätzlichen Differenzierung in eine Spalte „Reste aus Vorjahren“ und in eine Spalte „laufendes Anordnungssoll“, um die Bestände aus den Vorjahren aufnehmen zu können.[55] Durch die Gliederung des Sachbuchkontos in eine Einnahmen- und Ausgabenseite, verbunden mit entsprechenden – zum Teil fiktiven – Buchungen, ist die Betriebskameralistik imstande, erfolgswirksame und erfolgsunwirksame Vorgänge sowie Geldvorgänge und Nichtgeldvorgänge zu separieren und mit den Veränderungen einen systematischen Bezug zu den Beständen herzustellen.[56] Am Ende der Rechnungsperiode führt dieses Rechenwerk zum Ausweis des betriebswirtschaftlichen Erfolgs und zum Nachweis der Zusammensetzung von Vermögen und Schulden.[57]

Die Betriebskameralistik ist in erster Linie für Verwaltungsbetriebe entwickelt worden, die zu ihrer Gebührenkalkulation betriebswirtschaftliche Informationen benötigen.[58] Bei diesen Verwaltungsbetrieben handelt es sich vorwiegend um die kostenrechnenden Einrichtungen[59] der Gemeinden. Das von Walb geschaffene System einer gehobenen Kameralistik, wie die Betriebskameralistik auch bezeichnet wird, erfüllt die gleichen Anforderungen wie die doppelte kaufmännische Buchführung.[60] Trotzdem konnte sich dieses Rechnungssystem in der Praxis nicht durchsetzen.[61] Vielmehr verwendete man zur gleichzeitigen Verfolgung finanzwirtschaftlicher und betriebswirtschaftlicher Rechenziele die Erweiterte Kameralistik.

Der Betriebskameralistik haftet der Nachteil an, daß sie kompliziert, schwerfällig und unübersichtlich ist. Um die gewünschte Erfolgs- bzw. Bilanzwirksamkeit zu erreichen,

53 Vgl. Gornas, Jürgen: Verwaltungskostenrechnung...(1992), S. 137.
54 Vgl. Seifert, Klaus: Prozeßmanagement...(1998), S. 76.
55 Vgl. Fuchs, Manfred: Betriebskameralistik...(1989), Sp. 134 – 135. Auf das Verfahren der Betriebskameralistik wird hier nicht weiter eingegangen. Zur Darstellung des Verfahrens der Betriebskameralistik siehe Winkelmann, Hans: Kameralistische und kaufmännische Rechnungslegung...(1950), S. 91 ff.
56 Exemplarische Buchungsbeispiele finden sich bei Fuchs, Manfred: Betriebskameralistik...(1989), Sp. 135 – 138.
57 Vgl. Fuchs, Manfred: Betriebskameralistik...(1989), Sp. 137.
58 Vgl. Mühlhaupt, Ludwig: Theorie und Praxis des öffentlichen Rechnungswesens...(1987), S. 118; Knöll, Heinz-Dieter: Verwaltungsökonomie...(1997), S. 80.
59 Kostenrechnende Einrichtungen sind Einrichtungen, die in der Regel aus Entgelten finanziert werden. Siehe hierzu § 12 GemHVO.
60 Vgl. Fuchs, Manfred: Betriebskameralistik...(1989), Sp. 133, 137.
61 Vgl. Reichard, Christoph: Betriebswirtschaftslehre...(1987), S. 293.

sind für einen Geschäftsvorfall teilweise bis zu fünf Buchungen nötig.[62] Aufgrund der vielen fiktiven und wechselbezüglichen Buchungen erhöht sich nicht nur der Buchungsaufwand, es kommt ebenfalls zu einer negativen Beeinträchtigung der Transparenz. Zudem hat diese komplizierte Buchungssystematik die Aufgabe der engen Verbindung zum Haushaltsplan zur Folge, wodurch das wichtige Planungsinstrument seine beherrschende Stellung in der Verwaltungsrechnung einbüßt. Mit Blick auf die finanzwirtschaftlichen Ziele ist ebenfalls kritisch anzumerken, daß die Betriebskameralistik primär ein einzelwirtschaftliches Rechnungswesen darstellt und gesamtwirtschaftliche Aspekte außen vor läßt.[63] Als besonders gewichtige Restriktion wirkt jedoch das Unvermögen der Generierung von Kosteninformationen für die mit einer Kosten- und Leistungsrechnung verfolgten betriebswirtschaftlichen Rechnungszwecke, insbesondere die der Gebührenkalkulation und der Wirtschaftlichkeitskontrolle. Im Rahmen der Betriebskameralistik wird bislang keine Kostenarten-, Kostenstellen- und Kostenträgerrechnung durchgeführt, wodurch eine der kaufmännischen Betriebsbuchhaltung adäquate Rechnung fehlt. Hingegen entspricht die Betriebskameralistik bezüglich der Informationsversorgung in etwa der kaufmännischen Buchhaltung mit den zugehörigen Rechnungsabschlüssen. Die Betriebskameralistik ist somit als Vorsystem der Kostenrechnung einzustufen und liefert weder für die Gebührenkalkulation noch für die Wirtschaftlichkeitskontrolle oder anderen Informationsgebieten der Kostenrechnung (*Gornas* sieht die mangelnde Eignung nur bei der Wirtschaftlichkeitskontrolle, wodurch ein Part der Defizite bezüglich kostenrechnerischer Informationen außen vor bleibt.) unmittelbar verwertbare Informationen.[64] Die hier kurz angeführten Aspekte können als die Hauptgründe angesehen werden, warum die Betriebskameralistik in der Verwaltungspraxis auf Ablehnung gestoßen ist.

## 4. Erweiterte Kameralistik und traditionelle Verwaltungskostenrechnung

Bei der Erweiterten Kameralistik handelt es sich um ein aus der Praxis entwickeltes System, das erstmals Mitte der fünfziger Jahre von Alexander Petry im Lüdenscheider Krankenhaus angewandt wurde. Die Kommunale Gemeinschaftsstelle für Verwaltungsvereinfachung griff das von Petry entwickelte Verfahren auf und transferierte es in Form eines Gutachtens an ihre Mitglieder. Im Laufe der Jahre fand die Erweiterte Kameralistik in den Kommunalverwaltungen immer mehr Akzeptanz, was mit einer stetigen Weiterentwicklung und Verfeinerung dieses Rechnungssystems einherging und schließlich zur klassischen Verwaltungskostenrechnung führte. Heute kommt das System der Erweiterten Kameralistik in fast allen kostenrechnenden Einrichtungen der Gemeinden zum Einsatz.[65]

Die Erweiterte Kameralistik dient der Verfolgung betriebswirtschaftlicher Rechenziele, wobei im Gegensatz zur Betriebskameralistik die übliche Verwaltungskameralistik beibehalten wird. Die für das Kostenrechnungssystem erforderlichen Rechengrößen werden im Rahmen der Erweiterten Kameralistik direkt aus der Verwaltungskameralistik abgeleitet. Jede in der Kameralrechnung verrechnete Einnahme und Ausgabe wird zusätzlich in betriebswirtschaftlichen Rechnungen nach den Kriterien Erfolgs-

---

62 Vgl. Knöll, Heinz-Dieter: Verwaltungsökonomie...(1997), S. 81.
63 Vgl. Gornas, Jürgen: Verwaltungskostenrechnung...(1992), S. 140 – 141.
64 Vgl. Gornas, Jürgen: Verwaltungskostenrechnung...(1992), S. 142 – 143.
65 Vgl. Wilmer, Lothar: Kostenrechnung...(1992), S. 9, 12; Fuchs, Manfred: Das betriebliche Rechnungswesen...(1987), S. 65 – 66.

bzw. Vermögenswirksamkeit[66] verbucht.[67] Hierzu haben sich in der Verwaltungspraxis verschiedene Verfahren herausgebildet. Das in der Praxis gängige Verfahren basiert auf einer Erweiterung der Haushaltsüberwachungsliste. Mit Hilfe der Haushaltsüberwachungsliste, auch als Haushaltsüberwachungskartei bezeichnet, weist die Gebietskörperschaft nach, inwieweit die im Haushaltsplan veranschlagten Mittel bereits angeordnet sind.[68] Das jeweilige Anordnungssoll bildet die Grundlage für die Generierung betriebswirtschaftlicher Informationen. Denn im Unterschied zum Kassen-Ist bezieht sich die Sollstellung der Gelder eher auf den Zeitraum, dem die Einnahmen und Ausgaben wirtschaftlich zurechenbar sind.[69] Ausgehend vom Anordnungssoll wurde die Haushaltsüberwachungsliste zur Verfolgung betriebswirtschaftlicher Rechenziele um folgende Spalten erweitert:

- Betriebsrechnung,
- Neutrale Rechnung,
- Vermögensveränderungsrechnung. Hierzu gehören Anlagenrechnung, Lagerrechnung und Rechnungsabgrenzung.

Die Abbildung 2-1 soll die Struktur einer solchen Haushaltsüberwachungsliste verdeutlichen.[70]

Abbildung 2-1

**Haushaltsüberwachungsliste**

| Lfd. Nr. | Datum | Buchungstext | Anordnungssoll DM | Betriebsrechnung DM | Neutrale Rechnung DM | Vermögensveränderungsrechnung: Anlagenrechnung DM | Vermögensveränderungsrechnung: Lagerrechnung DM | Vermögensveränderungsrechnung: Rechnungsabgrenzung DM |
|---|---|---|---|---|---|---|---|---|
| 1 | 2 | 2 a | 3 | 4 | 5 | 6 | 7 | 8 |
| | | | | | | | | |

In Anlehnung an Klümper, Bernd u. a.: Kommunale Kosten- und Wirtschaftlichkeitsrechnung...(1995), S. 126.

Mit jeder Buchung in der Spalte Anordnungssoll erfolgt gleichzeitig eine Buchung in der entsprechenden Zusatzspalte. Dabei muß die Summe der Zusatzspalten dem

66 Inwieweit der angeordnete Betrag erfolgs- oder vermögenswirksam ist, wird durch eine entsprechende vorausgehende Prüfung geklärt.

67 Vgl. Gornas, Jürgen: Verwaltungskostenrechnung...(1992), S. 144, 152.

68 Vgl. Knöll, Heinz-Dieter: Verwaltungsökonomie...(1997), S. 82.

69 Vgl. Fuchs, Manfred: Das betriebliche Rechnungswesen...(1987), S. 66; Bals, Hansjürgen: Kostenrechnung...(1989), Sp. 830. Hier ist jedoch kritisch anzumerken, daß der Zeitpunkt des Anordnungssolls und der Zeitpunkt des Ressourcenzugangs (Gefahrenübergang) erheblich divergieren können, wodurch eine betriebswirtschaftlich richtige Periodenabgrenzung nicht gewährleistet ist.

70 Die Spalten „Bewegungen" und „Neue Stände" bleiben hier außen vor, da im folgenden nicht die Kontrollzwecke der Haushaltsüberwachungsliste im Vordergrund stehen, sondern die Problematik der Abgrenzung.

Anordnungssoll entsprechen.[71] Die Spalte Betriebsrechnung[72] erfaßt diejenigen Ausgaben des Anordnungssolls, welche Kosten verkörpern. Neutrale Ausgaben bzw. vermögenswirksame Ausgaben[73] sind hingegen auszugliedern.[74] Das gleiche gilt in analoger Form für die Einnahmen. Neben den pagatorischen Kosten fließen auch kalkulatorische Kosten in die Betriebsrechnung ein.[75] Diese können aus der Spalte Neutrale Rechnung oder Vermögensveränderungsrechnung stammen. Die von der Betriebsrechnung generierten Kostendaten werden anschließend mittels Kontierung auf die Kostenarten- und Kostenstellenrechnung und von dort aus weiter auf die Kostenträgerrechnung verteilt.[76] Das Procedere der Kontierung erfolgt grundsätzlich durch die Vergabe entsprechender Kostenarten- und Kostenstellennummern,[77] mit dem die erforderliche kostenrechnerische Buchung einhergeht.[78]

Im Gegensatz zur Betriebsrechnung dienen die Neutrale Rechnung und die Vermögensveränderungsrechnung der Abgrenzung.[79] Während die Neutrale Rechnung alle Beträge aus dem Anordnungssoll herausfiltert, die betriebsfremden, periodenfremden oder außerordentlichen Charakter haben,[80] wird von der Vermögensveränderungsrechnung die Veränderung der Vermögenswerte einschließlich der Abschreibungen abgebildet.[81] Außer der Haushaltsüberwachungsliste führt man im Rahmen der Erweiterten Kameralistik noch weitere Nachweise, wobei dem Anlagenachweis und dem Lagernachweis[82] besondere Bedeutung zukommt. Die drei angesproche-

[71] Vgl. Fuchs, Manfred: Betriebskameralistik...(1989), Sp. 139; Seifert, Klaus: Prozeßmanagement...(1997), S. 72; Klümper, Bernd u. a.: Kommunale Kosten- und Wirtschaftlichkeitsrechnung...(1995), S. 127.

[72] Die Betriebsrechnung wird auch als Erfolgsrechnung oder Wirtschaftlichkeitsrechnung bezeichnet.

[73] Während erfolgswirksame Ausgaben in den Spalten Betriebsrechnung oder Neutrale Rechnung zum Vorschein kommen, tauchen vermögenswirksame Ausgaben in der Vermögensveränderungsrechnung auf.

[74] Vgl. Fuchs, Manfred: Das betriebliche Rechnungswesen...(1987), S. 67; Klümper, Bernd u. a.: Kommunale Kosten- und Wirtschaftlichkeitsrechnung...(1995), S. 126; Bals, Hansjürgen: Kostenrechnung...(1989), Sp. 830; Bräunig, Dietmar: Kosten...(1991), S. 487.

[75] Kalkulatorische Kosten sind neben den anteiligen Verwaltungskosten für Leistungen von zentralisierten Verwaltungseinrichtungen einzugliedern. Vgl. Bräunig, Dietmar: Kosten...(1991), S. 487; Bals, Hansjürgen: Kostenrechnung...(1989), Sp. 830.

[76] Vgl. Fuchs, Manfred: Das betriebliche Rechnungswesen...(1987), S. 67.

[77] Vgl. Gornas, Jürgen: Verwaltungskostenrechnung...(1992), S. 153.

[78] Eine detaillierte Erläuterung zur betriebswirtschaftlichen Verarbeitung von Daten im Rahmen der Erweiterten Kameralistik findet sich bei Gornas, Jürgen: Verwaltungskostenrechnung...(1992), S. 151 – 161. Die Verwaltungskostenrechnung nach Gornas stellt nämlich auf die Erweiterte Kameralistik ab.

[79] Vgl. Fuchs, Manfred: Das betriebliche Rechnungswesen...(1987), S. 67; Klümper, Bernd u. a.: Kommunale Kosten- und Wirtschaftlichkeitsrechnung...(1995), S. 126, 135.

[80] Exemplarische Buchungsbeispiele zur Abgrenzung finden sich bei Klümper, Bernd u. a.: Kommunale Kosten- und Wirtschaftlichkeitsrechnung...(1995), S. 127 – 128. Die Spalte Neutrale Rechnung kann zugleich als Abgrenzungssammelkonto für kalkulatorische Kosten dienen. Dies ist dann der Fall, wenn die angesetzten Kosten von der Höhe der tatsächlich entstandenen Aufwendungen abweichen. Siehe hierzu Fuchs, Manfred: Das betriebliche Rechnungswesen...(1987), S. 67.

[81] Vgl. Fuchs, Manfred: Das betriebliche Rechnungswesen...(1987), S. 67.

[82] In der Vergangenheit erfolgten diese Nachweise mittels Karteien, wohingegen im heutigen Computerzeitalter Dateien verwendet werden. Vgl. Gornas, Jürgen: Verwaltungskostenrechnung...(1992), S. 179. Anlagenachweis und Lagernachweis sind als systematische Vermögensrechnung zu führen. Ein Muster zum Anlagenachweis findet sich bei Klümper, Bernd u. a.: Kommunale Kosten- und Wirtschaftlichkeitsrechnung...(1995), S. 179 – 180. Während in der Vermögensveränderungsrechnung nur Vermögensmehrungen oder –minderungen (Deltabeträge) ihren Niederschlag finden, liefern Anlage- und Lagernachweis Informationen über Anschaffungswerte,

nen Module spiegeln die zentralen Buchungsunterlagen der Erweiterten Kameralistik wider und erlauben nach *Knöll* und *Gornas* die Schaffung einer informationellen Basis zur Verfolgung betriebswirtschaftlicher Ziele.[83] Am Periodenende schließt die Erweiterte Kameralistik mit einem Betriebsabschlußbogen ab. Der Betriebsabschlußbogen weist das betriebliche Ergebnis (Erlöse – Kosten), das neutrale Ergebnis und die Veränderung des Vermögens – differenziert nach den verschiedenen Vermögensarten – einer Verwaltung aus.[84] Die Erweiterte Kameralistik vermag somit kostenrechnerische Ergebnisse zur liefern und ist deshalb im Unterschied zur Betriebskameralistik nicht nur als Vorsystem der Kostenrechnung anzusehen, sondern als mehr oder minder ausgeprägte ganzheitliche Verwaltungsrechnung.[85]

Das hier angesprochene Verfahren der Erweiterten Kameralistik ermöglicht in Grenzen die Verfolgung betriebswirtschaftlicher Rechenziele, ohne Abstriche bei der finanzwirtschaftlichen Gesamtrechnung einer öffentlichen Gebietskörperschaft machen zu müssen.[86] Die Erweiterte Kameralistik findet ihren Niederschlag in der traditionellen Verwaltungskostenrechnung, wie das einschlägige Werk von *Gornas* zum Ausdruck bringt. *Gornas* gliedert die Erweiterte Kameralistik in ein externes Rechnungswesen und in ein internes Rechnungswesen.[87] Dabei wird die Verwaltungskameralistik, welche den Nachweis für den Haushaltsplanvollzug erbringt, als externes Rechnungswesen bezeichnet. Die Betriebsabrechnung[88] widmet sich betriebswirtschaftlichen Problemen und spiegelt das interne Rechnungswesen wider.[89] Wie die Ausführungen weiter oben belegen, ist die von *Gornas* vorgenommene Gliederung der Erweiterten Kameralistik – in ein internes und in ein externes Rechnungswesen – wissenschaftlich nicht ganz sauber.

In der Betriebsabrechnung, als Bestandteil der Erweiterten Kameralistik, spiegelt sich im wesentlichen die traditionelle Verwaltungskostenrechnung wider. Mit diesem Konzept werden für die zentralen Probleme der Generierung von Kostendaten in öffentlichen Verwaltungsbetrieben entsprechende Lösungsansätze aufgezeigt. Hierzu gehören die Klärung des verwaltungsbetrieblichen Kostenbegriffs, die zweckmäßige Differenzierung von Kostenarten, die Kostenerfassung und –bewertung sowie die bedarfsgerechte Bildung von Kostenstellen. Darüber hinaus beschäftigt sich die Literatur zur klassischen Verwaltungskostenrechnung mit der Identifizierung der Kosteneinflußgrößen sowie mit den Problemen der Überführung der Haushaltsdaten in die jeweiligen Kostendaten.[90] Wichtige Fragen in Zusammenhang mit der Durchführung

---

Wiederbeschaffungswerte, Restbuchwerte, Abschreibungen usw. der einzelnen Vermögensgegenstände. Diese dienen somit der Erfassung und Fortschreibung des Vermögens.

83 Vgl. Knöll, Heinz-Dieter: Verwaltungsökonomie...(1997), S. 82; Gornas, Jürgen: Verwaltungskostenrechnung...(1992), S. 145.

84 Vgl. Fuchs, Manfred: Betriebskameralistik...(1989), Sp. 139; Fuchs, Manfred: Das betriebliche Rechnungswesen...(1987), S. 68.

85 Diese umfaßt natürlich auch eine für die Verfolgung betriebswirtschaftlicher Rechenziele erforderliche Kostenrechnung.

86 Vgl. Knöll, Heinz-Dieter: Verwaltungsökonomie...(1997), S. 83; Fuchs, Manfred: Das betriebliche Rechnungswesen...(1987), S. 68.

87 Vgl. Gornas, Jürgen: Verwaltungskostenrechnung...(1992), S. 145 – 146.

88 Die Betriebsabrechnung gilt als die betriebswirtschaftliche Erweiterung der Verwaltungskameralistik.

89 Vgl. Gornas, Jürgen: Verwaltungskostenrechnung...(1992), S. 145 – 146.

90 Siehe hierzu exemplarisch Gornas, Jürgen: Verwaltungskostenrechnung...(1992), S. 10 – 12.

einer zweckadäquaten und leistungsfähigen Kosten- und Leistungsrechnung bleiben jedoch bei der traditionellen Verwaltungskostenrechnung ungeklärt. Solche Fragen betreffen die innerbehördliche Leistungsverrechnung, das kostenstellenbezogene Gemeinkostencontrolling oder die Verwendung leistungserstellungstypspezifischer Kalkulationsverfahren zur Ermittlung der Entgelte für die erbrachten Verwaltungsleistungen. Ferner unterbleibt in der entsprechenden Literatur die Darstellung der Beziehungen zwischen Rechenzwecke und entsprechenden Rechnungsteilsystemen. Die Möglichkeit der prozeßkostenrechnerischen Informationsgenerierung lassen die Werke zur klassischen Verwaltungskostenrechnung überdies völlig außen vor. Um die für eine effiziente Verwaltungssteuerung erforderlichen Informationen generieren zu können, müssen die Defizite der traditionellen Verwaltungskostenrechnung beseitigt werden. Diesbezüglich sind einige Ergänzungen und Modifikationen notwendig, welche sich in den folgenden Abhandlungen wiederfinden.

Da die Erweiterte Kameralistik unterschiedliche Ausgestaltungsformen annehmen kann und deshalb zur Generierung mehr oder minder umfangreicher Informationen imstande ist, läßt sich keine hundertprozentig zutreffende Beurteilung dieses Rechnungssystems vornehmen. Werke zur traditionellen Verwaltungskostenrechnung von *Gornas*, *Wilmer*, *Klümper* oder *Knöll* stellen auf die Erweiterte Kameralistik ab. Nimmt man das Schrifttum zur klassischen Verwaltungskostenrechnung genau unter die Lupe so stellt man fest, daß das dort dargelegte Konzept nur bedingt zu einer effizienten Verwaltungssteuerung beitragen kann. Den an eine moderne und leistungsfähige Kosten- und Leistungsrechnung öffentlicher Verwaltungen zu stellenden Ansprüchen wird die traditionelle Verwaltungskostenrechnung, welche primär auf die Gebührenhaushalte der Kommunen ausgerichtet ist, sicherlich nicht gerecht. Dies belegen mitunter die verfolgten Rechenzwecke, die sich auf die Entgeltermittlung und die Wirtschaftlichkeitskontrolle beschränken. Ferner bleiben dort prozeßkostenrechnerische Kalküle außen vor. Gerade aber die Prozeßkostenrechnung gilt als adäquates Kostenrechnungsinstrumentarium für öffentliche Verwaltungen und wird daher vom Verfasser der vorliegenden Arbeit zur Anwendung in öffentlichen Institutionen empfohlen. Folgende Ausführungen beziehen sich deshalb auf die Integration der in der einschlägigen Literatur vorzufindenden traditionellen und modernen Ansätze zur Kosten- und Leistungsrechnung in öffentlichen Verwaltungen. Generelles Ziel dabei ist es, ein der Struktur öffentlicher Verwaltungen adäquates, in sich geschlossenes Gesamtkonzept einer leistungsfähigen Kosten- und Leistungsrechnung vorzustellen, das die weitreichenden Informationsbedarfe der Verwaltungsführung befriedigen kann, um so ein effizientes Verwaltungshandeln zu gewährleisten.

## B. Zwecke einer modernen Kosten- und Leistungsrechnung öffentlicher Verwaltungen

Es kann nicht angehen, daß Rechensysteme zum Selbstzweck betrieben werden. Die Verwaltung muß sich stets darüber im klaren sein, für welche Zwecke sie Kosteninformationen benötigt. So selbstverständlich dies für den Leser auch klingen mag, sind von der Verwaltung Kostenrechnungszwecke festzulegen, auf Basis derer ein zweckadäquates Kostenrechnungsinstrumentarium zum Einsatz kommt. Die Literatur zur traditionellen Verwaltungskostenrechnung beschränkt sich bei den Kostenrechnungszwecken der öffentlichen Verwaltung auf die Entgeltermittlung und in die

Wirtschaftlichkeitskontrolle.[91] Diese beiden Rechenzwecke gehören sicherlich zu den Hauptzwecken von Kostenrechnungssystemen öffentlicher Verwaltungen, worauf im folgenden Abschnitt auch entsprechend eingegangen wird. Neben der Entgeltermittlung und der Wirtschaftlichkeitskontrolle existiert aber noch eine ganze Reihe weiterer wichtiger Rechnungszwecke, deren Relevanz diese Arbeit zum Ausdruck bringen soll. In diesem Sinne widmen sich die nachfolgenden Ausführungen den bedeutsamen Kostenrechnungszwecken öffentlicher Institutionen. Entsprechend den angeführten Rechnungszwecken soll später ein für öffentliche Verwaltungen zugeschnittenes System der Kosten- und Leistungsrechnung konzipiert werden.

### 1. Schaffung von Kosten- und Leistungstransparenz

Die Schaffung von mehr Transparenz bezüglich der zu erstellenden Verwaltungsleistungen und den dafür anfallenden Kosten gilt als das zentrale Grundanliegen einer Kosten- und Leistungsrechnung in der öffentlichen Verwaltung.[92] Nicht selten verfügt die Verwaltungsführung nur über unzureichende Kenntnisse im Hinblick auf das in der Verwaltung vorzufindende Leistungsgefüge, geschweige denn das damit einhergehende Kostengefüge.[93] Denn der Haushaltsplan zeigt zwar auf, welches Volumen an finanziellen Mitteln die Dienststellen ausgeben dürfen, enthält aber keinerlei Hinweise darüber, für welche konkreten Leistungen diese Gelder zu dienen haben.[94] Der fehlende Bezug der Kameralistik zur Leistungsseite einer Verwaltung läßt diese als Instrument zur sinnvollen Steuerung eines effizienten Verwaltungshandelns ausscheiden.[95]

Im Gegensatz zum Haushaltsplan werden im Rahmen der Kosten- und Leistungsrechnung die Leistungen der öffentlichen Verwaltung innerhalb ihrer verschiedenen Organisationseinheiten definiert und die hervorgebrachten Leistungsmengen sowie die zur ihrer Erstellung in Anspruch genommenen personellen und sachlichen Ressourcen erfaßt und zweckentsprechend abgebildet.[96] Hierdurch bekommt die Verwaltungsführung den nötigen Einblick in die Dependenzen zwischen Ressourceninput und Leistungsoutput, was als unabdingbare Voraussetzung für ein zielgerichtetes und effizientes Verwaltungshandeln gilt.[97] Transparenz bezüglich der Kosten und Leistungen bildet den Nukleus bei der Verfolgung etwaiger kostenrechnerischer Ziele und muß deshalb in Zukunft für alle Behörden eine Selbstverständlichkeit sein.[98] Zwecks der Schaffung von Kosten- und Wertschöpfungstransparenz bedarf es der realitätsgetreuen Abbildung und Quantifizierung sowie damit einhergehend der Analyse und Strukturierung aller in einer Verwaltung durchgeführten Arbeitsabläufe. Fer-

[91] Siehe hierzu Gornas, Jürgen: Kostenrechnung...(1992), S. 1149, 1151; Knöll, Heinz-Dieter: Verwaltungsökonomie...(1997), S. 86 oder Bals, Hansjürgen: Kostenrechnung...(1989), Sp. 826.

[92] Vgl. Haiber, Thomas – Dunker, Klaus: Kostenmanagement...(1995), S. 477; Fischer, Thomas M.: Kostenmanagement...(1997), S. 147.

[93] Vgl. Vogel, Andrea M.: Verwaltungscontrolling...(1996), S. 160; Mahnkopf, Rudolf: Budgetierung...(1996), S. 130.

[94] Vgl. Gruber, Klaus: Kosten-Leistungsrechnung...(1998), S. 41; Mahnkopf, Rudolf: Budgetierung...(1996), S. 130.

[95] Vgl. Mahnkopf, Rudolf: Budgetierung...(1996), S. 130; Gruber, Klaus: Kosten-Leistungsrechnung...(1998), S. 41.

[96] Vgl. Gruber, Klaus: Kosten-Leistungsrechnung...(1998), S. 119.

[97] Vgl. Gruber, Klaus: Kosten-Leistungsrechnung...(1998), S. 41; Mahnkopf, Rudolf: Budgetierung...(1996), S. 131.

[98] Vgl. Vogel, Andrea M.: Verwaltungscontrolling...(1996), S. 160.

ner müssen die in den Abläufen (Prozessen) gebundenen Ressourcen bewertet und die relevanten Kosteneinflußfaktoren identifiziert respektive beleuchtet werden. Bei der kostenrechnerischen Durchdringung des Leistungsgeflechts handelt es sich dem Grunde nach um eine Dekomposition der Erstellungsvorgänge für jede Verwaltungsleistungsart in die jeweils erforderlichen Aktivitäten bzw. Tätigkeiten.[99] Diese Prozedur geht konform mit den Operationen der Prozeßkostenrechnung, welche für öffentliche Verwaltungen, insbesondere zum Zwecke der Kosten- und Leistungstransparenz, zu fordern ist. Als besonders wertvoll erscheint in Zusammenhang mit der Kosten- und Leistungstransparenz das Wissen über die inner- und zwischenbehördlichen Leistungsverflechtungen. Denn die ausgetauschten Leistungen sind mit einem entsprechenden Ressourcenverzehr verbunden, dessen Verrechnung eine unabdingbare Voraussetzung für die Generierung zweckadäquater Kostendaten ist.[100] Hierauf wird später noch einmal genauer einzugehen sein.

## 2. Förderung des Kostenbewußtseins

In engem Zusammenhang mit der Kosten- und Leistungstransparenz steht das Kostenbewußtsein, welches es bei den Mitarbeitern der öffentlichen Verwaltungen zu fördern gilt. Dies soll anhand der soeben angesprochenen inner- und zwischenbehördlichen Leistungsverrechnung verdeutlicht werden. Solange die empfangenden Verwaltungsbereiche ihre nachgefragten Leistungen unentgeltlich erhalten, werden sie sich kaum Gedanken über den hinter den Leistungen steckenden Ressourcenverzehr machen und diese unbegrenzt nachfragen. Ist für die empfangenen Leistungen hingegen ein Entgelt zu entrichten, wird man die Serviceleistungen nur noch begrenzt in Anspruch nehmen und somit auch gezielt sowie sparsam einsetzen.[101] Neben der Kenntnis und entsprechenden Verrechnung der Leistungsverflechtungen weckt grundsätzlich die Transparenz bezüglich der Leistungen und des damit verbundenen Kostenanfalls das nötige Kostenbewußtsein bei den Verwaltungsangehörigen. Das Wissen über die absolute Kostenhöhe (bezogen auf jegliche Betrachtungsobjekte), die Kostenstruktur, die ablaufbedingten Kostenschwerpunkte sowie die Kostenentwicklungen erzeugt bei den Betroffenen die geforderte Aufmerksamkeit im Hinblick auf ein effizientes Verwaltungshandeln und verkörpert einen Stimulus zur Ingangsetzung von Verbesserungs- bzw. Anpassungsmaßnahmen zwecks der Gewährleistung der wirtschaftlichen Allokation von knappen Verwaltungsressourcen.[102] Ein ausgeprägtes Kosten- und Leistungsbewußtsein in allen erdenklichen Verwaltungseinheiten ist daher eine unabdingbare Grundvoraussetzung für die Ermöglichung eines effizienten und leistungsorientierten Verwaltungshandelns.[103]

---

[99] Vgl. Furch, Kristian: Kosten- und Leistungsrechnung...(1995), S. 20; Lachnit, Laurenz: Kosten- und Leistungsrechnung...(1999), S. 49 – 50; Fischer, Thomas M.: Prozeßkostencontrolling...(1999), S. 117, 121; Remer, Detlef: Prozeßkostenrechnung...(1997), S. 86; Mayer, Reinhold: Prozeßkostenrechnung...(1998), S. 12 – 13; Zimmermann, Gebhard: Prozeßorientierte Kostenrechnung...(1994), S. 72; Horváth, Péter – Mayer, Reinhold: Prozeßkostenrechnung...(1989), S. 216; Scheer, August-Wilhelm u. a.: Geschäftsprozeßmodellierung...(1996), S. 122; Coenenberg, Adolf Gerhard – Fischer, Thomas M.: Prozeßkostenrechnung...(1991), S. 26; Ebert, Thorsten: Prozeßoptimierung...(1999), S. 391.

[100] Vgl. Haberstock, Lothar: Kostenrechnung 1...(1997), S. 125.

[101] Vgl. Nau, Hans-Rainer – Wallner, Gerhard: Verwaltungs-Controlling...(1998), S. 84.

[102] Vgl. Zimmermann, Gebhard – Grundmann Ralf: Prozeßkostenrechnung...(1996), S. 106.

[103] Vgl. Zimmermann, Gebhard: Prozeßorientierte Kostenrechnung...(1994), S. 71; Seidenschwarz, Bärbel: Controlling...(1993), S. 192.

Das angestrebte Kostenbewußtsein kann primär durch die Einrichtung abgegrenzter Kostenverantwortungsbereiche (Kostenstellen) gefördert werden. Innerhalb den einzelnen Verantwortungsbereichen muß es für die jeweiligen Bediensteten möglich sein, über den Ressourceneinsatz und den dadurch bewirkten Kostenfolgen frei und eigenverantwortlich zu entscheiden.[104] Den Bereichsverantwortlichen kommt dabei idealerweise eine für die Leistungserstellung ganzheitliche Verantwortung zu, die sich in der Fachaufgabenverantwortung und in der Ressourcenverantwortung konkretisiert.[105] Mit der Übertragung von Ressourcenverantwortung auf die Verwaltungsfachbereiche entsteht der aus betriebswirtschaftlicher Sicht durchaus erwünschte Zwang der Beleuchtung des Kosten- und Leistungsgefüges der kostenrechnerisch abgegrenzten Verwaltungseinheit durch ihr eigenes Personal.[106] Ferner fördert diese dezentrale Kostenverantwortung die Motivation der Mitarbeiter.

### 3. Überwachung von Kostenentwicklungen

Verfügt die öffentliche Verwaltung über das nötige Wissen bezüglich ihres Kostengefüges, können respektive müssen in einem nächsten Schritt die Kosten im Zeitablauf verfolgt werden. Dies hat mittels Zeitvergleichen zu erfolgen. Bei derartigen Zeitvergleichen werden die Kosten unterschiedlicher Perioden einander gegenübergestellt. Anhand von Zeitvergleichen lassen sich für die Verwaltungsführung wertvolle Informationen über bestimmte Kostentrends generieren.[107] Dabei wird neben den Kostenentwicklungen auch das Entwicklungstempo ersichtlich.[108]

Positive oder negative Entwicklungen sollten mittels Zeitvergleichen möglichst frühzeitig erkannt werden, um so rechtzeitig geeignete Stützungs- bzw. Korrekturmaßnahmen einleiten zu können, welche den eruierten Trend verstärken oder umkehren.[109] Wird durch den Zeitvergleich ein überproportionaler Kostenanstieg festgestellt, muß sich die Verwaltungsführung Gedanken machen über die Gründe des Kostenanstiegs sowie eventuelle Maßnahmen der Gegensteuerung. Die Gründe für den Kostenanstieg bilden zumeist auch die Ausgangsbasis für die Bestimmung adäquater Steuerungsmaßnahmen.[110] Für deren Eruierung ist es erforderlich, jeweils separat jeden einzelnen Verwaltungsteilbereich (Verwaltungskostenstelle) auf Unwirtschaftlichkeiten hin zu untersuchen, wobei auch bereichsübergreifende Betrachtungen wichtige Erkenntnisse zu liefern vermögen. Grundsätzlich dürfen kostenwirtschaftliche Analysen nicht auf der Ebene der Gesamtverwaltung ihre Begrenzung finden, sondern sind als genaue Detailuntersuchungen in den einzelnen Verwaltungsteilbereichen durchzuführen. Erst kostenstellenbezogene Betrachtungen können den nötigen Aufschluß geben über die Ursachen etwaiger Ineffizienzen respektive Kostenveränderungen. Hierdurch wird vor allem auch ersichtlich, in welchen Verwaltungsteilbereichen ungünstige Entwicklungen stattfinden.[111] Für die Überwachung

---

[104] Vgl. Seidenschwarz, Bärbel: Controlling...(1993), S. 192; Mahnkopf, Rudolf: Budgetierung...(1996), S. 136; Gruber, Klaus: Kosten-Leistungsrechnung...(1998), S. 78.

[105] Vgl. Gruber, Klaus: Kosten-Leistungsrechnung...(1998), S. 78.

[106] Vgl. Seeger, Tilman – Walter, Matthias: Kosten- und Leistungsrechnung...(1999), S. 69.

[107] Vgl. Vogel, Andrea M.: Verwaltungscontrolling...(1996), S. 165.

[108] Vgl. Peemöller, Volker H.: Bilanzanalyse...(1993), S. 256.

[109] Vgl. Siegwart, Hans: Kennzahlen...(1998), S. 14; Groll, Karl-Heinz: Erfolgssicherung...(1991), S. 61.

[110] Vgl. Botta, Volkmar: Kennzahlensysteme...(1997), S. 183 – 184.

[111] Vgl. Klümper, Bernd u. a.: Kommunale Kosten- und Wirtschaftlichkeitsrechnung...(1995), S. 320.

der Wirtschaftlichkeit der Verwaltungskostenstellen sind regelmäßige Plan-Soll-Ist-Vergleiche durchzuführen. Diese erlauben eine wesentlich wirksamere Kontrolle der Kosten, differenziert nach verschiedenen Kostenarten, als Zeitvergleiche.[112] Zeitvergleiche haben bei Wirtschaftlichkeitskontrollen lediglich eine unterstützende Funktion und sollen in einem ersten Schritt auf eventuelle Ineffizienzen hinweisen.[113] Der Zeitvergleich bringt Veränderungen als Wirkungen zum Vorschein; die Ursachen dieser Veränderungen werden jedoch nicht aufgedeckt.[114] Wie ein Zeitvergleich zur Überwachung der Kostenentwicklungen konkret aussehen kann, zeigt Abbildung 2-2 exemplarisch auf.

Abbildung 2-2

**Zeitliche Entwicklung der Kostenartenstruktur**

| | | | | Veränderung April-Mai | | Veränderung Mai-Juni | | Veränderung April-Juni | |
|---|---|---|---|---|---|---|---|---|---|
| **Kostenarten** | **April** | **Mai** | **Juni** | **absolut** | **in %** | **absolut** | **in %** | **absolut** | **in %** |
| Beamtenbezüge | 2.023.874 | 2.070.678 | 2.097.306 | 46.804 | 2,31 | 26.628 | 1,29 | 73.432 | 3,63 |
| Angestelltenvergütung | 1.874.365 | 1.890.126 | 1.896.214 | 15.761 | 0,84 | 6.088 | 0,32 | 21.849 | 1,17 |
| Löhne | 126.452 | 127.763 | 130.412 | 1.311 | 1,04 | 2.649 | 2,07 | 3.960 | 3,13 |
| **Personalkosten** | **4.024.691** | **4.088.567** | **4.123.932** | **63.876** | **1,59** | **35.365** | **0,86** | **99.241** | **2,47** |
| Kfz-Kosten | 5.605 | 10.796 | 4.853 | 5.191 | 92,61 | -5.943 | -55,05 | -752 | -13,42 |
| Telefonkosten | 6.523 | 9.298 | 8.132 | 2.775 | 42,54 | -1.166 | -12,54 | 1.609 | 24,67 |
| Geschäftsbedarf | 195.665 | 132.455 | 154.372 | -63.210 | -32,31 | 21.917 | 16,55 | -41.293 | -21,10 |
| Aus- und Fortbildung | 7.388 | 3.958 | 5.194 | -3.430 | -46,43 | 1.236 | 31,23 | -2.194 | -29,70 |
| Sonstige Sachkosten | 40.992 | 64.473 | 52.069 | 23.481 | 57,28 | -12.404 | -19,24 | 11.077 | 27,02 |
| Instandhaltung | 24.856 | 52.502 | 46.602 | 27.646 | 111,23 | -5.900 | -11,24 | 21.746 | 87,49 |
| Reisekosten | 8.263 | 8.006 | 9.455 | -257 | -3,11 | 1.449 | 18,10 | 1.192 | 14,43 |
| Gebäudekosten | 81.621 | 132.002 | 93.127 | 50.381 | 61,73 | -38.875 | -29,45 | 11.506 | 14,10 |
| **Sachkosten** | **370.913** | **413.490** | **373.804** | **42.577** | **11,48** | **-39.686** | **-9,60** | **2.891** | **0,78** |
| Kalk. Zinsen | 4.520 | 4.315 | 4.128 | -205 | -4,54 | -187 | -4,33 | -392 | -8,67 |
| Kalk. Abschreibungen | 35.224 | 28.289 | 33.264 | -6.935 | -19,69 | 4.975 | 17,59 | -1.960 | -5,56 |
| Kalk. Mieten | 533.245 | 533.245 | 533.245 | 0 | 0 | 0 | 0 | 0 | 0 |
| **Kalkulatorische Kosten** | **572.989** | **565.849** | **570.637** | **-7.140** | **-1,25** | **4.788** | **0,85** | **-2.352** | **-0,41** |
| **Summe** | **4.968.593** | **5.067.906** | **5.068.373** | **99.313** | **2,00** | **467** | **0,01** | **99.780** | **2,01** |

Eigene Darstellung.

112 Vgl. Groll, Karl-Heinz: Erfolgssicherung...(1991), S. 61.
113 Vgl. Hummel, Siegfried – Männel, Wolfgang: Kostenrechnung 1...(1986), S. 128; Klümper, Bernd u. a.: Kommunale Kosten- und Wirtschaftlichkeitsrechnung...(1995), S. 319.
114 Vgl. Kerth, Albin – Wolf, Jakob: Bilanzanalyse...(1986), S. 52.

## 4. Planung, Steuerung und Kontrolle der Kosten zur Gewährleistung der Wirtschaftlichkeit

In öffentlichen Verwaltungen dient das vorhandene Kostenrechnungsinstrumentarium vorwiegend der Kalkulation von Entgelten für Verwaltungsleistungen. Damit verbunden ist die Rechtfertigung politisch festgelegter Preise. Die Wirtschaftlichkeitskontrolle mittels kostenrechnerischen Systemen spielt bis dato in der Verwaltungspraxis lediglich eine untergeordnete Rolle.[115] Aufgrund der Knappheit von Ressourcen ist jedoch die Wirtschaftlichkeit einer Organisation und ihrer Leistungserstellungsprozesse unabdingbar, was selbstverständlich auch für den öffentlichen Sektor gilt.[116] Ganz gleich, ob die öffentliche Verwaltung ihre Leistungen gegen Entgelt abgibt oder nicht, müssen die erbrachten Leistungen (Output) stets in einem angemessenen Verhältnis zu den eingesetzten Mitteln (Input) stehen.[117] Effizientes Verwaltungshandeln gebieten insbesondere die einschlägigen rechtlichen Bestimmungen über die Wirtschaftlichkeit öffentlicher Haushaltsführung. Neben Artikel 114 GG fordern § 7 Abs. 1 BHO und § 7 Abs. 1 LHO die Beachtung der Wirtschaftlichkeit im staatlichen Bereich. Für den kommunalen Bereich regelt dies beispielsweise § 62 Abs. 2 GO NW.

Die Kontrolle der Wirtschaftlichkeit der Leistungserstellung hat im gesamten Bereich öffentlicher Verwaltungen durch den Einsatz umfassender Kosten- und Leistungsrechnungen zu erfolgen.[118] Ziel dabei ist es, Störungen und Mängel der Verwaltungsprozesse, die einen ineffizienten Ressourceneinsatz hervorrufen, frühzeitig zu identifizieren, zu lokalisieren und den jeweiligen Verantwortungsträgern anzulasten.[119] Die Durchführung der Wirtschaftlichkeitskontrolle setzt voraus, daß in den zu kontrollierenden Leistungsbereichen quantifizierbare und homogene Leistungen oder zumindest Gruppen homogener Leistungen erbracht werden, welche sowohl quantitativ als auch monetär erfaßbar sind.[120] Aufgrund der hohen Fixkostenintensität öffentlicher Einrichtungen kann es deshalb zu Schwierigkeiten bei der Effizienzkontrolle kommen.[121]

Wirtschaftlichkeitskontrollen sind regelmäßig in den einzelnen Organisationseinheiten (Stellen oder Abteilungen) der öffentlichen Verwaltung durchzuführen. Plan-Soll-Ist-Vergleiche und darauf aufbauende Abweichungsanalysen bei den Kosten einzelner Stellen – innerhalb eines bestimmten Abrechnungszeitraums (z. B. 1 Monat) – bilden die Basis für die Ursachenanalysen bezüglich des unwirtschaftlichen Verhaltens sowie für die Aufdeckung von Rationalisierungspotentialen. Hieran knüpfen ent-

---

[115] Vgl. Haiber, Thomas: Controlling...(1997), S. 43 – 44; Seifert, Klaus: Prozeßmanagement...(1998), S. 41, 53; Haiber, Thomas – Dunker, Klaus: Kostenmanagement...(1995), S. 475.

[116] Vgl. Lüder, Klaus: Neues Steuerungsmodell...(1994), S. 190.

[117] Vgl. Knöll, Heinz-Dieter: Verwaltungsökonomie...(1997), S. 86.

[118] Vgl. Lüder, Klaus: Neues Steuerungsmodell...(1994), S. 190; Mühlhaupt, Ludwig - Gornas, Jürgen: Finanzwirtschaftliches und betriebswirtschaftliches Rechnen...(1973), S. 32; Buchholtz, Klaus – Meierhofer, Hans: Kosten- und Leistungsrechnung...(1994), S. 5.

[119] Vgl. Seifert, Klaus: Prozeßmanagement...(1998), S. 50 – 51.

[120] Vgl. Mühlhaupt, Ludwig - Gornas, Jürgen: Finanzwirtschaftliches und betriebswirtschaftliches Rechnen...(1973), S. 32; Seifert, Klaus: Prozeßmanagement...(1998), S. 50.

[121] Vgl. Mühlhaupt, Ludwig - Gornas, Jürgen: Finanzwirtschaftliches und betriebswirtschaftliches Rechnen...(1973), S. 32.

sprechende Maßnahmen der Effizienzsteigerung,[122] wie z. B. die Aufschiebung von Stellenneubesetzungen oder auch die bedarfsorientierte Verschiebung von Personalkapazitäten zwischen verschiedenen Fachbereichen. Für Analysezwecke bietet sich hierbei die Vorgabe kostenstellenspezifischer und möglichst analytisch geplanter Kostenbudgets an, die periodisch mit den tatsächlich beanspruchten Istkostenbudgets verglichen werden.[123]

Parallel zum stellenbezogenen Plan-Soll-Ist-Vergleich muß im Rahmen der Wirtschaftlichkeitskontrolle ebenfalls der kostenträgerbezogene Plan-Soll-Ist-Vergleich zur Anwendung kommen. Dieser trägt in beträchtlichem Maße zur Identifikation bei, wo genau zwischen Kosten und Leistungen ein Mißverhältnis besteht.[124] Neben den Plan-Soll-Ist-Vergleichen und den vorhin erläuterten Zeitvergleichen können die öffentlichen Verwaltungen mit den Kosten- und Leistungsdaten auch Betriebsvergleiche durchführen. Während Zeitvergleiche bestimmte Entwicklungstendenzen sichtbar machen, geben Verwaltungsvergleiche darüber Auskunft, wie rationell die einzelne Verwaltung im Gegensatz zu anderen Verwaltungen agiert.[125] Zwischenbehördliche Vergleiche vermögen nur dann sinnvolle Ergebnisse zu liefern, wenn die Verwaltungen ähnliche Kosten- und Leistungsstrukturen aufweisen. Sowohl Zeitvergleichen als auch Betriebsvergleichen haftet der Nachteil an, daß die Vergleichsdaten Unwirtschaftlichkeiten beinhalten können. Dieses Manko läßt sich durch die erwähnten Plan-Soll-Ist-Vergleiche (Normvergleiche) eliminieren.[126]

In Diskrepanz zur Verwaltungspraxis hat die Kostenrechnung in erster Linie der Planung, Steuerung und Kontrolle, insbesondere der Aufdeckung von Rationalisierungspotentialen, zu dienen und darf nicht auf die bloße Entgeltkalkulation zur Rechtfertigung der Gebühren- und Abgabenbemessung beschränkt bleiben.[127] Nur der Blick auf die Gesamtkosten oder die Stückkosten erlaubt noch keine Aussage darüber, wo zwischen Leistungen und den dafür eingesetzten Ressourcen ein Mißverhältnis vorliegt. Um die Kosten-Leistungs-Relationen ergründen zu können ist es notwendig, die Kosten hinreichend nach Kostenarten, Kostenstellen und Kostenträgern zu differenzieren.[128]

---

[122] Fischer bezeichnet diese Maßnahmen als kurzfristige Kostenmanagementmaßnahmen, was aus wissenschaftlicher Sicht abzulehnen ist. Kostenmanagementmaßnahmen zielen auf die frühzeitige, antizipative Beeinflussung und Gestaltung der Kosteneinflußfaktoren. Hier agiert jedoch die Verwaltung auf der Basis von Abweichungen, wodurch es sich um eine Regelung handeln dürfte. Zudem sind Kostenmanagementmaßnahmen eher langfristig angelegt, was im Widerspruch zum Wort kurzfristig steht. Siehe hierzu Fischer, Thomas M.: Kostenmanagement...(1997), S. 147; Haiber, Thomas – Dunker, Klaus: Kostenmanagement...(1995), S. 481.

[123] Vgl. Haiber, Thomas – Dunker, Klaus: Kostenmanagement...(1995), S. 476; Fischer, Thomas M.: Kostenmanagement...(1997), S. 147.

[124] Vgl. Seifert, Klaus: Prozeßmanagement...(1998), S. 51; Schmidberger, Jürgen: Controlling...(1993), S. 273.

[125] Vgl. Wilmer, Lothar: Kostenrechnung...(1992), S. 87; Klümper, Bernd u. a.: Kommunale Kosten- und Wirtschaftlichkeitsrechnung...(1995), S. 320.

[126] Vgl. Seifert, Klaus: Prozeßmanagement...(1998), S. 50 – 51.

[127] Vgl. Seifert, Klaus: Prozeßmanagement...(1998), S. 41; Bals, Hansjürgen: Kostenrechnung...(1989), Sp. 826.

[128] Vgl. Wilmer, Lothar: Kostenrechnung...(1992), S. 87.

## 5. Bestimmung von Kennzahlen für zwischenbehördliches und überbehördliches Benchmarking

Zur Gewährleistung der Wirtschaftlichkeit der Aufgabenerfüllung müssen öffentliche Verwaltungen neben den Zeitvergleichen und den Plan-Soll-Ist-Vergleichen auch Vergleiche mit anderen Behörden und vielleicht sogar Vergleiche mit der Privatwirtschaft anstellen.[129] Die Realisierung zwischenbehördlicher respektive überbehördlicher Vergleiche erfordert die Existenz entsprechend adäquater Vergleichsdaten. Als Datengenerator für externe Verwaltungsvergleiche vermag die Kosten- und Leistungsrechnung einen wertvollen Beitrag zur Steigerung der Verwaltungseffizienz zu leisten. Die Kosten- und Leistungsrechnung bildet die primäre Informationsgrundlage für die Durchführung von Betriebsvergleichen, indem sie das verwaltungsbetriebliche Geschehen auf der Mengen- und Wertebene erfaßt und auch zweckentsprechend abbildet.[130] Mit den Kosten- und Leistungsdaten generiert dieses betriebswirtschaftliche Instrument die für überbetriebliche Wirtschaftlichkeitsvergleiche erforderlichen Vergleichsdaten, welche zumeist in Form von Kennzahlen zur Verfügung stehen. Kennzahlen ermöglichen es, komplizierte betriebliche Phänomene und Strukturen, vor allem aber auch Prozesse, auf möglichst einfache Weise abzubilden. Hierdurch soll ein relativ schneller und umfassender Überblick über den Verwaltungsbetrieb gewährleistet werden.[131] In der betriebswirtschaftlichen Literatur kursiert eine Fülle verschiedenartiger – teils mehr oder minder abstrakter – Kennzahlendefinitionen. Nach *Küting/Weber* sind Kennzahlen „hochverdichtete Maßgrößen, die als Verhältniszahlen oder absolute Zahlen in einer konzentrierten Form über einen zahlenmäßig erfaßbaren Sachverhalt berichten."[132] Diese Definition dürfte den Charakter von Kennzahlen ganz gut zum Ausdruck bringen. Die wesentlichen Merkmale einer Kennzahl sind der Informationscharakter, die Quantifizierbarkeit sowie die spezifische Form der Information.[133]

Einzelne Kennzahlen können gegebenenfalls nur monokausale Ursache-Wirkungs-Zusammenhänge aufzeigen. Aus diesem Grunde erscheint es sinnvoll, Einzelkennzahlen in einem multikausalen Ansatz zu einem System von gegenseitig abhängigen bzw. einander ergänzenden oder erklärenden Kennzahlen zusammenzufassen. Aggregationen dieser Art tragen den Terminus Kennzahlensysteme.[134] Bei den Kennzahlensystemen stehen die einzelnen Kennzahlen in einer sachlogischen Beziehung zueinander und erlauben so eine übersichtliche Abbildung der für den Informationsempfänger bedeutsamen Sachverhalte, wobei sämtliche Kennzahlen eine Ausrichtung auf ein gemeinsames übergeordnetes Ziel erfahren. Durch die Informationsverdichtung in einer strukturierten Kennzahlenhierarchie vermögen es Kennzahlensysteme zu leisten, jedem Informationsempfänger die für ihn spezifisch relevanten verwaltungsbetrieblichen Phänomene mittels einiger weniger Kennzahlen darzulegen.[135]

---

[129] Vgl. Klümper, Bernd u. a.: Kommunale Kosten- und Wirtschaftlichkeitsrechnung...(1995), S. 320.
[130] Vgl. Kauermann, Ralf: Betriebsvergleich...(1999), S. 5.
[131] Vgl. Küting, Karlheinz – Weber, Claus-Peter: Bilanzanalyse...(2000), S. 23.
[132] Küting, Karlheinz – Weber, Claus-Peter: Bilanzanalyse...(2000), S. 23.
[133] Vgl. Reichmann, Thomas: Kennzahlen...(1990), S. 15.
[134] Vgl. Buchner, Robert: Kennzahlenrechnung...(1985), S. 36.
[135] Vgl. Reichmann, Thomas: Kennzahlen...(1990), S. 19 –20; Aichele Christian – Kirsch, Jürgen: Geschäftsprozeßanalyse...(1995), S. 125.

Mit dem Instrument der Kosten- und Leistungsrechnung kann die öffentliche Verwaltung eine Fülle verschiedenartiger, monetärer oder nicht monetärer, Kennzahlen zum Zwecke des Betriebsvergleichs generieren. Die Kennzahlen Prozeßkostensatz, Prozeßmenge, Prozeßkosten, Hauptprozeßkosten, Kostendeckungsgrad, Kosten pro Verwaltungsendleistung, Kosten pro Verwaltungszwischenleistung, Gesamtkosten, Kapazitätsausnutzungsgrad sowie spezifische Kostenstrukturkennzahlen (z. B. Anteil der Personalkosten an den Gesamtkosten) lassen sich durch eine moderne Kosten- und Leistungsrechnung ohne größere Probleme verfügbar machen, um nur einige möglicher Maßgrößen zu nennen. Daneben kann die Kosten- und Leistungsrechnung als Datenquelle für Kennzahlen fungieren, welche die Prozeßabläufe in ihrer zeitlichen und mengenmäßigen Dimension zum Ausdruck bringen. Zu denken wäre hierbei an die Durchlaufzeit, den Anteil der Wertschöpfungszeit, die Personalkapazität der Teilprozesse oder das Leistungsvolumen der Teilprozesse.[136] Diese Aufzählung spiegelt nur einen kleinen Part möglicher Kennzahlen wider und soll als Stimulus für die Bildung weiterer, insbesondere detaillierterer, Kennzahlen gelten. Die Kennzahlen Prozeßkostensatz und Prozeßmenge lassen sich in ein Kennzahlensystem (Abbildung 2-3) integrieren, das darüber hinaus auch die Maßgrößen Prozeßkosten und Kostenstellenkosten involviert und in der Gesamtheit eine hierarchische Kennzahlenstruktur verkörpert.

Abbildung 2-3

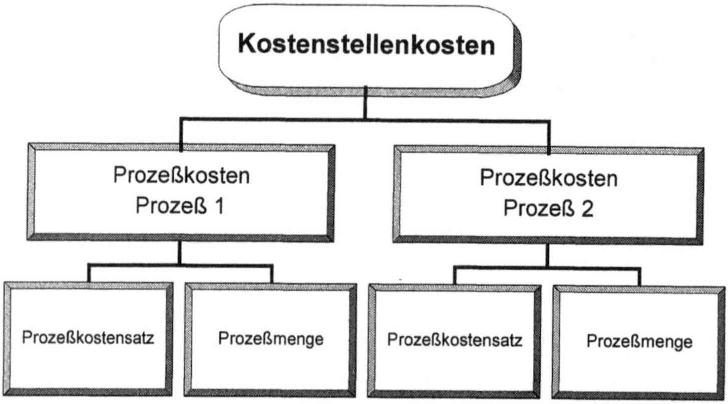


In Anlehnung an Brokemper, Andreas – Gleich, Ronald: Analyse...(1999), S. 85.

Spezifische Kennzahlensysteme für die Bereiche Ausländerwesen, Bauaufsicht, Einwohnermeldewesen, Gebäudewirtschaft, Grünflächen, Kfz-Zulassung, Personenstandswesen und Politik stehen den Kommunen im Rahmen eines für interkommu-

136 Siehe hierzu Haiber, Thomas: Controlling...(1997), S. 474 – 477; Coenenberg, Adolf Gerhard: Kostenrechnung...(1999), S. 231 – 232; Ceynowa, Klaus – Finkeißen, Alexander: Prozeßkostenmanagement...(1998), S. 471; Keller, Bernhard: Behördenwettbewerb...(1998), S. 295; Brokemper, Andreas – Gleich, Ronald: Analyse...(1999), S. 85. Konkrete Kennzahlen mit den jeweiligen Kennzahlenwerten finden sich in Deutscher Bundestag: Benchmarking...(1997), S. 158 – 159.

nale Vergleiche gebildeten Vergleichsrings zur entsprechenden Nutzung zu Verfügung. Der Vergleichsring wurde vom IKO-Netz der KGSt eingerichtet und soll die in den genannten Bereichen vorhandenen Informationsdefizite beseitigen helfen. Die am Vergleichsring teilnehmenden Kommunen entwickelten aus ihrer Vergleichsarbeit heraus diese Kennzahlensysteme, welche der Vereinfachung und Vereinheitlichung sowie der systematischen Durchführung späterer Vergleiche zu dienen haben.[137]

Der Terminus Benchmarking stammt aus dem Vermessungswesen und wird in der Landvermessung als Markierung für Höhen- oder Richtungsvergleiche verstanden.[138] Bei Benchmarks handelt es sich daher um anzustrebende Ziel- und Orientierungsgrößen, die sich in den besten – gemessenen und vergleichbar gemachten – Leistungen widerspiegeln und eine Positions- bzw. Richtungsbestimmung der Verwaltung ermöglichen sollen.[139]

Benchmarking ist der Vergleich der Performance der eigenen Produkte, Dienstleistungen, Methoden oder Prozesse mit denen eines Wirtschaftssubjekts, welches hierbei die beste Lösung aufweisen kann.[140] Mit der Kenntnis der Best-Practice-Lösung wird das Ziel verfolgt, Verbesserungspotentiale in der eigenen Organisation zu eruieren und durch Ausschöpfung derer signifikante Effizienzsteigerungen zu realisieren. Durch das Benchmarking sollen die Unterschiede zur Bestleistung respektive die Leistungslücken sichtbar gemacht, die Ursachen für die Abweichungen offengelegt sowie Alternativen von Verbesserungsmaßnahmen aufgezeigt werden.[141] Das Lernen vom Besten, wie Benchmarking des öfteren bezeichnet wird,[142] vollzieht sich also derart, daß sich die Organisation die nötigen Anstöße für Neugestaltungen und Verbesserungen mittels Vergleiche von außen holt.[143]

Der Benchmarking-Partner muß nicht unbedingt der gleichen Branche angehören. Öffentliche Verwaltungen können Vergleiche auch mit Betrieben der Privatwirtschaft anstellen. Gerade der Vergleich mit Industriestandards respektive Leistungsdaten des Dienstleistungssektors (z. B. Bankenbereich) verspricht die Generierung eines

---

[137] Vgl. genauer Schmithals, Elisabeth u. a.: IKO-Netz...(1997), S. 22 – 25.

[138] Vgl. Küting, Karlheinz - Lorson, Peter: Benchmarking...(1996), S. 122.

[139] Vgl. Fischer, Thomas M.: Kostenmanagement...(1997), S. 163; Küting, Karlheinz - Lorson, Peter: Benchmarking...(1996), S. 122.

[140] Vgl. Haiber, Thomas: Controlling...(1997), S. 476; Küting, Karlheinz - Lorson, Peter: Benchmarking...(1996), S. 123; Fischer, Thomas M.: Kostenmanagement...(1997), S. 163; Fischer, Thomas M.: Prozeßkostencontrolling...(1999), S. 123; Scheer, August-Wilhelm u. a.: Geschäftsprozeßmodellierung...(1996), S. 123; Bandemer, Stephan von: Benchmarking...(1998), S. 362; Schimank, Christof: Process-Benchmarking...(1998), S. 50; Bundesministerium der Finanzen (Hrsg.): Kosten- und Leistungsrechnung...(1997), S. 105.

[141] Vgl. Scheer, August-Wilhelm u. a.: Geschäftsprozeßmodellierung...(1996), S. 123; Haiber, Thomas: Controlling...(1997), S. 476; Schimank, Christof: Process-Benchmarking...(1998), S. 50 – 51; Küting, Karlheinz - Lorson, Peter: Benchmarking...(1996), S. 123; Fischer, Thomas M.: Kostenmanagement...(1997), S. 163; Bundesministerium der Finanzen (Hrsg.): Kosten- und Leistungsrechnung...(1997), S. 105.

[142] Siehe hierzu Bandemer, Stephan von: Benchmarking...(1998), S. 362; insbesondere siehe Knauf, Jürgen T.: Benchmarking...(1997), S. 23.

[143] Vgl. Scheer, August-Wilhelm u. a.: Geschäftsprozeßmodellierung...(1996), S. 123.

wertvollen prozeß- und methodenbezogenen Wissens.[144] Dies ist dadurch zu begründen, daß bestimmte Organisationen bei bestimmten Geschäftsprozessen über enorme Spezialisierungsvorteile verfügen, die sich die öffentliche Verwaltung im Zuge des Benchmarking nutzbar machen kann.[145] Als Beispiele für solche Spezialisierungsvorteile lassen sich die Ritz-Carlton Hotelgruppe für die Entwicklung eines Beschwerdemanagements sowie der Konzern ABB für die strategische Steuerung einer Vielzahl dezentraler Einheiten mit einem breiten Aufgabenspektrum anführen.[146]

Benchmarking kann in den unterschiedlichsten Ausgestaltungsformen praktiziert werden, wobei Reverse Engineering, wettbewerbsorientierte Vergleiche und prozeßorientierte Vergleiche die Varianten von Benchmarking darstellen, welche in der Praxis am häufigsten Anwendung finden.[147] Beim Reverse Engineering handelt es sich in erster Linie um einen technischen Vergleich von Eigenschaften, Funktionalität und Leistungsfähigkeit der erstellten Produkte.[148] Dieser scheidet aufgrund der Immaterialität der Dienstleistungen für den öffentlichen Sektor generell aus. Wettbewerbsorientiertes Benchmarking kennzeichnet Verfahrensvergleiche zwischen Organisationen derselben Branche.[149] Durch den Vergleich von Behörden läßt sich bei diesen in gewissen Grenzen ein Wettbewerb stimulieren. Für die Effizienz öffentlicher Verwaltungen ist es enorm wichtig, daß die belebenden und motivierenden Kräfte des Markt- und Wettbewerbsgeschehens auch dort zu ihrer Entfaltung kommen. Anhand des Benchmarking wird den Behörden dargelegt, auf welche Art und mit welchen Mitteln andere Behörden ihre Aufgaben erledigen und welche Anstrengungen unternommen werden müssen, damit die eigene Behörde in Zukunft die geforderte Leistungsfähigkeit erreichen kann.[150] Werden Verfahrensvergleiche auf der Ebene von Geschäftsprozessen durchgeführt, handelt es sich um prozeßorientiertes Benchmarking, wobei dieses Procedere auch branchenübergreifend stattfinden kann.[151] Komplementär zum Prozeßbenchmarking ist eine prozeßorientierte Kosten- und Leistungsrechnung zu fordern, mittels derer die notwendigen Kennzahlen für den Prozeßvergleich zu generieren sind.[152]

Der Terminus Benchmarking wird in der Literatur und in der Praxis des öfteren für den generellen Vergleich von Institutionen bzw. Betriebseinheiten verwendet, unabhängig davon, ob es sich beim Vergleichspartner um einen Spitzenperformer handelt

---

[144] Vgl. Zimmermann, Gebhard – Grundmann Ralf: Implementierung...(1999), S. 335; Scheer, August-Wilhelm u. a.: Geschäftsprozeßmodellierung...(1996), S. 123; Bandemer, Stephan von: Benchmarking...(1998), S. 366.

[145] Vgl. Bandemer, Stephan von: Benchmarking...(1998), S. 366.

[146] Vgl. genauer Bandemer, Stephan von: Benchmarking...(1998), S. 366. Dieser Quelle wurden die zwei Beispiele entnommen; außerdem enthält die angeführte Quelle noch eine Reihe weiterer interessanter Beispiele für Spitzenleistungen.

[147] Vgl. Küting, Karlheinz - Lorson, Peter: Benchmarking...(1996), S. 123.

[148] Vgl. Küting, Karlheinz - Lorson, Peter: Benchmarking...(1996), S. 123.

[149] Vgl. Küting, Karlheinz - Lorson, Peter: Benchmarking...(1996), S. 123.

[150] Vgl. Bundesministerium der Finanzen (Hrsg.): Kosten- und Leistungsrechnung...(1997), S. 103; Haiber, Thomas: Controlling...(1997), S. 469.

[151] Vgl. Küting, Karlheinz - Lorson, Peter: Benchmarking...(1996), S. 123; Haiber, Thomas: Controlling...(1997), S. 474. Das Procedere des Benchmarking von Geschäftsprozessen wird in der ersteren Quelle auf den Seiten 131 – 137 detailliert beschrieben.

[152] Vgl. Schimank, Christof: Process-Benchmarking...(1998), S. 47 und 50; Scheer, August-Wilhelm u. a.: Geschäftsprozeßmodellierung...(1996), S. 123; Haiber, Thomas: Controlling...(1997), S. 474; Zimmermann, Gebhard – Grundmann Ralf: Implementierung...(1999), S. 335.

oder nicht.[153] Führen öffentliche Verwaltungen zwischenbehördliche Vergleiche durch, so sollten sich diese nicht auf die Gegenüberstellung der Kennzahlausprägungen zweier einzelner Behörden beschränken. Vielmehr sind die Kennzahlenvergleiche mit einer größeren Zahl anderer Behörden anzustellen. Denn eine bestimmte Mindestzahl an Vergleichsdaten erlaubt die Generierung aussagefähiger und zuverlässiger Informationen. Den Service der Bereitstellung von Vergleichsdaten für interkommunale Vergleiche bietet die KGSt im Rahmen ihres IKO-Netzes an. Hierbei können sich die am Vergleichsring beteiligten Kommunen die Kennzahlenwerte aller anderen teilnehmenden Kommunen besorgen, die in einer eigens dafür geschaffenen Vergleichsdatenbank hinterlegt sind.[154] Je nach Bedarf haben die Kommunen somit Zugriff auf die von ihnen geforderten Vergleichsdaten. Als Vergleichsdaten stehen dem jeweiligen Datenempfänger neben den Einzelwerten auch die Durchschnittswerte der anderen Kommunen zur Verfügung.

Aus dem Behördenvergleich können nur dann sinnvolle Erkenntnisse gewonnen werden, wenn die zu vergleichenden Daten auch tatsächlich vergleichbar sind. Es empfiehlt sich deshalb, absolute Zahlen nur bei gleicher Größe der Behörden einander gegenüber zu stellen. Ansonsten ist den Verhältniszahlen der Vorrang einzuräumen. Der institutionalisierte und systematische Behördenvergleich, wie ihn die KGSt für die Kommunen anbietet, ist für die Verwaltungen auf Länder- und Bundesebene derzeit noch Zukunftsmusik. Mit der Einführung der Kosten- und Leistungsrechnung in den Bundesverwaltungen wird allerdings auch dort die Realisierung zwischenbehördlicher Vergleiche angestrebt. Der Fokus der Vergleichsarbeit von Bundesverwaltungen sollte lt. KLR-Handbuch auf den Allgemeinen Verwaltungsbereich gerichtet werden, da dessen Aufgaben in einer gut strukturierten und vergleichbaren Form vorzufinden sind.[155]

## 6. Betriebswirtschaftliche Fundierung konkreter Entscheidungen

Ein weiterer Rechnungszweck der Kosten- und Leistungsrechnung öffentlicher Verwaltungen besteht in der Bereitstellung von Kosteninformationen, auf Basis derer die Verwaltungsführung betriebswirtschaftlich sinnvolle Entscheidungen treffen kann.[156] Hierzu muß die Kosten- und Leistungsrechnung konkret aufzeigen, welche kostenmäßigen Konsequenzen sich aus der Realisierung möglicher Handlungsalternativen ergeben.[157] Anhand des Vergleichs der Kosten alternativer Handlungsmöglichkeiten kann die Verwaltungsführung sodann die kostengünstigste Handlungsalternative

[153] Siehe hierzu exemplarisch Schmid-Grotjohann, Wolfgang: Prozeßkostenrechnung...(1999), S. 75; Feind-Just, Carola: Benchmarking...(1999), S. 188; Gerberich, Claus W. – Dahinten, Michael: Prozeßcontrolling...(1999), S. 48; Zimmermann, Gebhard – Grundmann Ralf: Implementierung...(1999), S. 335.

[154] Vgl. Schmithals, Elisabeth u. a.: IKO-Netz...(1997), S. 18 – 19. Ein exemplarischer Kennzahlenvergleich bezüglich der von den Städten Duisburg, Heidelberg, Hemer, Münster usw. durchgeführten Heimerziehung findet sich bei Eichmann, Rainer: Kennzahlen...(1996), S. 64 – 65.

[155] Vgl. Bundesministerium der Finanzen (Hrsg.): Kosten- und Leistungsrechnung...(1997), S. 103 – 104.

[156] Vgl. Haberstock, Lothar: Kostenrechnung 1...(1997), S. 3; Kloock, Josef u. a.: Kosten- und Leistungsrechnung...(1999), S. 17; Schweitzer, Marcell – Küpper, Hans-Ulrich: Kosten- und Erlösrechnung...(1998), S. 42; Hummel, Siegfried – Männel, Wolfgang: Kostenrechnung 1...(1986), S. 33; Coenenberg, Adolf Gerhard: Kostenrechnung...(1999), S. 37.

[157] Vgl. Kloock, Josef u. a.: Kosten- und Leistungsrechnung...(1999), S. 17; Hummel, Siegfried – Männel, Wolfgang: Kostenrechnung 1...(1986), S. 33.

eruieren. Für das Fällen der endgültigen Entscheidung bedarf es jedoch neben der Kenntnis der Kostenwirkungen vor allem der Aufmerksamkeit bezüglich der Sicherstellung der öffentlichen Aufgabenerfüllung im Rahmen der geplanten Maßnahmen.[158] Während für die Kosten- und Leistungstransparenz, das Kostenbewußtsein, die Wirtschaftlichkeitskontrolle samt Überwachung der Kostenentwicklungen sowie für das überbehördliche Benchmarking permanent Kostendaten zu generieren sind, erfordern konkrete Entscheidungssituationen die sporadische Bereitstellung entscheidungsrelevanter respektive spezifischer fallweiser Kosteninformationen. Die Gewinnung solcher Kosteninformationen hat im Rahmen von Sonderrechnungen zu erfolgen, wobei vorwiegend Kostenvergleichsrechnungen Anwendung finden können.[159] Der öffentlichen Verwaltung kann die Kosten- und Leistungsrechnung wertvolle Dienste bei der Wahl zwischen verschiedenen Verfahren der Bereitstellung von Ressourcen sowie der Erstellung von Verwaltungsleistungen erbringen.[160] Im Zuge der Bereitstellung beziehen sich die Wahlmöglichkeiten auf die konkreten Ebenen: Kauf oder Leasing, Realisierung der Investitionen A - Z sowie Eigenfertigung oder Fremdbezug.

**a) Kauf versus Leasing**

Steht eine öffentliche Verwaltung vor der Entscheidung, ein bestimmtes Investitionsgut zu kaufen oder zu leasen, muß sie für eine rationale Entscheidungsfindung die eventuelle wirtschaftliche Vorteilhaftigkeit einer dieser beiden Alternativen eruieren. Den Vorteilhaftigkeitsvergleich kann die betreffende Institution in Form eines Kostenvergleichs realisieren.[161] Als vorteilhaft gilt dabei diejenige Alternative, welche das geringste Volumen an Gesamtkosten zur Folge hat.[162] Bezüglich der Ermittlung der Gesamtkosten ist stets darauf zu achten, daß alle relevanten Kostenwirkungen auch tatsächlich in den Kalkül eingehen. Dies gilt neben dem Kauf in gleicher Weise für das Leasing.

Bei der Berechnung der durch Leasing anfallenden Kosten müssen folgende mögliche Leistungen des Leasingnehmers Berücksichtigung finden: Leasingraten, Mietsonderzahlungen, Leistungen bei Vertragsende (z. B. Wertminderungsersatz wegen überdurchschnittlicher Nutzung), Mietnebenkosten (z. B. Wartungs-, Instandhaltungs- und Serviceleistungen, Versicherungsprämien), Mieterdarlehenszahlungen und Vormieten.[163] Es soll hier keine Diskussion über die einzelnen Leistungsverpflichtungen im Falle des Abschließens eines Leasingvertrages geführt werden. Dennoch muß die Verwaltungsführung mit Nachdruck darauf hingewiesen werden, daß bei der Ermittlung der Kosten für die Bereitstellungsalternative Leasing neben den Leasingraten auch noch andere Leistungsverpflichtungen zum Tragen kommen können. Hingegen sind mit dem Kauf spezifische Kosten der Bereitstellung (z. B. Anschaffungs- oder

[158] Vgl. Fischer, Thomas M.: Kostenmanagement...(1997), S. 147.
[159] Vgl. Hummel, Siegfried – Männel, Wolfgang: Kostenrechnung 1...(1986), S. 34.
[160] Vgl. Schweitzer, Marcell – Küpper, Hans-Ulrich: Kosten- und Erlösrechnung...(1998), S. 43; Hummel, Siegfried – Männel, Wolfgang: Kostenrechnung 1...(1986), S. 33; Coenenberg, Adolf Gerhard: Kostenrechnung...(1999), S. 37; Kloock, Josef u. a.: Kosten- und Leistungsrechnung...(1999), S. 18.
[161] Vgl. Schwarz, Sabine: Kommunales Immobilien-Leasing...(1985), S. 155; Hummel, Siegfried – Männel, Wolfgang: Kostenrechnung 1...(1986), S. 34.
[162] Vgl. Schweitzer, Marcell – Küpper, Hans-Ulrich: Kosten- und Erlösrechnung...(1998), S. 43.
[163] Siehe hierzu ausführlich Kroll, Michael: Leasing...(1992), S. 86 – 103.

Herstellkosten, Projektierungskosten, Ingangsetzungskosten und Schulungskosten), Kosten der Bereithaltung (z. B. Abschreibungen, Zinsen und Versicherungen), Kosten der Nutzung (z. B. Instandhaltungskosten und Betriebskosten) sowie Kosten der Ausmusterung (z. B. Entsorgungskosten und Demontagekosten) verbunden.[164] Es bedarf also beim Kauf der besonderen Aufmerksamkeit bezüglich der Folgekosten, welche die Verwaltung zusätzlich zu den einmalig anfallenden Kosten für die Bereitstellung des Investitionsgutes zu tragen hat. Nur auf der Basis vollständiger Kostendaten vermögen es Kostenvergleichsrechnungen zu leisten, die zur Entscheidung anstehende Wahl zwischen Kauf und Leasing betriebswirtschaftlich zu fundieren.

In der einschlägigen Literatur zum Vorteilhaftigkeitsvergleich zwischen Kauf und Leasing finden sich als Vergleichsrechnungen ausschließlich die dynamischen Verfahren der Investitionsrechnung wieder.[165] Kostenvergleichsrechnungen wird diesbezüglich keine Aufmerksamkeit geschenkt. Die Eignung der dynamischen Investitionsrechnungsverfahren als Vergleichsmethoden zwecks Beurteilung der Vorteilhaftigkeit zwischen Kauf und Leasing ist unbestritten. Demzufolge sollen die dynamischen Verfahren der Investitionsrechnung als Vorteilhaftigkeitsmethoden bei der Wahl zwischen Kauf oder Leasing auch im öffentlichen Sektor adäquat zum Einsatz kommen. Trotz der Zweckadäquanz finanzwirtschaftlicher Rechenmodelle werden Kostenvergleiche für die betriebswirtschaftliche Fundierung der Entscheidungen über Kauf oder Leasing nicht obsolet. Bei der Frage Kauf oder Leasing ist zu eruieren, wie eine Investition konkret finanziert werden soll.[166] Die diversen Finanzierungsprogramme ziehen unterschiedliche (positive oder negative) Wirkungen nach sich, die sich auch mittels Kostenzahlen abbilden lassen. Diese Kosteninformationen erlauben der Verwaltungsführung die Auswahl jenes Finanzierungsprogramms, das die niedrigsten Kosten zur Folge hat.[167]

### b) Kostenvergleich mehrerer Investitionsprojekte

Neben der Entscheidung Kauf oder Leasing werden öffentliche Verwaltungen des öfteren mit der Selektion diverser Investitionsprojekte konfrontiert. Aus den zur Auswahl stehenden Investitionsalternativen ist zwecks Gewährleistung der Kostenwirtschaftlichkeit die kostengünstigste Investition zu eruieren und entsprechend zu realisieren. Damit der Kostenvergleich als Vorteilhaftigkeitsmethode fungieren kann, müssen die alternativen Investitionen den gleichen Output erbringen, d. h. sie müssen vergleichbar sein. Dies gilt grundsätzlich für die Anwendbarkeit jeglicher Kostenvergleiche. Öffentliche Verwaltungen haben bei der Durchführung von Investitionen neben betriebswirtschaftlichen Aspekten zusätzlich auch noch volkswirtschaftliche Aspekte zu berücksichtigen, die aber nicht Gegenstand dieser Untersuchung sein sollen.

---

[164] Siehe hierzu ausführlich Rösgen, Klaus: Investitionscontrolling...(2000), S. 151; siehe ebenfalls Zehbold, Cornelia: Lebenszykluskostenrechnung...(1995), S. 75.

[165] Vgl. Scheffler, Wolfram: Leasing...(1984), S. 76 – 134; Kroll, Michael: Leasing...(1992), S. 196 – 217. Diese Quelle enthält mehrere Stellungnahmen verschiedener anderer Autoren bezüglich der Eignung der diversen Verfahren für den Vorteilhaftigkeitsvergleich. Siehe außerdem Kroll, Michael: Vergleichsrechnung...(2000), S. 189 – 217.

[166] Vgl. genauer Scheffler, Wolfram: Leasing...(1984), S. 8.

[167] Siehe hierzu Schweitzer, Marcell – Küpper, Hans-Ulrich: Kosten- und Erlösrechnung...(1998), S. 43.

Für einen aussagekräftigen Kostenvergleich sind generell alle mit den alternativen Investitionen verbundenen Kosten relevant, also die Kosten der Bereitstellung, Bereithaltung, Nutzung und Ausmusterung,[168] worauf bereits schon vorhin bei der Wahl zwischen Kauf und Leasing Bezug genommen wurde. Der Kostenvergleich alternativer Investitionen entspricht im wesentlichen dem Kostenvergleich bei der Wahl zwischen Kauf oder Leasing, nur mit unterschiedlicher Betrachtungsperspektive. Während bei der Frage Kauf oder Leasing die Finanzierungsseite das Objekt der Betrachtung bildet, bezieht sich die Auswahlentscheidung hier auf die Investitionsseite. Demzufolge soll an dieser Stelle auf die entsprechenden Ausführungen bezüglich der Wahl zwischen Kauf und Leasing verwiesen werden, wodurch eine weitergehende Diskussion zur Problematik der Eruierung der kostengünstigsten Investition unterbleiben kann.

Für den Fall, daß sämtliche Investitionsalternativen eine bestimmte Kostensumme übersteigen, stellt sich die Frage, ob überhaupt investiert werden soll oder nicht. Indem die Kosten- und Leistungsrechnung die Kostenwirkungen von Investitionen aufzuzeigen vermag, leistet sie einen wichtigen Beitrag zur Vermeidung der Gefahr der Auflastung einer zu großen Bürde aufgrund überhöhter Investitionskosten. Diesen Nutzeffekt der Kostenrechnung sollte sich der öffentliche Sektor stets vor Augen halten.

#### c) Wahl zwischen Eigenerstellung und Fremdbezug

In nahezu allen Standardwerken zur betriebswirtschaftlichen Kostenrechnung findet sich die Bereitstellung von Kosteninformationen für die Fundierung der Entscheidungen über Eigenfertigung und Fremdbezug[169] als Rechnungszweck der Kosten- und Leistungsrechnung wieder.[170] Dies erscheint nicht verwunderlich, wenn man bedenkt, daß fast jede Wirtschaftseinheit des öfteren in irgendeiner Weise mit der Frage Eigenfertigung oder Fremdbezug konfrontiert wird. Bei einem wirtschaftlich geführten Betrieb muß stets die Überlegung angestellt werden, ob es kostengünstiger ist, bestimmte Produkte oder Dienstleistungen selbst herzustellen oder von außen zu beziehen.[171] Dieser Grundsatz gilt generell für alle Wirtschaftssubjekte, insbesondere auch für die öffentlichen Verwaltungsbetriebe. Öffentliche Verwaltungen stehen dabei vor einem doppelten Entscheidungsproblem. Neben der Entscheidung zwischen Eigenfertigung und Fremdbezug haben sie im Falle des Fremdbezugs darüber zu befinden, ob die benötigte Leistung von einem Betrieb der öffentlichen Wirtschaft oder der Privatwirtschaft bezogen werden soll.

Die beiden Bereitstellungswege Eigenfertigung und Fremdbezug können für die verschiedenen Ebenen: Ressourcen, Prozesse und Ergebnisse (Produkte oder Dienstleistungen) unterschiedliche Relevanz erlangen. Zu denken wäre hierbei an das Per-

[168] Siehe hierzu genauer Rösgen, Klaus: Investitionscontrolling...(2000), S. 151; siehe ebenfalls Zehbold, Cornelia: Lebenszykluskostenrechnung...(1995), S. 75.

[169] Bezüglich der Problematik Eigenfertigung versus Fremdbezug siehe ausführlich das Werk Männel, Wolfgang: Wahl zwischen Eigenfertigung und Fremdbezug...(1981).

[170] Siehe hierzu Hummel, Siegfried – Männel, Wolfgang: Kostenrechnung 1...(1986), S. 33 – 34; Kloock, Josef u. a.: Kosten- und Leistungsrechnung...(1999), S. 18; Schweitzer, Marcell – Küpper, Hans-Ulrich: Kosten- und Erlösrechnung...(1998), S. 43; Haberstock, Lothar: Kostenrechnung 1...(1997), S. 4; Coenenberg, Adolf Gerhard: Kostenrechnung...(1999), S. 37.

[171] Vgl. Männel, Wolfgang: Wahl zwischen Eigenfertigung und Fremdbezug...(1981), S. 8.

sonal und die damit verbundenen Arbeitsleistungen, die Bereitstellung von Betriebsmitteln, die Instandhaltung von Betriebsmitteln (z. B. Fuhrpark), die Energieerzeugung (z. B. bei Kommunen) sowie die Erbringung von DV-Leistungen, Kopier- bzw. Vervielfältigungsleistungen und Beratungsleistungen, um nur einige mögliche Aspekte zu nennen.[172] Mit der Auslagerung von Leistungen der öffentlichen Verwaltung an die Erwerbswirtschaft ist zumeist der Anspruch einer Effizienzsteigerung verbunden, da privatwirtschaftliche Betriebe in aller Regel wegen der unterschiedlichen Rahmenbedingungen wesentlich rationeller agieren können als Betriebe der Gemeinwirtschaft. Dennoch werden die Grenzen von Privatisierungsvorhaben recht schnell ersichtlich. Insbesondere bei den Eingriffs- und Hoheitsverwaltungen bestehen beträchtliche Restriktionen bezüglich der Privatisierung von Verwaltungsleistungen. Leistungen der Justiz oder (Aufsichts-)Leistungen der Ministerien scheiden fast gänzlich für ein Outsourcing aus. Dasselbe gilt für die Verteidigungsleistung der Bundeswehr. Grundsätzlich eignen sich die Kernleistungen respektive Kernprozesse (z. B. Verteidigungsleistung der Bundeswehr) des öffentlichen Sektors kaum für Privatisierungsvorhaben.

Wesentlich anders sieht es hingegen bei den unterstützenden Prozessen bzw. Serviceleistungen aus. Bestimmte Versorgungsleistungen (z. B. Kantine), Transportleistungen, Vervielfältigungsleistungen, Instandhaltungsleistungen sowie Wachleistungen können durchaus an die Privatwirtschaft verlagert werden und versprechen so eine wirtschaftlichere Verwaltungsführung. Im Rahmen des Outsourcing muß jedoch stets darauf geachtet werden, daß die Erbringung der Leistungen sowohl in quantitativer als auch in qualitativer Hinsicht gewährleistet ist. Es genügt deshalb nicht, Privatisierungsentscheidungen ausschließlich auf Kosteninformationen zu stützen. Im Vordergrund der Betrachtung hat generell die Erfüllung der öffentlichen Aufgaben zu stehen. Deshalb eignen sich zumeist auch nur die Randleistungen, wie etwa Serviceleistungen, öffentlicher Verwaltungen für Privatisierungen, wohingegen die Kernleistungen überwiegend ebenfalls in Zukunft von der öffentlichen Wirtschaft zu erstellen sind.

Möchte die Verwaltung die Leistungen selber erbringen, müssen bestimmte Kapazitäten aufgebaut und vorgehalten werden, was entsprechende Fixkosten nach sich zieht. Demgegenüber hat die Eigenerstellung zumeist den Vorteil des geringeren Anfalls variabler Kosten im Vergleich zum Fremdbezug. Folglich lohnt sich die Eigenerstellung unter Kostengesichtspunkten erst ab einem bestimmten Bedarfsvolumen (Menge oder Zeit), das es mittels einer Nutzschwellenanalyse zu eruieren gilt. Übersteigt der konkrete Bedarf die durch die Nutzschwellenrechnung festgestellte kritische Menge, also die Nutzschwelle, ist aufgrund der niedrigeren Gesamtkosten der Bereitstellungsweg Selbsterstellung zu präferieren. Liegt hingegen der Bedarf unterhalb der Nutzschwelle, erweist sich der Zukauf für die wirtschaftlichere Bereitstellungsalternative.[173] Wie eine Nutzschwellenanalyse konkret aussehen kann, wird im Zuge der Wahl des Verwaltungsverfahrens aufgezeigt.

---

[172] Siehe hierzu genauer Männel, Wolfgang: Wahl zwischen Eigenfertigung und Fremdbezug...(1981), S. 8 – 28; siehe ebenfalls Hummel, Siegfried – Männel, Wolfgang: Kostenrechnung 1...(1986), S. 33 - 34.

[173] Vgl. genauer Männel, Wolfgang: Wahl zwischen Eigenfertigung und Fremdbezug...(1981), S. 248 – 251.

### d) Wahl des Verwaltungsverfahrens

Werden die Leistungen von der öffentlichen Verwaltung selber erstellt, muß sich die Verwaltungsführung Gedanken machen über die Realisierung wirtschaftlicher Leistungserstellungverfahren. Für die Sicherstellung effizienter Leistungserstellungsprozesse und der damit verbundenen Wahl der kostengünstigsten Verfahren der Leistungserstellung vermag die Kostenrechnung wertvolle Dienste zu leisten, indem sie die kostenmäßigen Konsequenzen alternativer Verfahren transparent macht.[174] Mit Sicherheit wird jenes Verwaltungsverfahren auf lange Sicht am wirtschaftlichsten sein, bei dem der Anteil nicht wertschöpfender Prozesse am geringsten ist. Es gilt somit der Vermeidung von Doppelarbeiten, Kontroll- und Feedback-Schleifen, Nacharbeiten, übertriebener Arbeitsteilung, unnötigen Schnittstellen, Liegezeiten, Vorgangsverzögerungen, Medienbrüchen sowie der unnötigen Aktenmäßigkeit von Geschäftsprozessen.[175] Bei der Auswahl der Verwaltungsverfahren hat die Verwaltung stets nach Systemwirtschaftlichkeit zu streben und darf ihren Betrachtungshorizont nicht auf punktuelle Optimierungen beschränken, die zudem noch den Ressortegoismus fördern.[176] Dies soll durch folgendes kleines Beispiel konkretisiert werden:

Aufgrund extremer Arbeitsteilung und damit einhergehender Spezialisierung werden in den einzelnen Abteilungen bestimmte Tätigkeiten in einem hohen Tempo und damit verbunden in kurzer Zeit verrichtet. Negative Begleiterscheinungen der weitgediehenen Spezialisierung sind jedoch Medienbrüche, Brüche beim Materialfluß und Informationsfluß, unnötiger Dokumentenfluß, fehlende Verantwortung sowie etwaige Schnittstellen zwischen den einzelnen Abteilungen. Es kommt also zu Rückfragen, mehrfachen Einarbeitungszeiten, Doppelbearbeitungen, Wartezeiten, mehrfachen Aktentransfers oder Kommunikationsproblemen, um nur einige Aspekte anzuführen. Entsprechend negative Auswirkungen haben diese Begleiterscheinungen natürlich auch auf die Kosten. Deshalb kann es wirtschaftlich durchaus sinnvoll erscheinen, die diversen Aktivitäten der einzelnen Abteilungen zu Bearbeitungs- oder Aktivitätszentren zusammenzufassen.[177] Für die Verwaltungsführung stellt sich somit die Frage, ob das stark arbeitsteilige Verwaltungsverfahren oder das Verwaltungsverfahren aus einer Hand die kostengünstigere Alternative darstellt.

Im heutigen DV-Zeitalter herrscht in öffentlichen Verwaltungen noch immer das Prinzip der Aktenmäßigkeit vor. Die Vorgangsbearbeitung basiert in nahezu allen Behörden auf der Basis von Akten, welche eigens für jeden einzelnen Bearbeitungsfall angelegt werden.[178] Dabei ließen sich die papiermäßigen Akten relativ einfach durch DV-technische Einrichtungen substituieren und damit verbunden die Arbeitsabläufe

---

[174] Vgl. Coenenberg, Adolf Gerhard: Kostenrechnung...(1999), S. 37; Hummel, Siegfried – Männel, Wolfgang: Kostenrechnung 1...(1986), S. 33; Schweitzer, Marcell – Küpper, Hans-Ulrich: Kosten- und Erlösrechnung...(1998), S. 43; Haberstock, Lothar: Kostenrechnung 1...(1997), S. 4; Kloock, Josef u. a.: Kosten- und Leistungsrechnung...(1999), S. 18.

[175] Vgl. Fischer, Thomas M.: Prozeßkostencontrolling...(1999), S. 121; Gerberich, Claus W. – Dahinten, Michael: Prozeßcontrolling...(1999), S. 44; Weber, Jürgen u. a.: Benchmarking...(1995), S. 119; Scheer, August-Wilhelm u. a.: Controlling...(1995), S. 276; Kieninger, Michael: Reengineering und Prozeßoptimierung...(1998), S. 40 – 41.

[176] Vgl. genauer Pfeiffer, Werner – Weiß, Enno: Lean Management...(1994), S. 190 – 192.

[177] Vgl. Kieninger, Michael: Reengineering und Prozeßoptimierung...(1998), S. 40; Fischer, Thomas M.: Prozeßkostencontrolling...(1999), S. 121.

[178] Vgl. Scheer, August-Wilhelm u. a.: Controlling...(1995), S. 276.

beschleunigen, weil eine Reihe nicht wertschöpfender Prozesse eingespart werden könnte.[179] Für die DV-technische Vorgangsbearbeitung bedarf es jedoch zunächst einmal einer Reihe von Investitionen, wie etwa Hardware, Software, (überregionale) Vernetzung oder Schulungsmaßnahmen, die entsprechende Fixkosten nach sich ziehen. Neben den bereits schon vorhandenen Fixkosten (z. B. Personalkosten oder Abschreibungen) werden also durch diese Maßnahme noch zusätzliche Fixkosten aufgebaut. Hingegen ruft eine DV-technische Vorgangsbearbeitung (Online-Zugriff beteiligter Behörden) aufgrund der Eliminierung nicht wertschöpfender Prozesse (z. B. Versand der Akten von einer Behörde zu einer anderen Behörde oder zum Gericht) wesentlich geringere leistungsabhängige Kosten hervor als eine aktenmäßige Vorgangsbearbeitung, wodurch sich der DV-Einsatz ab einem bestimmten Leistungsvolumen lohnt.

Abbildung 2-4

**Nutzschwellenanalyse als Anwendungsfeld für die Bestimmung der Vorteilhaftigkeit von Verwaltungsverfahren**

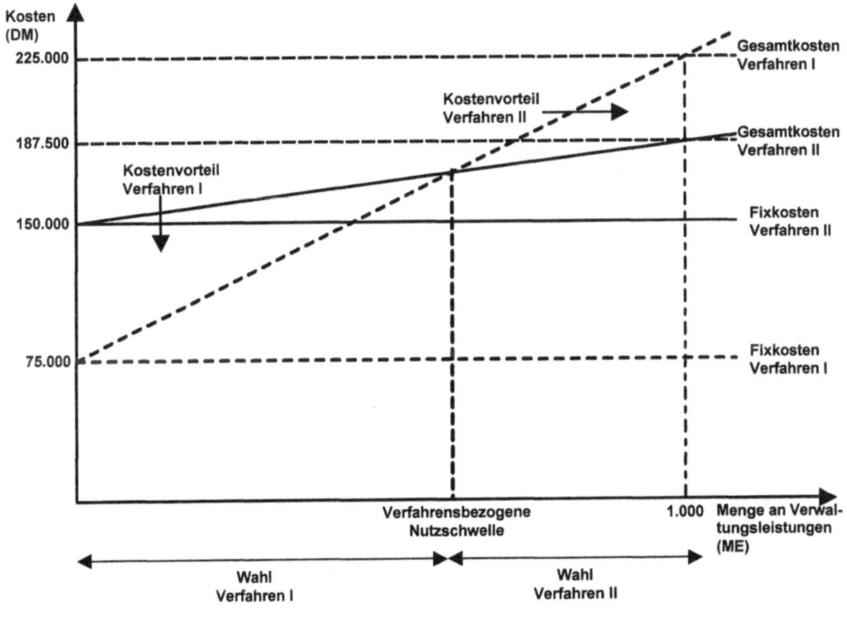


Eigene Darstellung.

[179] Vgl. Fischer, Thomas M.: Prozeßkostencontrolling...(1999), S. 121.

Die für eine Verfahrenssubstitution entscheidende kritische Leistungsmenge läßt sich mittels einer Nutzschwellenrechnung bestimmen. Das betriebswirtschaftliche Instrument der Nutzschwellenanalyse vermag es der Verwaltungsführung zu verdeutlichen, welches Verwaltungsverfahren bei welchem Leistungsoutput als vorteilhaft gilt, was durch Abbildung 2-4 plastisch belegt wird, und soll deshalb bei derartigen Entscheidungen entsprechende Anwendung finden.

## 7. Rechenschaftslegung über den Haushaltsvollzug

Bürger und Legislative haben Interesse daran, daß die Verwaltung einen positiven Beitrag zur Steigerung der Wohlfahrt der Mitglieder des Gemeinwesens zu leisten vermag. Aufgrund der mangelnden Operationalisierbarkeit von Wohlfahrt ist jedoch bislang kein Rechensystem imstande, dieses Informationsbedürfnis auf direktem Wege zu befriedigen. Deshalb muß sich die Verwaltungsführung Gedanken darüber machen, wie sie den angesprochenen Bedarf an Informationen mittelbar, über den Umweg der erstellten Leistungen, decken kann. Generell kann davon ausgegangen werden, daß sich durch Art, Menge und Qualität der von der öffentlichen Verwaltung erbrachten Leistungen die Wohlfahrt der Bürger positiv beeinflussen läßt.[180] Die Rechenschaftslegung der Verwaltungskameralistik beschränkt sich allerdings nur auf die verausgabten Mittel. Informationen darüber, welche Leistungen in welchen Mengen und mit welcher Qualität generiert und an die Bevölkerung abgegeben wurden, läßt dieses Rechenwerk gänzlich außen vor.[181] Es fehlt hierbei somit an einer durchgängigen stringenten Verbindung zwischen Ressourceninput und Leistungsoutput.[182] Gerade aber der mündige Bürger will heutzutage wissen, für welche Leistungen die öffentlichen Mittel ausgegeben werden, zu deren Finanzierung er direkt (Gebühr, Beitrag) oder indirekt (Steuern) beiträgt. Dabei gilt für ihn stets das Prinzip der Adäquanz zwischen Mitteleinsatz und erbrachten Leistungen.[183] Mittels der Kosten- und Leistungsrechnung wird es für die Legislative und dem Bürger möglich zu erfahren, welche konkreten Leistungen die öffentliche Verwaltung für die bewilligten Haushaltsmittel erbringt.[184]

Den Nachweis des Vollzugs des Haushaltsplans vermag die Kosten- und Leistungsrechnung dadurch ganz gut zu erfüllen, daß bei diesem Rechensystem sämtliche Ressourceneinsätze erfaßt und bewertet sowie den Verwaltungsbereichen und letztendlich den Verwaltungsleistungen zugeordnet werden.[185] Als besonders vorteilhaft erweist sich hier der Einsatz der Prozeßkostenrechnung, welche auf die Beziehungen zwischen Ressourcen, Prozessen und Ergebnissen abstellt. Nach dem Motto: Ergebnisse (Produkte oder Dienstleistungen) verbrauchen Prozesse, die wiederum Ressourcen in Anspruch nehmen, erfolgt so eine genaue Zuordnung der Kosten auf die erstellten Leistungen. Der Bürger erfährt hierdurch, was die Verwaltungsleistung im einzelnen kostet. Dies gilt als unabdingbare Voraussetzung für die Realisierung

---

[180] Vgl. Streim, Hannes: Rechnungslegung...(1999), S. 322.

[181] Vgl. Gruber, Klaus: Kosten-Leistungsrechnung...(1998), S. 41; Mahnkopf, Rudolf: Budgetierung...(1996), S. 130; Streim, Hannes: Rechnungslegung...(1999), S. 322.

[182] Vgl. Mahnkopf, Rudolf: Budgetierung...(1996), S. 130; Gruber, Klaus: Kosten-Leistungsrechnung...(1998), S. 41.

[183] Vgl. Gruber, Klaus: Kosten-Leistungsrechnung...(1998), S. 40.

[184] Vgl. Gruber, Klaus: Kosten-Leistungsrechnung...(1998), S. 40.

[185] Vgl. Mahnkopf, Rudolf: Budgetierung...(1996), S. 136.

der Philosophie „value for money“, die öffentliche Verwaltungen im Interesse der Bürger zu verfolgen haben.[186]

## 8. Outputorientierte Kostenplanung als Basis für die Haushaltsplanung

Bis dato erfolgt die Steuerung der öffentlichen Verwaltungen primär über die bloße Zuteilung von finanziellen und personellen Ressourcen, also inputorientiert. Bei der Inputorientierung bilden die erwünschten bzw. die für notwendig erachteten Gütereinsatzmengen die Basis für die Finanzentscheidungen der politisch legitimierten Institutionen, ohne die Leistungsseite im Blickwinkel der Betrachtung zu haben. Besonders prekär erscheint im Rahmen dieser Ressourcenzuteilungspolitik die von den Verwaltungen zumeist praktizierte Fortschreibung der Haushaltsmittel der Vorperiode, gegebenenfalls korrigiert um pauschale Abschläge oder Zuschläge.[187] Daß hierdurch eine wirksame und auf Effizienz ausgerichtete Verwaltungssteuerung unmöglich ist, versteht sich fast von selbst.[188]

Wirtschaftliche Verwaltungssteuerung bedingt eine entsprechende Fokussierung der Betrachtung auf die Output- respektive Leistungsseite. Die Planung des Ressourceneinsatzes hat demnach auf der Basis der Ergebnisse des Verwaltungshandelns zu erfolgen.[189] Outputorientierung ist ein wichtiges Element des Neuen Steuerungsmodells zur Modernisierung des öffentlichen Sektors und wird in der entsprechenden Literatur im speziellen sowie in der neueren Literatur zur öffentlichen Betriebswirtschaftslehre im allgemeinen auch mit Nachdruck propagiert.[190] Dies belegt die immense Bedeutung der Outputsteuerung des Verwaltungshandelns für einen effizienten Haushaltsvollzug. Im Rahmen der Verwaltungsreform versucht man deshalb die Leistungen öffentlicher Verwaltungen zu definieren und zu quantifizieren, wobei Theorie und Praxis für die Ergebnisse des Verwaltungshandelns den Terminus Produkt verwenden.[191] Auf der Grundlage des Produkts soll sodann die Verbindung zwischen Input und Output hergestellt werden. Eine Verteilung der öffentlichen Mittel nach Leistungskriterien lassen die Informationen der Verwaltungskameralistik jedoch nicht zu. Um eine produktorientierte Haushaltsplanung realisieren zu können, bedarf es neben der Bestimmung des konkreten Leistungsprogramms zusätzlich der Erfassung und Abbildung der für die Leistungserstellung erforderlichen Prozesse und Ressourcen.[192]

---

[186] Vgl. Gruber, Klaus: Kosten-Leistungsrechnung...(1998), S. 40 – 41.

[187] Vgl. Troßmann, Ernst: Gemeinkosten-Budgetierung...(1992), S. 516; Mahnkopf, Rudolf: Budgetierung...(1996), S. 130.

[188] Vgl. Mahnkopf, Rudolf: Budgetierung...(1996), S. 130; Budäus, Dietrich: Dominanz der Sachziele...(1999), S. 60.

[189] Vgl. Mahnkopf, Rudolf: Budgetierung...(1996), S. 130; Budäus, Dietrich: Dominanz der Sachziele...(1999), S. 60; Gruber, Klaus: Kosten-Leistungsrechnung...(1998), S. 40.

[190] Siehe hierzu statt vieler Gruber, Klaus: Kosten-Leistungsrechnung...(1998), S. 40; Mahnkopf, Rudolf: Budgetierung...(1996), S. 130; Lachnit, Laurenz: Kosten- und Leistungsrechnung...(1999), S. 44.

[191] Vgl. statt vieler Mahnkopf, Rudolf: Budgetierung...(1996), S. 130; Seeger, Tilman – Walter, Matthias: Kosten- und Leistungsrechnung...(1999), S. 20; Bundesministerium der Finanzen (Hrsg.): Kosten- und Leistungsrechnung...(1997), S. 137 f.

[192] Vgl. Mahnkopf, Rudolf: Budgetierung...(1996), S. 131; Gruber, Klaus: Kosten-Leistungsrechnung...(1998), S. 119; Budäus, Dietrich: Dominanz der Sachziele...(1999), S. 60.

Diesem Anspruch wird eine moderne (prozeßorientierte) Kosten- und Leistungsrechnung gerecht, welche für eine outputorientierte Haushaltsplanung unabdingbar ist. In Divergenz zum Haushaltsplan werden mittels dem betriebswirtschaftlichen Instrument der Kosten- und Leistungsrechnung die Leistungen der öffentlichen Institution innerhalb ihrer verschiedenen Organisationseinheiten definiert und die generierten Leistungsmengen sowie die zu ihrer Erstellung in Anspruch genommenen Ressourcen eruiert. Ausgehend von den prognostizierten Leistungen (unterschiedlich je nach Art, Menge und Qualität) kann so über den Weg der dafür erforderlichen Prozesse und der hierdurch ausgelösten Ressourceninanspruchnahme auf die Kosten geschlossen werden,[193] die wiederum die Grundlage für eine leistungsorientierte Haushaltsplanung bilden. Für die Verfolgung dieses Rechnungszwecks ist eine prozeßorientierte Kosten- und Leistungsrechnung geradezu prädestiniert und sollte deshalb entsprechende Anwendung finden.

## 9. Verrechnung inner- und zwischenbehördlicher Leistungen

Neben den an die Bürger gehenden Verwaltungsleistungen erstellen öffentliche Verwaltungen auch Vorleistungen, die innerhalb des öffentlichen Sektors ausgetauscht werden. Die Vorleistungen nimmt zwar der Bürger nicht direkt wahr, sind jedoch für die Generierung von Verwaltungsendleistungen erforderlich. Bei den Vorleistungen kann es sich um sehr verschiedenartige Verwaltungsleistungen handeln, wie z. B. Rechtsauskünfte, Erstellung von Vorschriften und Verordnungen, Personaleinsatzplanungen oder spezifische Stellungnahmen (z. B. Abgabe einer umweltschutzrechtlichen Stellungnahme des Umweltamtes an das Bauamt).[194] Bevor die Vorleistungen in die Endleistungen eingehen, erfahren diese zunächst einen Austausch zwischen diversen Abteilungen, Dezernaten und Behörden.

Die Leistungsströme innerhalb und zwischen den Behörden gilt es zu erfassen, zu bewerten und schließlich zu verrechnen, will der öffentliche Sektor nach mehr verwaltungsbetrieblicher Transparenz und damit verbunden nach Verwaltungseffizienz streben.[195] Das Rechenwerk der Kameralistik vermag hierzu keinen Beitrag zu leisten. Aber auch die traditionellen Kostenrechnungssysteme sind nur begrenzt imstande, verwertbare Kostendaten für die Verrechnung der ausgetauschten verwaltungsbetrieblichen Leistungen zu generieren. Denn zur Leistungsverrechnung bedarf es der Kenntnis der konkreten Leistungsverflechtungen sowie der Bewertung der abgegebenen Leistungen. Die für die Fertigungsbereiche der Industriebetriebe konzipierten konventionellen Kostenrechnungssysteme können diese Aufgabe in den gemeinkostenintensiven Verwaltungsbetrieben allerdings nur rudimentär erfüllen.[196] Abhilfe verspricht hier die Prozeßkostenrechnung. Durch die bei einer prozeßorientierten Kostenrechnung obligatorischen Tätigkeitsanalyse wird das Leistungsgeflecht innerhalb und zwischen den Behörden aufgedeckt und abgebildet.[197] Nach dem

[193] Vgl. Troßmann, Ernst: Gemeinkosten-Budgetierung...(1992), S. 516 – 517; Mahnkopf, Rudolf: Budgetierung...(1996), S. 131; Gruber, Klaus: Kosten-Leistungsrechnung...(1998), S. 119.

[194] Vgl. Fischer, Thomas M.: Prozeßkostencontrolling...(1999), S. 116; Nau, Hans-Rainer – Wallner, Gerhard: Verwaltungs-Controlling...(1998), S. 84.

[195] Vgl. Nau, Hans-Rainer – Wallner, Gerhard: Verwaltungs-Controlling...(1998), S. 84; Fischer, Thomas M.: Prozeßkostencontrolling...(1999), S. 116; Bundesministerium der Finanzen (Hrsg.): Kosten- und Leistungsrechnung...(1997), S. 25.

[196] Vgl. Gruber, Klaus: Kosten-Leistungsrechnung...(1998), S. 131 – 133.

[197] Siehe hierzu Berkau, Carsten: Vernetztes Prozeßkostenmanagement...(1995), S. 154.

Motto: Leistungen (Ergebnisse) erfordern Prozesse, welche wiederum Ressourcen benötigen, läßt sich anschließend der Wert der verbrauchten Ressourcen für die erstellten Leistungen bestimmen. Die Prozeßkostenrechnung ermöglicht so eine genaue und aussagefähige Verrechnung der Kosten der ausgetauschten Leistungen.[198] Ferner hat die Verwaltungsleitung zu berücksichtigen, daß zwischen der Verrechnung und der Kalkulation von Verwaltungsleistungen eine Interdependenz besteht.

## 10. Kalkulation von Verwaltungsleistungsentgelten

Große Bedeutung erlangt die Kostenrechnung in öffentlichen Verwaltungen durch die Bereitstellung von Informationen für die Entgeltbemessung, was auch bei der Erwerbswirtschaft der Fall ist.[199] Es gibt einige Verwaltungsbetriebe, die ihre Leistungen nur gegen ein spezielles Entgelt zur Verfügung stellen. Dies trifft vor allem für den kommunalen Bereich zu. Das Leistungsentgelt stellt für viele Kommunen eine wichtige Finanzierungsquelle dar. Gemäß den haushaltsrechtlichen Grundsätzen der Einnahmenbeschaffung sind Steuern nur in dem Volumen zu erheben, wie die speziellen Leistungsentgelte und die sonstigen Einnahmen zur Finanzierung der Aufgabenerfüllung nicht ausreichen. Steuern fungieren also im kommunalen Bereich nur als subsidiäres Finanzierungsinstrument. Obgleich im staatlichen Bereich eine solche Rangordnung bezüglich der Einnahmen gesetzlich nicht verankert ist, werden auch dort Entgelte für spezielle, individuell zurechenbare Leistungen[200] erhoben.[201]

Die Preise für Verwaltungsleistungen bilden sich nicht durch das Zusammenspiel von Angebot und Nachfrage auf dem Markt. Leistungsentgelte, wie Preise, Tarife, Gebühren oder wie die Entgelte auch sonst noch heißen mögen, sind von der Verwaltung zu kalkulieren. Als Kalkulationsbasis kommen sinnvollerweise die betriebswirtschaftlichen Kosten in Betracht.[202] Entsprechend dem Kostendeckungsprinzip sind die Entgelte so zu gestalten, daß zumindest im Durchschnitt die Erstellungskosten der Leistungen (ohne Gewinnanteil) abgegolten werden.[203] Um die Aufrechterhaltung der Verwaltung sowie ihres Leistungsprogramms zu gewährleisten, dürfen die Entgelte die Kosten nicht unterschreiten.[204] Demgegenüber steht das grundsätzliche Verbot, daß die Leistungsentgelte höher sind als die Kosten.[205] Welche Entgelthöhe letztendlich zum Ansatz kommt, entscheiden die politisch legitimierten Instanzen. Bei der Entgeltfindung dominieren in der Regel politische und gemeinwirtschaftliche Zielvorstellungen, so daß häufig bewußt die Kosten nicht ganz gedeckt werden.[206]

---

198 Vgl. Fischer, Thomas M.: Prozeßkostencontrolling...(1999), S. 119 – 120; Seeger, Tilman – Walter, Matthias: Kosten- und Leistungsrechnung...(1999), S. 69.

199 Vgl. Hummel, Siegfried – Männel, Wolfgang: Kostenrechnung 1...(1986), S. 27.

200 Leistungsentgelte erhebt z. B. das Deutsche Patentamt.

201 Vgl. Gornas, Jürgen: Kostenrechnung...(1992), S. 1149.

202 Vgl. Bals, Hansjürgen: Kostenrechnung...(1989), Sp. 826.

203 Vgl. Backhaus, Jürgen: Öffentliche Unternehmen...(1980), S. 213 f.; Haiber, Thomas – Dunker, Klaus: Kostenmanagement...(1995), S. 475; Fischer, Thomas M.: Prozeßkostencontrolling...(1999), S. 115.

204 Vgl. Zimmermann, Gebhard: Kostendeckung...(1999), S. 328; Seifert, Klaus: Prozeßmanagement...(1998), S. 52; Bals, Hansjürgen: Kostenrechnung...(1989), Sp. 827.

205 Vgl. Schmidberger, Jürgen: Controlling...(1993), S. 271; Gornas, Jürgen: Kostenrechnung...(1992), S. 1150.

206 Vgl. Seifert, Klaus: Prozeßmanagement...(1998), S. 52; Schmidberger, Jürgen: Controlling...(1993), S. 271.

Bei der Entgeltkalkulation ist zu berücksichtigen, daß ein beträchtliches Volumen an öffentlichen Leistungen nicht unmittelbar gegen Entgelt an die Bürger abgegeben wird. Die Bürger nehmen im allgemeinen nur die Endleistungen der Verwaltung zur Kenntnis. Zur Erstellung dieser Endleistungen ist jedoch ein Konglomerat an verwaltungsinternen Vorleistungen (z. B. die interne Personaleinsatzplanung, Personalschulung, Erstellung von Wirtschaftlichkeitsberechnungen) erforderlich. Die Vorleistungen werden zunächst zwischen verschiedenen Fachbereichen, Dezernaten, Ämtern oder Abteilungen ausgetauscht und gehen anschließend in die an den Bürger abgegebene Endleistung ein. Werden kostendeckende Entgelte angestrebt, so sind auch die intern ausgetauschten Leistungen (z. B. Leistungen der Datenverarbeitung, der Druckerei, der Organisationsberatung oder der Personalverwaltung) als Kostenträger zu definieren und über ein System interner Standardverrechnungspreise auf die empfangenen Stellen weiterzuverrechnen.[207]

Die Kalkulation von Verwaltungsleistungen macht auch für Verwaltungen Sinn, die ihre Leistungen unentgeltlich abgeben. Für die Politiker und die Öffentlichkeit ist es wertvoll zu wissen, welcher Ressourcenverbrauch mit der Erstellung öffentlicher Leistungen verbunden ist.[208] Auf der Grundlage der generierten Kosteninformationen kann eine Diskussion über die Zusammensetzung des künftigen Leistungsprogramms geführt werden.[209] Reine Einnahmen-Ausgaben-Rechnungen vermögen diese Informationsleistung nicht zu erbringen.

Öffentliche Verwaltungen erstellen vorwiegend personalintensive Dienstleistungen. Damit einher geht der Anfall fixer Gemeinkosten. Um eine möglichst genaue Allokation der entstandenen Kosten auf die erbrachten Verwaltungsleistungen sicherzustellen, haben sich öffentliche Verwaltungen primär der prozeßorientierten Kalkulation zu bedienen. Die prozeßorientierte Kalkulation gilt als adäquates Kalkulationsverfahren für den spezifischen Leistungserstellungstyp öffentlicher Institutionen, bei denen für die Erbringung ihrer heterogenen Leistungsarten zumeist mehrstufige, komplexe und überdies recht unterschiedliche Leistungserstellungsprozesse ablaufen.

## C. Anforderungen an eine leistungsfähige Kosten- und Leistungsrechnung in öffentlichen Verwaltungen

Damit die Kosten- und Leistungsrechnung einer öffentlichen Verwaltung die für die Verfolgung der betriebswirtschaftlichen Rechnungszwecke erforderlichen Informationen generieren kann, muß sie bestimmte Anforderungen erfüllen. Auf die wichtigsten Anforderungen soll im folgenden kurz eingegangen werden, ohne jedoch den Anspruch auf Vollständigkeit zu erheben. Hierbei stellt der Verfasser des öfteren den Bezug zur Erweiterten Kameralistik her, welche das Anspruchsniveau einer modernen Kosten- und Leistungsrechnung bei weitem nicht erreicht und die deshalb zu einer adäquaten Forcierung eines wirtschaftlichen Verwaltungshandelns nur begrenzt beitragen kann. Trotzdem propagiert allerdings teilweise sogar die etwas neu-

---

[207] Vgl. Knöll, Heinz-Dieter: Verwaltungsökonomie...(1997), S. 86; Haiber, Thomas – Dunker, Klaus: Kostenmanagement...(1995), S. 475; Fischer, Thomas M.: Kostenmanagement...(1997), S. 147.

[208] Vgl. Bals, Hansjürgen: Kostenrechnung...(1989), Sp. 826.

[209] Vgl. Schmidberger, Jürgen: Controlling...(1993), S. 272.

ere Literatur zur Verwaltungskostenrechnung die Anwendung der Erweiterten Kameralistik bis in die Gegenwart,[210] obwohl diese erhebliche Defizite aufweist.

### 1. Abgrenzung der Perioden

Die Kosten müssen der Periode zugerechnet werden, in der sie entstanden sind. In den Haushaltsrechnungen öffentlicher Verwaltungen wird nur mit Einnahmen und Ausgaben operiert.[211] Da zum Periodenende zwischen Ausgaben und Kosten erhebliche zeitliche Diskrepanzen vorliegen können, ist eine periodengerechte Abgrenzung unabdingbar. Im Rahmen der Periodenabgrenzung differenziert man bei erfolgswirksamen Vorgängen zwischen der transitorischen und der antizipativen Rechnungsabgrenzung.[212] Die transitorische Rechnungsabgrenzung kommt zur Anwendung, wenn in der laufenden Rechnungsperiode eine Zahlung erfolgt, welche erst in der Folgeperiode zu Kosten führt. Als Beispiel sind die im Dezember für den Monat Januar des neuen Haushaltsjahres getätigten Personalausgaben anzuführen. Im Gegensatz dazu erfaßt die antizipative Rechnungsabgrenzung alle Vorgänge, bei denen die Kosten in der laufenden Rechnungsperiode entstehen, jedoch die entsprechenden Auszahlungen in der folgenden Rechnungsperiode getätigt werden. Beispielhaft wäre die Dezembermiete zu erwähnen, die erst im Januar zur Zahlung angeordnet wird.[213] Aufgrund der elektronischen Datenverarbeitung dürften heutzutage Anordnungssoll und Kassen-Ist zeitlich nur marginal divergieren, wodurch Auszahlungen und Ausgaben (Verbindlichkeiten aufgrund der Zahlungsanordnungen) als identisch betrachtet werden können.

Für das Rechenwerk der Erweiterten Kameralistik bereitet die Erfassung transitorischer Rechnungsabgrenzungen keinerlei Probleme. Im Gegensatz dazu können antizipative Rechnungsabgrenzungen nur vorgenommen werden, wenn die Betriebsabrechnung der Vorperiode noch nicht abgeschlossen ist. Stellt sich im Laufe des Folgejahres heraus, daß noch Kosten für das vorangegangene Jahr anzusetzen sind, werden diese in der Erweiterten Kameralistik als periodenfremder Aufwand verbucht, wodurch eine Übernahme in die Betriebsrechnung ausscheidet.[214] Neben der finanzwirtschaftlichen Buchung erfolgt im Rahmen der Erweiterten Kameralistik gleichzeitig eine betriebswirtschaftliche Buchung, welche die Periodenabgrenzung berücksichtigt. Ausgaben, die im Haushaltsjahr als Kosten gelten, gelangen in die Spalte Betriebsrechnung. Ausgaben, die erst in der nachfolgenden Rechnungsperiode zu Kosten führen, werden in die Spalte Rechnungsabgrenzung transferiert.[215] Im Folgejahr kommt es zu einer Umbuchung von der Spalte Rechnungsabgrenzung in die Spalte Betriebsrechnung, wodurch die Kosten für die richtige Periode erfaßt sind. Analog dazu wird bei der antizipativen Rechnungsabgrenzung der entsprechende Betrag in die Betriebsrechnung aufgenommen und mit negativem Vor-

[210] Siehe hierzu beispielsweise Gornas, Jürgen: Verwaltungskostenrechnung...(1992); Klümper, Bernd u. a.: Kommunale Kosten- und Wirtschaftlichkeitsrechnung...(1995); Seifert, Klaus: Prozeßmanagement...(1997) oder Knöll, Heinz-Dieter: Verwaltungsökonomie...(1997).
[211] Siehe hierzu die Ausführungen zur Verwaltungskameralistik.
[212] Vgl. Eisele, Wolfgang: Technik des betrieblichen Rechnungswesens...(1998), S. 360.
[213] Vgl. Knöll, Heinz-Dieter: Verwaltungsökonomie...(1997), S. 93.
[214] Siehe hierzu die Ausführungen zur Abbildung 2-1.
[215] Siehe hierzu die Abbildung 2-1 und die entsprechenden Erläuterungen.

zeichen in der Spalte Rechnungsabgrenzung vermerkt. Eine entsprechende Gegenbuchung führt zur Neutralisierung im folgenden Haushaltsjahr.[216]

Neben erfolgswirksamen Vorgängen spielen auch vermögenswirksame Vorgänge eine wichtige Rolle für die Periodenabgrenzung, allerdings nur diejenigen, die sich auf das Sachvermögen beziehen. Bei der Periodenabgrenzung vermögenswirksamer Vorgänge erfolgt das gleiche Procedere wie bei den erfolgswirksamen Vorgängen. Für die Bestimmung des Inhalts ist eine Differenzierung zwischen den verbuchten Einnahmen und Ausgaben vorzunehmen. Einnahmen bedeuten, daß sich das Sachvermögen verringert. Ausgaben bedeuten hingegen eine Sachvermögensmehrung.[217] Die für den Erwerb von Sachvermögen getätigten Ausgaben sind zunächst in der Vermögensveränderungsrechnung[218] – im konkrete Falle: Anlagenrechnung oder Lagerrechnung – zu erfassen. Nur der Betrag, der den Werteverzehr der Vermögensgegenstände einer Periode widerspiegelt, wandert als Aufwand von der Vermögensveränderungsrechnung in die Betriebsrechnung. Der Rest verbleibt in der Vermögensveränderungsrechnung. Hat beispielsweise eine öffentliche Verwaltung Ausgaben für den Erwerb einer neuen EDV-Anlage in Höhe von 30.000 DM getätigt, so muß sie diese 30.000 DM in der Spalte Anlagenrechnung buchen. Bei einer Nutzungsdauer von 3 Jahren und Anwendung des linearen Abschreibungsverfahrens ergibt sich ein jährlicher Abschreibungsbetrag in Höhe von 10.000 DM, der sich nach folgender Formel berechnen läßt:

$$\frac{30.000 \text{ DM}}{3 \text{ Jahre}} = 10.000 \text{ DM pro Jahr.}$$

Diese 10.000 DM sind im Haushaltsjahr des Anlagenkaufs als Abschreibungen von der Spalte Anlagenrechnung in die Spalte Betriebsabrechnung umzubuchen, wodurch in der Anlagenrechnung der noch bestehende Anlagenwert in Höhe von 20.000 DM zum Ausweis kommt.[219]

## 2. Abgrenzung der neutralen Ausgaben

In der betriebswirtschaftlichen Kostenrechnung dürfen nur Ausgaben erfaßt werden, die Kostencharakter haben, also durch den Prozeß der Erstellung von Verwaltungsleistungen bedingt sind.[220] Hiervon sind betriebsfremde, periodenfremde und außerordentliche Ausgaben zu separieren und in einer Abgrenzungsrechnung (Neutrale Rechnung) auszuweisen.[221] Die Abgrenzung von neutralen Ausgaben kann bei öffentlichen Haushalten ein erhebliches Problempotential darstellen. So gehören zu öffentlichen Institutionen teilweise Gebäude und unbebaute Grundstücke, die für die Erstellung von Verwaltungsleistungen nicht unbedingt gebraucht werden. Im Haushaltsplan der öffentlichen Verwaltung sind jedoch die Ausgaben zur Erhaltung bzw.

---

[216] Plastische Buchungsbeispiele zur Rechnungsabgrenzung finden sich bei Knöll, Heinz-Dieter: Verwaltungsökonomie...(1997), S. 94 sowie bei Klümper, Bernd u. a.: Kommunale Kosten- und Wirtschaftlichkeitsrechnung...(1995), S. 131.

[217] Vgl. Gornas, Jürgen: Verwaltungskostenrechnung...(1992), S. 155 – 156.

[218] Siehe hierzu Abbildung 2-1.

[219] Weitere Beispiele zur Periodenabgrenzung vermögenswirksamer Vorgänge finden sich bei Klümper, Bernd u. a.: Kommunale Kosten- und Wirtschaftlichkeitsrechnung...(1995), S. 129 – 132.

[220] Vgl. Knöll, Heinz-Dieter: Verwaltungsökonomie...(1997), S. 97; Hummel, Siegfried – Männel, Wolfgang: Kostenrechnung 1...(1986), S. 69.

[221] Siehe hierzu die Ausführungen zur Abbildung 2-1.

Bewirtschaftung dieser Immobilien veranschlagt.[222] Bei der Abgrenzung ist genau zu prüfen, welcher Teil der veranschlagten Ausgaben eine direkte Verbindung zur Leistungserstellung aufweist. Beispielsweise kann ein unbebautes Grundstück als Parkplatz für Bedienstete oder Besucher genutzt werden. Bestehen Parkplatzengpässe, wird man die entsprechenden Ausgaben bei den Kosten subsumieren. Reichen die vorhandenen Parkplätze völlig aus, handelt es sich um neutrale Ausgaben.

Beim Rechenwerk der Erweiterten Kameralistik erfolgt die Abgrenzung neutraler Ausgaben, wozu auch die angesprochenen verwaltungsfremden Ausgaben gehören, durch die Spalte Neutrale Rechnung. In dieser Spalte sind unter anderem diejenigen Ausgaben zu erfassen, die aus betriebswirtschaftlicher Sicht zu einem früheren Haushaltsjahr zählen. Haben beispielsweise rückwirkende Lohnerhöhungen Lohnnachzahlungen im laufenden Haushaltsjahr zur Folge, erfolgt die Verbuchung der Beträge in der Spalte Neutrale Rechnung und nicht in der Betriebsrechnung.[223]

### 3. Vollständigkeit der pagatorischen Kosten

Um den betriebswirtschaftlichen Ansprüchen zu genügen, müssen in der Kostenrechnung alle anfallenden Kosten erfaßt werden. Die Erfassung zahlungswirksamer (= pagatorischer) Kosten bereitet in der Erwerbswirtschaft keinerlei Probleme. Dort erfolgt die Verbuchung der Geschäftsvorfälle zum Zeitpunkt des Erfüllungsgeschäfts. In dem Zeitpunkt, in dem der Käufer die Verfügungsmacht über den Gegenstand erlangt, entsteht bei diesem eine Ausgabe (Verbindlichkeit) und beim Verkäufer eine Einnahme (Forderung), was in der Buchhaltung entsprechend dokumentiert wird. Dieser für wirtschaftliche Belange adäquate Buchungszeitpunkt findet im Rahmen der Kameralistik keine Berücksichtigung.[224] Die Verwaltungskameralistik weist erst dann Einnahmen und Ausgaben aus, wenn bereits die Anordnungen zum Empfang von Einzahlungen bzw. zur Leistung von Auszahlungen getätigt worden sind. In der Regel erfolgen Zahlungsanordnungen bei Fälligkeit. Deshalb findet die Verbuchung in der Verwaltungskameralistik frühestens bei Fälligkeit der Beträge statt, im Vergleich zum kaufmännischen Rechnungswesen, bei dem die Beträge bereits zum Zeitpunkt der Entstehung gebucht werden. Der späte Buchungszeitpunkt kann in Konflikt zu der vollständigen Erfassung pagatorischer Kosten stehen. Ausgaben für den Erwerb von Ressourcen, welche in der Rechnungsperiode für die Erstellung von Verwaltungsleistungen verbraucht werden, verkörpern pagatorische Kosten. Diese pagatorischen Kosten erscheinen erst in der Erweiterten Kameralistik, wenn bei Fälligkeit die Anordnung zur Zahlung erteilt wird. Liegt der Fälligkeitstag in der nachfolgenden Periode, werden für die laufende Periode zu wenig pagatorische Kosten erfaßt. Im nächsten Haushaltsjahr handelt es sich bei diesen Ausgaben lediglich um neutralen (periodenfremden) Aufwand.[225]

Die Ausführungen belegen, daß eine vollständige Erfassung der Kosten nicht gewährleistet ist, falls die Entstehung der Ausgaben und zugleich der Kosten von dem

[222] Vgl. Knöll, Heinz-Dieter: Verwaltungsökonomie...(1997), S. 97.

[223] Vgl. Knöll, Heinz-Dieter: Verwaltungsökonomie...(1997), S. 97; Homann, Klaus: Kommunales Rechnungswesen...(1991), S. 95.

[224] Vgl. Gornas, Jürgen: Verwaltungskostenrechnung...(1992), S. 176.

[225] Vgl. Gornas, Jürgen: Verwaltungskostenrechnung...(1992), S. 176; Knöll, Heinz-Dieter: Verwaltungsökonomie...(1997), S. 95; Haiber, Thomas: Controlling...(1997), S. 313.

Haushaltsjahr abweicht, in welchem die entsprechenden Zahlungsanordnungen erteilt werden. Das Problem trifft für jene Vorgänge zu, bei denen antizipative Rechnungsabgrenzungen vorzunehmen sind und resultiert aus den Besonderheiten der haushaltsrechtlichen Bestimmungen.[226] Übersteigt das Volumen solcher antizipativen Vorgänge eine bestimmte Grenze (abhängig von der Genauigkeit der Kostenrechnung), muß das in der Erweiterten Kameralistik verfolgte Prinzip der Anknüpfung betriebswirtschaftlicher Buchungen an das Anordnungssoll aufgegeben werden. Es bedarf hierbei der Separierung betriebswirtschaftlicher (in Abhängigkeit vom Entstehungszeitpunkt der Kosten) und finanzwirtschaftlicher (Zahlungsanordnungen als Voraussetzung) Buchungen. Eine andere Möglichkeit zur Problemlösung besteht darin, den Buchungszeitpunkt der Ausgaben und Einnahmen und damit verbunden auch der pagatorischen Kosten vom kaufmännischen Rechnungswesen zu übernehmen. Hierdurch würde sich ebenfalls die Aussagekraft der Verwaltungskameralistik erhöhen, da dieses Rechenwerk vermehrt Forderungen und Verbindlichkeiten ausweisen würde.[227]

## 4. Erfassung der kalkulatorischen Kosten

Die von der Kostenrechnung generierten Informationen sind nur dann aussagefähig, wenn sie den rechnungszweckadäquaten[228] Werteverzehr an Ressourcen widerspiegeln.[229] Dazu kann es erforderlich sein, neben den angefallenen pagatorischen Kosten auch die kalkulatorischen Kosten zu erfassen.[230] *Schwarze* schlägt in diesem Zusammenhang die Brücke zur Verursachungsgerechtigkeit. Seiner Ansicht nach dienen kalkulatorische Kosten der verursachungsgerechten Erfassung des Produktionsfaktoreinsatzes.[231] Diese Meinung teilt jedoch der Verfasser der vorliegenden Arbeit nicht.[232] Bei den kalkulatorischen Kosten kann es sich um Anderskosten oder um Zusatzkosten handeln. Anderskosten dokumentieren einen Werteverzehr, dem Ausgaben in der Verwaltungskameralistik bzw. Aufwendungen in der Haushaltsüberwachungsliste der Erweiterten Kameralistik in ungleicher Höhe gegenüberstehen. Sind hingegen für den Ressourcenverzehr überhaupt keine Ausgaben und somit auch keine Auszahlungen angefallen, verkörpert dieser Zusatzkosten.[233] Als Grundlage für die Erfassung kalkulatorischer Kosten reichen die Daten der Haus-

[226] Siehe hierzu die Ausführungen zur Periodenabgrenzung.

[227] Vgl. Gornas, Jürgen: Verwaltungskostenrechnung...(1992), S. 178.

[228] Für die Beurteilung der Wirtschaftlichkeit des Verwaltungshandelns ist es beispielsweise erforderlich zu wissen, welche Ressourcen in welchem Umfang für die Erbringung der Verwaltungsleistung tatsächlich verbraucht werden und nicht welche Ausgaben damit verbunden sind. Die Knappheit der verfügbaren Ressourcen gebietet eine effiziente Allokation derselben. So erhält man z. B. durch die Vermietung bislang eigengenutzter Räume Miet- oder Pachtzinsen, welche entsprechend als kalkulatorische Miete angesetzt werden müssen. Das gleiche gilt für das in der Verwaltung eingesetzte Kapital.

[229] Vgl. Haberstock, Lothar: Kostenrechnung 1...(1997), S. 77; Knöll, Heinz-Dieter: Verwaltungsökonomie...(1997), S. 96.

[230] Mit der Kosten- und Leistungsrechnung versucht man die Leistungssphäre einer Verwaltung abzubilden und zu beurteilen und nicht die Finanzsphäre.

[231] Vgl. Schwarze, Jochen – Koß, Torsten: Prozeßorientierte Kosten– und Leistungsrechnung...(1996), S. 108.

[232] Schwarze verwechselt dabei die zwei unterschiedlichen Dimensionen Rechnungsstoff und Rechnungssystem.

[233] Vgl. Hummel, Siegfried – Männel, Wolfgang: Kostenrechnung 1...(1986), S. 70 – 73; Haberstock, Lothar: Kostenrechnung 1...(1997), S. 23, 77; Coenenberg, Adolf Gerhard: Kostenrechnung...(1999), S. 61.

haltsrechnung nicht aus, da diese Kosten überhaupt keine Ausgaben respektive Ausgaben in anderer Höhe hervorrufen. Deshalb bedarf es zur Erfassung kalkulatorischer Kosten spezieller Nebenrechnungen,[234] insbesondere einer Anlagenrechnung.

Die Literatur zur verwaltungsbetrieblichen Kosten- und Leistungsrechnung präsentiert folgende kalkulatorische Kostenarten:[235]

- kalkulatorische Abschreibungen,
- kalkulatorische Zinsen,
- kalkulatorische Mieten bzw. Pachten und
- kalkulatorische Wagnisse.

Weichen aus Gründen der Rechnungszwecke[236] oder schlanker kostenrechnerischer Lösungen[237] die Personalkosten, Sachkosten bzw. Fremdleistungskosten von ihren tatsächlich verursachten Ausgaben ab, so sind auch diese unter den kalkulatorischen Kosten zu subsumieren. Dieses Phänomen wird jedoch bislang in der einschlägigen Literatur zur klassischen Verwaltungskostenrechnung nicht explizit angesprochen. Welche kalkulatorische Kostenart mit welchem Wert Berücksichtigung findet, hängt vom konkreten Einzelfall der Verwaltung ab. Hat die jeweilige kalkulatorische Kostenart informationelle Bedeutung für die öffentliche Institution, muß sie in der betriebswirtschaftlichen Kosten- und Leistungsrechnung entsprechend angesetzt werden.[238] Hierdurch gelingt es, Transparenz über die genutzten Ressourcen zu schaf-

---

[234] Vgl. Gornas, Jürgen: Verwaltungskostenrechnung...(1992), S. 179. Hinsichtlich der Vorgehensweise bei den Nebenrechnungen sei an dieser Stelle lediglich auf Gornas, Jürgen: Verwaltungskostenrechnung...(1992), S. 179 – 180 verwiesen. Als elementare Nebenrechnung fungiert die Anlagenbuchhaltung, auch betriebswirtschaftliche Vermögensrechnung genannt, welche – im Gegensatz zum Standpunkt der einschlägigen Literatur – ebenfalls für bestimmte pagatorische Kosten notwendig ist und deshalb später noch in einem separaten Abschnitt abgehandelt wird. Beispielsweise dient die Vermögensrechnung gemäß Gornas, Jürgen: Verwaltungskostenrechnung...(1992), S. 236 nur der Erfassung der kalkulatorischen Kostenarten.

[235] Vgl. Lachnit, Laurenz: Kosten- und Leistungsrechnung...(1999), S. 46; Knöll, Heinz-Dieter: Verwaltungsökonomie...(1997), S. 9; Budäus, Dietrich: Kostenrechnung...(1992), S. 1164 – 1169; Schwarze, Jochen – Koß, Torsten: Prozeßorientierte Kosten- und Leistungsrechnung...(1996), S. 108. Hierbei fehlen die kalkulatorischen Rückstellungen, insbesondere die kalkulatorischen Pensionsrückstellungen, welche der Verfasser der vorliegenden Arbeit für eine aussagefähige Kostenrechnung als unabdingbar erachtet.

[236] Sollen bei der Gebührenkalkulation Schwankungen ausgeschaltet werden, ist mit Standardsätzen zu operieren. Um den Aussagegehalt von Verwaltungsvergleichen zu steigern bzw. überhaupt Verwaltungsvergleiche zu ermöglichen, sind einheitliche Kostensätze (z. B. kalkulatorische Miete oder kalkulatorische Versorgungszuschläge), also Standardsätze anzuwenden. Ebenfalls erlauben einheitliche Kostensätze die Eliminierung unterschiedlicher Gebühren zwischen den einzelnen Verwaltungen. Siehe hierzu Schwarze, Jochen - Koß, Torsten: Prozeßorientierte Kosten- und Leistungsrechnung...(1996), S. 98 – 101.

[237] Aus Vereinfachungsgrößen kann beispielsweise mit Standardkosten oder Durchschnittskosten gearbeitet werden, wie es bei den Personalkostensätzen für den einfachen, mittleren, gehobenen oder höheren Dienst der Fall ist. Vgl. Schwarze, Jochen – Koß, Torsten: Prozeßorientierte Kosten- und Leistungsrechnung...(1996), S. 98.

[238] Dabei ist jedoch stets zu beachten, daß der Informationsgewinn den zusätzlichen Erfassungs- und Verarbeitungsaufwand rechtfertigen muß. Siehe hierzu Gornas, Jürgen: Verwaltungskostenrechnung...(1992), S. 90.

fen, die wiederum als Voraussetzung für Verwaltungsvergleiche gilt.[239] Verwaltungsvergleiche liefern sodann Informationen darüber, welcher Verwaltungsbetrieb welches Leistungspotential zur Bewältigung seiner Aufgaben benötigt. Hierdurch können immense Rationalisierungspotentiale aufgedeckt werden.[240] Jedoch distanziert sich die Kosten- und Leistungsrechnung durch ein Operieren mit kalkulatorischen Kosten von der Haushaltsrechnung und von den behördenspezifischen Gegebenheiten, weshalb kalkulatorische Kosten nur sehr begrenzt zum Ansatz kommen sollen.

## 5. Prozeßorientierte Ermittlung der Kosteninformationen

Die Leistungserstellung im Bereich der öffentlichen Verwaltung bezieht sich im wesentlichen auf die Generierung von Dienstleistungen. Hierzu bedarf es ein Konglomerat an vorbereitenden, planenden, steuernden und kontrollierenden Tätigkeiten, welche gewöhnlicherweise in informationsverarbeitenden Prozessen zum Ausdruck kommen.[241] Diese spezifische Form der Leistungserstellung (personalintensive Dienstleistungserstellung) bewirkt einen hohen Anteil der Gemeinkosten an den Gesamtkosten und zieht in aller Regel einen gigantischen Fixkostenblock nach sich. Außerdem besteht bei den administrativen Tätigkeiten nicht immer unbedingt eine systematische Verknüpfung zwischen den Kosten und der erbrachten Leistungsmenge.[242] Klassische Vollkostenrechnungssysteme vermögen es deshalb nicht zu leisten, das Kostengefüge öffentlicher Institutionen richtig abzubilden, operieren sie doch mittels Umlagen, Schlüsselungen oder wertmäßigen Zuschlägen. Aufgrund der in öffentlichen Verwaltungen vorzufindenden Kostenstrukturen (Dominanz fixer Gemeinkosten) lassen sich aber ebenfalls durch den Einsatz von Teilkostenrechnungssystemen nur bedingt verwertbare Kosteninformationen generieren.[243] Die bei personalintensiver Dienstleistungserstellung traditionellen Kostenrechnungssystemen anhaftenden Defizite lassen sich durch eine auf Prozessen abstellende Kostenrechnung weitgehend beseitigen. Als verwaltungsadäquates betriebswirtschaftliches Instrument ist die Prozeßkostenrechnung für eine Anwendung im öffentlichen Sektor zu propagieren.[244] Durch die Abbildung der Leistungserstellung als Abfolge von Aktivitäten respektive Prozeßketten wird dem Wesen der Dienstleistungserstellung entsprechend Rechnung getragen.[245] Die Prozeßkostenrechnung zeigt die technisch-kostenwirtschaftlichen Beziehungen zwischen den für die Erstellung der Verwal-

[239] Vgl. Hummel, Siegfried – Männel, Wolfgang: Kostenrechnung 1...(1986), S. 70 – 71; Schwarze, Jochen – Koß, Torsten: Prozeßorientierte Kosten- und Leistungsrechnung...(1996), S. 108; Knöll, Heinz-Dieter: Verwaltungsökonomie...(1997), S. 96.

[240] Vgl. Knöll, Heinz-Dieter: Verwaltungsökonomie...(1997), S. 96.

[241] Vgl. Zimmermann, Gebhard – Grundmann Ralf: Prozeßkostenrechnung...(1996), S. 107; Gruber, Klaus: Kosten-Leistungsrechnung...(1998), S. 142; Furch, Kristian: Kosten- und Leistungsrechnung...(1995), S. 19; Schwarze, Jochen: Verwaltungscontrolling...(1998), S. 82.

[242] Vgl. Lachnit, Laurenz: Kosten- und Leistungsrechnung...(1999), S. 44 – 45; Zimmermann, Gebhard – Grundmann Ralf: Prozeßkostenrechnung...(1996), S. 107; Zimmermann, Gebhard: Leistungsfähigkeit...(1993), S. 173; Gruber, Klaus: Kosten-Leistungsrechnung...(1998), S. 142.

[243] Vgl. Lachnit, Laurenz: Kosten- und Leistungsrechnung...(1999), S. 44; Zimmermann, Gebhard: Kostenrechnung...(1992), S. 197; Furch, Kristian: Kosten- und Leistungsrechnung...(1995), S. 20; Gruber, Klaus: Kosten-Leistungsrechnung...(1998), S. 142.

[244] Vgl. Zimmermann, Gebhard – Grundmann Ralf: Prozeßkostenrechnung...(1996), S. 109; Lachnit, Laurenz: Kosten- und Leistungsrechnung...(1999), S. 45.

[245] Vgl. Lachnit, Laurenz: Kosten- und Leistungsrechnung...(1999), S. 45; Schwarze, Jochen: Verwaltungscontrolling...(1998), S. 82.

tungsleistungen erforderlichen Aktivitäten, Prozessen und Hauptprozessen auf.[246] Somit bezieht sich der Betrachtungshorizont der Prozeßkostenrechnung nicht nur auf die einzelnen Kostenstellen, sondern auch auf die schnittstellenübergreifenden Wertschöpfungsketten.

Öffentliche Verwaltungen benötigen ein auf Vollkosten basierendes Kostenrechnungssystem, welches einen positiven Beitrag zur Schaffung von Kosten- und Leistungstransparenz in den fixkostenintensiven Gemeinkostenbereichen zu leisten vermag. Hierzu ist es erforderlich, die tatsächlich relevanten Kosteneinflußgrößen zu eruieren, die sodann als direkte Bezugsgrößen für eine möglichst genaue und realitätsgetreue Verrechnung der Kosten instrumentalisiert werden können. Dieser Anspruch geht mit der Forderung nach einer prozeßorientierten Kostenrechnung einher.[247] Die Prozeßkostenrechnung stellt auf die Beziehungen zwischen Ressourcen, Prozessen und Ergebnissen (Produkte) ab und zeigt so die Kosten der Ressourcennutzung auf.[248] Für die Erstellung der Verwaltungsleistungen sind bestimmte Verwaltungsprozesse erforderlich, welche wiederum Ressourcen in Anspruch nehmen. Die Kosten entstehen in den öffentlichen Verwaltungen primär für die Bereitstellung und Bereithaltung von Ressourcen und erst sekundär für die Nutzung der vorgehaltenen Kapazitäten. Aufgrund der Orientierung an den verwaltungsbetrieblichen Prozessen und der damit zwangsläufig verbundenen kostenrechnerischen Durchdringung des Leistungsgeflechts kann die Verwaltungsführung den mit einer betriebswirtschaftlichen Kostenrechnung verfolgten Rechnungszwecken, wozu insbesondere die Effizienzsteigerung, die Entgeltkalkulation und die Entscheidungsfundierung gehören, in wünschenswertem Maße Rechnung tragen.[249]

## II. Bedeutsame Begriffe des verwaltungsspezifischen Rechnungswesens

### A. Der Begriff der Wirtschaftlichkeit

Wie bereits angesprochen, wird das öffentliche Rechnungswesen, insbesondere die Kosten- und Leistungsrechnung, nicht zum Selbstzweck betrieben. Die Kostenrechnung soll in erster Linie darüber informieren, inwieweit die Verwendung der Ressourcen öffentlicher Institutionen unter dem Aspekt der Wirtschaftlichkeit erfolgt.[250] Hierzu ist es notwendig zu klären, was unter dem Begriff der Wirtschaftlichkeit genau verstanden wird. Die Literatur zur öffentlichen Betriebswirtschaftslehre präsentiert für das Phänomen Wirtschaftlichkeit eine einigermaßen einheitliche und abstrakte Definition. Wirtschaftlichkeit spiegelt das Verhältnis zwischen Output und Input bzw. Zweckerfüllung und Mitteleinsatz wider.[251] Damit dieser abstrakte Wirtschaftlichkeits-

---

246 Vgl. Lachnit, Laurenz: Kosten- und Leistungsrechnung...(1999), S. 45.

247 Vgl. Zimmermann, Gebhard – Grundmann Ralf: Prozeßkostenrechnung...(1996), S. 108; Furch, Kristian: Kosten- und Leistungsrechnung...(1995), S. 21.

248 Vgl. Gruber, Klaus: Kosten-Leistungsrechnung...(1998), S. 142 – 143; Lachnit, Laurenz: Kosten- und Leistungsrechnung...(1999), S. 45.

249 Vgl. Fischer, Thomas M.: Prozeßkostencontrolling...(1999), S. 117; Zimmermann, Gebhard – Grundmann Ralf: Prozeßkostenrechnung...(1996), S. 108; Lachnit, Laurenz: Kosten- und Leistungsrechnung...(1999), S. 49.

250 Vgl. Munzert, Eberhard: Öffentliches Rechnungswesen...(1994), S. 85.

251 Vgl. Gornas, Jürgen – Beyer, Werner: Betriebswirtschaft...(1991), S. 43; Munzert, Eberhard: Öffentliches Rechnungswesen...(1994), S. 86; Eichhorn, Peter: Wirtschaftlichkeit...(1991), S. 956; Budäus, Dietrich: Dominanz der Sachziele...(1999), S. 59; Eichhorn, Peter: Wirtschaftlichkeit der

begriff in der öffentlichen Verwaltung Anwendung finden kann, bedarf es einer inhaltlichen Konkretisierung. Aus der inhaltlichen Konkretisierung resultieren diverse Ausprägungen des allgemeinen Wirtschaftlichkeitsbegriffs, wobei es eine verwaltungsadäquate Ausprägung[252] zu eruieren gilt.[253]

### 1. Verpflichtung zur Wirtschaftlichkeit und Sparsamkeit

Durch die in den 60er und 70er Jahren durchgeführte Haushaltsrechtsreform wurden die öffentlichen Verwaltungen gesetzlich verpflichtet,[254] das Gebot der Wirtschaftlichkeit und Sparsamkeit zu befolgen.[255] Beispielsweise heißt es in § 6 Abs. 1 HGrG: „Bei Aufstellung und Ausführung des Haushaltsplans sind die Grundsätze der Wirtschaftlichkeit und Sparsamkeit zu beachten."[256] Jedoch geht aus keiner Rechtsnorm hervor, was die Grundsätze der Wirtschaftlichkeit und Sparsamkeit beinhalten, insbesondere wie man sie voneinander abgrenzt. Der Gesetzestext enthält diesbezüglich keine Umschreibung, geschweige denn eine Definition. Folglich finden sich in der speziellen Literatur zahlreiche Kommentierungen und Interpretationen, die sich um eine inhaltliche Konkretisierung und Abgrenzung der Begriffe Sparsamkeit und Wirtschaftlichkeit bemühen.[257]

Patzig schreibt in seinem Kommentar zu § 7 Abs. 1 BHO/LHO, daß der Wortlaut des § 7 Abs. 1BHO/LHO für den Haushaltsvollzug in § 34 Abs. 2 BHO/LHO wiederholt wird, durch § 7 Abs. 2 BHO/LHO eine Ergänzung findet und in den Verwaltungsvorschriften (VV), insbesondere im Hinblick auf Wirtschaftlichkeitsuntersuchungen und Erfolgskontrollen, konkretisiert wird. Darüber hinaus enthalten die BHO und die LHO einige Anwendungsfälle der Grundnorm Wirtschaftlichkeit und Sparsamkeit. Diese beziehen sich auf die Veranschlagungsgrundsätze des § 24 BHO/LHO, die Bestimmungen über öffentliche Ausschreibungen (§ 55 BHO/LHO), das prinzipielle Verbot von Vorleistungen (§ 56 BHO/LHO) sowie auf § 63 Abs.3 BHO/LHO, wonach Vermögensgegenstände grundsätzlich nur zu ihrem vollen Wert veräußert werden dürfen. Schließlich bilden Wirtschaftlichkeit und Sparsamkeit einen Prüfungsmaßstab für die Finanzkontrolle durch die Rechnungshöfe (§ 90 Nr. 3 BHO/LHO).[258]

Wie Patzig anführt, sollen die Grundsätze Wirtschaftlichkeit und Sparsamkeit in den Verwaltungsvorschriften eine inhaltliche Konkretisierung erfahren. Beispielsweise geht aus der vorläufigen Verwaltungsvorschrift Nr. 1 zu § 7 BHO hervor, daß mit dem Grundsatz der Wirtschaftlichkeit die günstigste Relation zwischen dem verfolgten Zweck und den einzusetzenden Mitteln gemeint ist. Der Grundsatz der Wirtschaft-

Verwaltung...(1989), Sp. 1795; Braun, Günter E.: Betriebswirtschaftliche Kennzahlen...(1987), S. 184 sowie Eichhorn, Peter: Verwaltungshandeln...(1979), S. 14.

252 Hierbei können die Kategorien betriebswirtschaftliche oder volkswirtschaftliche Wirtschaftlichkeit zur Anwendung kommen. Siehe dazu Eichhorn, Peter: Verwaltungshandeln...(1979), S. 15.

253 Vgl. Gornas, Jürgen: Verwaltungskostenrechnung...(1992), S. 55; Budäus, Dietrich: Dominanz der Sachziele...(1999), S. 59 – 60.

254 Vgl. Munzert, Eberhard: Öffentliches Rechnungswesen...(1994), S. 85.

255 Siehe § 6 Abs. 1 HGrG, § 7 Abs. 1 BHO/LHO sowie § 62 Abs. 2 GO NW.

256 Siehe hierzu § 6 Abs. 1 HGrG. Der gleiche Wortlaut findet sich in § 7 Abs. 1 BHO/LHO. Eine ähnliche Formulierung enthält § 62 Abs. 2 GO NW. Siehe hierzu die jeweiligen Gesetzestexte.

257 Vgl. Gornas, Jürgen: Verwaltungskostenrechnung...(1992), S. 63 - 64; Karehnke, Helmut: Wirtschaftlichkeitsmessung...(1970), S. 950.

258 Vgl. Patzig, Werner: Haushaltsrecht...(1989), S. C/7/7 – C/7/8.

lichkeit umfaßt das Minimal- und das Maximalprinzip.[259] Laut Verordnungsgeber entspricht die Sparsamkeit dem Minimalprinzip und ist dementsprechend als Spezialfall der Wirtschaftlichkeit aufzufassen.[260] Der Grundsatz der Sparsamkeit dient also dazu, dem Minimalprinzip Nachdruck zu verleihen.[261] Außerdem fordert der Verordnungsgeber ausdrücklich, bei der Ausführung des Haushaltsplans das Sparsamkeitsprinzip zu präferieren, da in aller Regel die zu verfolgenden Ziele bereits feststehen.[262]

Eine andere, aber recht plausible Definition bietet König. Dieser faßt die Sparsamkeit als eine Vergröberung der Wirtschaftlichkeit auf. Die Sparsamkeit dient als Surrogat für die Wirtschaftlichkeit, wenn die Wertspanne zwischen Aufwand und erbrachter Leistung nicht mehr errechnet werden kann.[263] Daraus ergibt sich als Norm für das Verwaltungshandeln, daß Ausgaben möglichst begrenzt bzw. vermieden werden sollen. Sind also die Ergebnisgrößen weder quantitativ noch qualitativ meßbar und einigermaßen konstant, empfiehlt es sich, die Ausgaben zu minimieren.[264]

*Gornas* hält die Nennung der Sparsamkeit in den Rechtsnormen für überflüssig. Für ihn verkörpert das Wirtschaftlichkeitsprinzip eine rational praktizierte Sparsamkeit.[265] Eine sinnvolle Abgrenzung der Begriffe Wirtschaftlichkeit und Sparsamkeit ist seiner Ansicht nach nicht möglich, da der eine Begriff den jeweils anderen enthält.[266]

Resümierend bleibt zu konstatieren, daß den Kommentaren und Erläuterungen zu den Gesetzen respektive den entsprechenden Literaturquellen nur wenig Aussagekraft bezüglich Wirtschaftlichkeit und Sparsamkeit innewohnt.[267] Danach zielt die Wirtschaftlichkeit auf rationales Verhalten. Der Begriff Sparsamkeit wird lediglich mit Ausgabensenkung assoziiert. Eine inhaltliche Bestimmung bzw. Konkretisierung dieser Leerformeln unterbleibt jedoch zumeist.[268] Je nach dem welche Ziele durch das Verwaltungshandeln zu verfolgen sind, lassen sich unterschiedliche Aussagen über die Wirtschaftlichkeit machen.[269] Dabei ist zu berücksichtigen, daß die Wirtschaftlichkeit eines Subsystems einen Beitrag zur Systemwirtschaftlichkeit leisten soll.[270] Häufig existieren im Rahmen rechtlich tolerierten Handelns mehrere Maßnahmen mit je unterschiedlicher Wirtschaftlichkeit. Hierüber muß sich jede öffentliche Verwaltung stets im klaren sein.[271]

---

[259] Siehe hierzu auch Patzig, Werner: Haushaltsrecht...(1989), S. C/7/9.
[260] Siehe Köckritz, Sieghardt von u. a.: Vorläufige Verwaltungsvorschriften zu § 7 Bundeshaushaltsordnung...(1996), S. 31. Diese Auffassung vertreten auch Eichhorn, Peter: Verwaltungshandeln...(1979), S. 14 und Budäus, Dietrich: Dominanz der Sachziele...(1999), S. 57.
[261] Vgl. Eichhorn, Peter: Verwaltungshandeln...(1979), S. 14.
[262] Vgl. Piduch, Erwin Adolf: Vorläufige Verwaltungsvorschriften zu § 7 Bundeshaushaltsordnung...(1998), S. 1; Köckritz, Sieghardt von u. a.: Vorläufige Verwaltungsvorschriften zu § 7 Bundeshaushaltsordnung...(1998), S. 1.
[263] Vgl. König, Herbert: Finanzkontrolle...(1969), S. 335.
[264] Vgl. Gornas, Jürgen: Verwaltungskostenrechnung...(1992), S. 65.
[265] Siehe hierzu ebenfalls Eichhorn, Peter: Verwaltungshandeln...(1979), S. 14.
[266] Vgl. Gornas, Jürgen: Verwaltungskostenrechnung...(1992), S. 65.
[267] Vgl. Patzig, Werner: Haushaltsrecht...(1989), S. C/7/11.
[268] Vgl. Eichhorn, Peter: Verwaltungshandeln...(1979), S. 12.
[269] Vgl. Braun, Günter E.: Betriebswirtschaftliche Kennzahlen...(1987), S. 184.
[270] Plastische Beispiele finden sich bei Braun, Günter E.: Betriebswirtschaftliche Kennzahlen...(1987), S. 184 – 185.
[271] Vgl. Eichhorn, Peter: Verwaltungshandeln...(1979), S. 12 – 13.

## 2. Rationalprinzip

Dem Wirtschaftlichkeitsprinzip liegt das Rationalprinzip zugrunde. Das Rationalprinzip, das als grundsätzliche Maxime menschlichen Handelns gilt, resultiert aus der Knappheit der verfügbaren Ressourcen.[272] Dabei ist allerdings immer nur ein relatives Knappheitsproblem gemeint, welches sich auf konkret verfolgte Zwecke bezieht.[273] Jedes menschliche Handeln, mit dem ein bestimmtes Ziel angestrebt wird, sei es in der Kunst, im Sport, in der Technik oder in der Wirtschaft, folgt einem allgemeinen Vernunftsprinzip, dem Rationalprinzip. Das Rationalprinzip verkörpert alle Grundsätze des Handelns, nach denen jegliche Tätigkeit gemäß der ratio ausgeführt wird, in der Absicht, das Verhältnis zwischen Ergebnis und eingesetzten Mitteln optimal zu gestalten.[274] Damit ist nicht gemeint, mit minimalem Mitteleinsatz ein maximales Ergebnis zu erzielen. Denn es widerspricht der Logik, von zwei Variablen, welche interdependent sind, gleichzeitig die eine zu minimieren und die andere zu maximieren.[275] Deshalb wird dem Rationalprinzip folgende Formulierung gerecht, die das Minimalprinzip oder das Maximalprinzip zum Ausdruck bringen kann:[276]

- Minimalprinzip

  Ein vorgegebenes Ergebnis soll mit minimalem Mitteleinsatz erreicht werden.

- Maximalprinzip

  Mit vorgegebenen Mitteln soll ein maximales Ergebnis erzielt werden.

Die ökonomische Ausprägung des Rationalprinzips ist als Wirtschaftlichkeitsprinzip zu deklarieren. Das bedeutet, daß Mitteleinsatz und Ergebnis mittels ökonomischen Größen, wie z. B. Kosten, erstellte Leistungen oder Nutzen, konkretisiert werden.[277] Das Wirtschaftlichkeitsprinzip fungiert als rein formales Prinzip und zielt auf die günstigste Zweck-Mittel-Relation ab. Es macht keinerlei Aussagen über die eigentlichen Motive und Zielsetzungen wirtschaftlichen Handelns.[278] Je nach dem wie Zweck und Mittel kategorisiert respektive konkretisiert werden, kann es sich um Einzelwirtschaftlichkeit oder Gemeinwirtschaftlichkeit handeln.

## 3. Einzelwirtschaftlichkeit

Verwendet man für die Zweck-Mittel-Relation betriebswirtschaftliche Kategorien, also solche Begriffspaare, die auf eine Verwaltung, eine Investition oder eine sonstige administrative Maßnahme begrenzt sind, erhält man Informationen über die Einzelwirtschaftlichkeit der Verwaltung im betriebswirtschaftlichen Sinn.[279] Die Einzelwirt-

[272] Vgl. Wöhe, Günter: Allgemeine Betriebswirtschaftslehre...(1996), S. 1; Oettle, Karl: Systeme des betrieblichen Rechnungswesens...(1976), S. 160.

[273] Vgl. Budäus, Dietrich: Dominanz der Sachziele...(1999), S. 57; Gornas, Jürgen: Verwaltungskostenrechnung...(1992), S. 57.

[274] Vgl. Gornas, Jürgen – Beyer, Werner: Betriebswirtschaft...(1991), S. 43.

[275] Vgl. Gornas, Jürgen: Verwaltungskostenrechnung...(1992), S. 56 - 57; Gornas, Jürgen – Beyer, Werner: Betriebswirtschaft...(1991), S. 43.

[276] Vgl. Wöhe, Günter: Allgemeine Betriebswirtschaftslehre...(1996), S. 1; Eichhorn, Peter: Wirtschaftlichkeit...(1991), S. 956; Gornas, Jürgen – Beyer, Werner: Betriebswirtschaft...(1991), S. 43; Eichhorn, Peter: Wirtschaftlichkeit der Verwaltung...(1989), Sp. 1797.

[277] Vgl. Eichhorn, Peter: Wirtschaftlichkeit...(1991), S. 956; Gornas, Jürgen – Beyer, Werner: Betriebswirtschaft..(1991), S. 43.

[278] Vgl. Wöhe, Günter: Allgemeine Betriebswirtschaftslehre...(1996), S. 2.

[279] Vgl. Eichhorn, Peter: Verwaltungshandeln...(1979), S. 15.

schaftlichkeit dient – genauso wie die Gemeinwirtschaftlichkeit – als Maßstab für die Überprüfung der Einhaltung des Wirtschaftlichkeitsprinzips. Dabei muß es sich um quantifizierbare Ausprägungen von Mitteleinsatz und Ergebnis handeln, die in der öffentlichen Verwaltung Anwendung finden können.[280] Entsprechend der Ausgestaltung des Maßstabs kommen für die Einzelwirtschaftlichkeit mengenmäßige, wertmäßige oder gemischte Relationen in Betracht.[281] Die verschiedenen Relationen sind aus Abbildung 2-5 zu ersehen.

Abbildung 2-5

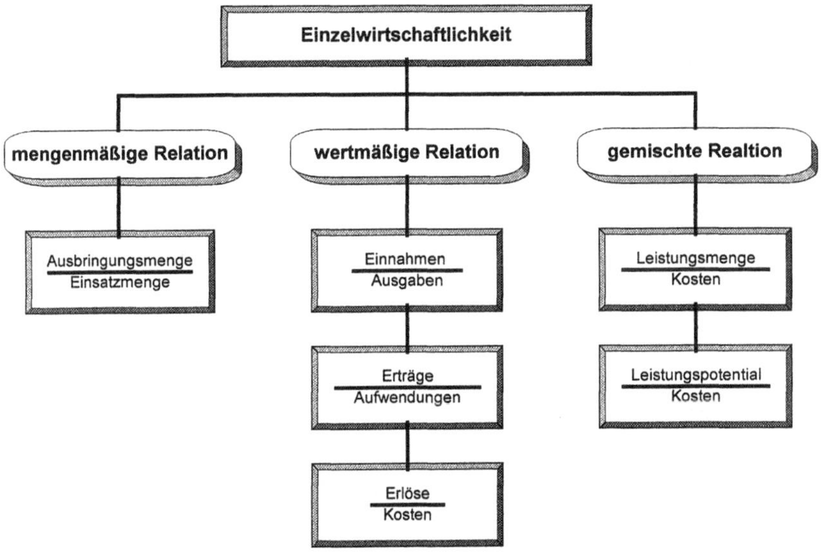


In Anlehnung an Eichhorn, Peter: Wirtschaftlichkeit...(1991), S. 957.

Der mengenmäßige Quotient wird als Produktivität bezeichnet. Die Produktivität spiegelt das Verhältnis zwischen Ausbringungsmenge und Einsatzmenge an Produktionsfaktoren wider.[282] Da aufgrund der fehlenden monetären Quantifizierung keine Aggregation von Partialbetrachtungen möglich ist, lassen sich mittels der Produktivität nur begrenzt Informationen gewinnen. Eine sinnvolle Aussage über die Wirtschaftlichkeit einer öffentlichen Verwaltung oder einzelner Abteilungen kann anhand dieser Kennzahl kaum gemacht werden.[283] Für die wertmäßige Ausprägung fungieren die Begriffspaare Einnahmen und Ausgaben, Erträge und Aufwendungen sowie

[280] Vgl. Köckritz, Sieghardt von u. a.: Vorläufige Verwaltungsvorschriften zu § 7 Bundeshaushaltsordnung...(1996), S. 38.
[281] Vgl. Eichhorn, Peter: Wirtschaftlichkeit der Verwaltung...(1989), Sp. 1798.
[282] Siehe hierzu Abbildung 2-5. Vgl. außerdem auch Wöhe, Günter: Allgemeine Betriebswirtschaftslehre...(1996), S. 49.
[283] Vgl. Seifert, Klaus: Prozeßmanagement...(1998), S. 42.

Erlöse und Kosten.[284] Diese vermögen das angesprochene Problem der Produktivität zu lösen. Außer rein mengenmäßigen und rein wertmäßigen Quotienten lassen sich auch gemischte Relationen bilden. Das Verhältnis der Leistungsmenge zu den Kosten[285] (⇒ Kostenwirtschaftlichkeit) bildet einen wichtigen Maßstab für die Beurteilung wirtschaftlichen Verwaltungshandelns,[286] worauf später noch genauer einzugehen ist.

Für den Informationsgehalt solcher Ausprägungen der Einzelwirtschaftlichkeit ist es unabdingbar, daß zwischen Zähler und Nenner ein Kausalnexus besteht.[287] Dieser Kausalzusammenhang trifft jedoch für den Großteil öffentlicher Institutionen nicht zu.[288] Weder allgemeine Deckungsmittel (z. B. Steuern) und allgemeine Finanzzuweisungen noch die meisten Verwaltungsgebühren stehen in einem unmittelbaren Ursache-Wirkungs-Zusammenhang mit den getätigten Ausgaben. Sogar der Quotient aus Benutzungsgebühren und Kosten hat nur eine sehr begrenzte Aussagekraft bezüglich wirtschaftlichen Verwaltungshandelns, falls die Haushaltseinnahmen und die dafür angesetzten Kosten aus abgaberechtlichen Vorschriften resultieren und dabei betriebswirtschaftliche Grundsätze außer acht gelassen wurden.[289] Ein Beispiel für die geringe Verbundenheit zwischen Einnahmen und Ausgaben findet man unter anderem bei der Polizei. Die Einnahmen aus den Gebühren für Ordnungswidrigkeiten lassen sich nur zum Teil auf die Ausgaben für Polizeikräfte zurückführen. Erheblichen Einfluß auf die Einnahmen haben die Wetter- und Straßenverhältnisse sowie die Kenntnisse der Straßenverkehrsordnung seitens des Bürgers. Diese Faktoren entziehen sich allerdings dem Machtbereich der Polizei. Deshalb erscheint eine Beurteilung der Wirtschaftlichkeit von Polizeieinsätzen mittels Einnahmen-Ausgaben-Relationen als wenig sinnvoll.[290]

*Eichhorn* sieht in der Kostenwirtschaftlichkeit einen geeigneten Maßstab für die Überprüfung der Wirtschaftlichkeit im öffentlichen Sektor.[291] Die Kennziffer Kostenwirtschaftlichkeit ergibt sich – wie bereits erwähnt – aus dem Quotienten zwischen Leistungsmenge und Kosten und nimmt ebenfalls bei anderen Autoren eine zentrale Stellung in Sachen Wirtschaftlichkeitsbeurteilung ein.[292] Setzt man beispielsweise die Zahl der überprüften Kraftfahrzeuge (Ausbringungsmenge) in Beziehung zu den Kosten für diese Polizeiaufgabe, können lt. *Eichhorn* Informationen über die Wirtschaftlichkeit des Polizeieinsatzes generiert werden. Als Vergleichsmaßstäbe dienen die Zahlen früherer Jahre (Zeitvergleich) oder anderer Polizeidienststellen (Betriebsvergleich).[293] Dabei handelt es sich jeweils um Ist-Vergleiche. Zusätzlich sind die Ist-

[284] Siehe hierzu Abbildung 2-5. Vgl. Knöll, Heinz-Dieter: Verwaltungsökonomie...(1997), S. 87.
[285] Siehe hierzu Abbildung 2-5.
[286] Vgl. Seifert, Klaus: Prozeßmanagement...(1998), S. 43; Eichhorn, Peter: Verwaltungshandeln...(1979), S. 16.
[287] Vgl. Eichhorn, Peter: Wirtschaftlichkeit der Verwaltung...(1989), Sp. 1798; Eichhorn, Peter: Wirtschaftlichkeit...(1991), S. 957.
[288] Vgl. Seifert, Klaus: Prozeßmanagement...(1998), S. 43; Eichhorn, Peter: Wirtschaftlichkeit...(1991), S. 957.
[289] Vgl. Eichhorn, Peter: Wirtschaftlichkeit der Verwaltung...(1989), Sp. 1798.
[290] Vgl. Eichhorn, Peter: Verwaltungshandeln...(1979), S. 16.
[291] Vgl. Eichhorn, Peter: Wirtschaftlichkeit der Verwaltung...(1989), Sp. 1798.
[292] Siehe hierzu beispielsweise Seifert, Klaus: Prozeßmanagement...(1998), S. 43 oder Knöll, Heinz-Dieter: Verwaltungsökonomie...(1997), S. 87.
[293] Vgl. Eichhorn, Peter: Verwaltungshandeln...(1979), S. 16.

Zahlen auch den angestrebten Soll-Zahlen (Soll-Ist-Vergleich) gegenüberzustellen.[294] Aufgrund der Vergleiche lassen sich Abweichungen erkennen, deren Ursachen eruieren und Verbesserungen erarbeiten. Auf die selbe Art und Weise kann auch die Kostenwirtschaftlichkeit in Finanzämtern untersucht werden. Als zu vergleichende Kennzahl bietet sich hierbei z. B. das Verhältnis zwischen der Zahl bearbeiteter Einkommensteuererklärungen und dafür aufgewendeter Verwaltungskosten an.[295]

Die Kostenwirtschaftlichkeit liefert nur dann brauchbare Informationen für Planungs- und Kontrollzwecke, wenn die Leistungsmenge als die entscheidende Kosteneinflußgröße angesehen werden kann.[296] Dies ist jedoch im öffentlichen Sektor überwiegend nicht der Fall. Insbesondere in der Kernverwaltung determinieren die Leistungsmengen nur in geringem Umfang den Kostenanfall. Der Großteil der Kosten ist auf die Vorhaltung von Kapazitäten zurückzuführen.[297] Die Kapazität verkörpert ein bestimmtes Leistungspotential der Produktionsfaktoren oder anders ausgedrückt: die maximal erstellbare Leistungsmenge.[298] Für all die Fälle, bei denen die Kapazitätsvorhaltung die dominante Kosteneinflußgröße darstellt, bedarf es einer Variation der ursprünglichen Kennzahl Kostenwirtschaftlichkeit, um Aussagen über die Wirtschaftlichkeit des Verwaltungshandelns machen zu können. Eine verwaltungsadäquate Ausprägung der Kostenwirtschaftlichkeit spiegelt sich somit in der Relation zwischen maximal möglicher Leistungsmenge (Leistungspotential) und entstandenen Kosten[299] wider.[300]

Die Anwendbarkeit der verschiedenen Ausprägungen von Einzelwirtschaftlichkeit setzt die Quantifizierung und gegebenenfalls die Monetarisierung der jeweiligen Größen voraus.[301] Ist eine monetäre Bewertung der eingesetzten Mittel nicht möglich, muß man sich mit mengenmäßigen Input-Output-Relationen begnügen. Exemplarisch seien die Fallzahlen (z. B. Neuzulassungen von Kraftfahrzeugen, Beratungsleistungen für Arbeitslose, Registereintragungen usw.) pro Mitarbeiter in einer Periode genannt.[302] Mit der fehlenden Monetarisierung geht in der Regel auch ein Verlust an Informationsgehalt einher.[303] Die staatliche Leistungserbringung zielt auf die Förderung des Gemeinwohls. Oft sind diese Leistungen qualitativer Art und lassen sich deshalb zahlenmäßig nicht erfassen.[304] Das gilt insbesondere für die Öffentlichkeitsarbeit, die Gesetzgebung oder für Förderprogramme.[305] Aussagen über die Wirtschaftlichkeit solcher Leistungen können nur mit Hilfe von Indikatoren gemacht wer-

[294] Eichhorn spricht in diesem Zusammenhang Soll-Ist-Vergleiche leider nicht an. Die Durchführung von Soll-Ist-Vergleichen empfiehlt der Verfasser der vorliegenden Arbeit.
[295] Vgl. Eichhorn, Peter: Wirtschaftlichkeit...(1991), S. 957.
[296] Vgl. Gornas, Jürgen: Verwaltungskostenrechnung...(1992), S. 70 – 71.
[297] Vgl. Seifert, Klaus: Prozeßmanagement...(1998), S. 43.
[298] Ein plastisches Beispiel hierzu findet sich bei Knöll, Heinz-Dieter: Verwaltungsökonomie...(1997), S. 87 – 88.
[299] Siehe hierzu Abbildung 2-5.
[300] Vgl. Gornas, Jürgen: Verwaltungskostenrechnung...(1992), S. 71.
[301] Vgl. Budäus, Dietrich: Dominanz der Sachziele...(1999), S. 60.
[302] Vgl. Eichhorn, Peter: Wirtschaftlichkeit...(1991), S. 957.
[303] Vgl. Eichhorn, Peter: Verwaltungshandeln...(1979), S. 16.
[304] Vgl. Knöll, Heinz-Dieter: Verwaltungsökonomie...(1997), S. 87.
[305] Vgl. Köckritz, Sieghardt von u. a.: Vorläufige Verwaltungsvorschriften zu § 7 Bundeshaushaltsordnung...(1996), S. 36.

den, wodurch man automatisch zur Gemeinwirtschaftlichkeit respektive umweltbezogenen Wirtschaftlichkeit gelangt.[306]

### 4. Gemeinwirtschaftlichkeit

Wirtschaftlichkeitsuntersuchungen liefern nur dann sinnvolle Ergebnisse, wenn sie auf die besondere Struktur öffentlicher Verwaltungen zugeschnitten sind. Die Struktur öffentlicher Verwaltungen kann erheblich von der Struktur rein erwerbswirtschaftlicher Unternehmen divergieren.[307] Im Gegensatz zur Erwerbswirtschaft gilt für den öffentlichen Sektor nicht der Gewinn als Formalziel, sondern das Gemeinwohl.[308] Mit dem Begriff Gemeinwohl[309] sind diverse gesellschaftliche Nutzenkalküle angesprochen, wie etwa innere Sicherheit, Schutz der Umwelt oder soziale Sicherheit.[310] Diese entziehen sich weitgehend einer inhaltlichen Konkretisierung bzw. Operationalisierung und können deshalb nicht handlungsleitend auf die Verwaltungsmitglieder einwirken. Infolge des mangelnden operablen Charakters der Formalziele dominieren bei öffentlichen Institutionen die Sachziele, welche jedoch aus den Formalzielen abgeleitet werden.[311] Die zu verfolgenden Sachziele stellen auf das quantitative und qualitative Leistungsprogramm einer öffentlichen Verwaltung ab. Welche Leistungen zu erstellen sind, wird größtenteils durch demokratisch legitimierte Organe (z. B. Bundesregierung) oder durch Gesetze festgelegt.[312] Dabei ist zu beachten, daß die erbrachten Leistungen selbst Gesetze sein können. Um die Verwaltungsleistungen erstellen zu können, bedarf es der Bereitstellung entsprechender Ressourcen.

Zur Erreichung ihrer Formalziele (z. B. Umweltschutz) erstellen öffentliche Verwaltungen durch den Einsatz von Ressourcen (z. B. Juristen, Biologen, Chemiker usw.) Verwaltungsleistungen (z. B. Umweltschutzgesetze) und geben diese an die Verwaltungsumwelt (z. B. Bürger oder Unternehmen) ab. Hierbei haben sie sich auf solche Leistungen zu beschränken, bei denen eine individuelle oder kollektive Bedürfnisbefriedigung und somit Wohlfahrtssteigerung angenommen werden kann.[313] Die Abbildung 2-6 soll diese Einsatz-Ergebnis- bzw. Mittel-Zweck-Kette verdeutlichen.

Zwischen der Formalzielebene und der Sachzielebene kann es zu Brüchen in der Wirkungsbeziehung kommen. Nicht alle Verwaltungsleistungen wirken sich unmittelbar auf das Gemeinwohl aus. Etliche Leistungsarten, wie die Erteilung von Genehmigungen oder der Entwurf und die Verabschiedung von Gesetzen, dienen zunächst

---

306 Vgl. Eichhorn, Peter: Wirtschaftlichkeit...(1991), S. 957; Braun, Günter E.: Betriebswirtschaftliche Kennzahlen...(1987), S. 187.

307 Vgl. Fischer, Thomas M.: Prozeßkostencontrolling...(1999), S. 115.

308 Vgl. Budäus, Dietrich: Dominanz der Sachziele...(1999), S. 56.

309 Anstatt Gemeinwohl werden ebenfalls die Termini: öffentliche Aufgabe, öffentliches Interesse oder Daseinsvorsorge verwendet. Siehe hierzu Budäus, Dietrich: Dominanz der Sachziele...(1999), S. 56 – 57.

310 Vgl. Köckritz, Sieghardt von u. a.: Vorläufige Verwaltungsvorschriften zu § 7 Bundeshaushaltsordnung...(1996), S. 36.

311 Für Fischer ist der öffentliche Auftrag ein Sachziel und kein Formalziel. Siehe hierzu Fischer, Thomas M.: Prozeßkostencontrolling...(1999), S. 115. Diese Auffassung wird jedoch durch die vorliegende Untersuchung widerlegt.

312 Vgl. Budäus, Dietrich: Dominanz der Sachziele...(1999), S. 56 – 57, 59.

313 Vgl. Gornas, Jürgen: Verwaltungskostenrechnung...(1992), S. 66.

der Gestaltung der Verwaltungsumwelt. Erst die gestaltete Umwelt hat sodann Auswirkungen auf die Wohlfahrt.[314]

Abbildung 2-6

**Verwaltungsspezifische Mittel-Zweck-Kette**

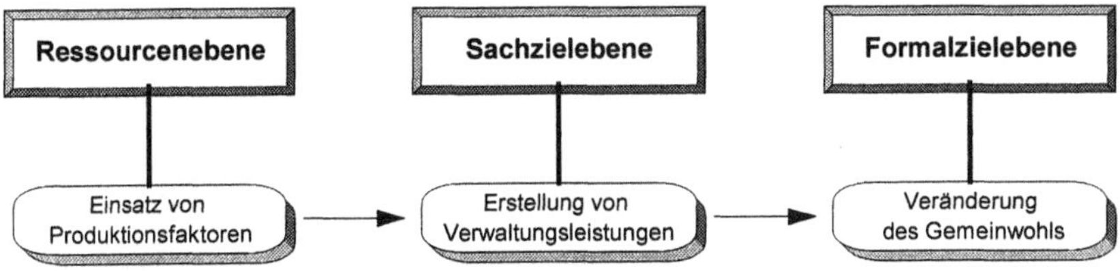


In Anlehnung an Gornas, Jürgen – Beyer, Werner: Betriebswirtschaft...(1991), S. 45 und Gornas, Jürgen: Verwaltungskostenrechnung...(1992), S. 66.

Die Mittel-Zweck-Relation erfährt bei der Gemeinwirtschaftlichkeit eine Kategorisierung durch das Begriffspaar Ressourceneinsatz bzw. daraus resultierende Kosten und Wohlfahrtsänderung in der Verwaltungsumwelt.[315] Die Gemeinwirtschaftlichkeit geht also über die Einzelwirtschaftlichkeit hinaus und integriert auch die Vor- und Nachteile, welche bei Wirtschaftssubjekten außerhalb der Verwaltung (z. B. Unternehmen, Haushalte, Personengruppen), ja sogar in der Natur[316] infolge des Verwaltungshandelns auftreten.[317] Der Beziehungszusammenhang zwischen Ressourcenebene und Sachzielebene wird durch die Maßgröße Kostenwirtschaftlichkeit erfaßt. Diese liefert Informationen über die Wirtschaftlichkeit des Ressourceneinsatzes, indem sie den Verwaltungsleistungen die unmittelbar dadurch entstandenen Kosten gegenüberstellt.[318] Informationen darüber, inwieweit die angebotenen Verwaltungsleistungen bezüglich Art, Umfang und Qualität dem tatsächlichen Bedarf entsprechen, vermag die Kennzahl Kostenwirtschaftlichkeit nicht zu erbringen. Es kann durchaus der Fall eintreten, daß eine für den Bürger völlig überflüssige Leistung einen hohen Grad an Kostenwirtschaftlichkeit aufweist.[319] Das geschilderte Problem bezieht sich auf den Wirkungszusammenhang zwischen der Sachzielebene und der Formalzielebene, den es neben der Kostenwirtschaftlichkeit zu berücksichtigen gilt, um von der Ressourcenebene (Mitteleinsatz) zur Formalzielebene (Wohlfahrtssteigerung)[320] zu gelangen.[321] Öffentliche Verwaltungen haben nur solche Leistungsprogramme zu realisieren, die eine Erhöhung des Gemeinwohls bewirken.[322] Da es sich bei der Wohlfahrt um eine Umweltgröße handelt, bedarf es zur Ermittlung des Zieler-

---

[314] Vgl. Gornas, Jürgen: Verwaltungskostenrechnung...(1992), S. 66 – 67.
[315] Vgl. Gornas, Jürgen: Verwaltungskostenrechnung...(1992), S. 67.
[316] Vgl. Eichhorn, Peter: Verwaltungshandeln...(1979), S. 18.
[317] Ein Beispiel von Eichhorn, Peter: Verwaltungshandeln...(1979), auf S. 18 möge dies verdeutlichen.
[318] Vgl. Seifert, Klaus: Prozeßmanagement...(1998), S. 43 – 44; Gornas, Jürgen – Beyer, Werner: Betriebswirtschaft...(1991), S. 44.
[319] Vgl. Budäus, Dietrich: Dominanz der Sachziele...(1999), S. 60; Seifert, Klaus: Prozeßmanagement...(1998), S. 44.
[320] Die Visualisierung in Abbildung 2-6 soll zum besseren Verständnis beitragen.
[321] Vgl. Gornas, Jürgen: Verwaltungskostenrechnung...(1992), S. 67.
[322] Vgl. Eichhorn, Peter: Verwaltungshandeln...(1979), S. 19.

reichungsgrades entsprechender umweltbezogener Erhebungen (z. B. Bürgerbefragungen). Das Ergebnis solcher Erhebungen kann sodann in sogenannten Sozialindikatoren ausgedrückt werden,[323] worauf jedoch im Rahmen dieser Untersuchung nicht weiter eingegangen wird. Abschließend bleibt zu betonen, daß eine rationale Beurteilung öffentlicher Leistungen nur möglich ist, wenn die Ergebnisse des verwaltungsbetrieblichen Rechnungswesens durch Informationen über die erzielten gesellschaftlichen Erfolge ergänzt werden.[324]

In der vorliegenden Arbeit wird als Maßstab für die Beurteilung wirtschaftlichen Verwaltungshandelns die Kostenwirtschaftlichkeit verwendet. Zu begründen ist dies dadurch, daß bei einer auf betriebswirtschaftliche Kosten- und Leistungsrechnungen abstellenden Untersuchung die Kostensituation des einzelnen Verwaltungsbetriebes im Vordergrund des Interesses steht und sich der Betrachtungshorizont nicht auf Wirkungsrechnungen oder Nutzen-Kosten-Untersuchungen erstreckt. Außerdem wird das Leistungsprogramm in der Regel von der Politik bzw. Verwaltungsführung vorgegeben und bildet somit für das einzelne Verwaltungssystem ein Datum. Die Verwaltungsmitglieder können lediglich auf den Prozeß der Leistungserstellung Einfluß nehmen. Diesen gilt es so rationell wie möglich zu gestalten. Verschlingt eine Verwaltungsleistung ein unverhältnismäßig großes Volumen an Ressourcen, muß nach Wegen effizienteren Handelns gesucht werden. Ist dies – aus welchem Grund auch immer – nicht möglich, kann die Kostenwirtschaftlichkeit zumindest als Impulsgeber für die Politik fungieren, das Leistungsprogramm zu ändern.

## B. Der Kostenbegriff

Für eine auf die Kostenrechnung abzielende Untersuchung ist es unabdingbar zu klären, was unter dem Begriff der Kosten genau verstanden wird. Häufig werden die Begriffe Ausgaben und Kosten in der Praxis, insbesondere in der Verwaltungspraxis, synonym verwendet. Dabei besteht die Vorstellung, daß Kosten nur dann anfallen können, wenn auch entsprechende Zahlungsvorgänge erfolgen. Daß es aber ebenfalls einen Ressourcenverzehr gibt, der keine Ausgaben, Ausgaben in anderer Höhe oder Ausgaben in einer anderen Periode hervorruft, wird nicht bedacht.[325] Die mangelnde Differenzierung zwischen den Begriffen Ausgaben und Kosten kommt auch in den Haushaltstechnischen Richtlinien des Bundes zum Ausdruck. So trägt die Hauptgruppe 5 die Bezeichnung „Sächliche Verwaltungsausgaben“. Der hierunter zu subsumierende Festtitel 527.3 heißt jedoch „Reisekostenvergütungen“.[326]

Dieser Abschnitt soll aufzeigen, wie sich die Kosten aus anderen Rechnungsgrößen ableiten lassen. Dazu bedarf es einer sauberen terminologischen Abgrenzung der verschiedenen Rechnungsgrößen, um mögliche Mißverständnisse von vornherein auszuschalten. Zudem muß ersichtlich sein, welche Beziehungen und Zusammenhänge zwischen den einzelnen Rechnungsgrößen bestehen.

---

[323] Vgl. Gornas, Jürgen: Verwaltungskostenrechnung...(1992), S. 66.
[324] Vgl. Oettle, Karl: Systeme des betrieblichen Rechnungswesens...(1976), S. 145.
[325] Vgl. Köckritz, Sieghardt von u. a.: Vorläufige Verwaltungsvorschriften zu § 7 Bundeshaushaltsordnung...(1996), S. 39.
[326] Siehe hierzu Köckritz, Sieghardt von u. a.: Haushaltstechnische Richtlinien des Bundes...(1998), S. 2, 3, 8, 29 und 34.

## 1. Abgrenzung zu anderen Rechnungsgrößen

Bevor auf die Unterschiede zwischen den Rechnungsgrößen Auszahlungen, Ausgaben, Aufwand und Kosten eingegangen werden kann, sind sinnvollerweise kurz ihre jeweiligen Begriffsinhalte darzustellen.[327]

- Auszahlungen

  Unter einer Auszahlung ist die Verminderung des Zahlungsmittelbestandes (Geldabfluß) zu verstehen, wobei der Zahlungsmittelbestand als die Summe aus Kassenbestand und jederzeit verfügbaren Bankguthaben definiert ist.[328]

- Ausgaben

  Ausgaben vermindern das Geldvermögen einer Organisation. Diese setzen sich wie folgt zusammen:[329]

  Auszahlungen
  \+ Forderungsabgänge
  \+ Schuldenzugänge
  ---
  = Ausgaben

  Eine Ausgabe entsteht durch schuldrechtliche Verpflichtungen, z. B. Mieterverträge, Kaufverträge, ohne daß zum Zeitpunkt des Vertragsabschusses bzw. der Vertragserfüllung eine entsprechende Auszahlung erfolgen muß.[330]

- Aufwand

  Der Aufwand spiegelt den gesamten Werteverzehr an Gütern und Dienstleistungen innerhalb einer bestimmten Abrechnungsperiode wider.[331] Dieser kommt in den periodisierten, erfolgswirksamen Ausgaben zum Ausdruck.[332]

- Kosten

  Kosten sind allgemein bewerteter, leistungserstellungsbedingter Ressourcenverzehr einer Periode.[333]

Wie aus den Begriffsinhalten hervorgeht, ist die Auszahlung eine Teilmenge der Ausgabe und darf deshalb nicht mit dieser gleichgesetzt werden. Ausgaben und

---

[327] Hierzu dienen die Definitionen aus dem betriebswirtschaftlichen Rechnungswesen.

[328] Vgl. Lück, Wolfgang: Ausgaben...(1993), Sp. 102; Männel, Wolfgang: Kostenrechnung...(1997), S. 15.

[329] Vgl. Olfert, Klaus: Kostenrechnung...(1987), S. 34; Wöhe, Günter: Allgemeine Betriebswirtschaftslehre...(1996), S. 973.

[330] Vgl. Olfert, Klaus u. a.: Betriebswirtschaftslehre...(1996), Nr. 113.

[331] Vgl. Olfert, Klaus u. a.: Betriebswirtschaftslehre...(1996), Nr. 109; Haberstock, Lothar: Kostenrechnung 1...(1997), S. 17; Wöhe, Günter: Allgemeine Betriebswirtschaftslehre...(1996), S. 982. Der Werteverzehr bewirkt eine Verminderung des Reinvermögens (Reinvermögen = Vermögen ./. Schulden). Siehe hierzu Wöhe, Günter: Allgemeine Betriebswirtschaftslehre...(1996), S. 982.

[332] Vgl. Hummel, Siegfried – Männel, Wolfgang: Kostenrechnung 1...(1986), S. 69; Männel, Wolfgang: Kostenrechnung...(1997), S. 15; Schweitzer, Marcell – Küpper, Hans-Ulrich: Kosten- und Erlösrechnung...(1998), S. 26.

[333] Vgl. Kloock, Josef u. a.: Kosten- und Leistungsrechnung...(1999), S. 28; Hummel, Siegfried – Männel, Wolfgang: Kostenrechnung 1...(1986), S. 69; Männel, Wolfgang: Kostenrechnung...(1997), S. 15.

Auszahlungen divergieren immer dann, wenn Kreditvorgänge stattfinden.[334] Dies ist der Fall, sobald eine Ausgabe nicht gleichzeitig von einem Zahlungsmittelabfluß begleitet wird (z. B. Kauf von Büromaterial auf Ziel), bzw. sobald eine Auszahlung nicht gleichzeitig das Geldvermögen (Geldvermögen = Zahlungsmittelbestand + Forderungen ./. Verbindlichkeiten) verringert (z. B. Bezahlung der Lieferantenverbindlichkeit).[335] Ausgaben basieren auf schuldrechtlichen Verpflichtungen, wie z. B. der Kauf eines Kraftfahrzeuges. Wird das Kraftfahrzeug sofort bezahlt (z. B. bei Vertragsabschluß oder bei Auslieferung, also beim Gefahrenübergang), geht mit der Ausgabe eine Auszahlung einher. Erfolgt die Zahlung erst später, handelt es sich bei der Ausgabe zunächst um eine Zahlungsverpflichtung. Mit der Auszahlung wird sodann diese Verbindlichkeit getilgt, wodurch sich der Zahlungsmittelbestand verringert.[336] Langfristig führt in der Regel jede Ausgabe auch zu einer Auszahlung.[337]

Auszahlungen und Ausgaben tangieren die Finanzsphäre einer Organisation.[338] Öffentliche Verwaltungen weisen die Besonderheit auf, daß zwischen Soll-Ausgaben und Ist-Ausgaben differenziert wird. Diese Rechnungsgrößen sind charakteristisch für die Kameralistik. Während sich Soll-Ausgaben auf den Ansatz im Haushaltsplan beziehen und somit zur Leistung von Ausgaben legitimieren, sind mit den Ist-Ausgaben die Zahlungsvorgänge verbunden.[339] Daraus folgt, daß weder Soll-Ausgaben noch Ist-Ausgaben mit den Ausgaben im betriebswirtschaftlichen Sinne kongruent sind.

Die Aufwendungen fungieren als Bindeglied zwischen den Ausgaben und den Kosten.[340] Durch den Aufwand[341] werden all jene Ausgaben erfaßt und verrechnet, die in der betreffenden Periode eine Erfolgswirksamkeit auslösen. Dabei gilt es sowohl sachliche als auch zeitliche Divergenzen zu eliminieren.[342] Sachliche Divergenzen zwischen Ausgaben und Aufwendungen bestehen, wenn die Ausgaben niemals erfolgswirksam werden können. Als Beispiel hierfür dienen Darlehensgewährungen.[343] Bei den zeitlichen Divergenzen fallen Ausgaben und Aufwand in unterschiedliche Perioden.[344] Beispielsweise erfolgt der Materialzugang in der Periode 0 und der Ma-

---

[334] Vgl. Haberstock, Lothar: Kostenrechnung 1...(1997), S. 19.

[335] Vgl. Lück, Wolfgang: Ausgaben...(1993), Sp. 102 – 103.

[336] Für Gornas gelten generell die Ausgaben als Zahlungsverpflichtungen und die Auszahlungen als Tilgung dieser Verpflichtungen. Daß dies nicht korrekt ist, belegen die Ausführungen der vorliegenden Arbeit. Siehe hierzu Gornas, Jürgen: Verwaltungskostenrechnung...(1992), S. 78.

[337] Vgl. Haberstock, Lothar: Kostenrechnung 1...(1997), S. 19.

[338] Vgl. Coenenberg, Adolf Gerhard: Kostenrechnung...(1999), S. 28.

[339] Vgl. Köckritz, Sieghardt von u. a.: Vorläufige Verwaltungsvorschriften zu § 7 Bundeshaushaltsordnung...(1996), S. 39.

[340] Dies sieht ebenfalls Gornas so. Nach seiner Ansicht werden Kosten generell vom Aufwand abgeleitet. Trotzdem hält er die Rechengröße Aufwand im öffentlichen Sektor für überflüssig, was nicht plausibel begründet wird und demzufolge widersprüchlich wirkt. Vgl. Gornas, Jürgen: Verwaltungskostenrechnung...(1992), S. 79 – 80.

[341] Der Aufwand wird in der Finanzbuchhaltung verbucht und kommt in der Gewinn- und Verlustrechnung zum Vorschein.

[342] Vgl. Schmidt, Hans-Jürgen: Betriebswirtschaftslehre...(1995), S. 299 – 300.

[343] Solche Ausgaben sind bestands- respektive vermögenswirksam und schlagen sich im Finanzvermögen nieder.

[344] Hierbei sind die Ausgaben zunächst ebenfalls bestandswirksam und finden im Sachvermögen ihren Niederschlag. Nur der Ausgabenteil, welcher den in der Periode verbrauchten Ressourcen entspricht, gilt als erfolgswirksam und somit als Aufwand.

terialverbrauch in der Periode 1.[345] Erst mit dem Materialverbrauch wird der Erfolg der Organisation beeinflußt und somit das Nettovermögen vermindert (= Aufwand).[346]

In der Literatur zum öffentlichen Rechnungswesen schenkt man der Rechnungsgröße Aufwand nur geringe Aufmerksamkeit. Dies resultiert daraus, daß öffentliche Verwaltungen nicht nach Gewinnen streben und das Rechnungswesen auf die Kameralistik abstellt.[347] Die Ableitung der Kosten ist nach Ansicht der Autoren direkt von der Rechengröße Ausgaben möglich, wodurch die Rechengröße Aufwand überflüssig zu sein scheint.[348] Im Gegensatz dazu mißt der Verfasser der vorliegenden Arbeit dem Aufwand große Bedeutung bei.[349] Zum einen führen immer mehr öffentliche Verwaltungen in Zusammenhang mit der Kostenrechnung die doppelte kaufmännische Buchführung ein.[350] Zum anderen ist die Verbindung zwischen der Finanzsphäre und der Leistungssphäre nur gewährleistet und/oder transparent, wenn mit Aufwendungen operiert wird.[351]

Derjenige Teil des Werteverzehrs, der in der Abrechnungsperiode für die Erstellung der Verwaltungsleistungen angefallen ist, stellt Kosten dar.[352] Als Abgrenzungskriterium zwischen Aufwand und Kosten fungiert der Verwaltungszweck[353] respektive das Sachziel.[354] Dienen Aufwendungen dem eigentlichen Verwaltungszweck, handelt es sich um Zweckaufwendungen und somit auch um Kosten, soweit sie nicht außerordentlich oder periodenfremd sind. Von den Zweckaufwendungen sind die neutralen Aufwendungen zu unterscheiden. Neutrale Aufwendungen haben keinen Kostencharakter[355] und gehen deshalb nicht in die Kostenrechnung ein. Die neutralen Aufwendungen lassen sich in die folgenden drei Kategorien unterteilen:

- Betriebsfremder Aufwand

  Aufwand, der überhaupt keine Beziehung zum Betriebszweck – präziser ausgedrückt: Verwaltungszweck – aufweist (z. B. Spende an einen Verein).[356]

345 Vgl. Hummel, Siegfried – Männel, Wolfgang: Kostenrechnung 1...(1986), S. 68.
346 Das gleiche gilt für die Abschreibungen auf Sachanlagen.
347 Vgl. Reichard, Christoph: Betriebswirtschaftslehre...(1987), S. 288.
348 Vgl. Gornas, Jürgen: Verwaltungskostenrechnung...(1992), S. 80; Eichhorn, Peter: Kostendenken...(1977), S. 37; Reichard, Christoph: Betriebswirtschaftslehre...(1987), S. 289.
349 Der gleichen Ansicht ist ebenfalls Schmitz. Dies wird ersichtlich aus Schmitz, Hans Georg: Arbeitstagung...(2000), S. 32.
350 Schmitz fordert vehement die Einführung der Doppik. Siehe hierzu Schmitz, Hans Georg: Arbeitstagung...(2000), S. 26 – 28.
351 Der Verzicht auf die periodische Ausgabenabgrenzung (Aufwand) hat ebenfalls zur Folge, daß in der Literatur zum öffentlichen Rechnungswesen pagatorische Kosten mit kalkulatorischen Kosten vermischt bzw. verwechselt werden. Hierauf wird im folgenden Abschnitt noch detailliert eingegangen.
352 Vgl. Wöhe, Günter: Allgemeine Betriebswirtschaftslehre...(1996), S. 983.
353 Dabei sind aber auch noch die außerordentlichen und periodenfremden Aufwendungen zu berücksichtigen.
354 Anstelle Betriebszweck verwendet Coenenberg den Terminus Sachziel. Vgl. Coenenberg, Adolf Gerhard: Kostenrechnung...(1999), S. 39.
355 Vgl. Hummel, Siegfried – Männel, Wolfgang: Kostenrechnung 1...(1986), S. 69.
356 Vgl. Wöhe, Günter: Allgemeine Betriebswirtschaftslehre...(1996), S. 983.

- Außerordentlicher Aufwand

  Dieser Aufwand hängt zwar mit der Erstellung von Verwaltungsleistungen zusammen, fällt jedoch unregelmäßig oder in einer außergewöhnlichen Höhe an (z. B. Sturm-, Wasser- oder Feuerschäden).[357]

- Periodenfremder Aufwand

  In früheren Jahren verursachter Aufwand, der jedoch erst jetzt als solcher anfällt (z. B. rückwirkende Gehaltserhöhungen).[358]

Für Reichard hat der neutrale Aufwand in öffentlichen Verwaltungen nur sehr geringe Bedeutung und ist deshalb zu ignorieren.[359] Dem kann entgegengehalten werden, daß auch im öffentlichen Sektor außerordentliche (z. B. Feuerschäden) und periodenfremde (z. B. rückwirkende Gehaltserhöhungen) Aufwendungen in beträchtlichem Maße anfallen können, die es entsprechend zu berücksichtigen gilt. Lediglich betriebsfremde Aufwendungen haben nicht das Gewicht wie bei Privatunternehmen, da sich öffentliche Verwaltungen in der Regel nicht sachzielfremd betätigen. Dennoch muß auch dem betriebsfremden Aufwand Beachtung geschenkt werden, will man den verwaltungsleistungsbezogenen Ressourcenverzehr ermitteln.[360]

Wird der Zweckaufwand in gleicher Höhe in die Kostenrechnung übernommen, spricht man von Grundkosten oder pagatorischen Kosten. Pagatorische Kosten liegen also vor, wenn die Faktoreinsatzmengen zu den tatsächlich gezahlten Preisen bewertet werden.[361] Genauso wie bei den Grundkosten stehen den Anderskosten Zweckaufwendungen gegenüber, der Ressourcenverzehr wird jedoch nicht in Aufwandshöhe bewertet. Man löst sich hier von tatsächlich geleisteten Zahlungen und bewertet je nach Rechnungszweck beispielsweise zu Standardpreisen oder zu Wiederbeschaffungspreisen. Anderskosten gehören neben den Zusatzkosten zu der Kategorie: Kalkulatorische Kosten.[362] Zusatzkosten verkörpern einen Werteverzehr, dem keine Aufwendungen und somit auch keine Ausgaben gegenüberstehen. Diese Kosten sind als Opportunitätskosten oder Grenznutzen anzusehen und resultieren aus der relativen Knappheit von Produktionsfaktoren.[363] Dabei kann es sich um kalkulatorische Mieten[364] oder kalkulatorische Eigenkapitalzinsen handeln.[365]

---

[357] Vgl. Hummel, Siegfried – Männel, Wolfgang: Kostenrechnung 1...(1986), S. 70.
[358] Vgl. Olfert, Klaus u. a.: Betriebswirtschaftslehre...(1996), Nr. 109.
[359] Vgl. Reichard, Christoph: Betriebswirtschaftslehre...(1987), S. 289.
[360] Beispielsweise unterhält der öffentliche Sektor eine Vielzahl von Wohnungen. Außerdem leisten Kommunen zahlreiche Spenden, wie etwa an ortsansässige Vereine.
[361] Vgl. Olfert, Klaus: Kostenrechnung...(1987), S. 37. Olfert beschreibt den pagatorischen Kostenbegriff in dieser Quelle recht plastisch und zutreffend. Danach wird der Verbrauch von Ressourcen so bewertet, daß die Kostensumme den für die Anschaffung der Ressourcen getätigten Auszahlungen entspricht.
[362] Vgl. Kloock, Josef u. a.: Kosten- und Leistungsrechnung...(1999), S. 35.
[363] Vgl. Kloock, Josef u. a.: Kosten- und Leistungsrechnung...(1999), S. 37.
[364] Kalkulatorische Mieten können beispielsweise als Surrogat für Abschreibungen und Zinsen auf Sachanlagen angesetzt werden. Dies empfiehlt sich für den Fall, daß keine Anlagenrechnung vorhanden ist. Zudem können durch den Ansatz ortsüblicher Mieten ungewöhnliche Anlagenkosten vermieden und somit Betriebsvergleiche erleichtert werden.
[365] Schwarze und Koß sehen außerdem in den kalkulatorischen Versorgungszuschlägen für Beamte Zusatzkosten. Diese Autoren verlautbaren, daß Pensionsrückstellungen rechnerisch ermittelt werden und somit kalkulatorische Kosten darstellen, welche nicht mit Ausgaben in der Haushaltsrechnung verbunden sind. Siehe hierzu Schwarze, Jochen – Koß, Torsten: Prozeßorientierte Kosten-

*Gornas* und *Eichhorn* halten einen Part der hier abgegrenzten pagatorischen Kosten für kalkulatorische Kosten. Dies resultiert daraus, daß für diese Autoren jene Ausgaben als pagatorische Kosten gelten, welche zeitgleich mit dem Ressourcenverzehr anfallen.[366] Abschreibungen und Materialverbräuche aufgrund von Lagerbestandsminderungen sind demnach unter die Rubrik kalkulatorische Kosten zu subsumieren, egal in welcher Höhe sie als Kosten angesetzt werden.[367] Genau aber die Höhe des Wertansatzes dient in der betriebswirtschaftlichen Literatur als Abgrenzungskriterium zwischen pagatorischen Kosten und kalkulatorischen Kosten.[368] Somit vermengen *Gornas* und *Eichhorn* die Begriffsinhalte pagatorische und kalkulatorische Kosten, was aus wissenschaftlicher Sicht abzulehnen ist. Die unsaubere Begriffsabgrenzung ist auf den Verzicht der Rechnungsgröße Aufwand zurückzuführen. Beim Versuch, die Kosten direkt aus den Ausgaben abzuleiten, tritt das Problem der zeitlichen Abgrenzung des Werteverzehrs auf. Dieses versucht man durch den Ersatz pagatorischer Kosten mittels kalkulatorischer Kosten zu umgehen, wobei aber ein Stück Geschlossenheit zwischen der Finanzsphäre und der Leistungssphäre aufgegeben wird. Manche Autoren verzichten auf den Begriff Anderskosten und differenzieren nur zwischen Grundkosten und Zusatzkosten. Derjenige Betrag der Kosten, der aufgrund bestimmter Wertansätze (z. B. Wiederbeschaffungspreise bei Inflation) die Aufwendungen übersteigt, gilt als Zusatzkosten. *Wöhe* spricht hier von bewertungsbedingten Zusatzkosten.[369]

Man sieht, daß der Begriff Kosten auf der einen Seite enger, auf der anderen Seite weiter gefaßt ist als der Begriff Aufwendungen. Kosten brauchen im Gegensatz zu den Aufwendungen nicht immer mit Ausgaben verbunden sein, wenn man den wertmäßigen Kostenbegriff zugrunde legt. Die wertmäßigen Kosten umfassen neben den pagatorischen Kosten auch kalkulatorische Kosten und sind somit inhaltlich voluminöser als diese.[370] Kosten im Sinne von bewertetem Ressourcenverzehr beziehen sich auf die Leistungssphäre einer Verwaltung, unabhängig davon, ob es zu finanziellen Auswirkungen in der Haushaltswirtschaft kommt oder nicht.[371] Demnach umfassen Verwaltungskosten den Werteverzehr, der für die Erstellung der Verwal-

und Leistungsrechnung...(1996), S. 97. Entgegen der angeführten These verkörpern kalkulatorische Versorgungszuschläge für Beamte jedoch Anderskosten. Hierbei eilen die anzusetzenden Kosten zeitlich den entsprechenden Ausgaben und auch Auszahlungen voraus. Bei allen Rückstellungen erfolgt die Aufwandsverrechnung und damit verbunden der Kostenanfall früher als die Zahlungsmittelabflüsse. Es kommt also auch bei den Pensionen zu Ausgaben im kameralen Haushalt, wobei jedoch diese der Höhe nach von den angesetzten Kosten divergieren. Folglich spiegeln kalkulatorische Versorgungszuschläge Anderskosten wider.

366 Vgl. Gornas, Jürgen: Verwaltungskostenrechnung...(1992), S. 80; Eichhorn, Peter: Kostendenken...(1977), S. 37.

367 Vgl. Gornas, Jürgen: Verwaltungskostenrechnung...(1992), S. 80 - 81; Eichhorn, Peter: Kostendenken...(1977), S. 37.

368 Siehe hierzu exemplarisch Kloock, Josef u. a.: Kosten- und Leistungsrechnung...(1999), S. 35 – 37. Weicht die Kostenhöhe von der Aufwandshöhe ab, liegen kalkulatorische Kosten vor.

369 Vgl. Wöhe, Günter: Allgemeine Betriebswirtschaftslehre...(1996), S. 985.

370 Dies verdeutlicht Abbildung 2-7. Die Grundkosten decken sich grundsätzlich mit den pagatorischen Kosten. Die Grundkosten können sich aber ebenfalls mit den wertmäßigen Kosten decken, wenn der Produktionsfaktorverzehr in Aufwandshöhe bewertet wird. Hierbei ist der Opportunitätskostenansatz gleich Null. Vgl. Kloock, Josef u. a.: Kosten- und Leistungsrechnung...(1999), S. 37; Kilger, Wolfgang: Kostenrechnung...(1992), S. 24.

371 Vgl. Eichhorn, Peter: Verwaltungshandeln...(1979), S. 30. Diese Quelle enthält ein plastisches Beispiel für einen Kostenanfall ohne Haushaltswirkungen.

tungsleistungen anfällt. Werteverzehr bedeutet, daß Ressourcen verbraucht, präziser ausgedrückt: transformiert werden. Hierbei handelt es sich größtenteils um Sach-, Personal- und Finanzmittel, die von der Verwaltungsführung zweckorientiert zu kombinieren sind. Als Resultat des Transformationsprozesses ergibt sich die in Mengeneinheiten oder in Geldeinheiten ausgedrückte Verwaltungsleistung.[372] Die Abbildung 2-7 soll die Unterschiede und die Zusammenhänge zwischen den verschiedenen Rechnungsgrößen versinnbildlichen.

Abbildung 2-7

**Zusammenhang zwischen den einzelnen Rechnungsgrößen**

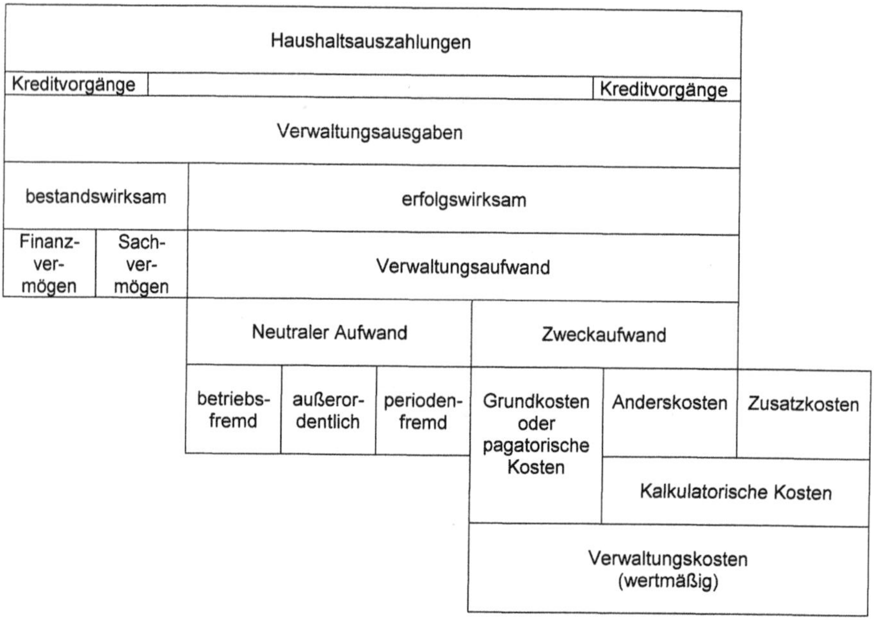


In Anlehnung an Männel, Wolfgang: Kostenrechnung...(1997), S. 15; Eichhorn, Peter: Verwaltungshandeln...(1979), S. 32.

## 2. Gliederung des verwaltungsbetrieblichen Kostenbegriffs

Wie bereits schon öfters erwähnt, operiert man im Rechnungswesen öffentlicher Verwaltungen überwiegend mit finanzwirtschaftlichen Größen und läßt die betriebswirtschaftliche Rechengröße Kosten zumeist noch immer weitgehend außen vor. Das Wissen über die einzelnen Komponenten der Kosten ist somit im öffentlichen Sektor nicht genügend ausgeprägt. Da im weiteren Verlauf der Untersuchung die Verwaltungskosten die zentrale Rolle spielen, erscheint es notwendig zu klären, wie sich

[372] Vgl. Eichhorn, Peter: Verwaltungshandeln....(1979), S. 25.

Mengenkomponente[373] und Wertkomponente[374] auf die konkrete Begriffsabgrenzung der Kosten auswirken. Darauf aufbauend gilt es einen Kostenbegriff zu eruieren, welcher die Basis für eine verwaltungsadäquate Kostenrechnung bilden kann. Mit der Entscheidung für einen bestimmten Kostenbegriff werden gleichzeitig Art und Höhe der Verwaltungskosten in einem gewissen Ausmaß determiniert, wodurch der Kostenbegriff seine zentrale Bedeutung erlangt. Die betriebswirtschaftliche Literatur differenziert grundsätzlich zwischen den drei folgenden, konzeptionell verschiedenen Kostendefinitionen:[375]

- pagatorischer Kostenbegriff,
- entscheidungsorientierter Kostenbegriff,
- wertmäßiger Kostenbegriff.

Beim pagatorischen Kostenbegriff wird der sachzielbezogene Güterverbrauch (Mengenkomponente) zu tatsächlich gezahlten Anschaffungspreisen (Wertkomponente) bewertet.[376] Für *Koch*, der als Vertreter des pagatorischen Kostenbegriffs gilt, sind Kosten eine spezifische Ausgabenkategorie;[377] das bedeutet, daß sich diese Kostendefinition an Finanzvorgängen orientiert. Folglich fallen Kosten nur für solche Einsatzfaktoren an, deren Beschaffung zu Ausgaben respektive Auszahlungen geführt hat oder führen wird. Ressourcenverzehr, der mit keiner Ausgabe verbunden ist, bleibt hier unberücksichtigt.[378]

Neben dem pagatorischen Kostenbegriff liegen auch dem entscheidungsorientierten Kostenbegriff pagatorische Rechengrößen zugrunde. Der entscheidungsorientierte Kostenbegriff stammt von *Riebel* und ist wie folgt definiert: „Kosten sind die mit der Entscheidung über das betrachtete Objekt ausgelösten Ausgaben."[379] Danach sind einem Kalkulationsobjekt nur solche ausgabengleiche Kosten zuzurechnen, welche durch die Entscheidung über das betrachtete Objekt zusätzlich entstehen.

---

373 Kosten sind allgemein – wie bereits angeführt – bewerteter sachzielbezogener Güter- und Dienstleistungsverzehr. Die Merkmale Sachzielbezogenheit und Güter- bzw. Dienstleistungsverzehr bilden die Mengenkomponente.

374 Das Merkmal Bewertung kommt in der Wertkomponente zum Ausdruck. Die Faktoreinsatzmengen erhalten also einen bestimmten Wert.

375 Vgl. Haberstock, Lothar: Kostenrechnung 1...(1997), S. 26 – 28; Bräunig, Dietmar: Kosten...(1991), S. 486; Hummel, Siegfried – Männel, Wolfgang: Kostenrechnung 1...(1986), S. 74 – 75.

376 Vgl. Schweitzer, Marcell – Küpper, Hans-Ulrich: Kosten- und Erlösrechnung...(1998), S. 23; Olfert, Klaus: Kostenrechnung...(1987), S. 37. Für Olfert liegt der pagatorische Kostenbegriff vor, wenn der Faktoreinsatz so bewertet wird, daß die Kostensumme mit den Auszahlungen für die beschafften Ressourcen insgesamt übereinstimmt. Siehe hierzu Olfert, Klaus: Kostenrechnung...(1987), S. 37.

377 Vgl. Koch, Helmut: Kostenbegriff...(1958), S. 361. Gemäß Koch „werden unter Kosten die mit Herstellung und Absatz einer Erzeugniseinheit bzw. einer Periode verbundenen, nicht kompensierten Ausgaben verstanden. D. h. unter dem Kostenbegriff werden alle diejenigen betrieblichen Ausgaben zusammengefaßt, die nicht als Tilgungsausgaben oder Kreditgewährungsausgaben durch entsprechende Einnahmen aus einer Kreditinanspruchnahme oder Rückempfang eines gewährten Kredites kompensiert werden." Koch, Helmut: Kostenbegriff...(1958), S. 361 – 362.

378 Vgl. Bräunig, Dietmar: Kosten...(1991), S. 486; Olfert, Klaus: Kostenrechnung...(1987), S. 37. Die Ausgangsbasis für die pagatorische Kostendefinition bildet nicht ein realer Ressourcenverzehr im Binnenbereich der Verwaltung, sondern der Geldabfluß zu externen Partnern der Verwaltung. Siehe hierzu Schmidt, Hans-Jürgen: Betriebswirtschaftslehre...(1995), S. 299.

379 Vgl. Riebel, Paul: Einzelkosten- und Deckungsbeitragsrechnung...(1990), S. 81.

Abweichend von den beiden erstgenannten Kostenbegriffen löst sich der wertmäßige Kostenbegriff relativ stark von Zahlungsvorgängen.[380] Im Vordergrund der Betrachtung steht hier der Verbrauch an Ressourcen.[381] Gemäß der wertmäßigen Kostendefinition, die auf *Schmalenbach* und *Kosiol* zurückgeht, sind Kosten der wertmäßige Verzehr von Ressourcen zur Erstellung und Abgabe von Leistungen sowie zur Sicherung der dafür notwendigen Kapazitäten.[382] Den wertmäßigen Kostenbegriff kennzeichnen die drei folgenden Merkmale:[383]

- Es muß ein Güterverzehr und/oder Dienstleistungsverzehr vorliegen.
- Der Güterverbrauch muß leistungsbezogen respektive sachzielbezogen sein.
- Der Ressourcenverbrauch muß monetär bewertet sein.[384]

Bezüglich der Merkmale Verzehr und Leistungsbezogenheit (= Mengenkomponente) ist der wertmäßige Kostenbegriff mit dem pagatorischen Kostenbegriff identisch. Unterschiede gibt es hingegen bei der Bewertung (=Wertkomponente).[385] Abweichend von den tatsächlichen Auszahlungen können beim wertmäßigen Kostenbegriff die Wertansätze entsprechend den Zwecken der Kostenrechnung[386] erfolgen.[387] Während ein nicht mit Ausgaben verbundener Faktorverzehr bei einer auf den pagatorischen Kostenbegriff abstellenden Bewertung den Wert Null erhält, kann dieser Faktoreinsatz beim wertmäßigen Kostenbegriff gemäß den entsprechenden Opportunitätskosten respektive Grenznutzen der Verwaltung, welche sich aus der Knappheit von Ressourcen ergeben, bewertet werden.[388]

Welcher Kostenbegriff für eine verwaltungsadäquate Kostenrechnung zu verwenden ist, hängt primär – analog zur Erwerbswirtschaft – vom verfolgten Rechnungszweck ab.[389] In der Privatwirtschaft dominiert nach wie vor der wertmäßige Kostenbegriff. Auf diese Kostendefinition stellt ebenfalls fast ausschließlich die Literatur zur traditionellen Verwaltungskostenrechnung ab,[390] obwohl das öffentliche Rechnungswesen überwiegend finanzwirtschaftlich orientiert ist.[391] Des weiteren wird im Kommentar von Köckritz, welcher sich auf die Vorläufigen Verwaltungsvorschriften zu § 7 BHO bezieht, der wertmäßige Kostenbegriff propagiert. Dort heißt es ausdrücklich, daß der Schlüsselbegriff der Kostendefinition im Güterverzehr zu sehen ist.[392] Mehr oder

---

380 Dieser Kostenbegriff orientiert sich vorwiegend an der Leistungssphäre und nicht an der Finanzsphäre.
381 Vgl. Hummel, Siegfried – Männel, Wolfgang: Kostenrechnung 1...(1986), S. 74.
382 Vgl. Olfert, Klaus: Kostenrechnung...(1987), S. 37.
383 Vgl. Kloock, Josef u. a.: Kosten- und Leistungsrechnung...(1999), S. 28 – 31.
384 Dies ist notwendig, um den Faktoreinsatz rechnerisch aggregieren zu können.
385 Vgl. Kloock, Josef u. a.: Kosten- und Leistungsrechnung...(1999), S. 28.
386 Hierbei können Tageswerte, Standardwerte, Ersatzwerte oder Verrechnungswerte zum Ansatz kommen.
387 Vgl. Olfert, Klaus: Kostenrechnung...(1987), S. 37 – 38.
388 Vgl. Kloock, Josef u. a.: Kosten- und Leistungsrechnung...(1999), S. 30 – 31.
389 Vgl. Hummel, Siegfried – Männel, Wolfgang: Kostenrechnung 1...(1986), S. 72.
390 Vgl. exemplarisch Schmidt, Hans-Jürgen: Betriebswirtschaftslehre...(1995), S. 299, 302; Reichard, Christoph: Betriebswirtschaftslehre...(1987), S. 289; Eichhorn, Peter: Verwaltungshandeln...(1979), S. 25, 30; Eichhorn, Peter: Kostendenken...(1977), S. 35 – 37; Gornas, Jürgen: Verwaltungskostenrechnung...(1992), S. 75 – 77 oder Gornas, Jürgen: Kostenrechnung...(1992), S. 1153 – 1154.
391 Vgl. Seifert, Klaus: Prozeßmanagement...(1998), S. 46.
392 Vgl. Köckritz, Sieghardt von u. a.: Vorläufige Verwaltungsvorschriften zu § 7 Bundeshaushaltsordnung...(1996), S. 39.

minder konkrete Aussagen zum Kostenbegriff finden sich in den Gesetzen zu den Kommunalabgaben.[393] Exemplarisch kommen für die Gebührenbemessung gemäß § 6 Abs. 2 KAG NW „die nach betriebswirtschaftlichen Grundsätzen ansatzfähigen Kosten"[394] in Frage. Offen läßt der Gesetzestext jedoch die Frage, was konkret unter betriebswirtschaftlich ansatzfähigen Kosten verstanden werden soll.[395]

Für *Gornas*, *Bauernfeind* und *Zimmermann* ist § 6 Abs. 2 KAG NW ein klares Indiz für den wertmäßigen Kostenbegriff, da der Paragraph die Berücksichtigung von Eigenkapitalzinsen bei der Gebührenkalkulation vorschreibt.[396] Eigenkapitalzinsen sind nicht mit Auszahlungen verbunden und zählen zu den Zusatzkosten.[397] Diese Opportunitätskosten stehen im Widerspruch zu dem pagatorischen Kostenbegriff. Das gleiche gilt analog für den entscheidungsorientierten Kostenbegriff, wodurch auch dieser ausscheidet. Die Möglichkeit, daß Gemeinden bei ihrer Abschreibungsbemessung für die Gebührenkalkulation Tages- oder Wiederbeschaffungswerte verwenden dürfen,[398] weist ebenfalls auf den wertmäßigen Kostenbegriff hin. Diese Werte sind zumeist nicht kongruent mit den Anschaffungswerten und stellen somit Anderskosten dar. Da auch den Anderskosten der Bezug zu den tatsächlichen Ausgaben fehlt, kommen weder pagatorischer noch entscheidungsorientierter Kostenbegriff in Frage. Folglich bildet bei den Kommunen die wertmäßige Kostendefinition die Basis für die Gebührenkalkulation[399] im Rahmen der Kostenträgerrechnung. Diskrepanzen zur Kostenstellenrechnung lassen sich vermeiden, wenn auch dort mit wertmäßigen Kosten operiert wird. *Gornas* plädiert deshalb für die Verwendung des wertmäßigen Kostenbegriffs bei der kostenstellenbezogenen Wirtschaftlichkeitskontrolle in kommunalen und in staatlichen (Länderverwaltungen und Bundesverwaltungen) Verwaltungen.[400] Außerdem führt *Gornas* noch weitere Gründe für die Legitimität der wertmäßigen Kostendefinition in öffentlichen Verwaltungen an. Die wertmäßige Kosteninterpretation stellt primär auf den Ressourcenverzehr ab und distanziert sich dadurch deutlich von der finanzwirtschaftlichen Sphäre der Haushaltswirtschaft, was für ein Wirtschaftlichkeitsdenken unabdingbar ist. Eine notwendige stringente Differenzierung zwischen Geldverbrauch und Ressourcenverbrauch vermag hingegen der

---

393 Siehe hierzu exemplarisch § 9 Abs. 2 KAG BW; § 6 Abs. 2 KAG NW, Art. 8 Abs. 2 KAG BY.

394 Siehe § 6 Abs. 2 KAG NW. Den gleichen Wortlaut enthalten § 9 Abs. 2 KAG BW und Art. 8 Abs. 2 KAG BY.

395 Siehe § 6 Abs. 2 KAG NW. Ebenso wenig konkretisieren Art. 8 Abs. 2 KAG BY und § 9 Abs. 2 KAG BW die betriebswirtschaftlich ansatzfähigen Kosten.

396 Vgl. Gornas, Jürgen: Verwaltungskostenrechnung...(1992), S. 75; Bauernfeind, Elisabeth – Zimmermann, Franz: Kommentar...(1979), S. 148.

397 Vgl. Bauernfeind, Elisabeth – Zimmermann, Franz: Kommentar...(1979), S. 148 – 149.

398 Siehe hierzu exemplarisch Bauernfeind, Elisabeth – Zimmermann, Franz: Kommentar...(1979), S. 154; VG Düsseldorf: Urteil...(1975), S. 114 – 115. Dieses Urteil enthält folgenden Wortlaut: „Für die Ermittlung der Abschreibung nach § 6 Abs. 2 KAG darf vom Wiederbeschaffungswert (= Zeitwert) der Anlage ausgegangen werden." In Bayern und Baden-Württemberg ist die Möglichkeit des Ansatzes von Tages- oder Wiederbeschaffungswerten ausgeschlossen. Siehe hierzu Art. 8 Abs. 3 KAG BY; Becker, Friedrich – Gruber, Klaus: Haushaltsrecht...(1988), S. 138; Gern, Alfons: Kommunalrecht...(1998), S. 552.

399 Vgl. Bauernfeind, Elisabeth – Zimmermann, Franz: Kommentar...(1979), S. 148; Gern, Alfons: Kommunalrecht...(1998), S. 550; Dahmen, Alois: Kostenbegriff...(1990), S. 25 – 26.

400 Vgl. Gornas, Jürgen: Verwaltungskostenrechnung...(1992), S. 76.

pagatorische Kostenbegriff nicht zu leisten, da sich dieser Kostenbegriff auf das verausgabte Geld bezieht.[401]

Im Rahmen der verwaltungsbetrieblichen Leistungserstellung erfolgt ein Verzehr an Produktionsfaktoren, für die kein Entgelt entrichtet wird. Diese unentgeltliche Inanspruchnahme von Produktionsfaktoren spiegelt externe Kosten bzw. soziale Kosten wider.[402] Da öffentliche Verwaltungen dem Gemeinwohl zu dienen haben, müssen für eine umfassende und präzise Wirtschaftlichkeitsbeurteilung auch solche sozialen Kosten – Kosten die der Verwaltungsumwelt bei der Erstellung öffentlicher Leistungen (z. B. Fahrtkosten des Bürgers) entstehen – berücksichtigt (internalisiert) werden.[403] Für die Berücksichtigung sozialer Kosten, welche im Rahmen der kalkulatorischen Zusatzkosten erfolgen kann, ist der wertmäßige Kostenbegriff prädestiniert.[404]

Die Eignung des wertmäßigen Kostenbegriffs für öffentliche Verwaltungen wird von *Gornas* einseitig dargestellt. Eine Verwaltungskostenrechnung auf Basis der pagatorischen Kostendefinition ermöglicht, in gewissen Grenzen, ein geschlossenes System an finanzwirtschaftlichen und betriebswirtschaftlichen Rechnungen. Die Datenflüsse zwischen Kameralrechnung bzw. Jahresabschluß und Kostenrechnung sind durchgängig und transparent. Somit lassen sich die Kosten leichter aus der Kameralistik ableiten. Erstellt eine Verwaltung einen Jahresabschluß auf Basis der doppelten kaufmännischen Buchführung, können die Werte (z. B. Personalkosten oder Abschreibungskosten) zu einem großen Teil direkt in die Kostenrechnung übernommen werden. Der öffentliche Sektor hat gegenüber der Privatwirtschaft den Vorteil, daß bilanzpolitische Ziele an den Erfordernissen der Kostenrechnung ausgerichtet werden können. Beispielsweise brauchen öffentliche Institutionen keine Steuerbilanz erstellen, wodurch sich bilanzpolitische Verzerrungen und daraus folgend Umbewertungen vermeiden lassen. In umgekehrter Richtung kann die Plankostenrechnung als Datenlieferant für eine leistungsbezogene Haushaltsplanung fungieren, was mit pagatorischen Kosten wesentlich einfacher ist.

Die Kostenrechnung öffentlicher Verwaltungen hat im Rahmen der Gebührenkalkulation externe Rechtswirkungen. Diese wird dadurch zur Dokumentationsrechnung. Rechensysteme mit externen Rechtswirkungen müssen auf objektiven Wertansätzen beruhen, wozu sich die Anschaffungspreise anbieten. Wiederbeschaffungspreise hingegen sind fiktive Werte und sollten deshalb für Dokumentationsrechnungen gemieden werden.[405]

Wie bereits erwähnt, ist die Abgrenzung des Kostenbegriffs am jeweiligen Rechnungszweck auszurichten. Neben den beiden vorhin genannten Zwecken Gebühren-

[401] Vgl. Gornas, Jürgen: Verwaltungskostenrechnung...(1992), S. 76 – 77. Dem hält der Verfasser der vorliegenden Arbeit entgegen, daß beim sachzielbezogenen Güterverbrauch (Mengenkomponente) kein Unterschied zwischen diesen beiden Kostenbegriffen existiert. Lediglich bei der Wertkomponente kann es zu Abweichungen kommen, welche auf Opportunitätskosten respektive Grenzgewinnen beruhen. Folglich werden auch beim pagatorischen Kostenbegriff die Unterschiede zwischen Geldausgabe und Güterverbrauch deutlich.

[402] Vgl. Heinen, Edmund – Picot, Arnold: Kostenauffassungen...(1974), S. 348.

[403] Vgl. Gornas, Jürgen: Kostenrechnung...(1992), S. 1153 – 1154.

[404] Vgl. Heinen, Edmund – Picot, Arnold: Kostenauffassungen...(1974), S. 364.

[405] Vgl. Zimmermann, Gebhard: Kostendeckung...(1999), S. 332; Scholl, Claus: Benutzungsgebühren...(1973), S. 46 – 47.

kalkulation und Wirtschaftlichkeitskontrolle existieren noch weitere Zwecke wie z. B. die Rechenschaftslegung über den Haushaltsvollzug, die Ermittlung von Verrechnungspreisen, Kapazitätsentscheidungen, Beschaffungsentscheidungen oder Privatisierungsentscheidungen. Insbesondere bei der Fundierung von Entscheidungen (z. B. Eigenerstellung oder Fremdbezug von Leistungen) sind spezifische, auf die jeweilige Entscheidungssituation abstellende Kosteninformationen zu generieren.[406] Eine allgemeingültige Aussage über einen verwaltungsadäquaten Kostenbegriff kann folglich nicht gemacht werden.

### 3. Berücksichtigung externer Kosten

Neben den Haushaltsausgaben als finanzwirtschaftliche Rechengröße und den Verwaltungskosten als betriebswirtschaftliche Rechengröße gibt es schließlich noch externe respektive soziale Kosten, welche gesamtwirtschaftliche Aspekte ins Kalkül bringen. Externe Kosten beziehen sich auf den Verbrauch von Produktionsfaktoren außerhalb der Verwaltung, für die kein Entgelt entrichtet wird.[407] Zu den externen Kosten gehören die Dienstleistungen von Dritten, die unentgeltlich – unentgeltliche Amtshilfe seitens des Bürgers – an die Verwaltung abgegeben werden. Des weiteren nutzen öffentliche Verwaltungen Infrastrukturleistungen meist von staatlicher oder kommunaler Seite, welche durch spezielle oder allgemeine öffentliche Abgaben zu decken sind.[408] Spezielle Abgaben können als äquivalentes Nutzungsentgelt angesehen werden, allgemeine Abgaben hingegen jedoch nicht. Darüber hinaus involviert der Begriff der sozialen Kosten alle die durch das Verwaltungshandeln in der Verwaltungsumwelt (Bevölkerung, Unternehmen, andere Verwaltungen, Naturhaushalt) hervorgerufenen Belastungen, bei denen die Betroffenen keine Entschädigung durch die Verursacherin erfahren.[409] Exemplarisch hierfür sind Lärm- und Geruchsbelästigungen durch Fahrzeuge der Verwaltungen, Lichtbeeinträchtigungen durch Verwaltungsgebäude bei den Anwohnern oder die durch öffentliche Planungen (Straßenplanung, Verkehrsplanung) bei den Wirtschaftssubjekten verursachten Schäden zu nennen.

Die zwischen den einzelnen Verwaltungen ausgetauschten Leistungen gehören nicht zu den sozialen Kosten. Solche Leistungen können Vorleistungen (z. B. Rechtsvorschriften) oder Serviceleistungen (z. B. Instandhaltungsmaßnahmen bei Universitäten durch staatliche Hochbauämter) sein.[410] Obwohl für diese Leistungen zumeist kein Entgelt entrichtet wird, können und müßten sie sogar erfaßt und verrechnet werden.[411]

Bei der Frage nach einer sinnvollen Abgrenzung des Kostenbegriffs ist es unabdingbar zu klären, ob betriebswirtschaftliche oder volkswirtschaftliche Aspekte den Betrachtungshorizont determinieren. Die in § 7 Abs. 1 BHO und § 6 Abs. 1 HGrG postulierte Wirtschaftlichkeit stellt auf die betriebswirtschaftliche Dimension der Betrach-

---

406 Der Ansatz von Zusatzkosten kann hier die Werthaltigkeit von Kosteninformationen negativ beeinträchtigen. Vgl. Hummel, Siegfried – Männel, Wolfgang: Kostenrechnung 1...(1986), S. 72.

407 Vgl. Heinen, Edmund – Picot, Arnold: Kostenauffassungen...(1974), S. 348.

408 Vgl. Eichhorn, Peter: Verwaltungshandeln...(1979), S. 33.

409 Vgl. Heinen, Edmund – Picot, Arnold: Kostenauffassungen...(1974), S. 348; Eichhorn, Peter: Verwaltungshandeln...(1979), S. 33.

410 Vgl. Gornas, Jürgen: Kostenrechnung...(1992), S. 1154.

411 Vgl. Eichhorn, Peter: Verwaltungshandeln...(1979), S. 33.

tung ab. Hierzu werden den erbrachten Verwaltungsleistungen die Verwaltungskosten gegenübergestellt. Soziale Kosten bleiben dabei außen vor. Für die Berücksichtigung volkswirtschaftlicher Aspekte dienen Nutzen-Kosten-Untersuchungen, wie sie in § 7 Abs. 2 BHO und § 6 Abs. 2 HGrG gefordert werden. In solchen Untersuchungen sind neben den Verwaltungskosten auch noch die sozialen Kosten miteinzubeziehen.[412]

Diese Untersuchung widmet sich ausschließlich den verwaltungsinternen Kosten.[413] Würde man in öffentlichen Verwaltungen verstärkt mit betriebswirtschaftlichen Rechengrößen operieren, könnte die Wirtschaftlichkeit beträchtlich verbessert werden. Außerdem geht mit der Erfassung, Aufbereitung und Auswertung der Verwaltungskosten die teilweise Erschließung der Probleme bezüglich der Ermittlung sozialer Kosten einher. Dadurch wäre der Grundstein für ein umfassendes Kostendenken im öffentlichen Sektor gelegt.[414]

## III. Verwaltungskosten determinierende Faktoren

Damit die von der Kostenrechnung generierten Kostendaten durch das Verwaltungscontrolling bzw. Verwaltungsmanagement entsprechend den Rechnungszwecken (z. B. Wirtschaftlichkeitskontrolle oder Gebührenkalkulation) verwertet werden können, müssen sich die Verwaltungsangehörigen über die Kosteneinflußgrößen im klaren sein. Hieran knüpft sogleich die Frage nach den Wirkungen möglicher Maßnahmen auf die Verwaltungskosten. Der öffentliche Sektor verharrt zumeist noch in haushaltswirtschaftlichen Denkkategorien und besitzt deshalb nicht die erforderlichen Kenntnisse bezüglich der kostentheoretischen Grundlagen. Diese sind jedoch für einen sinnvollen Einsatz der Kostenrechnung unabdingbar.[415]

### A. Voraussetzungen für die Kostenentstehung

Kosten ergeben sich durch Multiplikation der Faktoreinsatzmengen mit deren Preisen respektive Kostenwerten.[416] Um Aufschluß über die Kostenentstehung zu erhalten, gilt es die einzelnen Kostenkomponenten genauer zu analysieren. Auf die Mengenkomponente der Kosten hat die Aufgabe einer Verwaltung großen Einfluß.[417] Art, Umfang und Qualität der Aufgabenerfüllung determinieren die zur Erstellung der Verwaltungsleistungen benötigten Mengen an Produktionsfaktoren.[418] Das Sachziel[419] einer öffentlichen Verwaltung, allgemein ausgedrückt als Soll-Zustand definierte Situation, läßt sich durch verschiedene Kombinationen und Variationen der einzusetzenden Ressourcen erreichen. Dementsprechend resultieren auch unter-

---

412 Vgl. Eichhorn, Peter: Verwaltungshandeln...(1979), S. 33.

413 Mit verwaltungsinternen Kosten sind diejenigen Kosten gemeint, welche sich auf den im internen Bereich der Verwaltung auftretenden Ressourcenverzehr beziehen.

414 Vgl. Eichhorn, Peter: Kostendenken...(1977), S. 38.

415 Vgl. Eichhorn, Peter: Kosten...(1997), S. 56; Eichhorn, Peter: Verwaltungshandeln...(1979), S. 34.

416 Vgl. Küpper, Hans-Ulrich: Kostenrechnung...(1992), S. 40.

417 Vgl. Seeger, Tilman – Walter, Matthias: Kosten- und Leistungsrechnung...(1999), S. 109. Diese Quelle zeigt den Weg von der Aufgabe über die Produkte und Prozesse zu den Ressourcen in einer plausiblen und für den Leser gut nachvollziehbaren Form auf.

418 Vgl. Eichhorn, Peter: Verwaltungshandeln...(1979), S. 34.

419 Aus den Zielen leiten sich Aufgaben ab, die es zu bewältigen gibt. Siehe hierzu Fischer, Thomas M.: Kostenmanagement...(1997), S. 146.

schiedliche Kosten der Art und Höhe – wie Personalkosten[420] oder Sachkosten – nach.[421] Grundsätzlich kann jedoch konstatiert werden, daß die Verwaltungskosten um so höher ausfallen, je komplexer die zu bewältigenden Aufgaben sind.[422]

Die Aufgabenerledigung ist sowohl strukturell als auch prozessual zu organisieren. Als strukturbildende Elemente gelten „die Eigenart der Aufgaben und deren Verteilung auf die Bediensteten, die Regelung ihrer Kompetenzen, die Stellenbildung, die Abteilungs- und Instanzenbildung, die Linien- und Stabsorganisation sowie die Zentralisation oder Dezentralisation von Organisationseinheiten".[423] Diese spiegeln sich in der Aufbauorganisation einer Verwaltung wider. Ablauforganisatorische Fragen beziehen sich auf die Arbeitsgänge, den Dienstweg, den Informationsfluß bzw. die Kommunikation, das Ausmaß genereller oder fallweiser Regelungen und den Grad der Entscheidungsbeteiligung.[424] Je nach konkreter Ausgestaltung der Aufbau- oder Ablauforganisation kann das Kostenniveau erheblich variieren, wodurch die Organisations- bzw. Leistungserstellungsbedingungen ihre große Bedeutung als Kostenbestimmungsfaktoren erlangen.[425]

Aufbauend auf der Differenzierung zwischen Aufbauorganisation und Ablauforganisation lassen sich strukturelle und prozessuale Kosteneinflußgrößen unterscheiden. Die vorgehaltene Kapazität bzw. das Leistungspotential stellt eine der wesentlichen strukturellen Kosteneinflußgrößen dar. Außerdem nehmen die Prozeßbedingungen vehementen Einfluß auf die Kosten und zwar auf diejenigen, welche mit der Leistungsmenge verbunden sind.[426] In Abgrenzung zu den beiden erstgenannten Kostenbestimmungsfaktoren kann die Kosteneinflußgröße Faktor- bzw. Ressourcenqualität[427] neben strukturellen auch prozessuale Erscheinungsformen annehmen, wodurch eine eindeutige Zuordnung schwerfällt.[428] Neben der Mengenkomponente muß zur Ermittlung der Verwaltungskosten auch noch die Wertkomponente berücksichtigt werden. Hierbei handelt es sich um die Faktor- bzw. Ressourcenpreise.[429] Abbildung 2-8 soll die Zusammenhänge bezüglich der Kostenentstehung verdeutlichen.[430]

---

[420] Öffentliche Verwaltungen fungieren zumeist personalintensiv, wodurch die Personalkosten den Kostenschwerpunkt bilden.

[421] Vgl. Eichhorn, Peter: Verwaltungshandeln...(1979), S. 34.

[422] Eine Möglichkeit zur Senkung der Verwaltungskosten bietet somit die Vereinfachung und Verminderung der Verwaltungsaufgaben. Dennoch erlassen Bund und Länder jährlich eine Flut an Gesetzen und Vorschriften, welche ein Ansteigen des Aufgabenvolumens zur Folge haben und insofern konträr zur Kostenreduktion wirken. Siehe hierzu Eichhorn, Peter: Verwaltungshandeln...(1979), S. 34 – 35.

[423] Eichhorn, Peter: Kosten...(1997), S. 57.

[424] Vgl. Eichhorn, Peter: Verwaltungshandeln...(1979), S. 37.

[425] Vgl. Schneider, Dieter: Betriebswirtschaftslehre...(1994), S. 387; Eichhorn, Peter: Kosten...(1997), S. 57.

[426] Vgl. Haberstock, Lothar: Kostenrechnung 2...(1995), S. 48.

[427] Mit der Faktorqualität soll neben der Qualität der Ressourcen auch die Qualität der Organisation der Leistungserstellungsprozesse verstanden werden. Vgl. Schneider, Dieter: Betriebswirtschaftslehre...(1994), S. 387.

[428] Diese Kosteneinflußgröße bleibt für die nachfolgende detaillierte Betrachtung außen vor, da sie nur schwer quantifizierbar ist und somit suboptimal in das Konzept der vorliegenden Untersuchung paßt.

[429] Vgl. Kilger, Wolfgang: Kostenrechnung...(1992), S. 23, 35; Eichhorn, Peter: Verwaltungshandeln...(1979), S. 37 – 38; Haberstock, Lothar: Kostenrechnung 2...(1995), S. 49.

[430] Den Zusammenhang zwischen Aufgaben, Produkte, Prozesse und Ressourcen versinnbildlicht Seeger, Tilman – Walter, Matthias: Kosten- und Leistungsrechnung...(1999), S. 109.

Abbildung 2-8

**Determinanten der Verwaltungskosten**

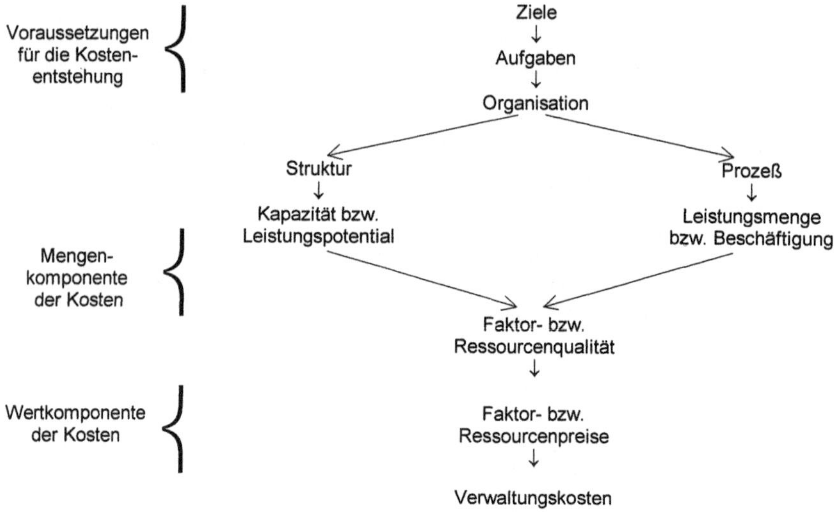


In Anlehnung an Eichhorn, Peter: Verwaltungshandeln...(1979), S. 38; Haberstock, Lothar: Kostenrechnung 2...(1995), S. 48.

## B. Leistungsmenge

Für den verwaltungsadäquaten Aufbau einer Kostenrechnung und der sinnvollen Auswertung ihrer Ergebnisse muß der Kostenrechner wissen, in welchem Ausmaß die Leistungsmenge zum Verbrauch an Faktormengen beiträgt.[431] Grundsätzlich dürften sich mit dem Volumen an Verwaltungsleistungen auch die Verwaltungskosten verändern, was plausibel klingt.[432] Diese Hypothese trifft aber nur dann zu, wenn die Kosten von der Ausbringungsmenge bzw. den tatsächlich erledigten Fällen abhängig sind. Leistungsabhängige Kosten führen jedoch in öffentlichen Verwaltungen, insbesondere in den Kernverwaltungen, nur ein Schattendasein, wodurch die Veränderung der Leistungsmenge nur geringe Auswirkungen auf die Gesamtkosten verspricht.[433] Hierbei handelt es sich vorwiegend um Reisekosten, Kosten für Schreibmaterial, Telefon, Porti und Rechenzeiten. Im Falle extrem ausgeprägter Benutzerfrequenz können Instandhaltungskosten, Reinigungskosten sowie Abschreibungen auf die Betriebs- und Geschäftsausstattung hinzutreten.[434] Da leistungsabhängige Kosten unmittelbar mit der Leistungsmenge variieren, spricht man auch von variablen Kos-

[431] Vgl. Kilger, Wolfgang: Kostenrechnung...(1992), S. 34.
[432] Vgl. Thommen, Jean-Paul: Betriebswirtschaftslehre...(1998), S. 128.
[433] Vgl. Gornas, Jürgen: Verwaltungskostenrechnung...(1992), S. 195, 197.
[434] Vgl. Eichhorn, Peter: Verwaltungshandeln...(1979), S. 42.

ten. Variable Kosten können sich den erbrachten Verwaltungsleistungen unterschiedlich stark anpassen. Dementsprechend erfolgt folgende Differenzierung:[435]

- Proportionale Kosten variieren im gleichen Verhältnis wie die Leistungsmenge (z. B. Telefonkosten, Reisekosten oder Kosten für Formulare).
- Progressive Kosten steigen überproportional, d. h. stärker als die Ausbringungsmenge (z. B. Instandhaltung oder Überstundenzuschläge).
- Degressive Kosten steigen unterproportional, d. h. langsamer als das Volumen an Verwaltungsleistungen (z. B. Energiekosten).

Die Kenntnis der Zusammenhänge zwischen Leistungsmenge und Verwaltungskosten erlaubt es dem Kostenrechner, die kostenmäßigen Auswirkungen von mengenmäßigen Leistungsänderungen zu prognostizieren. Analog dazu kann von den entstandenen Verwaltungskosten auf die erbrachten Verwaltungsleistungen geschlossen werden.[436] Dieses elementare kostenrechnerische Wissen bietet zudem die Möglichkeit, kostengünstige Ressourcen und Verwaltungsprozesse zu eruieren. Durch Veränderung der Prozeßbedingungen lassen sich progressive zu proportionalen oder proportionale zu degressiven Kosten transformieren.[437] So hat eine Steigerung der Intensität die Verkürzung des Verwaltungs(teil)prozesses zur Folge, wodurch mit dem gleichen Ressourceneinsatz eine höhere Ausbringungsmenge möglich wird. Dies spiegelt sich in einer verbesserten Kostenwirtschaftlichkeit wider.[438] Die Intensität der Arbeitsleistungen von DV-Anlagen läßt sich beispielsweise durch eine Erhöhung der Taktfrequenz oder durch eine Vergrößerung des Arbeitsspeichers steigern. Neben der Intensität ist die Veränderung einer Reihe weiterer Prozeßbedingungen, wie z. B. die Anordnung der Prozeßschritte, denkbar.[439] Mit allen möglichen Anpassungsmaßnahmen soll letztlich ein positiver Beitrag zur Kostenwirtschaftlichkeit geleistet werden. Dabei wirken sich absolute Kostenreduktionen besonders positiv aus. Wegen des relativ geringen Anfalls leistungsmengenabhängiger Kosten in öffentlichen Verwaltungen dürften Veränderungen bei der Kapazität größere Rationalisierungserfolge versprechen.[440] Als geeignetes Kostenrechnungsinstrumentarium bietet sich hierfür die Prozeßkostenrechnung an.

## C. Leistungspotential

Zur Gewährleistung der Leistungsbereitschaft einer Verwaltung müssen bestimmte personelle, materielle und finanzielle Kapazitäten vorgehalten werden. Die Kapazität – auch Leistungspotential genannt – wird definiert als die maximal mögliche Ausbrin-

---

435 Vgl. Thommen, Jean-Paul: Betriebswirtschaftslehre...(1998), S. 130; Eichhorn, Peter: Verwaltungshandeln...(1979), S. 42.

436 Bezüglich der Aussagekraft wäre von Vorteil, wenn die Leistungserstellung einen annähernd homogenen Ressourcenverbrauch aufweisen würde. Siehe hierzu Gornas, Jürgen: Verwaltungskostenrechnung...(1992), S. 195.

437 Vgl. Eichhorn, Peter: Verwaltungshandeln...(1979), S. 42 – 43.

438 Vgl. Haberstock, Lothar: Kostenrechnung 2...(1995), S. 49, 53; Kilger, Wolfgang: Kostenrechnung...(1992), S. 36; Kilger, Wolfgang – Vikas, Kurt: Plankostenrechnung...(1993), S. 144; Eichhorn, Peter: Verwaltungshandeln...(1979), S. 43, 69.

439 Vgl. Kilger, Wolfgang – Vikas, Kurt: Plankostenrechnung...(1993), S. 135, 145 – 146; Haberstock, Lothar: Kostenrechnung 2...(1995), S. 49, 53.

440 Vgl. Eichhorn, Peter: Verwaltungshandeln...(1979), S. 43.

gungsmenge pro Periode[441] und läßt sich nach quantitativen und qualitativen Aspekten unterscheiden.[442] Mit dem Kapazitätsaufbau erfolgt sogleich die Festlegung eines beträchtlichen Volumens an fixen Kosten. Fixe Kosten sind Kosten, welche unabhängig von der Leistungsmenge anfallen. Diese dominieren in öffentlichen Verwaltungen. Deshalb stellt die Kapazität die zentrale Kosteneinflußgröße des öffentlichen Sektors dar.[443]

Bei der Dimensionierung der Kapazitäten ist darauf zu achten, daß diese stets ausgelastet sind. Nur so lassen sich Leerkosten für nicht genutzte Kapazitäten vermeiden.[444] Hierzu bedarf es der nötigen Flexibilität in bezug auf die sich wandelnden Aufgaben und die schwankenden Leistungsmengen. Dem stehen jedoch im öffentlichen Sektor haushalts-, organisations- und dienstrechtliche Bestimmungen gegenüber.[445] Beispielsweise werden durch das Beamtentum langfristig enorme Kapazitäten vorgehalten, deren hundertprozentige Nutzung nicht gewährleistet ist. Möglichkeiten der Justierung von Kapazitäten in den einzelnen Abteilungen bzw. Behörden entsprechend des jeweiligen Bedarfs[446] bieten dabei diverse Formen der Personalentwicklung zur Anpassungsqualifizierung, wie etwa Weiterbildungsmaßnahmen oder Umschulungen.[447] Außer den personellen Ressourcen determinieren Art und Leistungsvermögen der Betriebsmittel sowie die Volumina finanzieller Mittel das Leistungspotential einer öffentlichen Verwaltung.[448]

Die zu bewältigenden Aufgaben und die damit verbundenen Leistungen sind von der Verwaltungsführung in struktureller, prozessualer, qualitativer, mengenmäßiger, zeitlicher und räumlicher Hinsicht genauestens zu prognostizieren, um den Aufbau zeitgebundener Nutzungspotentiale zum Zwecke einer optimalen Kapazitätsausnutzung

---

441 Gornas differenziert in diesem Zusammenhang zwischen inputbezogener und outputbezogener Kapazität. Während die inputbezogene Kapazität auf die Leistungsfähigkeit der Einsatzfaktoren – anders ausgedrückt: die durch die vorhandenen Ressourcen höchst möglich abgebbaren und in den Leistungserstellungsprozeß einbringbaren Leistungen – abstellt, bezieht sich die outputbezogene Kapazität auf das Ergebnis des verwaltungsbetrieblichen Produktionsprozesses, also auf die maximal erreichbare Menge an Service- und Endleistungen. Dies soll anhand der Ressource Personal verdeutlicht werden. Die insgesamt verfügbare Arbeitszeit – auch Arbeitskraft genannt – stellt die Input-Kapazität dar. Hierdurch wird das Volumen möglicher Verwaltungsprozesse und somit auch der Verwaltungsoutput begrenzt. Will man von der Input-Kapazität zur Output-Kapazität gelangen, bedarf es der Kenntnis des Zeitaufwandes für eine Einheit an Vor- oder Endleistung (z. B. Bearbeitung einer Einkommensteuererklärung). Die Output-Kapazität für die verschiedenen Leistungsarten ergibt sich mittels Division der insgesamt verfügbaren Arbeitszeit durch den Zeitaufwand je ausgebrachter Leistungseinheit, welcher den Reziprokem der Intensität widerspiegelt. Die inputbezogene Kapazität läßt sich also durch die Intensität zur outputbezogenen Kapazität überführen. Siehe hierzu Gornas, Jürgen: Verwaltungskostenrechnung...(1992), S. 198 – 199.

442 Vgl. Haberstock, Lothar: Kostenrechnung 2...(1995), S. 49; Kilger, Wolfgang: Kostenrechnung...(1992), S. 36; Thommen, Jean-Paul: Betriebswirtschaftslehre...(1998), S. 128.

443 Vgl. Eichhorn, Peter: Kostenanalyse...(1997), S. 90.

444 Vgl. Haberstock, Lothar: Kostenrechnung 2...(1995), S. 96, 353, 357; Coenenberg, Adolf Gerhard: Kostenrechnung...(1999), S. 424; Kilger, Wolfgang – Vikas, Kurt: Plankostenrechnung...(1993), S. 654.

445 Vgl. Eichhorn, Peter: Kostenanalyse...(1997),S. 90.

446 Es kommt nicht selten vor, daß einzelne Verwaltungen ihre Kapazitäten erweitern, während hingegen andere einen Kapazitätsabbau vollziehen. Der erforderliche Personaltransfer gelingt nur bei entsprechender Mobilität der betreffenden personellen Ressourcen.

447 Vgl. Eichhorn, Peter: Verwaltungshandeln...(1979), S. 38 – 39.

448 Vgl. Haberstock, Lothar: Kostenrechnung 2...(1995), S. 149; Eichhorn, Peter: Kostenanalyse...(1997), S. 90; Kilger, Wolfgang – Vikas, Kurt: Plankostenrechnung...(1993), S. 136.

gestalten zu können. Sinnvollerweise bietet sich ein stufenweiser Aufbau an, der mit der Gründungsphase beginnt, eine Erweiterungsphase folgen läßt und mit dem Endausbau abschließt.[449] Werden verwaltungsbetriebliche Kapazitäten nicht sprunghaft, sondern sukzessive erweitert, lassen sich Leerkosten zugunsten von Nutzkosten[450] vermeiden. Generell kann gesagt werden, daß die Dimensionierung des Leistungspotentials einer öffentlichen Institution besonders gründlich durchdacht werden soll, da mit dieser Entscheidung zumeist längerfristige und für nachfolgende Entscheidungen restriktive Wirkungen einhergehen.[451]

Überdimensionierte Kapazitäten sind in öffentlichen Verwaltungen keine Seltenheit und implizieren enorme Rationalisierungspotentiale. Durch eine adäquate Reduktion des Leistungspotentials sinken die Leerkosten und damit verbunden auch die Fixkosten.[452] Jedoch können Kapazitätsanpassungen nicht beliebig vorgenommen werden, sondern unterliegen bestimmten Restriktionen. Wie bereits angesprochen, hemmt das öffentliche Dienstrecht die Veränderung des Volumens personeller Ressourcen. Hingegen ist die unzulängliche Flexibilität der Betriebsmittel an diesen selbst auszumachen. Bezüglich der Entscheidungen über die Ausstattung von Sachanlagen muß deshalb stets auf universelle Einsetzbarkeit sowie möglichst beliebige Teilbarkeit der Quanten geachtet werden. Nur so kommt man dem Ziel der Anpassung der Kapazität an die tatsächliche Leistungsmenge näher. Grundsätzlich hat sich die Verwaltungsleitung bei jeder Investition, egal ob Neuanschaffung oder Erweiterungsinvestition, sowohl die Kapazität als auch ihre Auslastung vor Augen zu führen.[453] Wertvolle Unterstützung bietet dabei die Kennzahl Kapazitätsausnutzungsgrad, auch Beschäftigungsgrad genannt. Der Kapazitätsausnutzungsgrad spiegelt das Verhältnis zwischen vorhandener Kapazität (Kannleistung oder Solleistung) und effektiver Ausnutzung (Istleistung) wider. Er gilt als Indikator für die Wirtschaftlichkeit der Ressourcen- bzw. Faktorausstattung einer öffentlichen Verwaltung und kann wie folgt ausgedrückt werden:[454]

$$\text{Kapazitätsausnutzungsgrad} = \frac{\text{Istleistung}}{\text{Kannleistung}} \times 100$$

Öffentliche Leistungen sind in einer bestimmten Menge und Qualität zu erstellen und abzugeben, wobei möglichst geringe Kosten anfallen sollen. Dieses Postulat besitzt für die Kapazitätsplanung besondere Relevanz.[455] Nimmt der Kapazitätsausnutzungsgrad längerfristig einen Wert weit unter eins an, so ist dies als Stimulus für die Ingangsetzung entsprechender kapazitativer Anpassungsprozesse aufzufassen.[456] Im Sinne der Wirtschaftlichkeit besteht das Streben nach einem Beschäftigungsgrad von eins. Der öffentliche Sektor weißt die Besonderheit auf, daß er Leistungen er-

---

449 Vgl. Eichhorn, Peter: Kostenanalyse...(1997), S. 90.

450 Leerkosten und Nutzkosten ergeben zusammen die Fixkosten. Siehe hierzu Kilger, Wolfgang – Vikas, Kurt: Plankostenrechnung...(1993), S. 654; Thommen, Jean-Paul: Betriebswirtschaftslehre...(1998), S. 131 – 132.

451 Vgl. Eichhorn, Peter: Verwaltungshandeln...(1979), S. 39; Thommen, Jean-Paul: Betriebswirtschaftslehre...(1998), S. 132.

452 Vgl. Eichhorn, Peter: Kostenanalyse...(1997), S. 90.

453 Vgl. Eichhorn, Peter: Verwaltungshandeln...(1979), S. 39.

454 Vgl. Thommen, Jean-Paul: Betriebswirtschaftslehre...(1998), S. 130; Eichhorn, Peter: Verwaltungshandeln...(1979), S. 40.

455 Vgl. Eichhorn, Peter: Kostenanalyse...(1997), S. 91.

456 Vgl. Coenenberg, Adolf Gerhard: Kostenrechnung...(1999), S. 424.

bringt, welche gezielt der Vorhaltung dienen. Hierbei handelt es sich um die Bundeswehr, die für Gefahren, Spitzenbedarfe und Krisen gebildeten Bereitschaftspolizeien, Rettungsstationen, Feuerwehren, Krankenhausbetten, Kernverwaltungen usw.[457] Versteht man unter Leistungen nur die tatsächlich abgegebenen Leistungen, bleiben diese Leistungen außen vor. Bei den angesprochenen Institutionen dominieren aber gerade die Leistungen der Kapazitätsvorhaltung und nicht der Kapazitätsnutzung, wodurch die Leerkosten zu Nutzkosten werden. Deshalb müssen bewußt vorgehaltene und nicht genutzte Kapazitätsreserven einer separaten Analyse unterzogen werden. Im Rahmen einer solchen Analyse gilt es zu eruieren, inwieweit das Vorhalten von Leistungspotentialen tatsächlich unbedingt notwendig erscheint.[458]

Wirtschaftliches Verwaltungshandeln erfordert die Frage nach der optimalen Betriebsgröße von Verwaltungseinheiten. Hierdurch wird die Art der Differenzierung von Kapazitäten angesprochen. Ein Ökonom hat darüber zu befinden, wie groß eine Abteilung, ein Referat, ein Dezernat oder ein Amt sein muß, um die anvisierten Leistungen am besten erbringen zu können. Diesbezüglich lassen sich die Kriterien: Kosten, Durchlaufzeit, Qualität oder Sicherheit für eine Evaluierung anführen. In Abhängigkeit von den die Betriebsgröße determinierenden Faktoren – wie der Wechsel zu neuen Verwaltungsverfahren, die Entwicklung neuer Informations- und Kommunikationsmedien, der Einsatz von EDV-Anlagen (Großrechner versus PC) – ist beispielsweise jenes Verwaltungshandeln als das wirtschaftlichste anzusehen, bei dem die durchschnittlichen Verwaltungskosten langfristig minimiert werden. Entsprechende Studien haben Aufschluß darüber zu geben, ob Abteilungen mit Unterabteilungen und kleinen Referaten bei gleicher Leistung kostengünstiger betrieben werden als Abteilungen mit Großreferaten.[459]

## D. Ressourcenpreise

Die Verwaltungskosten ergeben sich durch Multiplikation der Faktoreinsatzmengen mit den Faktorpreisen. Bei den Faktorpreisen handelt es sich um exogene Kostenbestimmungsfaktoren, welche gewöhnlich von der Verwaltung nicht beeinflußt werden können.[460] Durch die Preiskomponente lassen sich die unterschiedlichen Dimensionen der Mengenkomponente gleichnamig machen. Diese Transformationsfunktion gilt als unabdingbare Voraussetzung für die Ermöglichung von Vergleichen oder Aggregationen des Ressourcenverzehrs.[461]

In arbeitsintensiven Verwaltungen richtet sich der Fokus auf die dominierenden Personalkosten. Die Preise für den Einsatz der Ressource Mensch basieren auf besol-

[457] Das gleiche gilt für die Bereitstellung bestimmter Nutzungsmöglichkeiten, wie etwa Parkplätze, Theateraufführungen oder Fahrten öffentlicher Verkehrsbetriebe. Siehe hierzu Gornas, Jürgen: Verwaltungskostenrechnung...(1992), S. 193.

[458] Vgl. Eichhorn, Peter: Verwaltungshandeln...(1979), S. 39 – 40.

[459] Vgl. Eichhorn, Peter: Kostenanalyse...(1997), S. 91; Eichhorn, Peter: Verwaltungshandeln...(1979), S. 40 – 41. Im Rahmen des zwischenbetrieblichen Vergleichs sind die Kosten von Verwaltungen mit unterschiedlichen Betriebsgrößen einander gegenüberzustellen. Dabei müssen die Leistungen operationalisierbar und vergleichbar sein.

[460] Vgl. Kilger, Wolfgang: Kostenrechnung...(1992), S. 35; Thommen, Jean-Paul: Betriebswirtschaftslehre...(1998), S. 128.

[461] Vgl. Gornas, Jürgen: Verwaltungskostenrechnung...(1992), S. 94; Hummel, Siegfried – Männel, Wolfgang: Kostenrechnung...(1986), S. 74.

dungsrechtlichen, tarifrechtlichen und sonstigen gesetzlichen Regelungen. Dementsprechend kann es sich bei den Entgelten um monatliche Dienstbezüge, Gehälter, Stundenlohnsätze, Beitragssätze, Prämien usw. handeln. Die einschlägige Literatur differenziert bei den Personalkosten öffentlicher Verwaltungen zwischen Personalhauptkosten, Personalnebenkosten und personalbezogenen Sachkosten,[462] auf die jedoch hier nicht weiter eingegangen wird. Neben den Personalkosten fallen in öffentlichen Verwaltungen auch Sachkosten, Kapitalkosten, Kosten für Dienstleistungen Dritter sowie Kosten aufgrund öffentlicher Abgaben an. Bei diesen Kosten fungieren als Wertkomponente: Marktpreise, administrierte Preise oder durch Verwaltungsvorschriften über Faktorkäufe determinierte Preise. Exemplarisch wären für letztere die Leitsätze für die Preisermittlung aufgrund von Selbstkosten und die Verordnung über die Preise bei öffentlichen Aufträgen vom 21. November 1953[463] anzuführen.[464]

Die Verwaltungsführung muß sich über den nicht unerheblichen Einfluß der Ressourcenpreise auf die Verwaltungskosten im klaren sein. Soll wirtschaftliches Verwaltungshandeln auf Dauer gewährleistet werden, gilt es die Entwicklung relevanter Faktorpreise zu prognostizieren. Diese bilden die Grundlage für die Eruierung kostengünstiger Ressourcen, deren Nutzung und Kombination in öffentlichen Institutionen vonnöten ist. Die prospektive Betrachtung der Ressourcenpreise erfordert fundiertes betriebswirtschaftliches und volkswirtschaftliches Wissen.[465] Zu beachten sind insbesondere laufende oder anstehende Tarifverhandlungen, die Situation und die Entwicklungen auf den Kapitalmärkten, die Höhe der eingegangenen Verbindlichkeiten usw. Ebenfalls müssen Bestrebungen im Rahmen der Verwaltungs-, Dienstrechts-, Haushalts- und Gebietsreform ins Kalkül einbezogen werden, soweit sie sich auf die Faktorpreise auswirken. Als Beispiele hierfür lassen sich Höhergruppierungen oder Änderungen bei Ortszuschlägen anführen. Darüber hinaus sollten Verwaltungsangehörige Überlegungen bezüglich des Verhaltens der Sozialpartner, der Preisbildung am Markt, der wirtschaftspolitischen Bedingungen sowie der Kalkulation öffentlicher Aufträge durch die Unternehmer anstellen. All die genannten Aspekte haben öffentliche Verwaltungen im Sinne niedriger Kosten bei ihrer Maßnahmenplanung entsprechend zu berücksichtigen, wobei frühzeitige Informationen unschätzbare Potentiale in sich bergen.[466]

## IV. Zweckmäßiger Aufbau einer modernen und leistungsfähigen Kosten- und Leistungsrechnung in öffentlichen Verwaltungen

Die im öffentlichen Sektor verfolgten Rechnungszwecke determinieren die Ausgestaltung der Verwaltungsrechnung, speziell der verwaltungsspezifischen Kosten- und Leistungsrechnung.[467] Für die Generierung rechnungszweckadäquater Informationen

[462] Vgl. Eichhorn, Peter: Verwaltungshandeln...(1979), S. 45 – 46.
[463] Weitere Beispiele finden sich bei Eichhorn, Peter: Kostenanalyse...(1997), S. 58 – 59.
[464] Vgl. Eichhorn, Peter: Verwaltungshandeln...(1979), S. 46 – 47; Eichhorn, Peter: Kostenanalyse...(1997), S. 58 – 59.
[465] Vgl. Eichhorn, Peter: Verwaltungshandeln...(1979), S. 47.
[466] Vgl. Eichhorn, Peter: Verwaltungshandeln...(1979), S. 47.
[467] Vgl. Gornas, Jürgen: Verwaltungskostenrechnung...(1992), S. 83; Reichard, Christoph: Betriebswirtschaftslehre...(1987), S. 310 – 311; Haberstock, Lothar: Kostenrechnung 1...(1997), S. 53; Gornas, Jürgen: Kostenrechnung...(1992), S. 1155. Neben den Rechnungszwecken wirken ebenfalls die in den Verwaltungen vorherrschenden Handlungsspielräume entsprechend auf die kon-

obliegen der verwaltungskonformen Kosten- und Leistungsrechnung die Aufgaben der Erfassung, Abbildung und Verrechnung des verwaltungsbetrieblichen Ressourcenverzehrs. Der stufenweise Aufbau der Kosten- und Leistungsrechnung soll dabei eine bestmögliche Aufgabenwahrnehmung gewährleisten.[468] Hierzu bedarf es einer Kostenartenrechnung, derer sich die Kostenstellenrechnung und die Kostenträgerrechnung[469] anzuschließen haben.[470] Diese Struktur hat sich im erwerbswirtschaftlichen Bereich herausgebildet und wurde entsprechend in die öffentliche Wirtschaft übertragen.[471] Die drei Teilgebiete Kostenartenrechnung, Kostenstellenrechnung und Kostenträgerrechnung beziehen sich jeweils auf unterschiedliche Aufgabenfelder mit jeweils unterschiedlicher Intensität und bilden die Kernkomponenten jeder betriebswirtschaftlichen Kosten- und Leistungsrechnung, unabhängig von der konkreten Ausgestaltung des Kostenrechnungssystems.[472] Die Spezifika der verwaltungsbetrieblichen Leistungserstellung lassen dabei eine prozeßorientierte Kostenrechnung für notwendig erscheinen.[473] Dem Grundaufbau einer modernen und leistungsfähigen, verwaltungsadäquaten Kosten- und Leistungsrechnung widmen sich die folgenden Abschnitte, wobei die jeweiligen Ausführungen stets den entsprechenden Bezug zu den Rechnungszwecken aufweisen.

## A. Kostenartenrechnung

### 1. Grundlagen und Aufgaben der Kostenartenrechnung

Die Kostenartenrechnung bildet den Ausgangspunkt einer Kostenrechnung öffentlicher Verwaltungen und dient der Erfassung und Gliederung aller während einer Ab-

---

krete Ausgestaltung der Verwaltungskostenrechnung ein, was durch Reichard explizit angesprochen wird. Siehe hierzu Reichard, Christoph: Betriebswirtschaftslehre...(1987), S. 311.

468 Vgl. Eichhorn, Peter: Verwaltungskameralistik...(1993), S. 112; Fischer, Thomas M.: Prozeßkostencontrolling...(1999), S. 116.

469 Die einschlägige Literatur faßt die Kostenarten- und die Kostenstellenrechnung zur Betriebsabrechnung zusammen, wohingegen sie die Kostenträgerrechnung als Kalkulation deklariert. Siehe hierzu beispielsweise Reichard, Christoph: Betriebswirtschaftslehre...(1987), S. 310. Kalkulation und Kostenträgerrechnung können jedoch nicht gleichgesetzt werden, da die erstgenannte nur eine von mehreren Aufgaben der letzteren darstellt. Realiter ist die Kostenträgerrechnung als Auswertungsrechnung zu bezeichnen. Die für die Auswertung erforderlichen Daten stammen aus der Betriebsabrechnung (Kostenarten- und Kostenstellenrechnung), auch Grundrechnung genannt. Vgl. Bals, Hansjürgen: Kostenrechnung...(1989), Sp. 834; Schweitzer, Marcell – Küpper, Hans-Ulrich: Kosten- und Erlösrechnung...(1998), S. 68.

470 Vgl. Klümper, Bernd u. a.: Kommunale Kosten- und Wirtschaftlichkeitsrechnung...(1995), S. 147 – 148; Lachnit, Laurenz: Kosten- und Leistungsrechnung...(1999), S. 46; Bals, Hansjürgen: Kostenrechnung...(1989), Sp. 834; Schwarze, Jochen – Koß, Torsten: Prozeßorientierte Kosten- und Leistungsrechnung...(1996), S. 54 – 55.

471 Vgl. Gornas, Jürgen: Verwaltungskostenrechnung....(1992), S. 87. Wegen der spezifischen Leistungserstellung in öffentlichen Verwaltungen können Kostenarten-, Kostenstellen- und Kostenträgerrechnung nur begrenzt verwertbare Daten generieren. Um Transparenz über die ablaufenden Leistungsprozesse und die Kostenentstehung zu erhalten, bietet sich eine Differenzierung nach den Aktivitäten bzw. Prozessen an. Dies führt automatisch zur Prozeßkostenrechnung, welche die Beziehungen zwischen den Ressourcen, Prozessen und Leistungsarten (Produkte) abbildet. Vgl. Schwarze, Jochen – Koß, Torsten: Prozeßorientierte Kosten- und Leistungsrechnung...(1996), S. 56; Schweitzer, Marcell – Küpper, Hans-Ulrich: Kosten- und Erlösrechnung...(1998), S. 66; Lachnit, Laurenz: Kosten- und Leistungsrechnung...(1999), S. 49. Auf die Prozeßkostenrechnung wird in einem späteren Abschnitt dieser Untersuchung noch genauer eingegangen.

472 Vgl. Schwarze, Jochen – Koß, Torsten: Prozeßorientierte Kosten- und Leistungsrechnung...(1996), S. 55.

473 Vgl. Lachnit, Laurenz: Kosten- und Leistungsrechnung...(1999), S. 49.

rechnungsperiode anfallenden Kosten.[474] Sie beschäftigt sich mit der Frage: Welche Kosten sind angefallen? Mit der Kostenartenrechnung liegt insofern keine spezifische Form einer Rechnung vor, sondern die systematische Erfassung von Kosten.[475]

Als Datenlieferant für die Kostenartenrechnung fungiert überwiegend das vorhandene Rechensystem der öffentlichen Verwaltung, welches zumeist den kameralistischen und nur selten den doppischen Rechnungsstil aufweist.[476] Da die Kameralistik eine reine Einnahmen-Ausgaben-Rechnung verkörpert und infolgedessen keine Kosten kennt, kann deren Gruppierungsplan nicht unmittelbar als Kostenartenplan Anwendung finden.[477] Manchen Ausgaben der Haushaltsrechnung stehen keine Kosten gegenüber; umgekehrt ist ein Teil des Kostenanfalls nicht mit Ausgaben verbunden. Ausgaben für den Erwerb von Investitionsgütern vermag die Kameralrechnung nicht periodengerecht abzugrenzen. Das gleiche gilt für die Pensionsverpflichtungen, welche in der verwaltungsbetrieblichen Kosten- und Leistungsrechnung fast ausschließlich als Anderskosten Eingang finden. Für die Zusatzkosten, wie die Mieten für verwaltungseigene Gebäude, kann die Kameralrechnung überhaupt keine Daten liefern. Zudem erweist sich die Gliederung des Haushaltsplans für die Belange einer Kosten- und Leistungsrechnung nicht selten als unzureichend.[478] Wegen der genannten Gründe bedarf es einer entsprechenden Schnittstellengestaltung respektive Überleitungskonzeption zwischen den betriebswirtschaftlich relevanten Kostenarten und den Titelgruppen der kameralistischen Haushaltsrechnung.[479] Bei den Abgrenzungen kann es sich konkret um Eingliederungen, Ausgliederungen, Umgliederungen, zusätzlicher Differenzierungen oder Ergänzungen handeln.[480]

Als Instrument für den strukturierten Ausweis aller in der Verwaltung auftretenden Kostenarten fungiert der Kostenartenplan. Dieser bildet den Kostenartenstamm ab und soll eine rechnungszieladäquate Gliederung der Kosten gewährleisten. In Abhängigkeit vom Grad der Differenzierung des Kostenartenplans kann eine mehr oder minder präzise Zurechnung von Kosten auf Kostenstellen oder Kostenträger erfol-

[474] Vgl. Hummel, Siegfried – Männel, Wolfgang: Kostenrechnung 1...(1986), S. 128; Coenenberg, Adolf Gerhard: Kostenrechnung...(1999), S. 48; Haberstock, Lothar: Kostenrechnung 1...(1997), S. 55; Schwarze, Jochen – Koß, Torsten: Prozeßorientierte Kosten- und Leistungsrechnung...(1996), S. 96; Lachnit, Laurenz: Kosten- und Leistungsrechnung...(1999), S. 46; Bals, Hansjürgen: Kostenrechnung...(1989), Sp. 830. Die Kostenartenrechnung sollte nach Eichhorn so gestaltet werden, daß sich Höhe, Struktur und Entwicklung der Kosten nachvollziehen lassen. Vgl. Eichhorn, Peter: Verwaltungshandeln...(1979), S. 92.

[475] Vgl. Haberstock, Lothar: Kostenrechnung 1...(1997), S. 55.

[476] Vgl. Haiber, Thomas: Controlling...(1997), S. 310 – 312; Richter, Lieselotte: Kosteninformationssystem...(1988), S. 175; Besier, Klaus: Kostenrechnung...(1992), S. 1173.

[477] Vgl. Schwarze, Jochen – Koß, Torsten: Prozeßorientierte Kosten- und Leistungsrechnung...(1996), S. 94; Lachnit, Laurenz: Kosten- und Leistungsrechnung...(1999), S. 46.

[478] Vgl. Lachnit, Laurenz: Kosten- und Leistungsrechnung...(1999), S. 46; Schwarze, Jochen – Koß, Torsten: Prozeßorientierte Kosten- und Leistungsrechnung...(1996), S. 94; Reichard, Christoph: Betriebswirtschaftslehre...(1987), S. 310.

[479] Vgl. Specht, Dieter – Heina, Jürgen: Kostenrechnung...(1998), S. 80.

[480] Vgl. Bals, Hansjürgen: Kostenrechnung...(1989), Sp. 830 – 831; Reichard, Christoph: Betriebswirtschaftslehre...(1987), S. 312; Haiber, Thomas: Controlling...(1997), S. 310 – 311; Lachnit, Laurenz: Kosten- und Leistungsrechnung...(1999), S. 46; Schwarze, Jochen – Koß, Torsten: Prozeßorientierte Kosten- und Leistungsrechnung...(1996), S. 94.

gen.[481] Hierbei stellt sich sogleich die Frage nach der optimalen Gliederungstiefe der Kostenarten.[482] Mit zunehmender Differenzierung steigt neben dem Informationsgehalt auch der Aufwand für die Durchführung der betriebswirtschaftlichen Kostenrechnung. Der Grundsatz der Wirtschaftlichkeit, der selbstverständlich auch für das Betreiben einer verwaltungsspezifischen Kosten- und Leistungsrechnung gilt, gebietet ein angemessenes Verhältnis zwischen Informationszuwachs und steigendem Durchführungsaufwand.[483]

Die Ausgestaltung des Kostenartenplans spielt bei der Entwicklung eines Kostenrechnungskonzepts eine zentrale Rolle. Denn im Kostenartenplan wird die für die Verwaltung zweckmäßige Gliederung der Kostenarten festgelegt.[484] Der gesamte Kostenanfall einer Abrechnungsperiode läßt sich anhand zahlreicher Einteilungskriterien systematisieren, wobei die Struktur des Kostenartenplans an den speziellen Informationsbedürfnissen der einzelnen Verwaltung auszurichten ist.[485] Als wesentliche Differenzierungskriterien präsentiert die Literatur zur Kostenrechnung die Art der verbrauchten Produktionsfaktoren, die betrieblichen Funktionen, die Herkunft der Einsatzgüter,[486] das Verhalten bei Beschäftigungsänderungen, die Zurechenbarkeit auf Kostenstellen oder Kostenträger, den Verbrauchscharakter der Ressourcen sowie die Art der Kostenerfassung.[487]

In der Erwerbswirtschaft werden die Kostenarten regelmäßig nach der Art der eingesetzten Ressourcen gegliedert.[488] Dieses Gliederungskriterium erachtet man auch für die verwaltungsbetriebliche Kostenartengliederung als sinnvoll und soll deshalb in erster Linie Anwendung finden.[489] Weitergehende Differenzierungen können dann

481 Vgl. Coenenberg, Adolf Gerhard: Kostenrechnung...(1999), S. 67; Schwarze, Jochen – Koß, Torsten: Prozeßorientierte Kosten- und Leistungsrechnung...(1996), S. 93; Nau, Hans-Rainer – Wallner, Gerhard: Verwaltungs-Controlling...(1998), S. 100.

482 Bei einer Gliederung nach der Art der Einsatzgüter sieht die Theorie dann ideale Verhältnisse vorliegen, wenn jede einzelne Kostenart den Einsatz und Verzehr ausschließlich homogener Ressourcen umfaßt. Aus Wirtschaftlichkeitsgründen ist dies jedoch in der Praxis nicht realisierbar. Siehe hierzu Gornas, Jürgen: Verwaltungskostenrechnung...(1992), S. 90.

483 Vgl. Kloock, Josef u. a.: Kosten- und Leistungsrechnung...(1999), S. 70; Coenenberg, Adolf Gerhard: Kostenrechnung...(1999), S. 67; Gornas, Jürgen: Verwaltungskostenrechnung...(1992), S. 90.

484 Vgl. Schwarze, Jochen – Koß, Torsten: Prozeßorientierte Kosten- und Leistungsrechnung...(1996), S. 93; Hummel, Siegfried – Männel, Wolfgang: Kostenrechnung 1...(1986), S. 133.

485 Die Systematik muß sowohl erfassungs- als auch verwendungsbezogene Aspekte berücksichtigen. Siehe hierzu Schweitzer, Marcell – Küpper, Hans-Ulrich: Kosten- und Erlösrechnung...(1998), S. 94.

486 In der Kostenartenrechnung wird ausschließlich mit primären Kosten operiert. Vgl. Hummel, Siegfried – Männel, Wolfgang: Kostenrechnung 1...(1986), S. 132.

487 Vgl. Wöhe, Günter: Allgemeine Betriebswirtschaftslehre...(1996), S. 1254 – 1257; Hummel, Siegfried – Männel, Wolfgang: Kostenrechnung 1...(1986), S. 132 – 135; Haberstock, Lothar: Kostenrechnung 1...(1997), S. 56 – 60; Männel, Wolfgang: Kostenrechnung...(1997), S. 40; Kloock, Josef u. a.: Kosten- und Leistungsrechnung...(1999), S. 70 – 71; Gornas, Jürgen: Verwaltungskostenrechnung...(1992), S. 90; Schweitzer, Marcell – Küpper, Hans-Ulrich: Kosten- und Erlösrechnung...(1998), S. 94 – 97.

488 Vgl. Haberstock, Lothar: Kostenrechnung 1...(1997), S. 60; Hummel, Siegfried – Männel, Wolfgang: Kostenrechnung 1...(1986), S. 132; Schweitzer, Marcell – Küpper, Hans-Ulrich: Kosten- und Erlösrechnung...(1998), S. 94.

489 Vgl. Schwarze, Jochen – Koß, Torsten: Prozeßorientierte Kosten- und Leistungsrechnung...(1996), S. 95; Lachnit, Laurenz: Kosten- und Leistungsrechnung...(1999), S. 46; Gornas, Jürgen: Verwal-

allerdings zusätzlich nach anderen Gliederungsgesichtspunkten vorgenommen werden. Beispielsweise lassen sich die Personalkosten weiter nach Empfängern in Kosten für Beamte, Angestellte und Arbeiter unterteilen. Wie man sieht, ist bei der Aufstellung des Kostenartenplans die Kombination verschiedener Gliederungsgesichtspunkte möglich und damit verbunden die Existenz des Nebeneinanders mehrerer unterschiedlicher Kostenartensystematiken.[490]

Der Kostenartenplan sollte auf der Basis des Haushaltsplans konzipiert werden, insbesondere wäre bei der Kostenartengliederung die weitgehende Orientierung an der Haushaltssystematik vonnöten, wofür eine Differenzierung nach der Einsatzgüterart prädestiniert ist.[491] Dies erleichtert den Abgleich der Finanzmittelplanung in der Kameralistik mit der Kostenplanung in der Kosten- und Leistungsrechnung und ermöglicht so die spätere Integration der beiden Planungsgebiete des verwaltungsbetrieblichen Rechnungswesens. Als positiver Nebeneffekt wirkt das Prinzip der Einmalerfassung, [492] welches bei der Kostenartenrechnung zu beachten ist.[493] Informationen bzw. Daten aus dem kameralen Haushaltswesen und anderen Systemen sind soweit wie möglich – gegebenenfalls unter Verwendung abweichender Bewertungsansätze – direkt in die Kostenartenrechnung zu transferieren.[494] Hierfür ist es von Vorteil, wenn sich der Kostenartenstamm am Gruppierungsplan der Kameralistik orientiert.[495]

Um die Kosten für die Nutzung von Anlagegütern (kalkulatorische Abschreibungen und Zinsen) erfassen zu können, bedarf es einer Anlagenbuchhaltung.[496] Diese besitzt jedoch bis dato in der öffentlichen Kernverwaltung eher Seltenheitswert. Es ist daher zu fordern, daß sämtliche öffentliche Verwaltungen - insbesondere auch die Kernverwaltungen - eine Anlagenbuchhaltung einzuführen haben, welche die Bestandsführung und –fortschreibung des Vermögens ermöglicht und damit verbunden eine realitätsgerechte Erfassung der Kosten zuläßt.[497]

---

tungskostenrechnung...(1992), S. 88. Die letzte Quelle verweist auf eine Reihe weiterer Quellen, welche eine Differenzierung nach der Einsatzgüterart propagieren.

490 Vgl. Haberstock, Lothar: Kostenrechnung 1...(1997), S. 60; Wöhe, Günter: Allgemeine Betriebswirtschaftslehre...(1996), S. 1257; Schwarze, Jochen – Koß, Torsten: Prozeßorientierte Kosten- und Leistungsrechnung...(1996), S. 97; Hummel, Siegfried – Männel, Wolfgang: Kostenrechnung 1...(1986), S. 137.

491 Vgl. Reichard, Christoph: Betriebswirtschaftslehre...(1987), S. 312 – 313; Schwarze, Jochen – Koß, Torsten: Prozeßorientierte Kosten- und Leistungsrechnung...(1996), S. 94; Lachnit, Laurenz: Kosten- und Leistungsrechnung...(1999), S. 46 – 47.

492 Das Prinzip der Einmalerfassung stellt auf die Effizienz der betriebswirtschaftlichen Kostenrechnung ab.

493 Vgl. Haiber, Thomas – Dunker, Klaus: Kostenmanagement...(1995), S. 479.

494 Vgl. Schwarze, Jochen – Koß, Torsten: Prozeßorientierte Kosten- und Leistungsrechnung...(1996); S. 94 – 95; Reichard, Christoph: Betriebswirtschaftslehre...(1987), S. 312; Haiber, Thomas: Controlling...(1997), S. 310 – 311. Die letztgenannte Quelle zeigt eine Möglichkeit der Überleitung von kameralistischen Gruppen in Kostenarten auf und visualisiert dieses Procedere entsprechend nachvollziehbar. Der Vorgang der Zuordnung von kameralisitschen Gruppierungen zu Kostenarten findet sich ebenfalls bei Fischer, Thomas M.: Kostenmanagement...(1997), S. 154 und Haiber, Thomas – Dunker, Klaus: Kostenmanagement...(1995), S. 479.

495 Dies erspart der öffentlichen Institution die Einführung einer zusätzlichen Rechnung – der Finanzbuchhaltung, welche außer bei Nettobetrieben ausschließlich der Kostenrechnung zu dienen hat – und den damit verbundenen Aufwand. Siehe hierzu Haiber, Thomas: Controlling...(1997), S. 310.

496 Vgl. Hummel, Siegfried – Männel, Wolfgang: Kostenrechnung 1...(1986), S. 128.

497 Vgl. Haiber, Thomas – Dunker, Klaus: Kostenmanagement...(1995), S. 479; Specht, Dieter – Heina, Jürgen: Kostenrechnung...(1998), S. 80.

Nach *Hummel/Männel* hat die Kostenartenrechnung „die Aufgabe, sämtliche für die Erstellung und Verwertung betrieblicher Leistungen innerhalb einer Periode anfallenden Kosten vollständig, eindeutig und überschneidungsfrei nach einzelnen Kostenarten gegliedert zu erfassen und auszuweisen."[498] Diese Aufgabe leitet sich aus den mit der Kostenartenrechnung verfolgten Rechnungszwecken ab, welche im einzelnen wie folgt in Erscheinung treten können:[499]

- Datenlieferant für die Kostenstellen- und Kostenträgerrechnung;
- Grundlage für kostenartenorientierte Planungen, Kontrollen und Analysen;
- Abbildung der Struktur der primären Kosten, wobei mittels Zeitvergleichen die Aufdeckung verwaltungsbetrieblicher Unwirtschaftlichkeiten ermöglicht wird;
- Verdeutlichung des relativen Anteils einzelner Kostenarten an den Gesamtkosten; dadurch kann auf das Kostenverhalten geschlossen werden.

Damit die Kostenartenrechnung die ihr zugedachte Aufgabe entsprechend reibungslos erledigen kann, muß – wie bereits ausführlich erläutert – zum Zeitpunkt der Erfassung der Kosten ein zweckadäquates Gliederungskonzept existieren.[500] In öffentlichen Verwaltungsbetrieben bietet sich für eine Grobgliederung[501] die Differenzierung nach folgenden Kostenartengruppen an:[502]

- Personalkosten,
- Sachkosten,
- kalkulatorische Kosten und
- Fremdleistungskosten.

Ferner können Kosten wegen Gebühren, Beiträgen oder Steuern anfallen,[503] die jedoch nur eine untergeordnete Rolle spielen und deshalb für die weitere Untersu-

---

498 Hummel, Siegfried – Männel, Wolfgang: Kostenrechnung 1...(1986), S. 128. Kloock fordert die Mengenkomponenten und die Wertkomponenten aller primären Kostenarten getrennt voneinander zu erfassen. Siehe hierzu Kloock, Josef u. a.: Kosten- und Leistungsrechnung...(1999), S. 70.

499 Vgl. Männel, Wolfgang: Kostenrechnung...(2000), S. 31; Hummel, Siegfried – Männel, Wolfgang: Kostenrechnung 1...(1986), S. 128 - 129; Haberstock, Lothar: Kostenrechnung 1...(1997), S. 55; Reichard, Christoph: Betriebswirtschaftslehre...(1987), S. 312.

500 Bezüglich der Problematik der zweckmäßigen Gliederung der Kostenarten siehe die vorangegangenen Ausführungen.

501 Diese Gliederung vernachlässigt soziale respektive volkswirtschaftliche Kostenarten, da bei einer betriebswirtschaftlichen Kostenrechnung die Einzelwirtschaftlichkeit und damit verbunden die Kostensituation im internen Bereich der Verwaltung im Vordergrund des Interesses steht. Der gleichen Ansicht ist auch Gornas, Jürgen: Verwaltungskostenrechnung...(1992), S. 88.

502 Diese Einteilung wird in der einschlägigen Literatur fast durchgängig propagiert. Dabei handelt es sich selbstverständlich um die in der Erwerbswirtschaft zumeist vorgenommene Gliederung nach der Einsatzgüterart. Vgl. Besier, Klaus: Kostenrechnung...(1992), S. 1175 – 1177; Lachnit, Laurenz: Kosten- und Leistungsrechnung...(1999), S. 46; Reichard, Christoph: Betriebswirtschaftslehre...(1987), S. 313; Eichhorn, Peter: Verwaltungshandeln...(1979), S. 92; Schwarze, Jochen – Koß, Torsten: Prozeßorientierte Kosten- und Leistungsrechnung...(1996), S. 95; Richter, Lieselotte: Kosteninformationssystem...(1988), S. 175 – 176; Rau, Thomas: Betriebswirtschaftslehre...(1994), S. 343 – 344.

503 Siehe hierzu exemplarisch Rau, Thomas: Betriebswirtschaftslehre...(1994), S. 344 oder Eichhorn, Peter: Verwaltungshandeln...(1979), S. 92.

chung außen vor bleiben. Die folgenden Ausführungen widmen sich der Problematik der Erfassung und Bewertung ausgewählter und für öffentliche Institutionen bedeutsamer Kostenarten.

## 2. Personalkosten

Die Personalkosten stellen in den öffentlichen Verwaltungen die dominante Kostenart dar und erlangen deshalb für kostenrechnerische Untersuchungen besondere Bedeutung. Öffentliche Verwaltungen erbringen fast ausschließlich Dienstleistungen, wofür personalintensive Leistungserstellungsprozesse ablaufen. Dies hat einen sehr hohen Anteil der Personalkosten an den Gesamtkosten zur Folge.[504] Die Personalkostenquote beträgt bei den Kernverwaltungen ca. 80 %.[505] Personalkosten resultieren aus der Bereitstellung von Arbeitskraft durch die Bediensteten einer öffentlichen Institution für die Realisation des verwaltungsbetrieblichen Sachzieles.[506] Zu ihnen zählen neben den ausgezahlten Dienstbezügen, Entgelten und Löhnen auch die zusätzlich gewährten Vergütungen, Zuwendungen, Entschädigungen und Beihilfen. Des weiteren sind die Arbeitgeberanteile zur Sozialversicherung für Angestellte und Arbeiter zu nennen.[507] Bei den Bediensteten im Beamtenverhältnis fallen hingegen keine Beiträge zur Sozialversicherung an. Dafür stehen den Beamten Pensionen zu, die erst ab einem späteren Zeitpunkt (Erreichen des Pensionsalters) zu Auszahlungen führen werden. Die zukünftig für Beamte zu erbringenden Versorgungsleistungen sind in der Kosten- und Leistungsrechnung durch die Bildung entsprechender kalkulatorischer[508] Pensionsrückstellungen als Kosten zu berücksichtigen.[509]

### a) Gliederung der Personalkosten

Die hohe Personalkostenquote im öffentlichen Sektor gebietet eine entsprechend detaillierte Gliederung der Personalkosten, um die Aussagefähigkeit der Kostenrechnung zu gewährleisten. Dabei stellt sich die Frage nach einer zweckentsprechenden Gliederungssystematik. Für die Untergliederung der Personalkosten können diverse Kriterien herangezogen werden, wie etwa Entgeltempfänger, Personalgruppen, Ent-

---

[504] Vgl. Klümper, Bernd u. a.: Kommunale Kosten- und Wirtschaftlichkeitsrechnung...(1995), S. 160; Schwarze, Jochen – Koß, Torsten: Prozeßorientierte Kosten- und Leistungsrechnung...(1996), S. 97; Richter, Lieselotte: Kosteninformationssystem...(1988), S. 176; Besier, Klaus: Kostenrechnung...(1992), S. 1175.

[505] Vgl. Schwarze, Jochen – Koß, Torsten: Prozeßorientierte Kosten- und Leistungsrechnung...(1996), S. 98.

[506] Siehe hierzu in abgewandelter Form Kloock, Josef u. a.: Kosten- und Leistungsrechnung...(1999), S. 75.

[507] Vgl. Schwarze, Jochen – Koß, Torsten: Prozeßorientierte Kosten- und Leistungsrechnung...(1996), S. 97; Kloock, Josef u. a.: Kosten- und Leistungsrechnung...(1999), S. 75; Rau, Thomas: Betriebswirtschaftslehre...(1994), S. 344.

[508] Die Pensionsrückstellungen sind als kalkulatorische Kosten zu deklarieren, da die Höhe der angesetzten Kosten sehr wahrscheinlich von der Höhe der später tatsächlich zu erbringenden Ausgaben abweichen wird. Im Gegensatz hierzu werden die Pensionsrückstellungen in der Literatur vereinzelt fälschlicherweise als kalkulatorische Kosten angesehen, denen keine Ausgaben gegenüberstehen. Siehe hierzu exemplarisch Schwarze, Jochen – Koß, Torsten: Prozeßorientierte Kosten- und Leistungsrechnung...(1996), S. 97. Dem ist zu erwidern, daß spätere Auszahlungen nicht gleichbedeutend mit keinen Auszahlungen sind.

[509] Vgl. Lachnit, Laurenz: Kosten- und Leistungsrechnung...(1999), S. 46; Reichard, Christoph: Betriebswirtschaftslehre...(1987), S. 313; Schwarze, Jochen – Koß, Torsten: Prozeßorientierte Kosten- und Leistungsrechnung...(1996), S. 97.

geltbestandteile[510] oder Kombinationen[511] dieser.[512] In der Haushaltsrechnung stellt die Gliederung der Personalausgaben vorrangig auf die Differenzierung des Personals nach öffentlich-rechtlichen Anstellungsverhältnissen ab.[513] Wegen der Eigenart der Anstellungsverhältnisse in öffentlich-rechtlichen Körperschaften mit Dienstherrenpflicht ist die Systematik der Haushaltsrechnung auch in die Kosten- und Leistungsrechnung zu übernehmen. Dementsprechend empfiehlt sich eine Systematisierung der Personalkosten auf der zweiten Ebene nach den Empfängern, die wie folgt auszusehen hat:[514]

- Kosten für Beamte,
- Kosten für Angestellte sowie
- Kosten für Arbeiter.

Auf einer dritten Ebene können die Personalkosten weiter differenziert werden, wofür das Gliederungskriterium Entgeltbestandteile einen wertvollen Beitrag zu leisten vermag. Die so aufgestellte Systematik entspricht im wesentlichen die des Haushaltsplans, was eine Erfassung der Personalkosten mit begrenztem Aufwand möglich macht.[515] Es bietet sich sogar die Möglichkeit, die mit Personalausgaben bebuchten Titel der Hauptgruppe 4 fast ausnahmslos mit den entsprechenden Beträgen als Kostenarten in der Kostenrechnung zu führen. Lediglich bei den bereits erwähnten Pensionsrückstellungen sowie Beihilfen ist dies nicht so ohne weiteres möglich und es bedarf der Einrichtung entsprechender Abgrenzungskonten.[516] Abbildung 2-9 zeigt eine mögliche Form einer sinnvollen Gliederung von Personalkosten öffentlicher Verwaltungen auf. Der konkreten Ermittlung der Personalkosten widmet sich der nachfolgende Abschnitt.

**b) Erfassung und Bewertung der Personalkosten**

Die tatsächlich angefallenen Personalkosten lassen sich weitgehend aus der Haushaltsrechnung in die Kostenartenrechnung übernehmen.[517] Bezüglich der Verteilung der tatsächlichen Personalkosten auf einzelne Verwaltungskostenstellen bzw. Verwaltungskostenstellenbereiche (z. B. Ämter oder Referate) können allerdings unerwünschte Begleiterscheinungen auftreten.

---

[510] Bei den Entgeltbestandteilen kann es sich um Personalhauptkosten oder Personalnebenkosten handeln.

[511] Eine kombinierte Gliederung nach Personalgruppen und Entgeltbestandteilen findet sich bei Richter, Lieselotte: Kosteninformationssystem...(1988), S. 177.

[512] Vgl. Hummel, Siegfried – Männel, Wolfgang: Kostenrechnung 1...(1986), S. 157; Richter, Lieselotte: Kosteninformationssystem...(1988), S. 177.

[513] Vgl. Richter, Lieselotte: Kosteninformationssystem...(1988), S. 176.

[514] Vgl. Schwarze, Jochen – Koß, Torsten: Prozeßorientierte Kosten- und Leistungsrechnung...(1996), S. 97.

[515] Vgl. Reichard, Christoph: Betriebswirtschaftslehre...(1987), S. 313.

[516] Vgl. Schwarze, Jochen – Koß, Torsten: Prozeßorientierte Kosten- und Leistungsrechnung...(1996), S. 97; Klümper, Bernd u. a.: Kommunale Kosten- und Wirtschaftlichkeitsrechnung...(1995), S. 161.

[517] Vgl. Reichard, Christoph: Betriebswirtschaftslehre...(1987), S. 313; Klümper, Bernd u. a.: Kommunale Kosten- und Wirtschaftlichkeitsrechnung...(1995), S. 161. Hierbei kann man sich an der Abbildung 2-9 orientieren.

Abbildung 2-9

| Personalkostenarten Beamte | | |
|---|---|---|
| **Haushalts-zuordnung** | **Kostenarten-kennziffer** | **Bezeichnung** |
| **42201** | **4220100** | **Dienstbezüge für planmäßige Beamtinnen und Beamte** |
| 42201 | 4220101 | Dienstbezüge |
| 42201 | 4220103 | Sonderzuwendungen/Urlaubsgeld |
| 42201 | 4220104 | Übergangsgeld |
| 42201 | 4220105 | Jubiläumszuwendungen |
| 42201 | 4220106 | Aufwandsentschädigungen |
| 42201 | 4220107 | Sterbegeld |
| 42201 | 4220108 | Nachzahlungen |
| **42202** | **4220200** | **Nachversicherung für ausscheidende Bedienstete** |
| 42202 | 4220201 | Nachversicherung für ausscheidende Bedienstete |
| **42205** | **4220500** | **Dienstbezüge der beamteten Hilfskräfte** |
| 42205 | 4220501 | Dienstbezüge |
| 42205 | 4220503 | Sonderzuwendungen/Urlaubsgeld |
| 42205 | 4220504 | Übergangsgeld |
| 42205 | 4220505 | Jubiläumszuwendungen |
| 42205 | 4220506 | Aufwandsentschädigungen |
| 42205 | 4220507 | Sterbegeld |
| 42205 | 4220508 | Nachzahlungen |
| **42241** | **4224100** | **Anwärterbezüge** |
| 42241 | 4224101 | Anwärterbezüge |
| 42241 | 4224103 | Sonderzuwendungen/Urlaubsgeld |
| 42241 | 4224107 | Sterbegeld |
| 42241 | 4224108 | Nachzahlungen |
| **43201** | **4320100** | **Versorgungsbezüge der Beamten - Pensionsrückstellungen** |
| 43201 | 4320101 | Versorgungsbezüge der Beamten - Pensionsrückstellungen |

| Personalkostenarten Angestellte | | |
|---|---|---|
| **Haushalts-zuordnung** | **Kostenarten-kennziffer** | **Bezeichnung** |
| **42501** | **4250100** | **Vergütung der Angestellten** |
| 42501 | 4250101 | Vergütung und Zulagen/Mehrarbeit |
| 42501 | 4250103 | Sonderzuwendungen/Urlaubsgeld |
| 42501 | 4250104 | Übergangsgeld |
| 42501 | 4250105 | Jubiläumszuwendungen |
| 42501 | 4250107 | Sterbegeld |
| 42501 | 4250108 | Nachzahlungen |
| 42501 | 4250109 | Zuschuß zum Mutterschaftsgeld |
| 42501 | 4250111 | Arbeitgeberanteil zur Sozialversicherung |
| 42501 | 4250112 | Arbeitgeberanteil zur Zusatzversicherung |
| **42503** | **4250300** | **Vergütung der Auszubildenden** |
| 42503 | 4250301 | Vergütung und Zulagen |
| 42503 | 4250303 | Sonderzuwendungen/Urlaubsgeld |
| 42503 | 4250305 | Jubiläumszuwendungen |
| 42503 | 4250307 | Sterbegeld |
| 42503 | 4250308 | Nachzahlungen |
| 42503 | 4250309 | Zuschuß zum Mutterschaftsgeld |
| 42503 | 4250311 | Arbeitgeberanteil zur Sozialversicherung |
| 42503 | 4250312 | Arbeitgeberanteil zur Zusatzversicherung |
| **42251** | **4225100** | **Überstundenvergütungen der Angestellten** |
| 42251 | 4225101 | Überstundenvergütungen der Angestellten |

| Personalkostenarten Arbeiter | | |
|---|---|---|
| **Haushalts-zuordnung** | **Kostenarten-kennziffer** | **Bezeichnung** |
| **42601** | **4260100** | **Löhne der Arbeiter (-innen)** |
| 42601 | 4260101 | Löhne |
| 42601 | 4260102 | Zulagen |
| 42601 | 4260103 | Sonderzuwendungen/Urlaubsgeld |
| 42601 | 4260104 | Jubiläumszuwendungen |
| 42601 | 4260107 | Sterbegeld |
| 42601 | 4260108 | Nachzahlungen |
| 42601 | 4260109 | Zuschuß zum Mutterschaftsgeld |
| 42601 | 4260111 | Arbeitgeberanteil zur Sozialversicherung |
| 42601 | 4260112 | Arbeitgeberanteil zur Zusatzversicherung |
| **42603** | **4260300** | **Auszubildende (Arbeiterbereich)** |
| 42603 | 4260301 | Löhne |
| 42603 | 4260302 | Zulagen |
| 42603 | 4260303 | Sonderzuwendungen/Urlaubsgeld |
| 42603 | 4260304 | Jubiläumszuwendungen |
| 42603 | 4260307 | Sterbegelder |
| 42603 | 4260308 | Nachzahlungen |
| 42603 | 4260309 | Zuschuß zum Mutterschaftsgeld |
| 42603 | 4260311 | Arbeitgeberanteil zur Sozialversicherung |
| 42603 | 4260312 | Arbeitgeberanteil zur Zusatzversicherung |
| **42651** | **4265100** | **Mehrarbeits- bzw. Überstundenlöhne der Arbeiter** |
| 42651 | 4265101 | Mehrarbeits- bzw. Überstundenlöhne der Arbeiter |
| **42701** | **4270100** | **Vergütungen und Löhne für Vertretungs- und Aushilfskräfte** |
| 42701 | 4270101 | Vergütungen und Löhne für Vertretungs- und Aushilfskräfte |
| 42701 | 4270108 | Nachzahlungen |

In modifizierter Form entnommen aus Schwarze, Jochen – Koß, Torsten: Prozeßorientierte Kosten- und Leistungsrechnung...(1996), S. 236 – 238.

Sind die Mitarbeiter einer höheren Besoldungsgruppe zugeordnet[518] oder bekommen sie aufgrund ihrer sozialen Verhältnisse (verheiratet, Kinder) einen größeren Betrag an Ortszuschlägen, so hat die betreffende Verwaltungskostenstelle im Gegensatz zu anderen ein Mehr an Personalkosten zu tragen.[519] *Klümper* u. a. halten es für wenig sinnvoll, die Verwaltungsbereiche aufgrund solcher Faktoren mit unterschiedlich hohen und permanent variierenden Personalkosten zu belasten. Hierdurch würden beispielsweise unnötige Restriktionen für die Kostenplanung und Kostenanalyse geschaffen. Diese Autoren fordern deshalb im Personalkostenbereich ein Abrücken von Ist-Werten und propagieren im Gegenzug den Übergang zu Pauschal- oder Durchschnitts-Werten.[520] Gegen diese Forderung ist kritisch einzuwenden, daß gerade bei der Budgetierung der Kostenstellen und der damit verbundenen Integration von

[518] Es kann durchaus vorkommen, daß Mitarbeiter des mittleren Dienstes die gleichen Tätigkeiten verrichten wie Mitarbeiter des gehobenen Dienstes, was bei gleicher Leistung unterschiedliche Kosten zur Folge hat.

[519] Vgl. Klümper, Bernd u. a.: Kommunale Kosten- und Wirtschaftlichkeitsrechnung...(1995), S. 161.

[520] Hierdurch gelangt man automatisch zum wertmäßigen Kostenbegriff. Vgl. Klümper, Bernd u. a.: Kommunale Kosten- und Wirtschaftlichkeitsrechnung...(1995), S. 161. Der Ansatz von Durchschnittswerten wird in der einschlägigen Literatur fast durchgängig empfohlen. Siehe hierzu exemplarisch Lachnit, Laurenz: Kosten- und Leistungsrechnung...(1999), S. 46; Eichhorn, Peter: Verwaltungshandeln...(1979), S. 94; Reichard, Christoph: Betriebswirtschaftslehre...(1987), S. 313 und Schwarze, Jochen – Koß, Torsten: Prozeßorientierte Kosten- und Leistungsrechnung...(1996); S. 98.

Kostenstellenplanung und Finanzmittelplanung Normalkosten bzw. Durchschnittssätze obsolet sind. Hierauf weisen *Schwarze/Koß* ausdrücklich hin.[521] In der Literatur bestehen offensichtlich partielle Diskrepanzen bezüglich der Präferierung von Ist-Werten oder Normal-Werten für die Ermittlung der Personalkosten im öffentlichen Sektor. Neben der Budgetierung erfordern ebenfalls Kostencontrolling und Kostenmanagement die Bereitstellung von Informationen über die tatsächlichen Personalkosten einer öffentlichen Verwaltung.[522] Der Ansatz von Normal-Werten bietet jedoch gegenüber den Ist-Werten die Vorteile:

- eines geringeren Erfassungsaufwandes[523] sowie
- der Ermöglichung inner-, zwischen- und überbehördlicher Kosten- und Leistungsvergleiche.[524]

Dies sind die Hauptgründe, warum in der Verwaltungspraxis bei den Personalkosten vorwiegend mit Durchschnittssätzen operiert wird. Öffentliche Institutionen setzen für die Berechnung der Personalkosten zumeist durchschnittliche Besoldungs- und Vergütungsgruppenwerte an, welche sie amtlichen Tabellen entnehmen.[525] Den in den Tabellen angegebenen Werten[526] liegt in der Regel ein bestimmter Modelltyp (z. B. Stelleninhaber mit zwanzig Dienstjahren, verheiratet, zwei Kinder) zugrunde, wobei für jede Laufbahn separat die durchschnittlichen Kosten ermittelt wurden.[527] Dabei handelt es sich teilweise nur um die Personalgrundkosten, neben denen ebenfalls die immer weiter steigenden Personalnebenkosten berücksichtigt werden müssen.[528] Die Personalnebenkosten sind zum Teil nicht für einzelne Personen oder Verwal-

---

[521] Siehe Schwarze, Jochen – Koß, Torsten: Prozeßorientierte Kosten- und Leistungsrechnung...(1996), S. 96.

[522] Für Restrukturierungsmaßnahmen bedarf es der Kenntnis der tatsächlichen Verhältnisse. Nur so lassen sich die Kosten kurz-, mittel- oder langfristig an gewünschte Sollzustände anpassen. Beispielsweise können in gewissen Verwaltungsbereichen Mitarbeiter mit einer niedrigeren Besoldungsgruppe eingesetzt oder Angestellte den Beamten bevorzugt werden. Außerdem ist es möglich, Bedienstete mit qualitativ höherwertigen Aufgaben zu versehen. Ortszuschläge lassen sich durch die Verlagerung von Verwaltungsteilen oder durch die Vergabe von Heimarbeit (Internet-Zeitalter) reduzieren. Auf all die Möglichkeiten der Personalkostenanpassung dürfen öffentliche Verwaltungen nicht verzichten und benötigen deshalb entsprechend verwertbare Daten.

[523] Der Erfassungsaufwand dürfte sich im DV-Zeitalter in Grenzen halten. Zudem kann eine entsprechend optimierte Schnittstellenkonzeption zwischen Haushaltsrechnung und Kostenartenrechnung den Datentransfer erleichtern. Entsprechen die Titel, auf denen Personalausgaben gebucht werden, weitgehend den Personalkostenarten in der Kostenrechnung, so wird bei den Personalgrundkosten der Mehraufwand für die Generierung von Ist-Werten gegenüber den Ansatz von Durchschnittswerten kaum ins Gewicht fallen.

[524] Vgl. Schwarze, Jochen – Koß, Torsten: Prozeßorientierte Kosten- und Leistungsrechnung...(1996), S. 98; Reichard, Christoph: Betriebswirtschaftslehre...(1987), S. 313.

[525] Vgl. Lachnit, Laurenz: Kosten- und Leistungsrechnung...(1999), S. 46; Schwarze, Jochen – Koß, Torsten: Prozeßorientierte Kosten- und Leistungsrechnung...(1996), S. 101 – 102. Letztere Quelle enthält solche Tabellen mit konkreten Werten für Beamte und Angestellte.

[526] Hinsichtlich der Ermittlung der Durchschnittssätze siehe Schwarze, Jochen – Koß, Torsten: Prozeßorientierte Kosten- und Leistungsrechnung...(1996), S. 101 – 103. Die dort angeführten Entgeltbestandteile decken sich weitgehend mit den Positionen der Abbildung 2-9. Eine Tabelle mit Personaldurchschnittssätzen findet sich ebenfalls bei Gruber, Klaus: Kosten-Leistungsrechnung...(1998), S. 178.

[527] Vgl. Eichhorn, Peter: Verwaltungshandeln...(1979), S. 94; Schwarze, Jochen – Koß, Torsten: Prozeßorientierte Kosten- und Leistungsrechnung...(1996), S. 101 – 102. Aus Schwarze/Koß kann man die durchschnittlichen Personalkosten je Laufbahn für das Jahr 1996 ersehen.

[528] Vgl. Lachnit, Laurenz: Kosten- und Leistungsrechnung...(1999), S. 46.

tungsbereiche erfaßbar[529] und können deshalb nur über Verrechnungssätze in den Kalkül einbezogen werden. Hierdurch erfolgt zwangsläufig eine Distanzierung von tatsächlichen Personalkosten und die Annäherung an standardisierte Datenwerte.[530]

Der Einbezug von Personalnebenkosten in die Personalgesamtkosten kann durch Zuschläge auf die Personalgrundkosten oder durch Pauschalbeträge erfolgen.[531] Beispielsweise wird bei den Beamten für die Altersversorgung in aller Regel ein Versorgungszuschlag von 30 % der Besoldungshöhe als Kosten (kalkulatorische Pensionsrückstellungen) angesetzt.[532] Bezüglich der Probleme, die sich durch diese Art der Berechnung von Pensionsrückstellungen ergeben können, sei hier lediglich auf *Schwarze/Koß* verwiesen. *Schwarze/Koß* diskutieren intensiv das Berechnungsprocedere bei den Pensionsrückstellungen und gehen auf die Ermittlung der Kosten für Beihilfen ein.[533] Beihilfen bedürfen neben den Pensionsrückstellungen und anderen Personalnebenkosten (Urlaubsgeld, Weihnachtsgeld, 13. Monatsgehalt usw.) der zeitlichen Abgrenzung[534] und werden wie all diese Personalzusatzkosten aus Vereinfachungsgründen in der Praxis durch Standardwerte abgedeckt.[535] Als positiver Nebeneffekt wirkt zusätzlich die Nivellierung der weiter oben angesprochenen alters- und familienbedingten Kostenunterschiede.[536]

Wie die Ausführungen zeigen, sind bei der Berechnung der Personalkosten sowohl mit Ist-Werten als auch mit Standard-Werten Chancen und Risiken verbunden, wobei den Standard-Werten der Vorrang einzuräumen ist. Im heutigen DV-Zeitalter dürfte es jedoch keine größeren Probleme bereiten, parallele Rechnungen mit durchschnittlichen und tatsächlichen Personalkosten durchzuführen.[537] Hierdurch wird es möglich, entsprechend den Erfordernissen der Rechnungszwecke adäquate Werte auszuweisen[538] und damit verbunden relevante Informationen zu generieren.

---

529 Als Beispiele sind die Kosten für die Kantine, Sanitätsstation, Röntgenreihenuntersuchungen, Behördenzeitschrift, Bücherei oder Sportanlagen anzuführen. Siehe hierzu Haberstock, Lothar: Kostenrechnung 1...(1997), S. 70 und Rau, Thomas: Betriebswirtschaftslehre...(1994), S. 345.

530 Diese gehen mit dem wertmäßigen Kostenbegriff konform.

531 Vgl. Eichhorn, Peter: Verwaltungshandeln...(1979), S. 94; Lachnit, Laurenz: Kosten- und Leistungsrechnung...(1999), S. 46; Reichard, Christoph: Betriebswirtschaftslehre...(1987), S. 313; Kloock, Josef u. a.: Kosten- und Leistungsrechnung...(1999), S. 75; Haberstock, Lothar: Kostenrechnung 1...(1997), S. 70.

532 Vgl. Lachnit, Laurenz: Kosten- und Leistungsrechnung...(1999), S. 46; Schwarze, Jochen – Koß, Torsten: Prozeßorientierte Kosten- und Leistungsrechnung...(1996), S. 99; Reichard, Christoph: Betriebswirtschaftslehre...(1987), S. 313.

533 Siehe hierzu Schwarze, Jochen – Koß, Torsten: Prozeßorientierte Kosten- und Leistungsrechnung...(1996), S. 99 – 100.

534 Vgl. Haberstock, Lothar: Kostenrechnung 1...(1997), S. 70; Schwarze, Jochen – Koß, Torsten: Prozeßorientierte Kosten- und Leistungsrechnung...(1996), S. 99. Wird mit tatsächlichen Werten operiert, bedarf es entsprechender Abgrenzungskonten zwischen der Haushaltsrechnung und der Kostenartenrechnung.

535 Vgl. Schwarze, Jochen – Koß, Torsten: Prozeßorientierte Kosten- und Leistungsrechnung...(1996), S. 99. Hierdurch kommt wiederum der wertmäßige Kostenbegriff zum Ausdruck.

536 Vgl. Reichard, Christoph: Betriebswirtschaftslehre...(1987), S. 313.

537 Siehe hierzu exemplarisch Schwarze, Jochen – Koß, Torsten: Prozeßorientierte Kosten- und Leistungsrechnung...(1996), S. 98.

538 Vgl. Eichhorn, Peter: Verwaltungshandeln...(1979), S. 94.

### 3. Sachkosten

Im Gegensatz zu den Personalkosten haben die Sachkosten in öffentlichen Verwaltungen eine relativ geringe Bedeutung. Unter der Kostenartengruppe Sachkosten subsumiert man bei öffentlichen Institutionen folgende mögliche Kostenarten:[539]

- Materialkosten,
- Energiekosten,
- Miet- und Pachtkosten,
- Kfz-Kosten,
- laufende Kosten für Grundstücke und bauliche Anlagen,
- Instandhaltungskosten sowie
- sonstige Sachkosten.

Welche Sachkostenartensystematik Sinn macht, ist für jede einzelne Verwaltung individuell zu bestimmen,[540] weshalb im Rahmen dieser Untersuchung nur die zentralen Aspekte der Sachkostenartenbildung angesprochen werden und eine detaillierte Abhandlung möglicher Sachkostenarten unterbleibt. Bei der Festlegung der Sachkostenarten kann man sich weitgehend an der Haushaltssystematik orientieren.[541] Hierdurch wird zur Geschlossenheit zwischen Haushaltsrechnung und Kostenrechnung beigetragen und die Verfolgung des vorhin bereits mehrfach propagierten Prinzips der Einmalerfassung gewährleistet. Als Datengenerator für die Ermittlung der Sachkosten dient vor allem die Hauptgruppe fünf „Sächliche Verwaltungsausgaben". Soweit erforderlich, sind ebenfalls in mehr oder minder ausgeprägtem Umfang die Hauptgruppen sieben „Baumaßnahmen" und acht „Sonstige Ausgaben für Investitionen" heranzuziehen.[542] Der Großteil der Sachkosten wird jedoch eindeutig von den sächlichen Verwaltungsausgaben abgeleitet,[543] was auch durch Abbildung 2-10 zum Ausdruck kommen soll.[544]

---

[539] Vgl. Schwarze, Jochen – Koß, Torsten: Prozeßorientierte Kosten- und Leistungsrechnung...(1996), S. 104; Rau, Thomas: Betriebswirtschaftslehre...(1994), S. 347 – 348. In ähnlicher Form gliedert Coenenberg die Sachkosten für den erwerbswirtschaftlichen Sektor. Siehe hierzu Coenenberg, Adolf Gerhard: Kostenrechnung...(1999), S. 49.

[540] Vgl. Gruber, Klaus: Kosten-Leistungsrechnung...(1998), S. 126; Schwarze, Jochen – Koß, Torsten: Prozeßorientierte Kosten- und Leistungsrechnung...(1996), S. 104.

[541] Lachnit fordert ausdrücklich die Übernahme der Sackosten aus der Kameralisitik. Vgl. Lachnit, Laurenz: Kosten- und Leistungsrechnung...(1999), S. 46.

[542] Vgl. Schwarze, Jochen – Koß, Torsten: Prozeßorientierte Kosten- und Leistungsrechnung...(1996), S. 105.

[543] Siehe hierzu Bundesrepublik Deutschland: Bundeshaushaltsplan...(2000), S. 34 – 35.

[544] Abbildung 2-10 zeigt exemplarisch diverse Sachkostenarten mit den entsprechenden Haushaltstiteln auf.

Abbildung 2-10

| Sachkostenarten | | |
|---|---|---|
| **Haushalts-zuordnung** | **Kostenarten-kennziffer** | **Bezeichnung** |
| 51101 | 5110100 | Geschäftsbedarf |
| 51201 | 5120100 | Bücher und Zeitschriften |
| 51301 | 5130100 | Postgebühren |
| **51401** | **5140100** | **Kfz-Kosten** |
| 51401 | 5140101 | Kfz-Betriebsstoffe |
| 51401 | 5140102 | Kfz-Unterhaltung und Wartung |
| 51401 | 5140103 | Sonstige Kfz-Kosten |
| 51501 | 5150100 | Unterhaltung Geräte |
| **51701** | **5170100** | **Laufende Gebäude- und Grundstückskosten** |
| 51701 | 5170101 | Wassergeld |
| 51701 | 5170102 | Grundbesitzabgaben |
| 51701 | 5170103 | Wartung der Anlagen |
| 51701 | 5170104 | Sonstige Bewirtschaftungskosten |
| 51719 | 5171900 | Reinigungskosten |
| 51759 | 5175900 | Strom und Heizung |
| **51801** | **5180100** | **Miet- und Pachtkosten** |
| 51801 | 5180101 | Miete und Pacht für Diensträume und Gebäude |
| 51801 | 5180102 | Miete und Pacht für unbebaute Grundstücke |
| 51801 | 5180103 | Miete für Geräte und Fahrzeuge |
| 52400 | 5240000 | Lehr- und Lernmittel |
| 52401 | 5240100 | Aus- und Fortbildung |
| 52600 | 5260000 | Sachverständigen- und Gerichtskosten |
| 52701 | 5270100 | Reisekosten |
| 53701 | 5370100 | Behördenumzüge |
| 54659 | 5465900 | Allgemeine Verwaltungskosten |

In modifizierter Form entnommen aus Schwarze, Jochen – Koß, Torsten: Prozeßorientierte Kosten- und Leistungsrechnung...(1996), S. 239.

Eine 1:1-Übernahme der Werte von der Kameralistik in die Kosten- und Leistungsrechnung kann nicht für alle Sachkostenarten erfolgen. Zum einen werden die beschafften Materialien nicht immer in der Periode verbraucht, in der sie zugegangen sind. Finden Lagerbestandsveränderungen statt, divergieren Ausgaben und Ressourcenverzehr und es bedarf zur Erfassung der Materialkosten einer entsprechenden Abgrenzungsrechnung.[545] Die Abgrenzung hat mittels einer hierfür einzurichtenden Lagerrechnung zu erfolgen, auf welche sowohl Zugänge als auch Abgänge an Materialien gebucht werden können.[546] Für die konkrete Erfassung der verbrauchten Materialien und deren Bewertung stehen dem Kostenrechner sodann verschiedene Methoden zur Verfügung. Während das Mengengerüst mittels dem Festwertverfahren, der Inventurmethode, der Fortschreibungsmethode, der Verbrauchsaufschreibung und der Rückrechnung erfaßt werden kann, ist die Abbildung des Wertgerüstes durch Anschaffungspreise, Verrechnungspreise oder Wiederbeschaffungspreise möglich, wobei im Rahmen des Ansatzes von Anschaffungspreisen die Einzelbe-

545 Vgl. Schwarze, Jochen – Koß, Torsten: Prozeßorientierte Kosten- und Leistungsrechnung...(1996), S. 105 – 107; Klümper, Bernd u. a.: Kommunale Kosten- und Wirtschaftlichkeitsrechnung...(1995), S. 129 – 130, 162. Die letztgenannte Quelle enthält diesbezüglich plastische Beispiele.

546 Siehe hierzu Klümper, Bernd u. a.: Kommunale Kosten- und Wirtschaftlichkeitsrechnung...(1995), S. 129 – 130, 162.

wertung, die Durchschnittsbewertung sowie die Verbrauchsfolgeverfahren in Frage kommen können.[547]

Zum anderen müssen Ausgaben für Sachinvestitionen periodisiert, also auf die einzelnen Perioden der Nutzungsdauer verteilt werden. Während in der Kameralrechnung Investitionen in das Sachanlagevermögen bis zu 10.000 DM als sächlicher Verwaltungsaufwand gebucht werden, ist in der Kostenrechnung nur der für die jeweilige Periode entfallende Betrag anzusetzen und zwar als Abschreibung und nicht als Sachkosten. Investitionen über 10.000 DM finden in der Haushaltsrechnung durch die Haushaltsgruppen „Baumaßnahmen" oder „Sonstige Ausgaben für Investitionen" Berücksichtigung. Dabei spielt es keine Rolle, ob es sich um Anschaffungs- und Herstellungsaufwand oder um Instandhaltungsaufwand handelt. Für die Kosten- und Leistungsrechnung sind deshalb die Instandhaltungsaufwendungen herauszufiltern und entsprechend als Sachkosten zu deklarieren. Anschaffungs- und Herstellungsaufwendungen bedürfen hingegen der zeitlichen Abgrenzung, wobei der anteilige Ressourcenverzehr als Abschreibung in die Kostenartenrechnung aufzunehmen ist.[548] Um solche Abgrenzungen vornehmen zu können ist es unabdingbar, eine Anlagenrechnung zu führen, auf welche im folgenden noch näher eingegangen wird. Mit dem Instrument der Anlagenrechnung lassen sich die zugegangenen Vermögensgegenstände inventarisieren und die Bestandsführung für das vorgehaltene Anlagevermögen gewährleisten, womit die Voraussetzungen für die Ermittlung der Abschreibungsbeträge geschaffen werden.[549]

### 4. Kalkulatorische Kosten

Sinn und Zweck kalkulatorischer Kosten sowie deren Wesensmerkmale wurden bereits unter Punkt I.C.4. dieses Kapitels abgehandelt. Zudem enthält der betreffende Abschnitt eine Liste möglicher kalkulatorischer Kostenarten, von denen hier die kalkulatorischen Abschreibungen, Zinsen und Mieten näher beleuchtet werden sollen.[550] Durch die kalkulatorischen Abschreibungen und kalkulatorischen Zinsen bzw. kalkulatorischen Mieten werden die Kosten für die Bereitstellung, Bereithaltung und Nutzung des für die Verwaltungsprozesse erforderlichen Anlagevermögens weitgehend[551] abgebildet.[552] Damit man die beiden Kostenarten Abschreibungen und Zinsen erfassen kann, bedarf es einer ausgebauten Anlagenbuchhaltung.

---

[547] Vgl. Knöll, Heinz-Dieter: Verwaltungsökonomie...(1997), S. 38 – 40; Klümper, Bernd u. a.: Kommunale Kosten- und Wirtschaftlichkeitsrechnung...(1995), S. 162 – 165; Rau, Thomas: Betriebswirtschaftslehre...(1994), S. 348 – 351; Hummel, Siegfried – Männel, Wolfgang: Kostenrechnung 1...(1986), S. 143 – 156. Die letztgenannte Quelle zeigt die verschiedenen Methoden detailliert und in einer für den Leser gut nachvollziehbaren Form auf.

[548] Vgl. Schwarze, Jochen – Koß, Torsten: Prozeßorientierte Kosten- und Leistungsrechnung...(1996), S. 105.

[549] Vgl. Nau, Hans-Rainer - Wallner, Gerhard: Verwaltungscontrolling...(1998), S. 130; Schwarze, Jochen – Koß, Torsten: Prozeßorientierte Kosten- und Leistungsrechnung...(1996), S. 106; Klümper, Bernd u. a.: Kommunale Kosten- und Wirtschaftlichkeitsrechnung...(1995), S. 178 – 180.

[550] Während die kalkulatorischen Pensionsrückstellungen bereits bei den Personalkosten Berücksichtigung fanden, werden die kalkulatorischen Mieten im Rahmen der kalkulatorischen Abschreibungen und Zinsen abgehandelt. Kalkulatorische Wagnisse läßt diese Untersuchung wegen ihrer untergeordneten Bedeutung außen vor.

[551] Hinzu kommen Kosten für Instandhaltung, Versicherungen, Energie und Steuern, welche durch entsprechend andere Kostenarten zu erfassen sind. Bezüglich der Systematisierung von Anlagenkosten entlang des Lebenszyklus siehe Rösgen, Klaus: Investitionscontrolling...(2000), S. 151.

### a) Anlagenbuchhaltung

Vermögensgegenstände, die eine öffentliche Verwaltung über mehrere Perioden hinweg nutzt, gehören zum Anlagevermögen.[553] Anlagegüter[554] werden also nicht gleich in der Periode ihres Zugangs vollständig verbraucht, sondern verkörpern einen Nutzungs- respektive Leistungsvorrat,[555] welcher im Laufe der mehrjährigen Nutzungsdauer gleichmäßig oder unterschiedlich in Anspruch genommen wird. Gemäß der Inanspruchnahme muß die Nutzung der Anlagegüter mittels Abschreibungen als Kosten abgebildet werden.[556] Aufgabe der Anlagenbuchhaltung ist es deshalb, die Werte der verwaltungsbetrieblichen Anlagen,[557] insbesondere den Vermögenszuwachs, den Vermögensverzehr und den Vermögensbestand zu erfassen und auszuweisen.[558] Diese Leistung vermag die auf Zahlungen basierende Haushaltsrechnung nicht zu erbringen, weshalb für die Ermittlung der Abschreibungen und Zinsen eine Anlagenrechnung notwendig wird.[559] Die Notwendigkeit einer Anlagenrechnung besteht sowohl für pagatorische[560] als auch für kalkulatorische Kosten und nicht nur, wie in der Literatur zur verwaltungsbetrieblichen Kostenrechnung öfters behauptet,[561] für den Ansatz kalkulatorischer Kosten.

Zum Zwecke der Generierung aussagefähiger Informationen sind grundsätzlich alle Vermögensgegenstände in der Anlagenrechnung zu aktivieren und über die Nutzungsdauer abzuschreiben. Dies gilt auch für geringwertige Wirtschaftsgüter (bis 800 DM), soweit diese längerfristig genutzt werden.[562] *Schwarze/Koß* plädieren hingegen für die sofortige Abschreibung jener Investitionsgüter, deren Anschaffungs- bzw. Herstellungskosten 800 DM nicht übersteigen.[563] Die Geringfügigkeitsgrenze von 800 DM ist steuerlich motiviert und erlangt so ihre Bedeutung in der Erwerbswirtschaft.

[552] Nicht vergessen werden dürfen ebenfalls die immer weiter ansteigenden Kosten für die Anlagenausmusterung, auf die im öffentlichen Sektor zumeist keiner Rücksicht nimmt. Was unter die Kosten der Ausmusterung fällt, findet sich bei Rösgen, Klaus: Investitionscontrolling...(2000), S. 151.

[553] Vgl. Coenenberg, Adolf Gerhard: Jahresabschluß...(2000), S. 151; Schwarze, Jochen – Koß, Torsten: Prozeßorientierte Kosten- und Leistungsrechnung...(1996), S. 109.

[554] Im Gegensatz zum Anlagevermögen spielt das Umlaufvermögen, insbesondere das Vorratsvermögen, in dienstleistungsintensiven Verwaltungsbetrieben eine untergeordnete Rolle.

[555] Vgl. Haberstock, Lothar: Kostenrechnung 1...(1997), S. 81.

[556] Vgl. Schwarze, Jochen – Koß, Torsten: Prozeßorientierte Kosten- und Leistungsrechnung...(1996), S. 109.

[557] Eine in öffentlichen Verwaltungen notwendige Anlagenbuchhaltung enthält üblicherweise Informationen bezüglich der Anschaffungswerte, der Wiederbeschaffungswerte, der Abschreibungen, der Restbuchwerte, der Nutzungsdauer sowie der Abschreibungsmethode. Vgl. Gornas, Jürgen: Verwaltungskostenrechnung...(1992), S. 107; Klümper, Bernd u. a.: Kommunale Kosten- und Wirtschaftlichkeitsrechnung...(1995), S. 178.

[558] Vgl. Schweitzer, Marcell – Küpper, Hans-Ulrich: Kosten- und Erlösrechnung...(1998), S. 111; Nau, Hans-Rainer - Wallner, Gerhard: Verwaltungs-Controlling...(1998), S. 130.

[559] Die Anlagenrechnung ist genauso wie die Haushaltsrechnung ein Vorsystem für die Kostenrechnung, insbesondere für die Kostenartenrechnung.

[560] Natürlich ist für die Ermittlung pagatorischer Abschreibungen eine Anlagenrechnung vonnöten, da die Haushaltsrechnung keine Anlagenbestände auszuweisen vermag. Die Erfordernis der Aktivierung von Vermögensgegenständen besteht völlig unabhängig davon, ob die anzusetzenden Kosten insgesamt mit den entsprechenden Haushaltsauszahlungen übereinstimmen.

[561] Exemplarisch siehe hierzu Gornas, Jürgen: Verwaltungskostenrechnung...(1992), S. 103 – 104 sowie Seeger, Tilman – Walter, Matthias: Kosten- und Leistungsrechnung...(1999), S. 90.

[562] Vgl. Nau, Hans-Rainer - Wallner, Gerhard: Verwaltungs-Controlling...(1998), S. 81.

[563] Vgl. Schwarze, Jochen – Koß, Torsten: Prozeßorientierte Kosten- und Leistungsrechnung...(1996), S. 105 – 106.

Da jedoch die Besteuerung den Kernbereich öffentlicher Verwaltungen nicht tangiert, kann auf eine Sofortabschreibung sogenannter geringwertiger Wirtschaftsgüter verzichtet werden. Bezüglich der Begrenzung des Aufwandes für die Durchführung der Anlagenbuchhaltung böte sich allerdings eine vollständige Abschreibung im Jahre der Anschaffung an.[564] Hierbei stellt sich sogleich die Frage nach der Höhe der Geringfügigkeitsgrenze, die nicht unbedingt bei 800 DM liegen muß. Auf jeden Fall muß der Informationsgewinn den damit verbundenen Aufwand rechtfertigen.

**b) Kalkulatorische Abschreibungen**

Durch die kalkulatorischen Abschreibungen werden die einmalig für die längerfristig nutzbaren Anlagegüter anfallenden Ausgaben auf die einzelnen Abrechnungsperioden deren Nutzungsdauer verteilt. Diese zeitliche Abgrenzung (Periodisierung) bewirkt, daß in den einzelnen Teilperioden der jeweils anteilige Ressourcenverzehr als Kosten in die Kostenartenrechnung eingeht.[565] Der Werteverzehr des Anlagevermögens kann verschiedene Gründe haben. Als Abschreibungsursachen[566] sind Gebrauchsverschleiß, stillstandsbedingter Verschleiß, technischer Fortschritt, wirtschaftliche Überholung sowie der Fristablauf von Rechten zu nennen.[567] Der konkrete Abschreibungsbetrag eines Anlagegegenstandes je Teilperiode wird durch die Faktoren Abschreibungssumme (Anschaffungswert abzüglich Resterlöswert bzw. Wiederbeschaffungswert), Abschreibungszeitraum (voraussichtliche wirtschaftliche Nutzungsdauer) und Abschreibungsmethode (Leistungsabschreibung versus Zeitabschreibung; bezüglich der Zeitabschreibung differenziert man zwischen linearer, degressiver und progressiver Abschreibung) determiniert.[568] Aus Gründen normalisierter Kostenrechnungsdaten propagiert die einschlägige Kostenrechnungsliteratur die lineare Abschreibung,[569] was gerade auch für öffentliche Verwaltungen gilt.[570] Der Abschreibungsbetrag ergibt sich somit nach folgender Formel:

$$\text{Abschreibungsrate pro Periode} = \frac{\text{Abschreibungsumme}}{\text{wirtschaftliche Nutzungsdauer}}$$

564 Vgl. Nau, Hans-Rainer - Wallner, Gerhard: Verwaltungs-Controlling...(1998), S. 79, 81.

565 Vgl. Hummel, Siegfried – Männel, Wolfgang: Kostenrechnung 1...(1986), S. 163; Reichard, Christoph: Betriebswirtschaftslehre...(1987), S. 313; Haberstock, Lothar: Kostenrechnung 1...(1997), S. 81.

566 Der Katastrophenverschleiß scheidet für die Kostenrechnung aus, da hier nur der regelmäßige Ressourcenverzehr Berücksichtigung findet, welcher durch die planmäßige Abschreibung abzubilden ist.

567 Vgl. Kloock, Josef u. a.: Kosten- und Leistungsrechnung...(1999), S. 85; Haberstock, Lothar: Kostenrechnung 1...(1997), S. 81; Klümper, Bernd u. a.: Kommunale Kosten- und Wirtschaftlichkeitsrechnung...(1995), S. 165. In diesen Quellen wird detailliert beschrieben, was genau unter den einzelnen Abschreibungsursachen zu verstehen ist.

568 Vgl. Hummel, Siegfried – Männel, Wolfgang: Kostenrechnung 1...(1986), S. 165 – 174; Kloock, Josef u. a.: Kosten- und Leistungsrechnung...(1999), S. 86 – 97; Klümper, Bernd u. a.: Kommunale Kosten- und Wirtschaftlichkeitsrechnung...(1995), S. 166 – 176. Diese Quellen enthalten nähere Erläuterungen bezüglich der Abschreibungsdeterminanten.

569 Vgl. Hummel, Siegfried – Männel, Wolfgang: Kostenrechnung 1...(1986), S. 173; Kloock, Josef u. a.: Kosten- und Leistungsrechnung...(1999), S. 100; Haberstock, Lothar: Kostenrechnung 1...(1997), S. 94

570 Vgl. Schwarze, Jochen – Koß, Torsten: Prozeßorientierte Kosten- und Leistungsrechnung...(1996), S. 109; Schmitz, Hans-Georg: Arbeitstagung...(2000), S. 44.

Die hierfür erforderlichen Daten sind der Anlagenbuchhaltung zu entnehmen. Während die Mengenkomponente der Abschreibungskosten durch die wirtschaftliche Nutzungsdauer zum Ausdruck kommt, spiegelt sich die Wertkomponente in der Abschreibungssumme wider. Bezüglich der Abschreibungssumme stellt sich sogleich die Frage, ob mit Anschaffungswerten oder mit Wiederbeschaffungswerten operiert wird. Hierzu herrschen in der einschlägigen Literatur völlig diskrepante Meinungen vor. Wegen der Substanzerhaltung[571] und der Gewährleistung der zwischenbehördlichen Vergleichbarkeit von Kostendaten, empfiehlt der Großteil der Autoren den Ansatz von Wiederbeschaffungskosten.[572] Hingegen plädieren manche Autoren für die Verwendung von Anschaffungskosten, deren Meinung sich ebenfalls der Verfasser anschließt. Dies wird mit der einfachen Handhabung, der Integration der Kostenrechnung mit der Haushaltsrechnung[573] und der externen Rechtswirkung der Kostenrechnung[574] begründet.[575]

Neben der Literatur bringen ebenfalls die Kommunalabgabengesetze der Bundesländer unterschiedliche Ansichten im Hinblick auf die Abschreibungssumme zum Ausdruck. Während Nordrhein-Westfalen und das Saarland für die Gebührenermittlung Wiederbeschaffungswerte ansetzen dürfen, ist dies in Bayern und in Baden-Württemberg nicht gestattet. Welcher Wert im konkreten Falle Sinn macht, hängt von den mit der Kosten- und Leistungsrechnung verfolgten Zwecke ab. Hierzu ist auf die Diskussion zum verwaltungsbetrieblichen Kostenbegriff unter Punkt II.B.2. dieses Kapitels zu verweisen. Grundsätzlich dürfte es sich bei den Abschreibungen öffentlicher Verwaltungen um kalkulatorische Kosten handeln, da die Abschreibungssumme zumeist nicht mit den tatsächlich geleisteten Ausgaben übereinstimmt, wofür der wertmäßige Kostenbegriff steht. Gründe hierfür liegen in der ungenauen Schätzung der Nutzungsdauer, der ungewollten (Standardwerte, Wiederbeschaffungswerte) oder unmöglichen (historische Bauten) Erfassung der Anschaffungsausgaben sowie im unverhältnismäßig hohen Rechenaufwand. Trotzdem sollten die Verwaltungen zumindest langfristig darauf bedacht sein, bei den Abschreibungen möglichst weitgehend mit pagatorischen Kosten zu operieren.

### C) Kalkulatorische Zinsen

In den von öffentlichen Verwaltungen für die Erstellung der Verwaltungsleistungen benötigten Vermögensgegenständen ist ein entsprechendes Volumen an Kapital gebunden. Damit die für die Verfolgung des Verwaltungszwecks erforderlichen Vermögensgegenstände erworben und bereitgehalten werden können, müssen ausrei-

[571] Die Problematik der Substanzerhaltung dürfte den Kernbereich öffentlicher Verwaltungen, welche sich nur marginal durch Erlöse finanzieren, wenn überhaupt höchstens peripher tangieren.

[572] Vgl. Budäus, Dietrich: Kostenrechnung...(1992), S. 1167; Haiber, Thomas: Controlling...(1997), S. 313 – 314; Schwarze, Jochen – Koß, Torsten: Prozeßorientierte Kosten- und Leistungsrechnung...(1996), S. 112; Knöll, Heinz-Dieter: Verwaltungsökonomie...(1997), S. 41; Gruber, Klaus: Kosten-Leistungsrechnung...(1998), S. 126; Klümper, Bernd u. a.: Kommunale Kosten- und Wirtschaftlichkeitsrechnung...(1995), S. 175.

[573] Männel fordert für die Erwerbswirtschaft die Ableitung der Abschreibungen von den Anschaffungs- bzw. Herstellungskosten, um internes und externes Rechnungswesen zu harmonisieren. Siehe hierzu Männel, Wolfgang: Integration der Rechenkreise...(1997), S. 12 – 13.

[574] Siehe hierzu die Ausführungen zum verwaltungsbetrieblichen Kostenbegriff unter Punkt II.B.2. dieses Kapitels.

[575] Vgl. Eichhorn, Peter: Verwaltungshandeln...(1979), S. 94; Zimmermann, Gebhard: Kostendeckung...(1999), S. 331 – 332; Schmitz, Hans-Georg: Arbeitstagung...(2000), S. 43.

chend finanzielle Mittel zur Verfügung stehen. Bei den finanziellen Mitteln kann es sich sowohl um Eigenkapital als auch um Fremdkapital handeln. Während für das aufgenommene Fremdkapital Kreditzinsen zu zahlen sind, fallen für das Eigenkapital keine Entgeltzahlungen an, wobei es sich bei den Eigenmitteln öffentlicher Institutionen vorwiegend um Steuerzahlungen seitens der Bürger handelt. Würden für die eigenfinanzierten Sachinvestitionen fremde Mittel herangezogen, müßte die Verwaltung entsprechend Zinsen entrichten. Diese keinesfalls realitätsfremde Annahme erhält ihre Legitimation dadurch, wenn man bedenkt, daß der Staat heutzutage nur begrenzt seinen Finanzmittelbedarf durch Steuern decken kann und die immer größer werdende Deckungslücke mittels Fremdkapital auszugleichen ist. Die gegenwärtig hohe Staatsverschuldung verschlingt folglich einen großen Part an Haushaltsmitteln für Zinszahlungen. Im Umkehrschluß können durch (zusätzliche) Eigenmittel fremde Mittel substituiert sowie Investitionen in zusätzliche, alternative öffentliche Projekte vollzogen werden.[576] Die sich hieraus ergebenden Opportunitätskosten begründen eine entsprechende Berücksichtigung eines Entgelts für Eigenkapital in der Kosten- und Leistungsrechnung.[577] Darüber hinaus trägt die Verzinsung des Eigenkapitals zur Transparenz über die Nutzung der eingesetzten Ressourcen bei.

Für die Berechnung der kalkulatorischen Zinsen ist das in den Anlagegütern gebundene Kapital heranzuziehen. Wie bereits erwähnt, führt das Umlaufvermögen in dienstleistungsintensiven Verwaltungsbetrieben gegenüber Industriebetrieben nur ein Schattendasein und kann deshalb grundsätzlich vernachlässigt werden. Zudem schränken die Gemeindehaushaltsverordnungen diverser Bundesländer, wie etwa Nordrhein-Westfalen oder Niedersachsen, die Verzinsung auf das Anlagekapital ein.[578] Die Ausführungen zeigen, daß sich das gebundene Kapital nicht auf die tatsächliche Höhe des Eigen- und Fremdkapitals zu beziehen hat, sondern auf das Aktivvermögen, welches durch den Gesamtwert der Anlagegegenstände widergespiegelt wird.[579]

Die kalkulatorischen Zinsen ergeben sich durch Multiplikation des gebundenen Kapitals mit einem kalkulatorischen Zinssatz. Bezüglich des gebundenen Kapitals ist zu überlegen, ob die Anlagegegenstände mit Anschaffungskosten oder mit Wiederbeschaffungskosten bewertet werden sollen, wobei für die abnutzbaren Vermögensgegenstände Durchschnittswerte oder Restbuchwerte in Betracht kommen können.[580] Da öffentliche Verwaltungen in der Regel keine Beständebilanz führen, sind die erforderlichen Daten durch die Anlagenbuchhaltung zu generieren. Die in der Verwaltungspraxis gängige Methode ist die Durchschnittswertverzinsung auf der Basis von Anschaffungskosten.[581] Diese soll eine gleichmäßige Zinsbelastung während der gesamten Nutzungsdauer sicherstellen und den ursprünglich investierten Kapitalbetrag bei der Berechnung des Nutzungsentgelts angemessen berücksichtigen.

---

576 Vgl. Zimmermann, Gebhard – Jöhnk, Thorsten: Eigenkapitalkosten...(1999), S. 1053.

577 Vgl. Seeger, Tilman – Walter, Matthias: Kosten- und Leistungsrechnung...(1999), S. 90 – 91.

578 Siehe § 12 Abs. 1 GemHVO NW sowie § 12 Abs. 2 GemHVO Niedersachsen.

579 Vgl. Knöll, Heinz-Dieter: Verwaltungsökonomie...(1997), S. 107.

580 Siehe hierzu ausführlicher Klümper, Bernd u. a.: Kommunale Kosten- und Wirtschaftlichkeitsrechnung...(1995), S. 184 – 188 sowie Knöll, Heinz-Dieter: Verwaltungsökonomie...(1997), S. 107 – 110.

581 Vgl. Gruber, Klaus: Kosten-Leistungsrechnung...(1998), S. 127; Eichhorn, Peter: Verwaltungshandeln...(1979), S. 94.

Neben dem gebundenen Kapital kann auch der Zinssatz verschiedene Werte aufweisen. Für die Eigenkapitalverzinsung wird im erwerbswirtschaftlichen Sektor die Rendite einer Alternativanlage herangezogen, welche sich zumeist in der Finanzanlage auf dem Kapitalmarkt konkretisiert. Diese Möglichkeit einer Finanzanlage scheidet für den öffentlichen Sektor zumindest langfristig aus, da hier der Kapitaleinsatz nicht der Gewinnerzielung zu dienen hat, sondern dem Gemeinwohl. *Zimmermann* und *Budäus* diskutieren das Problem der Eigenkapitalverzinsung öffentlicher Institutionen in prägnanter Form. Sie kommen zu dem Ergebnis, daß die Bestimmung einer nächstbesten Kapitalverwendungsalternative[582] fast unmöglich ist. Öffentliche Institutionen müssen ihre Mittel für das Gemeinwohl verwenden. Hierbei kann es sich um Investitionen in andere öffentliche Unternehmen, Infrastrukturinvestitionen, Schuldentilgungen oder Steuersenkungen handeln.[583] Der jeweilige Nutzenentgang der nicht realisierten Investition stellt die Opportunitätskosten[584] des Eigenkapitals dar, wobei es erhebliche Schwierigkeiten bereiten dürfte, diesen Nutzen zu messen.[585] Lediglich die mit der Schuldentilgung wegfallenden Fremdkapitalzinsen können einigermaßen zuverlässig erfaßt werden. Aber auch die Bestimmung eines adäquaten Fremdkapitalzinssatzes geht nicht ganz problemlos vonstatten, da die diversen Fremdkapitalquellen zumeist auch mit unterschiedlichen Konditionen verbunden sind. Aus Gründen der Praktikabilität[586] und Stetigkeit ist es somit ratsam, einen einheitlichen Mischzinssatz für Eigenkapital und Fremdkapital[587] anzusetzen, welcher die jeweiligen Relationen[588] der Verzinsung der verschiedenen Kapitalarten annähernd zum Ausdruck bringt.[589] Dieser bewegt sind in der Verwaltungspraxis zwischen 5 und 8 Prozent.[590] Demzufolge läßt sich bei den Zinsen ein Operieren mit kalkulatorischen Kosten leider nicht vermeiden.

### d) Kalkulatorische Mieten

Öffentliche Verwaltungen sind nicht selten in historischen Gebäuden untergebracht. Hierbei wird es schwierig, häufig sogar unmöglich, einen adäquaten Vermögenswert zu eruieren. Weist die Anlagenbuchhaltung, infolge mangelnder Bewertbarkeit, keine Vermögensbestände respektive Vermögenswerte für historische Bauten aus, entfällt zugleich die Möglichkeit der Berechnung kalkulatorischer Abschreibungen und kalkulatorischer Zinsen. Als Surrogat für die Erfassung und Abbildung der Kosten der

582 Die Rendite der nächstbesten Kapitalverwendungsalternative gilt in der Erwerbswirtschaft als Opportunitätskosten für das eingesetzte Eigenkapital.

583 Die Eigenkapitalverzinsung ist somit immer von der jeweiligen konkreten Situation abhängig.

584 Man könnte bei alternativen, nicht durchgeführten öffentlichen Investitionen als Surrogat den Fremdkapitalzinssatz heranziehen, der zu leisten wäre, wenn das betreffende Investitionsobjekt mittels Fremdkapital finanziert werden würde.

585 Vgl. Zimmermann, Gebhard – Jöhnk, Thorsten: Eigenkapitalkosten...(1999), S. 1052 – 1054; Budäus, Dietrich: Kostenrechnung...(1992), S. 1164 – 1166.

586 Es soll vermieden werden, in jeder Abrechnungsperiode einen jeweils aktuellen durchschnittlichen Fremdkapitalzinssatz zu berechnen. Siehe hierzu ausführlicher Klümper, Bernd u. a.: Kommunale Kosten- und Wirtschaftlichkeitsrechnung...(1995), S. 182.

587 Für die Erwerbswirtschaft hingegen fordert Rösgen zu Recht, nur die pagatorischen Fremdkapitalzinsen als Zinskosten zu berücksichtigen, da die kalkulatorischen Eigenkapitalzinsen Gewinne verkörpern. Vgl. Rösgen, Klaus: Investitionscontrolling...(2000), S. 153.

588 Ist die Ermittlung eines solchen Zinssatzes nicht möglich oder zu aufwendig, kann auch ein einheitlicher Pauschalzinssatz zur Anwendung kommen.

589 Vgl. Schwarze, Jochen – Koß, Torsten: Prozeßorientierte Kosten- und Leistungsrechnung...(1996), S. 113.

590 Siehe Knöll, Heinz-Dieter: Verwaltungsökonomie...(1997), S. 110.

Nutzung solcher Ressourcen kann die Operation mit einer kalkulatorischen Miete dienen.[591] Bezüglich der Festlegung der Höhe der kalkulatorischen Miete empfiehlt sich die Orientierung an den aktuellen Marktpreisen, welche in den ortsüblichen Vergleichsmieten für gewerblich genutzte Räume ihre Konkretisierung finden.[592] Kalkulatorische Mieten können aber auch generell für alle Anlagegegenstände, unabhängig von ihrem Alter, angesetzt werden. Dies erleichtert den Arbeitsaufwand und trägt der Vergleichbarkeit unterschiedlich strukturierter Verwaltungen Rechnung.[593] Hiervon ist jedoch zumindest langfristig abzuraten, da die wertvollen Informationen über die tatsächlichen Verhältnisse bezüglich der eingesetzten und genutzten Anlagegegenstände unberücksichtigt bleiben. Kurzfristig kann allerdings mittels kalkulatorischer Mieten die Voraussetzung für den Betrieb einer Kosten- und Leistungsrechnung geschaffen werden, falls eine Anlagenbuchhaltung noch nicht existiert oder sich erst im Aufbau befindet. Generell sollten öffentliche Verwaltungen wegen oben genannter Gründe soweit es geht auf ein Operieren mit kalkulatorischen Kosten – wie etwa der kalkulatorischen Miete – verzichten und statt dessen mit pagatorischen Kosten arbeiten.

### 5. Fremdleistungskosten

Als abschließende bedeutsame Kostenart sind die Fremdleistungskosten zu nennen. Bei den Fremdleistungen handelt es sich, wie der Name schon sagt, um ein Konglomerat an Leistungen, welche die Verwaltung von außen bezieht.[594] Im einzelnen können hierfür Versicherungen, Fremdreparaturen, Fremdversand, Transporte und die Zurverfügungstellung von Fernsprechanlagen durch andere Institutionen angeführt werden. Die Literatur zur verwaltungsbetrieblichen Kostenrechnung präsentiert diesbezüglich noch weitere Leistungen wie die Bereitstellung von Energie, Wasser, (Gebühren) Grundstücken und Gebäuden (Miete respektive Pacht).[595] Der Einbeziehung dieser Leistungen in die Fremdleistungen soll hier nicht gefolgt werden, da die Inanspruchnahme der genannten Ressourcen bereits bei den Sachkosten[596] Berücksichtigung findet.[597]

Die angesprochenen Fremdleistungen werden überwiegend von der Privatwirtschaft bezogen und sind zumeist mit einer entsprechenden Entgeltzahlung verbunden. Daneben nehmen öffentliche Verwaltungen ein beträchtliches Volumen an Leistungen von anderen öffentlichen Institutionen in Anspruch,[598] für die häufig kein Entgelt zu entrichten ist. Dieser zwischenbehördliche Leistungsaustausch muß in der Kostenrechnung entsprechend berücksichtigt werden,[599] unabhängig davon, ob eine

[591] Vgl. Gruber, Klaus: Kosten-Leistungsrechnung...(1998), S. 127.
[592] Vgl. Knöll, Heinz-Dieter: Verwaltungsökonomie...(1997), S. 111; Schwarze, Jochen – Koß, Torsten: Prozeßorientierte Kosten- und Leistungsrechnung...(1996), S. 113; Hummel, Siegfried – Männel, Wolfgang: Kostenrechnung 1...(1986), S. 183.
[593] Vgl. Seeger, Tilman – Walter, Matthias: Kosten- und Leistungsrechnung...(1999), S. 91.
[594] Vgl. Rau, Thomas: Betriebswirtschaftslehre...(1994), S. 372; Knöll, Heinz-Dieter: Verwaltungsökonomie...(1997), S. 43; Kloock, Josef u. a.: Kosten- und Leistungsrechnung...(1999), S. 103.
[595] Vgl. Knöll, Heinz-Dieter: Verwaltungsökonomie...(1997), S. 43; Rau, Thomas: Betriebswirtschaftslehre...(1994), S. 372.
[596] Siehe hierzu Abbildung 2-10.
[597] Die gleiche Ansicht wird ebenfalls in Kloock, Josef u. a.: Kosten- und Leistungsrechnung...(1999), S. 103 vertreten.
[598] Vgl. Klümper, Bernd u. a.: Kommunale Kosten- und Wirtschaftlichkeitsrechnung...(1995), S. 190.
[599] Vgl. Lachnit, Laurenz: Kosten- und Leistungsrechnung...(1999), S. 46.

Entgeltzahlung erfolgt oder nicht. Nur durch die Erfassung und Abbildung aller genutzten Güter und Dienstleistungen, auch der von anderen öffentlichen Institutionen unentgeltlich bezogenen Leistungen,[600] kann man den Zwecken einer betriebswirtschaftlichen Kosten- und Leistungsrechnung (z. B. Kosten- und Leistungstransparenz) gerecht werden. Für die Berücksichtigung zwischenbehördlicher Leistungsverflechtungen bietet sich in der Kostenartenrechnung die Kostenart Fremdleistungskosten an,[601] da ja die Leistungen außerhalb der betreffenden Verwaltung erbracht werden.

## B. Kostenstellenrechnung

### 1. Aufgaben der Kostenstellenrechnung

Als zweite Stufe im System der verwaltungsbetrieblichen Kostenrechnung schließt sich die Kostenstellenrechnung der Kostenartenrechnung an. Während mit der Kostenartenrechnung aufgezeigt wird, welche Kosten entstanden sind, soll mit der Kostenstellenrechnung, als Bindeglied zwischen der Kostenartenrechnung und Kostenträgerrechnung, der Frage nachgegangen werden, wo der Kostenanfall stattgefunden hat.[602] Das Objekt der Betrachtung ist bei der Kostenstellenrechnung somit im Ort der Kostenentstehung zu sehen. Mit der Kostenstellenrechnung werden die von der Kostenartenrechnung erfaßten Kosten auf die Orte ihrer Entstehung (Kostenstellen) verteilt, um folgende Aufgaben wahrnehmen zu können:[603]

- Verrechnung der Kosten innerbehördlicher Leistungen.
- Kontrolle der Wirtschaftlichkeit in den verwaltungsbetrieblichen Leistungsbereichen.
- Vorgabe von bereichsbezogenen Kostenbudgets zur Förderung der Ressourcenverantwortung.
- Ermittlung von Kostensätzen zwecks Weiterverrechnung der Gemeinkosten auf die Kostenträger.

### 2. Grundsätze für die Bildung von Kosten- und Leistungsstellen

Zur Erfüllung der vorhin genannten Aufgaben bedarf es der Einteilung der in der Regel heterogenen und komplexen Gesamtverwaltung in kleine, überschaubare und homogene Abrechnungseinheiten.[604] Die so geschaffenen Leistungseinheiten werden im Rahmen der betriebswirtschaftlichen Kostenrechnung Kostenstellen genannt. Kostenstellen sind die Orte der Kostenentstehung, in denen die Kosten für einen bestimmten Leistungskomplex erfaßt, abgegrenzt, abgerechnet sowie geplant und

[600] Vgl. Klümper, Bernd u. a.: Kommunale Kosten- und Wirtschaftlichkeitsrechnung...(1995), S. 190.
[601] Vgl. Rau, Thomas: Betriebswirtschaftslehre...(1994), S. 372.
[602] Vgl. Schweitzer, Marcell – Küpper, Hans-Ulrich: Kosten- und Erlösrechnung...(1998), S. 126; Haberstock, Lothar: Kostenrechnung 1...(1997), S. 104.
[603] Vgl. Milling, Peter: Kostenstellenrechnung...(1993), Sp. 1250; Haberstock, Lothar: Kostenrechnung 1...(1997), S. 104 – 105; Hummel, Siegfried – Männel, Wolfgang: Kostenrechnung 1...(1986), S. 194 – 195; Schwarze, Jochen – Koß, Torsten: Prozeßorientierte Kosten- und Leistungsrechnung...(1996), S. 115 – 116; Lachnit, Laurenz: Kosten- und Leistungsrechnung...(1999), S. 47; Knöll, Heinz-Dieter: Verwaltungsökonomie...(1997), S. 44.
[604] Vgl. Lachnit, Laurenz: Kosten- und Leistungsrechnung...(1999), S. 47; Milling, Peter: Kostenstellenrechnung...(1993), Sp. 1251; Kilger, Wolfgang: Kostenrechnung...(1992), S. 154.

überwacht werden.[605] Verwaltungskostenstellen erbringen Verwaltungsleistungen und verzehren dafür entsprechende Ressourcen. Somit handelt es sich bei den Kostenstellen auch gleichzeitig um Leistungsstellen.[606] Führende Fachvertreter der Kostenrechnung erheben die Forderung, „Kostenstellen zugleich auch als Leistungsstellen zu begreifen und die Kostenrechnung zur Kosten- und Leistungsrechnung auszubauen."[607] Eine kostenstellenbezogene Leistungsrechnung schafft Transparenz in bezug auf das Leistungsspektrum der verwaltungsbetrieblichen Ressourcen und bildet somit die Grundlage für eine weitgehend sinnvolle und effiziente Nutzung derselben. Informationen über die Verfügbarkeit, Auslastung und konkrete Nutzung der Ressourcen respektive Kapazitäten sollen zur Vermeidung von Leerkosten beitragen und die Optimierung des Verhältnisses zwischen Input und Output sicherstellen.[608]

Mit der Definition der Kostenstellen wird die Basis für eine dezentrale Fach- und Ressourcenverantwortung geschaffen, welche in der aktuellen Literatur zur öffentlichen Betriebswirtschaftslehre als ein Kernpunkt der Neuen Steuerungsmodelle gilt.[609]

Für die Kostenstellengliederung können folgende Kriterien Relevanz haben:

- Verantwortungsbereiche,
- Verwaltungsleistungsarten,
- abrechnungstechnische Aspekte,
- räumliche Gegebenheiten,
- planungs- und auswertungstechnische Erfordernisse sowie
- Art der verrichteten Tätigkeiten.

Was konkret unter den einzelnen Differenzierungskriterien zu verstehen ist, wird in der Literatur zur Kostenrechnung allgemein für diverse Betriebe[610] und speziell für Verwaltungsbetriebe[611] intensiv erläutert und soll deshalb im Rahmen dieser Untersuchung außen vor bleiben. Lediglich die abrechnungstechnischen Aspekte bedürfen für den Fortgang der Abhandlung einer etwas genaueren Betrachtung.

---

605 Vgl. Haberstock, Lothar: Kostenrechnung 1...(1997), S. 105; Milling, Peter: Kostenstellenrechnung...(1993), Sp. 1251; Hummel, Siegfried – Männel, Wolfgang: Kostenrechnung 1...(1986) S. 190; Knöll, Heinz-Dieter: Verwaltungsökonomie...(1997), S. 44.
606 Vgl. Milling, Peter: Kostenstellenrechnung...(1993), Sp. 1251.
607 Männel, Wolfgang: Entwicklungsperspektiven...(1999), S. 131.
608 Vgl. Männel, Wolfgang: Entwicklungsperspektiven...(1999), S. 131 – 132.
609 Vgl. Gruber, Klaus: Kosten-Leistungsrechnung...(1998), S. 127; Nau, Hans-Rainer – Wallner, Gerhard: Verwaltungs-Controlling...(1998), S. 93.
610 Ausführliche Deskriptionen bezüglich der Gliederungskriterien finden sich bei Hummel, Siegfried – Männel, Wolfgang: Kostenrechnung 1...(1986), S. 196 – 198, Schweitzer, Marcell – Küpper, Hans-Ulrich: Kosten- und Erlösrechnung...(1998), S. 128 – 129 sowie Kloock, Josef u. a.: Kosten- und Leistungsrechnung...(1999), S. 110 – 112.
611 Bezüglich der verwaltungsspezifischen Gliederungskriterien siehe Klümper, Bernd u. a.: Kommunale Kosten- und Wirtschaftlichkeitsrechnung...(1995), S. 222 – 223 und Knöll, Heinz-Dieter: Verwaltungsökonomie...(1997), S. 44 – 45.

Je nach dem, ob die Kostenstellen ihre Leistungen nach außen an die Verwaltungsumwelt oder innerhalb der Verwaltung an andere Kostenstellen abgeben, ist zwischen Endkostenstellen und Vorkostenstellen zu differenzieren. Vorkostenstellen, auch Hilfskostenstellen genannt, erbringen Vor- bzw. Zwischenleistungen für die Endkostenstellen, zum Teil auch für andere Vorkostenstellen, welche für die Erstellung der Endleistungen notwendig sind.[612] Die mit den verwaltungsinternen Vorleistungen verbundenen Kosten sind demnach von den Vorkostenstellen auf die Endkostenstellen zu verrechnen.[613] Für die Einrichtung von Vorkostenstellen kommen primär die Querschnittämter, wie etwa das Personalamt, und die Servicebereiche (z. B. DV-Abteilung, Bibliothek) in Frage.[614] Falls erforderlich, können die Hilfskostenstellen in die Kategorien allgemeine Kostenstellen und bereichsbezogene Kostenstellen separiert werden. Während die allgemeinen Kostenstellen (z. B. Verwaltungsgebäude) Leistungen für sämtliche Verwaltungsbereiche erbringen, geben bereichsbezogene Kostenstellen ihre Leistungen nur an einen begrenzten Kreis anderer Kostenstellen ab.[615]

In den Endkostenstellen werden im Gegensatz zu den Vorkostenstellen die nach außen an Dritte (Bürger, Unternehmen) abzugebenden externen Leistungen erstellt und die angefallenen Kosten entsprechend auf diese verteilt.[616] Auch die Endkostenstellen lassen sich unterteilen und zwar in Hauptkostenstellen und in Nebenkostenstellen. Die Leistungen der Hauptkostenstellen ergeben sich aus dem Verwaltungszweck. Hingegen zielen die Leistungen der Nebenkostenstellen nicht auf den Verwaltungszweck ab, werden jedoch aus technischen, organisatorischen, wirtschaftlichen oder sozialen Gründen angeboten.[617] Da aber öffentliche Verwaltungen kaum Leistungen erbringen, die nicht dem Verwaltungszweck dienlich sind, dürfte eine solche Differenzierung nur marginale Bedeutung haben. Lediglich für Kommunen kann eine Aufteilung in Hauptkostenstellen und Nebenkostenstellen Sinn machen.[618]

Die Abbildung 2-11 soll die Ausführungen bezüglich der Differenzierung von Vor- und Endkostenstellen versinnbildlichen.

[612] Vgl. Klümper, Bernd u. a.: Kommunale Kosten- und Wirtschaftlichkeitsrechnung...(1995), S. 224 – 225; Knöll, Heinz-Dieter: Verwaltungsökonomie...(1997), S. 45; Schwarze, Jochen – Koß, Torsten: Prozeßorientierte Kosten- und Leistungsrechnung...(1996), S. 117; Gruber, Klaus: Kosten-Leistungsrechnung...(1998), S. 128.

[613] Vgl. Rau, Thomas: Betriebswirtschaftslehre...(1994), S. 381; Knöll, Heinz-Dieter: Verwaltungsökonomie...(1997), S. 45.

[614] Vgl. Schwarze, Jochen – Koß, Torsten: Prozeßorientierte Kosten- und Leistungsrechnung...(1996), S. 117 – 118.

[615] Vgl. Klümper, Bernd u. a.: Kommunale Kosten- und Wirtschaftlichkeitsrechnung...(1995), S. 224 – 225.

[616] Vgl. Gruber, Klaus: Kosten-Leistungsrechnung...(1998), S. 128.

[617] Vgl. Klümper, Bernd u. a.: Kommunale Kosten- und Wirtschaftlichkeitsrechnung...(1995), S. 224.

[618] Ein plausibles Beispiel hierzu findet sich bei Klümper, Bernd u. a.: Kommunale Kosten- und Wirtschaftlichkeitsrechnung...(1995), S. 224.

Abbildung 2-11

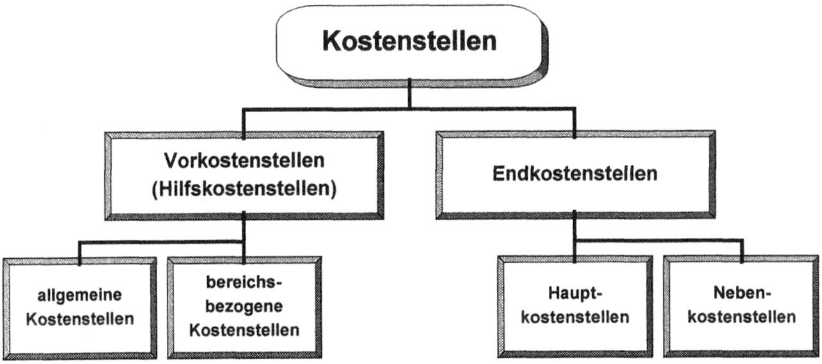


In Anlehnung an Rau, Thomas: Betriebswirtschaftslehre...(1994), S. 381; Hummel, Siegfried – Männel, Wolfgang: Kostenrechnung 1...(1986), S. 192.

Welches Kriterium zur Gliederung der Kostenstellen heranzuziehen ist, hängt von den konkreten Umständen der jeweiligen Verwaltung sowie vom Rechnungszweck ab. Dabei können auch mehrere Kriterien miteinander kombiniert werden, wie z. B. räumliche und abrechnungstechnische.[619] Die Verwaltungspraxis präferiert eine Einteilung nach Verantwortungsbereichen und Funktionen.[620] Als operative Stellen der Aufgabenerledigung fungieren in öffentlichen Verwaltungen, insbesondere in Bundesverwaltungen, die Referate. Diese bieten sich somit als Kostenstellen an,[621] was bei derartiger Umsetzung eine Orientierung der Kostenstellenstruktur an der Aufbauorganisation zur Folge hat.

Die Bildung von Verwaltungskostenstellen hat nach folgenden Grundsätzen zu erfolgen:

- Kostenstellen müssen selbständige Verantwortungsbereiche sein.[622] Eine sinnvolle Planung, Steuerung und Kontrolle der Kosten erfordert die Kongruenz von Zuständigkeit, Entscheidungsbefugnis und Verantwortung. Für jede Kostenstelle ist ein Kostenstellenleiter zu bestimmen, welcher die Verantwortung für die entstandenen Kosten trägt.[623] Orientiert man sich bei der Kostenstellengliederung an den Referaten, kommt für den Kostenstellenleiter der Referatsleiter in Frage.[624]

---

[619] Vgl. Rau, Thomas: Betriebswirtschaftslehre...(1994), S. 379.

[620] Vgl. Schwarze, Jochen – Koß, Torsten: Prozeßorientierte Kosten- und Leistungsrechnung...(1996), S. 116; Seeger, Tilman – Walter, Matthias: Kosten- und Leistungsrechnung...(1999), S. 64; Klümper, Bernd u. a.: Kommunale Kosten- und Wirtschaftlichkeitsrechnung...(1995), S. 223.

[621] Vgl. Seeger, Tilman – Walter, Matthias: Kosten- und Leistungsrechnung...(1999), S. 64; Nau, Hans-Rainer – Wallner, Gerhard: Verwaltungs-Controlling...(1998), S. 92; Lachnit, Laurenz: Kosten- und Leistungsrechnung...(1999), S. 47.

[622] Vgl. Haberstock, Lothar: Kostenrechnung 1...(1997), S. 105; Milling, Peter: Kostenstellenrechnung...(1993), Sp. 1252; Gornas, Jürgen: Verwaltungskostenrechnung...(1992), S. 102; Kilger, Wolfgang: Kostenrechnung...(1992), S. 154.

[623] Vgl. Kilger, Wolfgang: Kostenrechnung...(1992), S. 154; Gruber, Klaus: Kosten-Leistungsrechnung (1998), S. 128.

[624] Vgl. Seeger, Tilman – Walter, Matthias: Kosten- und Leistungsrechnung...(1999), S. 64.

- Der Kostenstellenleiter kann nur zur Rechenschaft gezogen werden, falls er imstande ist, den Kostenanfall entsprechend zu beeinflussen. Aus diesem Grunde sollte im Rahmen der Kostenstellenbildung stets auf eine mögliche Beeinflußbarkeit der Kosten geachtet werden.[625]

- Für sämtliche Verwaltungskostenstellen müssen sich Maßgrößen der Kostenverursachung – sogenannte Bezugsgrößen – eruieren lassen. Wünschenswert wäre hierbei eine homogene Kostenverursachung, d. h. die Bezugsgrößen bringen eine proportionale Beziehung zwischen Kostenanfall und erbrachter Leistungen[626] zum Ausdruck.[627] Natürlich bedarf es dazu der Quantifizierung von Ressourcenverzehr und erstellter Leistungen.[628]

- Die Kostenstellengliederung hat so zu erfolgen, daß für den internen Leistungsaustausch möglichst wenig Verrechnungen notwendig werden. Mit der Anzahl der Kostenstellen dürfte auch die Häufigkeit interner Verrechnungen ansteigen.[629]

- Die Abgrenzung der verschiedenen Kostenstellen muß eindeutig und überschneidungsfrei sein. Nur so lassen sich sämtliche Kosten ohne größere Probleme auf die einzelnen Kostenstellen zurechnen.[630] Hierbei fordert *Gornas* explizit die direkte, d. h. ohne Schlüsselung, Zurechenbarkeit der Kostenarten auf die Kostenstellen, womit die Stelleneinzelkosten angesprochen werden.[631] Mit den Stelleneinzelkosten folgt *Gornas* dem Gedankengebäude von *Riebel*. *Riebel* hat den Nachweis erbracht, daß alle Kostenarten als Stelleneinzelkosten[632] erfaßbar sind. Voraussetzung hierfür ist die vertikale Differenzierung der Kostenstellen in Form einer Bezugsgrößenhierarchie.[633] In der Kostenstellenhierarchie[634] sind die Kostenarten der untersten Hierarchieebene zuzurechnen, bei der man sie gerade noch als Stelleneinzelkosten erfassen kann.[635] Die gewöhnlich praktizierte horizontale Kostenstellengliederung vermag dem Anspruch der Stelleneinzelkosten nicht immer gerecht zu werden.[636] Deshalb gibt *Gornas* als Leitmaxime die vertikale Kostenstellengliederung in Form einer an der Aufbauorganisation angelehn-

---

[625] Vgl. Gornas, Jürgen: Kostenrechnung...(1992), S. 1155; Schwarze, Jochen – Koß, Torsten: Prozeßorientierte Kosten- und Leistungsrechnung...(1996), S. 116.

[626] Dieser Anspruch läßt sich jedoch in dienstleistungsintensiven Verwaltungsbetrieben kaum verwirklichen, was bereits die Ausführungen zu den Kostendeterminanten zum Ausdruck gebracht haben.

[627] Vgl. Milling, Peter: Kostenstellenrechnung...(1993), Sp. 1252; Haberstock, Lothar: Kostenrechnung 1...(1997), S. 106; Kilger, Wolfgang: Kostenrechnung...(1992), S. 155; Hummel, Siegfried – Männel, Wolfgang: Kostenrechnung 1...(1986), S. 198; Gornas, Jürgen: Verwaltungskostenrechnung...(1992), S. 102.

[628] Vgl. Gornas, Jürgen: Kostenrechnung...(1992), S. 1156.

[629] Vgl. Nau, Hans-Rainer – Wallner, Gerhard: Verwaltungs-Controlling...(1998), S. 94.

[630] Vgl. Hummel, Siegfried – Männel, Wolfgang: Kostenrechnung 1...(1986), S. 198; Milling, Peter: Kostenstellenrechnung...(1993), Sp. 1252; Kilger, Wolfgang: Kostenrechnung...(1992), S. 155.

[631] Vgl. genauer Gornas, Jürgen: Verwaltungskostenrechnung...(1992), S. 96 – 99; Gornas, Jürgen: Kostenrechnung...(1992), S. 1156 – 1157.

[632] Hierbei handelt es sich jedoch entsprechend der jeweiligen Hierarchieebene nur um relative Stelleneinzelkosten.

[633] Vgl. Riebel, Paul: Einzelkosten- und Deckungsbeitragsrechnung...(1990), S. 37.

[634] Eine exemplarische Kostenstellenhierarchie für ein Ministerium findet sich bei Gornas, Jürgen: Verwaltungskostenrechnung...(1992), S. 100.

[635] Vgl. Riebel, Paul: Einzelkosten- und Deckungsbeitragsrechnung...(1990),S. 39.

[636] Vgl. Gornas, Jürgen: Verwaltungskostenrechnung...(1992), S. 99.

ten Bezugsobjekthierarchie für den öffentlichen Sektor aus.[637] In Divergenz hierzu plädiert der Verfasser für eine prozeßorientierte Kostenstellenbildung.

- Die Kostenstellengliederung sollte gemäß der Literatur zur verwaltungsbetrieblichen Kostenrechnung in Anlehnung an die bestehende Aufbauorganisation (Organisationseinheiten können Referate oder Abteilungen sein) erfolgen.[638] Da es für eine aussagefähige Kosten- und Leistungsrechnung einer leistungsorientierten Kostenverrechnung bedarf, sind die Kostenstellen vorrangig prozeßorientiert, entsprechend der Wertschöpfungskette der Verwaltungsprodukte, zu definieren. Die Bildung von Prozeßkostenstellen kann derart einfach durchgeführt werden, wenn die bestehende Organisationsstruktur einer öffentlichen Verwaltung bereits an den ablaufenden Prozessen ausgerichtet ist. Ist dies nicht der Fall, so sind parallel zur Kostenstellbildung entsprechende Eingriffe in die Organisationsstruktur vonnöten, die eine Orientierung der Verwaltungsorganisation an den Verwaltungsprozessen zur Folge haben. Den mit der Restrukturierung verbundenen Aufwand rechtfertigen die zukünftig weitaus geringeren und einfacheren Leistungsverrechnungen sowie die erleichterte und genauere Allokation der Kostenstellenkosten auf die betreffenden Kalkulationsobjekte.

- Der für die gesamte Kostenrechnung geltende Grundsatz der Wirtschaftlichkeit und Übersichtlichkeit darf natürlich auch bei der Kostenstellengliederung nicht außer acht gelassen werden. Je detaillierter die Differenzierung der Kostenstellen ausgeprägt ist, desto leichter lassen sich geeignete Bezugsgrößen finden und desto genauer werden die mit der Kostenstellenrechnung generierten Kostendaten. Umgekehrt aber steigt mit zunehmender Differenzierung der Arbeitsaufwand, die eindeutige Zuordnung der Kosten auf die Kostenstellen gestaltet sich schwieriger[639] und der Spielraum bezüglich der Finanzausstattung zur Realisierung der dezentralen Fach- und Ressourcenverantwortung wird eingeschränkt.[640] Anzahl und Tiefe der Kostenstellengliederung haben den verwaltungsbetrieblichen Gegebenheiten zu entsprechen. Je größer die Verwaltung ist und je komplexer die erstellten Verwaltungsleistungen werden, um so mehr Kostenstellen sind einzurichten.[641]

[637] Vgl. Gornas, Jürgen: Kostenrechnung...(1992), S. 1158.

[638] Vgl. Nau, Hans-Rainer – Wallner, Gerhard: Verwaltungs-Controlling...(1998), S. 93; Gruber, Klaus: Kosten-Leistungsrechnung...(1998), S. 128. Wird diesem Grundsatz Rechnung getragen, läßt sich der Arbeitsaufwand für die Implementierung und den Wirkbetrieb der Kostenrechnung in Grenzen halten. Siehe hierzu die letztgenannte Quelle. Zudem geht diese Forderung konform mit den Grundsätzen der selbständigen Verantwortungsbereiche und der Zurechenbarkeit der Kosteneinflußgrößen. Vgl. Gornas, Jürgen: Verwaltungskostenrechnung...(1992), S. 102.

[639] Vgl. Haberstock, Lothar: Kostenrechnung 1...(1997), S. 106; Milling, Peter: Kostenstellenrechnung...(1993), Sp. 1252; Hummel, Siegfried – Männel, Wolfgang: Kostenrechnung 1...(1986), S. 198; Kilger, Wolfgang: Kostenrechnung...(1992), S. 155, Gruber, Klaus: Kosten-Leistungsrechnung...(1998), S. 126.

[640] Vgl. Nau, Hans-Rainer – Wallner, Gerhard: Verwaltungs-Controlling...(1998), S. 93; Seeger, Tilman – Walter, Matthias: Kosten- und Leistungsrechnung...(1999), S. 65.

[641] Vgl. Rau, Thomas: Betriebswirtschaftslehre...(1994), S. 380.

Das Ergebnis der Kostenstellenbildung spiegelt sich in einem behördenspezifischen Kostenstellenplan wider. Der Kostenstellenplan[642] zeigt die organisatorische Einordnung jeder einzelnen Verwaltungskostenstelle, deren Bezeichnung und Nummer sowie schließlich den Namen des verantwortlichen Leiters auf.[643]

### 3. Verrechnung der Kosten innerbehördlicher Leistungen entsprechend der Kapazitätsinanspruchnahme

Wie bereits erläutert, findet innerhalb der öffentlichen Verwaltungen ein Austausch von Leistungen statt.[644] Die ausgetauschten Leistungen sind mit einem entsprechenden Ressourcenverzehr verbunden, den es zu berücksichtigen gilt, soll die betriebswirtschaftliche Kostenrechnung die verfolgten Rechnungszwecke auch adäquat erfüllen.[645] Demnach sind die leistenden Kostenstellen (Hilfskostenstellen) mit den angefallenen Kosten für die abgegebenen Leistungen zu entlasten und die empfangenden Kostenstellen (Hauptkostenstellen) zu belasten.[646] Die Verrechnung der Kosten verwaltungsinterner Leistungen setzt die Kenntnis bestehender Leistungsverflechtungen voraus. Verwaltungsbetriebliche Leistungsbeziehungen können in einseitiger oder wechselseitiger Form auftreten, wobei wiederum die Möglichkeit einstufiger oder mehrstufiger Leistungsabgaben besteht.[647]

Je nach Art des Leistungsstroms kommen in der Erwerbswirtschaft unterschiedliche – der Leistungsverflechtung adäquate – Verfahren der Leistungsverrechnung zum Einsatz.[648] Diese Verfahren finden sich ebenfalls in der einschlägigen Literatur zur verwaltungsbetrieblichen Kostenrechnung wieder. In Anlehnung an die traditionelle Kostenrechnung propagieren die Autoren das Anbauverfahren, das Stufenleiterverfahren, das Gleichungsverfahren, das Kostenartenverfahren oder das Kostenstellenausgleichsverfahren, welche in der Verwaltungspraxis entsprechend umgesetzt werden. Als verrechnungstechnisches Hilfsmittel fungiert dabei üblicherweise (DV-gestützt) der Betriebsabrechnungsbogen.[649]

---

642 Ein exemplarischer Kostenstellenplan für eine Kommune findet sich bei Nau, Hans-Rainer – Wallner, Gerhard: Verwaltungs-Controlling...(1998), S. 95.

643 Vgl. Milling, Peter: Kostenstellenrechnung...(1993), Sp. 1252.

644 Siehe hierzu die Ausführungen unter Punkt IV.B.2. dieses Kapitels.

645 Vgl. Haberstock, Lothar: Kostenrechnung 1..(1997), S. 125; Knöll, Heinz-Dieter: Verwaltungsökonomie...(1997), S. 50.

646 Vgl. Klümper, Bernd u. a.: Kommunale Kosten- und Wirtschaftlichkeitsrechnung...(1995), S. 230; Seeger, Tilman – Walter, Matthias: Kosten- und Leistungsrechnung...(1999), S. 68; Seifert, Klaus: Prozeßmanagement...(1998), S. 74.

647 Detaillierte Ausführungen bezüglich der Möglichkeiten verschiedener Leistungsverflechtungen finden sich bei Hummel, Siegfried – Männel, Wolfgang: Kostenrechnung 1...(1986), S. 211 – 213 und Kloock, Josef u. a.: Kosten- und Leistungsrechnung...(1999), S. 116 – 117.

648 Siehe hierzu Hummel, Siegfried – Männel, Wolfgang: Kostenrechnung 1...(1986), S. 217 – 246, Kloock, Josef u. a.: Kosten- und Leistungsrechnung...(1997), S. 117 – 125 und Haberstock, Lothar: Kostenrechnung 1...(1997), S. 126 – 127.

649 Vgl. Knöll, Heinz-Dieter: Verwaltungsökonomie...(1997), S. 50 – 55; Rau, Thomas: Betriebswirtschaftslehre...(1994), S. 390 – 398; Seifert, Klaus: Seifert, Klaus: Prozeßmanagement...(1998), S. 74; Gruber, Klaus: Kosten-Leistungsrechnung...(1998), S. 130 – 132; Schwarze, Jochen – Koß, Torsten: Prozeßorientierte Kosten- und Leistungsrechnung...(1996), S. 120 – 123; Klümper, Bernd u. a.: Kommunale Kosten- und Wirtschaftlichkeitsrechnung...(1995), S. 226 – 246; Seeger, Tilman – Walter, Matthias: Kosten- und Leistungsrechnung...(1999), S. 69. Diese Quellen beschreiben detailliert die einzelnen Verfahren sowie den Aufbau eines Betriebsabrechnungsbogens, was zum Teil durch plastische Beispiele und entsprechende Visualisierungen versinnbildlicht wird.

Die konventionellen Kostenrechnungssysteme wurden für die Fertigungsbereiche der Industriebetriebe entwickelt. Es stellt sich somit die berechtigte Frage, ob ihre Anwendung auch in den gemeinkostenintensiven Verwaltungsbetrieben Sinn macht, wo die Art der Leistungserstellung deutlich anders ist als in der Industrie.[650] Beispielsweise kann der Zusammenhang zwischen einer effizienten Generierung ministerieller Erlasse und der Fachaufsicht über nachgeordnete Bereiche als äußerst abstrakt und komplex deklariert werden. Ein Betriebsabrechnungsbogen vermag es daher kaum zu leisten, diese Zusammenhänge annähernd realitätsgetreu abzubilden.[651] Als gangbarer Weg bietet sich hier die prozeßorientierte Verrechnung der Kosten an. Im Rahmen der Prozeßkostenrechnung durchzuführenden Tätigkeitsanalyse wird das Leistungsgeflecht eines Verwaltungsbetriebes aufgedeckt und abgebildet.[652] Hierdurch schafft man sich die Basis für eine leistungsbezogene Kostenverrechnung, welche aus Gründen der Genauigkeit und Aussagefähigkeit eines Kostenrechnungssystems zu fordern ist.[653] Die Verrechnung der Gemeinkosten gemäß der Leistungsinanspruchnahme und der damit verbundenen anteiligen Ressourceninanspruchnahme setzt die genaue Kenntnis der ablaufenden Prozesse voraus.[654]

Bei einer prozeßorientierten Kostenverrechnung wird allgemein auf indirekte Bezugsgrößen (z. B. Einzelkosten) verzichtet und im Gegensatz zu traditionellen Kostenrechnungssystemen mit Bezugsgrößen operiert, welche die Leistung einer Kostenstelle zum Ausdruck bringen.[655] Gemäß der anteiligen Kapazitätsinanspruchnahme können so die Kosten für die erbrachten Leistungen verrechnet werden.[656] Hierfür dienen die jeweilige Prozeßmenge und der dazugehörige Prozeßkostensatz.

Mit der Verrechnung innerbehördlicher Leistungen, insbesondere der prozeßorientierten Kostenweitergabe, wird bei den Mitarbeitern öffentlicher Verwaltungen das nötige Kostenbewußtsein geweckt[657] und somit das Verständnis für den dahinter steckenden Ressourcenverzehr geschaffen. Mittel- bis langfristiges Ziel muß es sein, verwaltungsinterne Marktbeziehungen aufzubauen, die entsprechend wettbewerbsorientiert ausgestaltet sind. Nach dem Vorbild der Kundenorientierung haben interne Servicebereiche ihre Leistungen an den Bedürfnissen der behördeninternen nachfragenden Kostenstellen auszurichten und diese wiederum die empfangenen Leistungen gezielt und sparsam einzusetzen.[658] Die mit der Leistungsverrechnung herbeizuführende Diskrepanz zwischen leistender Kostenstelle, welche möglichst viele Kosten verrechnen will, und empfangender Kostenstelle, welche auf ein minimales Kostenvolumen der bezogenen Leistungen bedacht ist, soll ein effizientes Verwaltungshandeln fördern.[659]

---

[650] Vgl. Gruber, Klaus: Kosten-Leistungsrechnung...(1998), S. 131 – 132.
[651] Vgl. Liebe, Rüdiger: Kosten- und Leistungsrechnung...(1999), S. 189 – 190.
[652] Vgl. Berkau, Carsten: Vernetztes Prozeßkostenmanagement...(1995), S. 154.
[653] Vgl. Gruber, Klaus: Kosten-Leistungsrechnung...(1998), S. 133.
[654] Vgl. Seeger, Tilman – Walter, Matthias: Kosten- und Leistungsrechnung...(1999), S. 69.
[655] Vgl. Furch, Kristian: Kosten- und Leistungsrechnung...(1995), S. 21.
[656] Vgl. Mayer, Reinhold: Prozeßkostenrechnung...(1998), S. 13 – 14.
[657] Vgl. Seeger, Tilman – Walter, Matthias: Kosten- und Leistungsrechnung...(1999), S. 69 – 70.
[658] Vgl. Liebe, Rüdiger: Kosten- und Leistungsrechnung...(1999), S. 191.
[659] Vgl. Liebe, Rüdiger: Kosten- und Leistungsrechnung...(1999), S. 193.

Das Verrechnungsvolumina (mengenmäßig und/oder wertmäßig) gilt als wichtiger Indikator für die Anzahl der Schnittstellen, die bei der Erstellung der einzelnen Verwaltungsleistungen auftreten oder in bezug auf die Gesamtverwaltung präsent sind. Viele Verrechnungen deuten auf eine hohe Anzahl von Schnittstellen hin, welche wiederum ein Konglomerat an nicht wertschöpfenden Prozessen vermuten lassen. Nicht wertschöpfende Prozesse gilt es zu vermeiden und falls vorhanden zu eliminieren. Die Reduktion der Schnittstellen trägt dieser Forderung Rechnung.[660] Öffentliche Verwaltungen sollten deshalb darauf bedacht sein, mehrere kleine Abrechnungseinheiten gemäß dem Kriterium sachlogisch zusammengehöriger Teilprozeßketten in Aktivitätszentren respektive Prozeßkostenstellen zu integrieren, um so die Schnittstellen zu verringern.[661] Als unterstützendes Instrument dient hier die Prozeßkostenrechnung, welche die Verwaltungsprozesse nicht nur kostenstellenbezogen, sondern auch kostenstellenübergreifend sichtbar macht. Durch die Aufdeckung und Abbildung der bereichsübergreifenden Prozeßketten werden die Leistungsverflechtungen und die Schnittstellen entsprechend transparent, was die Ausgangsbasis für Optimierungsmaßnahmen bildet.[662]

## 4. Zweckmäßige Planung, Steuerung und Kontrolle der Kostenstellenkosten mittels prozeßkostenrechnerischen Kalkülen

Die Sicherstellung einer effizienten verwaltungsbetrieblichen Leistungserbringung in den Verwaltungskostenstellen erfordert die Planung, Steuerung und Kontrolle der dort auftretenden Kosten. Das kostenstellenbezogene Gemeinkostencontrolling hat mittels regelmäßiger Plan-Soll-Ist-Vergleiche zu erfolgen und spielt die zentrale Rolle bei der Verfolgung des Rechnungszwecks der Wirtschaftlichkeitskontrolle. Bezüglich Intention und Durchführung von Kontrollen der Wirtschaftlichkeit der Leistungserstellung sowie dabei auftretender Probleme sei an dieser Stelle auf die entsprechenden Ausführungen bei den Rechnungszwecken verwiesen. Die durch kostenstellenbezogene Plan-Soll-Ist-Vergleiche angestrebte Eruierung von Unwirtschaftlichkeiten ist nur möglich, wenn das zugrundeliegende Kostenrechnungssystem als Plankostenrechnung ausgestaltet ist, d. h., daß neben den Istkostendaten auch Plankostendaten generiert werden.[663]

Bei der Plankostenrechnung besteht die Möglichkeit einer starren sowie einer flexiblen Plankostenrechnung, wobei sich die flexible Plankostenrechnung wiederum auf der Basis von Vollkosten oder Teilkosten praktizieren läßt.[664] Die flexible Plankostenrechnung auf Teilkostenbasis, auch Grenzplankostenrechnung genannt, gilt als das Plankostenrechnungssystem mit dem höchsten theoretischen Entwicklungsstand und wird deshalb von der einschlägigen Literatur für die kostenstellenbezogene Wirtschaftlichkeitskontrolle im erwerbswirtschaftlichen und im öffentlichen Sektor propa-

---

660 Vgl. Gruber, Klaus: Kosten-Leistungsrechnung...(1998), S. 133.
661 Vgl. Haiber, Thomas: Controlling...(1997), S. 316.
662 Vgl. Kieninger, Michael: Reengineering und Prozeßoptimierung...(1998), S. 31.
663 Vgl. Schmidberger, Jürgen: Controlling...(1993), S. 280 – 281; Fischer, Thomas M.: Kostenmanagement...(1997), S. 148; Haiber, Thomas – Dunker, Klaus: Kostenmanagement...(1995), S. 480; Ebert, Günter – Steinhübel, Volker: Controlling...(1997), S. 252; Haberstock, Lothar: Kostenrechnung 2...(1995), S. 9.
664 Siehe zu den einzelnen Systemen der Plankostenrechnung ausführlich Haberstock, Lothar: Kostenrechnung 2...(1995), S. 17 – 39 sowie Kilger, Wolfgang – Vikas, Kurt: Plankostenrechnung...(1993), S. 36 – 64.

giert.[665] Auf das Wesen des primär von *Kilger* und *Plaut* entwickelten Verfahrens der Grenzplankostenrechnung soll im Rahmen dieser Untersuchung nicht näher eingegangen werden. Entsprechend detaillierte Ausführungen bezüglich der Vorgehensweise der Grenzplankostenrechnung enthält das von *Kilger* und *Vikas* geschaffene Standardwerk zur flexiblen Plankostenrechnung.[666] Im Vordergrund der Betrachtung steht hingegen hier die verwaltungsadäquate Anwendbarkeit dieses Kostenrechnungssystems. Trotzdem gilt die Aufmerksamkeit kurz der planmäßig-analytischen Kostenspaltung, welche ein Spezifikum der Grenzplankostenrechnung darstellt. *Kilger* fordert vehement die stringente Separierung der Kosten in fixe und proportionale Bestandteile auf der Basis technisch-kostenwirtschaftlicher Analysen des Leistungserstellungsprozesses.[667] Diesbezüglich sind für sämtliche Kostenstellen geeignete Bezugsgrößen als Maßgrößen der Kostenverursachung zu eruieren. Die festgelegten Bezugsgrößen bilden sodann die Grundlage für die Bestimmung adäquater Kalkulationssätze und die Ermittlung der Sollkosten zur Durchführung der Kostenkontrolle.[668]

Die Kostenauflösung in fixe und proportionale Kosten und die dadurch gewährleistete Abbildung des richtigen Kostenverhaltens kann generell für alle Betriebe, insbesondere auch für die Verwaltungsbetriebe empfohlen werden. Aufgrund der Kostenspaltung ist das Kostenrechnungssystem imstande, neben einer genauen Kalkulation und Wirtschaftlichkeitskontrolle, relevante Kostendaten für Entscheidungen jeglicher Art zu generieren.

Wie ein kostenstellenbezogener Plan-Soll-Ist-Vergleich nach der Grenzplankostenrechnung in einer öffentlichen Verwaltung aussehen kann, soll Abbildung 2-12 exemplarisch demonstrieren.

Die Verbrauchsabweichung ergibt sich als Differenz zwischen den Istkosten und den Sollkosten und spiegelt die vom Kostenstellenleiter zu vertretene Unwirtschaftlichkeit in den Kostenstellen wider. Hierdurch wird ein Stimulus für entsprechende Abweichungs- respektive Ursachenanalysen geschaffen, um den tieferen Ursachen der Unwirtschaftlichkeit auf die Spur zu kommen. Dies gilt als unabdingbare Voraussetzung für die Einleitung von Verbesserungsmaßnahmen zur Erreichung eines effizienten Verwaltungshandelns. Aus Abbildung 2-12 geht hervor, daß die proportionalen Kosten in der betreffenden Kostenstelle nur einen kleinen Part der Gesamtkosten darstellen. Logischerweise eignet sich deshalb der Großteil der Kostenarten nicht oder nur sehr begrenzt als Anwendungsbereich für die Verbrauchsabweichung und dieselbe liefert lediglich verwertbare Daten für Kostenarten mit einem zumeist vergleichsweise geringen Kostenvolumen. Infolgedessen ergibt sich auch insgesamt nur ein marginaler Abweichungsbetrag mit zudem geringer Aussagekraft.

---

[665] Vgl. Schmidberger, Jürgen: Controlling...(1993), S. 281; Haberstock, Lothar: Kostenrechnung 2...(1995), S. 32, 37; Kilger, Wolfgang – Vikas, Kurt: Plankostenrechnung...(1993), S. 57.

[666] Siehe hierzu ausführlich Kilger, Wolfgang – Vikas, Kurt: Plankostenrechnung...(1993), S. 297 – 676. Die Ablaufschritte der Plankostenrechnung nach Kilger hat Troßmann überblicksartig in einer Abbildung zusammengefaßt. Siehe hierzu Troßmann, Ernst: Flexible Plankostenrechnung...(1992), S. 237.

[667] Vgl. Kilger, Wolfgang – Vikas, Kurt: Plankostenrechnung...(1993), S. 348, 352.

[668] Vgl. Kilger, Wolfgang – Vikas, Kurt: Plankostenrechnung...(1993), S. 312.

Abbildung 2-12

**Kostenstellenbezogener Plan-Soll-Ist-Vergleich nach der Grenzplankostenrechnung**

| Kostenstelle: 100<br>Verantwortlicher: H. Huber | | Plan-Soll-Ist-Kostenvergleich | | | | | Verwaltung X |
|---|---|---|---|---|---|---|---|
| Bezugsgröße: Anzahl geprüfter Bauanträge | | Plan: 100 | | | Ist: 90 | | |
| **Kostenarten** | | **Plankosten** | | | **Soll-kosten** | **Ist-Kosten** | **Verbrauchs-abweichung** |
| Nr. | Text | prop. | fix | Σ | | | |
| 401 | Gehaltskosten | 0 | 15.000 | 15.000 | 15.000 | 15650 | **650** |
| 405 | Personalnebenkosten | 0 | 9.000 | 9.000 | 9.000 | 9.150 | **150** |
| 501 | Büromaterial/Formulare | 1.500 | 300 | 1.800 | 1.650 | 1.700 | **50** |
| 502 | Portokosten | 1.000 | 200 | 1.200 | 1.100 | 1.180 | **80** |
| 503 | Kfz-Kosten | 400 | 400 | 800 | 760 | 790 | **30** |
| 504 | Instandhaltungskosten | 100 | 300 | 400 | 390 | 450 | **60** |
| 506 | Miet- und Pachtkosten | 0 | 1.400 | 1.400 | 1.400 | 1.470 | **70** |
| 507 | Sachverständigen- und Gerichtskosten | 2.800 | 0 | 2.800 | 2.520 | 2.640 | **120** |
| 602 | kalkulatorische Abschreibungen | 0 | 600 | 600 | 600 | 600 | **0** |
| 603 | kalkulatorische Zinsen | 0 | 200 | 200 | 200 | 200 | **0** |
| 604 | kalkulatorische Leitungskosten | 0 | 2.400 | 2.400 | 2.400 | 2.400 | **0** |
| **Gesamtkosten** | | **5.800** | **29.800** | **35.600** | **35.020** | **36.230** | **1.210** |
| proportionaler Kostensatz | | 58,00 | | | | 71,44[1] | |
| voller Kostensatz | | | | 356,00 | | 402,55 | |

[1] proportionaler Kostensatz = (Istkosten – fixe Plankosten)/Ist-Bezugsgröße = (36.230 – 29.800)/90 = 71,44

Eigene Darstellung.

Die Relevanz der Daten von Abbildung 2-12 wird offenkundig, wenn man sich die typischen Kostenstrukturen öffentlicher Verwaltungen vergegenwärtigt. In den öffentlichen Verwaltungen, insbesondere in den Kernverwaltungen, findet man kaum variable Kosten vor. Hingegen existieren enorme Fixkostenblöcke in Form von Personalkosten, Mietkosten oder kalkulatorischer Kosten für das Anlagevermögen.[669] Die auf proportionale Kosten abstellende und mit Verbrauchsabweichungen operierende Grenzplankostenrechnung vermag deshalb nur marginale Beiträge zur Steigerung der Effizienz des Verwaltungshandelns zu leisten. Der Grenzplankostenrechnung fehlt der Anspruch eines verwaltungsadäquaten Kostenrechnungsinstruments, ist sie doch in erster Linie für die Fertigungsbereiche der Industriebetriebe konzipiert worden. Als Manko haftet der Grenzplankostenrechnung an, daß die fixkostenintensiven indirekten Bereiche, sowohl in der Erwerbswirtschaft als auch in der Gemeinwirtschaft, nur in unbefriedigender Weise analysiert und gesteuert werden können.[670]

Das soeben genannte Unvermögen der Grenzplankostenrechnung erfordert die Suche nach kostenrechnerischen Lösungen, welche eine adäquate Berücksichtigung der von Fixkosten dominierten Leistungsbereiche erlauben. Diese Notwendigkeit sahen auch die Vertreter der Grenzplankostenrechnung und versuchten durch entsprechende Modifikationen das System der Grenzplankostenrechnung an die Spezifika der Dienstleistungsbereiche zu adaptieren.[671] Eine von *Vikas* entwickelte dienstleis-

[669] Vgl. Haiber, Thomas – Dunker, Klaus: Kostenmanagement...(1995), S. 484.
[670] Vgl. Schmidberger, Jürgen: Controlling...(1993), S. 283.
[671] Vgl. Haiber, Thomas: Controlling...(1997), S. 321.

tungsorientierte Variante der Grenzplankostenrechnung trägt den Terminus der Vorgangskostenrechnung.[672] Die Vorgangskostenrechnung folgt dem Prinzip der analytischen Kostenplanung sowie der stringenten Separierung fixer und proportionaler Kosten,[673] was ebenfalls bei der Grenzplankostenrechnung in Reinform der Fall ist. Als Besonderheit dieses Rechnungssystems gilt hingegen die Bestimmung von Bezugsgrößen und die Bildung von Kosten-Leistungs-Relationen insbesondere für die fixkostenintensiven Dienstleistungsbereiche.[674] Voraussetzung für die Anwendbarkeit der Vorgangskostenrechnung ist die Generierung standardisierbarer Leistungen durch die entsprechenden Kostenstellen.[675] Mittels arbeitstechnischer Analysen der Arbeitsabläufe werden nämlich hier für jede Kostenstelle Standardwerte je Mengeneinheit der jeweiligen einzelnen Aktivität respektive Tätigkeit in Minuten pro Mengeneinheit festgelegt. Die zu planenden Bezugsgrößenmengen ergeben sich sodann durch die Multiplikation der Planleistungsmengen der betreffenden Aktivitäten mit den jeweiligen Standardwerten.[676] Gemäß der analytischen Kostenplanung ermittelt *Vikas* für die Planbezugsgrößenmenge die fixen und proportionalen Kosten.[677] Dies gilt als Voraussetzung für die Berechnung der Sollkosten[678] und die Durchführung des Soll-Ist-Kostenvergleichs,[679] wodurch sich wiederum die Verbrauchsabweichung[680] eruieren läßt.[681]

Die Kostenauflösung erfolgt bei der Vorgangskostenrechnung nach funktionalen Abhängigkeiten und nicht gemäß dem tatsächlichen Variieren der Kosten mit der Bezugsgrößenmenge. Der Aspekt der künftigen Beeinflußbarkeit der Kostenverläufe wird dabei bewußt außer acht gelassen.[682] Jede einzelne Tätigkeit ist daraufhin zu prüfen, ob sie eine unmittelbare Beziehung zu der standardisierbaren Leistung der Kostenstelle aufweist und die dadurch anfallenden Kosten somit bezugsgrößenwirksam respektive proportional sind oder ob sie zur Aufrechterhaltung der Betriebsbe-

[672] Zu den Details der von Vikas entwickelten Vorgangskostenrechnung siehe ausführlich Vikas, Kurt: Controlling im Dienstleistungsbereich...(1988), S. 31 – 142.

[673] Vgl. Vikas, Kurt: Controlling im Dienstleistungsbereich...(1988), S. 31, 42, 135.

[674] Vgl. Schmidberger, Jürgen: Controlling...(1993), S. 283.

[675] Vgl. Vikas, Kurt: Controlling im Dienstleistungsbereich...(1988), S. 60 – 61; Haiber, Thomas: Controlling...(1997), S. 321.

[676] Vgl. Vikas, Kurt: Controlling im Dienstleistungsbereich...(1988), S. 37; Haiber, Thomas: Controlling...(1997), S. 321 – 322.

[677] Vgl. ausführlicher Vikas, Kurt: Controlling im Dienstleistungsbereich...(1988), S. 39 – 42, 134.

[678] Für Haiber ergeben sich die Sollkosten der Kostenstelle aus „der Multiplikation der Planbeschäftigung mit den entsprechenden Faktorpreisen". Siehe hierzu Haiber, Thomas: Controlling...(1997), S. 322. Daß er in diesem Punkt das Werk von Vikas mißversteht, belegen die Ausführungen von Vikas, Kurt: Controlling im Dienstleistungsbereich...(1988), S. 38, 44, 47, 48 und 49. De facto resultieren aus der Planbeschäftigung die Plankosten und nicht die Sollkosten. Letztere beziehen sich auf die Istbeschäftigung. Siehe hierzu Vikas, Kurt: Controlling im Dienstleistungsbereich...(1988), S. 44 und 47.

[679] Ein exemplarischer kostenstellenbezogener Soll-Ist-Kostenvergleich nach dem System der dienstleistungsorientieren Grenzplankostenrechnung findet sich bei Vikas, Kurt: Controlling im Dienstleistungsbereich...(1988), S. 49.

[680] Bezüglich der Details der Verbrauchsabweichung siehe Vikas, Kurt: Controlling im Dienstleistungsbereich...(1988), S. 50.

[681] Vgl. Vikas, Kurt: Controlling im Dienstleistungsbereich...(1988), S. 38; Schmidberger, Jürgen: Controlling...(1993), S. 285; Haiber, Thomas: Controlling...(1997), S. 322.

[682] Vgl. Vikas, Kurt: Leistungs- und Kostenrechnung...(1990), S. 266; Schmidberger, Jürgen: Controlling...(1993), S. 284.

reitschaft erforderlich ist und dadurch die Kosten entsprechend als fix gelten.[683] Hierdurch wird im Gegensatz zur industriellen Grenzplankostenrechnung auch das Gros der Fixkosten[684] in den Analysehorizont involviert.

*Vikas* verwendet in der Vorgangskostenrechnung exakt die Termini der Grenzplankostenrechnung, obwohl zum Teil völlig andere inhaltliche Aussagen dahinterstecken.[685] Problematisch erscheint vor allem, die im Dienstleistungssektor dominante Kostenart Personalkosten als überwiegend proportional respektive bezugsgrößenabhängig zu deklarieren; sind doch die Gehälter generell kaum abhängig von erbrachten Leistungsmengen und spiegeln somit reine Fixkosten wider.[686] Aufgrund dessen wird der Verwaltungsführung fälschlicherweise suggeriert, das Kostenvolumen beliebig an die Leistungsschwankungen anpassen zu können, obwohl sich die Gehaltskosten in Wirklichkeit kurzfristig kaum verändern lassen.[687] Negative Ausstrahlungen sind darüber hinaus auf die kostenstellenbezogenen Abweichungsanalysen zu konstatieren. Die im System der Vorgangskostenrechnung ermittelte Verbrauchsabweichung deckt sich nur bedingt mit der klassischen Verbrauchsabweichung der flexiblen Plankostenrechnung. Hingegen dürfte das Gros der ausgewiesenen Verbrauchsabweichung aufgrund der Unabhängigkeit der Personalkosten von der Kostenstellenleistung realiter eine Beschäftigungsabweichung darstellen, welche aus der Diskrepanz zwischen der Planbeschäftigung und der Istbeschäftigung resultiert.[688] Diese gilt als Indikator für die Kapazitätsauslastung und soll zumindest langfristig Kapazitätsanpassungen stimulieren. Aus der scheinbaren Verbrauchsabweichung können Fehlinterpretationen derart resultieren, daß der Kostenstellenleiter für Kostenabweichungen zur Rechenschaft gezogen wird, auf die er zumindest kurzfristig keinen Einfluß hat.[689]

Trotz der angeführten Unzulänglichkeiten[690] vermag das System der Vorgangskostenrechnung einen wertvollen Beitrag zur Steigerung der Verwaltungseffizienz zu leisten. Insbesondere positiv zu werten ist die Bildung von Kosten-Leistungs-Relationen in Form von Bezugsgrößen in den fixkostenintensiven Gemeinkostenbereichen mit überwiegend repetitiven Tätigkeiten.[691] Hierbei werden zu Recht Standardwerte angesetzt,[692] wodurch sich der Rechenaufwand in Grenzen halten läßt. Die Verrechnung der fixen Gehaltskosten auf die Kostenstellenleistungen erfolgt bei genauer Betrachtung gemäß der anteiligen Ressourceninanspruchnahme und nicht nach dem Verursachungsprinzip. Infolgedessen handelt es sich bei der Vorgangskostenrechnung um eine leistungsorientierte Kostenverrechnung, was so auch

683 Vgl. Vikas, Kurt: Controlling im Dienstleistungsbereich...(1988), S. 137; Schmidberger, Jürgen: Controlling...(1993), S. 285.
684 Vgl. Schmidberger, Jürgen: Controlling...(1993), S. 284.
685 Vgl. Haiber, Thomas: Controlling...(1997), S. 324; Vikas, Kurt: Controlling im Dienstleistungsbereich...(1988), S. 134 – 138.
686 Vgl. Haiber, Thomas: Controlling...(1997), S. 323.
687 Vgl. Schmidberger, Jürgen: Controlling...(1993), S. 285.
688 Vgl. Haiber, Thomas: Controlling...(1997), S. 323.
689 Vgl. Haiber, Thomas: Controlling...(1997), S. 323; Schmidberger, Jürgen: Controlling...(1993), S. 285.
690 Ausführliche Kritik zur Vorgangskostenrechnung findet sich bei Haiber, Thomas: Controlling...(1997), S. 323 - 325.
691 Vgl. Schmidberger, Jürgen: Controlling...(1993), S. 283 – 285.
692 Vgl. Haiber, Thomas: Controlling...(1997), S. 324.

durch den entsprechend korrekten Terminus zum Ausdruck zu bringen ist. Die Kapazitätszuordnung auf die erbrachten Leistungen mittels Standardwerten geht nicht konform mit einer verursachungsgerechten Kostenverrechnung[693] und den von *Vikas* etwas unglücklich deklarierten proportionalen Kosten. Logischerweise kann kein Rechnungssystem fixe Kosten in proportionale Kosten transformieren.

Als strukturadäquates Kostenrechnungssystem für das kostenstellenbezogene und auch kostenstellenübergreifende Gemeinkostencontrolling in öffentlichen Dienstleistungsbereichen ist sicherlich die prozeßorientierte Kostenrechnung zu sehen. Wurde sie ursprünglich für die fixkostenintensiven Gemeinkostenbereiche industrieller Unternehmen konzipiert,[694] so steht ihre Eignung auch im öffentlichen Sektor außer Zweifel, herrschen nämlich dort einigermaßen ähnliche Kostenstrukturen vor. Die Prozeßkostenrechnung weist hinsichtlich der Zielsetzung und der formellen Struktur weitgehende Kongruenz mit der Vorgangskostenrechnung auf.[695] Bei beiden Rechnungssystemen erfolgt die Zuordnung von Kosten auf Aktivitäten respektive Tätigkeiten.[696] Die kostenmäßige Belastung der Kostenstellenleistungen geschieht bei der Prozeßkostenrechnung nach dem Prinzip der anteiligen Ressourceninanspruchnahme[697] und nicht, wie in der Literatur öfters unpräzise artikuliert, verursachungsgerecht.[698] Hierzu sind die Prozesse bzw. Aktivitäten der Kostenstellen daraufhin zu analysieren, ob sie mit dem Kostenstellenleistungsvolumen variieren oder unabhängig davon anfallen.[699] Entsprechend der funktionalen Abhängigkeit der Prozesse von den erbrachten Kostenstellenleistungen[700] erfolgt also im Rahmen der Prozeßkostenrechnung das gleiche Procedere der Kostenauflösung wie bei der Vorgangskostenrechnung. Die auf diese Weise separierten Prozesse und damit verbunden die Kosten tragen jedoch in Abgrenzung zu den proportionalen und fixen Kosten der Vorgangskostenrechnung die Termini leistungsmengeninduzierte und leistungsmengenneutrale Kosten. Insbesondere die leistungsmengeninduzierten Kosten können sich aus fixen und variablen Kosten zusammensetzen.

Als leistungsmengeninduziert gelten all jene Kosten, die einen unmittelbaren Bezug zur Kostenstellenleistung aufweisen. Zusätzlich müssen sich hierfür geeignete Maßgrößen der Kostenverursachung eruieren lassen.[701] Die einigermaßen genaue Bestimmung leistungsmengeninduzierter Kosten und die generelle Anwendbarkeit der Prozeßkostenrechnung setzen in der Regel standardisierbare Leistungen mit repeti-

693 Für Vikas liegt irrtümlicherweise eine verursachungsgerechte Verrechnung der Kosten vor. Siehe Vikas, Kurt: Controlling im Dienstleistungsbereich...(1988), S. 48.
694 Vgl. Horváth, Péter – Mayer, Reinhold: Prozeßkostenrechnung...(1989), S. 214 – 216.
695 Vgl. Franz, Klaus-Peter: Prozeßkostenrechnung...(1990), S. 116; Schmidberger, Jürgen: Controlling...(1993), S. 287.
696 Vgl. Haiber, Thomas: Controlling...(1997), S. 325.
697 Dies geht ganz klar aus Mayer, Reinhold: Prozeßkostenrechnung...(1998), S. 15, Lachnit, Laurenz: Kosten- und Leistungsrechnung...(1999), S. 50 und Fischer, Thomas M.: Prozeßkostencontrolling...(1999), S. 121 hervor.
698 Siehe hierzu exemplarisch Furch, Kristian: Kosten- und Leistungsrechnung...(1995), S. 21.
699 Vgl. Horváth, Péter – Mayer, Reinhold: Prozeßkostenrechnung...(1989), S. 216.
700 Vgl. Mayer, Reinhold: Prozeßkostenrechnung...(1998), S. 13; Haiber, Thomas: Controlling...(1997), S. 325.
701 Vgl. Mayer, Reinhold: Prozeßkostenrechnung...(1998), S. 12 – 13; Haiber, Thomas: Controlling...(1997), S. 325.

tivem Charakter voraus.[702] Neben terminologischer Diskrepanzen weicht die Prozeßkostenrechnung auch bezüglich des Analyse- und Verrechnungsumfangs von der Vorgangskostenrechnung ab. Als klassische Vollkostenrechnung gewährleistet sie die Berücksichtigung aller Kosten bei der kostenstellenbezogenen Wirtschaftlichkeitskontrolle sowie bei der Weiterverrechnung auf die Kostenträger. Dies trifft für die Vorgangskostenrechnung nur bedingt zu, wo teilweise fixe Kosten auf den Hilfskostenstellen verbleiben.[703]

Die Prozeßkostenrechnung erlaubt die Planung und Kontrolle der Kosten sowohl kostenstellenbezogen als auch kostenstellenübergreifend (hauptprozeßbezogene Kostenkontrolle).[704] Ihre Eignung für öffentliche Verwaltungen soll Gegenstand der folgenden Diskussion sein. Typische Kernverwaltungen mit überwiegend fixen Gemeinkosten stellen die Querschnittämter dar. Hierzu gehört insbesondere das Personalamt, dessen kostenrechnerische Durchdringung mittels Grenzplankostenrechnung und Prozeßkostenrechnung Abbildung 2-13 vergleichend aufzeigt.

Die Leistungserstellung in dem exemplarischen Personalamt[705] vollzieht sich überwiegend in der Gehaltsabrechnung, der Berechnung von Beihilfen sowie in der Koordination von Ausbildungsmaßnahmen. Hierfür gelten die „Anzahl der Abrechnungen", die „Anzahl durchgeführter Beihilfeberechnungen" und die „Anzahl geplanter Manntage" als jeweils leistungsartenadäquate Bezugsgrößen. Mit der Belastung durch die Stadtkasse gehen die von der Stadtkasse erbrachten Leistungen (z. B. Ausführung angeordneter Gehaltszahlungen) als sekundäre Kosten, neben den primären Kosten des Personalamts, in den Kalkül ein. Die anteilige Zuordnung der Kostenarten auf die jeweiligen Aktivitäten des Personalamts findet sinnvollerweise mittels Zeitaufschreibungen statt.[706]

Abbildung 2-13 gibt klar zu erkennen, daß die ermittelten Kosten je Bezugsgrößeneinheit zwischen der Grenzplankostenrechnung und der Prozeßkostenrechnung für die gleiche Kostenstellenleistung exorbitant divergieren. Ergeben sich beispielsweise im Rahmen der Grenzplankostenrechnung für eine Gehaltsabrechnung Kosten in Höhe von 0,54 DM, beläuft sich der Betrag bei der Prozeßkostenrechnung auf 8,70 DM pro Abrechnungsvorgang.[707] Ursächlich für diese Diskrepanz ist die systembedingte Vernachlässigung der fixen Kosten durch die Grenzplankostenrechnung, während hingegen die Prozeßkostenrechnung einen großen Part der Fixkosten bewußt in den Betrachtungshorizont involviert.

---

[702] Vgl. Coenenberg, Adolf Gerhard: Kostenrechnung...(1999), S. 225; Haiber, Thomas – Dunker, Klaus: Kostenmanagement...(1995), S. 487; Fischer, Thomas M.: Prozeßkostencontrolling...(1999), S. 117.

[703] Vgl. Schmidberger, Jürgen: Controlling...(1993), S. 287; Horváth, Péter – Mayer, Reinhold: Prozeßkostenrechnung...(1989), S. 218 sowie Haiber, Thomas: Controlling...(1997), S. 326.

[704] Vgl. Franz, Klaus-Peter: Prozeßkostenrechnung...(1990), S. 123; Horváth, Péter – Mayer, Reinhold: Prozeßkostenrechnung...(1989), S. 217; Ebert, Günter – Steinhübel, Volker: Controlling...(1997), S. 253; Lachnit, Laurenz: Kosten- und Leistungsrechnung...(1999), S. 50; Zimmermann, Gebhard – Grundmann Ralf: Prozeßkostenrechnung...(1996), S. 108, 114.

[705] Das Beispiel wurde entnommen aus Haiber, Thomas – Dunker, Klaus: Kostenmanagement...(1995), S. 485 – 488.

[706] Vgl. Haiber, Thomas – Dunker, Klaus: Kostenmanagement...(1995), S. 485 – 486.

[707] Vgl. Haiber, Thomas – Dunker, Klaus: Kostenmanagement...(1995), S. 487.

Abbildung 2-13

## Parallelkostenrechnung für die Personalverwaltung

| Personalverwaltung | | | | | | | | |
|---|---|---|---|---|---|---|---|---|
| | | | | Voll-kosten | Grenzplan-kostenrechnung | | Prozeßkosten-rechnung | |
| **Aktivität** | **Bezugsgröße** | **Kostenarten** | **Kostenanteil der Aktivität** | **gesamt** | **varia-bel** | **fix** | **lmi** | **lmn** |
| Berechnung der Gehälter | Anzahl Abrechnungen | Gehaltskosten | 50 % | 60.000 | 0 | 60.000 | 50.000 | 10.000 |
| | | Überstunden | 20 % | 2.000 | 2.000 | 0 | 2.000 | 0 |
| | 10.000 | Zinsen | 30 % | 15.000 | 0 | 15.000 | 9.000 | 6.000 |
| | | Abschreibungen | 40 % | 20.000 | 2.000 | 18.000 | 15.000 | 5.000 |
| | | Energiekosten | 20 % | 7.000 | 1.000 | 6.000 | 4.000 | 3.000 |
| | | Belastung Kasse | 30 % | 8.684 | 429 | | 7.042 | |
| **Zwischensumme** | | | | 112.684 | 5.429 | 99.000 | 87.042 | 24.000 |
| **Verrechnungssätze** | | | | **11,27** | **0,54** | | **8,70** | |
| **Aktivität** | **Bezugsgröße** | **Kostenarten** | **Kostenanteil der Aktivität** | **gesamt** | **varia-bel** | **fix** | **lmi** | **lmn** |
| Berechnung von Beihilfen | Anzahl durchgeführter Beihilfe-berechnungen | Gehaltskosten | 20 % | 24.000 | 0 | 24.000 | 20.000 | 4.000 |
| | | Überstunden | 50 % | 5.000 | 5.000 | 0 | 5.000 | 0 |
| | | Zinsen | 30 % | 15.000 | 0 | 15.000 | 9.000 | 6.000 |
| | 2.500 | Abschreibungen | 20 % | 10.000 | 1.000 | 9.000 | 7.500 | 2.500 |
| | | Energiekosten | 50 % | 17.500 | 2.500 | 15.000 | 10.000 | 7.500 |
| | | Belastung Kasse | 20 % | 5.789 | 286 | | 4.695 | |
| **Zwischensumme** | | | | 77.289 | 8.786 | 63.000 | 56.195 | 20.000 |
| **Verrechnungssätze** | | | | **30,92** | **3,51** | | **22,48** | |
| **Aktivität** | **Bezugsgröße** | **Kostenarten** | **Kostenanteil der Aktivität** | **gesamt** | **varia-bel** | **fix** | **lmi** | **lmn** |
| Koordinierung von Ausbildungs-maßnahmen | Anzahl geplanter Manntage | Gehaltskosten | 30 % | 36.000 | 0 | 36.000 | 30.000 | 6.000 |
| | | Überstunden | 30 % | 3.000 | 3.000 | 0 | 3.000 | 0 |
| | | Zinsen | 40 % | 20.000 | 0 | 20.000 | 12.000 | 8.000 |
| | 30.000 | Abschreibungen | 40 % | 20.000 | 2.000 | 18.000 | 15.000 | 5.000 |
| | | Energiekosten | 30 % | 10.500 | 1.500 | 9.000 | 6.000 | 4.500 |
| | | Belastung Kasse | 50 % | 14.473 | 715 | | 11.737 | |
| **Zwischensumme** | | | | 103.973 | 7.215 | 83.000 | 77.737 | 23.500 |
| **Verrechnungssätze** | | | | 3,47 | 0,24 | | 2,59 | |
| **Hauptprozeß** | **Bezugsgröße** | **Kostenarten** | **Kostenanteil der Aktivität** | **gesamt** | **varia-bel** | **fix** | **lmi** | **lmn** |
| Personalver-waltung | Anzahl betreuter Personen | Gehaltskosten | 100 % | 120.000 | 0 | 120.000 | 100.000 | 20.000 |
| | | Überstunden | 100 % | 10.000 | 10.000 | 0 | 10.000 | 0 |
| | | Zinsen | 100 % | 50.000 | 0 | 50.000 | 30.000 | 20.000 |
| | 30.000 | Abschreibungen | 100 % | 50.000 | 5.000 | 45.000 | 37.500 | 12.500 |
| | | Energiekosten | 100 % | 35.000 | 5.000 | 30.000 | 20.000 | 15.000 |
| | | Belastung Kasse | 100 % | 28.946 | 1.430 | | 23.474 | |
| **Summe** | | | | 293.946 | 21.430 | 245.000 | 220.974 | 67.500 |
| **Verrechnungssätze** | | | | **9,80** | **0,71** | | **7,37** | |

Entnommen aus Haiber, Thomas – Dunker, Klaus: Kostenmanagement...(1995), S. 486.

Vergleicht man Plan-Soll-Ist-Werte nur der variablen Kosten, dürften sich in den fixkostenintensiven Bereichen – wie etwa im Personalamt – lediglich marginale Möglichkeiten einer Effizienzsteigerung eröffnen. Die Kosten pro Bezugsgrößeneinheit sind bei der Grenzplankostenrechnung unabhängig von der Bezugsgrößenmenge, da sich diese ausschließlich auf die variablen Kosten beziehen. Hingegen variieren die Kosten pro Bezugsgrößeneinheit mit der Leistungsmenge der Kostenstelle im Rahmen der Prozeßkostenrechnung aufgrund der Degressionseffekte bei den fixen Kosten. Mit steigender Bezugsgrößenmenge sinken die verrechneten Fixkosten je Leistungseinheit, was in der Allokation der konstanten fixen Kosten auf ein größeres Leistungsvolumina begründet liegt.[708] Umgekehrt führt ein Rückgang der Kostenstellenleistungsmenge zu steigenden Kostensätzen. Hierdurch schafft die Prozeßkostenrechnung die Voraussetzung für ein Kapazitätskostenmanagement in fixkostenintensiven Leistungsbereichen,[709] wozu insbesondere die Kernbereiche öffentlicher Verwaltungen gehören.[710]

Divergieren Plan-Prozeßkostensätze und Ist-Prozeßkostensätze, so handelt es sich beim Gros der Differenz um eine Beschäftigungsabweichung, welche die Diskrepanz zwischen geplanter und angefallener Kostenstellenleistungsmenge widerspiegelt und somit auf die Kapazitätsauslastung[711] schließen läßt. Die Abweichungen zwischen geplanten und tatsächlichen Prozeßkostensätzen zeigen demzufolge Veränderungen bei den Prozeßmengen auf, wodurch ein Stimulus für Kapazitätsanpassungen geschaffen wird, was wiederum Effizienzsteigerungen nach sich zieht.[712] Liegt beispielsweise der Ist-Kostensatz für die Aktivität „Berechnung von Beihilfen" über einen längeren Zeitraum hinweg weit oberhalb des Plan-Kostensatzes von 22,48 DM, so gilt dies als Indikator für eine zu geringe Kapazitätsnutzung und es müssen entsprechende Überlegungen bezüglich des Abbaus von Kapazitäten (z. B. Senkung des Ressourcenbedarfs von 2.500 auf 2.000 Beihilfeberechnungen) angestellt werden.[713] Den rückläufigen Prozeßmengen steht aber das öffentliche Dienstrecht derart entgegen, daß sich die Personalkosten nicht beliebig abbauen lassen und generell eine enorme Kostenremanenz verkörpern. Trotzdem sollten die genannten Leerkosten (Kosten der nicht genutzten Kapazität) zumindest langfristig eliminiert werden.[714]

Abweichend von der Grenzplankostenrechnung generiert die Prozeßkostenrechnung kostenrechnerische Informationen für eine leistungsmengenadäquate Dimensionierung der Kostenstellenkapazitäten. Hierbei handelt es sich um Kostendaten, welche der Analyse und Beeinflussung der zumeist nur langfristig veränderbaren Kosten dienlich sind. Gerade aber die fixen Kosten gelten als exzellenter Angriffspunkt zur Steigerung der Effizienz der personalintensiven Leistungserstellung in öffentlichen Verwaltungen. Kann doch verbesserte Kostenwirtschaftlichkeit im öffentlichen Sektor fast ausnahmslos nur mittels Anpassungen der vorgehaltenen Ressourcen an den

[708] Vgl. Coenenberg, Adolf Gerhard: Kostenrechnung...(1999), S. 236 – 238; Haiber, Thomas – Dunker, Klaus: Kostenmanagement...(1995), S. 487.

[709] Im Gegensatz zum Verfasser dieser Arbeit vermag die Prozeßkostenrechnung nach der Ansicht von Franz kaum einen Beitrag zur kostenstellenbezogenen Wirtschaftlichkeitskontrolle zu leisten. Siehe hierzu Franz, Klaus-Peter: Prozeßkostenrechnung...(1990), S. 127 – 128.

[710] Vgl. Haiber, Thomas – Dunker, Klaus: Kostenmanagement...(1995), S. 486 - 487; Horváth, Péter – Mayer, Reinhold: Prozeßkostenrechnung...(1989), S. 218; Coenenberg, Adolf Gerhard: Kostenrechnung...(1999), S. 231 – 232.

[711] Auf den Nutzen der Eruierung der Kapazitätsauslastung wird ebenfalls bei Zimmermann, Gebhard – Grundmann, Ralf: Prozeßkostenrechnung...(1996), S. 108 hingewiesen.

[712] Vgl. Horváth, Péter – Mayer, Reinhold: Prozeßkostenrechnung...(1989), S. 218; Haiber, Thomas – Dunker, Klaus: Kostenmanagement...(1995), S. 487 – 488; Schweitzer, Marcell – Küpper, Hans-Ulrich: Kosten- und Erlösrechnung...(1998), S. 354.

[713] Vgl. Haiber, Thomas – Dunker, Klaus: Kostenmanagement...(1995), S. 488.

[714] Vgl. Horváth, Péter – Mayer, Reinhold: Prozeßkostenrechnung...(1989), S. 218; Mayer, Reinhold: Prozeßkostenrechnung...(1998), S. 24.

tatsächlichen Bedarf realisiert werden.[715] Trotzdem dürfen die variablen Kosten nicht völlig vernachlässigt werden. Bestimmte situative Entscheidungen (z. B. Eigenfertigung versus Fremdbezug) können Informationen über Grenzkosten erforderlich machen. Zweckmäßigerweise bietet sich deshalb für die öffentliche Kernverwaltung eine parallele Operation mit Grenzkosten und Prozeßkosten an.[716] Während im Normalfall prozeßbezogene Vollkosteninformationen zu generieren sind, müssen im Bedarfsfall, insbesondere bei kurzfristigem Planungshorizont, Teilkosteninformationen herangezogen werden, da hier Vollkostenbetrachtungen zu Fehlentscheidungen führen können.[717]

## 5. Vorgabe bereichsbezogener Kostenbudgets

In Zusammenhang mit der Planung der Kostenstellenkosten sind die einzelnen Verwaltungsfachbereiche mit entsprechenden Kostenbudgets auszustatten. Die Basis für die Vorgabe kostenstellenbezogener Budgets bilden die in den Verantwortungsbereichen angestrebten Leistungsziele.[718] Infolgedessen dient die Budgetierung der outputorientierten Ressourcensteuerung.[719] Ausgehend von der prognostizierten Leistungsmenge einer Verwaltungskostenstelle ist über den Weg der dafür erforderlichen Prozesse und den hierdurch benötigten Ressourcen auf die Kosten zu schließen.[720] Dieses Procedere erfolgt auf der Grundlage von Kostenfunktionen mittels den bereits angesprochenen Bezugsgrößen.[721] Die Bestimmung bereichsbezogener Kostenbudgets ist somit „im eigentlichen Sinne eine Plankostenrechnung, die auf die Kostenstellen, die betrieblichen Verantwortungsbereiche bezogen wird."[722] Budgets leisten einen wichtigen Beitrag zur Verfolgung der Leitmaxime der dezentralen Verantwortlichkeit und stellen einen geplanten Finanzrahmen für definierte Leistungsvolumina – mit bedarfsgerechtem, in sachlicher und zeitlicher Hinsicht selbstbestimmtem Mitteleinsatz – dar.[723] Hierbei gilt das grundsätzliche Verbot der Überschreitung des festgelegten Finanzrahmens.[724]

Mit dem Kostenbudget wird dem Kostenstellenleiter eine wertvolle Steuerungsgröße an die Hand gereicht, mittels derer ein effizienter respektive limitierter Ressourcen-

715 Vgl. Haiber, Thomas – Dunker, Klaus: Kostenmanagement...(1995), S. 488.
716 Abbildung 2-13 zeigt exemplarisch eine mögliche Parallelkostenrechnung für die Personalverwaltung auf.
717 Vgl. Haiber, Thomas – Dunker, Klaus: Kostenmanagement...(1995), S. 488.
718 Vgl. Peemöller, Volker H.: Controlling...(1990), S. 146; Troßmann, Ernst: Gemeinkosten-Budgetierung...(1992), S. 516 – 517; Gruber, Klaus: Kosten-Leistungsrechnung...(1998), S. 85.
719 Von einer zweckadäquaten Budgetierung im öffentlichen Sektor ist in der Regel bei der outputorientierten Budgetierung auszugehen. Im Gegensatz zur Inputorientierung sind outputorientierte Budgetierungstechniken besser fundiert und vermögen einen größeren Beitrag zur Effizienzsteigerung zu leisten. Siehe hierzu Wewer, Göttrik: Budgetierung...(1998), S. 290 und Troßmann, Ernst: Gemeinkosten-Budgetierung...(1992), S. 516.
720 Vgl. Mahnkopf, Rudolf: Budgetierung...(1996), S. 131; Troßmann, Ernst: Gemeinkosten-Budgetierung...(1992), S. 516 – 517.
721 Vgl. Troßmann, Ernst: Gemeinkosten-Budgetierung...(1992), S. 517.
722 Peemöller, Volker H.: Controlling...(1990), S. 146.
723 Vgl. Wewer, Göttrik: Budgetierung...(1998), S. 289; Seeger, Tilman – Walter, Matthias: Kosten- und Leistungsrechnung...(1999), S. 61; Gruber, Klaus: Kosten-Leistungsrechnung...(1998), S. 78.
724 Vgl. Peemöller, Volker H.: Controlling...(1990), S. 146; Seeger, Tilman – Walter, Matthias: Kosten- und Leistungsrechnung...(1999), S. 61.

einsatz zur Aufgabenerfüllung gewährleistet werden soll.[725] Den einzelnen Verantwortungsbereichen bleibt es dabei überlassen, welche Ressourcen in welcher Intensität für die Leistungserstellung zum Einsatz kommen. Sie können über die Verwendung der bereitgestellten Finanzmittel[726] weitgehend selbständig und eigenverantwortlich entscheiden.[727] Während bislang in den meisten öffentlichen Verwaltungen die Ressourcenverantwortung noch bei den Querschnittämtern liegt (z. B. Zuständigkeit des Personalamts für die Ressource Personal), wird mit der Budgetierung die Verantwortung für die zur Aufgabenerledigung erforderlichen Ressourcen auf die Verwaltungsfachbereiche verlagert.[728] Somit kommt es zur Konvergenz zwischen Ressourcen- und Fachverantwortung, wobei letztere im Regelfall logischerweise auch in der Vergangenheit das Fachressort inne hatte.[729]

Die Zusammenführung von Aufgabenverantwortung und Kostenverantwortung fördert die Motivation der Mitarbeiter und trägt so zu einem effizienten Ressourceneinsatz bei.[730] Zentrale Idee der Budgetierung ist es, vermehrt auf die Kompetenz und Verantwortung der Mitarbeiter in den Fachressorts zu setzen.[731] Somit zielt die dezentrale Budgetierung auf eine gewisse Art von verhaltenssteuerndem Controlling ab[732] und wird in der einschlägigen Literatur als eines der wichtigsten Controllinginstrumente angesehen.[733]

Im Fachjargon nennt man die Vorgabe dezentraler Kostenbudgets für öffentliche Verwaltungseinheiten „Kontraktmanagement".[734] Gemäß vereinbarter Leistungsziele werden die benötigten Ressourcen zugeteilt. Dies kann sogar so weit führen, daß die Kostenstellenleiter ihre Kostenbudgets mit der Verwaltungsführung aushandeln.

---

[725] Vgl. Peemöller, Volker H.: Controlling...(1990), S. 146; Seeger, Tilman – Walter, Matthias: Kosten- und Leistungsrechnung...(1999), S. 60.

[726] Mit den Finanzmitteln sind sämtliche Ressourcen gemeint, also neben den Finanzressourcen auch die Personal- und Sachressourcen, da die Bereitstellung und Nutzung dieser Ressourcen wiederum Finanzmittel erfordert. Vgl. Mahnkopf, Rudolf: Budgetierung...(1996), S. 90.

[727] Vgl. Gruber, Klaus: Kosten-Leistungsrechnung...(1998), S. 78, 85; Wewer, Göttrik: Budgetierung...(1998), S. 293.

[728] Vgl. Mahnkopf, Rudolf: Budgetierung...(1996), S. 90 – 91; Gruber, Klaus: Kosten-Leistungsrechnung...(1998), S. 78.

[729] Vgl. Mahnkopf, Rudolf: Budgetierung...(1996), S. 90; Wewer, Göttrik: Budgetierung...(1998), S. 293.

[730] Vgl. Wewer, Göttrik: Budgetierung...(1998), S.293.

[731] Vgl. Mahnkopf, Rudolf: Budgetierung...(1996), S. 89; Wewer, Göttrik: Budgetierung...(1998), S. 293.

[732] Vgl. Wewer, Göttrik: Budgetierung...(1998), S.293.

[733] Vgl. Horváth, Péter: Controlling...(1998), S. 224; Troßmann, Ernst: Gemeinkosten-Budgetierung...(1992), S. 515.

[734] Vgl. Gruber, Klaus: Kosten-Leistungsrechnung...(1998), S. 78.

## 6. Ermittlung von vorrangig prozeßbezogenen Kostensätzen

Die Verrechnung der Kosten für abgegebene Leistungen sowie die Durchführung der kostenstellenbezogenen Kostenkontrolle[735] erfordern die Ermittlung jeweils spezifischer Kostensätze für die einzelnen Kostenstellen.[736] Kostensätze bringen gewöhnlich Kosten-Leistungs-Relationen zum Ausdruck und lassen sich allgemein nach folgender Formel berechnen:[737]

$$\text{Kostensatz der Kostenstelle} = \frac{\text{Kostenstellenkosten}}{\text{Bezugsgrößenmenge}}$$

Für die Kostenstellenkosten können Vollkosten oder Teilkosten zum Ansatz kommen. Wegen der hohen Fixkostenintensität in öffentlichen Verwaltungen ist in der Regel die Berücksichtigung der fixen Kosten neben den Grenzkosten zu propagieren.[738] Als problematisch erweist sich die Eruierung adäquater Bezugsgrößen für die Kostenstellen,[739] welche nach *Kilger* Maßgrößen der Kostenverursachung verkörpern sollten.[740] In Abhängigkeit von der Dimension der Kostensätze differenziert man zwischen wert- und mengenmäßigen Bezugsgrößen. Während Wertgrößen auf rein monetäre Bezugsbasen abstellen und die Kostenstellenleistungen außen vor lassen, stellen die Mengengrößen einen Zusammenhang zwischen den Leistungsarten und den Kosten der Kostenstellen her.[741] Aus diesem Grunde sollte auf Wertgrößen soweit wie möglich verzichtet werden und der Kostenrechner hat sich auf die Suche nach mengenmäßigen Bezugsgrößen zu beschränken. Diesbezüglich sind die von den Kostenstellen erbrachten Leistungen daraufhin zu prüfen, ob sie sich quantifizieren lassen. Ebenso müssen die in Frage kommenden Maßgrößen mit vertretbarem Aufwand erfaßt werden können.[742]

Die in Verwaltungskostenstellen erbrachten Leistungen sind zumeist immaterieller Natur. Insbesondere die Kernverwaltungen erstellen abstrakte Leistungen, wie etwa Gesetzesentwürfe, Dienstvorschriften oder die Aufsichtstätigkeit über nachgeordnete Behörden. Ebenfalls genannt werden müssen hierzu die Ministerien mit ihren politikvorbereitenden und informationsversorgenden Tätigkeiten.[743] Eine mengenmäßige oder zeitliche Quantifizierung ist bei den angesprochenen Leistungen, wenn überhaupt, nur bedingt möglich. Dadurch entfällt die Basis für die Bildung entsprechender Kostensätze, welche wiederum Voraussetzung für die kostenstellenbezogene Kostenkontrolle sowie die Weiterverrechnung der Kosten der abgegebenen Leistungen sind. Als weiteres Problem führt Schmidberger die Involvierung externer Pro-

---

735 Haberstock zeigt die Erfordernis von Kostensätzen für die Kostenkontrolle recht plastisch auf. Die Sollkosten, welche für den Soll-Ist-Vergleich unabdingbar sind, ergeben sich durch Multiplikation von Plankalkulationssätzen mit Istbezugsgrößen. Siehe hierzu Haberstock, Lothar: Kostenrechnung 1...(1997), S. 137 – 138.

736 Vgl. Kilger, Wolfgang: Kostenrechnung...(1992), S. 334; Haberstock, Lothar: Kostenrechnung 1...(1997), S. 137; Hummel, Siegfried – Männel, Wolfgang: Kostenrechnung 1...(1986), S. 247 – 249.

737 Vgl. Haberstock, Lothar: Kostenrechnung 1...(1997), S. 138.

738 Siehe hierzu die Ausführungen zur kostenstellenbezogenen Kostenkontrolle.

739 Vgl. Haberstock, Lothar: Kostenrechnung 1...(1997), S. 138.

740 Vgl. Kilger, Wolfgang – Vikas, Kurt: Plankostenrechnung...(1993), S. 312.

741 Vgl. Haberstock, Lothar: Kostenrechnung 1...(1997), S. 122 – 123, 138. Diese Quelle enthält konkrete Beispiele zu den Wert- und Mengengrößen.

742 Vgl. Kilger, Wolfgang – Vikas, Kurt: Plankostenrechnung...(1993), S. 315.

743 Vgl. Schmidberger, Jürgen: Controlling...(1993), S. 245.

duktionsfaktoren in den verwaltungsbetrieblichen Leistungserstellungsprozeß an, wodurch erst die Transformation der erbrachten immateriellen Leistungen der Kostenstellen zu Dienstleistungen ermöglicht wird.[744] Nähere Einzelheiten bezüglich der Problematik der Erfassung und Verrechnung von Verwaltungsleistungen finden sich bei Schmidberger,[745] welche aber nicht Betrachtungsgegenstand dieser Untersuchung sein sollen.

Zwecks Berücksichtigung der von den Kostenstellen erbrachten Leistungen[746] sind bei der Kostensatzbildung ausschließlich mengenmäßige Bezugsgrößen zu verwenden; konkret: Meß- bzw. Zählgrößen. Folglich kann in obiger Formel die Bezugsgröße durch die Leistungsart substituiert werden. Somit ergibt sich der Kostensatz mittels Division der Kosten durch die Leistungsmenge der Kostenstelle. Dabei sollte darauf geachtet werden, daß die erbrachten Leistungen einigermaßen repetitiv sind. Da sowohl die Grenzplankostenrechnung als auch die Prozeßkostenrechnung[747] mengenorientierte Bezugsgrößenrechnungen sind, können Prozeßkostensätze und Grenzkostensätze als mehr oder minder adäquate Kostensätze für die Leistungsverrechnung und die Kostenkontrolle angesehen werden. Während bei den Grenzkostensätzen die Kosten gemäß dem Prinzip der Verursachung in den Kalkül eingehen, spiegeln Prozeßkostensätze die anteilige Ressourceninanspruchnahme wider.

Bezüglich der Anwendung und Eignung der Grenzplankostenrechnung und der Prozeßkostenrechnung für die soeben genannten Aufgaben sei an dieser Stelle auf die entsprechenden Ausführungen zur innerbehördlichen Leistungsverrechnung bzw. zur Kontrolle der Kostenstellenkosten verwiesen. Aufgrund der Dominanz fixer Kosten in öffentlichen Verwaltungsbetrieben können den Grenzkostensätzen nur begrenzt nutzbare Informationen abgewonnen werden. Wesentlich größere Informationsgewinne versprechen hingegen Prozeßkostensätze, die es deshalb für öffentliche Verwaltungen vorrangig zu ermitteln gilt. Die Berechnung der Prozeßkostensätze erfolgt durch Division der jeweiligen Prozeßkosten durch die zugehörigen Prozeßmengen, worauf später noch genauer eingegangen wird.[748]

## C. Kostenträgerrechnung

### 1. Aufgaben der Kostenträgerrechnung

Die dritte und zugleich letzte Stufe der betriebswirtschaftlichen Kosten- und Leistungsrechnung bildet die Kostenträgerrechnung. Mittels der Kostenträgerrechnung wird der Frage nachgegangen, wofür die Kosten eines Verwaltungsbetriebes angefallen sind.[749] Konkret bedeutet dies die Wahrnehmung folgender Aufgaben:[750]

---

744 Vgl. genauer Schmidberger, Jürgen: Controlling...(1993), S. 245 – 246.
745 Siehe hierzu ausführlich Schmidberger, Jürgen: Controlling...(1993), S. 239 – 246.
746 Für die in den Kostenstellen erbrachten Leistungen ist ein Leistungskatalog zu erstellen, welcher mitunter zu den Voraussetzungen für die Realisierung der Prozeßkostenrechnung gehört. Vgl. Zimmermann, Gebhard – Grundmann Ralf: Implementierung...(1999), S. 334.
747 Vgl. Furch, Kristian: Kosten- und Leistungsrechnung...(1995), S. 21.
748 Siehe hierzu die entsprechenden Ausführungen zu Punkt V.E. dieses Kapitels.
749 Vgl. Hummel, Siegfried - Männel, Wolfgang: Kostenrechnung 1...(1986), S. 255; Haberstock, Lothar: Kostenrechnung 1...(1997), S. 143.
750 Vgl. Lachnit, Laurenz: Kosten- und Leistungsrechnung...(1999), S. 48; Reichard, Christoph: Betriebswirtschaftslehre...(1987), S. 322; Rau, Thomas: Betriebswirtschaftslehre...(1994), S. 399.

- Ermittlung der Selbstkosten zwecks Preis- respektive Gebührenkalkulation;
- Kostenkalkulationen als Diskussionsbasis für die politischen Mandatsträger und die Verwaltungsführung bezüglich der Gewolltheit entsprechender öffentlicher Leistungen;[751]
- Kalkulation innerbehördlicher oder zwischenbehördlicher Verrechnungspreise;
- Kostenkalkulationen für Entscheidungen über Eigenfertigung oder Fremdbezug bzw. Auslagerungen (Privatisierungen);
- Ermittlung der Kostenhöhe für den zwischenbehördlichen Ämtervergleich;
- Kosten der Verwaltungsleistungen als Basis für eine outputorientierte Haushaltsplanung;[752]
- Rückschluß von den Kostenträgerkosten auf die Effizienz unterschiedlicher Verwaltungsverfahren;[753]
- Kostenträgerkosten zur Ermöglichung der Bewertung der Bestände an Halb- und Fertigfabrikaten;[754] dieser Aufgabe kommt jedoch in öffentlichen Verwaltungen wegen der überwiegend immateriellen Leistungserstellung lediglich eine untergeordnete Rolle zu.

Da öffentliche Verwaltungen, insbesondere die Kernverwaltungen, ihre Leistungen zumeist unentgeltlich an die Verwaltungsumwelt abgeben, soll die Kostenträgerergebnisrechnung nicht Betrachtungsobjekt dieser Untersuchung sein. Vielmehr gilt hingegen die Aufmerksamkeit der Eruierung adäquater Verfahren für die Kalkulation der Kosten verwaltungsspezifischer Endleistungen.[755] Voraussetzung für die Durchführung der Kostenträgerrechnung ist die Abbildung der von der Verwaltung erstellten Leistungen nach Art und Menge. Hierzu müssen die hervorgebrachten Leistungsarten definiert und voneinander abgegrenzt werden, wobei für die einzelnen Leistungsarten geeignete Maßgrößen zu bestimmen sind, welche die Quantifizierung der Leistungen ermöglichen.[756] Den Abschluß dieses Procedere bildet ein behördenspezifischer Leistungsartenkatalog.[757] Stehen die Leistungsarten fest, so können diesen die entstandenen Verwaltungskosten zugeordnet werden, wobei stets das Prinzip der Kostenverursachung zu befolgen ist.[758] Kostenträger sind somit die abgegrenzten Leistungen der Verwaltung, die den Ressourcenverzehr ausgelöst haben. Diese können sowohl als Vorleistungen als auch als Endleistungen auftreten.[759]

---

[751] Plastische Beispiele hierzu finden sich bei Reichard, Christoph: Betriebswirtschaftslehre...(1987), S. 322.
[752] Vgl. Gruber, Klaus: Kosten-Leistungsrechnung...(1998), S. 137.
[753] Vgl. Hummel, Siegfried - Männel, Wolfgang: Kostenrechnung 1...(1986), S. 259.
[754] Vgl. Haberstock, Lothar: Kostenrechnung 1...(1997), S. 144.
[755] Den gleichen Standpunkt vertreten auch Schwarze, Jochen - Koß, Torsten: Prozeßorientierte Kosten- und Leistungsrechnung...(1996), S. 129 – 130.
[756] In öffentlichen Verwaltungen kann die Messung der Leistungen mit erheblichen Problemen verbunden sein. Gründe hierfür sind die Immaterialität der erbrachten Dienstleistungen sowie die nicht immer gewährleistete Eruierung klarer Tätigkeitsergebnisse. Siehe hierzu Lachnit, Laurenz: Kosten- und Leistungsrechnung...(1999), S. 48.
[757] Vgl. Lachnit, Laurenz: Kosten- und Leistungsrechnung...(1999), S. 48.
[758] Vgl. Fischer, Thomas M.: Prozeßkostencontrolling...(1999), S. 116.
[759] Vgl. Haberstock, Lothar: Kostenrechnung 1...(1997), S. 143; Furch, Kristian: Kosten- und Leistungsrechnung...(1995), S. 25; Coenenberg, Adolf Gerhard: Kostenrechnung...(1999), S. 91; Klümper, Bernd u. a.: Kommunale Kosten- und Wirtschaftlichkeitsrechnung...(1995), S. 274.

Mit der Kalkulation muß der Anspruch verbunden sein, die Kosten für die Herstellung einer Verwaltungsleistung möglichst genau zu ermitteln. Entsprechend dem Verursachungsprinzip sind die Kosten dem Kostenträger primär direkt zuzurechnen (Kostenträgereinzelkosten). Ist dies nicht möglich (Kostenträgergemeinkosten), müssen die Kosten mittels Bezugsgrößen – hierzu sind direkte Bezugsgrößen zu verwenden, welche die Kosten-Leistungs-Relationen zum Ausdruck bringen – weitestgehend verursachungsgerecht oder einwirkungs- respektive beanspruchungsgerecht auf die Kostenträger verteilt werden.[760] Die in praxi angewandten zumeist groben Divisions- und Zuschlagskalkulationen können dies jedoch kaum leisten. Hierbei erfolgt eine pauschale Verteilung der Kosten, ohne die leistungswirtschaftlichen Prozesse und Verflechtungen zu beachten. Gefordert sind vielmehr Kalkulationsverfahren, welche die Kosten nach der Leistungsinanspruchnahme verrechnen. Da das Leistungsgefüge letztendlich auch das Kostengefüge bestimmt, müssen die Kalkulationsverfahren zur Abbildung der verwaltungsbetrieblichen Leistungsverflechtungen sowie der Beziehungen zwischen den Leistungen und den Kalkulationsobjekten imstande sein.[761]

## 2. Kalkulation homogener Verwaltungsleistungen mittels Divisionskalkulation

Genauso wie bei der Erwerbswirtschaft ist die Eignung existierender Kalkulationsverfahren für öffentliche Verwaltungsbetriebe primär abhängig vom jeweils praktizierten Leistungserstellungstyp.[762] Wird in der Gesamtverwaltung oder in einem Verwaltungsteilbereich ausschließlich eine einzige Leistungsart in größeren Mengen hergestellt, empfiehlt sich die Anwendung der Divisionskalkulation.[763] Im Rahmen der Divisionskalkulation werden, wie der Name schon sagt, die Gesamtkosten[764] der Abrechnungsperiode durch die in dieser Periode hervorgebrachte Leistungsmenge dividiert; man erhält so die Kosten pro Leistungseinheit (Stückkosten).[765]

Die Divisionskalkulation kann in verschiedenen Ausprägungen vorkommen, wie etwa als einfache oder mehrfache Divisionskalkulation bzw. als einstufige versus mehrstufige Divisionskalkulation. Allen Varianten ist jedoch gemein, daß sie auf einer Durchschnittsbetrachtung beruhen.[766] Eine verursachungsgerechte Zuordnung der Kosten auf die Kostenträger kann deshalb hierbei nur erfolgen, wenn sich das Kostenvolumen einer Abrechnungseinheit proportional zu den erstellten Leistungen verhält.[767]

---

[760] Vgl. Schwarze, Jochen - Koß, Torsten: Prozeßorientierte Kosten- und Leistungsrechnung...(1996), S. 130; Kloock, Josef u. a.: Kosten- und Leistungsrechnung...(1999), S. 126 – 127.

[761] Vgl. Schmidberger, Jürgen: Controlling...(1993), S. 288.

[762] Vgl. Reichard, Christoph: Betriebswirtschaftslehre...(1987), S. 323; Knöll, Heinz-Dieter: Verwaltungsökonomie...(1997), S. 58 – 62; Klümper, Bernd u. a.: Kommunale Kosten- und Wirtschaftlichkeitsrechnung...(1995), S. 276 – 294.

[763] Vgl. Kloock, Josef u. a.: Kosten- und Leistungsrechnung...(1999), S. 132; Hummel, Siegfried - Männel, Wolfgang: Kostenrechnung 1...(1986), S. 268; Coenenberg, Adolf Gerhard: Kostenrechnung...(1999), S. 92; Kilger, Wolfgang: Kostenrechnung...(1992), S. 306; Rau, Thomas: Betriebswirtschaftslehre...(1994), S. 401; Klümper, Bernd u. a.: Kommunale Kosten- und Wirtschaftlichkeitsrechnung...(1995), S. 276; Knöll, Heinz-Dieter: Verwaltungsökonomie...(1997), S. 58.

[764] Hierbei erfolgt keine Differenzierung zwischen Einzel- und Gemeinkosten. Vgl. Haberstock, Lothar: Kostenrechnung 1...(1997), S. 132; Hummel, Siegfried - Männel, Wolfgang: Kostenrechnung 1...(1986), S. 268.

[765] Vgl. Haberstock, Lothar: Kostenrechnung 1...(1997), S. 148; Kloock, Josef u. a.: Kosten- und Leistungsrechnung...(1999), S. 132 – 133.

[766] Vgl. Coenenberg, Adolf Gerhard: Kostenrechnung...(1999), S. 92.

[767] Vgl. Haberstock, Lothar: Kostenrechnung 1...(1997), S. 149; Knöll, Heinz-Dieter: Verwaltungsökonomie...(1997), S. 59.

Im Umkehrschluß bedeutet dies die völlig gleiche Ressourceninanspruchnahme durch die erstellten Leistungseinheiten.[768] Die einfache Divisionskalkulation gilt als adäquates Kalkulationsverfahren für jene Verwaltungsbetriebe, welche nur eine homogene Verwaltungsendleistungsart in großen Mengen erbringen. Dies ist bei kommunalen Versorgungsbetrieben häufig der Fall. Elektrizitäts- und Wasserwerke erstellen in der Regel völlig gleichartige Leistungseinheiten; konkret: kwh Strom und cbm Wasser. Bei den Kernverwaltungen hingegen kann die Erstellung einer einzigen homogenen Endleistungsart eher als Ausnahme angesehen werden. Neben der Homogenität der Leistungseinheiten dürfen sich für die Anwendbarkeit der einfachen Divisionskalkulation keine Bestände an Halb- und Fertigerzeugnissen ergeben, zumindest aber muß ihr Bestand konstant bleiben.[769] Diese Voraussetzung ist bei öffentlichen Verwaltungen weitgehend erfüllt, da es sich bei den verwaltungsbetrieblichen Leistungen vorwiegend um Dienstleistungen handelt, welche nicht lagerfähig[770] sind.[771] Demzufolge erübrigt sich auch eine Diskussion hinsichtlich der Eignung der einstufigen versus mehrstufigen Divisionskalkulation.[772]

Die mehrfache Divisionskalkulation ist im Gegensatz zur einfachen Divisionskalkulation dann anzuwenden, wenn verschiedene Verwaltungsendleistungen in jeweils voneinander unabhängigen Verwaltungsteilbereichen erbracht werden.[773] Bezüglich der einzelnen Abrechnungsbereiche sind die Leistungseinheiten unterschiedlich, innerhalb jedes Abrechnungsbereichs jedoch völlig homogen. Demnach wird bei der mehrfachen Divisionskalkulation der Rechenprozeß der Divisionskalkulation mehrfach, also jeweils separat für die einzelnen Verwaltungsteilbereiche durchgeführt.[774] Diese Art von Leistungserstellungstyp ist in öffentlichen Verwaltungen nicht selten anzutreffen. Beispielsweise erstellt die eine Steuerabteilung einer Kommune (Groß-

[768] Vgl. Klümper, Bernd u. a.: Kommunale Kosten- und Wirtschaftlichkeitsrechnung...(1995), S. 276.

[769] Vgl. Coenenberg, Adolf Gerhard: Kostenrechnung...(1999), S. 92; Knöll, Heinz-Dieter: Verwaltungsökonomie...(1997), S. 58; Kilger, Wolfgang: Kostenrechnung...(1992), S. 306; Klümper, Bernd u. a.: Kommunale Kosten- und Wirtschaftlichkeitsrechnung...(1995), S. 277.

[770] Lagerfähig ist jedoch beispielsweise der Trinkwasservorrat im kommunalen Wasserwerk. Aber auch hier läßt sich die einfache Divisionskalkulation anwenden, da der Wasservorrat im Zeitablauf nur geringen Schwankungen unterworfen ist. Vgl. Klümper, Bernd u. a.: Kommunale Kosten- und Wirtschaftlichkeitsrechnung...(1995), S. 277.

[771] Vgl. Liebe, Rüdiger: Kosten- und Leistungsrechnung...(1999), S. 183; Klümper, Bernd u. a.: Kommunale Kosten- und Wirtschaftlichkeitsrechnung...(1995), S. 277.

[772] Es bedarf einer mehrstufigen Divisionskalkulation, falls in irgend einer Art und Weise Veränderungen bei den Lagerbeständen stattfinden. Dies trifft jedoch für öffentliche Verwaltungen, wenn überhaupt, nur graduell zu. Exemplarisch hierfür wäre die Ausstattung an Büromaterial zu nennen, das jedoch aus Gründen der Geringfügigkeit und der sehr begrenzten Volatilität vernachlässigt werden kann. Somit vermag die mehrstufige Divisionskalkulation für öffentliche Verwaltungen keine wesentlich genaueren Kostendaten zu liefern als die einstufige Divisionskalkulation und wird deshalb den Fortgang dieser Untersuchung nicht weiter tangieren. Die begrenzte Einsetzbarkeit der mehrstufigen Divisionskalkulation in öffentlichen Verwaltungen belegen ebenfalls die Ausführungen von Klümper, Bernd u. a.: Kommunale Kosten- und Wirtschaftlichkeitsrechnung...(1995), S. 280. Bezüglich der Erfordernis der Anwendung der mehrstufigen Divisionskalkulation siehe Kloock, Josef u. a.: Kosten- und Leistungsrechnung...(1999), S. 133; Hummel, Siegfried – Männel, Wolfgang: Kostenrechnung 1...(1986), S. 269 – 271; Haberstock, Lothar: Kostenrechnung 1...(1997), S. 149 – 151 und Knöll, Heinz-Dieter: Verwaltungsökonomie...(1997), S. 59 – 60.

[773] Vgl. Klümper, Bernd u. a.: Kommunale Kosten- und Wirtschaftlichkeitsrechnung...(1995), S. 277; Hummel, Siegfried - Männel, Wolfgang: Kostenrechnung 1...(1986), S. 269.

[774] Vgl. Hummel, Siegfried - Männel, Wolfgang: Kostenrechnung 1...(1986), S. 269; Klümper, Bernd u. a.: Kommunale Kosten- und Wirtschaftlichkeitsrechnung...(1995), S. 277.

stadt) nur Gewerbesteuerbescheide, die andere hingegen befaßt sich ausschließlich mit der Erstellung von Grundsteuerbescheiden. Eine weitere Abteilung widmet sich der Ausstellung von Führerscheinen, wobei diese zum Ordnungsamt gehört. *Klümper* führt für den Anwendungsbereich der mehrfachen Divisionskalkulation exemplarisch die Leerung von Mülltonnen unterschiedlicher Größen sowie die Fahrbahnreinigung in Abgrenzung zur Vollreinigung an.[775]

Die Anwendbarkeit der mehrfachen Divisionskalkulation wird beträchtlich eingeschränkt, wenn die einzelnen Leistungsteilbereiche gemeinsam zentrale Dienste von bereichsübergreifenden Leistungseinheiten, wie etwa den Querschnittämtern[776] in Anspruch nehmen. Der Kostenanfall für solche Leistungen ist auf die empfangenden Leistungsbereiche entsprechend anteilig weiterzuwälzen, wozu die Divisionskalkulation nicht imstande ist. In der Praxis verteilt man diese Gemeinkosten primär prozentual nach bestimmten Verrechnungsgrößen. Diese Verrechnungsprozedur ist aber in Wissenschaft und Praxis nicht gerade unumstritten. Das der mehrfachen Divisionskalkulation anhaftende Defizit bezüglich der Gemeinkostenverteilung muß sich der Kostenrechner unbedingt ins Bewußtsein rufen, worauf *Männel* entsprechend hinweist.[777]

Bislang zielten die Ausführungen zur Divisionskalkulation auf die Verwaltungsendleistungen ab, welche für die Verwaltungsumwelt bestimmt sind. Voraussetzung für die Anwendbarkeit des soeben diskutierten Kalkulationsverfahrens war dabei stets die Existenz homogener Endleistungen. Erstellt die Verwaltung komplexe, heterogene Endleistungen in einem mehrstufigen Leistungserstellungsprozeß, was in der Regel auch der Fall ist, muß zur Kalkulation dieser Verwaltungsleistungen die Divisionskalkulation aus dem zuvor genannten Grund ausscheiden. Dies wird ebenfalls in der einschlägigen Literatur zu Recht so gesehen. Für die Verwaltungsendleistungen als komplexe Leistungsbündel sind zumeist eine Fülle von Vor- respektive Teilleistungen erforderlich. Die Erbringung der Teilleistungen erfolgt dabei in den unterschiedlichsten Verwaltungsbereichen (Verwaltungskostenstellen). Während die Endleistungen der Gesamtverwaltung heterogen sind, können die Teilleistungen einzelner Verwaltungsbereiche durchaus homogene Züge aufweisen und somit die Voraussetzungen für die Divisionskalkulation erfüllen. Erbringen die verschiedenen Verwaltungskostenstellen zum Zwecke der heterogenen Gesamtleistungen jeweils homogene Kostenstellenleistungen (Vor- oder Teilleistungen), so ist in diesem Falle die Division der Kosten durch die Leistungsmengen innerhalb der Verwaltungsteilbereiche zu propagieren. Gemäß dem Baukastensystem lassen sich sodann die einzelnen Module (Verwaltungsteilleistungen) mit den jeweiligen Kosten zu komplexen Endleistungen sowie deren Gesamtkosten aggregieren. Nach diesem Prinzip operiert man auch im System der Prozeßkostenrechnung,[778] welche ihrem Wesen nach eine

775 Vgl. Klümper, Bernd u. a.: Kommunale Kosten- und Wirtschaftlichkeitsrechnung...(1995), S. 278.

776 Das Personalamt als klassisches Querschnittamt erbringt fast für alle anderen Bereiche Leistungen. Aber auch eine zentrale DV-Abteilung läßt sich hierfür anführen.

777 Siehe hierzu Hummel, Siegfried - Männel, Wolfgang: Kostenrechnung 1...(1986), S. 269.

778 Siehe hierzu insbesondere Weiß, Dietmar: Prozeßkostenrechnung...(1999), S. 546; Buchner, Holger – Maurer, Christof: Prozeßkostenmanagement...(1999), S. 85 und Fischer, Thomas M.: Prozeßkostencontrolling...(1999), S. 117.

Divisionskalkulation ist. Für standardisierte Leistungen mit repetitivem Charakter[779] werden hierbei die Kosten pro Leistungseinheit (Prozeßkostensatz) mittels Division der Prozeßkosten durch die Prozeßmenge errechnet.[780] Die so für jede Kostenstelle ermittelten Prozeßkostensätze bilden die Voraussetzung für die Berechnung der Kosten der kostenstellenübergreifenden Hauptprozesse, in denen sich die komplexen (Verwaltungs-)Endleistungen widerspiegeln.[781] Durch Multiplikation der für die Kostenträger notwendigen Prozeßmengen mit den entsprechenden Prozeßkostensätzen gelangt man schließlich zu den Kosten der komplexen Endleistungen der Verwaltung.[782]

Erbringen Verwaltungen oder Verwaltungsteilbereiche nicht homogene, sondern ähnliche Leistungseinheiten, kann eine Divisionskalkulation in Reinform keine aussagefähigen Kostendaten generieren und muß deshalb zu einer Äquivalenzziffernrechnung modifiziert werden.[783] Die Äquivalenzziffernrechnung gilt als Variante der Divisionskalkulation, bei der die Kosten durch bestimmte Recheneinheiten anstatt der sonst üblichen Leistungseinheiten dividiert werden.[784] Der zentrale Unterschied zur Divisionskalkulation ist in der Ausrichtung auf mehrere Leistungsarten zu sehen, wobei aber ebenfalls auf eine Separierung von Kostenträgereinzelkosten und Kostenträgergemeinkosten verzichtet wird.[785] Das Verfahren der Äquivalenzziffernrechnung erfährt in der einschlägigen Literatur eine ausführliche Deskription, auf welche an dieser Stelle zu verweisen ist.[786] Während die Kosten für die Leistungseinheiten unterschiedlich sind, müssen zwischen den Leistungseinheiten konstante Kostenrelationen vorherrschen, um die Voraussetzungen für die Anwendbarkeit der Äquivalenzziffernkalkulation erfüllen zu können. Die Kostenrelationen finden in speziellen Verhältniszahlen, den Äquivalenzziffern, eine entsprechende Berücksichtigung bei der Kalkulation der verschiedenen Leistungsarten.[787] Demgemäß sollten die Leistungsarten nur geringfügig divergieren und somit ähnliche Kostenstrukturen aufweisen.[788] Exemplarisch wäre hierbei an die Anmeldung versus Abmeldung des Wohnsitzes beim Einwohnermeldeamt zu denken. Ebenfalls bietet sich die Bearbeitung von Erstanträgen versus Folgeanträgen im Rahmen des Bundesausbildungsförde-

[779] Siehe hierzu Haiber, Thomas – Dunker, Klaus: Kostenmanagement...(1995), S. 487; Coenenberg, Adolf Gerhard: Kostenrechnung...(1999), S. 225 und Fischer, Thomas M.: Prozeßkostencontrolling...(1999), S. 117.

[780] Vgl. Fischer, Thomas M.: Prozeßkostencontrolling...(1999), S. 119; Zimmermann, Gebhard – Grundmann Ralf: Prozeßkostenrechnung...(1996), S. 111.

[781] Vgl. Zimmermann, Gebhard – Grundmann Ralf: Prozeßkostenrechnung...(1996), S. 110 – 111.

[782] Vgl. Fischer, Thomas M.: Prozeßkostencontrolling...(1999), S. 120; Zimmermann, Gebhard – Grundmann Ralf: Prozeßkostenrechnung...(1996), S. 112.

[783] Vgl. Klümper, Bernd u. a.: Kommunale Kosten- und Wirtschaftlichkeitsrechnung...(1995), S. 280.

[784] Vgl. Kloock, Josef u. a.: Kosten- und Leistungsrechnung...(1999), S. 137 - 138; Hummel, Siegfried - Männel, Wolfgang: Kostenrechnung 1...(1986), S. 276 – 278; Haberstock, Lothar: Kostenrechnung 1...(1997), S. 148 – 155.

[785] Vgl. Hummel, Siegfried - Männel, Wolfgang: Kostenrechnung 1...(1986), S. 275 – 276; Kloock, Josef u. a.: Kosten- und Leistungsrechnung...(1999), S. 137.

[786] Siehe hierzu Hummel, Siegfried - Männel, Wolfgang: Kostenrechnung 1...(1986), S. 275 – 283; Kloock, Josef u. a.: Kosten- und Leistungsrechnung...(1999), S. 137 – 140 und Haberstock, Lothar: Kostenrechnung 1...(1997), S. 153 – 157.

[787] Vgl. Klümper, Bernd u. a.: Kommunale Kosten- und Wirtschaftlichkeitsrechnung...(1995), S. 280; Haberstock, Lothar: Kostenrechnung 1...(1997), S. 153; Kloock, Josef u. a.: Kosten- und Leistungsrechnung...(1999), S. 137; Hummel, Siegfried - Männel, Wolfgang: Kostenrechnung 1...(1986), S. 277.

[788] Vgl. Hummel, Siegfried - Männel, Wolfgang: Kostenrechnung 1...(1986), S. 276 – 277.

rungsgesetzes durch das Studentenwerk an. Darüber hinaus lassen sich etliche andere Beispiele nennen, deren Eignung für die Äquivalenzziffernrechnung im konkreten Fall situationsabhängig durch die jeweilige Verwaltung zu prüfen ist. *Klümper* greift auf das vorhin bereits bei der mehrfachen Divisionskalkulation gebrachte Beispiel der Entleerung von Mülltonnen unterschiedlicher Größen zurück. Die Leerung einer 50-Liter Mülltonne verursacht 25 % weniger Kosten als die Leerung einer 100-Liter Mülltonne, wohingegen die Leerung eines Großbehälters 20 % mehr Kosten verursacht. Infolgedessen ergeben sich Äquivalenzziffern von 0,75 – 1 – 1,2, welche die Basis für die Kalkulation dieser unterschiedlichen Leistungsarten bilden.[789]

### 3. Kalkulation komplexer repetierender Verwaltungsleistungen bzw. -hauptprozesse

#### a) Vermeidung wertmäßiger Zuschläge

Für heterogene Leistungsarten, wofür mehrstufige, komplexe sowie vor allem sehr unterschiedliche Leistungserstellungsprozesse erforderlich sind, können mittels der Divisionskalkulation keine zutreffenden und somit verwertbaren Kosten(träger)daten generiert werden.[790] Dies dürfte in öffentlichen Verwaltungen der Regelfall sein. Bei Vorliegen eines dem Grunde nach solchen Leistungserstellungstyps, insbesondere bei Einzel- oder Serienfertigung, verteilt man in der Erwerbswirtschaft traditionell die Gemeinkosten mittels wertmäßigen Zuschlägen auf die Kostenträger.[791] Das in vielen Lehrbüchern und in der Praxis weit verbreitete Kalkulationsverfahren der Zuschlagskalkulation differenziert im Gegensatz zur Divisionskalkulation zwischen Kostenträgereinzelkosten und Kostenträgergemeinkosten, wobei letztere den ersteren durch prozentuale Zuschläge hinzugerechnet werden.[792] Ohne Rücksicht darauf, ob die Zuschlagskalkulation den verwaltungsbetrieblichen Erfordernissen gerecht wird, hat man dieses Verfahren von der Erwerbswirtschaft in die Gemeinwirtschaft übernommen und die einschlägige Literatur propagiert zu einem großen Teil sogar noch bis in die Gegenwart die Anwendung der Zuschlagskalkulation im öffentlichen Sektor.[793]

Der Zurechnung der Gemeinkosten durch wertmäßige Zuschläge auf die Kostenträger muß kritisch entgegengehalten werden, daß hierbei nicht die tatsächliche Inanspruchnahme der verwaltungsbetrieblichen Ressourcen berücksichtigt und schon gar nicht das Verursachungsprinzip befolgt wird.[794] Denn die verwendeten Zuschlagsba-

---

[789] Vgl. hierzu ausführlich Klümper, Bernd u. a.: Kommunale Kosten- und Wirtschaftlichkeitsrechnung...(1995), S. 280 – 281.

[790] Vgl. Klümper, Bernd u. a.: Kommunale Kosten- und Wirtschaftlichkeitsrechnung...(1995), S. 285; Haberstock, Lothar: Kostenrechnung 1...(1997), S. 157; Knöll, Heinz-Dieter: Verwaltungsökonomie...(1997), S. 61.

[791] Vgl. Haberstock, Lothar: Kostenrechnung 1...(1997), S. 157; Kloock, Josef u. a.: Kosten- und Leistungsrechnung...(1999), S. 143.

[792] Siehe ausführlich zum Verfahren der Zuschlagskalkulation Hummel, Siegfried - Männel, Wolfgang: Kostenrechnung 1...(1986), S. 283 – 301; Haberstock, Lothar: Kostenrechnung 1...(1997), S. 157 – 163 und Kloock, Josef u. a.: Kosten- und Leistungsrechnung...(1999), S. 143 – 150.

[793] Siehe hierzu exemplarisch Klümper, Bernd u. a.: Kommunale Kosten- und Wirtschaftlichkeitsrechnung...(1995), S. 285; Knöll, Heinz-Dieter: Verwaltungsökonomie...(1997), S. 61; Rau, Thomas: Betriebswirtschaftslehre...(1994), S. 407 und Reichard, Christoph: Betriebswirtschaftslehre...(1987), S. 323.

[794] Vgl. Kloock, Josef u. a.: Kosten- und Leistungsrechnung...(1999), S. 147; Fischer, Thomas M.: Prozeßkostencontrolling...(1999), S. 119; Zimmermann, Gebhard – Grundmann Ralf: Prozeß-

sen sind nicht diejenigen Größen, welche die Gemeinkosten in ihrer Höhe determinieren.[795] Es wird dabei eine proportionale Beziehung zwischen den Gemeinkosten und den Zuschlagsbasen – häufig dienen hierfür die Einzelkosten – fingiert, die in der Realität nur äußert selten anzutreffen ist.[796] Die ohne Rücksicht auf leistungswirtschaftliche Prozesse proportional zu einer Wertbasis (z. B. Personaleinzelkosten) durchgeführte Verteilung der Gemeinkosten auf die Kostenträger kann weitreichende Fehlsteuerungen zur Folge haben, da in diesem Falle die Kostenrechnung keine entscheidungsfundierenden Daten zu liefern vermag.[797] Beispielsweise sind in öffentlichen und privaten Verwaltungen die Sachkosten für eine bestimmte Leistung nicht von der Höhe der Personalkosten abhängig, sondern von der Anzahl der Aufträge oder der Komplexität der erbrachten Leistungsart.[798] So haben erstellte Leistungen des öfteren überproportional viele Kosten zu tragen, obwohl sie die Gemeinkostenbereiche nur wenig belasten. Dieser Fall ist in der Verwaltungspraxis bei den öffentlichen Bibliotheken nicht gerade unbekannt. Trotz der durch die Bibliotheken nur marginalen Inanspruchnahme von Leistungen der jeweils übergeordneten Abteilung bzw. Hauptverwaltung, werden deren Kosten in einem beträchtlichen Ausmaß auf die Leistungen der Bibliotheken umgelegt.[799] Solange die Gemeinkosten nur einen geringen Part der Gesamtkosten ausmachen, kommen die Schwächen der Zuschlagskalkulation nur begrenzt zum Tragen.[800]

Öffentliche Verwaltungen erbringen jedoch überwiegend Dienstleistungen. Dazu bedarf es vorrangig planender, steuernder, informierender, überwachender, koordinierender und vorbereitender Tätigkeiten, was einen enormen Gemeinkostenblock zur Folge hat. Außerdem sind bei den administrativen Tätigkeiten die Kosten nicht immer direkt abhängig vom erbrachten Output respektive nicht unbedingt systematisch mit der Leistungsmenge verknüpft.[801] Dies erklärt in unmißverständlicher Weise die sehr eingeschränkte Eignung traditioneller Kostenrechnungsverfahren im öffentlichen Sektor, wobei insbesondere der hohe Gemeinkostenanteil gegen ein Operieren mit wertmäßigen Zuschlägen spricht.[802] Somit sind wertmäßige Zuschläge in der Ge-

kostenrechnung...(1996), S. 107; Horváth, Péter - Mayer, Reinhold: Prozeßkostenrechnung...(1989), S. 215; Zimmermann, Gebhard: Leistungsfähigkeit...(1993), S. 172; Nau, Hans-Rainer - Wallner, Gerhard: Verwaltungs-Controlling...(1998), S. 222; Franz, Klaus-Peter: Prozeßkostenrechnung...(1990), S. 128.

795 Vgl. Zimmermann, Gebhard – Grundmann Ralf: Prozeßkostenrechnung...(1996), S. 107; Zimmermann, Gebhard: Leistungsfähigkeit...(1993), S. 172.

796 Vgl. Hummel, Siegfried - Männel, Wolfgang: Kostenrechnung 1...(1986), S. 286, 299; Knöll, Heinz-Dieter: Verwaltungsökonomie...(1997), S. 61.

797 Vgl. Fischer, Thomas M.: Prozeßkostencontrolling...(1999), S. 119; Schmidberger, Jürgen: Controlling...(1993), S. 288; Horváth, Péter – Mayer, Reinhold: Prozeßkostenrechnung...(1989), S. 215; Nau, Hans-Rainer - Wallner, Gerhard: Verwaltungs-Controlling...(1998), S. 222 – 223.

798 Vgl. Fischer, Thomas M.: Prozeßkostencontrolling...(1999), S. 119 – 120; Gruber, Klaus: Kosten-Leistungsrechnung...(1998), S. 142.

799 Vgl. Nau, Hans-Rainer - Wallner, Gerhard: Verwaltungs-Controlling...(1998), S. 222 – 223.

800 Vgl. Haberstock, Lothar: Kostenrechnung 1...(1997), S. 163; Zimmermann, Gebhard: Leistungsfähigkeit...(1993), S. 173.

801 Vgl. Zimmermann, Gebhard – Grundmann Ralf: Prozeßkostenrechnung...(1996), S. 107; Zimmermann, Gebhard: Leistungsfähigkeit...(1993), S. 173; Gruber, Klaus: Kosten-Leistungsrechnung...(1998), S. 142.

802 Vgl. Haberstock, Lothar: Kostenrechnung 1...(1997), S. 163; Zimmermann, Gebhard: Leistungsfähigkeit...(1993), S. 173.

meinwirtschaft grundsätzlich abzulehnen und statt dessen prozeßorientierte Kostenbelastungen im Sinne einer möglichst genauen Kalkulation zu propagieren.[803]

**b) Prozeß- respektive leistungsorientierte Kalkulation**

Eine Kalkulation mittels Prozeßkosten bietet sich prinzipiell an, wenn die betreffenden Institutionen heterogene Leistungsarten erstellen, welche die Ressourcen unterschiedlich in Anspruch nehmen.[804] Im Gegensatz zu traditionellen Kostenrechnungssystemen erfolgt bei der prozeßorientierten Kalkulation die Verrechnung der fixen Gemeinkosten auf die Kostenträger nicht durch indirekte, wertmäßige Bezugsgrößen, sondern auf der Basis erbrachter und in Anspruch genommener Leistungen.[805] Hierzu ist es erforderlich, Bezugsgrößen zu eruieren, welche die Leistung einer Verwaltungskostenstelle zum Ausdruck bringen und gleichzeitig eine einwirkungs- oder beanspruchungsgerechte Zuordnung auf die Verwaltungsendleistung erlauben.[806] Dadurch werden die viel gescholtenen pauschalen respektive willkürlichen Gemeinkostenschlüsselungen vermieden und infolgedessen weitreichende Fehlentscheidungen verhindert.[807]

Bei der prozeßorientierten Kalkulation erfolgt die Zuordnung der Kosten für die erbrachten Leistungen der Verwaltungskostenstellen auf den Kostenträger (Verwaltungsendleistung) unmittelbar über die eruierten Prozeßkostensätze (siehe Abbildung 2-14) entsprechend der Prozeßinanspruchnahme.[808] Diese leistungsorientierte bzw. mengenorientierte Verrechnung der Kostenstellenkosten auf die Kostenträger

---

[803] Die Meinung des Verfassers vertreten ebenfalls Zimmermann, Gebhard – Grundmann Ralf: Prozeßkostenrechnung...(1996), S. 108; Schmidberger, Jürgen: Controlling...(1993), S. 288; Franz, Klaus-Peter: Prozeßkostenrechnung...(1990), S. 128; Nau, Hans-Rainer - Wallner, Gerhard: Verwaltungs-Controlling...(1998), S. 223; Fischer, Thomas M.: Prozeßkostencontrolling...(1999), S. 120; Haiber, Thomas: Controlling...(1997), S. 325 – 326; Gruber, Klaus: Kosten-Leistungsrechnung...(1998), S. 142; Fischer, Thomas M.: Kostenmanagement...(1997), S. 156; Schwarze, Jochen - Koß, Torsten: Prozeßorientierte Kosten- und Leistungsrechnung...(1996), S. 160; Zimmermann, Gebhard: Leistungsfähigkeit...(1993), S. 178; Zimmermann, Gebhard: Kostenrechnung...(1992), S. 197 – 198; Zimmermann, Gebhard: Prozeßorientierte Kostenrechnung...(1994), S. 72; Furch, Kristian: Kosten- und Leistungsrechnung...(1995), S. 21; Lachnit, Laurenz: Kosten- und Leistungsrechnung...(1999), S. 49 und Haiber, Thomas – Dunker, Klaus: Kostenmanagement...(1995), S. 485.

[804] Vgl. Remer, Detlef: Prozeßkostenrechnung...(1997), S. 185; Mayer, Reinhold: Prozeßkostenrechnung...(1998), S. 16.

[805] Vgl. Furch, Kristian: Kosten- und Leistungsrechnung...(1995), S. 21; Zimmermann, Gebhard: Leistungsfähigkeit...(1993), S. 178; Zimmermann, Gebhard: Kostenrechnung...(1992), S. 198; Zimmermann, Gebhard – Grundmann Ralf: Prozeßkostenrechnung...(1996), S. 114; Schmidberger, Jürgen: Controlling...(1993), S. 288, 290.

[806] Vgl. Kloock, Josef u. a.: Kosten- und Leistungsrechnung...(1999), S. 126 – 127; Schmidberger, Jürgen: Controlling...(1993), S. 290; Furch, Kristian: Kosten- und Leistungsrechnung...(1995), S. 21; Zimmermann, Gebhard: Leistungsfähigkeit...(1993), S. 178; Fischer, Thomas M.: Kostenmanagement...(1997), S. 152 – 153; Haiber, Thomas – Dunker, Klaus: Kostenmanagement...(1995), S. 485.

[807] Vgl. Nau, Hans-Rainer - Wallner, Gerhard: Verwaltungs-Controlling...(1998), S. 222 – 223; Fischer, Thomas M.: Kostenmanagement...(1997), S. 157; Fischer, Thomas M.: Prozeßkostencontrolling...(1999), S. 120; Zimmermann, Gebhard – Grundmann Ralf: Prozeßkostenrechnung...(1996), S. 108.

[808] Vgl. Zimmermann, Gebhard: Leistungsfähigkeit...(1993), S. 191; Remer, Detlef: Prozeßkostenrechnung...(1997), S. 187; Schwarze, Jochen - Koß, Torsten: Prozeßorientierte Kosten- und Leistungsrechnung...(1996), S. 160; Fischer, Thomas M.: Kostenmanagement...(1997), S. 156; Fischer, Thomas M.: Prozeßkostencontrolling...(1999), S. 120.

ermöglicht wesentlich genauere Kalkulationen der Verwaltungsleistungen als die Verwendung wertmäßiger Zuschläge und gewährleistet so die Generierung fundierter Kosteninformationen für anstehende Entscheidungen.[809] Aber auch die Prozeßkostenrechnung vermag es nicht zu leisten, die Gemeinkostenanteile verursachungsgerecht auf die Verwaltungsleistungen zu verrechnen, was in der einschlägigen Literatur des öfteren fälschlicherweise so dargestellt wird.[810]

Abbildung 2-14

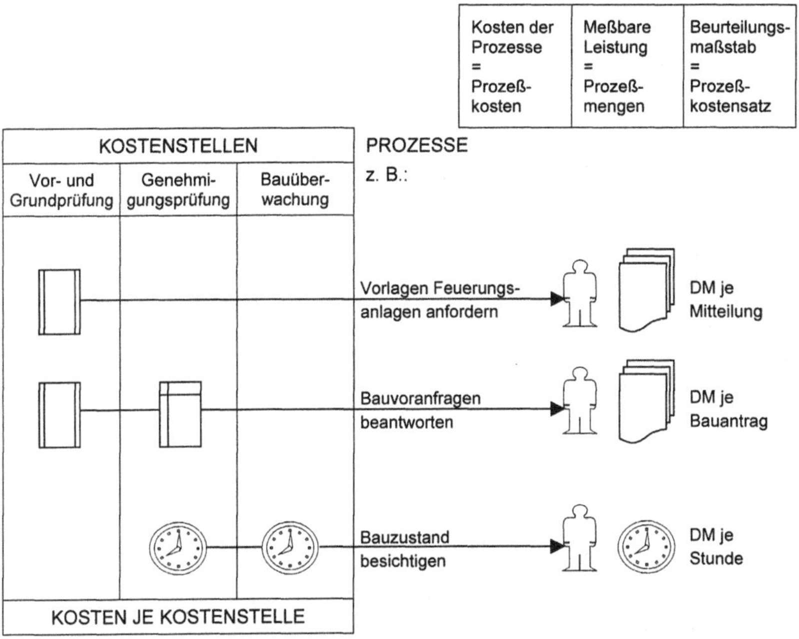


Geringfügig modifiziert entnommen aus Zimmermann, Gebhard: Leistungsfähigkeit...(1993), S. 179.

Die Prozeßkostenrechnung zielt auf den Beziehungszusammenhang zwischen Ressourcen, Prozessen und Ergebnissen ab. Ergebnisse (Verwaltungsleistungen) beanspruchen Prozesse, welche wiederum Ressourcen erfordern. Der Kostenanfall für die Ressourcenbereitstellung und –nutzung (Kostenstellenkosten) wird deshalb zunächst auf die Prozesse verrechnet und von dort aus weiter auf die Kostenträger.

[809] Vgl. Ebert, Günter – Steinhübel, Volker: Controlling...(1997), S. 253; Zimmermann, Gebhard – Grundmann Ralf: Prozeßkostenrechnung...(1996), S. 108; Fischer, Thomas M.: Kostenmanagement...(1997), S. 157; Fischer, Thomas M.: Prozeßkostencontrolling...(1999), S. 120. In der letztgenannten Quelle finden sich konkrete Beispiele für Entscheidungssituationen, für welche die prozeßorientierte Kalkulation wertvolle Kosteninformationen zu liefern vermag.

[810] Siehe hierzu unter anderem Nau, Hans-Rainer - Wallner, Gerhard: Verwaltungs-Controlling...(1998), S. 223; Zimmermann, Gebhard – Grundmann Ralf: Prozeßkostenrechnung...(1996), S. 108; Schwarze, Jochen - Koß, Torsten: Prozeßorientierte Kosten- und Leistungsrechnung...(1996), S. 160; Furch, Kristian: Kosten- und Leistungsrechnung...(1995), S. 21 und Gruber, Klaus: Kosten-Leistungsrechnung...(1998), S. 142.

Abbildung 2-14 verdeutlicht die Beziehungen zwischen den Ressourcen, Prozessen und Verwaltungsleistungen für ein Bauordnungsamt.

Man sieht, daß für das Kalkulationsobjekt Bauantrag diverse Prozesse erforderlich sind, wie etwa die Anforderung bestimmter Unterlagen oder die Besichtigung des Bauzustandes, für deren Erbringung es wiederum verschiedener Kostenstellen (z. B. Vor- und Grundprüfung, Genehmigungsprüfung oder Bauüberwachung) und den darin gebundenen Ressourcen (z. B. Personal) bedarf. Beispielsweise sind bei der Besichtigung des Bauzustandes die Kostenstellen Genehmigungsprüfung und Bauüberwachung beteiligt. Die Kosten für das benötigte Personal und anderer Ressourcen dieser Kostenstellen werden deshalb entsprechend auf den Prozeß „Bauzustand besichtigen" verrechnet und von dort aus weiter auf die Endleistung „Abwicklung eines Bauantrages". Das Beispiel „Besichtigung des Bauzustandes" gibt ebenfalls deutlich zu erkennen, daß Prozesse nicht nur kostenstellenbezogen, sondern auch kostenstellenübergreifend ablaufen können.

Die Prozeßkostenrechnung ist ihrem Wesen nach eine Divisionskalkulation, weshalb deren Anwendbarkeit das Vorliegen repetitiver Prozesse voraussetzt, worauf die Ausführungen zur Divisionskalkulation bereits hinweisen. Nur unter dieser Prämisse können Prozeßkostensätze verläßliche Kosteninformationen widerspiegeln und eine adäquate Verrechnung der Prozeßkosten auf die Kalkulationsobjekte ermöglichen.[811] Da in öffentlichen Verwaltungen weitgehend formalisierte, sich wiederholende Tätigkeiten bzw. Prozesse ablaufen, kann die Erfüllung der Voraussetzung für den Einsatz der Prozeßkostenrechnung grundsätzlich bejaht werden.[812]

Zur Kalkulation der Kosten für die Verwaltungsleistungen dient das Kennzahlengerüst der Teil- und Hauptprozesse.[813] Dabei werden die Prozeßkosten mittels Prozeßkostensätzen und Prozeßmengen den Kalkulationsobjekten angelastet. Es sind deshalb die Teilprozesse zu Hauptprozessen zu aggregieren, welche gleichzeitig die Verwaltungsleistungsarten verkörpern.[814] Diese Vorgehensweise entspricht dem vorhin bei der Divisionskalkulation erwähnten Baukastenprinzip.[815] Während innerhalb der Verwaltungskostenstellen annähernd gleiche Leistungsarten hervorgehen, stellen die kostenstellenübergreifenden Verwaltungsendleistungen verschiedenartige und zumeist komplexe Leistungsbündel dar. Demgemäß ist die Ermittlung der Prozeßkostensätze, welche die Kosten für die einmalige Durchführung eines Prozesses aufzeigen, mittels Division der Prozeßkosten durch die Prozeßmenge durchaus legitim und es können ferner die Kosten der einzelnen Module (Prozeßkostensätze) durch die Nutzung der Kombinatorik zu den Gesamtkosten der Verwaltungsendleistungen verdichtet werden. Diese Prozedur ermöglicht dem Kostenrechner eine einigermaßen genaue Bestimmung der Kosten verschiedenartig komplexer Varianten von verwaltungsbetrieblichen Endleistungen.[816] Bezüglich der Kostenkalkulation unter-

[811] Vgl. Remer, Detlef: Prozeßkostenrechnung...(1997), S. 186; Coenenberg, Adolf Gerhard: Kostenrechnung...(1999), S. 225 – 226.
[812] Vgl. Zimmermann, Gebhard: Leistungsfähigkeit...(1993), S. 178.
[813] Vgl. Zimmermann, Gebhard: Leistungsfähigkeit...(1993), S. 191.
[814] Vgl. Lachnit, Laurenz: Kosten- und Leistungsrechnung...(1999), S. 50.
[815] Siehe hierzu die entsprechenden Ausführungen bei der Divisionskalkulation.
[816] Vgl. Coenenberg, Adolf Gerhard: Kostenrechnung...(1999), S. 236.

schiedlicher Varianten öffentlicher Leistungen sei hier auf *Zimmermann* verwiesen.[817] Konkret ergeben sich die Kosten je Kostenträger respektive Hauptprozeß durch Multiplikation der Prozeßkostensätze mit den vom Kostenträger beanspruchten Prozeßmengen.[818] Hierzu ist es erforderlich, die Beziehungszusammenhänge zwischen den Verwaltungsendleistungen und den dafür benötigten Prozessen zu eruieren.[819] Dies wird in öffentlichen Verwaltungen, insbesondere in indirekten Bereichen oder Querschnittämtern, nicht immer gelingen.[820] Denn nicht alle ablaufenden Prozesse weisen einen unmittelbaren Bezug zu den Endleistungen auf. Vor allem bei den Leistungsarten der Verwaltungsführungskräfte (z. B. Referatsleiter oder Präsident eines Bundesamtes) kann kaum ein Kausalnexus zu einzelnen Verwaltungsendleistungen festgestellt werden.[821]

Für solche Fälle schlägt *Mayer* vor, die leistungsvolumenunabhängigen respektive einzelfallübergreifenden (lmn)[822] Prozesse nicht direkt auf die Hauptprozesse zu verrechnen, sondern zunächst den leistungsvolumenabhängigen, endleistungsbezogenen (lmi)[823] Prozessen der jeweiligen Kostenstelle zuzuordnen. Die Umlage der Kosten leistungsmengenneutraler Prozesse soll dabei proportional zur Kostenhöhe der leistungsmengeninduzierten Prozesse erfolgen.[824] Dies führt nur dann zu genauen Kosteninformationen, wenn sich die leistungsmengenneutralen Prozesse auch tatsächlich proportional zu den leistungsmengeninduzierten Prozessen verhalten, was jedoch eher den Ausnahmefall darstellen dürfte und deshalb eine willkürliche Kostenschlüsselung vorgenommen wird.[825] Gerade aber wertmäßige Zuschläge sollten vermieden werden, worauf die Ausführungen im vorherigen Abschnitt penetrant hinweisen. Diese Kritik wird jedoch etwas aufgeweicht, wenn man bedenkt, daß die Prozeßkostensätze sowohl auf Teilprozeß- als auch auf Hauptprozeßebene separat nach volumenabhängigen Kosten und Gesamtkosten zum Ausweis kommen, wodurch je nach Entscheidungssituation stets relevante Kosteninformationen zur Verfügung stehen.[826] Ob die leistungsmengenneutralen Kosten letztendlich auch tatsächlich den leistungsmengeninduzierten Prozessen angelastet werden, hängt vom konkreten Rechnungszweck ab.[827] Für die Kalkulation von Verwaltungsendleistungen

[817] Siehe hierzu Zimmermann, Gebhard: Kostenrechnung...(1992), S. 200 – 201. Diese Quelle befaßt sich mit der Bearbeitung von Bauanträgen für Ein- und Zweifamilienhäuser (Variante A) sowie für Reihenhäuser (Variante B). Hierbei wird die unterschiedliche Inanspruchnahme von Prozessen durch die verschiedenen Varianten A und B ganz klar ersichtlich.

[818] Vgl. Fischer, Thomas M.: Prozeßkostencontrolling...(1999), S. 120; Fischer, Thomas M.: Kostenmanagement...(1997), S. 156; Remer, Detlef: Prozeßkostenrechnung...(1997), S. 187.

[819] Vgl. Remer, Detlef: Prozeßkostenrechnung...(1997), S. 187; Fischer, Thomas M.: Prozeßkostencontrolling...(1999), S. 120.

[820] Vgl. Zimmermann, Gebhard – Grundmann Ralf: Prozeßkostenrechnung...(1996), S. 113; Remer, Detlef: Prozeßkostenrechnung...(1997), S. 187; Zimmermann, Gebhard: Leistungsfähigkeit...(1993), S. 191 – 192; Schmidberger, Jürgen: Controlling...(1993), S. 290.

[821] Vgl. Schmidberger, Jürgen: Controlling...(1993), S. 290.

[822] Die Abkürzung lmn steht für leistungsmengenneutral. Diesen Begriff haben Horváth und Mayer geprägt. Siehe hierzu Horváth, Péter – Mayer, Reinhold: Prozeßkostenrechnung...(1989), S. 216.

[823] Die Abkürzung lmi steht für leistungsmengeninduziert. Diesen Begriff haben Horváth und Mayer geprägt. Siehe hierzu Horváth, Péter – Mayer, Reinhold: Prozeßkostenrechnung...(1989), S. 216.

[824] Siehe Mayer, Reinhold: Prozeßkostenrechnung...(1998), S. 13 und 15.

[825] Siehe zu der angeführten Kritik ausführlich Franz, Klaus-Peter: Prozeßkostenrechnung...(1990), S. 128.

[826] Vgl. Mayer, Reinhold: Prozeßkostenrechnung...(1998), S. 15; Horváth, Péter – Mayer, Reinhold: Prozeßkostenrechnung...(1989), S. 217.

[827] Vgl. Mayer, Reinhold: Prozeßkostenrechnung...(1998), S. 15.

sind die Gesamtkosten sicherlich nicht irrelevant,[828] da im öffentlichen Sektor strategische Kosteninformationen eine essentielle Rolle spielen. Das hier angeführte Konzept von *Mayer* bezieht sich auf Kostenstellen, in welchen neben den leistungsmengenneutralen Prozessen auch leistungsmengeninduzierte Prozesse ablaufen. Keine Antwort bekommt man hingegen auf die Frage nach der Verrechnung der Kostenstellenkosten, wenn eine Kostenstelle ausschließlich Leistungen erbringt, die überhaupt keinen stringenten inhaltlichen Bezug zu den Endleistungen aufweisen, wie es beispielsweise bei der Behördenleitung der Fall ist. Solche Kosten müssen entweder auf den Verwaltungskostenstellen verbleiben oder können wiederum nur pauschal auf die einzelnen Verwaltungsleistungen mittels Schlüsselungen verteilt werden. Da diese Kosten aber nur einen geringen Part der Gesamtkosten ausmachen, dürften sie den Aussagegehalt der Ergebnisse prozeß- orientierter Kostenkalkulationen nur marginal beeinträchtigen. Die Prozedur einer prozeßorientierten Kalkulation versinnbildlicht Abbildung 2-15 exemplarisch für die Verwaltungsleistung: „Bearbeitung eines Bauantrages für ein Einfamilienhaus".

Abbildung 2-15

**Hauptprozeßliste**

| Lfd. Nr. | Haupt-prozeß | Cost Driver | Hauptprozeß-kostensatz (lmi+lmn) | Anzahl der Hauptprozeß-durchführungen |
|---|---|---|---|---|
| 1 | H 1 | Anzahl der Bauprojekte | 100,18 DM | 1 |
| 2 | H 2 | Anzahl der Berechnungen | 63,74 DM | 4 |
| 3 | H 3 | Anzahl der Bauprojekte | 60,04 DM | 1 |
| 4 | H 5 | Anzahl der Bauzeichnungen | 51,99 DM | 3 |
| ... | ... | ... | ... | ... |

**Kalkulationsschema**

| Hauptprozeß | Prozeßkosten |
|---|---|
| Prüfung des Datenmaterials (H 1)<br>1 Hauptprozeß x 100,18 DM | 100,18 DM |
| Statische Berechnungen durchführen (H 2)<br>4 Hauptprozesse x 63,74 DM | 254,96 DM |
| Prüfung der Abwasserversorgung (H 3)<br>1 Hauptprozeß x 60,04 DM | 60,04 DM |
| Prüfung der Übereinstimmung der Bauzeichnungen mit gesetzlichen Vorschriften (H 5)<br>3 Hauptprozesse x 51,99 DM | 155,97 DM |
| ... | ... |
| **Prozeßkosten der Verwaltungsleistung** | **1.783,50 DM** |

In geringfügig modifizierter Form entnommen aus Zimmermann, Gebhard – Grundmann, Ralf: Prozeßkostenrechnung...(1996), S. 113.

[828] Siehe zur Divergenz bezüglich des Verrechnungsumfangs der Kosten pro Bezugsgrößeneinheit zwischen der Grenzplankostenrechnung und der Prozeßkostenrechnung Abbildung 2-13. Während bei der Grenzplankostenrechnung für eine Beihilfeberechnung ein Verrechnungssatz von 3,51 DM zum Ansatz kommt, beträgt der Verrechnungssatz bei der Prozeßkostenrechnung 22,48 DM. Letzterer vermag in den fixkostenintensiven Verwaltungsbetrieben einen wesentlich höheren Informationsgehalt zu verkörpern als der Grenzkostensatz , da für diese primär strategische Kosteninformationen relevant sind.

Dem Kalkulationsobjekt Bauantrag werden all diejenigen Hauptprozesse zugeordnet, welche einen unmittelbaren Zusammenhang zu diesem aufweisen. Für die Bearbeitung des Bauantrages sind 1 ME von Hautprozeß 1 (Prüfung des Datenmaterials), 4 ME von Hauptprozeß 2 (Statische Berechnungen durchführen), 1 ME von Hauptprozeß 3 (Prüfung der Abwasserversorgung), 3 ME von Hauptprozeß 5 (Prüfung der Übereinstimmung der Bauzeichnungen mit gesetzlichen Vorschriften) und noch etliche ME anderer Hauptprozesse erforderlich. Durch Multiplikation der beanspruchten Hauptprozeßmengen mit den jeweiligen Hauptprozeßkostensätzen lassen sich für die Verwaltungsleistung „Bauantragsbearbeitung" die Gesamtkosten in Höhe von 1.783,50 DM ermitteln. Sowohl Art und Mengen mitwirkender Hauptprozesse als auch die dazugehörenden Hauptprozeßkostensätze können einer speziellen Hauptprozeßliste entnommen werden, in der diese Daten entsprechend hinterlegt sind.[829]

Die prozeßorientierte Kalkulation gilt als strategische Kalkulation, worauf *Horváth* und *Mayer* als Verfechter der Prozeßkostenrechnung nachdrücklich hinweisen.[830] Im Vordergrund der Betrachtung stehen nicht kurzfristige Kostenaspekte, sondern die Ermittlung der langfristigen Kosten für diverse Leistungsarten.[831] Bei der Anlastung der fixen Gemeinkosten auf die Kostenträger bleiben prozentuale Zuschläge so weit wie möglich außen vor, statt dessen operiert man in diesem System mit prozeßorientierten Bezugsgrößen, die eine Zuordnung der Kosten auf die Leistungen nach der anteiligen Inanspruchnahme der Ressourcen gewährleisten sollen.[832] Aufgrund der strategischen Ausrichtung und der Möglichkeit der Generierung genauer Kosteninformationen bezüglich der Leistungsarten, kann die Prozeßkostenrechnung als adäquates Instrument zur Kalkulation der Verwaltungsleistungen angesehen werden; herrschen doch in öffentlichen Verwaltungen fixe Gemeinkostenblöcke vor, die kurz- bis mittelfristig remanenten Charakter aufweisen und deshalb nur auf längere Sicht beeinflußt respektive gestaltet werden können.[833]

Ferner erbringt der öffentliche Sektor Leistungen, welche nicht immer zu einem konkret meßbaren Ergebnis führen. Beispielsweise besteht die zentrale Aufgabe der Bundeswehr in der Verteidigung der Bundesrepublik Deutschland vor Angriffen von außen. Da der genannte Ernstfall glücklicherweise bis jetzt noch nicht eingetreten ist, können dieser imaginären Verteidigungsleistung natürlich auch keine Kosten zugeordnet werden. Als Ersatz hierfür hat deshalb die Verteidigungsbereitschaft zu fungieren. Um die Verteidigungsbereitschaft gewährleisten zu können, ist entsprechendes militärisches Gerät vorzuhalten und auf eine solide Ausbildung der Truppe zu achten. Führt eine Kampfeinheit der Bundeswehr mit ihren Kampfpanzern auf einem

---

[829] Vgl. Zimmermann, Gebhard – Grundmann Ralf: Prozeßkostenrechnung...(1996), S. 113.

[830] Vgl. Horváth, Péter – Mayer, Reinhold: Prozeßkostenrechnung...(1989), S. 218.

[831] Vgl. Zimmermann, Gebhard: Leistungsfähigkeit...(1993), S. 195; Zimmermann, Gebhard: Prozeßorientierte Kostenrechnung...(1994), S. 74; Schmidberger, Jürgen: Controlling...(1993), S. 290.

[832] Vgl. Zimmermann, Gebhard: Prozeßorientierte Kostenrechnung...(1994), S. 74; Zimmermann, Gebhard: Leistungsfähigkeit...(1993), S. 195 – 196.

[833] Siehe zur Divergenz bezüglich des Verrechnungsumfangs der Kosten zwischen der Prozeßkostenrechnung und der Grenzplankostenrechnung Abbildung 2-13. Der Verrechnungssatz beträgt im Rahmen der Prozeßkostenrechnung für eine Gehaltsabrechnung 8,70 DM. Diese Kosten lassen sich nur langfristig beeinflussen. Hingegen beträgt der Grenzkostensatz für die gleiche Aktivität lediglich 0,54 DM, dessen Informationsgehalt nur marginale Effizienzsteigerungen zuläßt und somit als „second best" Lösung zu verstehen ist.

Übungsplatz ein Gefechtsschießen durch, so handelt es sich hierbei um eine Ausbildungsleistung, aus der kein quantitativ meßbares Ergebnis resultiert. Trotzdem fallen für das Gefechtsschießen Kosten an (z. B. Personalkosten für die Soldaten, Abschreibungen für die Panzer, Materialkosten für die Munition und den Treibstoff), die in einer betriebswirtschaftlichen Kosten- und Leistungsrechnung entsprechende Berücksichtigung finden müssen. Bei Vorhandensein einer Prozeßkostenrechnung kann dieser Kostenanfall auf einen möglichen Hauptprozeß Gefechtsschießen gebucht werden, auf dem er sinnvollerweise auch zu verbleiben hat. Die Fälle der mangelnden Quantifizierung erbrachter Leistungen bzw. erzielter Ergebnisse sind im öffentlicher Sektor keine Seltenheit, so daß ein großer Teil der Kosten keinen Endleistungen angelastet werden kann. In solchen Fällen müssen die angefallenen Kosten deshalb auf den Prozessen der verwaltungsbetrieblichen Leistungserstellung verbleiben, deren buchungsmäßige Belastung aber wiederum eine Prozeßkostenrechnung voraussetzt.

## 4. Kalkulation von Verwaltungsprojekten

Der öffentliche Sektor wird nicht selten mit komplexen Verwaltungsaufgaben konfrontiert, die keinen Routinecharakter aufweisen. Insbesondere in den Ministerien dominieren projektbezogene Tätigkeiten. Aber auch bei anderen öffentlichen Institutionen findet sich die Leistungserstellung mit Projektcharakter wieder. Zu denken ist hierbei an die Erstellung eines Flächennutzungsplans einer Kommune, die Umgestaltung der DV-Anlage in einer Behörde, die Einführung einer Kosten- und Leistungsrechnung, die Durchführung eines Raumordnungs- und Planfeststellungsverfahrens oder die Erarbeitung einer Bauleitplanung.[834] Ferner erstellen Kommunen Großbauten, wie etwa Schwimmbäder, Schulen, Kläranlagen oder Krankenhäuser. Während die Projekte als Ganzes komplexe Leistungsbündel darstellen, die in ihrer Art so nur einmal vorkommen, können bestimmte Teilleistungen respektive Module durchaus homogener Natur sein. Genau dieses Phänomen muß sich der Kostenrechner zunutze machen, indem der die Kalkulation des Verwaltungsprojekts auf die Teilleistungen abstellt. Entsprechend dem bereits wiederholt angesprochenem Baukastenprinzip und der Kombinatorik lassen sich hierdurch die Gesamtkosten für die Verwaltungsprojekte auf elegante Weise ermitteln.[835]

Natürlich sollte die Kalkulation von Projekten auf Zeit-/Mengengerüsten oder Prozeßgerüsten beruhen und dabei wertmäßige Zuschläge so weit wie möglich außen vor bleiben. In diesem Zusammenhang taucht sogleich die Frage nach dem Projektfortschritt auf. Dem Projektfortschritt muß höchste Aufmerksamkeit geschenkt werden, um das Leistungsziel, das Terminziel und das Kostenziel nicht zu verfehlen.[836] Für letzteres bedarf es der Kalkulation des Projektfortschritts. Dies hat durch die in der einschlägigen Literatur zum Projektcontrolling üblicherweise propagierten sogenannten mitlaufenden Kalkulation zu erfolgen, welche neben der Vorkalkulation und der Nachkalkulation ein wichtiges Instrumentarium des Projektkostencontrollings

---

834 Vgl. Schelle, Heinz: Projektmanagement...(1996), S. 194.

835 Siehe hierzu die entsprechenden Ausführungen bei der Divisionskalkulation und der prozeßorientierten Kalkulation.

836 Beispiele für Verfehlungen von Kostenzielen bei öffentlichen Projekten finden sich in Schelle, Heinz: Projektmanagement...(1996), S. 197.

darstellt.[837] Durch Gegenüberstellung der Kosteninformationen der mitlaufenden Kalkulation mit denen der Vorkalkulation kann es gelingen, die Kosten des Projekts entsprechend vorausschauend zu steuern. Bezüglich der konkreten Prozedur einer integrierten Kosten- und Leistungssteuerung von Projekten sei hier auf Coenenberg verwiesen.[838] Die für das Projektcontrolling und insbesondere für die Kalkulation von Projekten nutzbaren Instrumente, wie der Projektstrukturplan, der Netzplan oder die Arbeitspakete, werden in der Literatur zum Projektcontrolling ausgiebig diskutiert[839] und sollen deshalb nicht Gegenstand dieser Untersuchung sein.

## V. Leistungsfähiges und strukturadäquates System der Kosten- und Leistungsrechnung für öffentliche Institutionen

Mit dem System der Kosten- und Leistungsrechnung wird die spezifische Ausgestaltungsform der Kostenarten-, Kostenstellen- und Kostenträgerrechnung widergespiegelt.[840] Das Kostenrechnungssystem dient als Informationsgenerator für die Verwaltungsführung und soll deren konkrete Informationsbedarfe zweckentsprechend befriedigen.[841] Die Informationsbedarfe der öffentlichen Verwaltung determinieren die Rechnungszwecke, welche wiederum ein bestimmtes Rechensystem der Kosten- und Leistungsrechnung erforderlich machen. Für die Gestaltung der Kosten- und Leistungsrechnung sind die Rechnungszwecke von zentraler Bedeutung, neben denen es aber ebenfalls noch die besonderen Gegebenheiten der betreffenden Institution zu berücksichtigen gilt.[842] Das System der Kosten- und Leistungsrechnung einer öffentlichen Verwaltung muß folglich so konzipiert werden, daß es die ihr zugedachten Informationsaufgaben bestmöglich erfüllen kann.[843] Hierbei ergibt sich das Problem der Eruierung eines zweckadäquaten Kostenrechnungsinstrumentariums.[844] Die instrumentelle Umsetzung der Rechenzwecke erfordert die Berücksichtigung der besonderen Struktur öffentlicher Verwaltungen, die signifikant von der Struktur erwerbswirtschaftlicher Institutionen zu divergieren vermag.[845]

---

[837] Siehe hierzu Schlagheck, Bernhard: Projektcontrolling...(2000), S. 148 – 150; Haas, Martin: Controlling von Projekten...(1996), S. 94.

[838] Siehe zur konkreten Kosten- und Leistungssteuerung von Projekten Coenenberg, Adolf Gerhard u. a.: Abweichungsanalyse bei Projekten...(1992), S. 775 – 776.

[839] Siehe hierzu insbesondere Studt, Jürgen: Projektkostenrechnung...(1983); Schmitz, Heiner – Windhausen, Michael P.: Projektcontrolling...(1986); Lachnit, Laurenz: Projektleistungstätigkeit...(1994); Schlagheck, Bernhard: Projektcontrolling...(2000); Haas, Martin: Controlling von Projekten...(1996); Kummer, Walter u. a.: Projektmanagement...(1985).

[840] Vgl. Hummel, Siegfried – Männel, Wolfgang: Kostenrechnung 1...(1986), S. 42; Schweitzer, Marcell – Küpper, Hans-Ulrich: Kosten- und Erlösrechnung...(1998), S. 68 – 69.

[841] Vgl. Hummel, Siegfried – Männel, Wolfgang: Kostenrechnung 1...(1986), S. 42; Zimmermann, Gebhard: Leistungsfähigkeit...(1993), S. 169.

[842] Vgl. Schweitzer, Marcell – Küpper, Hans-Ulrich: Kosten- und Erlösrechnung...(1998), S. 69; Schwarze, Jochen - Koß, Torsten: Prozeßorientierte Kosten- und Leistungsrechnung...(1996), S. 59.

[843] Vgl. Kloock, Josef u. a.: Kosten- und Leistungsrechnung...(1999), S. 65; Schweitzer, Marcell – Küpper, Hans-Ulrich: Kosten- und Erlösrechnung...(1998), S. 69; Haberstock, Lothar: Kostenrechnung 1...(1997), S. 171; Zimmermann, Gebhard: Leistungsfähigkeit...(1993), S. 169.

[844] Vgl. Zimmermann, Gebhard – Grundmann Ralf: Implementierung...(1999), S. 333.

[845] Vgl. Haiber, Thomas – Dunker, Klaus: Kostenmanagement...(1995), S. 473; Fischer, Thomas M.: Kostenmanagement...(1997), S. 146; Fischer, Thomas M.: Prozeßkostencontrolling...(1999), S. 115.

## A. Vollkostenrechnung

Öffentliche Verwaltungen sind zur Sicherstellung der Erfüllung des öffentlichen Auftrags verpflichtet. Die ständige Leistungsbereitschaft verbunden mit der Dienstleistungseigenschaft (Immaterialität) des Gros öffentlicher Leistungen erfordert die Vorhaltung eines beträchtlichen Volumens am Kapazitäten, da bei Dienstleistungen keine Möglichkeit besteht, Schwankungen in der Kapazitätsauslastung mittels Lagerhaltung zu nivellieren.[846] Bei Verwaltungsprozessen handelt es sich in der Regel um Prozesse der Informationsverarbeitung.[847] Diese rufen überwiegend vorbereitende, planende, steuernde, überwachende, informierende und koordinierende Tätigkeiten hervor.[848] Die spezifische Art der Leistungserstellung im öffentlichen Sektor hat eine ausgesprochene Dominanz fixer Gemeinkosten zur Folge.[849] Enorme Fixkostenblöcke treten zumeist in Form von Personalkosten, Abschreibungs- und Zinskosten für das vorgehaltene Anlagevermögen (Verwaltungsgebäude, DV-Anlagen usw.), Mietkosten sowie Leasinggebühren auf.[850]

Der hohe und ständig weiter wachsende Anteil fixer Gemeinkosten an den Gesamtkosten läßt die relevante Manövriermasse einer Teilkostenrechnung extrem klein erscheinen, bei der lediglich die variablen Kosten respektive die Einzelkosten auf die erstellten internen und externen Leistungen verrechnet werden.[851] Aufgrund der weitgehenden Ignorierung des in öffentlichen Verwaltungen vorherrschenden Fixkostenblocks vermag eine Teilkostenrechnung nur marginal verwertbare Kosteninformationen zu generieren und scheidet somit als Grundmodell einer verwaltungsadäquaten Kosten- und Leistungsrechnung aus.[852] Zudem geben öffentliche Institutionen ihre Verwaltungsleistungen überwiegend entgeltlos an die Verwaltungsumwelt ab, was den Einsatz von Deckungsbeitragsrechnungen überflüssig macht. Die spezifische Kostenstruktur öffentlicher Verwaltungen erfordert für die Erfüllung der Rechenzwecke eine adäquate Berücksichtigung der fixen Gemeinkosten.[853] Diese gilt es transparent zu machen und entsprechend gezielt zu beeinflussen.[854] Um ein wir-

[846] Vgl. Haiber, Thomas – Dunker, Klaus: Kostenmanagement...(1995), S. 473; Fischer, Thomas M.: Kostenmanagement...(1997), S. 146; Fischer, Thomas M.: Prozeßkostencontrolling...(1999), S. 115; Gruber, Klaus: Kosten-Leistungsrechnung...(1998), S. 140; Zimmermann, Gebhard – Grundmann Ralf: Implementierung...(1999), S. 333; Ceynowa, Klaus u. a.: Kostenmanagement...(2000), S. 531.

[847] Vgl. Furch, Kristian: Kosten- und Leistungsrechnung...(1995), S. 19.

[848] Vgl. Zimmermann, Gebhard: Leistungsfähigkeit...(1993), S. 173.

[849] Vgl. Gruber, Klaus: Kosten-Leistungsrechnung...(1998), S. 140; Lachnit, Laurenz: Kosten- und Leistungsrechnung...(1999), S. 44; Zimmermann, Gebhard – Grundmann Ralf: Implementierung...(1999), S. 333; Nau, Hans-Rainer - Wallner, Gerhard: Verwaltungs-Controlling...(1998), S. 110; Zimmermann, Gebhard: Kostenrechnung...(1992), S. 197.

[850] Vgl. Haiber, Thomas: Controlling...(1997), S. 320; Nau, Hans-Rainer - Wallner, Gerhard: Verwaltungs-Controlling...(1998), S. 218; Lachnit, Laurenz: Kosten- und Leistungsrechnung...(1999), S. 44; Haiber, Thomas – Dunker, Klaus: Kostenmanagement...(1995), S. 484.

[851] Vgl. Zimmermann, Gebhard: Kostenrechnung...(1992), S. 197; Haiber, Thomas: Controlling...(1997), S. 319 – 320; Furch, Kristian: Kosten- und Leistungsrechnung...(1995), S. 20; Franz, Klaus-Peter: Prozeßkostenrechnung...(1990), S. 114.

[852] Vgl. Furch, Kristian: Kosten- und Leistungsrechnung...(1995), S. 20; Zimmermann, Gebhard: Leistungsfähigkeit...(1993), S. 174 – 177; Zimmermann, Gebhard: Kostenrechnung...(1992), S. 197; Gruber, Klaus: Kosten-Leistungsrechnung...(1998), S. 140.

[853] Vgl. Zimmermann, Gebhard – Grundmann Ralf: Implementierung...(1999), S. 333; Horváth, Péter – Mayer, Reinhold: Prozeßkostenrechnung...(1989), S. 215; Schwarze, Jochen - Koß, Torsten: Prozeßorientierte Kosten- und Leistungsrechnung...(1996), S. 59.

[854] Vgl. Zimmermann, Gebhard – Grundmann Ralf: Implementierung...(1999), S. 333.

kungsvolles Controlling zu ermöglichen, muß der Fokus ganz klar auf die Gemeinkosten gerichtet werden und nicht auf die Einzelkosten, welche im öffentlichen Sektor zumeist nur als Randerscheinung auftreten.[855] Für die entsprechende Berücksichtigung des hohen Anteils fixer Gemeinkosten benötigen öffentliche Verwaltungen ein Kosten- und Leistungsrechnungssystem auf der Basis von Vollkosten.[856]

Veränderungen der Kosten, insbesondere Einflußnahmen auf die Kostenstrukturen, sind im öffentlichen Sektor generell nur langfristig möglich. Die ausgeprägte Fixkostendominanz resultiert in hohem Maße aus den Spezifiken des öffentlichen Dienstrechts, wobei aber auch die Kosten für bereitgestellte Anlagen zumeist nicht kurzfristig veränderbar sind.[857] Je längerfristiger der zeitliche Bertrachtungshorizont ausgelegt wird, desto mehr Kosten lassen sich beeinflussen.[858] Zur betriebswirtschaftlichen Fundierung strategischer Entscheidungen (z. B. Outsourcing bzw. Reduktion von [Personal-]Kapazitäten) bedarf es der Generierung strategischer Kosteninformationen.[859] Für das Aufzeigen langfristiger Kostenwirkungen ist die Vollkostenrechnung[860] das adäquate Kostenrechnungssystem[861] und soll deshalb als Grundmodell einer Kosten- und Leistungsrechnung in öffentlichen Verwaltungen dienen.[862]

In der Literatur zur Kostenrechnung wird zu Recht kritisiert, daß traditionelle Vollkostenrechnungssysteme eine unzulässige Proportionalisierung fixer Kosten sowie eine willkürliche Schlüsselung der Gemeinkosten vornehmen, wodurch die bereitgestellten Kosteninformationen zu Fehlentscheidungen führen können.[863] Die Verteilung der Kosten auf die Kalkulationsobjekte erfolgt bei den klassischen Vollkostenrech-

---

855 Vgl. Zimmermann, Gebhard: Leistungsfähigkeit...(1993), S. 173; Schwarze, Jochen - Koß, Torsten: Prozeßorientierte Kosten- und Leistungsrechnung...(1996), S. 59.

856 Vgl. Lachnit, Laurenz: Kosten- und Leistungsrechnung...(1999), S. 44; Schwarze, Jochen - Koß, Torsten: Prozeßorientierte Kosten- und Leistungsrechnung...(1996), S. 59; Zimmermann, Gebhard: Kostenrechnung...(1992), S. 197; Gruber, Klaus: Kosten-Leistungsrechnung...(1998), S. 140; Haiber, Thomas – Dunker, Klaus: Kostenmanagement...(1995), S. 485; Haiber, Thomas: Controlling...(1997), S. 325 und 333; Gornas, Jürgen: Verwaltungskostenrechnung...(1992), S. 87.

857 Vgl. Nau, Hans-Rainer - Wallner, Gerhard: Verwaltungs-Controlling...(1998), S. 218; Ceynowa, Klaus u. a.: Kostenmanagement...(2000), S. 531.

858 Die Differenzierung zwischen variablen und fixen Kosten ist in beträchtlichem Maße abhängig vom Zeithorizont der Betrachtung. Kurzfristig sind fast alle Kosten fix. Langfristig lassen sich hingegen nahezu alle Kosten an das Leistungsvolumen anpassen.

859 Vgl. Haiber, Thomas – Dunker, Klaus: Kostenmanagement...(1995), S. 476; Zimmermann, Gebhard: Kostenrechnung...(1992), S. 197; Horváth, Péter – Mayer, Reinhold: Prozeßkostenrechnung...(1989), S. 215 und 218.

860 Bezüglich dem Wesen, der Merkmale und den Problemen der Vollkostenrechnung siehe Hummel, Siegfried – Männel, Wolfgang: Kostenrechnung 1...(1986), S. 45 – 48; Kloock, Josef u. a.: Kosten- und Leistungsrechnung...(1999), S. 63 – 64; Haberstock, Lothar: Kostenrechnung 1...(1997), S. 177 und 181 – 182; Schweitzer, Marcell – Küpper, Hans-Ulrich: Kosten- und Erlösrechnung...(1998), S. 72 – 73.

861 Vgl. Zimmermann, Gebhard: Leistungsfähigkeit...(1993), S. 177.

862 Vgl. Lachnit, Laurenz: Kosten- und Leistungsrechnung...(1999), S. 44; Gruber, Klaus: Kosten-Leistungsrechnung...(1998), S. 140.

863 Siehe hierzu Hummel, Siegfried – Männel, Wolfgang: Kostenrechnung 1...(1986), S. 47 – 48; Schweitzer, Marcell – Küpper, Hans-Ulrich: Kosten- und Erlösrechnung...(1998), S. 72 – 73; Haberstock, Lothar: Kostenrechnung 1...(1997), S. 178; Lachnit, Laurenz: Kosten- und Leistungsrechnung...(1999), S. 44; Franz, Klaus-Peter: Prozeßkostenrechnung...(1990), S. 128; Nau, Hans-Rainer - Wallner, Gerhard: Verwaltungs-Controlling...(1998), S. 109 und 222; Furch, Kristian: Kosten- und Leistungsrechnung...(1995), S. 20; Schwarze, Jochen - Koß, Torsten: Prozeßorientierte Kosten- und Leistungsrechnung...(1996), S. 58 – 59.

nungen zumeist nicht aufgrund empirischer Zusammenhänge oder entscheidungstheoretischer Modelle, sondern auf der Basis mehr oder minder willkürlich festgelegter Schlüssel. Hierdurch werden die generierten Informationen im Hinblick auf die Rechnungszwecke nur noch begrenzt verwertbar.[864] Neben der Gemeinkostenschlüsselung führt auch die Fixkostenproportionalisierung zur einer eingeschränkten Aussagefähigkeit der ermittelten Kostendaten. Aufgrund der Proportionalisierung fixer Kosten wird der Verwaltungsführung eine beliebige Anpassung der Kosten an das Leistungsvolumen und somit ein falsches Kostenverhalten suggeriert. Die Existenz möglicher Kostenremanenz und Kostenpräkurrenz bleibt dabei völlig außen vor. Aufgrund der Forderung nach einer strategischen Ausrichtung der Kostenrechnung im öffentlichen Sektor kommt jedoch die Problematik der Fixkostenproportionalisierung nur in Grenzen zum Tragen.

Wie die Ausführungen belegen, sind weder die Teilkostenrechnung noch die traditionelle Vollkostenrechnung ein adäquater Lösungsansatz für die Generierung von verwertbaren Kostendaten in öffentlichen Verwaltungen.[865] Abhilfe kann hier hingegen eine prozeßorientierte Kostenrechnung schaffen, auf welche später noch genauer einzugehen ist. Die Prozeßkostenrechnung ist das geeignete System zur Erfassung, Aufbereitung, Analyse und Disposition der Kosten und Leistungen öffentlicher Verwaltungen, bei denen personalkostenintensive Dienstleistungserstellungsprozesse und damit einhergehend enorm hohe Gemeinkostenvolumina vorherrschen.[866] Bezüglich der Zweckadäquanz der Prozeßkostenrechnung im öffentlichen Sektor besteht in der einschlägigen Literatur zur verwaltungsbetrieblichen Kostenrechnung Einstimmigkeit und die Autoren propagieren demzufolge die entsprechende Anwendung dieses Rechensystems.[867] Mit einer modernen Vollkostenrechnung in Form einer Prozeßkostenrechnung lassen sich in öffentlichen Verwaltungen sämtliche Kosten, insbesondere die hohen Kosten der Kapazitätsvorhaltung, adäquat auf die erbrachten Verwaltungsleistungen verrechnen. Zudem werden Impulse für eine leistungsvolumengerechte Gestaltung der Fixkostenblöcke gegeben. Hierdurch schafft sie die Basis für die Analyse und Beeinflussung der langfristigen Kosten, was in den dienstleistungsintensiven Bereichen öffentlicher Verwaltungen den zentralen Weg für die Steigerung der Effizienz darstellt. Die Verbesserung der Kostenwirtschaftlichkeit

---

[864] Vgl. Schweitzer, Marcell – Küpper, Hans-Ulrich: Kosten- und Erlösrechnung...(1998), S. 72 – 73.

[865] Die gleiche Meinung vertreten ebenfalls Zimmermann, Gebhard – Grundmann Ralf: Implementierung...(1999), S. 333; Furch, Kristian: Kosten- und Leistungsrechnung...(1995), S. 20; Lachnit, Laurenz: Kosten- und Leistungsrechnung...(1999), S. 44; Nau, Hans-Rainer - Wallner, Gerhard: Verwaltungs-Controlling...(1998), S. 107 und 222; Gruber, Klaus: Kosten-Leistungsrechnung...(1998), S. 140; Serfling, Klaus – Jeiter, Vera: Gemeinkostencontrolling...(1995), S. 321.

[866] Vgl. Lachnit, Laurenz: Kosten- und Leistungsrechnung...(1999), S. 45.

[867] Siehe hierzu Nau, Hans-Rainer - Wallner, Gerhard: Verwaltungs-Controlling...(1998), S. 222; Zimmermann, Gebhard – Grundmann Ralf: Implementierung...(1999), S. 333; Zimmermann, Gebhard: Leistungsfähigkeit...(1993), S. 195 – 197; Zimmermann, Gebhard: Kostenrechnung...(1992), S. 200; Lachnit, Laurenz: Kosten- und Leistungsrechnung...(1999), S. 44- 45; Furch, Kristian: Kosten- und Leistungsrechnung...(1995), S. 22; Fischer, Thomas M.: Prozeßkostencontrolling...(1999), S. 116; Gruber, Klaus: Kosten-Leistungsrechnung...(1998), S. 143; Schwarze, Jochen - Koß, Torsten: Prozeßorientierte Kosten- und Leistungsrechnung...(1996), S. 69; Haiber, Thomas: Controlling...(1997), S. 333; Haiber, Thomas – Dunker, Klaus: Kostenmanagement...(1995), S. 488. Die Wissenschaftliche Kommission „Öffentliche Unternehmen und Verwaltungen" empfiehlt ebenfalls die Anwendung der Prozeßkostenrechnung im öffentlichen Sektor. Siehe dazu Wissenschaftliche Kommission „Öffentliche Unternehmen und Verwaltungen": Empfehlungen für das öffentliche Rechnungswesen...(1993), S. 291 – 292.

ist gerade im öffentlichen Sektor nahezu ausschließlich über die Anpassung der Bereitschaftskosten möglich.[868]

## B. Kostenspaltung

Trotz der propagierten Fokussierung der Betrachtung auf die Vollkosten sind für öffentliche Verwaltungen Informationen über die Teilkosten nicht gänzlich irrelevant. Deshalb bedarf es auch im öffentlichen Sektor der Separierung der Gesamtkosten in variable und fixe Kostenbestandteile sowie der Differenzierung zwischen Einzelkosten und Gemeinkosten.[869] Während im ersten Fall die Kosteneinflußgröße Leistungsvolumen als Kriterium für die Kostenaufspaltung fungiert, erfolgt im zweiten Fall eine Trennung der Kosten nach der Zurechenbarkeit[870] auf bestimmte Kalkulationsobjekte.[871] Daneben empfiehlt sich eine Auflösung der Gesamtkosten in leistungsmengeninduzierte und leistungsmengenneutrale Kosten. Diese Art von Kostenspaltung ist im Rahmen der Prozeßkostenrechnung vorzunehmen, wobei als Differenzierungskriterium das Leistungsvolumen dient.[872] Im Gegensatz zu den variablen Kosten wird die Leistungsabhängigkeit der leistungsmengeninduzierten Kosten aus langfristiger Perspektive betrachtet. Die Kostenverrechnung erfolgt hier nicht nach dem Verursachungsprinzip, sondern nach dem Prinzip der anteiligen Leistungsinanspruchnahme.[873]

Eine Aufspaltung[874] der Gesamtkosten in fixe und variable Kosten kann aufgrund diverser Rechnungszecke erforderlich werden. Vor allem für die Analyse des Kostenverhaltens bedarf es einer solchen Kostenseparierung, wobei insbesondere die Kenntnis des Volumens an fixen Kosten sowie deren zeitliche Disponierbarkeit von zentraler Bedeutung ist. Die Abbildung der realen Kostenverläufe und der damit einhergehende separate Ausweis fixer und variabler Kosten bilden die Basis für die Verfolgung einer Reihe unterschiedlicher Rechenzwecke. Dies gilt für die Planung, Steuerung und Kontrolle der Kosten,[875] die Verrechnung von Kosten sowie für die betriebswirtschaftliche Fundierung konkreter Entscheidungen.[876] Den bei Entscheidungen über Eigenfertigung oder Fremdbezug, Kauf oder Leasing sowie bei Entscheidungen zwischen verschiedenen Verwaltungsverfahren zum Einsatz kommenden Kostenvergleich vermögen Nutzschwellenanalysen mit höchst wertvollen Infor-

[868] Vgl. Haiber, Thomas – Dunker, Klaus: Kostenmanagement...(1995), S. 488.

[869] Vgl. Haiber, Thomas – Dunker, Klaus: Kostenmanagement...(1995), S. 488; Wissenschaftliche Kommission „Öffentliche Unternehmen und Verwaltungen": Empfehlungen für das öffentliche Rechnungswesen...(1993), S. 291 – 292.

[870] Das Konzept einer stringenten Trennung zwischen Einzel- und Gemeinkosten zur Ermöglichung einer Einzelkostenrechnung stammt von Riebel. Hierbei werden die Einzelkosten relativ gesehen. Siehe hierzu das Werk von Riebel, Paul: Einzelkosten- und Deckungsbeitragsrechnung...(1990).

[871] Vgl. Schweitzer, Marcell – Küpper, Hans-Ulrich: Kosten- und Erlösrechnung...(1998), S. 73 – 74; Hummel, Siegfried – Männel, Wolfgang: Kostenrechnung 1...(1986), S. 51 – 52.

[872] Vgl. Mayer, Reinhold: Prozeßkostenrechnung...(1998), S. 12 – 13.

[873] Vgl. Mayer, Reinhold: Prozeßkostenrechnung...(1998), S. 13.

[874] Die Kostenspaltung sollte aus Gründen der Genauigkeit vorzugsweise planmäßig-analytisch erfolgen. Siehe hierzu Kilger, Wolfgang – Vikas, Kurt: Plankostenrechnung...(1993), S. 352.

[875] Durch diese Art der Kostenspaltung werden Kostenvorgaben für unterschiedliche Kapazitätsauslastungsgrade (Sollkosten) möglich. Siehe hierzu Coenenberg, Adolf Gerhard: Kostenrechnung...(1999), S. 367.

[876] Vgl. Hummel, Siegfried – Männel, Wolfgang: Kostenrechnung 1...(1986), S. 107.

mationen zu unterstützen. Für die Anwendung von Nutzschellenanalysen ist jedoch eine Differenzierung zwischen variablen und fixen Kosten vonnöten.

Die Trennung zwischen Einzelkosten und Gemeinkosten dient der Richtigkeit und Genauigkeit der von der Kosten- und Leistungsrechnung generierten Kostendaten.[877] Im Sinne der Verwertbarkeit der Kosteninformationen fordert *Riebel* den Verzicht auf jegliche Art von Schlüsselung echter Gemeinkosten[878] und propagiert im Gegenzug ein ausschließliches Operieren mit Einzelkosten.[879] Einzelkosten sind Kosten, die dem betrachteten Kalkulationsobjekt eindeutig zurechenbar sind.[880] Um alle Kosten auch als Einzelkosten erfassen und ausweisen zu können, bedient sich *Riebel* einer geeigneten Hierarchie von Bezugsgrößen. Dementsprechend handelt es sich bei den Kosten stets um relative Einzelkosten, deren Verrechnung in Abhängigkeit von den Bezugsgrößen geschieht. Der Ausweis der Kosten erfolgt jeweils auf der Ebene der Bezugsobjekthierarchie, auf der sie gerade noch als Einzelkosten zuordenbar sind.[881] Ein aussagefähiges Kostenrechnungssystem muß zweifelsohne den differenzierten Ausweis von Einzelkosten und Gemeinkosten ermöglichen. Diesbezüglich fordert *Gornas* zu Recht den Einsatz der Einzelkostenrechnung nach *Riebel* mit entsprechender Bezugsgrößenhierarchie in öffentlichen Verwaltungen.[882] Jedoch bedarf es für die Kalkulation von Verwaltungsleistungsentgelten der Verteilung der im öffentlichen Sektor dominierenden Gemeinkosten auf die erbrachten Verwaltungsleistungen, was dem System der relativen Einzelkostenrechnung nach *Riebel* widerspricht. Die Ermittlung der Kosten der Verwaltungsleistungen hat deshalb mittels einer prozeßorientierten Kostenrechnung zu erfolgen, welche eine leistungsgerechte Verteilung der Gemeinkosten ermöglicht und somit einigermaßen genaue Kostendaten gewährleistet.[883]

Um dem Anspruch einer leistungsgerechten Kostenrechnung zu genügen, separiert man bei der Prozeßkostenrechnung die Gesamtkosten in leistungsmengeninduzierte und leistungsmengenneutrale Kosten. Während die leistungsmengeninduzierten Kosten mit dem Leistungsvolumen entsprechend variieren, fallen die leistungsmengenneutralen Kosten unabhängig von diesen an.[884] Deshalb sind für alle leistungsmengeninduzierten Kosten geeignete Maßgrößen zu bestimmen, mit deren Hilfe sich die Kosten auf die Leistungen verteilen lassen. Durch die Maßgrößen werden die hinter den leistungsmengeninduzierten Kosten steckenden leistungsmengeninduzierten Prozesse mengenmäßig quantifizierbar gemacht.[885] Maßgrößen, auch Cost Driver genannt, spiegeln die kostenbeeinflussenden Größen eines Prozesses wider

[877] Vgl. Riebel, Paul: Einzelkosten- und Deckungsbeitragsrechnung...(1990), S. 23 – 24.
[878] Vgl. Riebel, Paul: Einzelkosten- und Deckungsbeitragsrechnung...(1990), S. 24, 26 und 36.
[879] Vgl. Riebel, Paul: Einzelkosten- und Deckungsbeitragsrechnung...(1990), S. 36 und 39.
[880] Vgl. Hummel, Siegfried – Männel, Wolfgang: Kostenrechnung 1...(1986), S. 99.
[881] Vgl. Riebel, Paul: Einzelkosten- und Deckungsbeitragsrechnung...(1990), S. 39; Schweitzer, Marcell – Küpper, Hans-Ulrich: Kosten- und Erlösrechnung...(1998), S. 74.
[882] Vgl. Gornas, Jürgen: Kostenrechnung...(1992), S. 1157; Gornas, Jürgen: Verwaltungskostenrechnung...(1992), S. 96 – 102.
[883] Vgl. Franz, Klaus-Peter: Prozeßkostenrechnung...(1990), S. 128.
[884] Vgl. Horváth, Péter – Mayer, Reinhold: Prozeßkostenrechnung...(1989), S. 216 – 217; Mayer, Reinhold: Prozeßkostenrechnung...(1998), S. 12 – 13.
[885] Vgl. Horváth, Péter – Mayer, Reinhold: Prozeßkostenrechnung...(1989), S. 217; Mayer, Reinhold: Prozeßkostenrechnung...(1998), S. 13.

und fungieren als Meß- bzw. Zählgröße für die Anzahl der Prozeßdurchführungen.[886] Die konkrete Ausprägung der Maßgröße bildet die Basis für die Kostenplanung,[887] welche ein wichtiges Element der Prozeßkostenrechnung darstellt.[888]

## C. Plankostenrechnung

Als modernes Kostenrechnungssystem wird die Plankostenrechnung, insbesondere die flexible Plankostenrechnung, von der einschlägigen Kostenrechnungsliteratur zur Anwendung in der Erwerbswirtschaft empfohlen.[889] Charakteristisch für eine Plankostenrechnung ist, daß unabhängig von den Istkosten vergangener Perioden[890] für zukünftige Zeiträume die Kosten im voraus als geplante Werte festgelegt werden.[891] Zur Erfüllung einer der zentralen Funktionen der Plankostenrechnung, der Kostenkontrolle, müssen neben den Planwerten auch die Istwerte erfaßt werden, wodurch die Plankostenrechnung zumeist zwangsläufig eine Istkostenrechnung involviert und deshalb einen umfassenderen Rechnungsinhalt aufweist als die Istkostenrechnung.[892]

Je nach Zweck der Planung kann die Plankostenrechnung sowohl als Prognosekostenrechnung als auch als Standardkostenrechnung fungieren.[893] Von einer Prognoserechnung spricht man, wenn sich die Plankosten auf die erwarteten Kosten (Wirdkosten) einer zukünftigen Periode bei gleichbleibenden betrieblichen Verhältnissen beziehen.[894] Die Prognosekostenrechnung informiert darüber, welche Kosten beim Eintreten einer prognostizierten Situation anfallen werden. Da es sich bei den Prognosekosten um Wirdkosten handelt, berücksichtigen diese Kosteninformationen nicht die optimale Verwendungsweise der (verwaltungs-)betrieblichen Ressourcen.[895] Dementsprechend kommt der Prognosekostenrechnung für die Betriebsführung eine untergeordnete Bedeutung zu und findet in der Praxis im Vergleich zur Standardkostenrechnung nur geringe Anwendung.[896] In Diskrepanz zur Prognosekostenrechnung werden bei der Standardkostenrechnung erwünschte bzw. optimale Kostenvolumina vorgegeben. Die Plankosten erfüllen hier die Funktion von Vorgabe- respekti-

---

886 Vgl. Mayer, Reinhold: Prozeßkostenrechnung...(1998), S. 10.

887 Die Prozeßkostenrechnung wird in der Regel nur mit Planwerten durchgeführt, da eine Operation auch mit Istwerten einen immensen Durchführungsaufwand verursachen würde.

888 Vgl. Horváth, Péter – Mayer, Reinhold: Prozeßkostenrechnung...(1989), S. 217.

889 Siehe hierzu Kilger, Wolfgang – Vikas, Kurt: Plankostenrechnung...(1993), S. 133; Coenenberg, Adolf Gerhard: Kostenrechnung...(1999), S. 364; Troßmann, Ernst: Flexible Plankostenrechnung...(1992), S. 243 – 245; Schweitzer, Marcell – Küpper, Hans-Ulrich: Kosten- und Erlösrechnung...(1998), S. 72; Hummel, Siegfried – Männel, Wolfgang: Kostenrechnung 1...(1986), S. 42 – 43; Kloock, Josef u. a.: Kosten- und Leistungsrechnung...(1999), S. 198.

890 Die aus der Vergangenheit extrapolierten Daten der Ist- oder Normalkostenrechnung zählen somit nicht zu den Plankosten. Vgl. Kloock, Josef u. a.: Kosten- und Leistungsrechnung...(1999), S. 199.

891 Vgl. Kilger, Wolfgang – Vikas, Kurt: Plankostenrechnung...(1993), S. 27; Schweitzer, Marcell – Küpper, Hans-Ulrich: Kosten- und Erlösrechnung...(1998), S. 244.

892 Vgl. Hummel, Siegfried – Männel, Wolfgang: Kostenrechnung 1...(1986), S. 42; Schweitzer, Marcell – Küpper, Hans-Ulrich: Kosten- und Erlösrechnung...(1998), S. 244.

893 Vgl. Hummel, Siegfried – Männel, Wolfgang: Kostenrechnung 1...(1986), S. 47; Schweitzer, Marcell – Küpper, Hans-Ulrich: Kosten- und Erlösrechnung...(1998), S. 244 – 247 und 622 – 625.

894 Vgl. Troßmann, Ernst: Flexible Plankostenrechnung...(1992), S. 226; Hummel, Siegfried – Männel, Wolfgang: Kostenrechnung 1...(1986), S. 47 und 114; Schweitzer, Marcell – Küpper, Hans-Ulrich: Kosten- und Erlösrechnung...(1998), S. 245.

895 Vgl. Schweitzer, Marcell – Küpper, Hans-Ulrich: Kosten- und Erlösrechnung...(1998), S. 245.

896 Vgl. Schweitzer, Marcell – Küpper, Hans-Ulrich: Kosten- und Erlösrechnung...(1998), S. 247.

ve Norminformationen[897] und bilden somit die Grundlage für die Kostenkontrolle[898] und darauf aufbauende Abweichungsanalysen.[899]

Für sämtliche Plankostenrechnungen gilt, daß sie auf die Ursache-Wirkungs-Beziehungen zwischen den Kosteneinflußfaktoren und der Kostenhöhe abstellen.[900] Ungeachtet von Vergangenheitswerten werden die Plankosten aus der leistungsbezogenen Planung der betreffenden Institution abgeleitet. Kostenplanungen erfordern je nach konkretem Fall technische Berechnungen, Verbrauchsstudien, Zeitstudien, Aktivitätsanalysen sowie methodisch gesicherte Schätzungen.[901] Diese schaffen die Voraussetzung für eine genaue Bestimmung des Mengen-, Zeit- oder Prozeßgerüstes der Plankosten, wodurch wiederum gesicherte und solide Kostendaten als Plangrößen generiert werden können.[902] Den unschätzbaren Nutzen der Plankostenrechnung als Informationsgenerator hat neben der Erwerbswirtschaft auch die öffentliche Wirtschaft in Anspruch zu nehmen,[903] bei der die Datengenerierung auf der Basis der systematischen Zusammenhänge zwischen der Höhe der Kosten und den sie bestimmenden Einflußgrößen erfolgt.[904]

Die Ausgestaltung der betriebswirtschaftlichen Kosten- und Leistungsrechnung als Plankostenrechnung ist in öffentlichen Verwaltungen für eine Reihe verschiedenartiger anvisierter Kostenrechnungszwecke vonnöten. Insbesondere die Kontrolle der Wirtschaftlichkeit der verwaltungsbetrieblichen Leistungserstellung, die betriebswirtschaftliche Fundierung von Entscheidungen, die outputorientierte Haushaltsplanung sowie die Kalkulation und die Verrechnung von Verwaltungsleistungsentgelten erfordern den Einsatz der Plankostenrechnung im öffentlichen Sektor.[905] Außerdem operiert man in der für Verwaltungen zu fordernden Prozeßkostenrechnung fast ausschließlich mit Plankosten,[906] welche neben der Erfüllung der genannten Rechnungszwecke ebenfalls einen positiven Beitrag zur Erhöhung der Kosten- und Leistungstransparenz zu leisten vermag. Die Planung der Prozeßkosten soll lt. *Horváth*

---

[897] Die Vorgabedaten zielen auf ein effizientes Verwaltungshandeln ab. Hierdurch wird sichergestellt, daß bei den Kostenvorgaben jegliche Unwirtschaftlichkeiten außen vor bleiben, welche bei den Zeitvergleichen und Betriebsvergleichen durchaus in den Vergleichsdaten enthalten sein können.

[898] Die Kostenkontrolle erfolgt mittels Plan-Soll-Ist-Vergleiche.

[899] Vgl. Hummel, Siegfried – Männel, Wolfgang: Kostenrechnung 1...(1986), S. 47 und 114; Troßmann, Ernst: Flexible Plankostenrechnung...(1992), S. 226; Schweitzer, Marcell – Küpper, Hans-Ulrich: Kosten- und Erlösrechnung...(1998), S. 40 – 45 und 622 – 625.

[900] Vgl. Kloock, Josef u. a.: Kosten- und Leistungsrechnung...(1999), S. 198; Schweitzer, Marcell – Küpper, Hans-Ulrich: Kosten- und Erlösrechnung...(1998), S. 41 und 623; Hummel, Siegfried – Männel, Wolfgang: Kostenrechnung 1...(1986), S. 114; Troßmann, Ernst: Flexible Plankostenrechnung...(1992), S. 229.

[901] Vgl. Hummel, Siegfried – Männel, Wolfgang: Kostenrechnung 1...(1986), S. 114; Kilger, Wolfgang – Vikas, Kurt: Plankostenrechnung...(1993), S. 27; Haberstock, Lothar: Kostenrechnung 1...(1997), S. 175.

[902] Vgl. Kilger, Wolfgang – Vikas, Kurt: Plankostenrechnung...(1993), S. 27; Hummel, Siegfried – Männel, Wolfgang: Kostenrechnung 1...(1986), S. 114; Ebert, Günter: Steuerungsmodell...(1999), S. 226; Haberstock, Lothar: Kostenrechnung 1...(1997), S. 175.

[903] Vgl. Ebert, Günter: Steuerungsmodell...(1999), S. 226.

[904] Vgl. statt vieler Kloock, Josef u. a.: Kosten- und Leistungsrechnung...(1999), S. 198.

[905] Vgl. Fischer, Thomas M.: Kostenmanagement...(1997), S. 148; Haiber, Thomas – Dunker, Klaus: Kostenmanagement...(1995), S. 480.

[906] Vgl. Horváth, Péter – Mayer, Reinhold: Prozeßkostenrechnung...(1989), S. 217; Mayer, Reinhold: Prozeßkostenrechnung...(1998), S. 17.

*und Mayer* mittels analytischer Verfahren erfolgen,[907] deren Anwendung *Kilger* für den Aussagegehalt der Plankostenrechnung generell propagiert.[908] Um die Genauigkeit und Solidität der von der Prozeßkostenrechnung bereitgestellten Daten zu gewährleisten, müssen für jeden Prozeß auf der Basis der Planprozeßmengen sämtliche Kostenarten mit Hilfe technisch-kostenwirtschaftlicher Analysen geplant werden.[909]

## D. Leistungsrechnung

Ziel öffentlicher Verwaltungen ist die Erstellung und Abgabe von öffentlichen Leistungen zur Erfüllung des öffentlichen Auftrags.[910] Bei den öffentlichen Leistungen handelt es sich vorwiegend um Dienstleistungen, welche unstofflich sind und deshalb nicht gelagert werden können.[911] Die Sicherstellung der Erfüllung des öffentlichen Auftrags erfordert somit die Vorhaltung entsprechend großer Kapazitäten, welche enorme Fixkosten hervorrufen. Effizienzsteigerungen im öffentlichen Sektor können folglich primär durch gezielte Einflußnahmen auf die dominanten Vorhaltekosten erreicht werden.[912] Ein verwaltungsadäquates Kostenrechnungssystem muß das enorme Volumen an Kapazitätskosten transparent machen und das Leistungsspektrum der hinter den Fixkosten steckenden bereitgehaltenen Ressourcen aufzeigen. Diesbezüglich bedarf es einer kostenstellenbezogenen Leistungsrechnung. Die kostenstellenbezogene Leistungsrechnung hat die Leistungsstruktur, Leistungsarten, Leistungsvolumina, Leistungsintensitäten, Leistungsmengen und Leistungsqualitäten der zur Leistungserbringung verwendeten Ressourcen abzubilden.[913] Hierdurch erhält man die notwendigen Informationen bezüglich Verfügbarkeit, Auslastung und spezifischer Nutzung der mit fixen Gemeinkosten verbundenen Kapazitäten, die für ein adäquates Kostenmanagement zur Vermeidung von Leerkosten und für die Optimierung des Verhältnisses zwischen Input und Output erforderlich sind.[914] Ferner sind wegen der Pflicht der Erfüllung des öffentlichen Auftrags die generierten Kosteninformationen immer in engem Zusammenhang mit den erstellten öffentlichen Leistungen zu sehen.[915] Der integrierte Ausweis von Kosten- und Leistungsinformationen ist daher in der öffentlichen Wirtschaft noch wichtiger als in der Erwerbswirtschaft.[916]

---

907 Vgl. Horváth, Péter – Mayer, Reinhold: Prozeßkostenrechnung...(1989), S. 217.

908 Vgl. Kilger, Wolfgang – Vikas, Kurt: Plankostenrechnung...(1993), S. 348 f.

909 Vgl. Horváth, Péter – Mayer, Reinhold: Prozeßkostenrechnung...(1989), S. 217.

910 Vgl. Nau, Hans-Rainer – Wallner, Gerhard: Verwaltungs-Controlling...(1998), S. 82; Fischer, Thomas M.: Prozeßkostencontrolling...(1999), S. 115; Fischer, Thomas M.: Kostenmanagement...(1997), S. 146.

911 Vgl. Liebe, Rüdiger: Kosten- und Leistungsrechnung...(1999), S. 183; Haiber, Thomas – Dunker, Klaus: Kostenmanagement...(1995), S. 473; Zimmermann, Gebhard – Grundmann Ralf: Prozeßkostenrechnung...(1996), S. 107.

912 Vgl. Haiber, Thomas – Dunker, Klaus: Kostenmanagement...(1995), S. 473; Zimmermann, Gebhard – Grundmann Ralf: Prozeßkostenrechnung...(1996), S. 107.

913 Vgl. Männel, Wolfgang: Entwicklungsperspektiven...(1999), S. 131 – 132.

914 Vgl. Männel, Wolfgang: Entwicklungsperspektiven...(1999), S. 132.

915 Vgl. Fischer, Thomas M.: Prozeßkostencontrolling...(1999), S. 115; Haiber, Thomas – Dunker, Klaus: Kostenmanagement...(1995), S. 473; Fischer, Thomas M.: Kostenmanagement...(1997), S. 147.

916 Vgl. Haiber, Thomas – Dunker, Klaus: Kostenmanagement...(1995), S. 473.

Während erwerbswirtschaftliche Institutionen aufgrund ihrer Gewinnziele differenzierende Ergebnisrechnungen benötigen, erfordern die Leistungs- respektive Sachziele öffentlicher Verwaltungen, die zumeist schwierige monetäre Quantifizierung von Verwaltungsleistungen sowie deren überwiegend unentgeltliche Abgabe den Einsatz von Leistungsrechnungen im öffentlichen Sektor.[917] Mit der Leistungsrechnung wird das überaus komplexe Leistungsspektrum einer öffentlichen Verwaltung erfaßt, strukturiert und zweckadäquat abgebildet.[918] Deshalb erscheint es sinnvoll zu klären, was unter verwaltungsbetrieblichen Leistungen konkret zu verstehen ist.

In Abhängigkeit von der betrachtenden Disziplin bestehen für den abstrakten Begriff der Leistung diverse Möglichkeiten von Interpretationen, wodurch dieser kein eindeutiges Leistungsverständnis zum Ausdruck bringen kann.[919] Je nachdem, welche Disziplin den Leistungsbegriff verwendet, werden unterschiedliche Interpretationen, Konkretisierungen sowie Präzisierungen vorgenommen, mit denen zwangsläufig auch verschiedene Inhalte einhergehen.[920] Selbst in der Literatur zur Betriebswirtschaftslehre findet man diverse Definitionen von Leistung, von denen hier der produktionswirtschaftliche Leistungsbegriff und das Leistungsverständnis der Teildisziplin des Rechnungswesens aufgegriffen werden sollen. Aus produktionswirtschaftlicher Sicht bedeutet Leistung das Ergebnis der Produktion, wobei in einer weiten Begriffsauslegung auch der Vorgang des Produzierens involviert wird.[921] In Abgrenzung hierzu fungiert der Leistungsbegriff im Rechnungswesen als Gegenstück zum Kostenbegriff und ist deshalb als bewertete, sachzielbezogene Gütererstellung definiert.[922]

Da öffentliche Verwaltungen ihre Leistungen überwiegend unentgeltlich abgeben, vermag die Leistungsdefinition des Rechnungswesens keine verwaltungsadäquate Begriffsbestimmung zu verkörpern, weshalb sich das Schrifttum zur Verwaltungsrechnung des Leistungsbegriffes der Produktionswirtschaft bedient. Demzufolge sind Leistungen die Ergebnisse des Verwaltungshandelns einer Verwaltungseinheit (Abteilung, Amt oder Referat).[923] Dieser Definition soll auch im Rahmen der vorliegenden Untersuchung gefolgt werden. Hierbei kann es sich sowohl um Leistungen der Kapazitätsvorhaltung (Leistungspotential)[924] als auch um tatsächlich abgegebene

917 Vgl. Schmidberger, Jürgen: Controlling...(1993), S. 240; Schwarze, Jochen - Koß, Torsten: Prozeßorientierte Kosten- und Leistungsrechnung...(1996), S. 72; Zimmermann, Gebhard – Grundmann Ralf: Prozeßkostenrechnung...(1996), S. 107.

918 Vgl. Furch, Kristian: Kosten- und Leistungsrechnung...(1995), S. 20; Bundesministerium der Finanzen (Hrsg.): Kosten- und Leistungsrechnung...(1997), S. 71.

919 Vgl. Hummel, Siegfried – Männel, Wolfgang: Kostenrechnung 1...(1986), S. 83 – 84; Schmidberger, Jürgen: Controlling...(1993), S. 241.

920 Vgl. Schmidberger, Jürgen: Controlling...(1993), S. 241; Hummel, Siegfried – Männel, Wolfgang: Kostenrechnung 1...(1986), S. 83 – 84.

921 Vgl. Schmidberger, Jürgen: Controlling...(1993), S. 241; Hummel, Siegfried – Männel, Wolfgang: Kostenrechnung 1...(1986), S. 83 – 84.

922 Vgl. statt vieler Kloock, Josef u. a.: Kosten- und Leistungsrechnung...(1999), S. 158.

923 Vgl. Gornas, Jürgen: Verwaltungskostenrechnung...(1992), S. 192; Nau, Hans-Rainer – Wallner, Gerhard: Verwaltungs-Controlling...(1998), S. 73 und 82; Schwarze, Jochen - Koß, Torsten: Prozeßorientierte Kosten- und Leistungsrechnung...(1996), S. 131 – 133; Liebe, Rüdiger: Kosten- und Leistungsrechnung...(1999), S. 185; Schmidberger, Jürgen: Controlling...(1993), S. 241 – 242; Mahnkopf, Rudolf: Budgetierung...(1996), S. 130.

924 Dies ist beispielsweise bei der Bundeswehr, bei Bereitschaftspolizeien als auch bei Kernverwaltungen der Fall.

respektive beanspruchte Leistungen (Kapazitätsnutzung) handeln. Sehr häufig bezeichnen Literatur und Verwaltungspraxis die Verwaltungsleistungen als Produkte. Das Produkt als Synonym für die Verwaltungsleistung hat sich in den Beiträgen zum modernen öffentlichen Rechnungswesen weitgehend etabliert.[925]

Die Erfassung und Abbildung der von der Verwaltung erbrachten Leistungen (Output) durch die Leistungsrechnung[926] dient der Verfolgung diverser Rechenzwecke.[927] Mit den Daten der Leistungsrechnung kann die öffentliche Institution die wirtschaftliche Verwendung der zur Verfügung gestellten finanziellen Mittel belegen. Neben der Dokumentationsfunktion vermag die geschaffene leistungswirtschaftliche Transparenz einen wichtigen Beitrag zur Aufdeckung von unwirtschaftlichen Leistungserstellungsprozessen und somit zur Effizienzsteigerung zu leisten. Insbesondere die im Zuge des Ressourcencontrolling vorzunehmende Steuerung von Personalkapazitäten erfordert die Existenz entsprechender leistungswirtschaftlicher Daten. Zudem bildet die Leistungsrechnung den Datengenerator für leistungsbezogene Verwaltungsvergleiche sowie für die Ermöglichung der Realisierung leistungsorientierter Entgeltkalkulationen. Bedingt eignen sich die Leistungsdaten auch als sachzielbezogene Indikatoren, zumindest können diese zu solchen übergeführt werden.[928]

Eine aussagefähige Leistungsrechnung muß zur Verfolgung der angeführten Rechnungszwecke alle Verwaltungsleistungen differenziert nach verschiedenen Leistungsarten in den Dimensionen Zeit, Menge und Qualität erfassen,[929] wobei die Leistungsarten in einem Leistungsartenkatalog zu systematisieren sind.[930] Die monetäre Bewertung der erbrachten Leistungen, welche in der Privatwirtschaft generell vorgenommen wird und so die Leistungsrechnung zu einer Erlösrechnung transfor-

---

[925] Siehe hierzu exemplarisch Schwarze, Jochen - Koß, Torsten: Prozeßorientierte Kosten- und Leistungsrechnung...(1996), S. 131 – 133; Liebe, Rüdiger: Kosten- und Leistungsrechnung...(1999), S. 183; Bundesministerium der Finanzen (Hrsg.): Kosten- und Leistungsrechnung...(1997), S. 71; Nau, Hans-Rainer – Wallner, Gerhard: Verwaltungs-Controlling...(1998), S. 85; Mahnkopf, Rudolf: Budgetierung...(1996), S. 130; Furch, Kristian: Kosten- und Leistungsrechnung...(1995), S. 25. Siehe insbesondere Seeger, Tilman – Walter, Matthias: Kosten- und Leistungsrechnung...(1999), S. 49.

[926] Vgl. Schweitzer, Marcell – Küpper, Hans-Ulrich: Kosten- und Erlösrechnung...(1998), S. 691; Hummel, Siegfried – Männel, Wolfgang: Kostenrechnung 1...(1986), S. 18; Mahnkopf, Rudolf: Budgetierung...(1996), S. 130.

[927] Vgl. Schmidberger, Jürgen: Controlling...(1993), S. 240 und 267 – 270; Schwarze, Jochen - Koß, Torsten: Prozeßorientierte Kosten- und Leistungsrechnung...(1996), S. 73; Liebe, Rüdiger: Kosten- und Leistungsrechnung...(1999), S. 187; Bundesministerium der Finanzen (Hrsg.): Kosten- und Leistungsrechnung...(1997), S. 71.

[928] Vgl. ausführlicher Schmidberger, Jürgen: Controlling...(1993), S. 240 und 267 – 270. Vgl. ebenfalls Schwarze, Jochen - Koß, Torsten: Prozeßorientierte Kosten- und Leistungsrechnung...(1996), S. 73; Bundesministerium der Finanzen (Hrsg.): Kosten- und Leistungsrechnung...(1997), S. 71.

[929] Bezüglich des konkreten Procedere der Erfassung und Dokumentation der Verwaltungsleistungen nach Zeit-, Mengen- und Qualitätsaspekten siehe Schmidberger, Jürgen: Controlling...(1993), S. 259 – 263.

[930] Vgl. Schmidberger, Jürgen: Controlling...(1993), S. 247; Lachnit, Laurenz: Kosten- und Leistungsrechnung...(1999), S. 50; Bundesministerium der Finanzen (Hrsg.): Kosten- und Leistungsrechnung...(1997), S. 72; Zimmermann, Gebhard – Grundmann Ralf: Implementierung...(1999), S. 334; Furch, Kristian: Kosten- und Leistungsrechnung...(1995), S. 25; Gornas, Jürgen: Verwaltungskostenrechnung...(1992), S. 192; Liebe, Rüdiger: Kosten- und Leistungsrechnung...(1999), S. 187; Nau, Hans-Rainer – Wallner, Gerhard: Verwaltungs-Controlling...(1998), S. 86. Vgl. hierzu insbesondere Buchholz, Werner: Controllingsystem...(1995), S. 183.

miert,[931] bringt wegen der zumeist unentgeltlichen Abgabe der Verwaltungsleistungen sowie fehlender Marktpreise keine großen Informationsgewinne und erfährt deshalb von der einschlägigen Literatur eine klare Ablehnung.[932] Mit Blick auf das fehlende Erfolgsstreben öffentlicher Verwaltungen mag eine wertmäßige Betrachtung der Leistungen vielleicht überflüssig sein. Für die Verfolgung der Rechenzwecke der verwaltungsbetrieblichen Kosten- und Leistungsrechnung, insbesondere für die Kalkulation sowie Verrechnung intern und extern abzugebender Verwaltungsleistungen, muß jedoch an die Stelle einer Ergebnisrechnung eine systematische Verknüpfung der Leistungsgrößen mit den entsprechenden Kostengrößen treten.[933] Somit besteht auch für eine moderne Verwaltungsrechnung die Erfordernis des Ausweises wertmäßiger Leistungsdaten.

Die Messung der Leistungen von Verwaltungen kann mit erheblichen Problemen verbunden sein, da sich Verwaltungsleistungen in vielen Fällen kaum quantitativ und schon gar nicht monetär erfassen lassen.[934] Insbesondere bei Projekten (Erlaß einer Richtlinie durch ein Ministerium) gestaltet sich die (monetäre) Quantifizierung der erbrachten Leistung als äußert schwierig. Die Probleme reichen von der Definition der Leistungen über die saubere Abgrenzung der Leistungen bis hin zur Bestimmung von Bezugsgrößen, welche die Leistungen auszudrücken vermögen.[935] Da die abgegrenzten Leistungen das Verrechnungsziel einer modernen Kosten- und Leistungsrechnung widerspiegeln,[936] muß sich die jeweilige Verwaltung bemühen, spezifische Kriterien zu eruieren, die eine Messung ihrer Leistungen erlauben.[937] Dabei sollte jedoch immer das Verhältnis zwischen Nutzen und Aufwand im Auge behalten werden.

## E. Prozeßkostenrechnung

Die Prozeßkostenrechnung gilt als verwaltungsadäquates Kostenrechnungssystem und wird in der neueren Literatur zur verwaltungsbetrieblichen Kostenrechnung zu Recht nahezu einstimmig für eine Anwendung in den öffentlichen Verwaltungen propagiert.[938] Ebenfalls die Wissenschaftliche Kommission „Öffentliche Unternehmen

[931] Siehe hierzu ausführlich Kloock, Josef u. a.: Kosten- und Leistungsrechnung...(1999), S. 159 und 162 – 170; siehe ebenfalls Hummel, Siegfried – Männel, Wolfgang: Kostenrechnung 1...(1986), S. 84.

[932] Siehe hierzu Schmidberger, Jürgen: Controlling...(1993), S. 247 und 269; Gornas, Jürgen: Verwaltungskostenrechnung...(1992), S. 192; Bundesministerium der Finanzen (Hrsg.): Kosten- und Leistungsrechnung...(1997), S. 71.

[933] Vgl. Schweitzer, Marcell – Küpper, Hans-Ulrich: Kosten- und Erlösrechnung...(1998), S. 692.

[934] Vgl. Zimmermann, Gebhard – Grundmann Ralf: Prozeßkostenrechnung...(1996), S. 107; Bundesministerium der Finanzen (Hrsg.): Kosten- und Leistungsrechnung...(1997), S. 71 – 72; Nau, Hans-Rainer – Wallner, Gerhard: Verwaltungs-Controlling...(1998), S. 86; Schmidberger, Jürgen: Controlling...(1993), S. 240; Gornas, Jürgen: Verwaltungskostenrechnung...(1992), S. 192 – 193; Liebe, Rüdiger: Kosten- und Leistungsrechnung...(1999), S. 187.

[935] Siehe hierzu das Produktblatt bei Nau, Hans-Rainer – Wallner, Gerhard: Verwaltungs-Controlling...(1998), S. 87.

[936] Siehe hierzu statt vieler Furch, Kristian: Kosten- und Leistungsrechnung...(1995), S. 25.

[937] Siehe hierzu Bundesministerium der Finanzen (Hrsg.): Kosten- und Leistungsrechnung...(1997), S. 72.

[938] Siehe hierzu Zimmermann, Gebhard: Leistungsfähigkeit...(1993), S. 195 – 197; Zimmermann, Gebhard – Grundmann Ralf: Implementierung...(1999), S. 333 – 334; Zimmermann, Gebhard – Grundmann Ralf: Prozeßkostenrechnung...(1996), S. 113 – 115; Zimmermann, Gebhard: Prozeßorientierte Kostenrechnung...(1994), S. 74 – 75; Zimmermann, Gebhard: Kostenrechnung...(1992),

und Verwaltungen" fordert für den öffentlichen Sektor die Implementierung prozeßorientierter Kostenrechnungssysteme, welche von der Eignung der Prozeßkostenrechnung für verwaltungsbetriebliche Institutionen überzeugt ist.[939] Für den Einsatz der Prozeßkostenrechnung in öffentlichen Verwaltungen sprechen etliche Gründe, von denen hier die wichtigsten angeführt werden sollen. Der Nutzen einer prozeßorientierten Kostenrechnung spiegelt sich vor allem in folgenden Punkten wider:[940]

- Schaffung respektive Erhöhung von Kosten- und Leistungstransparenz;
- Aufdeckung des verwaltungsbetrieblichen Leistungsgeflechts;
- Identifikation ablaufbedingter Kostenschwerpunkte und Förderung des schnittstellenübergreifenden Kostenbewußtseins;
- Planung, Steuerung und Kontrolle der Leistungen und Kosten auch in den indirekten Bereichen;
- Betriebswirtschaftliche Fundierung strategischer verwaltungsbetrieblicher Entscheidungen durch gezielte Kosteninformationen;
- Genaue Kalkulation von Verwaltungsleistungen gemäß dem Prinzip der anteiligen Ressourceninanspruchnahme;
- Aufzeigen von Potentialen zur rationellen Nutzung vorhandener Ressourcen mittels einer zweckadäquaten Gemeinkostenplanung und –kontrolle sowie
- Eruierung der Kapazitätsauslastung.

Die Liste der genannten Rechenzwecke, welche zu den Hauptzwecken der Prozeßkostenrechnung gehören, rechtfertigt den mit der Implementierung einer prozeß-

S. 197 – 202; Furch, Kristian: Kosten- und Leistungsrechnung...(1995), S. 21; Lachnit, Laurenz: Kosten- und Leistungsrechnung...(1999), S. 49 – 51; Gruber, Klaus: Kosten-Leistungsrechnung...(1998), S. 142; Fischer, Thomas M.: Prozeßkostencontrolling...(1999), S. 124 – 125; Fischer, Thomas M.: Kostenmanagement...(1997), S. 150; Haiber, Thomas – Dunker, Klaus: Kostenmanagement...(1995), S. 485 – 488; Schwarze, Jochen – Koß, Torsten: Prozeßorientierte Kosten– und Leistungsrechnung...(1996), S. 68 – 69; Ceynowa, Klaus – Finkeißen, Alexander: Prozeßkostenmanagement...(1998), S. 468; Ebert, Günter: Steuerungsmodell...(1999), S. 232; Scheer, August-Wilhelm u. a.: Controlling...(1995), S. 282 – 283; Gerberich, Claus W. – Dahinten, Michael: Prozeßcontrolling...(1999), S. 44 – 48; Baier, Niels – Arnaout, Ali: Prozeßmanagement...(1999), S. 142; Weiß, Dietmar: Prozeßkostenrechnung...(1999), S. 549; Schmidberger, Jürgen: Controlling...(1993), S. 292; Nau, Hans-Rainer – Wallner, Gerhard: Verwaltungs-Controlling...(1998), S. 222 – 229. In Diskrepanz zu der in der Literatur überwiegenden Befürwortung der Prozeßkostenrechnung fordert Liebe eine produktorientierte Kostenrechnung und zwar in der Form, wie die Standard-KLR des Bundes ausgestattet ist. Vgl. Liebe, Rüdiger: Kosten- und Leistungsrechnung...(1999), S. 186.

939 Siehe hierzu Wissenschaftliche Kommission „Öffentliche Unternehmen und Verwaltungen": Empfehlungen für das öffentliche Rechnungswesen...(1993), S. 291 – 292.

940 Vgl. Fischer, Thomas M.: Prozeßkostencontrolling...(1999), S. 117; Fischer, Thomas M.: Kostenmanagement...(1997), S. 150; Nau, Hans-Rainer – Wallner, Gerhard: Verwaltungs-Controlling...(1998), S. 227 – 228; Zimmermann, Gebhard – Grundmann Ralf: Implementierung...(1999), S. 333; Zimmermann, Gebhard: Leistungsfähigkeit...(1993), S. 195 – 196; Haiber, Thomas – Dunker, Klaus: Kostenmanagement...(1995), S. 485 – 488; Schwarze, Jochen – Koß, Torsten: Prozeßorientierte Kosten– und Leistungsrechnung...(1996), S. 68 – 69; Zimmermann, Gebhard: Prozeßorientierte Kostenrechnung...(1994), S. 74; Horváth, Péter – Mayer, Reinhold: Prozeßkostenrechnung...(1989), S. 215 – 218; Gruber, Klaus: Kosten-Leistungsrechnung...(1998), S. 142 – 143; Remer, Detlef: Prozeßkostenrechnung...(1997), S. 61 – 63; Zimmermann, Gebhard – Grundmann Ralf: Prozeßkostenrechnung...(1996), S. 113 – 115.

orientierten Kostenrechnung verbundenen Aufwand allemal. Bezüglich der Relevanz der mit der Prozeßkostenrechnung generierbaren Informationen sowie der konkreten Erfordernisse der Anwendung des auf Prozessen basierenden Rechensystems sei an dieser Stelle auf die entsprechenden Ausführungen bei den Rechnungszwecken, den Anforderungen und dem Aufbau der verwaltungsbetrieblichen Kostenrechnung verwiesen. Dort erfahren die zweckentsprechenden Nutzungsmöglichkeiten der Prozeßkostenrechnung eine Präzisierung respektive Konkretisierung und sind an den geeigneten Stellen der Abhandlung entsprechend plausibel involviert. Eine nochmalige Diskussion der mit der Prozeßkostenrechnung anvisierten Rechnungsziele, die hier rein theoretischer und abstrakter Natur wäre, vermag somit diese Arbeit nicht bereichern, zumal den Ausführungen der konkrete Anwendungsbezug fehlen würde.

Entgegen der in der Literatur des öfteren unkorrekten Darstellung, operiert man im System der Prozeßkostenrechnung nicht nach dem Verursachungsprinzip, sondern nach dem Prinzip der anteiligen Kapazitätsinanspruchnahme.[941] Nach dem Motto: Ergebnisse (Produkte, Leistungen) erfordern Prozesse, welche wiederum Ressourcen in Anspruch nehmen, wird bei einer prozeßorientierten Kostenrechnung auf die Wirkungskette zwischen Ergebnissen, Prozessen und Ressourcen abgestellt.[942] In Divergenz zu traditionellen Kostenrechnungssystemen erfolgt die Verteilung der fixen Gemeinkosten auf die Kalkulationsobjekte nicht mittels indirekter, wertmäßiger Bezugsgrößen, sondern auf der Grundlage erbrachter und entsprechend in Anspruch genommener Leistungen.[943] Dies erfordert die Eruierung adäquater Bezugsgrößen, welche die Leistungen der Verwaltungskostenstellen zum Ausdruck bringen und gleichzeitig eine einwirkungs- respektive beanspruchungsgerechte Zuordnung der Kosten der vorgehaltenen und genutzten Kapazitäten auf die Verwaltungsendleistungen erlauben.[944] Aufgrund der leistungsorientierten bzw. mengenorientierten Verrechnung der Kosten gelten bei der Prozeßkostenrechnung die Kostenstellen auch als Leistungsstellen und dieses Rechensystem involviert damit zwangsläufig neben den kostenrechnerischen Elementen eine ausgebaute Leistungsrechnung,[945] welche weiter oben explizit für öffentliche Verwaltungen gefordert wurde.

Der Einsatz der Prozeßkostenrechnung ist für jene Institutionen zu empfehlen, welche heterogene Leistungsarten hervorbringen, die ihrerseits eine unterschiedliche Ressourcenbeanspruchung bewirken.[946] Dies dürfte bei öffentlichen Verwaltungen überwiegend der Fall sein. Damit jedoch eine auf Prozessen basierende Rechnung überhaupt Anwendung finden kann, müssen entsprechend repetitive Prozesse vor-

[941] Vgl. Remer, Detlef: Prozeßkostenrechnung...(1997), S. 188; Horváth, Péter – Mayer, Reinhold: Prozeßkostenrechnung...(1989), S. 216; Mayer, Reinhold: Prozeßkostenrechnung...(1998), S. 5 und 21; Zimmermann, Gebhard – Grundmann Ralf: Prozeßkostenrechnung...(1996), S. 114.
[942] Vgl. Mayer, Reinhold: Prozeßkostenrechnung...(1998), S. 5; Remer, Detlef: Prozeßkostenrechnung...(1997), S. 73.
[943] Vgl. Lachnit, Laurenz: Kosten- und Leistungsrechnung...(1999), S. 50.
[944] Vgl. Furch, Kristian: Kosten- und Leistungsrechnung...(1995), S. 21; Kloock, Josef u. a.: Kosten- und Leistungsrechnung...(1999), S. 126 – 127; Zimmermann, Gebhard: Leistungsfähigkeit...(1993), S. 178; Haiber, Thomas – Dunker, Klaus: Kostenmanagement...(1995), S. 485; Schmidberger, Jürgen: Controlling...(1993), S. 290.
[945] Vgl. Lachnit, Laurenz: Kosten- und Leistungsrechnung...(1999), S. 50; Zimmermann, Gebhard – Grundmann Ralf: Implementierung...(1999), S. 334.
[946] Vgl. Remer, Detlef: Prozeßkostenrechnung...(1997), S. 185; Mayer, Reinhold: Prozeßkostenrechnung...(1998), S. 16.

liegen.[947] Die Existenz repetitiver Prozesse gilt als unabdingbare Voraussetzung für die Anwendbarkeit der aktivitätsorientierten Rechnung, weil die Prozeßkostenrechnung ihrem Wesen nach eigentlich eine Divisionsrechnung ist. Demzufolge können mittels der Prozeßkostenrechnung nur bei einigermaßen standardisierbaren Tätigkeiten verwertbare Kosteninformationen generiert werden. Darüber hinaus ist mit der Einführung der Prozeßkostenrechnung ein erheblicher Implementierungsaufwand (vor allem die Tätigkeitsanalyse) verbunden, den nur mehrmalige Informationsgewinnungen rechtfertigen können, wodurch Projekte als Anwendungsbereich ausscheiden müssen.[948] In öffentlichen Verwaltungen laufen vorwiegend formalisierte, sich wiederholende Prozesse ab, die – von Ausnahmen abgesehen – grundsätzlich eine Anwendung der Prozeßkostenrechnung ermöglichen.[949]

Die Vorgehensweise respektive der methodische Ablauf bei der Ermittlung der Prozeßkosten erfährt in der einschlägigen Literatur eine ausführliche und detaillierte Deskription, auf welche an dieser Stelle entsprechend verwiesen werden kann.[950] Dennoch sollen aus Gründen der Vollständigkeit und Klarheit sowie der Verständlichkeit obiger Ausführungen die wesentlichen Schritte kurz aufgezeigt werden, die zur Ermittlung von Prozeßkosten bzw. Prozeßkostensätze und damit verbunden zur Generierung aussagefähiger Kosteninformationen notwendig sind.[951]

**Schritt 1: Analyse und Strukturierung von Tätigkeiten respektive Prozessen**

Den Ausgangspunkt einer auf Prozessen basierenden Kostenermittlung bildet die Analyse und Strukturierung aller in den einzelnen Verwaltungsbereichen durchgeführten Tätigkeiten.[952] Mit der Prozeßanalyse soll die vorhandene Prozeßstruktur identifiziert und somit aufgezeigt werden, welche Prozesse in der Verwaltung vorkommen, wie sie ablaufen und welche Stellen oder Ämter beteiligt sind.[953] Die Aufdeckung des Leistungsgeflechts öffentlicher Institutionen kann als der Grundstein für

---

[947] Vgl. Remer, Detlef: Prozeßkostenrechnung...(1997), S. 58 und 186; Coenenberg, Adolf Gerhard: Kostenrechnung...(1999), S. 225 – 226; Fischer, Thomas M.: Prozeßkostencontrolling...(1999), S. 117.

[948] Vgl. Coenenberg, Adolf Gerhard: Kostenrechnung...(1999), S. 225.

[949] Vgl. Zimmermann, Gebhard: Leistungsfähigkeit...(1993), S. 178.

[950] Siehe zur Vorgehensweise bei der Ermittlung von Prozeßkosten Horváth, Péter – Mayer, Reinhold: Prozeßkostenrechnung...(1989), S. 216 – 217; Mayer, Reinhold: Prozeßkostenrechnung...(1998), S. 12 – 21; Remer, Detlef: Prozeßkostenrechnung...(1997), S. 34 – 153; Coenenberg, Adolf Gerhard – Fischer, Thomas M.: Prozeßkostenrechnung...(1991), S. 25 – 31. Das dort angeführte Procedere hat auch die Literatur zur modernen verwaltungsbetrieblichen Kostenrechnung weitgehend übernommen und findet sich deshalb in dieser entsprechend wieder. Siehe hierzu Zimmermann, Gebhard: Leistungsfähigkeit...(1993), S. 183 – 194; Zimmermann, Gebhard – Grundmann Ralf: Prozeßkostenrechnung...(1996), S. 109 – 112; Zimmermann, Gebhard: Kostenrechnung...(1992), S. 198 – 199; Fischer, Thomas M.: Prozeßkostencontrolling...(1999), S. 117; Schwarze, Jochen - Koß, Torsten: Prozeßorientierte Kosten- und Leistungsrechnung...(1996), S. 64 – 68; Gruber, Klaus: Kosten-Leistungsrechnung...(1998), S. 142 – 143.

[951] Ein konkretes durchgängiges Zahlenbeispiel zu den einzelnen Schritten beim Aufbau einer Prozeßkostenrechnung in öffentlichen Verwaltungen findet sich exemplarisch bei Zimmermann, Gebhard – Grundmann Ralf: Prozeßkostenrechnung...(1996), S. 109 – 114.

[952] Vgl. Horváth, Péter – Mayer, Reinhold: Prozeßkostenrechnung...(1989), S. 216; Schwarze, Jochen - Koß, Torsten: Prozeßorientierte Kosten- und Leistungsrechnung...(1996), S. 64; Zimmermann, Gebhard: Leistungsfähigkeit...(1993), S. 183.

[953] Vgl. Horváth, Péter – Mayer, Reinhold: Prozeßkostenrechnung...(1989), S. 216; Zimmermann, Gebhard – Grundmann Ralf: Prozeßkostenrechnung...(1996), S. 109; Baier, Niels – Arnaout, Ali: Prozeßmanagement...(1999), S. 136.

die Erreichung der anvisierten Rechenziele, insbesondere für die Steigerung der Effizienz, angesehen werden. An dieser Stelle empfiehlt es sich zu klären, was unter dem abstrakten Terminus Prozeß[954] konkret zu verstehen ist.

Nach *Mayer* ist ein Prozeß „eine auf die Erbringung eines Leistungsoutputs gerichtete Kette von Aktivitäten."[955] Kennzeichnend für einen Prozeß sind der Leistungsoutput, die Qualitätsmerkmale, die Ressourceninanspruchnahme, der Kosteneinflußfaktor (Cost Driver) sowie die analysierbaren Durchlauf- bzw. Bearbeitungszeiten.[956]

Eine etwas andere aber ebenfalls in die gleiche Richtung gehende Begriffsbestimmung findet sich bei *Fischer*. Dieser versteht unter einem Prozeß „das schnittstellenübergreifende (kostenstellen-, abteilungs-, funktionsübergreifende) Zusammenwirken von Menschen und Sachmitteln zur Erfüllung einer Aufgabe."[957] Jeder Prozeß im Unternehmen führt gemäß *Fischer* „zu einem meßbaren Ergebnis bzw. einem Produkt, mit dem die Bedürfnisse eines internen oder externen Kunden wirtschaftlich, fehlerfrei und rechtzeitig erfüllt werden sollen."[958] Hierbei handelt es sich um einen Idealtyp von Prozeß, den *Fischer* zu Recht als Leitmaxime vorgibt.

In Diskrepanz zu den beiden vorhin genannten Begriffsbestimmungen ist in der Literatur folgende Definition am weitesten verbreitet, die auch der vorliegenden Untersuchung zugrunde liegen soll: „Ein Prozeß ist die Zusammenfassung logisch zusammenhängender Arbeitsschritte, die einen bestimmten Input in einen bestimmten Output transferieren."[959]

Die Prozeßanalyse erfordert zunächst einmal die Erarbeitung einer vorläufigen Hauptprozeßstruktur.[960] Ohne gewisse Vorstellungen über eventuelle Hauptprozesse kann nach Ansicht von *Mayer* keine sinnvolle Erhebung der Teilprozesse[961] in den Kostenstellen erfolgen.[962] Für die Art der Differenzierung der Hauptprozesse sind konkrete verwaltungsbetriebliche Fragestellungen maßgebend, wie etwa die Kalkulation von Verwaltungsleistungsentgelten oder die Optimierung der ablaufenden Ver-

---

954 Die bei der Bundesverwaltung zum möglichen Prozeß „Führung und Verwaltung" dazugehörigen Aktivitäten finden sich exemplarisch bei Bundesministerium der Finanzen (Hrsg.): Kosten- und Leistungsrechnung...(1997), S. 63.

955 Mayer, Reinhold: Prozeßkostenrechnung...(1998), S. 6.

956 Siehe hierzu Mayer, Reinhold: Prozeßkostenrechnung...(1998), S. 6.

957 Fischer, Thomas M.: Kostenmanagement...(1997), S. 149 – 150.

958 Fischer, Thomas M.: Kostenmanagement...(1997), S. 150.

959 Siehe statt vieler Remer, Detlef: Prozeßkostenrechnung...(1997), S. 66.

960 Unter einem Hauptprozeß verstehen Horváth/Mayer eine Kette homogener Aktivitäten, die demselben Kosteneinflußfaktor unterliegen und für die Prozeßkosten ermittelt werden sollen. Siehe hierzu Mayer, Reinhold: Prozeßkostenrechnung...(1998), S. 6. Hingegen sieht Remer die wesentlich ablaufenden Vorgänge im Unternehmen als Hauptprozesse an. Dabei handelt es sich um die Zusammenfassung von sachlogisch zusammengehörigen Teilprozessen mehrerer Kostenstellen. Siehe hierzu Remer, Detlef: Prozeßkostenrechnung...(1997), S. 70.

961 Unter Teilprozeß verstehen Horváth/Mayer eine Kette homogener Aktivitäten einer Kostenstelle, die einem oder mehreren Hauptprozessen zugeordnet werden können und für die Prozeßkosten ermittelt werden sollen. Teilprozesse gelten als Bindeglied zwischen den Kostenstellenkosten und den kostenstellenübergreifenden Hauptprozessen. Siehe hierzu Mayer, Reinhold: Prozeßkostenrechnung...(1998), S. 8.

962 Siehe hierzu Mayer, Reinhold: Prozeßkostenrechnung...(1998), S. 12.

waltungsprozesse.[963] Bestehen in etwa Vorstellungen über die Hauptprozesse, kann mit der Erfassung der in jeder Kostenstelle auszuführenden Tätigkeiten begonnen werden, die anschließend zu kostenstellenbezogenen Teilprozessen zu aggregieren sind.[964]

Die Ermittlung der Tätigkeiten und Teilprozesse erfordert einen immensen Arbeitsaufwand, den die Informationsgewinne der Prozeßkostenrechnung rechtfertigen müssen. Als Analyseinstrumente bieten sich Interviews, Selbstaufschreibungen durch Mitarbeiter, Verfahren der Multimomentaufnahme sowie Zeitaufnahmen an. Zudem kann auf Informationen bereits früher vorgenommener Analysen, wie etwa Gemeinkostenwertanalysen, zurückgegriffen werden.[965] Hierdurch gelingt es, den Durchführungsaufwand einigermaßen in Grenzen zu halten, wozu auch die Dokumentenanalyse (z. B. Stellenbeschreibung, Dienstvorschrift, Arbeitsplan) einen positiven Beitrag zu leisten vermag.[966] Für öffentliche Verwaltungen besteht zusätzlich die Möglichkeit, sich der Informationen der Gutachten der KGSt zu bedienen.[967] Das Ergebnis der Tätigkeitsanalyse bildet eine Liste mit den ermittelten Teilprozessen.[968]

Die im Rahmen der Tätigkeitsanalyse eruierten Teilprozesse sind sowohl den durchführenden Kostenstellen als auch den kostenstellenübergreifenden Hauptprozessen zuzuordnen.[969] Hierdurch kommen eventuelle ablaufbedingte Unwirtschaftlichkeiten zum Vorschein, welche die Einleitung entsprechender ablauforganisatorischer Veränderungen nach sich ziehen. Somit lassen sich bereits während der Analysephase Optimierungen an der Prozeßstruktur vornehmen.[970]

**Schritt 2: Identifizierung geeigneter Maßgrößen**

Die einzelnen Teilprozesse der Kostenstellen müssen daraufhin überprüft werden, ob sie sich in Abhängigkeit von den in den Kostenstellen zu erbringenden Leistungsvolumina mengenvariabel oder mengenfix verhalten. Sie werden als leistungsmengeninduzierte (lmi) Teilprozesse bezeichnet, wenn sie sich mengenvariabel verhalten. Bei den leistungsmengeninduzierten Teilprozessen wird eine mengenproportionale Beziehung zwischen dem Ressourcenverzehr sowie den damit einhergehenden

[963] Vgl. Mayer, Reinhold: Prozeßkostenrechnung...(1998), S. 12.

[964] Vgl. Remer, Detlef: Prozeßkostenrechnung...(1997), S. 34; Zimmermann, Gebhard – Grundmann Ralf: Prozeßkostenrechnung...(1996), S. 109.

[965] Vgl. Schwarze, Jochen - Koß, Torsten: Prozeßorientierte Kosten- und Leistungsrechnung...(1996), S. 64; Remer, Detlef: Prozeßkostenrechnung...(1997), S. 34 – 35; Zimmermann, Gebhard – Grundmann Ralf: Prozeßkostenrechnung...(1996), S. 109; Horváth, Péter – Mayer, Reinhold: Prozeßkostenrechnung...(1989), S. 216; Nau, Hans-Rainer – Wallner, Gerhard: Verwaltungs-Controlling...(1998), S. 225.

[966] Vgl. Zimmermann, Gebhard: Leistungsfähigkeit...(1993), S. 183.

[967] Vgl. Zimmermann, Gebhard – Grundmann Ralf: Prozeßkostenrechnung...(1996), S. 109; Zimmermann, Gebhard: Leistungsfähigkeit...(1993), S. 183.

[968] Vgl. Schwarze, Jochen - Koß, Torsten: Prozeßorientierte Kosten- und Leistungsrechnung...(1996), S. 64.

[969] Vgl. Horváth, Péter – Mayer, Reinhold: Prozeßkostenrechnung...(1989), S. 216; Remer, Detlef: Prozeßkostenrechnung...(1997), S. 35. Teilprozesse gelten als Bindeglied zwischen den Kostenstellenkosten und den kostenstellenübergreifenden Hauptprozessen. Siehe Mayer, Reinhold: Prozeßkostenrechnung...(1998), S. 8.

[970] Vgl. Horváth, Péter – Mayer, Reinhold: Prozeßkostenrechnung...(1989), S. 216; Remer, Detlef: Prozeßkostenrechnung...(1997), S. 35.

Kosten und dem erbrachten Leistungsvolumen unterstellt.[971] Fallen die Prozesse hingegen generell an, sind sie also mengenunabhängig, tragen sie den Terminus leistungsmengenneutrale (lmn) Prozesse.[972]

Für die leistungsmengeninduzierten Prozesse gilt es sodann geeignete Maßgrößen zu eruieren, welche eine mengenmäßige Quantifizierung der Prozesse erlauben. Die Maßgrößen haben nicht nur als Meß- bzw. Zählgröße für die Anzahl der Prozeßdurchführungen zu dienen, sondern müssen zusätzlich auch noch die Kosteneinflußgrößen (Kostentreiber) der einzelnen Prozesse widerspiegeln.[973] Dies erlaubt eine Zuordnung der Kosten der Kostenstellen auf die Prozesse und von dort aus weiter auf die Endleistungen entsprechend der Ressourcenbeanspruchung.[974] Während der Terminus Maßgröße für die Teilprozesse in den Kostenstellen geprägt wurde, verwendet man den Begriff Cost Driver, wenn es um die Anzahl der kostenstellenübergreifenden Hauptprozeßdurchführungen geht.[975] Die beiden Begriffe Maßgröße und Cost Driver beziehen sich zwar auf unterschiedliche Hierarchieebenen, verkörpern jedoch den gleichen sachlichen Inhalt.

### Schritt 3: Festlegung der Planprozeßmengen

Für sämtliche Maßgrößen der leistungsmengeninduzierten Prozesse müssen die Prozeßmengen geplant werden, welche die Basis für die Kostenplanung bilden. Die Planprozeßmengen sollten sich logischerweise an den Engpässen orientieren und verkörpern somit einen Maßstab für die Kapazität der vorgehaltenen Ressourcen.[976] Bei den Prozeßmengen handelt es sich um Schlüsselgrößen, mit denen der Verzehr an Ressourcen und der entsprechenden Kosten gemessen wird.[977]

### Schritt 4: Planung der Prozeßkosten

Bei der Ermittlung der Plankosten der Prozesse können zwei unterschiedliche Wege gegangen werden. Die Literatur empfiehlt die analytische Kostenplanung, bei der für jeden Prozeß auf Basis der Planprozeßmengen alle Kostenarten mittels technisch-

---

971 Siehe hierzu Mayer, Reinhold: Prozeßkostenrechnung...(1998), S. 13.

972 Vgl. Horváth, Péter – Mayer, Reinhold: Prozeßkostenrechnung...(1989), S. 216 – 217; Mayer, Reinhold: Prozeßkostenrechnung...(1998), S. 12 – 13; Zimmermann, Gebhard – Grundmann Ralf: Prozeßkostenrechnung...(1996), S. 109; Schwarze, Jochen - Koß, Torsten: Prozeßorientierte Kosten- und Leistungsrechnung...(1996), S. 64; Remer, Detlef: Prozeßkostenrechnung...(1997), S. 35.

973 Vgl. Horváth, Péter – Mayer, Reinhold: Prozeßkostenrechnung...(1989), S. 217; Mayer, Reinhold: Prozeßkostenrechnung...(1998), S. 10 und 13; Schwarze, Jochen - Koß, Torsten: Prozeßorientierte Kosten- und Leistungsrechnung...(1996), S. 64; Zimmermann, Gebhard – Grundmann Ralf: Prozeßkostenrechnung...(1996), S. 111.

974 Vgl. Lachnit, Laurenz: Kosten- und Leistungsrechnung...(1999), S. 50; Mayer, Reinhold: Prozeßkostenrechnung...(1998), S. 10 und 13 – 15; Zimmermann, Gebhard: Leistungsfähigkeit...(1993), S. 184.

975 Vgl. Mayer, Reinhold: Prozeßkostenrechnung...(1998), S. 10; Zimmermann, Gebhard – Grundmann Ralf: Prozeßkostenrechnung...(1996), S. 111.

976 Vgl. Horváth, Péter – Mayer, Reinhold: Prozeßkostenrechnung...(1989), S. 217; Zimmermann, Gebhard – Grundmann Ralf: Prozeßkostenrechnung...(1996), S. 111; Zimmermann, Gebhard: Leistungsfähigkeit...(1993), S. 187; Remer, Detlef: Prozeßkostenrechnung...(1997), S. 53.

977 Vgl. Remer, Detlef: Prozeßkostenrechnung...(1997), S. 53.

kostenwirtschaftlicher Analysen originär zu planen sind.[978] Diese Methode zeugt zwar von Akribie, impliziert aber einen enormen Durchführungsaufwand und ist für öffentliche Verwaltungen sicherlich nicht auf die Schnelle realisierbar.[979] Demgegenüber besteht die Möglichkeit der Verteilung der normalisierten Kostenstellenkosten auf die Prozesse mittels Schlüssel (z. B. Mitarbeiterjahre). Hierdurch gelangt man einigermaßen schnell zu Prozeßkosten und das mit begrenztem Aufwand, weshalb ein solches Vorgehen gerade in der Einführungsphase als sinnvoll erscheint. Logischerweise hängt die Qualität der so generierten Kosteninformationen von der Genauigkeit der Schlüsselung ab, womit gewaltige Verwertungsprobleme verbunden sein können.[980] Da in öffentlichen Verwaltungen die Personalkosten dominieren, bietet sich als Schlüssel die Mitarbeiterkapazität (in Mitarbeiterjahren bzw. Minutenwerte) an.[981]

**Schritt 5: Berechnung der Prozeßkostensätze**

Die Prozeßkostensätze ergeben sich durch einfache Division der jeweiligen Prozeßkosten durch die zugehörigen Prozeßmengen.[982] Hierdurch wird klar ersichtlich, daß es sich bei der Prozeßkostenrechnung ihrem Wesen nach um eine Divisionsrechnung handelt. Der Prozeßkostensatz gibt an, wieviel die einmalige Durchführung eines Prozesses durchschnittlich kostet.[983] Mit dem Prozeßkostensatz wird eine Kennzahl generiert, die als Kalkulationssatz einer genauen Kalkulation von Verwaltungsleistungen dienlich ist und daneben einen Beurteilungsmaßstab für eine effiziente verwaltungsbetriebliche Steuerung darstellt.[984] Die Gesamtheit der Prozeßkostensätze aller Teil- und Hauptprozesse bildet ein Kennzahlengerüst, das als Informationsbasis für ein effizientes Verwaltungshandeln unverzichtbar ist.[985] Je nach Bedarf lassen sich Gesamtprozeßkostensätze oder Kostensätze bezogen auf die leistungsmengeninduzierten Kosten ermitteln, wobei die Differenz den Umlagesatz der leistungsmengenneutralen Kosten widerspiegelt.[986]

---

[978] Siehe Horváth, Péter – Mayer, Reinhold: Prozeßkostenrechnung...(1989), S. 217; Remer, Detlef: Prozeßkostenrechnung...(1997), S. 53; Zimmermann, Gebhard – Grundmann Ralf: Prozeßkostenrechnung...(1996), S. 111; Zimmermann, Gebhard: Leistungsfähigkeit...(1993), S. 187.

[979] Vgl. Schwarze, Jochen - Koß, Torsten: Prozeßorientierte Kosten- und Leistungsrechnung...(1996), S. 65; Horváth, Péter – Mayer, Reinhold: Prozeßkostenrechnung...(1989), S. 217; Zimmermann, Gebhard – Grundmann Ralf: Prozeßkostenrechnung...(1996), S. 111.

[980] Vgl. Horváth, Péter – Mayer, Reinhold: Prozeßkostenrechnung...(1989), S. 217; Zimmermann, Gebhard: Leistungsfähigkeit...(1993), S. 188; Zimmermann, Gebhard – Grundmann Ralf: Prozeßkostenrechnung...(1996), S. 111; Schwarze, Jochen - Koß, Torsten: Prozeßorientierte Kosten- und Leistungsrechnung...(1996), S. 66.

[981] Vgl. Schwarze, Jochen - Koß, Torsten: Prozeßorientierte Kosten- und Leistungsrechnung...(1996), S. 66; Zimmermann, Gebhard – Grundmann Ralf: Prozeßkostenrechnung...(1996), S. 111.

[982] Vgl. Horváth, Péter – Mayer, Reinhold: Prozeßkostenrechnung...(1989), S. 217; Mayer, Reinhold: Prozeßkostenrechnung...(1998), S. 15 – 16; Zimmermann, Gebhard – Grundmann Ralf: Prozeßkostenrechnung...(1996), S. 111.

[983] Vgl. Horváth, Péter – Mayer, Reinhold: Prozeßkostenrechnung...(1989), S. 217; Mayer, Reinhold: Prozeßkostenrechnung...(1998), S. 16; Zimmermann, Gebhard – Grundmann Ralf: Prozeßkostenrechnung...(1996), S. 111.

[984] Vgl. Coenenberg, Adolf Gerhard: Kostenrechnung...(1999), S. 231 – 232; Horváth, Péter – Mayer, Reinhold: Prozeßkostenrechnung...(1989), S. 217.

[985] Vgl. Zimmermann, Gebhard: Leistungsfähigkeit...(1993), S. 188.

[986] Vgl. Horváth, Péter – Mayer, Reinhold: Prozeßkostenrechnung...(1989), S. 217; Mayer, Reinhold: Prozeßkostenrechnung...(1998), S. 15 – 16.

**Schritt 6: Verdichtung der Teilprozesse zu kostentellenübergreifenden Hauptprozessen**

In einem letzten Schritt werden die einzelnen Teilprozesse zu kostenstellenübergreifenden Hauptprozessen verdichtet respektive aggregiert, welche gleichzeitig die Verwaltungsleistungsarten verkörpern.[987] Die Hauptprozesse (sogenannte cost pools) subsumieren die jeweils zusammengehörenden Teilprozesse, für deren Zusammenfassung bekannt sein muß, in welcher Anzahl und Reihenfolge die einzelnen Teilprozesse in die Hauptprozesse eingehen. Voraussetzung hierfür ist wiederum eine klare und einheitliche Darstellung der analysierten und eruierten bzw. definierten (Teil-)Prozesse.[988] Dazu wird im Rahmen der Tätigkeitsanalyse eine Prozeßhierarchie gebildet, in welcher die ermittelten Prozesse adäquat einzuordnen und die Teilprozesse den Hauptprozessen zuzuordnen sind.[989]

Mit den Hauptprozessen werden die in den Verwaltungen ablaufenden Prozeßketten abgebildet. Charakteristisch hierfür ist die bereichsübergreifende Betrachtung des verwaltungsbetrieblichen Geschehens, welche sich an der Wertschöpfungskette zu orientieren hat.[990] Das Denken in Prozeßketten erlaubt die Aufdeckung von Schnittstellen sowie etwaiger Interdependenzen zwischen den Prozessen und Funktionen. Hierdurch lassen sich Schwachstellen in der bestehenden Prozeßstruktur ausfindig machen, wobei es sich sowohl um Ablaufschwächen als auch um Aufbauschwächen handeln kann.[991]

Die flächendeckende Implementierung der Prozeßkostenrechnung wird bei den öffentlichen Verwaltungen nicht auf Anhieb gelingen. Deshalb sind für die Anwendung der Prozeßkostenrechnung diejenigen Bereiche auszuwählen, welche am schnellsten größtmögliche Erfolge versprechen. Dies dürfte vor allem dort gelingen, wo repetitive Prozesse ablaufen, die zudem ein großes Kostenvolumen nach sich ziehen.[992]

## F. Fixkostenstrukturrechnung

Im Dienstleistungsbereich generell und speziell in öffentlichen Verwaltungen ist eine ausgesprochene Dominanz fixer Kosten vorzufinden, welche aus der Vorhaltung enormer Volumina an Kapazitäten resultiert.[993] Die Fixkosten gilt es deshalb gezielt zu beeinflussen und zu gestalten, möchte man im öffentlichen Sektor erkennbare

---

[987] Vgl. Lachnit, Laurenz: Kosten- und Leistungsrechnung...(1999), S. 50; Baier, Niels – Arnaout, Ali: Prozeßmanagement...(1999), S. 137; Mayer, Reinhold: Prozeßkostenrechnung...(1998), S. 16.

[988] Vgl. Baier, Niels – Arnaout, Ali: Prozeßmanagement...(1999), S. 137.

[989] Vgl. Remer, Detlef: Prozeßkostenrechnung...(1997), S. 140 und 150; Fischer, Thomas M.: Kostenmanagement...(1997), S. 151; Schwarze, Jochen - Koß, Torsten: Prozeßorientierte Kosten- und Leistungsrechnung...(1996), S. 64. Eine exemplarische, jedoch auch recht plausible Prozeßhierarchie für Kommunen findet sich bei Baier, Niels – Arnaout, Ali: Prozeßmanagement...(1999), S. 137.

[990] Vgl. Remer, Detlef: Prozeßkostenrechnung...(1997), S. 54 – 55.

[991] Vgl. Fischer, Thomas M.: Kostenmanagement...(1997), S. 151 – 152; Fischer, Thomas M.: Prozeßkostencontrolling...(1999), S. 118.

[992] Vgl. Remer, Detlef: Prozeßkostenrechnung...(1997), S. 83 – 85; Fischer, Thomas M.: Kostenmanagement...(1997), S. 150; Fischer, Thomas M.: Prozeßkostencontrolling...(1999), S. 117.

[993] Vgl. Nau, Hans-Rainer – Wallner, Gerhard: Verwaltungs-Controlling...(1998), S. 218. Vgl. genauer Haiber, Thomas – Dunker, Klaus: Kostenmanagement...(1995), S. 481.

Effizienzsteigerungen bewirken.[994] Dessen Verwirklichung erfordert die präzise Erfassung und Abbildung der Beeinflußbarkeit, insbesondere der zeitlichen Abbaufähigkeit der fixen Kosten.[995] Der Grund für die Notwendigkeit der Kenntnis der Dispositionsmöglichkeiten etwaiger Fixkostenpotentiale liegt in der Kostenremanenz, zum Teil auch in der Kostenpräkurrenz, d. h. in den mangelnden Anpassungsmöglichkeiten der Kapazitäten an sich verändernde Umweltbedingungen.[996]

Vor allem im öffentlichen Sektor kommt aufgrund des Beamtentums die Problematik der Kostenremanenz besonders deutlich zum Tragen, die sich in den fixen Personalkosten widerspiegelt. Deshalb fordern diverse Autoren der öffentlichen Betriebswirtschaftslehre, wie etwa *Horváth* oder *Nau*, zu Recht eine Reform des öffentlichen Dienstrechts,[997] was ebenfalls mit der Meinung des Verfassers konform geht. Aber auch in der Erwerbswirtschaft stellen die Personalkosten einen beträchtlichen Fixkostenblock dar, weshalb *Riebel* schon seit geraumer Zeit die Offenlegung der jeweils eingegangenen Bindungsdauer (Vertragsdauer, Mindestbindungsdauer, Kündigungsintervalle) propagiert.[998] Grundsätzlich sollten nach *Riebel* alle Fixkosten nach ihrer sachlichen und zeitlichen Dimension erfaßt und entsprechend adäquat abgebildet werden.[999] Dieser Forderung haben ebenfalls die öffentlichen Verwaltungen nachzukommen, insbesondere dann, wenn Entscheidungen zwischen Eigenfertigung und Fremdbezug (Outsourcing) zu treffen sind.

Für eine sinnvolle Abbildung der Bindungsfristen bereitgestellter Ressourcen muß zwischen Eigentumspotentialen auf der einen Seite und Vertrags- oder Fremdleistungspotentialen (Arbeits-, Versicherungs-, Miet- oder sonstige Bereitstellungs- und Nutzungsüberlassungsverträge) auf der anderen Seite differenziert werden.[1000] Mit den Eigentumspotentialen wird grundsätzlich keine zeitliche Bindung eingegangen, da Eigentumspotentiale generell – von Ausnahmen abgesehen – jederzeit wieder veräußerbar sind.[1001] Aufgrund der im voraus nicht genau bestimmbaren Nutzungsdauer, läßt sich bei den Eigentumspotentialen eine adäquate Differenzierung nach der zeitlichen Abbaufähigkeit wohl kaum realisieren und wäre zudem auch wenig sinnvoll.[1002]

Ganz anders sieht es hingegen bei den Vertragspotentialen aus. Mit Vertragsabschluß werden gewöhnlich Beginn und Ende der Nutzungsüberlassung sowie das

---

994 Vgl. Haiber, Thomas – Dunker, Klaus: Kostenmanagement...(1995), S. 481; Nau, Hans-Rainer – Wallner, Gerhard: Verwaltungs-Controlling...(1998), S. 218.

995 Vgl. Schweitzer, Marcell – Küpper, Hans-Ulrich: Kosten- und Erlösrechnung...(1998), S. 77; Bundesministerium der Finanzen (Hrsg.): Kosten- und Leistungsrechnung...(1997), S. 25.

996 Vgl. Oecking, Georg: Fixkostenmanagement...(1994), S. 71 – 74; Riebel, Paul: Einzelkosten- und Deckungsbeitragsrechnung...(1990), S. 514 – 515; Reiß, Michael – Corsten, Hans: Gestaltungsdomänen des Kostenmanagements...(1992), S. 1482 – 1483; Kern, Werner: Kapazitätsrechnungen...(1990), S. 229.

997 Siehe hierzu statt vieler Nau, Hans-Rainer – Wallner, Gerhard: Verwaltungs-Controlling...(1998), S. 218.

998 Vgl. Riebel, Paul: Einzelkosten- und Deckungsbeitragsrechnung...(1990), S. 514 – 515.

999 Siehe Riebel, Paul: Einzelkosten- und Deckungsbeitragsrechnung...(1990), S. 88 – 95.

1000 Vgl. Oecking, Georg: Fixkostenmanagement...(1994), S. 79; Riebel, Paul: Einzelkosten- und Deckungsbeitragsrechnung...(1990), S. 680.

1001 Vgl. Riebel, Paul: Einzelkosten- und Deckungsbeitragsrechnung...(1990), S. 680 – 682.

1002 Vgl. Oecking, Georg: Fixkostenmanagement...(1994), S. 79 – 80; Riebel, Paul: Einzelkosten- und Deckungsbeitragsrechnung...(1990), S. 682.

zu entrichtende Entgelt fixiert, wobei ebenfalls etwaige Kündigungsfristen nicht außen vor bleiben.[1003] Darüber hinaus unterliegen Vertragspotentiale in der Regel einem zeitabhängigen Verzehr.[1004] Deshalb erscheint es zwingend geboten, die Abbaufähigkeit der Vertragspotentiale mit den entsprechenden Zeitangaben zu eruieren und systematisch zu dokumentieren.[1005] Als Informationsbasis für fundierte Kostenmanagemententscheidungen öffentlicher Verwaltungen bieten sich neben zweckpluralisitischen Vertragsdatenbanken[1006] und objektspezifischen Fixkostenmatrizen[1007] die von *Männel* propagierten Fixkostenobligorechnungen[1008] an, wobei sich folgende Ausführungen auf die ersten beiden Instrumente konzentrieren.[1009]

- **Vertragsdatenbanken**

Die Vertragsdatenbank spiegelt ein System wider, welches die Daten über alle Vertragsverpflichtungen der betreffenden Institution zentral sammelt und für zweckpluralistische Auswertungen bereithält.[1010] Mit der Vertragsdatenbank sollen die laufenden Personal-, Leasing-, Miet-, Versicherungsverträge usw. hinsichtlich des jeweiligen Vertragspartners, der monatlich anfallenden Kosten, der Kostenart, der Folgekosten, der Kündigungsfrist und der Kostenstelle aus einem zentralen Datenpool abrufbar werden.[1011] Demzufolge empfiehlt *Oecking* für den Aufbau einer Vertragsdatenbank prinzipiell folgende Datenfelder:[1012]

- Vertragsnummer,
- Vertragspartner,
- Kündigungsfrist,
- Betrag pro Monat,
- Veränderungsdatum,
- Folgekosten,
- Organisationseinheit.

---

1003 Vgl. Riebel, Paul: Einzelkosten- und Deckungsbeitragsrechnung...(1990), S. 680.

1004 Vgl. Oecking, Georg: Fixkostenmanagement...(1994), S. 80; Riebel, Paul: Einzelkosten- und Deckungsbeitragsrechnung...(1990), S. 87 – 88.

1005 Vgl. Oecking, Georg: Fixkostenmanagement...(1994), S. 80.

1006 Oecking gilt als Verfechter für die Nutzung von Vertragsdatenbanken. Siehe Oecking, Georg: Fixkostenmanagement...(1994), S. 96 – 100. Unter dem Terminus Vertragsdatei findet sich eine ähnliche Datensammlung bei Riebel, Paul: Einzelkosten- und Deckungsbeitragsrechnung...(1990), S. 683. Das Instrument Vertragsdatenbank wurde durch Haiber und Dunker von Oecking übernommen und zur Fixkostenmatrize weiterentwickelt.

1007 Haiber und Dunker belegen plausibel das Nutzenpotential von Vertragsdatenbanken und Fixkostenmatrizen. Siehe hierzu Haiber, Thomas – Dunker, Klaus: Kostenmanagement...(1995), S. 489 – 491; Haiber, Thomas: Controlling...(1997), S. 357 – 361.

1008 Siehe Männel, Wolfgang: Entwicklungsperspektiven...(1999), S. 45 – 49.

1009 Siehe deshalb zum Aufbau von Fixkostenobligorechnungen detailliert Männel, Wolfgang: Entwicklungsperspektiven...(1999), S. 45 – 49.

1010 Vgl. genauer Oecking, Georg: Fixkostenmanagement...(1994), S. 96 – 100. Vgl. ebenfalls Haiber, Thomas – Dunker, Klaus: Kostenmanagement...(1995), S. 489; Haiber, Thomas: Controlling...(1997), S. 357 – 359.

1011 Vgl. Haiber, Thomas – Dunker, Klaus: Kostenmanagement...(1995), S. 489.

1012 Siehe zum Aufbau der Vertragsdatenbank sowie den Kommentierungen einzelner Datenfelder Oecking, Georg: Fixkostenmanagement...(1994), S. 97 – 99.

Da eine Veränderung der Fixkostenpotentiale nicht nur die direkt vom Abbau oder Aufbau betroffenen Kostenstellen beeinflußt, sondern in der Regel ebenfalls die kostentellenübergreifenden Hauptprozesse tangiert, fordern *Haiber* und *Dunker* die Erweiterung der Vertragsdatenbanken um Prozeßaspekte.[1013]

Abbildung 2-16

**Aufbau einer prozeßorientierten Vertragsdatenbank**

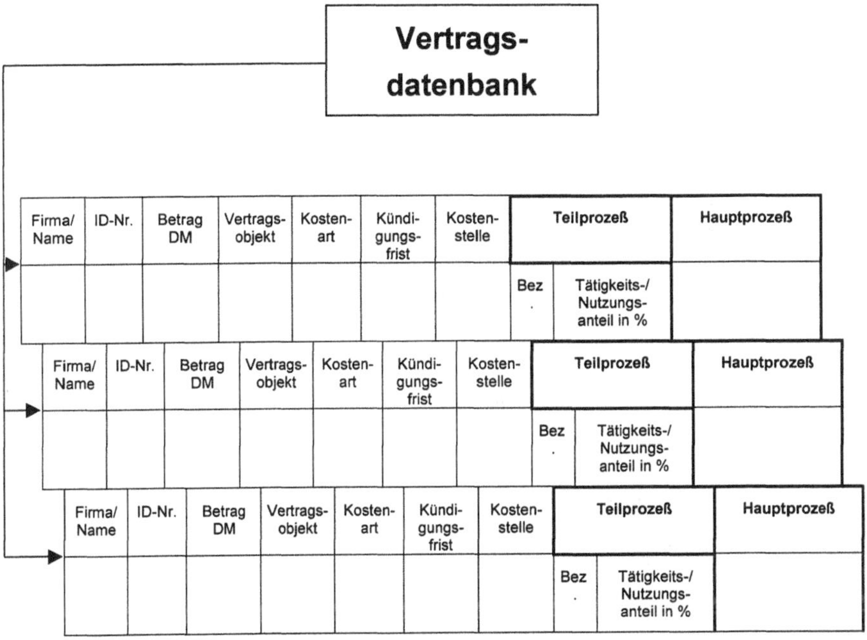


Entnommen aus Haiber, Thomas: Controlling...(1997), S. 358.

Die von *Haiber* und *Dunker* propagierten prozeßorientierten Vertragsdatenbanken (siehe Abbildung 2-16) bieten eine solide Informationsgrundlage für fundierte Kostenmanagemententscheidungen, bei denen neben der Bindungsdauer der Fixkostenpotentiale auch die ablaufbedingten Verbundwirkungen (schnittstellenübergreifende Prozeßkettenbetrachtung) Berücksichtigung finden.[1014] Hierzu bedarf es neben der kostenstellenbezogenen Fixkostenerfassung zusätzlich der Zuordnung der Fixkostenpotentiale zu einzelnen Aktivitäten bzw. Teil- und Hauptprozessen. Die Zuordnung der Potentiale zu den jeweiligen Prozessen hat in den eigens hierfür einzurichtenden Datenfeldern „Teilprozeß" und „Hauptprozeß" zu geschehen. Mit diesem Pro-

[1013] Siehe Haiber, Thomas: Controlling...(1997), S. 358; Haiber, Thomas – Dunker, Klaus: Kostenmanagement...(1995), S. 489.

[1014] Vgl. Haiber, Thomas: Controlling...(1997), S. 358; Haiber, Thomas – Dunker, Klaus: Kostenmanagement...(1995), S. 489.

cedere wird es für die öffentliche Verwaltung möglich, die diversen Potentiale neben den traditionellen Kriterien Kostenart und Kostenstelle auch nach selektierten Aktivitäten zu Hauptprozessen zu verdichten. Beteiligen sich bestimmte Potentiale an mehreren Teilprozessen, wird eine prozentuale Aufspaltung nach Tätigkeitsanteilen (z. B. nach Zeitanteilen) erforderlich.[1015] Hierdurch eröffnen prozeßorientierte Vertragsdatenbanken die Möglichkeit, sämtliche mit Verträgen verbundenen Fixkosten eines bestimmten Teilprozesses oder Hauptprozesses in verdichteter Form zu betrachten und bezüglich Anpassungsrestriktionen zu analysieren.[1016] Den Aufbau solcher Vertragsdatenbanken demonstriert Abbildung 2-16 exemplarisch.

- **Prozeßorientierte Fixkostenmatrizen**

Für problemspezifische Analysen respektive Auswertungen müssen die von der Vertragsdatenbank generierten zweckneutralen Daten objektspezifisch selektiert und aggregiert werden.[1017] Solche Verdichtungen können mittels den von *Haiber* und *Dunker* konzipierten prozeßorientierten Fixkostenmatrizen[1018] erfolgen. Die in öffentlichen Verwaltungen ablaufenden Hauptprozesse sind primär daraufhin zu untersuchen, ob und in welchem Umfang bestehende Prozeßkostenpotentiale durch strategische Entscheidungen, z. B. Privatisierungen, Outsourcing von Prozessen oder Restrukturierung von Prozeßketten, für die verwaltungsbetriebliche Leistungserstellung überflüssig werden. In diesem Zusammenhang interessieren vor allem die frühestmöglichen Abbauzeitpunkte der tangierten Vertragspotentiale sowie die mit dem Abbau eliminierbaren Kosten.

Prozeßorientierte Fixkostenmatrizen sind in der Lage diese Informationsleistung zu erbringen, indem sie die abbaufähigen Fixkosten differenziert nach Kostenarten, Abbauzeitpunkten und betroffenen Prozessen aufzeigen (siehe dazu Abbildung 2-17), wobei auf das Datenmaterial der prozeßorientierten Vertragsdatenbanken zurückgegriffen wird.[1019] In Abhängigkeit vom konkreten Auswertungszweck kann mittels prozeßorientierter Fixkostenmatrizen rasch eruiert werden, welche Potentiale zu welchem Zeitpunkt veränderbar sind und welcher Teilprozeß bzw. Hauptprozeß von einer etwaigen Abbauentscheidung tangiert wird. Prozeßorientierte Fixkostenmatrizen ermöglichen öffentlichen Verwaltungen somit eine kapazitätsbedarfsadäquate Gestaltung der Fixkostenblöcke und leisten demzufolge einen positiven Beitrag zu Effizienzsteigerungen.[1020]

[1015] Siehe hierzu Haiber, Thomas – Dunker, Klaus: Kostenmanagement...(1995), S. 489 – 490; Haiber, Thomas: Controlling...(1997), S. 358 – 359.
[1016] Vgl. genauer Haiber, Thomas – Dunker, Klaus: Kostenmanagement...(1995), S. 490.
[1017] Vgl. Haiber, Thomas – Dunker, Klaus: Kostenmanagement...(1995), S. 490; Haiber, Thomas: Controlling...(1997), S. 359.
[1018] Siehe zu den prozeßorientierten Fixkostenmatrizen ausführlich Haiber, Thomas: Controlling...(1997), S. 359 – 361; Haiber, Thomas – Dunker, Klaus: Kostenmanagement...(1995), S. 490 – 491.
[1019] Vgl. Haiber, Thomas: Controlling...(1997), S. 359 – 360.
[1020] Siehe Haiber, Thomas: Controlling...(1997), S. 360 – 361; Haiber, Thomas – Dunker, Klaus: Kostenmanagement...(1995), S. 490 – 491.

Abbildung 2-17

**Aufbau von prozeßorientierten Fixkostenmatrizen**

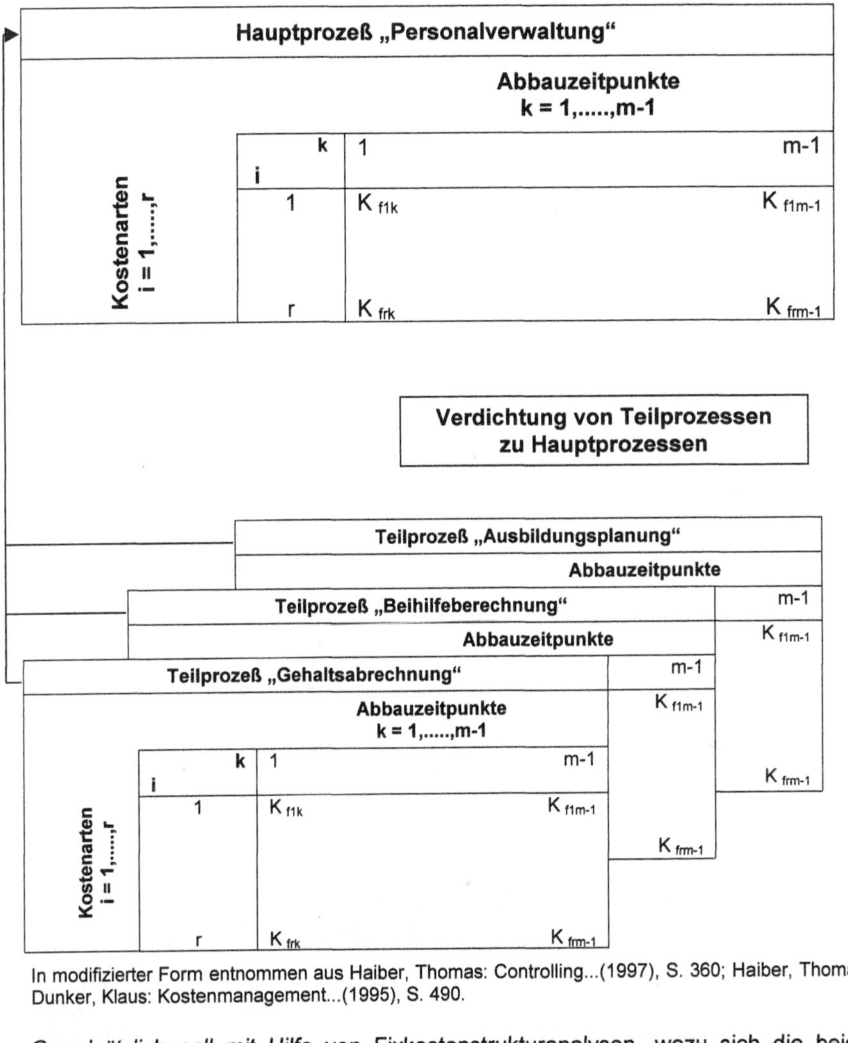


In modifizierter Form entnommen aus Haiber, Thomas: Controlling...(1997), S. 360; Haiber, Thomas – Dunker, Klaus: Kostenmanagement...(1995), S. 490.

Grundsätzlich soll mit Hilfe von Fixkostenstrukturanalysen, wozu sich die beiden oben dargelegten Instrumente anbieten, aufgezeigt werden, inwieweit öffentliche Verwaltungen imstande sind, ihre Kapazitäten an veränderte Umweltbedingungen anzupassen.

# 3. Kapitel: Standard-KLR des Bundes als Plattform diverser behördenspezifischer Kostenrechnungskonzepte in Bundesverwaltungen

In diesem Kapitel werden die Grundzüge der vom Bundesministerium der Finanzen in Zusammenarbeit mit der Unternehmensberatung Arthur D. Little (ADL) für die Bundesverwaltung entwickelten standardisierten Kosten- und Leistungsrechnung dargelegt. Die Standard-KLR bildet die Basis für die individuellen KLR-Systeme der einzelnen Behörden in der Bundesverwaltung und soll darüber hinaus als Einführungshilfe dienen.[1] Deshalb erscheint es geboten, zunächst einmal das Konzept der standardisierten Kosten- und Leistungsrechnung zu thematisieren, bevor in einem nächsten Schritt auf dieser Grundlage aufbauende, behördenspezifisch ausgestaltete Kostenrechnungs(teil)systeme ausgewählter Bundesverwaltungen vorgestellt werden.

Das Bundeskabinett beauftragte mittels Beschluß vom 7. Februar 1996 das Bundesministerium der Finanzen, konzeptionelle Grundlagen einer standardisierten Kosten- und Leistungsrechnung für die Bundesverwaltung zu entwickeln.[2] Der Grund hierfür war das Bestreben nach einer betriebswirtschaftlichen Führung und Steuerung der Bundesbehörden, wozu die auf Einnahmen und Ausgaben basierende Kameralistik nur sehr begrenzt verwertbare Informationen liefern kann. Die Besonderheiten und Spezifika der Bundesverwaltung machen es nötig, die in der Erwerbswirtschaft, insbesondere in der Industrie, verwendeten Kostenrechnungssysteme sowie erste Ansätze im kommunalen Bereich entsprechend den Erfordernissen der Bundesbehörden zu adaptieren und nicht einfach unreflektiert zu übernehmen.[3] Außerdem sollten die Erfahrungen genutzt werden, welche verschiedene einzelne Bundesbehörden bei der Erstellung eigener Kosten- und Leistungsrechnungssysteme gemacht haben. Ein Vergleich machte deutlich, daß alle Projekte eine Fülle von Gemeinsamkeiten aufwiesen, aber zum Teil auch erheblich divergieren. Das Wissen über bestehende Gemeinsamkeiten erlaubt die Eliminierung von Mehrfachentwicklungen und damit verbunden die Einsparung erheblicher Ressourcenvolumina.[4] Zur Erfüllung des Auftrages des Bundeskabinetts erarbeitete das Bundesministerium der Finanzen gemeinsam mit dem Beratungsunternehmen Arthur D. Little von Dezember 1996 bis Juli 1997 ein Konzept für eine standardisierte Kosten- und Leistungsrechnung (Standard-KLR) in den Bundesverwaltungen.[5]

Das Ergebnis des von BMF und ADL durchgeführten Projekts sind standardisierte Rahmenregelungen, die es erlauben, in allen geeigneten Bereichen der Bundesver-

---

1 Siehe Bundesministerium der Finanzen (Hrsg.): Einführung von Kosten- und Leistungsrechnung...(1997), S. 2; Bundesministerium der Finanzen (Hrsg.): Kosten- und Leistungsrechnung...(1997), S. 2; Seeger, Tilman u. a.: Vorwort...(1999), S. VII; Budig, Peter: Umsetzung des Kabinettsbeschluß...(1997), S. 41.

2 Siehe Liebe, Rüdiger: Kosten- und Leistungsrechnung...(1999), S. 138; Scholz, Jörg Thomas: KLR-Handbuch...(1997), S. 25; Scholz, Jörg Thomas: Standard-KLR...(1997), S. 28.

3 Siehe hierzu Liebe, Rüdiger: Kosten- und Leistungsrechnung...(1999), S. 138.

4 Siehe Scholz, Jörg Thomas: KLR-Handbuch...(1997), S. 25; Scholz, Jörg Thomas: Standard-KLR...(1997), S. 28.

5 Siehe Liebe, Rüdiger: Kosten- und Leistungsrechnung...(1999), S. 138; Scholz, Jörg Thomas: KLR-Handbuch...(1997), S. 25; Bundesministerium der Finanzen (Hrsg.): Einführung von Kosten- und Leistungsrechnung...(1997), S. 2.

waltungen vergleichbare Kosten- und Leistungsdaten zu generieren und entsprechend strukturiert abzubilden. Diese Rahmenregelungen, welche das Konzept der standardisierten Kosten- und Leistungsrechnung widerspiegeln, wurden als „KLR-Handbuch" in der Vorschriftensammlung der Bundesfinanzverwaltung (VSF) H 9001 veröffentlicht und sind für jedermann zugänglich.[6] Die im KLR-Handbuch geregelten inhaltlichen und methodischen Standards bilden die Grundlage für die Entwicklung und Einführung von Kosten- und Leistungsrechnungssystemen in Bundesbehörden sowie die Anpassung bereits bestehender Kosten- und Leistungsrechnungssysteme an das einheitliche KLR-System der Bundesverwaltungen. Mit der Standard-KLR werden den diversen Bundesbehörden Rahmenvorgaben präsentiert, an denen diese ihre behördenindividuellen KLR-Konzepte auszurichten haben.[7] Hierdurch wird sichergestellt, daß in sämtlichen Bundesverwaltungen einigermaßen konvergente Kostenrechnungskonzepte zur Anwendung kommen, welche wiederum die Vergleichbarkeit der generierten Kostendaten gewährleisten. Ferner wurden im Rahmen der Entwicklung der Standard-KLR alle in der Bundesverwaltung bereits laufenden KLR-Projekte ausgewertet und deren Gemeinsamkeiten bei der Konzeptionierung der Standard-KLR entsprechend adäquat berücksichtigt.[8] Aufgrund dessen kann das Konzept der standardisierten Kosten- und Leistungsrechnung als repräsentativ für die Grundstruktur sämtlicher in Bundesbehörden und Bundesministerien vorzufindenden bzw. geplanten Kostenrechnungskonzepten bezeichnet werden.[9] Die Relevanz der Standard-KLR für die kostenrechnerischen Operationen in den Bundesverwaltungen gebietet es, die Grundzüge des Konzepts darzustellen, worauf sich der Inhalt dieses Kapitels bezieht.

## I. Grundsätze, Prinzipien, Merkmale und Ziele der standardisierten KLR

Die Einführung und der Betrieb einer Kosten- und Leistungsrechnung darf in keiner Organisation zum Selbstzweck erfolgen, was selbstverständlich auch für die Bundesverwaltungen gilt.[10] Mit der Entscheidung über die Implementierung einer Kosten- und Leistungsrechnung müssen gleichzeitig die Ziele festgelegt werden, die mit diesem betriebswirtschaftlichen Instrumentarium verfolgt werden sollen. Nur auf der Grundlage klarer und eindeutiger Ziele lassen sich adäquate Rechnungssysteme für die jeweiligen Bundesverwaltungen eruieren. Die Rechenziele determinieren die

---

[6] Siehe Bundesministerium der Finanzen (Hrsg.): Einführung von Kosten- und Leistungsrechnung...(1997), S. 1 und 4; Scholz, Jörg Thomas: KLR-Handbuch...(1997), S. 25; Scholz, Jörg Thomas: Standard-KLR...(1997), S. 28; Liebe, Rüdiger: Kosten- und Leistungsrechnung...(1999), S. 139; Seeger, Tilman u. a.: Vorwort...(1999), S. VII. Das komplette KLR-Handbuch findet sich in Bundesministerium der Finanzen (Hrsg.): Kosten- und Leistungsrechnung...(1997).

[7] Siehe Bundesministerium der Finanzen (Hrsg.): Kosten- und Leistungsrechnung...(1997), S. 2 – 4; Bundesministerium der Finanzen (Hrsg.): Einführung von Kosten- und Leistungsrechnung...(1997), S. 2 und 4; Seeger, Tilman u. a.: Vorwort...(1999), S. VII.

[8] Siehe Bundesministerium der Finanzen (Hrsg.): Kosten- und Leistungsrechnung...(1997), S. 2; Scholz, Jörg Thomas: Standard-KLR...(1997), S. 28 – 29; Scholz, Jörg Thomas: KLR-Handbuch...(1997), S. 25; Scholz, Jörg Thomas: Entwicklung...(1997), S. 207.

[9] Vgl. diesbezüglich die Ausführungen von Scholz, Jörg Thomas: Entwicklung...(1997), S. 207.

[10] Vgl. Bundesministerium der Finanzen (Hrsg.): Einführung von Kosten- und Leistungsrechnung...(1997), S. 5.

Funktionen der verschiedenen Instrumente sowie deren Bestandteile.[11] Im KLR-Handbuch heißt es wörtlich: „Die Entwicklung der KLR hat sich konsequent an den Zielen auszurichten und ist stufenweise zu konzipieren."[12] Hierbei stellt sich sogleich die berechtigte Frage, welche Ziele mit der Standard-KLR konkret angestrebt werden. Grundsätzlich soll die Standard-KLR adäquate Informationen für eine betriebswirtschaftliche Steuerung der Verwaltung zur Verfügung stellen.[13] Diese Forderung wird im KLR-Handbuch durch folgende Ziele konkretisiert:[14]

- Transparenz von Kosten und Leistungen;
- Planung, Steuerung und Kontrolle von Kosten und Leistungen;
- Unterstützung der Haushaltsplanung und –ausführung;
- Ermittlung kostendeckender Gebühren und Entgelte;
- Prüfung der Möglichkeiten der Privatisierung sowie
- Ergänzung der Instrumente des Haushalts-, Kassen- und Rechnungswesens.

Wie man sieht, decken sich die Rechenziele der Standard-KLR weitgehend mit den im 2. Kapitel dieser Arbeit angeführten und beschriebenen Rechnungszwecken einer für öffentliche Verwaltungen aussagefähigen Kosten- und Leistungsrechnung, was als sehr positiv zu werten ist. Lediglich der betriebswirtschaftlichen Fundierung konkreter Entscheidungen wird nicht genügend Rechnung getragen. Außerdem finden sich im KLR-Handbuch keine Hinweise darüber, wie sich die Ziele im einzelnen operationalisieren lassen.

Zu den Hauptzwecken der Kosten- und Leistungsrechnung zählen generell die Preiskalkulation, die Wirtschaftlichkeitskontrolle, die Bereitstellung von Informationen zur Unterstützung von Entscheidungsfindungsprozessen, die Erfolgsermittlung und Erfolgssteuerung sowie die Bestandsbewertung. Die Literatur zur Kosten- und Leistungsrechnung führt grundsätzlich diese Rechenzwecke in mehr oder minder detaillierter Form auf.[15] Ein Vergleich der Rechenzwecke der Standard-KLR des Bundes mit denen der allgemeinen Kostenrechnungsliteratur bringt beträchtliche Divergenzen zum Vorschein. Mit der Ergebnissteuerung bleibt bei den Bundesverwaltungen ein in erwerbswirtschaftlichen Betrieben wichtiger Rechenzweck außen vor. Da öffentliche Verwaltungen nicht auf Gewinnerzielung ausgerichtet sind, sondern dem Gemeinwohl zu dienen haben, ist die Erfolgssteuerung für den Bund tabu. Deshalb läßt das KLR-Handbuch diesen Rechenzweck sinnvollerweise unberücksichtigt. Neben der Ergebnissteuerung fehlt bei den Rechenzielen der Standard-KLR ebenfalls die Bestandsbewertung. Bundesverwaltungen brauchen keine bilanziellen Bestandsrechnungen zu führen, wodurch sich eine Bewertung der Bestände zu Anschaffungs-

---

[11] Vgl. Liebe, Rüdiger: Kosten- und Leistungsrechnung...(1999), S. 150; Seeger, Tilman – Walter, Matthias: Kosten- und Leistungsrechnung...(1999), S. 20; Bundesministerium der Finanzen (Hrsg.): Kosten- und Leistungsrechnung...(1997), S. 23.

[12] Bundesministerium der Finanzen (Hrsg.): Kosten- und Leistungsrechnung...(1997), S. 299.

[13] Vgl. Bundesministerium der Finanzen (Hrsg.): Kosten- und Leistungsrechnung...(1997), S. 2; Bundesministerium der Finanzen (Hrsg.): Einführung von Kosten- und Leistungsrechnung...(1997), S. 5.

[14] Siehe Bundesministerium der Finanzen (Hrsg.): Kosten- und Leistungsrechnung...(1997), S. 5. Siehe ebenfalls Bundesministerium der Finanzen (Hrsg.): Einführung von Kosten- und Leistungsrechnung...(1997), S. 1 und 5; Budig, Peter: Umsetzung des Kabinettsbeschluß...(1997), S. 41.

[15] Vgl. Hummel, Siegfried – Männel, Wolfgang: Kostenrechnung 1...(1986), S. 26 – 40; Kloock, Josef u. a.: Kosten- und Leistungsrechnung...(1999), S. 14 – 19; Coenenberg, Adolf Gerhard: Kostenrechnung...(1999), S. 37 – 38; Haberstock, Lothar: Kostenrechnung 1...(1997), S. 1 – 5.

oder Herstellungskosten erübrigt. Statt dessen soll die Kostenrechnung die Haushaltsplanung unterstützen. Auf der Basis eines beabsichtigten Leistungsprogramms sind die Kosten zu planen, welche wiederum die Grundlage für die Zuteilung der Ressourcen und somit finanziellen Mittel bilden. Die Privatisierung ist nur eine von mehreren möglichen Entscheidungen, wofür die Kostenrechnung wertvolle Informationen bereitstellen kann. Einen wichtigen Informationsgenerator stellt die Kosten- und Leistungsrechnung außerdem bei der Wahl zwischen Eigenerstellung und Fremdbezug, der Wahl des Verwaltungsverfahrens, der Wahl der Bezugsquellen sowie der Wahl zwischen Kauf und Leasing dar.[16] Hierauf nehmen die Regelungen des KLR-Handbuches nicht Bezug, obwohl die Wahlmöglichkeiten, wenn auch nur bedingt, ebenfalls für Bundesverwaltungen bestehen.

Die Institutionen des Bundes verfolgen mit ihrer Leistungserstellung andere Ziele als erwerbswirtschaftliche Unternehmungen, weshalb sich auch bei den Rechenzielen der Kosten- und Leistungsrechnung Unterschiede ergeben. Bekanntlich determinieren die Informationsbedarfe der (Verwaltungs-)Führungskräfte die Rechenziele des Kostenrechnungssystems. Das Repertoire an Rechenzielen der Standard-KLR des Bundes stellt auf die spezifischen Informationserfordernisse öffentlicher Verwaltungen ab und ermöglicht damit den Bundesinstitutionen eine zweckmäßige Datengenerierung. Infolgedessen haben die Diskrepanzen zu den Rechenzielen der für die Erwerbswirtschaft entwickelten allgemeinen Kostenrechnung sehr wohl ihre Berechtigung.

Neben den Zielen determinieren diverse Prinzipien die Struktur der Standard-KLR des Bundes, die in sämtlichen Bundeseinrichtungen eine entsprechende Zielerreichung, insbesondere die Realisierung von Effizienzsteigerungen, gewährleisten sollen und zusammen mit den Rechenzielen richtungsweisend für alle KLR-Systeme in der Bundesverwaltung sind.[17] Der Standard-KLR liegen nachfolgende Prinzipien zugrunde:[18]

- Anwendung als behördeninternes Steuerungsinstrument;
- Operationen auf der Basis interner und externer Produkte;
- Unabhängigkeit des Konzepts von einer behördenspezifischen Organisation;
- Sicherstellung einer outputorientierten Kostenplanung, die auch als Basis für die Haushaltsplanung dient;
- Stimulierung des Wettbewerbs sowie
- Unterstützung von Entscheidungen und Optimierungsmaßnahmen.

Mit der Festlegung der Ziele und den hierzu harmonischen Prinzipien soll das Konzept der Standard-KLR ein gewisses Mindestniveau der Informationsgenerierung sicherstellen. Hierdurch wird der Forderung Rechnung getragen, daß die Bundesbehörden mit dem Aufwand für die Entwicklung, Implementierung und den Betrieb einer

[16] Vgl. Haberstock, Lothar: Kostenrechnung 1...(1997), S. 4; Coenenberg, Adolf Gerhard: Kostenrechnung...(1999), S. 38; Kloock, Josef u. a.: Kosten- und Leistungsrechnung...(1999), S. 18.

[17] Siehe Bundesministerium der Finanzen (Hrsg.): Kosten- und Leistungsrechnung...(1997), S. 5; Bundesministerium der Finanzen (Hrsg.): Einführung von Kosten- und Leistungsrechnung...(1997), S. 5.

[18] Siehe Bundesministerium der Finanzen (Hrsg.): Kosten- und Leistungsrechnung...(1997), S. 5; Bundesministerium der Finanzen (Hrsg.): Einführung von Kosten- und Leistungsrechnung...(1997), S. 5.

Kosten- und Leistungsrechnung auch einen entsprechenden Nutzen verbuchen können. Denn die Kosten- und Leistungsrechnung ist ein Planungs- und Steuerungsinstrument und als solches muß sie selbstverständlich auch selber Effizienz aufweisen können.[19]

Die im folgenden angeführten grundlegenden konzeptionellen Merkmale der standardisierten Kosten- und Leistungsrechnung des Bundes sollen einen Überblick über das in diesem Kapitel behandelte Rechenkonzept der Bundesverwaltungen verschaffen.

- Das Konzept der Kosten- und Leistungsrechnung der Bundesverwaltungen stellt auf ein Operieren mittels Produkten ab. Produkte bilden die zentralen Abrechnungsobjekte und sollen die Outputsteuerung des Verwaltungshandelns gewährleisten. Dabei wird zwischen internen und externen Produkten differenziert.
- Eine prozeßorientierte Kostenrechnung ist wegen des damit verbundenen Implementierungs- und Durchführungsaufwandes primär nicht vorgesehen.
- Die externen Produkte der sehr heterogenen und individuellen Fachbereiche der Bundesinstitutionen erfahren eine Systematisierung nach dem Leistungserstellungstyp. Entsprechend dem Vorliegen bestimmter Leistungserstellungstypen haben die Bundesverwaltungen adäquate Kostenrechnungs(teil)systeme bzw. Kalkulationsverfahren anzuwenden.
- Zur innerbehördlichen Leistungsverrechnung bedienen sich die Bundesbehörden 48 einheitlicher interner Produkte. Diese Produkte bilden die Leistungen der gesamten Servicebereiche ab und dienen einem zwischenbehördlichen Benchmarking. Die Leistungsverrechnung über interne Produkte geht konform mit dem aus der gängigen Literatur bekannten Kostenträgerverfahren und ermöglicht somit eine entsprechend genaue Kostenallokation.
- Kostenstellen werden zugleich auch als Leistungsstellen angesehen. Eine kostenstellenbezogene Leistungsrechnung schafft Transparenz hinsichtlich des Leistungsspektrums respektive Leistungsgefüges der verwaltungsbetrieblichen Ressourcen und ermöglicht so eine sinnvolle Nutzung derselben, weshalb die Kostendaten um Leistungsdaten zu ergänzen sind. Auf kostenstellenübergreifende Betrachtungen wird allerdings verzichtet.
- Mittels Zeitaufschreibungen erfolgt die Zuordnung der Kosten auf die einzelnen Kalkulationsobjekte. Je nach aufgewendeter Arbeitszeit erfahren die internen und externen Produkte eine entsprechende kostenmäßige Belastung. Damit handelt es sich um eine Kostenallokation gemäß dem Prinzip der anteiligen Ressourceninanspruchnahme, was aber keine verursachungsgerechte Kostenverrechnung bedeutet.
- Durch die Zeitaufschriebe werden die für die jeweiligen Abrechnungsobjekte notwendigen Leistungszeiten für Leistungsmengen im Ist erfaßt. Die in Form von Zeitaufschrieben empirische Datenerfassung ist vonnöten, da in Bundesverwaltungen üblicherweise keine Prozeß- respektive Arbeitspläne existieren, welche der Zurechnung von Kosten auf Verwaltungsleistungen dienlich wären. Für die kostenstellenbezogene Wirtschaftlichkeitskontrolle wird die Istkostenrechnung um Plan-

[19] Vgl. Scholz, Jörg Thomas: Standard-KLR...(1997), S. 29.

werte ergänzt. Hierbei kommt konkret die flexible Plankostenrechnung auf Vollkostenbasis zur Anwendung.

- Aufgrund der Dominanz fixer Gemeinkosten in Bundesverwaltungen arbeiten diese mit der Vollkostenrechnung.
- Die Erfassung und Strukturierung der Kostendaten erfolgt nach einheitlichen Regeln, was ebenfalls für die Wertkomponente der Kosten gilt. Dabei kommen in der Kostenartenrechnung verstärkt kalkulatorische Kosten zum Ansatz. Das Operieren mittels einheitlichen Kostendaten, die zugleich kalkulatorische Kosten verkörpern, schafft die Basis für zwischenbehördliche Vergleiche. Um den Erfassungsaufwand in Grenzen zu halten, haben die Bundesbehörden den Dateninput für die Kosten- und Leistungsrechnung so weit wie möglich aus vorgelagerten Systemen (z. B. Haushaltsrechnung) zu übernehmen.
- Die gezielte Beeinflussung des großen Fixkostenblocks erfordert die Abbildung der Fixkosten entsprechend der zeitlichen Abbaufähigkeit, wofür eine Fixkostenstrukturrechnung vorgesehen ist.
- Da Bundesverwaltungen als gemeinwirtschaftliche Institutionen nicht auf Gewinnerzielung ausgerichtet sind, spielen Betriebsergebnisrechnungen in Form von Deckungsbeitragsrechnungen keine Rolle.

Ein weiteres Merkmal der Standard-KLR des Bundes findet sich im modularen Aufbau wieder.[20] Der modulare Aufbau soll eine flexible Adaption an spezifische Ressortanforderungen ermöglichen und darüber hinaus eine möglichst schnelle informationstechnische Umsetzung sicherstellen.[21] Die Projektmitglieder haben die Struktur von modernen IT-Systemen dem modularen Aufbau der Standard-KLR zugrunde gelegt, wodurch ideale Voraussetzungen für die IT-Realisierung geschaffen wurden. In Diskrepanz zu traditionellen IT-Systemen können schrittweise einzelne Systemkomponenten eingeführt werden, was die Implementierung und Pflege erleichtert und damit verbunden die Effizienz des Gesamtsystems erhöht.[22] Bei den Modulen erfolgt eine Differenzierung zwischen Vorsysteme, Erfassungsmodule, Verarbeitungsmodule und Auswertungsmodule. Einzelne Module, wie etwa Anlagenrechnung, Kostenartenrechnung, Kostenstellenrechnung, Kostenträgerrechnung, Leistungsverrechnung sowie Kennzahlenrechnung lassen sich zu einem sinnvollen Gesamtsystem zusammenbauen, was Abbildung 3-1 demonstrieren soll.[23]

Da die Informationsbedarfe der Verwaltungsführung die Rechnungszwecke und damit verbunden den konkreten Aufbau sowie das System der Kosten- und Leistungsrechnung determinieren, bildet den Ausgangspunkt einer sinnvollen Konzepterarbeitung die Bestimmung des Datenoutputs, von dem aus retrograd adäquate Verfahren der Datenerfassung und Datentransformation (siehe Verarbeitungsmodule in Abbil-

---

[20] Siehe Bundesministerium der Finanzen (Hrsg.): Einführung von Kosten- und Leistungsrechnung...(1997), S. 8.

[21] Siehe Bundesministerium der Finanzen (Hrsg.): Kosten- und Leistungsrechnung...(1997), S. 17 und 19; Bundesministerium der Finanzen (Hrsg.): Einführung von Kosten- und Leistungsrechnung...(1997), S. 10; Seeger, Tilman – Walter, Matthias: Kosten- und Leistungsrechnung...(1999), S. 47.

[22] Siehe Bundesministerium der Finanzen (Hrsg.): Kosten- und Leistungsrechnung...(1997), S. 17 und 19.

[23] Vgl. Walter, Matthias: Controlling...(1997), S. 129.

dung 3-1) abzuleiten sind. Genau diesen Weg beschreitet man ebenfalls zu Recht im Rahmen der Standard-KLR des Bundes. Die Auswertungsmodule bilden die Basis für die Konzipierung der Erfassungs- und Verarbeitungsmodule und stehen deshalb am Anfang der kostenrechnerischen Betrachtungen. Mit der Entwicklung und Konkretisierung der Auswertungsmodule wird entsprechend der Informationsbedarfe festgelegt, welche Informationen das System der Kosten- und Leistungsrechnung zu generieren hat. Dies erlaubt eine zielführende Aufbereitung und Abbildung der vom Rechensystem zur Verfügung gestellten Kosten- und Leistungsdaten. Darstellungs- bzw. Aufbereitungsformen spiegeln sich in Kennzahlen, Berichten und Abweichungsanalysen wider, wobei ebenfalls die zwischenbehördliche Leistungsverrechnung entsprechende Berücksichtigung findet.[24]

Die Bereitstellung der gewünschten Kosten- und Leistungsinformationen erfordert eine strukturierte Erfassung und Verarbeitung entsprechender zweckadäquater Daten. Je zweckpluralistischer und differenzierter die Datenerfassung und -verarbeitung (Datenpool) erfolgt, desto flexibler und vielfältiger können Auswertungen vorgenommen werden. Bei der Standard-KLR folgt man dem Prinzip der Einmalerfassung, wonach Kosten- und Leistungsdaten soweit wie möglich aus den Vorsystemen (z. B. Haushaltsrechnung, Anlagenbuchhaltung, Vorgangsbearbeitungssysteme) übernommen werden sollen. Hierbei unterstützen die beiden Erfassungsmodule „Überführungsrechnung“ und „Anlagenrechnung“ die adäquate Zuordnung der Daten zu den im Kostenrechnungssystem vorgesehenen Kosten- und Leistungsarten, welche von dort aus weiter auf die Kostenstellen und Kostenträger transferiert werden. Ergänzender Erfassungen bedarf es je nach Erfordernis primär bei den Personalzeiten sowie bei den Bezugsgrößen- und Produktmengen.[25]

In Divergenz zu den Erfassungsmodulen dienen die Verarbeitungsmodule der differenzierten und entscheidungsorientierten Verrechnung der Kosten- und Leistungsdaten zwischen den verschiedenen Dimensionen Kostenarten, Kostenstellen und Kostenträger (Produkte). Die Aussagefähigkeit der generierten Kosten- und Leistungsinformationen hängt in beträchtlichem Maße ab von der Art, dem Umfang und der Genauigkeit der Kosten- und Leistungsverrechnung. Während für Effizienzvergleiche im allgemeinen Vollkosteninformationen ausreichen, sieht das Konzept der Standard-KLR für Entscheidungen über Privatisierungsvorhaben die Generierung von Teilkosteninformationen vor, wozu es der Separierung der Kosten in ihre variablen und fixen Bestandteile bedarf. Folglich nimmt das System der Kosten- und Leistungsrechnung erheblichen Einfluß auf die Konzeption der Verarbeitungsmodule.[26]

---

24 Siehe Bundesministerium der Finanzen (Hrsg.): Kosten- und Leistungsrechnung...(1997), S. 19.
25 Siehe Bundesministerium der Finanzen (Hrsg.): Kosten- und Leistungsrechnung...(1997), S. 20.
26 Siehe Bundesministerium der Finanzen (Hrsg.): Kosten- und Leistungsrechnung...(1997), S. 21 – 22.

Abbildung 3-1

**Modularer Aufbau der Standard-KLR**

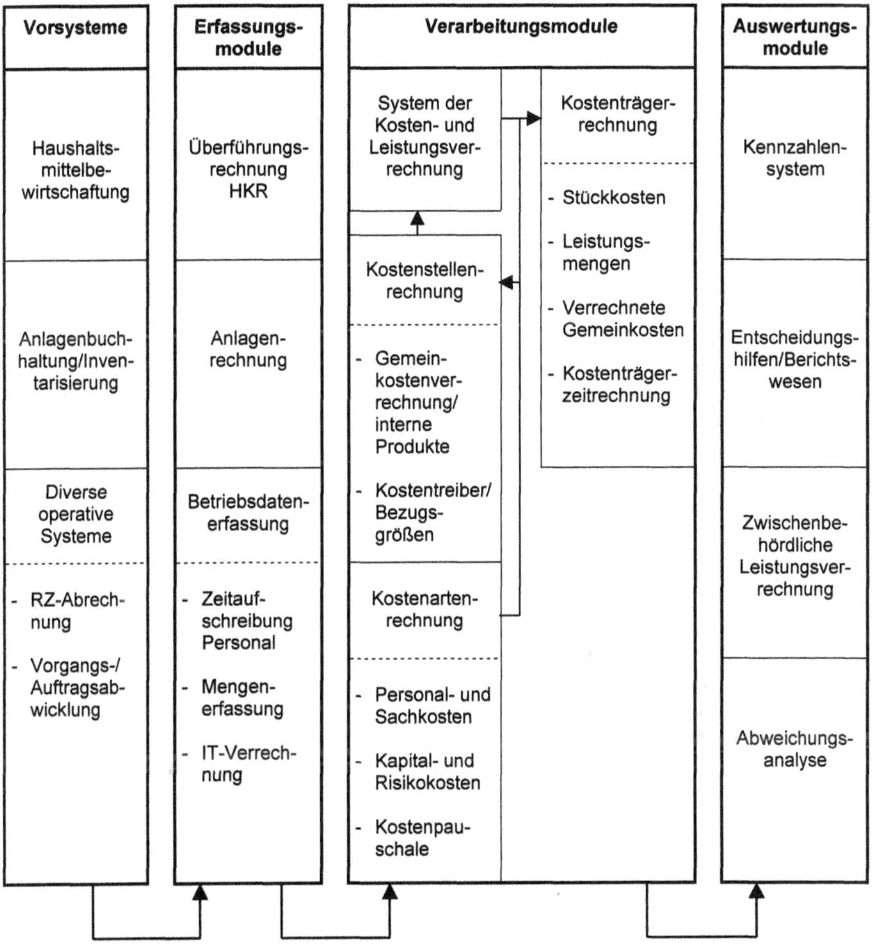


Entnommen aus Bundesministerium der Finanzen (Hrsg.): Kosten- und Leistungsrechnung...(1997), S. 19; Bundesministerium der Finanzen (Hrsg.): Einführung von Kosten- und Leistungsrechnung...(1997), S. 10.

Die Module der Standard-KLR des Bundes lassen eine Prozeßkostenrechnung vermissen (siehe Abbildung 3-1). Dies erscheint nicht verwunderlich, sieht doch das Konzept primär keine prozeßorientierte Informationsgenerierung vor.[27] Gerade aber

[27] Siehe Bundesministerium der Finanzen (Hrsg.): Kosten- und Leistungsrechnung...(1997), S. 59, 63 und 64.

die Prozeßkostenrechnung gilt als adäquates Kostenrechnungssystem für öffentliche Verwaltungen, deren Kostenstruktur von fixen Gemeinkosten geprägt ist.[28] Mittels der Prozeßkostenrechnung könnten die Bundesverwaltungen wichtige Informationen für ein Verwaltungskostenmanagement, mit dem eine Steigerung der Effizienz des Verwaltungshandelns verbunden ist, sowie für eine genaue Kalkulation der Verwaltungsleistungen generieren. Deshalb fordert der Verfasser die Aufnahme der Prozeßkostenrechnung in das Instrumentenrepertoire der Kosten- und Leistungsrechnung von Bundesverwaltungen.

Ebensowenig wie die Prozeßkostenrechnung findet sich im Konzept der Standard-KLR ein Modul zur Betriebsergebnisrechnung wieder. Bundesverwaltungen haben als Gemeinwirtschaften nicht die Absicht einer Gewinnerzielung. Sie können über ihr Leistungsprogramm fast kaum selbst entscheiden und müssen bestimmte Leistungen in einem gewissen Umfang erbringen. Folglich dürften Betriebsergebnisrechnungen in Form von Deckungsbeitragsrechnungen nur marginale Informationsgewinne versprechen und bleiben deshalb zu Recht außen vor. Lediglich die Kostenträgerzeitrechnung weist Periodenergebnisse differenziert nach verschiedenen Kosten- und Leistungsarten aus, wozu den Leistungen auf diversen Ebenen der Produkthierarchie die jeweiligen Kosten gegenübergestellt werden. Damit einhergehend erfolgen entsprechende Saldierungen.[29] Bei den Leistungen, die Bundesverwaltungen nur gegen Entgelt abgeben, kann man somit ersehen, inwieweit Kostendeckung gegeben ist. Zumeist steht jedoch den Verwaltungsleistungen kein direktes Entgelt gegenüber. Diesbezüglich zeigt die Kostenträgerzeitrechnung auf, welche Leistungen mit welchem Ressourcenverbrauch bzw. Defizit verbunden sind. Aufgrund der überwiegend unentgeltlichen Leistungsabgabe hat jedoch die Kostenträgerzeitrechnung für die Bundesverwaltungen keine allzu große Bedeutung.

Wie der gewählte Terminus bereits zum Ausdruck bringt, wird die Standard-KLR durch inhaltliche und methodische Standards geprägt, die als Konzeptbasis für alle KLR-Konzepte in der Bundesverwaltung fungieren.[30] Mittels der Standardisierung soll eine einheitliche und behördenübergreifende Aussagefähigkeit sowie Vergleichbarkeit der in sämtlichen Bundesverwaltungen generierten Kosten- und Leistungsinformationen gewährleistet werden. Hierfür dienen im Kern folgende grundlegende Ansätze:[31]

- Festlegung allgemeingültiger Regelungen zur Durchführung der KLR.
- Entwicklung einheitlicher Verfahren für die Ermittlung und Verrechnung inner- und zwischenbehördlicher Leistungen.
- Sicherstellung der fachlichen Kompatibilität der KLR zu bestehenden HKR-Verfahren.

---

28 Vgl. Zimmermann, Gebhard: Kostenrechnung...(1992), S. 200 – 201; Fischer, Thomas M.: Kostenmanagement...(1997), S. 148 – 150.

29 Siehe Bundesministerium der Finanzen (Hrsg.): Kosten- und Leistungsrechnung...(1997), S. 81 und 84. Siehe ebenfalls die entsprechenden Ausführungen zu Punkt VI.A. dieses Kapitels.

30 Siehe Bundesministerium der Finanzen (Hrsg.): Kosten- und Leistungsrechnung...(1997), S. 4, 17.

31 Siehe Bundesministerium der Finanzen (Hrsg.): Kosten- und Leistungsrechnung...(1997), S. 5; Bundesministerium der Finanzen (Hrsg.): Einführung von Kosten- und Leistungsrechnung...(1997), S. 5.

Aufgrund der heterogenen Struktur der Bundesverwaltungen ist es nicht möglich, sämtliche Standards inhaltlich bis ins letzte Detail zu konkretisieren. Es mußte deshalb ein Ausgleich gefunden werden zwischen eindeutigen Vorgaben, die in dieser Form auch exakt so umzusetzen sind und der Festlegung von Korridors, innerhalb derer für die behördenspezifischen Konzepte genügend Gestaltungsspielräume bestehen.[32] „KLR-Standards sind so detailliert, daß eine vergleichbare Anwendung möglich ist, bleiben jedoch so allgemein, daß ausreichend Raum für die behördenspezifische Ausgestaltung bleibt."[33] Die Lösung des angesprochenen Problems erfolgte sinnvollerweise durch eine Differenzierung des Standardisierungsgrades. Je nach KLR-Bereich wurden entsprechend den Erfordernissen unterschiedliche Regelungstiefen festgelegt. Mehr als die Hälfte der betrachteten KLR-Bereiche sind inhaltlich standardisiert. Für die restlichen KLR-Bereiche gelten methodische Standards, welche als Einführungshilfe zu verstehen sind. Inhaltliche Standards finden sich insbesondere bezüglich der Bereiche: Bundeskontenrahmen, Erfassungs- und Bewertungsregeln, Standardkostensätze, Produkte des allgemeinen Verwaltungsbereiches, KLR-Systeme, Berichte und Kennzahlen sowie Überführungsrechnung zum HKR vor und sind neben den methodischen Standards in Abbildung 3-2 zusammengefaßt.[34]

Abbildung 3-2 gewährt einen Überblick über die der Standard-KLR des Bundes zugrundeliegenden Standards. Wie aus Abbildung 3-2 zu ersehen ist, gelten für die allgemeinen Verwaltungsbereiche und die Fachaufgabenbereiche unterschiedliche Standardisierungsgrade. Die unterschiedliche Regelungstiefe ist das logische Resultat aus der Beachtung von Zweckmäßigkeiten, da die allgemeinen Verwaltungsbereiche einigermaßen homogen und damit vergleichbar sind, während hingegen die Fachbereiche sehr heterogene Strukturen aufweisen.[35] Grundsätzlich sieht das Konzept der Standard-KLR des Bundes folgende Differenzierungen beim Standardisierungsgrad vor:[36]

- **Inhaltlicher Standard**:

  Vorgabe eines umfassenden Standards, der ohne weitere Anpassung und Detaillierung anzuwenden ist.

- **Inhaltlicher Standard mit begrenztem Detaillierungsgrad**:

  Vorgabe eines Standards, der ohne weitere Anpassung zu übernehmen ist, jedoch inhaltlich weiter detailliert werden kann.

- **Methodischer Standard**:

  Vorgabe einer standardisierten Vorgehensweise, die bei der Entwicklung der behördenspezifischen KLR-Inhalte eingesetzt werden kann.

---

[32] Vgl. Bundesministerium der Finanzen (Hrsg.): Kosten- und Leistungsrechnung...(1997), S. 17; Liebe, Rüdiger: Kosten- und Leistungsrechnung...(1999), S. 148.

[33] Bundesministerium der Finanzen (Hrsg.): Einführung von Kosten- und Leistungsrechnung...(1997), S. 2.

[34] Siehe Bundesministerium der Finanzen (Hrsg.): Kosten- und Leistungsrechnung...(1997), S. 17.

[35] Vgl. Bundesministerium der Finanzen (Hrsg.): Einführung von Kosten- und Leistungsrechnung...(1997), S. 8.

[36] Siehe Bundesministerium der Finanzen (Hrsg.): Kosten- und Leistungsrechnung...(1997), S. 17. Siehe ebenfalls Bundesministerium der Finanzen (Hrsg.): Einführung von Kosten- und Leistungsrechnung...(1997), S. 8.

Abbildung 3-2

**Art und Inhalt der Standardisierung der Standard-KLR**

| KLR-Bereich | Standardisierungsgrad: Allg. Verwaltungsbereiche | Standardisierungsgrad: Fachaufgabenbereiche | Standard |
|---|---|---|---|
| **Bundeskontenrahmen** (einschl. Kosten-/ Leistungsartenplan) | ⊙ | ⊙ | - 10 Kontenklassen sind einheitlich festgelegt<br>- Herleitung der Kosten-/Leistungsarten aus dem Gruppierungsplan des Haushaltes<br>- Standardisierung der Kosten-/Leistungsarten überwiegend auf Ebene der Obergrupppen der Haushaltssystematik |
| **Erfassungs-/ Bewertungsregeln** | ✸ | ⊙ | - Nutzungsdauer-Tabelle für Gegenstände, die üblicherweise für allgemeine Verwaltungsaufgaben eingesetzt werden<br>- Inhaltliche Standardisierung zur Berechnung der kalkulatorischen Kosten<br>- Standardisierte Vorgehensweise zur systematischen Kostenerfassung und –bewertung<br>- Standardvorgaben für Personalzeiten und –kosten |
| **Kostenstellen** | O | O | - Standardisierte Vorgehensweise zur systematischen Abbildung der Orte der Kostenentstehung in Anlehnung an die Organisationsstruktur |
| **Kostenträgerrechnung, Kalkulation von Leistungen** | O | O | - Standardisierte Vorgehensweise zur Auswahl von Kalkulationsverfahren<br>- Zielbezogene Unterscheidung zwischen Gebührenkalkulation und Kalkulation zum Zweck der internen Steuerung |
| **Kostenpauschalen/ Standardkostensätze** | ✸ | ✸ | - Behördenspezifische Personalkostensätze je Besoldungs- und Vergütungsgruppe<br>- Sachkostenpauschale für Planungszwecke |
| **Prozesse, Produkte, Kosten-/Leistungsträger, Leistungsrechnung** | ✸ | O | - 48 standardisierte Produkte für den allgemeinen Verwaltungsbereich<br>- Standardisierte Vorgehensweise zur prozeßorientierten Bildung und Beschreibung von Produkten<br>- Messung der Leistung in den Dimensionen Menge, Erlös und Qualität |
| **Kostenrechnungssystem/-verfahren** | ⊙ | ⊙ | - KLR-Tool-Box zum behördenindividuellen Einsatz der KLR<br>- Standardisiertes Basis-KLR-System, das den Zielen der KLR und der Standardisierung gerecht wird<br>- Erweiterung der KLR-Tool-Box um aufgabentypspezifisch einzusetzende Bestandteile |
| **Innerbehördliche Leistungsverrechnung** | O | O | - Methodischer Standard zur Verrechnung innerhalb von Behörden mittels interner Produkte |
| **Zwischenbehördliche Leistungsverrechnung** | O | O | - Methodischer Standard zur Anwendung der Verfahren zur Leistungsverrechnung auf die zwischenbehördliche Betrachtung |
| **Berichtswesen/ Kennzahlen** | ⊙ | ⊙ | - Standardisierte Kennzahlen für die Produkte des allgemeinen Verwaltungsbereiches<br>- Beschreibung von Berichten anhand von Berichtssteckbriefen<br>- Standardisierter Planungskalender |
| **(Quasi-)Wettbewerb, Benchmarking** | O | O | - Standardisierte Vorgehensweise zur Etablierung von Wettbewerb auf der Basis von KLR-Informationen<br>- Identifikation und Priorisierung von Bereichen der Bundesverwaltung in bezug auf die Eignung für Wettbewerb |
| **Überführungsrechnung zum HKR** | ✸ | ✸ | - Laufende Rechnung mit dezentraler Erfassung zur Überführung von Haushaltstiteln in Kosten-/Leistungsarten<br>- Standardisierter Bericht zur Abgrenzung von KLR- und Haushaltsergebnis auf der Ebene von Haushaltskapiteln<br>- Standardisierte Vorgehensweise zur outputorientierten Haushalts- und Kostenplanung |

✸ Inhaltlicher Standard  O Methodischer Standard  ⊙ Inhaltlicher Standard mit begrenztem Detaillierungsgrad

Entnommen aus Bundesministerium der Finanzen (Hrsg.): Kosten- und Leistungsrechnung...(1997), S. 18.

Neben den vorgeschriebenen Standards involviert die Standard-KLR als Ergänzung fallweise Optionen mit Empfehlungscharakter. Die vorgesehenen Optionen berücksichtigen die jeweiligen Anforderungen spezifischer Bereiche, deren Spezifika einer einheitlichen Regelung widersprechen würde.[37]

Inhaltliche Standards dienen der Vermeidung redundanter Arbeiten bei Konzeptentwicklungen und sollen die Vergleichbarkeit der in den Bundesverwaltungen generierten Daten aufgrund einheitlicher Datenerhebungs- und Rechenverfahren gewährleisten.[38] Als exakte Vorgaben fungieren inhaltliche Standards bei Erfassungs- und Bewertungsregeln, Kostenpauschalen, Produkten des allgemeinen Verwaltungsbereichs sowie bei der Überführungsrechnung zum HKR. In Divergenz zu den inhaltlichen Standards beschränkt sich die inhaltliche Konkretisierung bei den inhaltlichen Standards mit begrenztem Detaillierungsgrad auf ein geringes Mindestniveau. Hierdurch ergeben sich für die Behörden Spielräume bei der Ausgestaltung der Kosten- und Leistungsrechnung, welche entsprechend der individuellen Bedürfnisse erfolgen kann. Der gewährte Freiraum ermöglicht den Bundesverwaltungen Kreativität bei der Konzipierung des Rechensystems, die zusammen mit den Erfahrungen bei der KLR-Anwendung innovationsfördernd wirkt. Die dezentralen Weiterentwicklungen können im Rahmen eines Erfahrungsaustausches zwischen den Behörden kommuniziert werden und sind ebenfalls für eine Verbesserung der Standard-KLR zu nutzen, so daß vielleicht sogar Einheitlichkeit auf höherem Niveau realisierbar wird. Standards mit begrenzter inhaltlicher Konkretisierung finden sich beim Bundeskontenrahmen, den Kostenrechnungssystemen sowie beim Berichtswesen.

In Abgrenzung hierzu wurde bei der Kostenstellenbildung, der Kostenträgerrechnung, der inner- und zwischenbehördlichen Leistungsverrechnung und der Umsetzung des Wettbewerbsgedankes völlig auf inhaltliche Standards verzichtet und statt dessen die Anwendung methodischer Standards für zweckmäßig erachtet. Methodische Standards zeigen lediglich die Vorgehensweise (Methodik) auf, wie man eine zweckadäquate Kosten- und Leistungsrechnung konzipieren kann. Gründe hierfür sind die Individualität bzw. die Spezifika der Behörden, die Praktizierung unterschiedlicher Führungsstile sowie die zweckspezifische Verwendung der durch die Kosten- und Leistungsrechnung generierten Informationen.[39] Die methodischen Standards verkörpern somit gegenüber den inhaltlichen Standards nur eine geringe Regelungstiefe.

## II. Produktbildung und Leistungsartenkatalog

Eine prozeßorientierte Kostenrechnung stellt auf den Wirkungszusammenhang zwischen Produkten (Ergebnissen), Prozessen und Ressourcen ab.[40] Produkte erfordern Prozesse, die wiederum Ressourcen in Anspruch nehmen. Entsprechend der Themenstellung der vorliegenden Untersuchung soll im folgenden die zweckadäquate Wirkungskette Produkte – Prozesse – Ressourcen als Bezugsrahmen für die

---

37 Siehe Bundesministerium der Finanzen (Hrsg.): Kosten- und Leistungsrechnung...(1997), S. 17.

38 Vgl. Scholz, Jörg Thomas: KLR-Handbuch...(1997), S. 25; Scholz, Jörg Thomas: Standard-KLR...(1997), S. 29.

39 Vgl. genauer Liebe, Rüdiger: Kosten- und Leistungsrechnung...(1999), S. 148 – 149.

40 Vgl. Mayer, Reinhold: Prozeßkostenrechnung...(1998), S. 5; Remer, Detlef: Prozeßkostenrechnung...(1997), S. 73.

Ausführungen bezüglich der Generierung von Kosten- und Leistungsdaten durch die Standard-KLR dienen.[41] Diese Vorgehensweise gewährleistet ebenfalls Konformität mit dem im Neuen Steuerungsmodell geforderten Weg der outputorientierten Verteilung vorhandener Ressourcen, bei der die geplante Maßnahme im Vordergrund des Interesses steht und nicht der Mitteleinsatz. Anhand der einer Behörde übertragenen Aufgaben sind zunächst einmal Art und Volumina der Verwaltungsleistungen festzulegen, bevor auf deren Basis die für die Leistungserstellungsprozesse benötigten Ressourcen ermittelt werden können.[42] Aus dem Ressourceneinsatz lassen sich anschließend die Kostenarten ableiten. Die Herstellung der Verbindung zwischen Ressourceninput und Leistungsoutput geht also hierbei von der Leistungsseite aus.[43]

Den Nukleus des Konzepts der Standard-KLR des Bundes bilden die Produkte, auf welche grundsätzlich die Kostenverrechnung stattfinden soll.[44] Die in interne und externe differenzierten Produkte fungieren als zentrale Abrechnungsobjekte, wodurch sich die Standard-KLR als produktorientierte Kosten- und Leistungsrechnung bezeichnen läßt.[45] Mit dem Produktansatz versucht man der Forderung Rechnung zu tragen, die Kosten- und Leistungsrechnung für eine leistungsorientierte respektive outputorientierte Verwaltungssteuerung nutzbar zu machen.[46] Gerade die Outputsteuerung gilt als eines der Hauptziele der Verwaltungsmodernisierung, wozu die Standard-KLR als produktorientiertes Steuerungsinstrument einen wichtigen Beitrag in den Bundesverwaltungen leisten kann.[47] Da das Produkt als Ergebnis des Verwaltungshandelns den Dreh- und Angelpunkt der Standard-KLR darstellt,[48] beginnt die Einführung der Kosten- und Leistungsrechnung in den Bundesbehörden mit der Erstellung eines umfassenden Kataloges, der alle ihre Produkte dokumentiert.[49] Die Bildung von Produkten gilt als unabdingbare Voraussetzung für ein Operieren mit der standardisierten KLR.[50] Beschreibung und Definition des Produktes zielen ab auf den bezweckten Leistungsoutput und umfassen den Sinn und den Inhalt einzelner Produkteigenschaften.[51] Produkte sind Leistungen oder Leistungsbündel, die von einer Stelle oder mehreren Stellen erbracht werden. Bei den Produkten handelt es sich um die Ergebnisse der Leistungserstellungsprozesse und diese lassen sich

---

41 Die Beziehungen zwischen Produkte, Prozesse und Ressourcen verdeutlicht ebenfalls Bundesministerium der Finanzen (Hrsg.): Einführung von Kosten- und Leistungsrechnung...(1997), S. 19.

42 Vgl. Seeger, Tilman – Walter, Matthias: Kosten- und Leistungsrechnung...(1999), S. 109 – 110; Mahnkopf, Rudolf: Budgetierung...(1996), S. 131.

43 Vgl. Seeger, Tilman – Walter, Matthias: Kosten- und Leistungsrechnung...(1999), S. 109.

44 Vgl. Bundesministerium der Finanzen (Hrsg.): Kosten- und Leistungsrechnung...(1997), S. 63 – 64; Liebe, Rüdiger: Kosten- und Leistungsrechnung...(1999), S. 182.

45 Vgl. Bundesministerium der Finanzen (Hrsg.): Kosten- und Leistungsrechnung...(1997), S. 64; Bundesministerium der Finanzen (Hrsg.): Einführung von Kosten- und Leistungsrechnung...(1997), S. 5.

46 Vgl. Bundesministerium der Finanzen (Hrsg.): Einführung von Kosten- und Leistungsrechnung...(1997), S. 5; Walter, Matthias: Controlling...(1997), S. 128; Schwarze, Jochen - Koß, Torsten: Prozeßorientierte Kosten- und Leistungsrechnung...(1996), S. 134.

47 Vgl. Walter, Matthias: Controlling...(1997), S. 128.

48 Vgl. Walter, Matthias: Controlling...(1997), S. 126.

49 Vgl. Bundesministerium der Finanzen (Hrsg.): Kosten- und Leistungsrechnung...(1997), S. 64; Seeger, Tilman – Walter, Matthias: Kosten- und Leistungsrechnung...(1999), S. 49.

50 Vgl. Bundesministerium der Finanzen (Hrsg.): Einführung von Kosten- und Leistungsrechnung...(1997), S. 16.

51 Vgl. Bundesministerium der Finanzen (Hrsg.): Kosten- und Leistungsrechnung...(1997), S. 64; Bundesministerium der Finanzen (Hrsg.): Einführung von Kosten- und Leistungsrechnung...(1997), S. 16.

durch die Prozeßabläufe einigermaßen genau definieren.[52] Die Leistungen der Verwaltungen müssen in den Dimensionen Menge, Zeit, Einnahme und Qualität meßbar oder zählbar sein, weshalb die Produktbildung erhebliche Probleme bereiten kann.[53] Darüber hinaus sollte bei der Definition der Produkte auf die Zurechenbarkeit von Kosten und Leistungen geachtet werden.[54]

Der Begriff Produkt kann zu Mißverständnissen führen, da mit dem Produkt gewöhnlicherweise etwas Materielles assoziiert wird. Öffentliche Verwaltungen erbringen jedoch überwiegend immaterielle Dienstleistungen.[55] Besser erscheinen deshalb die Begriffe Output, Leistung oder (Arbeits-)Ergebnis geeignet, da diese abstrakter sind und somit als Ober- respektive Sammelbegriffe für Dienstleistungen und Produkte stehen können.[56] Dennoch hat sich bei der Kostenrechnung im öffentlichen Sektor, insbesondere bei der Standard-KLR des Bundes, der Terminus Produkt etabliert, welcher die Ergebnisbezogenheit des Verwaltungshandelns zum Ausdruck bringen soll.[57]

Mittels des Produktkataloges gilt es das gesamte Leistungsspektrum einer Verwaltung des Bundes in detaillierter, strukturierter und zweckadäquater Form abzubilden.[58] Der Produktkatalog spiegelt somit die Summe vieler einzelner konkreter Verwaltungsleistungen als Gesamtverwaltungsleistung wider.[59] In engem Zusammenhang mit dem Produktkatalog steht die Leistungsrechnung, ohne die ein integriertes Konzept der Kosten- und Leistungsrechnung unvollständig wäre.[60] Der Produktkatalog bildet die Basis für die Leistungserfassung, die sich in der Erhebung von Zeit- und Mengendaten konkretisiert.[61] Mit der Leistungsrechnung sollen gemäß dem Konzept der Standard-KLR vorhandene Informationsdefizite in den Bereichen ausgeglichen werden, in denen den Verwaltungsleistungen keine Entgelte gegenüberstehen.[62] Die Bundesverwaltung kann die klassische Leistungsrechnung in Form ei-

[52] Vgl. genauer Schwarze, Jochen - Koß, Torsten: Prozeßorientierte Kosten- und Leistungsrechnung...(1996), S. 131 und 133. Vgl. ebenfalls Seeger, Tilman – Walter, Matthias: Kosten- und Leistungsrechnung...(1999), S. 48 – 49.

[53] Vgl. Walter, Matthias: Controlling...(1997), S. 128.

[54] Vgl. Bundesministerium der Finanzen (Hrsg.): Kosten- und Leistungsrechnung...(1997), S. 64; Keller, Bernhard: Behördenwettbewerb...(1998), S. 295.

[55] Vgl. Liebe, Rüdiger: Kosten- und Leistungsrechnung...(1999), S. 183; Seeger, Tilman – Walter, Matthias: Kosten- und Leistungsrechnung...(1999), S. 49.

[56] Siehe zum Oberbegriff Output Lang, Eva: Modernisierung der öffentlichen Verwaltung...(1996), S. 28.

[57] Vgl. Schwarze, Jochen - Koß, Torsten: Prozeßorientierte Kosten- und Leistungsrechnung...(1996), S. 133; Bundesministerium der Finanzen (Hrsg.): Kosten- und Leistungsrechnung...(1997), S. 64; Bundesministerium der Finanzen (Hrsg.): Einführung von Kosten- und Leistungsrechnung...(1997), S. 16.

[58] Vgl. Mahnkopf, Rudolf: Budgetierung...(1996), S. 130; Walter, Matthias: Controlling...(1997), S. 126.

[59] Vgl. Seeger, Tilman – Walter, Matthias: Kosten- und Leistungsrechnung...(1999), S. 50; Walter, Matthias: Controlling...(1997), S. 128.

[60] Vgl. Bundesministerium der Finanzen (Hrsg.): Einführung von Kosten- und Leistungsrechnung...(1997), S. 17; Liebe, Rüdiger: Kosten- und Leistungsrechnung...(1999), S. 187.

[61] Vgl. Schwarze, Jochen - Koß, Torsten: Prozeßorientierte Kosten- und Leistungsrechnung...(1996), S. 136; Müller, Peter u. a.: In zehn Schritten zur Kosten- und Leistungsrechnung...(1998), S. 21.

[62] Vgl. Bundesministerium der Finanzen (Hrsg.): Kosten- und Leistungsrechnung...(1997), S. 71; Bundesministerium der Finanzen (Hrsg.): Einführung von Kosten- und Leistungsrechnung...(1997), S. 17; Liebe, Rüdiger: Kosten- und Leistungsrechnung...(1999), S. 187.

ner Erlösrechnung wegen fehlender Marktpreise nur sehr begrenzt anwenden. Anstelle von Erlösmaßstäben treten dort deshalb Qualitäts- und Leistungsvorgaben für die Ermöglichung einer betriebswirtschaftlich sinnvollen Steuerung des Verwaltungshandelns.[63]

Die Leistungsrechnung soll nach den Vorstellungen der Konzeptentwickler der Standard-KLR die Erfassung sämtlicher Leistungen einer Behörde sicherstellen und damit verbunden eine leistungs- respektive ergebnisorientierte Steuerung der Institution Bundesverwaltung erlauben. Primäre Ziele des Einsatzes der Leistungsrechnung sind lt. KLR-Handbuch die Schaffung von Transparenz über die von den Verwaltungen hervorgebrachten Leistungen sowie die Generierung von Daten für die Bildung von Kennzahlen hinsichtlich bestehender Kosten-Leistungs-Relationen, welche durch Zeitvergleiche, Plan-/Soll-/Istvergleiche und Behördenvergleiche Effizienzbeurteilungen möglich machen.[64] Zur Erreichung dieser Ziele kommen der Leistungsrechnung im Konzept der Standard-KLR die Aufgaben der Erfassung, systematischen Abbildung sowie Messung von Einnahmen, Mengen und Qualitäten der Produkte in den Bundesverwaltungen zu.[65] Da Bundesverwaltungen keine Erlösrechnung führen, erfolgt dort der Ausweis von Einnahmen in der Leistungsrechnung. Mit der Leistungsrechnung wird aber üblicherweise die Generierung von Daten assoziiert, die sich auf das Spektrum der nicht monetär quantifizierten Leistungen beziehen,[66] was zu Mißverständnissen führen kann. Ähnliches wie das KLR-Handbuch des Bundes fordert *Männel* mit der Einrichtung einer kostenstellenbezogenen Leistungsrechnung, welche die Leistungsstruktur, Leistungsarten, Leistungsvolumina, Leistungsintensitäten, Leistungsmengen und Leistungsqualitäten der zur Leistungserbringung eingesetzten Ressourcen abzubilden hat.[67] Die Leistungsrechnung soll Transparenz hinsichtlich Verfügbarkeit, Auslastung und spezifischer Nutzung der mit fixen Gemeinkosten verbundenen Kapazitäten schaffen. Dies bildet die Grundlage für ein adäquates Kostenmanagement zur Vermeidung von Leerkosten und Optimierung der Input-Output-Relationen.[68] Während der Produktkatalog für die Strukturierung sowie die Bildung einer entsprechenden Hierarchie der Produkte herangezogen wird, dient die Leistungsrechnung lt. KLR-Handbuch der konkreten Erfassung derselben. Der Produktkatalog bietet den Behörden und Ressorts den Service, ihre Aufgaben mittels eines Produkt-Steckbriefes entsprechend sinnvoll zu strukturieren.[69]

---

63 Vgl. Liebe, Rüdiger: Kosten- und Leistungsrechnung...(1999), S. 187.

64 Vgl. Bundesministerium der Finanzen (Hrsg.): Kosten- und Leistungsrechnung...(1997), S. 71; Bundesministerium der Finanzen (Hrsg.): Einführung von Kosten- und Leistungsrechnung...(1997), S. 17 – 18; Liebe, Rüdiger: Kosten- und Leistungsrechnung...(1999), S. 187.

65 Siehe Bundesministerium der Finanzen (Hrsg.): Kosten- und Leistungsrechnung...(1997), S. 72.

66 Diese Ansicht findet sich sogar im KLR-Handbuch wieder, weshalb der Ausweis von Einnahmen in der Leistungsrechnung eigentlich im Widerspruch zu der These steht, daß die Leistungsrechnung jene Leistungen zu erfassen hat, für die keine Einnahmen erzielt werden. Siehe hierzu Bundesministerium der Finanzen (Hrsg.): Kosten- und Leistungsrechnung...(1997), S. 71 – 72.

67 Vgl. Männel, Wolfgang: Entwicklungsperspektiven...(1999), S. 131 – 132.

68 Vgl. Männel, Wolfgang: Entwicklungsperspektiven...(1999), S. 132.

69 Siehe Bundesministerium der Finanzen (Hrsg.): Kosten- und Leistungsrechnung...(1997), S. 151.

## A. Typologisierung der Aufgaben

Die einer Bundesverwaltung übertragenen Aufgaben determinieren die von dieser zu erstellenden Verwaltungsleistungen (Produkte) und damit verbunden auch die Art des Leistungserstellungsprozesses (Leistungserstellungstyp). Eine genaue Zuordnung der Kosten auf die Verwaltungsleistungen ist nur möglich, wenn entsprechend des Leistungserstellungstyps ein adäquates System der Kosten- und Leistungsrechnung zur Anwendung kommt. Aus diesem Grunde ist die Kenntnis des Leistungserstellungstyps eine unabdingbare Voraussetzung für die behördenspezifische Ausgestaltung der Kosten- und Leistungsrechnung zur Generierung aussagefähiger und verwertbarer Kostendaten. Dem wird in den Bundesverwaltungen dadurch Rechnung getragen, daß Entwicklung und Anwendung der Standard-KLR die Typologisierung der Aufgaben der Bundesinstitutionen involvieren.[70] Die erarbeiteten Aufgabentypologien dienen der Auswahl eines geeigneten Kostenrechnungsinstrumentariums sowie der Verwirklichung der Outputorientierung und sollen damit eine behördenspezifische Umsetzung der Standard-KLR gewährleisten.[71] Mit der Aufgabentypologisierung gehen insbesondere folgende Nutzenpotentiale einher:[72]

- Schaffung der Voraussetzungen für eine typspezifische Ausgestaltung und Anwendung der KLR-Tool-Box.
- Schaffung der Grundlagen für Behördenvergleiche auch im Fachaufgabenbereich.
- Identifikation und Beschreibung der für den Einsatz der KLR geeigneten Bereiche der Bundesverwaltung.
- Unterstützung bei der Bildung von Produkten.

Für die Typologisierung der Aufgaben finden in den Bundesverwaltungen die drei nachstehenden Typologisierungsmerkmale Anwendung:

- **Tätigkeitsstruktur**:

  → Beschreibt Komplexität und Innovationsgrad der Aufgabeninhalte.

  Bei der Merkmalsausprägung wird zwischen „repetitiver Tätigkeit", „Auftragstätigkeit" und „Projekttätigkeit" differenziert. Repetitive Tätigkeiten weisen eine weitgehend gleiche Aktivitätenfolge auf, wobei für jede einzelne Aktivität zumeist die gleiche Bearbeitungszeit erforderlich ist. Diese sich in gleicher Form wiederholenden Tätigkeiten entsprechen in etwa der Massenproduktion im Dienstleistungssektor.[73] Als Beispiel hierfür läßt sich die Erteilung von Genehmigungen[74] anführen, wie etwa Funkgenehmigungen der Regulierungsbehörde für Telekommunikation und Post, Typgenehmigungen (ABE Fahrzeugteile oder ABE für zulassungspflichtige Fahrzeuge) des Kraftfahrt-Bundesamtes oder die Genehmigung von Patentanträgen durch das Deutsche Patentamt.

---

[70] Siehe Bundesministerium der Finanzen (Hrsg.): Kosten- und Leistungsrechnung...(1997), S. 31.

[71] Siehe Bundesministerium der Finanzen (Hrsg.): Einführung von Kosten- und Leistungsrechnung...(1997), S. 11; Bundesministerium der Finanzen (Hrsg.): Kosten- und Leistungsrechnung...(1997), S. 31; Liebe, Rüdiger: Kosten- und Leistungsrechnung...(1999), S. 156.

[72] Bundesministerium der Finanzen (Hrsg.): Kosten- und Leistungsrechnung...(1997), S. 31.

[73] Siehe Bundesministerium der Finanzen (Hrsg.): Kosten- und Leistungsrechnung...(1997), S. 31. Siehe ebenfalls Abbildung 3-3.

[74] Siehe Bundesministerium der Finanzen (Hrsg.): Kosten- und Leistungsrechnung...(1997), S. 34.

Unter der Rubrik Auftragstätigkeit haben die Behörden jene Tätigkeiten zu subsumieren, die grundsätzlich ähnlich sind. Solche Tätigkeiten divergieren je nach Auftrag in der Aktivitätenfolge und/oder in der Bearbeitungszeit.[75] Beispiele für die Auftragstätigkeit stellen die Anfertigung von Statistiken (Kfz-Statistik und Straßenverkehrsstatistik des Kraftfahrt-Bundesamtes), die Bereitstellung von Informationen an die Öffentlichkeit, die Kontroll- und Aufsichtstätigkeiten sowie die Regelprüfungen der Ordnungs- und Rechtmäßigkeit dar.[76] Ebenfalls kann es sich bei der Erteilung von Genehmigungen um eine Auftragstätigkeit handeln, da hier in Abhängigkeit vom jeweiligen Einzelfall die Grenzen teilweise fließend sind. Die Erstellung des jährlichen Wirtschaftsberichtes gilt gewöhnlich als Auftragstätigkeit. Dies belegt folgender Grundsatz: „Tritt die identische Aufgabe innerhalb von fünf Jahren mehrfach auf, ist sie grundsätzlich als Auftragstätigkeit zu kennzeichnen."[77] Sind allerdings für die Generierung des Wirtschaftsberichts jedesmal völlig unterschiedliche Aktivitäten notwendig, dürfte es sich eher um eine Projekttätigkeit handeln.[78] Projekttätigkeiten erfordern grundsätzlich unterschiedliche Tätigkeiten mit individueller Aktivitätenfolge und divergenter Bearbeitungszeit.[79] Projekttätigkeiten sind vorwiegend in Ministerien anzutreffen. Hierzu gehören beispielsweise die Entwicklung grundlegender politischer Konzepte, die Begleitung von Normsetzungsverfahren sowie die Vorbereitung von Reden.[80]

Je nach Vorliegen eines bestimmten Leistungserstellungstyps haben die Bundesverwaltungen ein geeignetes System der Kosten- und Leistungsrechnung anzuwenden, was insbesondere auch die Kalkulationsmethodik betrifft. Während für repetitive Tätigkeiten die Divisionskalkulation oder die Prozeßkostenrechnung in Frage kommen, erfordern Projekttätigkeiten den Einsatz der Projektkostenrechnung.[81] Mit der Typologisierung der Tätigkeitsstruktur schaffen die Bundesbehörden somit die Voraussetzung für die Nutzung adäquater Kostenrechnungssysteme und damit verbunden für die Generierung verwertbarer Kosteninformationen. Dies belegt die Sinnhaftigkeit der Vornahme solcher Kategorisierungsmaßnahmen.

- **Wettbewerbsumfeld**:

  → Beschreibt die Verfügbarkeit alternativer Leistungsanbieter oder von Vergleichsmöglichkeiten.

Bei der Merkmalsausprägung wird zwischen „marktlichem Wettbewerb", „Quasi-Wettbewerb (behördlicher Produktkostenvergleich)" und „kein Wettbewerb" differenziert. Marktlicher Wettbewerb liegt lt. KLR-Handbuch vor, wenn die betreffenden Leistungen in gleicher Form auch von marktwirtschaftlichen Unternehmungen oder von anderen Behörden angeboten werden. Dementsprechend ist ein Markt-

[75] Siehe Bundesministerium der Finanzen (Hrsg.): Kosten- und Leistungsrechnung...(1997), S. 31. Siehe ebenfalls Abbildung 3-3.
[76] Siehe Bundesministerium der Finanzen (Hrsg.): Kosten- und Leistungsrechnung...(1997), S. 34.
[77] Müller, Peter u. a.: In zehn Schritten zur Kosten- und Leistungsrechnung...(1998), S. 13.
[78] Vgl. Müller, Peter u. a.: In zehn Schritten zur Kosten- und Leistungsrechnung...(1998), S. 13.
[79] Siehe Bundesministerium der Finanzen (Hrsg.): Kosten- und Leistungsrechnung...(1997), S. 31. Siehe ebenfalls Abbildung 3-3.
[80] Siehe Bundesministerium der Finanzen (Hrsg.): Kosten- und Leistungsrechnung...(1997), S. 33.
[81] Siehe Bundesministerium der Finanzen (Hrsg.): Kosten- und Leistungsrechnung...(1997), S. 35.

preis verfügbar.[82] Beispielsweise erfolgt die Patenterteilung sowohl durch das Deutsche Patentamt als auch durch das Europäische Patentamt. Erbringen Dienst- oder Außenstellen einer Flächenbehörde gleiche Leistungen (Quasi-Wettbewerb), läßt sich ein Vergleich der jeweils anfallenden Produktkosten durchführen.[83] Exemplarisch hierfür sind die Leistungen der Bundesanstalt für Arbeit anzuführen, bei der die Leistungserbringung (z. B. Bearbeitung eines Kindergeldantrages oder Arbeitslosengeldantrages bzw. die Vermittlung einer Arbeitsstelle) durch die jeweiligen regionalen Arbeitsämter erfolgt und diese jeweils mit unterschiedlichen Kosten verbunden sein kann.

Für einen Großteil der Aufgaben des Bundes ist ausschließlich immer nur eine Behörde oder Organisationseinheit zuständig, weshalb des öfteren keine Vergleichsdaten von anderen Institutionen zur Verfügung stehen. Dies betrifft in besonderem Maße die Ministerien. Bei der Erarbeitung politischer Konzepte, der Begleitung von Normsetzungsverfahren sowie der Fach- bzw. Rechtsaufsicht haben die Bundesministerien eine gewisse Monopolstellung inne.[84]

Differenzierungen von Aufgaben nach dem Wettbewerbsumfeld erlangen ihre Legitimation primär durch die Schaffung der Basis für Behördenvergleiche, die wiederum positive Auswirkungen auf die Verwaltungseffizienz versprechen. Bieten mehrere Organisationseinheiten einer Behörde, verschiedene Behörden oder sogar Betriebe der Privatwirtschaft gleiche oder ähnliche Leistungen an, lassen sich die jeweiligen Kosten der Produkte vergleichen, wobei die Vergleiche auf bestimmten Leistungsstandards beruhen müssen. Folglich kommt hier die Kostenvergleichsrechnung zur Anwendung.[85] Stehen die Behörden mit ihren Verwaltungsleistungen im Wettbewerb zueinander (z. B. Typgenehmigungen des Kraftfahrt-Bundesamtes) und existiert damit verbunden ein Marktpreis für das Verwaltungsprodukt, benötigen die Bundesverwaltungen die Instrumente der Preiskalkulation und der Deckungsbeitragsrechnung, um das Verwaltungshandeln sinnvoll steuern zu können.[86] Darin ist ein weiterer wichtiger Grund für die Typologisierung der Aufgaben nach dem Wettbewerbsumfeld zu sehen.

- **Entgeltorientierung**:

  → Beschreibt, ob als direkte Gegenleistung für die Aufgabenerfüllung Entgelte erhoben werden oder nicht.

Bei der Merkmalsausprägung wird zwischen „Leistungen gegen Entgelt" und „kein Entgelt" differenziert. So manche Bundesinstitutionen erheben für ihre erbrachten Leistungen entsprechende Gebühren oder Beiträge, um gemäß des Verwaltungskostengesetzes und eventuell anderer rechtlicher Grundlagen eine Kostendeckung sicherzustellen. Zu den Leistungen gegen direktes Entgelt zählen Genehmigungen, Statistiken, technische Prüfungen und mitunter die Informationsversor-

82 Siehe Bundesministerium der Finanzen (Hrsg.): Kosten- und Leistungsrechnung...(1997), S. 32. Siehe ebenfalls Abbildung 3-3.
83 Siehe Bundesministerium der Finanzen (Hrsg.): Kosten- und Leistungsrechnung...(1997), S. 32.
84 Siehe Bundesministerium der Finanzen (Hrsg.): Kosten- und Leistungsrechnung...(1997), S. 32 – 33. Siehe ebenfalls Abbildung 3-3.
85 Vgl. Bundesministerium der Finanzen (Hrsg.): Kosten- und Leistungsrechnung...(1997), S. 35.
86 Vgl. Bundesministerium der Finanzen (Hrsg.): Kosten- und Leistungsrechnung...(1997), S. 35.

gung der Öffentlichkeit.[87] Exemplarisch für die Genehmigungen sind hier nochmals die Funkgenehmigungen der Regulierungsbehörde für Telekommunikation und Post, die Typgenehmigungen des Kraftfahrt-Bundesamtes oder die Erteilung von Patenten durch das Deutsche Patentamt zu erwähnen. Leistungsentgelte stellen allerdings bei Bundesverwaltungen eher die Ausnahme als die Regel dar. Das Gros der Leistungen des Bundes wird ohne direktes Entgelt abgegeben. Als Paradebeispiel hierfür lassen sich wiederum die Leistungen der Ministerien anführen.[88]

Werden Leistungen nur gegen direktes Entgelt angeboten, so stellt sich die Frage nach der Entgelthöhe. Die von der Verwaltungsumwelt zu entrichtenden Gebühren gilt es von der Verwaltung entsprechend zu kalkulieren, wozu ein adäquates Kalkulationsverfahren heranzuziehen ist. Tritt der Fall ein, daß die Verwaltungsleistung auch von einer anderen Behörde bezogen werden kann und diese einen bestimmten Preis fordert, ist der Einsatz der Deckungsbeitragsrechnung in Betracht zu ziehen. Dies sind die primären Gründe, warum das KLR-Handbuch die Differenzierung der Aufgaben nach der Entgeltbezogenheit fordert.

Abbildung 3-3 gewährt einen Überblick über die beim Aufgabentypologisierungsprozeß in Bundesinstitutionen verwendeten Typologisierungsmerkmale, den jeweils möglichen Merkmalsausprägungen sowie den dazugehörenden Beschreibungen. Anhand der in Abbildung 3-3 angeführten Kriterien können die Bundesverwaltungen ihre Aufgaben vorurteilsfrei aus betriebswirtschaftlicher Warte systematisieren. Bezüglich der Kategorisierung sollte keine übertriebene Genauigkeit an den Tag gelegt werden, da der erzielte Nutzen den damit verbundenen Arbeitsaufwand nicht rechtfertigen würde. Entscheidend ist vielmehr die Identifizierung der Aufgabenschwerpunkte.[89] Das methodische Werkzeug der Aufgabentypologisierung findet seine Anwendung im Bereich der Fachaufgaben und wurde auch speziell für diese entwickelt. Die Fachaufgaben der einzelnen Bundesbehörden respektive Ressorts sind sehr unterschiedlich, so daß es bei diesen den spezifischen Aufgabentyp zu eruieren gilt, der die Basis für die Konzipierung eines adäquaten, typspezifischen Systems der Kosten- und Leistungsrechnung bildet.[90] In Divergenz zu den Fachaufgaben können die Aufgaben des allgemeinen Verwaltungsbereichs als einigermaßen identisch angesehen werden. Sinnvollerweise geht man deshalb bei den allgemeinen Verwaltungsaufgaben einen anderen Weg und gibt den Bundesverwaltungen – wie später noch zu sehen sein wird – 48 standardisierte Produkte zur direkten Übernahme vor, womit ein hoher Grad an Einheitlichkeit und Vergleichbarkeit verbunden ist. Durch die vorgegebenen Produkte der Standard-KLR stehen den Bundesbehörden bereits die Typologisierungsergebnisse der allgemeinen Verwaltungsaufgaben zur unmittelbaren Anwendung zur Verfügung.[91]

---

[87] Siehe Bundesministerium der Finanzen (Hrsg.): Kosten- und Leistungsrechnung...(1997), S. 32 und 34.

[88] Siehe Bundesministerium der Finanzen (Hrsg.): Kosten- und Leistungsrechnung...(1997), S. 34.

[89] Vgl. Liebe, Rüdiger: Kosten- und Leistungsrechnung...(1999), S. 156; Müller, Peter u. a.: In zehn Schritten zur Kosten- und Leistungsrechnung...(1998), S. 13.

[90] Vgl. Bundesministerium der Finanzen (Hrsg.): Einführung von Kosten- und Leistungsrechnung...(1997), S. 11; Bundesministerium der Finanzen (Hrsg.): Kosten- und Leistungsrechnung...(1997), S. 35; Müller, Peter u. a.: In zehn Schritten zur Kosten- und Leistungsrechnung...(1998), S. 13.

[91] Vgl. Bundesministerium der Finanzen (Hrsg.): Kosten- und Leistungsrechnung...(1997), S. 151.

die Typologisierungsergebnisse der allgemeinen Verwaltungsaufgaben zur unmittelbaren Anwendung zur Verfügung.[91]

Abbildung 3-3

**Aufgabentypologisierungsmerkmale in den Bundesverwaltungen**

| Merkmal | Tätigkeitsstruktur | Erläuterung | Komplexität und Innovationsgrad der Aufgabeninhalte |
|---|---|---|---|
| **Merkmalsausprägung** | | **Beschreibung** | |
| Repetitive Tätigkeit | | - Immer wiederkehrende, gleichartige Tätigkeiten, d. h. annähernd gleiche Aktivitätenfolge und Bearbeitungszeit je Aktivität<br>- Vergleichbar einer „Dienstleistungs-Massenproduktion" | |
| Auftragstätigkeit | | - Grundsätzlich ähnliche Tätigkeiten, die sich je nach Auftrag in Aktivitätenfolge und Bearbeitungszeit unterscheiden können<br>- Vergleichbar der „Auftragsfertigung" | |
| Projekttätigkeit | | - Grundsätzlich unterschiedliche Tätigkeiten mit individueller Aktivitätenfolge und Bearbeitungszeit | |
| **Merkmal** | **Wettbewerbs-umfeld** | **Erläuterung** | **Alternative Leistungsanbieter oder Vergleichsmöglichkeiten** |
| **Merkmalsausprägung** | | **Beschreibung** | |
| Marktlicher Wettbewerb | | - Die Leistungen werden auch von marktwirtschaftlichen Unternehmen oder anderen Behörden (insbesondere aus dem EU-Ausland) angeboten<br>- Ein Marktpreis ist für die Leistungen verfügbar | |
| Quasi-Wettbewerb: Behördlicher Produktkostenvergleich | | - Gleiche Aufgaben werden von mehreren Organisationseinheiten einer Behörde wahrgenommen, z. B. Dienst- oder Außenstellen bei Flächenbehörden<br>- Ähnliche Aufgaben desselben Aufgabentyps werden von unterschiedlichen Behörden (eventuell auch aus unterschiedlichen Ressorts) wahrgenommen | |
| Kein Wettbewerb | | - Die Aufgaben werden ausschließlich von einer Behörde und Organisationseinheit durchgeführt | |
| **Merkmal** | **Entgeltorientierung** | **Erläuterung** | **Entgelte als Gegenleistung für die Aufgabenerfüllung** |
| **Merkmalsausprägung** | | **Beschreibung** | |
| Leistung gegen Entgelt | | - Für die Aufgabenerfüllung werden Gebühren oder Beiträge zur Kostendeckung gemäß Verwaltungskostengesetz u. a. rechtlichen Grundlagen erhoben (einschließlich haushaltswirksamer zwischenbehördlicher Verrechnungen) | |
| Kein Entgelt | | - Die Aufgabenerfüllung erfolgt unentgeltlich | |

Entnommen aus Bundesministerium der Finanzen (Hrsg.): Kosten- und Leistungsrechnung...(1997), S. 31 – 32.

Im Rahmen der Entwicklung der Standard-KLR wurden in den einzelnen Ressorts der Bundesverwaltungen Analysen bezüglich der zu erfüllenden Fachaufgaben durchgeführt. Mittels eines Querschnittsvergleichs der Analyseergebnisse konnten so die in den Ministerien und in den nachgeordneten Bundesbehörden existierenden Aufgabenschwerpunkte identifiziert und entsprechende Aufgabencluster bestimmt

[91] Vgl. Bundesministerium der Finanzen (Hrsg.): Kosten- und Leistungsrechnung...(1997), S. 151.

werden.[92] Die für den Fachaufgabenbereich eruierten Aufgabencluster sind mit den zweckentsprechenden Typologisierungen dem KLR-Handbuch zu entnehmen.[93]

## B. Interne versus externe Produkte

Zur Erfüllung ihrer Aufgaben erstellen die Bundesverwaltungen bestimmte Verwaltungsleistungen, sogenannte Verwaltungsprodukte. Produkte sind die Ergebnisse des Verwaltungshandelns (Leistungserstellungsprozesse)[94] und stellen die zentralen Steuerungsobjekte der Standard-KLR des Bundes dar.[95] Mit Hilfe der Produkte sollen der Einsatz der Ressourcen sowie der Prozeß der Leistungserstellung für die Verwaltungsführung transparent und steuerbar werden.[96] Die Produkte dienen als Kostenträger der genauen Zuordnung von Kosten und Leistungen auf die abzugebenden Verwaltungsleistungen.[97] Bei der produktorientierten Betrachtung der Kostenträger ist darauf zu achten, daß die behördliche Leistungserstellung zur Gänze abgebildet wird.[98]

Die Erbringung von Verwaltungsleistungen für die Verwaltungsumwelt (Bürger) erfordert zumeist den Bezug und den Einsatz von Leistungen anderer Verwaltungseinheiten (Wiedereinsatzleistungen).[99] Dabei kann sich der Leistungsaustausch der Verwaltungseinheiten innerhalb und zwischen den Behörden vollziehen. Entsprechend des Empfängers der Produkte wird zwischen internen und externen Produkten differenziert. Während interne Produkte innerhalb der Organisation angeboten und nachgefragt werden, erfolgt die Abgabe von externen Produkten an Dritte außerhalb der Organisation, wobei im letzten Fall als Leistungsempfänger eine andere Behörde oder die Verwaltungsumwelt (Bürger) in Frage kommen können.[100] Bei den zwischen den Verwaltungseinheiten ausgetauschten Leistungen handelt es sich um Vor- bzw. Serviceleistungen, die auch des öfteren als Infrastrukturleistungen bezeichnet werden und in die Endleistungen eingehen. Zu den Infrastrukturbereichen gehören bei-

---

92 Vgl. Bundesministerium der Finanzen (Hrsg.): Kosten- und Leistungsrechnung...(1997), S. 33 – 34.

93 Siehe hierzu Bundesministerium der Finanzen (Hrsg.): Kosten- und Leistungsrechnung...(1997), S. 33 – 34.

94 Vgl. Schwarze, Jochen - Koß, Torsten: Prozeßorientierte Kosten- und Leistungsrechnung...(1996), S. 131; Mahnkopf, Rudolf: Budgetierung...(1996), S. 130; Lang, Eva: Modernisierung der öffentlichen Verwaltung...(1996), S. 28; Seeger, Tilman – Walter, Matthias: Kosten- und Leistungsrechnung...(1999), S. 48 – 49; Keller, Bernhard: Behördenwettbewerb...(1998), S. 295.

95 Vgl. Müller, Peter u. a.: In zehn Schritten zur Kosten- und Leistungsrechnung...(1998), S. 20.

96 Vgl. Bundesministerium der Finanzen (Hrsg.): Kosten- und Leistungsrechnung...(1997), S. 89; Müller, Peter u. a.: In zehn Schritten zur Kosten- und Leistungsrechnung...(1998), S. 20.

97 Vgl. Schwarze, Jochen - Koß, Torsten: Prozeßorientierte Kosten- und Leistungsrechnung...(1996), S. 131; Müller, Peter u. a.: In zehn Schritten zur Kosten- und Leistungsrechnung...(1998), S. 20 – 21; Nau, Hans-Rainer – Wallner, Gerhard: Verwaltungs-Controlling...(1998), S. 91; Keller, Bernhard: Behördenwettbewerb...(1998), S. 295; Bundesministerium der Finanzen (Hrsg.): Kosten- und Leistungsrechnung...(1997), S. 92.

98 Vgl. Bundesministerium der Finanzen (Hrsg.): Einführung von Kosten- und Leistungsrechnung...(1997), S. 17.

99 Vgl. Nau, Hans-Rainer – Wallner, Gerhard: Verwaltungs-Controlling...(1998), S. 82.

100 Vgl. genauer Schwarze, Jochen - Koß, Torsten: Prozeßorientierte Kosten- und Leistungsrechnung...(1996), S. 131 – 133; Nau, Hans-Rainer – Wallner, Gerhard: Verwaltungs-Controlling...(1998), S. 82 – 84; Keller, Bernhard: Behördenwettbewerb...(1998), S. 295 – 296.

spielsweise Schreibdienst, Druckerei, Bibliothek, Haushaltsplanung, Bürokommunikation, Fahrbereitschaft oder Pressearbeit (siehe hierzu Abbildung 3-4).[101]

Abbildung 3-4

**48 interne Produkte des Allgemeinen Verwaltungsbereichs**

| **Leitungs- und Managementbereich** | **Personalführung und -verwaltung** |
|---|---|
| Allgemeine Leitungs- und Führungsaufgaben | Grundsatzfragen Personal |
| Unterstützung der Amts-/Behördenleitung | Personalplanung |
| Rechtliche Beratung und Stellungnahmen | Personalzugang und -einstellung |
| Pressearbeit | Personalbestandsverwaltung |
| Öffentlichkeitsarbeit | Maßnahmen der Aus-/Fort- und Weiterbildung |
| Beantwortung von Bürgeranfragen | Finanzielle Personalangelegenheiten |
| Beantwortung von politischen Anfragen | - Verwaltung/Berechnung der Besoldung, Gehälter und Löhne |
| **Allgemeiner Servicebereich** | - Verwaltung/Berechnung der Beihilfen |
| Verwaltung/Bewirtschaftung von Dienstgebäuden | - Verwaltung/Berechnung der Umzugskosten |
| Bau- und Umzugsbetreuung | - Verwaltung/Berechnung der Reisekosten |
| Pförtnerdienst | - Verwaltung/Berechnung von Trennungsgeld |
| Botendienst | Personalabgänge |
| Poststelle | **Betriebswirtschaftliche, finanzielle Steuerung** |
| Kasse/Zahlstelle | Führungs- und Entscheidungsunterstützung |
| Fernsprechzentrale | - Konzeption, Steuerung und Weiterentwicklung der Controllinganwendungen |
| Fahrbereitschaft | |
| Schreibdienst | - Informationsbeschaffung und -aufbereitung |
| Dolmetscher/Sprachendienst | Haushaltsplanung und -aufstellung |
| Beschaffungsangelegenheiten | Haushaltsvollzug, Bewirtschaftung und Überwachung |
| Verwaltung von Material | |
| Hausdruckerei/Vervielfältigung | Rechnungslegung |
| Bibliothek | **Organisation** |
| Archiv-, Registratur- und Aktenbewirtschaftung | Grundsatzfragen Organisation |
| VS-Archiv- und Aktenbewirtschaftung | Allgemeine Organisationsaufgaben |
| **DV und Informationstechnologie** | Planung, Durchführung und Auswertung von Organisationsuntersuchungen |
| IT-Infrastruktur und Systemverwaltung | |
| Bürokommunikation und Ausstattung | Verwaltung/operative Umsetzung und Begleitung von Organisationsveränderungen |
| Fachspezifische DV-Anwendungen | |
| Benutzerbetreuung | Dienstposten-/Arbeitsplatzbewertungen |

In Anlehnung an Bundesministerium der Finanzen (Hrsg.): Kosten- und Leistungsrechnung...(1997), S. 153 – 154.

[101] Vgl. Scholz, Jörg Thomas: Standard-KLR...(1997), S. 30; Bundesministerium der Finanzen (Hrsg.): Kosten- und Leistungsrechnung...(1997), S. 76 und 153 – 154.

Unter dem Terminus „Allgemeiner Verwaltungsbereich" hat man im Rahmen der Standard-KLR des Bundes sämtliche Infrastrukturbereiche der Bundesbehörden subsumiert und für die Erfassung, Abbildung sowie Verrechnung deren Leistungen 48 Standard-Produkte definiert. Die 48 internen Produkte des allgemeinen Verwaltungsbereiches sind im Produktkatalog des KLR-Handbuches in strukturierter Form aufgeführt,[102] was Abbildung 3-4 demonstrieren soll. Für die Strukturierung der Produkte dienen drei Hierarchieebenen, welche eine sinnvolle Systematisierung der von Bundesverwaltungen erbrachten Serviceleistungen erlauben. Auf der obersten Hierarchieebene wird zwischen den Produktgruppen für die Leistungen von „Leitungs- und Managementbereich", „Personalführung und –verwaltung", „Allgemeiner Servicebereich", „Betriebswirtschaftliche, finanzielle Steuerung", „Organisation" und „Datenverarbeitung und Informationstechnologie" unterschieden (siehe hierzu Abbildung 3-4).[103]

Zu den Produkten des Leitungs- und Managementbereichs zählen allgemeine Leitungs- und Führungsaufgaben, Unterstützung der Amts-/Behördenleitung, rechtliche Beratungen und Stellungnahmen, Pressearbeit, Öffentlichkeitsarbeit, Beantwortung von Bürgeranfragen sowie die Beantwortung von politischen Anfragen. Eine weitergehende Differenzierung erfolgt hierbei nicht, so daß sich die angeführten Produkte bereits auf der untersten Hierarchieebene befinden. Produkte des Leitungs- und Managementbereichs weisen zumeist keinen unmittelbaren Bezug zur Erstellung von Endleistungen auf, weshalb sich deren Kosten externen Produkten logischerweise nicht leistungsorientiert zuordnen lassen. Der separate Ausweis solcher Produkte erscheint deshalb als recht sinnvoll. Die Produkte der Produktgruppe Personalführung und -verwaltung sind nach dem Lebenszyklus der Ressource Mensch unterteilt, wobei die finanziellen Personalangelegenheiten zusätzlich eine Differenzierung nach den jeweiligen Entgeltbestandteilen erfahren, die es zu verwalten oder zu berechnen gilt. Mit der vorgenommenen Produktdifferenzierung wird den Bundesverwaltungen der zeitliche Anfall bestimmter Kosten für die Personalverwaltung offenkundig, wodurch diese wertvolle Schlußfolgerungen ziehen können. Bedeutsame Produkte des Allgemeinen Servicebereichs stellen Gebäudebewirtschaftung, Pförtnerdienst, Botendienst, Poststelle, Kasse, Fernsprechzentrale, Fahrbereitschaft, Schreibdienst, Beschaffungsangelegenheiten, Hausdruckerei sowie Archiv- und Aktenbewirtschaftung dar. Hierdurch wird ein Großteil interner Serviceleistungen abgedeckt, welche den Endprodukten mehr oder minder genau angelastet werden können.

Der Bereich der betriebswirtschaftlichen, finanziellen Steuerung subsumiert die Leistungen der Führungs- und Entscheidungsunterstützung, wozu die Konzipierung von Controllinganwendungen sowie die Beschaffung und die Aufbereitung von Informationen gehören, die Haushaltsplanung, den Haushaltsvollzug und die Rechnungslegung. Solche Produkte sind für die Aufrechterhaltung der Verwaltung als Ganzes notwendig und lassen sich demzufolge einzelnen Verwaltungsendleistungen nicht plausibel zuordnen. Unter dem Produktbereich Organisation finden sind die Produkte Grundsatzfragen Organisation, allgemeine Organisationsaufgaben, Pla-

[102] Bezüglich der einzelnen Standard-Produkte des allgemeinen Verwaltungsbereiches siehe die Übersicht bei Bundesministerium der Finanzen (Hrsg.): Kosten- und Leistungsrechnung...(1997), S. 153 – 154.

[103] Siehe Bundesministerium der Finanzen (Hrsg.): Kosten- und Leistungsrechnung...(1997), S. 153 – 154.

nung, Durchführung und Auswertung von Organisationsuntersuchungen, Durchführung von Organisationsveränderungen sowie Dienstposten-/Arbeitsplatzbewertungen wieder. Ein großer Teil dieser Produkte betrifft ebenfalls die Gesamtverwaltung als Einheit. Jedoch beziehen sich so manche Leistungen, wie etwa bereichsbezogene Organisa-tionsuntersuchungen oder Arbeitsplatzbewertungen, auf einzelne Verwaltungsteilbereiche und ermöglichen somit die Eingrenzung der Allokation der dafür anfallenden Kosten auf bestimmte Endleistungen. IT-Infrastruktur und Systemverwaltung, Bürokommunikation und Ausstattung, Fachspezifische DV-Anwendungen und Benutzerbetreuung stellen schließlich die Produkte der Datenverarbeitung und Informations-technologie dar.[104] Produkte der Datenverarbeitung und Informationstechnologie unterstützen zumeist direkt den Erstellungsprozeß von Verwaltungsendleistungen und können deshalb letzteren einigermaßen genau zugeordnet werden. Im Sinne der Genauigkeit der Kosten- und Leistungsrechnung gilt es daher die Kosten von DV-Produkten den Endprodukten leistungsbezogen (z. B. CPU-Sekunde oder Speicherbedarf) anzulasten, womit allerdings erhebliche Durchführungsaufwendungen verbunden sein können.

Die 48 internen Produkte des allgemeinen Verwaltungsbereichs gelten als verbindliche Vorgabe für die Gestaltung der behördenspezifischen Kostenrechnungskonzepte der Bundesverwaltungen und verkörpern damit einen inhaltlichen Standard.[105] Der Oberbegriff allgemeiner Verwaltungsbereich bringt die Leistungsstruktur der Serviceeinheiten nur unzureichend zum Ausdruck. Die 48 Produkte beziehen sich nämlich nicht ausschließlich auf reine Verwaltungsaufgaben, wie die Produkte Fahrbereitschaft, Aus- und Weiterbildung oder Hausdruckerei belegen.[106] Besser geeignet erscheint deshalb der Terminus allgemeiner Servicebereich, mit dem die Servicefunktionen der Infrastrukturbereiche bekräftigt werden sollen.[107]

Das Konzept der internen Produkte soll eine konsequente outputorientierte Sichtweise in allen Bereichen der Bundesverwaltungen sicherstellen.[108] Den Mitarbeitern in den Servicebereichen wird durch die Kosten- und Leistungsrechnung das Ergebnis ihrer Tätigkeit vor Augen geführt, wodurch diese erhöhtes Bewußtsein über die wahrgenommenen Servicefunktionen erlangen, was wiederum motivationsfördernd wirkt.[109] Hierdurch schaffen sich öffentliche Verwaltungen eine solide Grundlage für die Verrechnung ihrer Serviceleistungen. Die Leistungsverrechnung erfolgt deshalb beim Konzept der Standard-KLR des Bundes über interne Produkte und zielt auf mehr Selbständigkeit und Eigenverantwortung in möglichst vielen Verwaltungseinheiten ab.[110] Die Methode der Leistungsverrechnung über interne Produkte ist das Resultat der Adaption der typischen betriebswirtschaftlichen Instrumente der inner-

[104] Die aufgezeigten internen Produkte wurden entnommen aus Bundesministerium der Finanzen (Hrsg.): Kosten- und Leistungsrechnung...(1997), S. 153 – 154.
[105] Vgl. Bundesministerium der Finanzen (Hrsg.): Kosten- und Leistungsrechnung...(1997), S. 151; Bundesministerium der Finanzen (Hrsg.): Einführung von Kosten- und Leistungsrechnung...(1997), S. 16 – 18 und 21; Müller, Peter u. a.: In zehn Schritten zur Kosten- und Leistungsrechnung...(1998), S. 20 – 22; Liebe, Rüdiger: Kosten- und Leistungsrechnung...(1999), S. 186.
[106] Vgl. Liebe, Rüdiger: Kosten- und Leistungsrechnung...(1999), S. 186.
[107] Siehe hierzu Seeger, Tilman – Walter, Matthias: Kosten- und Leistungsrechnung...(1999), S. 52.
[108] Vgl. Müller, Peter u. a.: In zehn Schritten zur Kosten- und Leistungsrechnung...(1998), S. 21 – 22.
[109] Vgl. Seeger, Tilman – Walter, Matthias: Kosten- und Leistungsrechnung...(1999), S. 52; Liebe, Rüdiger: Kosten- und Leistungsrechnung...(1999), S. 190.
[110] Siehe Liebe, Rüdiger: Kosten- und Leistungsrechnung...(1999), S. 190.

und zwischenbetrieblichen Leistungsverrechnung an die Spezifika der öffentlichen Verwaltung.[111] Der Einsatz der internen Produkte erfolgt bei der Leistungsverrechnung sowohl zwischen den Kostenstellen als auch zwischen den Kostenstellen und den Kostenträgern.[112]

Die internen Produkte dienen der Zurechnung aller Kosten auf die Verwaltungsendleistungen, womit neben den Kosten der Fachbereiche auch die Kosten der Infrastrukturbereiche entsprechende Berücksichtigung finden. Hierbei spielt die Transparenz der Kosten behördeninterner Leistungen sowie die Kenntnis der kostenverursachenden Zusammenhänge eine zentrale Rolle. Die Verrechnung der Kosten der Serviceleistungen soll nicht willkürlich mittels beliebiger Umlageschlüssel erfolgen, sondern gemäß dem Prinzip der Inanspruchnahme,[113] was aus wissenschaftlicher Warte zu begrüßen ist. Hierdurch vermögen interne Produkte einen positiven Beitrag zu einem effektiven Management der Gemeinkosten zu leisten.[114]

Ferner wird mit dem Instrumentarium der internen Produkte der Aufbau organisationsinterner Marktbeziehungen angestrebt. Die für Effizienz wichtigen Faktoren Wettbewerb und Kundenorientierung sollen mittels interner Produkte auch in den Bundesverwaltungen Einzug halten. Beabsichtigt sind Preisverhandlungen zwischen den Servicebereichen und den Fachbereichen für interne Leistungen, die zu Beginn der Periode stattzufinden haben. Hierdurch erfolgt ein wesentlicher Schritt in Richtung der Forderung, daß die internen Servicestellen ihre Leistungen an den internen Nachfragern auszurichten haben und diese wiederum interne Leistungen sparsam nachfragen.[115]

Die 48 internen Standard-Produkte des allgemeinen Verwaltungsbereichs erlauben bundesweit einheitliche Vergleiche, unabhängig von der behördenspezifischen Aufbau- und Ablauforganisation.[116] Zwischenbehördliches Benchmarking vermag einen sehr wertvollen Beitrag zu Effizienzsteigerungen in Bundesverwaltungen zu leisten, weshalb der Verfasser eine flächendeckende Umsetzung von Verwaltungsvergleichen fordert. Zu Recht stellt das Konzept der Standard-KLR auf die Schaffung der Voraussetzungen für zwischenbehördliche Vergleiche ab. Der einheitliche Vergleichsmaßstab wird bei den internen Produkten durch Produktsteckbriefe ermög-

---

[111] Siehe Bundesministerium der Finanzen (Hrsg.): Einführung von Kosten- und Leistungsrechnung...(1997), S. 21; Liebe, Rüdiger: Kosten- und Leistungsrechnung...(1999), S. 190.

[112] Siehe Bundesministerium der Finanzen (Hrsg.): Kosten- und Leistungsrechnung...(1997), S. 89.

[113] Siehe Seeger, Tilman – Walter, Matthias: Kosten- und Leistungsrechnung...(1999), S. 52; Müller, Peter u. a.: In zehn Schritten zur Kosten- und Leistungsrechnung...(1998), S. 22; Liebe, Rüdiger: Kosten- und Leistungsrechnung...(1999), S. 190; Nau, Hans-Rainer – Wallner, Gerhard: Verwaltungs-Controlling...(1998), S. 126.

[114] Vgl. Bundesministerium der Finanzen (Hrsg.): Einführung von Kosten- und Leistungsrechnung...(1997), S. 21; Müller, Peter u. a.: In zehn Schritten zur Kosten- und Leistungsrechnung...(1998), S. 22; Bundesministerium der Finanzen (Hrsg.): Kosten- und Leistungsrechnung...(1997), S. 92.

[115] Vgl. genauer Liebe, Rüdiger: Kosten- und Leistungsrechnung...(1999), S. 190 – 191; Müller, Peter u. a.: In zehn Schritten zur Kosten- und Leistungsrechnung...(1998), S. 22; Seeger, Tilman – Walter, Matthias: Kosten- und Leistungsrechnung...(1999), S. 52 –53; Bundesministerium der Finanzen (Hrsg.): Einführung von Kosten- und Leistungsrechnung...(1997), S. 21; Nau, Hans-Rainer – Wallner, Gerhard: Verwaltungs-Controlling...(1998), S. 127.

[116] Vgl. Bundesministerium der Finanzen (Hrsg.): Einführung von Kosten- und Leistungsrechnung...(1997), S. 21.

licht, mit dem die Bundesinstitutionen ihre Leistungen in übersichtlicher und standardisierter Form beschreiben, erfassen und strukturieren können.[117] Im Produktsteckbrief sind die grundlegenden Merkmale aufgelistet, anhand derer die Bundesverwaltungen eine Charakterisierung und dementsprechende Einordnung der Produkte in das Ordnungssystem des Produktkataloges vornehmen.[118] Das Muster eines Produktsteckbriefes mit den jeweiligen Kriterien der Produktdefinition und –abgrenzung findet sich in Abbildung 3-5 wieder.

Mit der Produkt-Charakteristik werden die konkreten Produkteigenschaften beschrieben. Hierbei handelt es sich um Aspekte der Nutzenstiftung sowie der spezifischen Verwendung der Produkte im Rahmen der Kosten- und Leistungsrechnung. Als Bestimmungskriterien der Produkt-Charakteristika dienen Zugehörigkeit zu einer Produktgruppe, Produktziel, Produktkurzbeschreibung und –inhalt, Rechtsgrundlage, Verantwortlichkeit für Produkterstellung sowie Zielgruppe respektive Produktempfänger.[119] Auf der Basis von Kennzahlen versuchen die Bundesbehörden die Produkte nach Umfang und Menge zu klassifizieren, also quantitativ festzulegen. Dies soll einer kostenorientierten Planung und Steuerung der Produkte dienen. Die Kennzahlen stellen dabei auf Zähleinheiten ab.[120] Kennzahlen verkörpern Beurteilungsmaßstäbe für ein effizientes Verwaltungshandeln und lassen darüber hinaus Vergleiche zu. Neben der quantitativen Bestimmung der Produkte ist für diese ebenfalls ein qualitativer Standard anzugeben. Bei den Qualitätsmerkmalen unterscheiden die Bundesbehörden zwischen objektiven und subjektiven Qualitätsindikatoren. Objektive Qualitätsmerkmale (z. B. Anzahl der Fehler bzw. die daraus gebildete Fehlerquote, Bearbeitungsdauer, Anzahl Rückfragen bzw. der Quotient aus Anfragen und Rückfragen) beziehen sich lt. KLR-Handbuch auf die fachliche und logische Verkettung behördlicher Daten mit dem jeweiligen Produkt. Hingegen gehen subjektive Qualitätsmerkmale auf die Einschätzung von Mitarbeitern und Personen zurück, welche mit dem Produkt in Berührung kommen. Als Beispiele für subjektive Qualitätsmerkmale lassen sich die Kundenzufriedenheit, die Produktakzeptanz, die Einhaltung von Rahmenvorgaben sowie die Verwertbarkeit der generierten Ergebnisse anführen.[121]

In Divergenz zu den internen Produkten sieht die Standard-KLR des Bundes bei den externen Produkten anstelle eines inhaltlichen Standards einen methodischen Standard vor. Die Regelungstiefe ist somit bei den externen Produkten wesentlich geringer als bei den internen Produkten. Mittels des methodischen Standards können für den heterogenen Bereich der Fachaufgaben nach einem einheitlichen Verfahren behördenspezifische externe Produkte definiert werden.[122] Die in den Fachabteilungen erstellten externen Leistungen sind so individuell und unterschiedlich, daß der Einsatz inhaltlicher Regelungen ausscheiden muß. Deshalb kommt im Fachaufga-

---

[117] Vgl. Bundesministerium der Finanzen (Hrsg.): Kosten- und Leistungsrechnung...(1997), S. 151; Müller, Peter u. a.: In zehn Schritten zur Kosten- und Leistungsrechnung...(1998), S. 21 –22.

[118] Siehe Bundesministerium der Finanzen (Hrsg.): Kosten- und Leistungsrechnung...(1997), S. 66.

[119] Siehe Bundesministerium der Finanzen (Hrsg.): Kosten- und Leistungsrechnung...(1997), S. 137.

[120] Siehe Bundesministerium der Finanzen (Hrsg.): Kosten- und Leistungsrechnung...(1997), S. 141.

[121] Siehe hierzu Bundesministerium der Finanzen (Hrsg.): Kosten- und Leistungsrechnung...(1997), S. 143.

[122] Siehe Bundesministerium der Finanzen (Hrsg.): Kosten- und Leistungsrechnung...(1997), S. 2 und 18; Scholz, Jörg Thomas: Standard-KLR...(1997), S. 30; Budig, Peter: Umsetzung des Kabinettsbeschluß...(1997), S. 41.

benbereich das methodische Werkzeug der Aufgabentypologisierung zur Anwendung, mit dem die Ressorts nach einheitlichem Muster ihre Verwaltungsleistungen systematisieren und damit verbunden den Leistungserstellungstyp eruieren können.[123] Diesbezüglich ist auf die Ausführungen zur Aufgabentypologisierung zu verweisen.

Abbildung 3-5

**Produkt-Steckbrief für den Allgemeinen Verwaltungsbereich**

| | | |
|---|---|---|
| | **Produkt-Charakteristika** | |
| Teil der Produktgruppe | | |
| Produktziel | | |
| Produktkurzbeschreibung und -inhalt | | |
| ggf. Rechtsgrundlage | | |
| Verantwortlicher Produktersteller | | |
| Zielgruppe bzw. Produktempfänger | Innerhalb der gleichen Behörde | ☐ |
| | Andere Behörde/Dienststelle innerhalb des gleichen Ressorts | ☐ |
| | Öffentliche Verwaltung außerhalb der Behörde/des Ressorts | ☐ |
| | andere<br>bitte angeben (.........................................................................) | ☐ |
| | **Kennzahlen für das Produkt** | |
| Zähleinheit/Anzahl Kostenträger (zu zählende Einheiten/Erfassungs- und Erhebungsdaten) | - Zeit<br>- Anzahl der Einzelaufträge<br>Statistik vorhanden ☐ ja ☐ nein<br>in einem DV-System ☐ ja ☐ nein | |
| Kennzahlen und Vergleichsmöglichkeiten | | |
| | **Qualitätskriterien für das Produkt** | |
| Qualitätsmerkmale (objektive und subjektive) | | |

Entnommen aus Bundesministerium der Finanzen (Hrsg.): Kosten- und Leistungsrechnung...(1997), S. 253.

## C. Produkterstellungs- bzw. Aufgabenerfüllungsprozeß

Die Erbringung von Verwaltungsprodukten erfolgt durch den zielgerichteten Ablauf von verwaltungsbetrieblichen Leistungserstellungsprozessen. Bei der öffentlichen Leistungserstellung handelt es sich um einen Transformationsprozeß, mittels dem die eingesetzten Ressourcen in Form von speziellen Verwaltungsabläufen in die ge-

[123] Vgl. Scholz, Jörg Thomas: Standard-KLR...(1997), S. 30 – 31; Bundesministerium der Finanzen (Hrsg.): Kosten- und Leistungsrechnung...(1997), S. 31; Bundesministerium der Finanzen (Hrsg.): Einführung von Kosten- und Leistungsrechnung...(1997), S. 11 – 12.

wünschten Verwaltungsleistungen umgewandelt werden.[124] Bundesverwaltungen benötigen für die Erfüllung ihrer Aufgaben ein bestimmtes Volumen an personellen und sachlichen Ressourcen, die sie entsprechend beschaffen und finanzieren müssen. Diese finden Eingang in den Transformationsprozeß und wandeln sich dadurch zu spezifischen Verwaltungsleistungen (siehe Abbildung 3-6), welche der Verwaltungsumwelt bedarfsgerecht zur Verfügung zu stellen sind.[125]

Abbildung 3-6

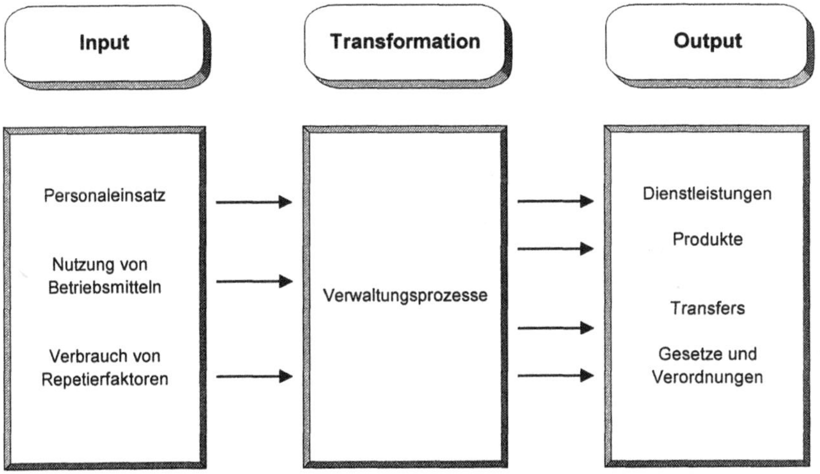


In Anlehnung an Lang, Eva: Modernisierung der öffentlichen Verwaltung...(1996), S. 28.

Während beim Produkt auf das Ergebnis des Verwaltungshandelns abgestellt wird, steht beim Prozeß die Betrachtung der Produktentstehung bzw. des Verwaltungsablaufs (Arbeitsablaufs) sowie dessen Phasen und Schritte im Vordergrund des Interesses.[126] Demnach geht mit der Prozeßorientierung eine ablaufanalytische Untersuchung der behördlichen Arbeitsprozesse einher.[127] Ziel einer jeden Verwaltung muß es sein, die Aktivitäten und Prozesse genauestens zu kennen und im Hinblick auf die

[124] Vgl. Schwarze, Jochen - Koß, Torsten: Prozeßorientierte Kosten- und Leistungsrechnung...(1996), S. 131; Lang, Eva: Modernisierung der öffentlichen Verwaltung...(1996), S. 28; Mahnkopf, Rudolf: Budgetierung...(1996), S. 130 – 131; Seeger, Tilman – Walter, Matthias: Kosten- und Leistungsrechnung...(1999), S. 109; Liebe, Rüdiger: Kosten- und Leistungsrechnung...(1999), S. 185.

[125] Vgl. Lang, Eva: Modernisierung der öffentlichen Verwaltung...(1996), S. 28.

[126] Vgl. Schwarze, Jochen - Koß, Torsten: Prozeßorientierte Kosten- und Leistungsrechnung...(1996), S. 131 – 133; Mahnkopf, Rudolf: Budgetierung...(1996), S. 130 – 131; Bundesministerium der Finanzen (Hrsg.): Einführung von Kosten- und Leistungsrechnung...(1997), S. 16; Liebe, Rüdiger: Kosten- und Leistungsrechnung...(1999), S. 185; Bundesministerium der Finanzen (Hrsg.): Kosten- und Leistungsrechnung...(1997), S. 63; Flätgen, Horst: Controlling...(1997), S. 196; Nau, Hans-Rainer – Wallner, Gerhard: Verwaltungs-Controlling...(1998), S. 222.

[127] Vgl. Bundesministerium der Finanzen (Hrsg.): Kosten- und Leistungsrechnung...(1997), S. 63; Bundesministerium der Finanzen (Hrsg.): Einführung von Kosten- und Leistungsrechnung...(1997), S. 16; Flätgen, Horst: Controlling...(1997), S. 196; Liebe, Rüdiger: Kosten- und Leistungsrechnung...(1999), S. 185.

Faktoren Prozeßstruktur, Prozeßvolumen und Prozeßeffizienz entsprechend zu optimieren. Ein gut strukturierter Arbeitsablauf ist das Spiegelbild einer sinnvollen Festlegung der einzelnen Arbeitsschritte sowie Arbeitsinhalte und das nicht nur kostenstellenbezogen, sondern auch kostenstellenübergreifend.[128] Dies erlaubt neben der Steigerung der Verwaltungseffizienz eine genaue Zuordnung der Kostenstellenkosten auf die Aktivitäten und von dort aus weiter auf die Verwaltungsprodukte.[129]

Das Konzept der Standard-KLR des Bundes sieht eine leistungsorientierte Allokation der in den Kostenstellen für die Bereithaltung und Nutzung von Ressourcen anfallenden Kosten auf die einzelnen Verwaltungsprodukte vor, ohne den Weg über die Verwaltungsprozesse zu gehen. Mittels Zeitaufschreibung sind die Personalkosten, als dominierender Kostenblock, auf die erbrachten Verwaltungsprodukte zu verrechnen. Je nach aufgewendeter Arbeitszeit erfahren die Verwaltungsleistungen eine entsprechende kostenmäßige Belastung.[130] Bezüglich der Sach-, Kapital- und Risikokosten macht die Standard-KLR hingegen keine Aussage über die konkrete Methode der Zuordnung auf die Produkte. Jedoch erfolgt die Belastung der Produkte mit diesen Kosten ebenfalls nicht über den Weg der ablaufenden Prozesse. Statt dessen lastet man den Kostenträgern in einem Schritt die Kostenstellenkosten an. Der Zwischenschritt der Zurechnung der Kosten der Verwaltungsbereiche auf die Aktivitäten und von dort aus weiter auf die Produkte bleibt hierbei außen vor. Die Standard-KLR präferiert folglich eine produktorientierte Sichtweise und keine prozeßorientierte Sichtweise.[131] Die Aufteilung der Mitarbeiterkapazität mittels Zeitaufschreibung auf die erbrachten Verwaltungsleistungen erfolgt gemäß dem Prinzip der anteiligen Ressourceninanspruchnahme und nicht, wie des öfteren in der Literatur irrtümlich behauptet,[132] verursachungsgerecht. Trotzdem erlaubt diese Vorgehensweise eine relativ genaue Zuordnung der Kosten auf die Kostenträger, im Gegensatz zu der industriellen Zuschlagskalkulation, bei welcher mit prozentualen Zuschlägen operiert wird, und sichert somit die Aussagekraft der generierten Kostendaten. Jedoch lassen sich nicht alle Kosten über Zeitaufschreibungen den Verwaltungsprodukten anlasten. Ein Teil der Verwaltungsangehörigen (z. B. Amtsleitung oder Abteilungsleitung) arbeitet nicht an den Endprodukten, weshalb dort keine Kostenallokation über die Bezugsgröße Leistungsstunden möglich ist. Solche Kosten, wie etwa die der Amtsleitung oder der Abteilungsleitung, können den Verwaltungsendleistungen nur durch prozentuale Aufschläge auf die leistungsbezogenen Kosten angelastet werden. Dies geht zu Lasten der Genauigkeit der Produktkosteninformationen. Neben einer genauen Produktkalkulation hat die Kostenrechnung in der Bundesverwaltung noch andere Rechnungszwecke zu erfüllen, wie etwa die Aufdeckung des Leistungsgeflechts (Kosten- und Leistungstransparenz), das Aufzeigen der Schnittstellen, die Abbildung organisationsbedingter Kostenschwerpunkte sowie die Eruierung der Kapazitätsauslastung.

---

[128] Vgl. Schwarze, Jochen - Koß, Torsten: Prozeßorientierte Kosten- und Leistungsrechnung...(1996), S. 131; Flätgen, Horst: Controlling...(1997), S. 196.

[129] Vgl. Seeger, Tilman – Walter, Matthias: Kosten- und Leistungsrechnung...(1999), S. 56; Bundesministerium der Finanzen (Hrsg.): Kosten- und Leistungsrechnung...(1997), S. 63.

[130] Siehe Bundesministerium der Finanzen (Hrsg.): Kosten- und Leistungsrechnung...(1997), S. 59 und 64; Bundesministerium der Finanzen (Hrsg.): Einführung von Kosten- und Leistungsrechnung...(1997), S. 16; Walter, Matthias: Controlling...(1997), S. 129.

[131] Vgl. Liebe, Rüdiger: Kosten- und Leistungsrechnung...(1999), S. 186.

[132] Vgl. exemplarisch Walter, Matthias: Controlling...(1997), S. 129.

Die verwaltungsbetrieblichen Leistungserstellungsprozesse laufen zumeist über mehrere Organisationseinheiten hinweg. Damit man die für das Gemeinkostenmanagement erforderlichen Kosten- und Leistungsdaten bereitstellen kann, müssen Informationen von verschiedenen Geschäftseinheiten und Funktionen aggregiert respektive verdichtet werden.[133] Große Informationsgewinne bringen also kostenstellenübergreifende Betrachtungen der Wertschöpfungsketten, wobei es auch die Kostentreiber dieser Hauptprozesse zu eruieren gilt. Grundsätzlich ist es notwendig, jeden Vorgang und Prozeß genau zu kennen, um die Durch- und Ausführung der Prozesse der Leistungserstellung sinnvoll organisieren, steuern und kontrollieren zu können.[134] Die in der Realität der Leistungserstellung vorzufindende Verbindung zwischen Ressource, Prozeß und Produkt vermag nur eine auf Prozessen basierende Kostenrechnung adäquat zu berücksichtigen, wohingegen das Konzept der produktorientierten Standard-KLR des Bundes die Produktentstehung (Leistungserstellungsprozeß) außer acht läßt und nur das Ergebnis der Leistungserstellung sowie den Ressourcenbedarf in den Betrachtungshorizont involviert.

Generell gilt die Prozeßkostenrechnung als zweckadäquates Kostenrechnungssystem für öffentliche Verwaltungen.[135] Durch die Aufdeckung und Abbildung des verwaltungsbetrieblichen Leistungsgeflechts sowie der Kostentreiber wird bei den Verwaltungsangehörigen die nötige Kosten- und Wertschöpfungstransparenz geschaffen, was mit einem erhöhten Kostenbewußtsein einhergeht. Dies bildet die Basis für eine genaue Allokation der Kosten auf die Verwaltungsleistungen und für ein effizientes Verwaltungshandeln, wozu neben der Eruierung nicht wertschöpfender Prozesse ebenfalls die Ermittlung der Kapazitätsauslastung gehört. Als Vollkostenrechnung stellt die Prozeßkostenrechnung ein zweckmäßiges betriebswirtschaftliches Instrument für die Bundesverwaltungen dar, deren Kostenstruktur von fixen Gemeinkosten geprägt ist.[136]

### D. Ressourcenbedarf für die Produkterstellung

Die Erstellung von Verwaltungsleistungen erfordert den Einsatz entsprechender Ressourcen. Durch die Bereitstellung und Bereithaltung von Ressourcen sowie die Nutzung der vorgehaltenen Kapazitäten werden Kosten verursacht, die den hervorgebrachten Verwaltungsprodukten anzulasten sind. Aufgabe der Kosten- und Leistungsrechnung ist es deshalb Auskunft darüber zu geben, „welche Ressourcen nach Art und Menge – umgesetzt in Kostenangaben – für die Produktion der angestrebten Produktmenge in der geforderten Qualität benötigt werden."[137] Wie bereits vorhin erwähnt, erfolgt beim Konzept der Standard-KLR des Bundes die Zuordnung des in den Kostenstellen stattfindenden Ressourcenverzehrs auf die Verwaltungsprodukte über den verkürzten Weg von der Ressource zum Produkt, ohne das Procedere der Produktentstehung (Verwaltungsprozeß) zu beachten. Der Zwischenschritt der Kos-

[133] Vgl. Seeger, Tilman – Walter, Matthias: Kosten- und Leistungsrechnung...(1999), S. 56.

[134] Vgl. Lang, Eva: Modernisierung der öffentlichen Verwaltung...(1996), S. 28; Liebe, Rüdiger: Kosten- und Leistungsrechnung...(1999), S. 186.

[135] Vgl. Zimmermann, Gebhard: Kostenrechnung...(1992), S. 200 – 201; Fischer, Thomas M.: Kostenmanagement...(1997), S. 148 – 150.

[136] Vgl. Fischer, Thomas M.: Kostenmanagement...(1997), S. 146 – 150; Schwarze, Jochen - Koß, Torsten: Prozeßorientierte Kosten- und Leistungsrechnung...(1996), S. 131 – 137.

[137] Mahnkopf, Rudolf: Budgetierung...(1996), S. 131.

tenzuordnung auf die Aktivitäten, also auf die Arbeitsschritte, die zu einem Produkt führen, und von dort aus weiter auf die Produkte, bleibt dabei außen vor.

Durch den Verzicht der Kostenverrechnung auf Tätigkeiten, Prozesse und Hauptprozesse kann die für eine effiziente Verwaltungssteuerung notwendige Transparenz über die Beziehungen zwischen Ressource, Prozeß und Produkt nicht hergestellt werden. Mit der produktorientierten Kostenrechnung, welche lediglich das Ergebnis des Leistungserstellungsprozesses in den Betrachtungshorizont involviert, generieren die Bundesverwaltungen nur einen begrenzten Teil möglicher wertvoller Informationen, da den Behörden die spezifischen Informationsgewinne einer auf Prozessen basierenden Kostenrechnung verwehrt bleiben. In diesem Sinne fordert der Verfasser bei den Bundesbehörden und –ministerien die generelle Anwendung der Prozeßkostenrechnung als Basisrechnung,[138] in Divergenz zur produktorientierten Standard-KLR, bei der die Prozeßkostenrechnung lediglich eine Option darstellt und dementsprechend eine untergeordnete Rolle spielt.[139]

Die Personalkosten bilden in den Bundesverwaltungen die dominierende Kostenart (zum Teil über 90 % der Gesamtkosten) und müssen deshalb möglichst genau ermittelt und verrechnet werden.[140] Im Rahmen der Standard-KLR des Bundes versucht man diesem Anspruch Rechnung zu tragen, indem man mittels Zeitaufschreibung die Personalkosten erfaßt und entsprechend adäquat auf die Kostenstellen und Kostenträger zuordnet.[141] Durch die Personalzeiterfassung lassen sich die Personalkosten relativ genau auf die jeweiligen Kostenrechnungsobjekte verrechnen, wobei aber, entgegen der öfters gemachten Verlautbarung,[142] keine Verursachungsgerechtigkeit gegeben ist. Gemäß dem Prinzip der anteiligen Ressourceninanspruchnahme wird nämlich über die Zeitaufschreibung die Mitarbeiterkapazität auf die erbrachten Leistungen aufgeteilt. Der Zeitaufschrieb erfolgt differenziert nach externen Produkten, internen Produkten und nicht-produktbezogenen Zeiten, je nach dem, für was die geleisteten Arbeitsstunden aufgewendet wurden.[143] Für die Personalzeiterfassung sieht die Standard-KLR des Bundes ein spezielles Zeiterfassungsformular vor, welches in Abbildung 3-7 aufgeführt ist.

---

138 Die gleiche Forderung wird ebenfalls durch Nau, Hans-Rainer – Wallner, Gerhard: Verwaltungs-Controlling...(1998), S. 227 gestellt.

139 Siehe Bundesministerium der Finanzen (Hrsg.): Kosten- und Leistungsrechnung...(1997), S. 59.

140 Vgl. Bundesministerium der Finanzen (Hrsg.): Einführung von Kosten- und Leistungsrechnung...(1997), S. 15; Bundesministerium der Finanzen (Hrsg.): Kosten- und Leistungsrechnung...(1997), S. 59.

141 Siehe Bundesministerium der Finanzen (Hrsg.): Kosten- und Leistungsrechnung...(1997), S. 59; Bundesministerium der Finanzen (Hrsg.): Einführung von Kosten- und Leistungsrechnung...(1997), S. 15; Liebe, Rüdiger: Kosten- und Leistungsrechnung...(1999), S. 164; Seeger, Tilman – Walter, Matthias: Kosten- und Leistungsrechnung...(1999), S. 85; Müller, Peter u. a.: In zehn Schritten zur Kosten- und Leistungsrechnung...(1998), S. 25 – 26.

142 Siehe statt vieler Walter, Matthias: Controlling...(1997), S. 129 sowie Liebe, Rüdiger: Kosten- und Leistungsrechnung...(1999), S. 167.

143 Siehe Bundesministerium der Finanzen (Hrsg.): Kosten- und Leistungsrechnung...(1997), S. 59.

Abbildung 3-7

**Zeitaufschreibungsformular für die Personalkostenzuordnung**

| Mitarbeiter:<br>Entgeltstufe: | Kostenstelle:<br>Kalenderwoche: | | | | | | | Summe Wochen-zeit |
|---|---|---|---|---|---|---|---|---|
| | Mo | Di | Mi | Do | Fr | Sa | So | |
| **Produktbezogene Arbeitszeit** | | | | | | | | |
| 802 02 01 | | | | | | | | x |
| 802 02 02 interne und externe Produkte | | | | | | | | x |
| 806 01 04 | | | | | | | | x |
| **Nicht-produktbezogene Arbeitszeit** | | Kleinste Einheit → 1 Std. | | | | | | |
| 899 01 000 Nicht-produktbezogene Arbeitszeit | | | | | | | | x |
| 899 01 002 | | | | | | | | x |
| 899 01 003 | | | | | | | | x |
| 899 01 004 } optional zu belegen | | | | | | | | |
| 899 01 005 | | | | | | | | |
| 899 01 00X | | | | | | | | |
| 899 01 010 Überstundenausgleich | | | | | | | | x |
| 899 99 999 Nicht weiter zuordbare Zeiten | | | | | | | | x |
| **Summe** | | | | | | | | xx |
| **Datum, Unterschriften:** | | | | | | | | |
| Mitarbeiter: | Kostenstellenleiter: | | | | DV-Erfassung erfolgt: | | | |

Entnommen aus Bundesministerium der Finanzen (Hrsg.): Kosten- und Leistungsrechnung...(1997), S. 61; Bundesministerium der Finanzen (Hrsg.): Einführung von Kosten- und Leistungsrechnung...(1997), S. 16.

Von den Mitarbeitern der Verwaltung wird eine persönliche Zeiterfassung für die verschiedenen Kostenträger durchgeführt, auf Basis derer eine anteilige Anlastung der Kostenstellenkosten erfolgen soll. Dabei gilt es, die Arbeitszeit vollständig zu erfassen und entsprechend auf bestimmte Kalkulationsobjekte zu verrechnen. Denn nur eine Zeiterfassung von 100 % gewährleistet die Generierung aussagefähiger Kostendaten. Insofern muß sich die Summe der Zeitaufschriebe mit dem Arbeitspotential (tägliche Arbeitszeit x Werktage gemäß Vertrag) decken.[144] Bezüglich des Rhythmuses der Zeitaufschreibung besteht folgende Vorgabe: „Der periodische Aufschrieb wird jedes Jahr mindestens einmal durchgeführt."[145] Hierbei handelt es sich um eine Mindestvorgabe, wobei aus Gründen der Genauigkeit oder der Auswertungsinteressen das Erfassungsintervall zu verkürzen ist. Das Konzept der Standard-KLR geht sogar so weit, daß es eine permanente Zeitaufschreibung für den Wirkbetrieb der Kostenrechnung in den Bundesverwaltungen propagiert.[146] „Die Aufschreibung sollte aus Gründen der Kostentransparenz fortlaufend erfolgen."[147] Der Controller muß je-

[144] Siehe Bundesministerium der Finanzen (Hrsg.): Kosten- und Leistungsrechnung...(1997), S. 59.
[145] Bundesministerium der Finanzen (Hrsg.): Kosten- und Leistungsrechnung...(1997), S. 59.
[146] Vgl. Liebe, Rüdiger: Kosten- und Leistungsrechnung...(1999), S. 170.
[147] Bundesministerium der Finanzen (Hrsg.): Kosten- und Leistungsrechnung...(1997), S. 59.

doch stets das Verhältnis zwischen Nutzen und Kosten eines Rechnungssystems im Auge behalten, womit sich diese Forderung nicht ohne weiteres realisieren läßt. Grundsätzlich kann man sich beim Intervall der Zeiterfassung am Intervall der Auswertung der Kostendaten orientieren. Demzufolge erfordert eine monatliche Auswertungsrechnung auch eine monatliche Zeiterfassung. Wegen der Sicherstellung der Genauigkeit der Kostendaten propagieren *Seeger/Walter* den wöchentlichen Zeitaufschrieb.[148] Jedoch fallen in Bundesverwaltungen mitunter repetitive, vergleichbare und kaum schwankende Arbeiten an. In solchen Fällen genügen Standardwerte, die im Jahresturnus aktualisiert werden können.[149]

Die Zeiterfassung hat grundsätzlich dezentral zu erfolgen, bei der jeder Mitarbeiter den Zeiterfassungsbogen selbst ausfüllen muß.[150] Hierdurch läßt sich der Erfassungsaufwand einigermaßen in Grenzen halten und die Bundesbehörde erspart sich Personalressourcen für eine zentrale Erhebungsstelle.[151] Ferner existiert auch für den Präzisierungsgrad der Zeiteinheiten eine klare Standardvorgabe: „Die Aufschreibung im Normalfall erfolgt stundengenau."[152] Von diesem Standard kann jedoch abgewichen werden, wenn berechtigte Gründe eine genauere Zeiterfassung erforderlich machen. Ein Operieren mit geringeren Zeiteinheiten ist vonnöten, falls beispielsweise seitens der Gebührenordnung präzisere Werte verlangt werden, eine sehr hohe Produktvielfalt in der Aufschriebperiode in Bearbeitung ist oder sich der Aufschrieb auf Aktivitäten bezieht. Absolute Untergrenzen sind jedoch 15 Minuten bzw. 6 Minuten (wegen Dezimalgründen). Während z. B. das Statistische Bundesamt als Aufschriebeinheiten 15 Minuten ansetzt, arbeitet das Bundesministerium der Verteidigung mit einer Genauigkeit von 6 Minuten.[153]

Werden neben der regulären Arbeitszeit auch Überstunden geleistet und diese von der Bundesverwaltung entsprechend finanziell abgegolten bzw. durch Freizeit ausgeglichen, müssen die Mitarbeiter die Mehrarbeit aufschreiben. Grundsätzlich fordert die Standard-KLR den Aufschrieb der gesamten Zeitvolumina, für die eine Bundesbehörde bezahlen muß, egal ob sich die Zeiten auf die Erstellung von Produkten beziehen oder nicht. Bei den nicht-produktbezogenen Zeiten ist im Rahmen der Zeiterfassung eine Differenzierung zwischen Abwesenheit wegen Krankheit, Urlaub und Fortbildung, allgemeine Sekretariatsaufgaben, Überstundenausgleich, Fotokopieren sowie Betriebsferien vonnöten.[154]

Der detaillierte Zeitaufschrieb dient keineswegs einer personenbezogenen Leistungskontrolle, was den Mitarbeitern aufgrund der der Zeiterfassung entgegengebrachten Vorbehalte und Ängste zu verdeutlichen ist.[155] Vielmehr soll die akribische Zeiterhebung eine möglichst genaue und vollständige Erfassung der Personalkosten

---

[148] Siehe Seeger, Tilman – Walter, Matthias: Kosten- und Leistungsrechnung...(1999), S. 85 – 86.
[149] Vgl. Bundesministerium der Finanzen (Hrsg.): Kosten- und Leistungsrechnung...(1997), S. 60; Liebe, Rüdiger: Kosten- und Leistungsrechnung...(1999), S. 170.
[150] Siehe Bundesministerium der Finanzen (Hrsg.): Kosten- und Leistungsrechnung...(1997), S. 59.
[151] Vgl. Seeger, Tilman – Walter, Matthias: Kosten- und Leistungsrechnung...(1999), S. 87.
[152] Bundesministerium der Finanzen (Hrsg.): Kosten- und Leistungsrechnung...(1997), S. 60.
[153] Siehe Bundesministerium der Finanzen (Hrsg.): Kosten- und Leistungsrechnung...(1997), S. 60.
[154] Siehe Bundesministerium der Finanzen (Hrsg.): Kosten- und Leistungsrechnung...(1997), S. 60 – 61.
[155] Vgl. Seeger, Tilman – Walter, Matthias: Kosten- und Leistungsrechnung...(1999), S. 89; Liebe, Rüdiger: Kosten- und Leistungsrechnung...(1999), S. 171.

und deren Verrechnung auf die Verwaltungsprodukte sicherstellen.[156] Wichtige Informationsgewinne sind mit der Zeitaufschreibung hinsichtlich der Eruierung der Struktur der für die verschiedenen Produkte benötigten Arbeitszeit verbunden.[157] „Es wird deutlich, ob wichtige Aufgaben und Produkte auch mit hohem bzw. im Vergleich angemessenem Zeitanteil verfolgt werden und ob Prioritäten und Ziele der Produkterstellung mit der tatsächlichen Verwendung und Zuordnung von Mitarbeitern und Mitarbeiterinnen übereinstimmen."[158] Zudem sieht *Liebe* die durch die Zeiterfassung gewonnen Erkenntnisse als ideale Basis für die Dimensionierung der Kapazitäten.[159] Einen positiven Beitrag zu Kapazitätsplanungen vermögen diese Daten bestimmt zu leisten; Informations- bzw. Entscheidungsgrundlage sollte jedoch nach der Ansicht des Verfassers der Datenoutput einer prozeßorientierten Kostenrechnung bilden.

Neben der Mengen- respektive Zeitkomponente bedarf es zur Ermittlung sowie entsprechenden Verrechnung der für die Erstellung der Produkte anfallenden Personalkosten der Bestimmung einer zweckadäquaten Wertkomponente.[160] D. h. bei den Bundesverwaltungen müssen die folgenden Fragen derart geklärt werden, „wieviel ‚Menge' haben die Mitarbeiterinnen und Mitarbeiter für ein Produkt aufgewandt und mit welchem Preis ist die jeweilige Mengeneinheit zu bewerten."[161] Vorhin wurde die Erfassung des Zeitverbrauchs behandelt, welche die Grundlage für die Anlastung der Produkte mit Personalkosten bildet. Im folgenden gilt es nun aufzuzeigen, wie die erfaßten Verbrauchsmengen in Form von Arbeitszeiten mit Verrechnungssätzen bewertet werden.

Zwecks Vergleichbarkeit der generierten Kostendaten sieht die Standard-KLR ein einheitliches Verfahren der Berechnung der Personalkostensätze für Beamte, Angestellte und Arbeiter vor.[162] Differenziert nach Besoldungs-, Vergütungs- und Lohngruppen haben die Bundesverwaltungen ihre Personalkosten pro Zeiteinheit zu ermitteln, wozu das Bundesamt für Finanzen die Datenbasis in Form von behördenspezifischen Monatsbezügen pro Entgeltstufe zur Verfügung stellt.[163] Hierbei handelt es sich um Durchschnittswerte, die auf den Ist-Werten des Vorjahres beruhen. „Als Kostensätze für Besoldung/Vergütung werden für Beamte, Angestellte und Arbeiter die durchschnittlichen Werte der jeweiligen Besoldungs-Vergütungsgruppe des Hauses vom Vorjahr errechnet und als Standardsätze mit den Zeiten multipliziert."[164] Zusätzlich zum Arbeitsentgelt (Bezüge der Beamten, Gehälter der Angestellten, Löhne der Arbeiter) sind aber für eine adäquate Abbildung der Personalkosten auch noch

[156] Vgl. Seeger, Tilman – Walter, Matthias: Kosten- und Leistungsrechnung...(1999), S. 86.
[157] Vgl. Liebe, Rüdiger: Kosten- und Leistungsrechnung...(1999), S. 167.
[158] Liebe, Rüdiger: Kosten- und Leistungsrechnung...(1999), S. 167 – 168.
[159] Siehe Liebe, Rüdiger: Kosten- und Leistungsrechnung...(1999), S. 168.
[160] Vgl. Schwarze, Jochen - Koß, Torsten: Prozeßorientierte Kosten- und Leistungsrechnung...(1996), S. 137.
[161] Liebe, Rüdiger: Kosten- und Leistungsrechnung...(1999), S. 167.
[162] Siehe Bundesministerium der Finanzen (Hrsg.): Kosten- und Leistungsrechnung...(1997), S. 62.
[163] Siehe Müller, Peter u. a.: In zehn Schritten zur Kosten- und Leistungsrechnung...(1998), S. 27; Liebe, Rüdiger: Kosten- und Leistungsrechnung...(1999), S. 172; Seeger, Tilman – Walter, Matthias: Kosten- und Leistungsrechnung...(1999), S. 88; Bundesministerium der Finanzen (Hrsg.): Kosten- und Leistungsrechnung...(1997), S. 62; Bundesministerium der Finanzen (Hrsg.): Einführung von Kosten- und Leistungsrechnung...(1997), S. 15.
[164] Bundesministerium der Finanzen (Hrsg.): Kosten- und Leistungsrechnung...(1997), S. 62.

die Personalnebenkosten sowie die kalkulatorischen Kosten der Unkündbarkeit für Beamte in den Kalkül zu involvieren.

Die Personalnebenkosten finden als Durchschnittswerte des Vorjahres jeweils eine einheitliche Berücksichtigung für die gesamte Behörde. Nur die Pensionsrückstellungen für Beamte genießen dabei eine Ausnahmestellung. Diese werden auf der Basis der BMI-Versorgungspauschale (zur Zeit 30 %) berechnet. Kalkulatorische Kosten der Unkündbarkeit der Beamten läßt das Konzept der Standard-KLR außen vor,[165] womit dem mit dem öffentlichen Dienstrecht verbundenen Kostenobligo nicht genügend Rechnung getragen wird. Bezüglich weiterer Details der Berechnung der Personalkostensätze sei hier auf die entsprechenden Ausführungen bei der Kostenartenrechnung in diesem Kapitel verwiesen.

Durch die Verwendung kalkulatorischer Beträge zur Erfassung und Verrechnung der Personalkosten entfernen sich die Bundesverwaltungen mit ihrer Kostenrechnung in hohem Maße von der Haushaltsrechnung. Dies hat negative Auswirkungen auf die Transparenz der Verbindung sowie Überführung der Daten zwischen Haushaltsrechnung und Kostenrechnung. Ferner widerstrebt das Konzept der Personalkostenerhebung der Standard-KLR dem Prinzip der Einmalerfassung.[166]

Zu den Sach-, Kapital- und Risikokosten macht die Standard-KLR keine konkreten Aussagen, wie diese im einzelnen auf die internen bzw. externen Verwaltungsprodukte zu verrechnen sind. Detaillierte Vorgaben bestehen hingegen bezüglich der Erfassung und Bewertung der genannten Kostenkategorien in der Kostenartenrechnung, sei es das Verfahren zur Ermittlung der Materialkosten[167] oder die Methode zur Berechnung der Abschreibungskosten.[168] Jedoch nirgends bekommt der Anwender der Standard-KLR aufgezeigt, welche Instrumentarien respektive Medien er für die Zuordnung der Sach-, Kapital- und Risikokosten auf die Kostenstellen und Kostenträger in Betracht ziehen soll. Diese Offenheit ermöglicht den einzelnen Behörden eine gewisse Flexibilität hinsichtlich der Kostenzuordnung und erlaubt die Anwendung geeigneter Verrechnungsmodi, je nach behördenspezifischen Bedürfnissen. So kann die Kostenverrechnung auf die Produkte auf der Grundlage von Schätzungen, pauschalen Schlüsseln, prozentualen Zuschlägen auf die Personalkosten, Zeitaufschreibungen (bei Abschreibungskosten), Mengenaufschreibungen (Materialentnahmeschein bei Materialkosten), Verbrauchsstudien, Vorgangsbearbeitungssystemen (automatische Registrierung der Rechnerzeiten durch das DV-System) usw. erfolgen.

Relativ klare Vorgaben existieren – in Divergenz zu der Allokation der Sach-, Kapital- und Risikokosten auf interne und externe Produkte (Kapazitätszuordnung) – zur ge-

165 Siehe zu den Ausführungen in detaillierterer Form Bundesministerium der Finanzen (Hrsg.): Kosten- und Leistungsrechnung...(1997), S. 62; siehe ebenfalls Bundesministerium der Finanzen (Hrsg.): Einführung von Kosten- und Leistungsrechnung...(1997), S. 15; Seeger, Tilman – Walter, Matthias: Kosten- und Leistungsrechnung...(1999), S. 88.

166 Siehe hierzu Seeger, Tilman – Walter, Matthias: Kosten- und Leistungsrechnung...(1999), S. 85.

167 Siehe hierzu Bundesministerium der Finanzen (Hrsg.): Kosten- und Leistungsrechnung...(1997), S. 51.

168 Siehe hierzu Bundesministerium der Finanzen (Hrsg.): Einführung von Kosten- und Leistungsrechnung...(1997), S. 14; Bundesministerium der Finanzen (Hrsg.): Kosten- und Leistungsrechnung...(1997), S. 55.

nerellen Vorgehensweise der inner- und zwischenbehördlichen Leistungsverrechnung, wie etwa die Zuordnung der Kosten interner Produkte auf externe Produkte, sowie zur Anwendung gängiger Kalkulationsverfahren, wozu auch die Verrechnung der Kostenstellenleistungen auf die Kostenträger gehört. Diesbezüglich ist hier auf die später folgenden speziellen und detaillierten Ausführungen zur Kostenstellen- und Kostenträgerrechnung zu verweisen, mit denen diese – neben der Kostenartenrechnung – entsprechend diskutiert werden.

## III. Systematik der Kostenrechnung

Die Anwendung bestimmter Kostenrechnungssysteme ist von den verfolgten Rechenzielen abhängig. Bundesverwaltungen haben jene Systeme der Kosten- und Leistungsrechnung zu nutzen, welche eine bestmögliche Erreichung der anvisierten Rechnungsziele versprechen. Demzufolge leiten sich die relevanten Rechensysteme von den Rechenzielen ab.[169] Entscheidend ist grundsätzlich die Rechnungszweckadäquanz des verwendeten Kostenrechnungssystems. Darüber hinaus bedarf es zur behördenspezifischen Ausgestaltung der Kosten- und Leistungsrechnung der Kenntnis des Leistungserstellungstyps. Diesbezüglich sieht das Konzept der Standard-KLR des Bundes die zu Beginn dieses Kapitels detailliert beschriebene Aufgabentypologisierung vor.[170] Entsprechend der eruierten Aufgabenstruktur sind Kostenrechnungssysteme an die Spezifika der Bundesbehörden zu adaptieren, um den Rahmeneinflüssen der Fachaufgaben Rechnung zu tragen. Nur aufgabentypspezifische Kostenrechnungssysteme erlauben eine problemadäquate Informationsgewinnung in den Fachaufgabenbereichen.[171]

Abbildung 3-8

**Qualitätsorientierte Plan-KLR**

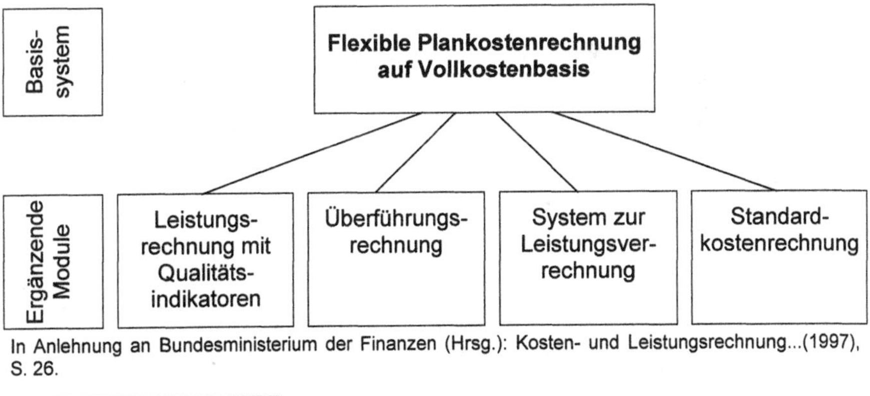


In Anlehnung an Bundesministerium der Finanzen (Hrsg.): Kosten- und Leistungsrechnung...(1997), S. 26.

169 Siehe Bundesministerium der Finanzen (Hrsg.): Kosten- und Leistungsrechnung...(1997), S. 2 und 23 – 26; Bundesministerium der Finanzen (Hrsg.): Einführung von Kosten- und Leistungsrechnung...(1997), S. 11; Seeger, Tilman – Walter, Matthias: Kosten- und Leistungsrechnung...(1999), S. 47; Müller, Peter u. a.: In zehn Schritten zur Kosten- und Leistungsrechnung...(1998), S. 16.

170 Siehe die detaillierten Ausführungen zu Punkt II.A. dieses Kapitels.

171 Siehe Müller, Peter u. a.: In zehn Schritten zur Kosten- und Leistungsrechnung...(1998), S. 16; Bundesministerium der Finanzen (Hrsg.): Kosten- und Leistungsrechnung...(1997), S. 31 und 35; Bundesministerium der Finanzen (Hrsg.): Einführung von Kosten- und Leistungsrechnung...(1997), S. 11.

Gemäß den festgelegten Zielen[172] der Standard-KLR sieht das KLR-Handbuch die Verwendung fünf gleichrangiger Systeme der Kosten- und Leistungsrechnung als Standard in Bundesverwaltungen vor (siehe hierzu Abbildung 3-8).[173] Die Gesamtheit der fünf Module trägt den Terminus „Qualitätsorientierte Plan-KLR". Als Basissystem der qualitätsorientierten Plan-KLR fungiert die flexible Plankostenrechnung auf Vollkostenbasis (siehe Abbildung 3-8). Im Basissystem spiegelt sich die Grundstruktur der Standard-KLR wider. Mittels der flexiblen Plankostenrechnung auf Vollkostenbasis erfolgt die Generierung von Plandaten und Istdaten bezüglich der Vollkosten, woran sich eine differenzierende Abweichungsanalyse anschließt.[174] Ergänzende Systeme sind die Leistungsrechnung mit Qualitätsindikatoren, die Überführungsrechnung, das System zur Leistungsverrechnung sowie die Standardkostenrechnung.[175] Auf diese Systeme wurde zum Teil bereits schon weiter oben oder wird noch mit den nachfolgenden Ausführungen zum 3. Kapitel mehr oder minder detailliert eingegangen. Dennoch erscheint hier eine knappe Darlegung der wesentlichen Aufgaben der jeweiligen Systeme aus Gründen der Transparenz und Verständlichkeit sinnvoll. Die Leistungsrechnung ergänzt die Plankostenrechnung bei der Erfassung und systematischen Abbildung des Leistungsspektrums der Verwaltungsteilbereiche, wozu ebenfalls Qualitätsindikatoren erforderlich sind. Durch die Überführungsrechnung sollen die Kostendaten aus der Kostenrechnung in die entsprechenden Zahlungsgrößen des Haushalts überführt werden. Das System der Leistungsverrechnung dient der Erweiterung der gewöhnlichen Leistungsverrechnung einer traditionellen Kostenrechnung um die Verrechnung der Kosten anhand interner Produkte und die Kostenverrechnung zwischen verschiedenen Dienststellen. Die Standardkostenrechnung bildet das letzte Modul der vier ergänzenden Rechensysteme und kommt zwecks Normalisierung jener bestimmter Kosten zur Anwendung, die sich von den Kostenverantwortlichen nicht beeinflussen lassen oder sich auf repetitive Tätigkeiten beziehen.[176]

Mit der flexiblen Plankostenrechnung, dem Basissystem, werden nahezu alle Rechenziele verfolgt, wie die Kosten- und Leistungstransparenz, die Kostensteuerung, die Unterstützung der Haushaltsplanung oder die Gebührenermittlung.[177] Zusätzlich notwendige Systeme für die Schaffung von Kosten- und Leistungstransparenz sind die Leistungsrechnung, das System zur Leistungsverrechnung sowie die (prozeßorientierte) Standardkostenrechnung. Im Gegensatz hierzu leistet die Überführungs-

[172] Siehe zu den Zielen der Standard-KLR Bundesministerium der Finanzen (Hrsg.): Kosten- und Leistungsrechnung...(1997), S. 5 und 24 – 25.
[173] Siehe Bundesministerium der Finanzen (Hrsg.): Kosten- und Leistungsrechnung...(1997), S. 26.
[174] Siehe hierzu Bundesministerium der Finanzen (Hrsg.): Kosten- und Leistungsrechnung...(1997), S. 26.
[175] Siehe Bundesministerium der Finanzen (Hrsg.): Kosten- und Leistungsrechnung...(1997), S. 26; Bundesministerium der Finanzen (Hrsg.): Einführung von Kosten- und Leistungsrechnung...(1997), S. 11; Müller, Peter u. a.: In zehn Schritten zur Kosten- und Leistungsrechnung...(1998), S. 16; Liebe, Rüdiger: Kosten- und Leistungsrechnung...(1999), S. 150.
[176] Siehe zu den Erläuterungen der einzelnen Rechensysteme Bundesministerium der Finanzen (Hrsg.): Kosten- und Leistungsrechnung...(1997), S. 26; Müller, Peter u. a.: In zehn Schritten zur Kosten- und Leistungsrechnung...(1998), S. 16.
[177] Siehe Bundesministerium der Finanzen (Hrsg.): Kosten- und Leistungsrechnung...(1997), S. 23 und 25; Liebe, Rüdiger: Kosten- und Leistungsrechnung...(1999), S. 150.

rechnung einen wichtigen Beitrag zur outputorientierten Haushaltsplanung.[178] Die unter der Bezeichnung der qualitätsorientierten Plan-KLR subsumierten fünf Rechensysteme bilden die Standardsysteme der Kosten- und Leistungsrechnung für Bundesverwaltungen.[179] Hinzu kommen mit der Einzelkostenrechnung,[180] der Fixkostenstrukturrechnung sowie der Gebührenkalkulation optionale Systeme, die als spezielle Informationsgeneratoren für Privatisierungsentscheidungen und Gebührenfestlegungen die qualitätsorientierte Plan-KLR ergänzen sollen.[181] Hierbei ist anzumerken, daß insbesondere die Gebührenkalkulation kein eigenständiges Rechensystem darstellt, sondern im Rahmen der Kostenträgerrechnung durchgeführt wird, die wiederum eine Komponente der qualitätsorientierten Plan-KLR ist.[182]

Auf der Basis der eruierten Aufgabenstruktur respektive des festgestellten Leistungserstellungstyps sowie der verfolgten Rechnungsziele haben Bundesverwaltungen die für sie notwendigen Rechnungssysteme aus dem im KLR-Handbuch angeführten Katalog an Rechensystemen auszuwählen.[183] Dabei kann es durchaus vorkommen, daß je nach Tätigkeiten und Rechenzwecke in einer Behörde unterschiedliche Rechnungssysteme eingesetzt werden müssen.[184] Um den spezifischen Anforderungen der jeweiligen Bundesinstitution zu genügen, sind teilweise Adaptionen der Bestandteile des Kostenrechnungsinstrumentariums der Standard-KLR an die Besonderheiten einzelner Behörden vonnöten.[185] Die qualitätsorientierte Plan-KLR bildet lediglich den Rahmen, innerhalb dessen typspezifische Kostenrechnungssysteme optional Anwendung finden können.[186] Enorme Auswirkungen haben unterschiedliche Aufgabentypen vor allem auf die Ermittlung von Entgelten bzw. Ergebnissen für Verwaltungsleistungen.[187] Diesbezüglich lassen sich von den Bundesbehörden die prozeßorientierte Standard-Einzelkostenrechnung, die Auftragskalkulation, die Projektkostenrechnung, die Gebührenkalkulation mit rechtlichen Vorgaben, die Deckungsbeitragsrechnung sowie die Erlösstellen- und –trägerrechnung als aufgabentypspezifische Rechnungssysteme verwenden.[188] Ferner erbringen Kostenver-

[178] Siehe Bundesministerium der Finanzen (Hrsg.): Kosten- und Leistungsrechnung...(1997), S. 23 und 25; Müller, Peter u. a.: In zehn Schritten zur Kosten- und Leistungsrechnung...(1998), S. 16 – 17.

[179] Siehe Bundesministerium der Finanzen (Hrsg.): Kosten- und Leistungsrechnung...(1997), S. 26; Bundesministerium der Finanzen (Hrsg.): Einführung von Kosten- und Leistungsrechnung...(1997), S. 11.

[180] Hierbei ist die prozeßorientierte Standard-Einzelkostenrechnung angesprochen.

[181] Siehe Bundesministerium der Finanzen (Hrsg.): Kosten- und Leistungsrechnung...(1997), S. 25 – 26; Bundesministerium der Finanzen (Hrsg.): Einführung von Kosten- und Leistungsrechnung...(1997), S. 11.

[182] Vgl. Bundesministerium der Finanzen (Hrsg.): Kosten- und Leistungsrechnung...(1997), S. 26.

[183] Siehe Bundesministerium der Finanzen (Hrsg.): Kosten- und Leistungsrechnung...(1997), S. 23, 31 und 35; Liebe, Rüdiger: Kosten- und Leistungsrechnung...(1999), S. 156 und 197.

[184] Siehe Bundesministerium der Finanzen (Hrsg.): Kosten- und Leistungsrechnung...(1997), S. 2 und 23.

[185] Siehe Liebe, Rüdiger: Kosten- und Leistungsrechnung...(1999), S. 156.

[186] Siehe Bundesministerium der Finanzen (Hrsg.): Kosten- und Leistungsrechnung...(1997), S. 36.

[187] Siehe diesbezüglich Bundesministerium der Finanzen (Hrsg.): Kosten- und Leistungsrechnung...(1997), S. 35 – 36.

[188] Siehe Bundesministerium der Finanzen (Hrsg.): Kosten- und Leistungsrechnung...(1997), S. 35 – 36.

gleiche[189] für gleiche Verwaltungs(teil)leistungen unterschiedlicher Verwaltungs(teil)bereiche oder Behörden wertvolle Informationen, die vor allem den inner- oder zwischenbehördlichen Wettbewerb forcieren sollen.[190] Voraussetzung für die Durchführbarkeit solcher Vergleiche ist jedoch, daß bestimmte Aufgaben von mehreren Institutionen wahrgenommen werden (alternative Leistungsanbieter), was sich im Aufgabentypologisierungsmerkmal Wettbewerbsumfeld widerspiegelt.[191]

Ein adäquates System der Kostenrechnung für öffentliche Institutionen, wozu auch die Bundesverwaltungen gehören, wurde im letzten Abschnitt des 2. Kapitels vorgestellt.[192] Die dort geforderte Ausgestaltung des Kostenrechnungssystems beinhaltet eine Informationsgenerierung mittels Vollkostenrechnung, Kostenspaltung, Plankostenrechnung, Leistungsrechnung, Prozeßkostenrechnung sowie Fixkostenstrukturrechnung.[193] Diese auf die Struktur von öffentlichen Verwaltungen zugeschnittenen Systemkomponenten bzw. Systemmerkmale finden sich ebenfalls in den Rechensystemen der Standard-KLR wieder. Jedoch bestehen Divergenzen hinsichtlich der Schwerpunktsetzung. Während das KLR-Handbuch als Basissystem die flexible Plankostenrechnung auf Vollkostenbasis vorsieht,[194] präferiert der Verfasser der vorliegenden Untersuchung die Prozeßkostenrechnung. Mit dem verwaltungsadäquaten System der Prozeßkostenrechnung lassen sich die in Bundesverwaltungen angestrebten Rechenziele am besten verwirklichen.

## IV. Kostenartenrechnung

### A. Schnittstellenkonzeption Haushaltstitel – Kostenarten

Die für die Generierung von Kosten- und Leistungsinformationen erforderlichen Daten sind im Rahmen der Standard-KLR des Bundes nach dem Prinzip der Einmalerfassung zu erheben.[195] Gegen Doppelerfassungen von Daten für HKR und KLR spricht sich insbesondere der Bundesrechnungshof aus und fordert für die Bundesverwaltungen eine Verknüpfung der Kosten- und Leistungsrechnung mit dem Bundeshaushaltswesen, wobei für alle Institutionen ein einheitliches IT-Konzept zur Anwendung kommen sollte.[196] Um den Durchführungsaufwand in Grenzen zu halten, sollen nach dem Konzept der Standard-KLR die Kosten- und Leistungsdaten soweit wie möglich aus Vorsystemen übernommen werden. Wie aus Abbildung 3-1 zu ersehen ist, kann es sich bei den Vorsystemen in den Bundesverwaltungen um die Haushaltsmittelbewirtschaftung, die Anlagenbuchhaltung respektive Inventarisierung oder um andere existierende diverse operative Systeme, wie etwa RZ-Abrechnung

---

[189] Kostenvergleichsrechnungen sind anzuwenden, wenn die Bundesverwaltung mit der Aufgabenwahrnehmung in einem Quasi-Wettbewerb zu anderen Behörden steht. Hiermit wird das Typologisierungsmerkmal Wettbewerbsumfeld angesprochen.

[190] Siehe Bundesministerium der Finanzen (Hrsg.): Kosten- und Leistungsrechnung...(1997), S. 35 – 36.

[191] Siehe Bundesministerium der Finanzen (Hrsg.): Kosten- und Leistungsrechnung...(1997), S. 32.

[192] Siehe hierzu die gesamten Ausführungen zu Punkt V. des 2. Kapitels.

[193] Siehe hierzu die jeweiligen Ausführungen zu den einzelnen Gliederungspunkten A. bis F. in Abschnitt V. des 2. Kapitels.

[194] Siehe zur Begründung der Präferierung der flexiblen Plankostenrechnung Liebe, Rüdiger: Kosten- und Leistungsrechnung...(1999), S. 151.

[195] Siehe Bundesministerium der Finanzen (Hrsg.): Kosten- und Leistungsrechnung...(1997), S. 20.

[196] Siehe Deutscher Bundestag: Kosten- und Leistungsrechnungen in der Bundesverwaltung...(1997), S. 161 – 162.

und Systeme der Vorgangs- bzw. Auftragsabwicklung, handeln. Gemeinsam ist all diesen Vorsystemen, daß sie bereits in irgendeiner Form geführt werden und deshalb mit begrenztem Aufwand als Datengenerator für die Kosten- und Leistungsrechnung nutzbar sind. IT-gestützte Systeme erlauben hierbei eine weitgehend automatisierte Übernahme relevanter Daten. Jedoch ist die informationstechnische Realisierung von Vorsystemen in Bundesverwaltungen nur bedingt vorzufinden, wodurch auch auf manuelle Datenbestände zurückzugreifen ist, was wiederum einen entsprechenden Arbeitsaufwand nach sich zieht.[197]

Haushaltsmittelbewirtschaftung und Anlagenbuchhaltung werden im folgenden noch genauer betrachtet, weshalb an dieser Stelle kurz auf die operativen Vorsysteme eingegangen wird. Vorgangs- bzw. Auftragsabwicklungssysteme können eine integrierte Erfassung von Mengen-, Prozeß- und Personaldaten möglich machen, wozu auch Vorgangsunterstützungssysteme für Servicebereiche, wie etwa Beschaffungsbereich oder Materialverwaltung, einen positiven Beitrag zu leisten vermögen. Ferner bietet sich die Nutzung von Daten separater Abrechnungssysteme an. Beispielsweise lassen sich aus der Rechenzentrumsabrechnung die Kosten für die genutzten Rechnerzeiten eruieren und aus der Fuhrparksabrechnung die Kosten für die gefahrenen Kilometer ermitteln. Debitoren- und Kreditorensystem ermöglichen die Bereitstellung von Listen für offene Posten, sollten entsprechende Informationen benötigt werden.[198]

Die Überführungsrechnung und die Anlagenrechnung gehören neben der Betriebsdatenerfassung zu den Erfassungsmodulen der Standard-KLR des Bundes (siehe hierzu Abbildung 3-1) und unterstützen die Zuordnung von Kosten- und Leistungsdaten aus den Vorsystemen zu den in der Kosten- und Leistungsrechnung jeweils erforderlichen Dimensionen (Kostenarten, Kostenstellen, Prozesse, Kostenträger oder Produkte) in geeigneter Weise.[199] Fehlen adäquate Vorsysteme zur Datengenerierung, müssen die benötigten Informationen mittels einer separaten Betriebsdatenerfassung gewonnen werden. Während Haushaltsrechnung und gewöhnlich auch Anlagenbuchhaltung als Datenquelle der KLR in der Bundesverwaltung zur Verfügung stehen, sind operative Systeme nicht immer in ausreichendem Maße oder in geeigneter Form vorhanden. Defizite bei den operativen Systemen erfordern folglich eine entsprechende Betriebsdatenerfassung für den Betrieb der Kosten- und Leistungsrechnung, wobei es sich um Zeitaufschreibungen oder um Mengenerfassungen handeln kann. Die vorhin bereits diskutierte Erhebung der Personalzeiten sowie die manuelle Erfassung von Produkt- und Bezugsrößenmengen können in Divergenz zur Überführungsrechnung und Anlagenrechnung,[200] welche lediglich als Schnittstellen zwischen Vorsystemen und KLR dienen, als Erfassungsmaßnahmen in Reinform angesehen werden.[201] Zur Betriebsdatenerfassung gehört aber ebenfalls die automatische Übernahme von Mengendaten aus Vorsystemen.[202]

[197] Vgl. Müller, Peter u. a.: In zehn Schritten zur Kosten- und Leistungsrechnung...(1998), S. 14.
[198] Siehe Bundesministerium der Finanzen (Hrsg.): Kosten- und Leistungsrechnung...(1997), S. 21.
[199] Siehe Bundesministerium der Finanzen (Hrsg.): Kosten- und Leistungsrechnung...(1997), S. 20.
[200] Eine Diskussion bezüglich der Anlagenrechnung erfolgt, neben der Diskussion der Anlagenbuchhaltung, unter einem separaten Punkt.
[201] Vgl. Bundesministerium der Finanzen (Hrsg.): Kosten- und Leistungsrechnung...(1997), S. 20.
[202] Siehe Bundesministerium der Finanzen (Hrsg.): Kosten- und Leistungsrechnung...(1997), S. 21.

Die zentrale Datenbasis für die Kosten- und Leistungsrechnung der Bundesverwaltung bildet deren Haushaltsmittelbewirtschaftung. Eine entsprechende Verbindung zwischen Haushalt und KLR sieht das Konzept der Standard-KLR in Form einer Überführungsrechnung vor.[203] „Mit der Überführungsrechnung wird eine Systematik vorgestellt, mit der die zahlungsstromorientierten Daten des HKR-Verfahrens in die wertmäßigen KLR-Informationen überführt werden können und umgekehrt."[204] Das kamerale Haushaltswesen soll nach den Vorstellungen der Konzeptentwickler das grundlegende Rechnungssystem der Bundesverwaltungen bleiben. Hingegen hat die KLR lt. KLR-Handbuch nur als ergänzendes Instrument zu fungieren.[205] Demzufolge müssen auch beim Betrieb einer KLR alle Einnahmen und Ausgaben auf die entsprechenden Haushaltstitel gebucht werden. Die bebuchten Haushaltstitel bilden nämlich nach wie vor die Basis für die Abwicklung des Zahlungsverkehrs mit der Bundeskasse, an dessen grundlegendem Konzept keine Änderung erfolgt.[206] Um dieses Verfahren in unveränderter Weise weiterführen zu können und gleichzeitig die Bereitstellung der erforderlichen Daten für die KLR ohne Doppelerfassungen zu gewährleisten, bedarf es einer Brücke zwischen HKR und KLR. Diese Brücke wird als Überführungsrechnung bezeichnet.[207]

Als Brücke[208] zwischen HKR und KLR fungiert eine Zuordnungsliste, die genau regelt, welche Haushaltstitel zu welchen KLR-Arten übergeführt werden und umgekehrt.[209] Da es sich bei der Überführungsrechnung um einen inhaltlichen Standard handelt (siehe hierzu Abbildung 3-2),[210] ist dieser von den Bundesverwaltungen exakt der Vorgabe umzusetzen und darf nicht modifiziert werden. Soll die Überführungsrechnung auf der Basis der Zuordnungsliste die Generierung verwertbarer Daten gewährleisten, müssen neben der einheitlichen Buchungspraxis in der Haushaltsrechnung auch die sachlich korrekten Haushaltsbuchungen eine entsprechende Verwirklichung in den Bundesbehörden erfahren.[211] Die Zuordnungsliste findet sich im Anhang 6 des KLR-Handbuches[212] und dient als Mustervorlage für die möglichst eindeutige Zuordnung von Haushaltstiteln auf Kosten- und Leistungsarten.[213]

[203] Siehe Müller, Peter u. a.: In zehn Schritten zur Kosten- und Leistungsrechnung...(1998), S. 32.
[204] Bundesministerium der Finanzen (Hrsg.): Kosten- und Leistungsrechnung...(1997), S. 107.
[205] Siehe Bundesministerium der Finanzen (Hrsg.): Kosten- und Leistungsrechnung...(1997), S. 107.
[206] Vgl. Seeger, Tilman – Walter, Matthias: Kosten- und Leistungsrechnung...(1999), S. 75 – 76.
[207] Siehe Bundesministerium der Finanzen (Hrsg.): Kosten- und Leistungsrechnung...(1997), S. 107. Vgl. dazu auch Seeger, Tilman – Walter, Matthias: Kosten- und Leistungsrechnung...(1999), S. 76.
[208] Eine Brücke zwischen HKR und KLR fordert ebenfalls der Bundesrechnungshof. Siehe hierzu Deutscher Bundestag: Kosten- und Leistungsrechnungen in der Bundesverwaltung...(1997), S. 162.
[209] Siehe zur konkreten Zuordnung einzelner Haushaltstitel zu den Kosten- und Leistungsarten Bundesministerium der Finanzen (Hrsg.): Kosten- und Leistungsrechnung...(1997), S. 339 – 355. Siehe ebenfalls Bundesministerium der Finanzen (Hrsg.): Kosten- und Leistungsrechnung...(1997), S. 109 und 115. Vgl. dazu auch Müller, Peter u. a.: In zehn Schritten zur Kosten- und Leistungsrechnung...(1998), S. 32 sowie Scholz, Jörg Thomas: KLR-Handbuch...(1997), S. 26.
[210] Siehe zum inhaltlichen Standard der Überführungsrechnung Bundesministerium der Finanzen (Hrsg.): Kosten- und Leistungsrechnung...(1997), S. 18 und 109.
[211] Vgl. Bundesministerium der Finanzen (Hrsg.): Kosten- und Leistungsrechnung...(1997), S. 115.
[212] Siehe hierzu Bundesministerium der Finanzen (Hrsg.): Kosten- und Leistungsrechnung...(1997), S. 339 – 355.
[213] Vgl. Müller, Peter u. a.: In zehn Schritten zur Kosten- und Leistungsrechnung...(1998), S. 32. Siehe hierzu ebenfalls Anhang 6 des KLR-Handbuches.

Wie aus der Zuordnungsliste zu ersehen ist, erfolgt die Ableitung der KL-Arten aus den Titeln des Haushalts überwiegend auf der Ebene der Obergruppen und in begrenztem Maße auch auf der Ebene der Gruppen des Gruppierungsplans.[214] Deshalb muß sich die Kontenstruktur der Kosten- und Leistungsarten weitgehend mit der Kontenstruktur der Obergruppen des Gruppierungsplans des Haushalts decken.[215] Dies wird mittels Bundeskontenrahmen und entsprechendem Kosten- und Leistungsartenplan erreicht, deren struktureller Aufbau eine enge Anlehnung an den Gruppierungsplan des Bundes aufweist.[216] Bezüglich weitergehender Erläuterungen sei an dieser Stelle auf die entsprechenden Ausführungen zum Bundeskontenrahmen einschließlich des Kosten- und Leistungsartenplans verwiesen. Kritisieren muß der Verfasser die mangelnde Konvergenz der Kontennummern zwischen Haushaltswesen und Kostenrechnung. So erfolgt beispielsweise der Datentransfer zwischen der Obergruppe 4 der Haushaltsrechnung und der Kostenartengruppe 5 der Kostenrechnung. Gleiches gilt für die Obergruppe 5 des Haushalts und der Kostenartenklasse 6 der Standard-KLR.[217] Zwecks Transparenz und Durchgängigkeit der beiden Rechnungssysteme wäre hier eine möglichst weitgehende Harmonisierung der Kontennummern von Haushaltsrechnung und Kosten- und Leistungsrechnung zu propagieren. Das bedeutet, daß die Daten der Obergruppe 4 des kameralistischen Systems auch in der Kostenartenklasse 4 – anstatt 5 – der Kostenartenrechnung ihren adäquaten Niederschlag finden sollten.

Das Konzept der Standard-KLR des Bundes sieht eine dezentrale integrierte Erfassung der Geschäftsvorfälle für die Haushaltsrechnung und die Kosten- und Leistungsrechnung vor.[218] Eine wichtige Rolle spielt hierbei die Transparenz der anfallenden Geschäftsvorfälle und der damit verbundenen Kosten und Leistungen am Ort ihres Auftretens. Aufgrund der genauen Kenntnis der Kosten und Leistungen sowie der dahintersteckenden Geschäftsvorfälle in den einzelnen Kostenstellen, kann in diesen eine möglichst präzise und detaillierte Datenerfassung sowie entsprechend korrekte Zuordnung der Daten zu den Kosten- und Leistungsarten und Haushaltstiteln erfolgen, welche mit einem minimalen Informationsverlust einhergeht.[219] Ebenfalls ein zentrales Argument für den eingeschlagenen Weg der Datenerfassung ist die Tatsache, daß Haushaltsrechnung und Kosten- und Leistungsrechnung mengenmäßig ungefähr 80 % auf identischen Geschäftsvorfällen beruhen. Die hohe Quote gemeinsamer Geschäftsvorfälle legt es nahe, für beide Rechensysteme ein einheitliches Datenerfassungssystem zu generieren und entsprechend anzuwenden.[220]

---

[214] Vgl. Bundesministerium der Finanzen (Hrsg.): Kosten- und Leistungsrechnung...(1997), S. 46 und 109. Vgl. ebenfalls Müller, Peter u. a.: In zehn Schritten zur Kosten- und Leistungsrechnung...(1998), S. 24 sowie Scholz, Jörg Thomas: KLR-Handbuch...(1997), S. 26 – 27.

[215] Vgl. Bundesministerium der Finanzen (Hrsg.): Kosten- und Leistungsrechnung...(1997), S. 45; Müller, Peter u. a.: In zehn Schritten zur Kosten- und Leistungsrechnung...(1998), S. 24.

[216] Siehe Bundesministerium der Finanzen (Hrsg.): Kosten- und Leistungsrechnung...(1997), S. 45.

[217] Siehe hierzu exemplarisch Bundesministerium der Finanzen (Hrsg.): Kosten- und Leistungsrechnung...(1997), S. 344 – 349.

[218] Siehe Bundesministerium der Finanzen (Hrsg.): Kosten- und Leistungsrechnung...(1997), S. 108. Siehe ebenfalls Seeger, Tilman – Walter, Matthias: Kosten- und Leistungsrechnung...(1999), S. 82.

[219] Vgl. Bundesministerium der Finanzen (Hrsg.): Kosten- und Leistungsrechnung...(1997), S. 108; Seeger, Tilman – Walter, Matthias: Kosten- und Leistungsrechnung...(1999), S. 82.

[220] Vgl. Müller, Peter u. a.: In zehn Schritten zur Kosten- und Leistungsrechnung...(1998), S. 32.

Der Überführungsrechnung der Standard-KLR liegt ein spezifisches Buchungskonzept zugrunde, welches Abbildung 3-9 versinnbildlichen soll. Als Datenbasis für das Buchungskonzept der dezentralen Einmalerfassung fungieren die Kassenanweisungen (Soll-Zahlungen) der Haushaltsmittelbewirtschafter. Mit der Erstellung der Kassenanweisungen erfolgt gleichzeitig eine vollständige und abgestimmte Erfassung der für die Kassen- und KLR-Buchungen erforderlichen Daten. Da es sich bei den Kassenanweisungen um angeordnete Zahlungen und nicht um realisierte Zahlungen handelt, bilden Soll-Zahlungen den Dateninput für die Kosten- und Leistungsrechnung.[221] Hierbei haben die dezentralen Haushaltsmittelbewirtschafter die Buchungsdaten aus den Kassenanweisungen anhand der Zuordnungsliste den jeweiligen KL-Arten der Kostenrechnung und Obergruppen der Haushaltsrechnung zuzuordnen. Wird eine angewiesene Zahlung tatsächlich nicht durchgeführt, bedarf es der Stornierung der verbuchten Beträge in der Kosten- und Leistungsrechnung. Als Stimulus für die Korrekturbuchung in der KLR fungiert jedoch die Haushaltsrechnung, weil aus dieser zu ersehen ist, welche angeordneten Zahlungen auch wirklich realisiert wurden.[222]

Abbildung 3-9

**Buchungskonzept der Einmalerfassung von Daten für HKR und KLR**

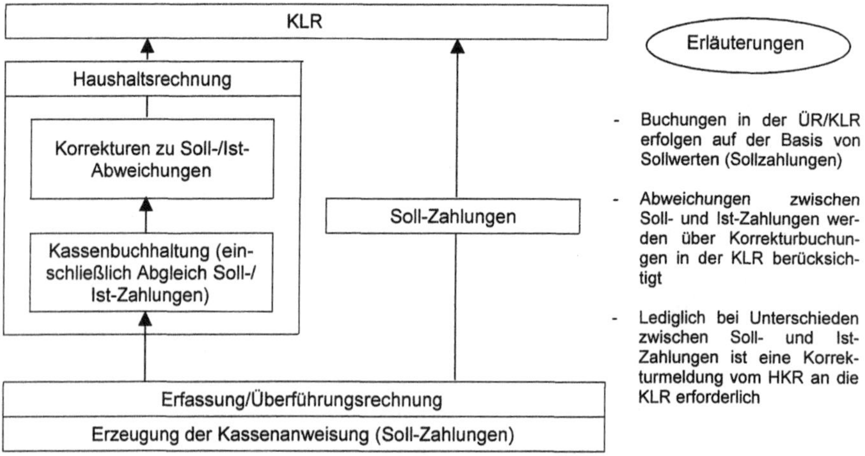


Entnommen aus Bundesministerium der Finanzen (Hrsg.): Kosten- und Leistungsrechnung...(1997), S. 109; Bundesministerium der Finanzen (Hrsg.): Einführung von Kosten- und Leistungsrechnung...(1997), S. 26.

Der bei der Überführungsrechnung stattfindende Datentransfer zwischen der anordnenden Behörde (Soll-Zahlungen), welche die Kosten- und Leistungsrechnung betreibt, und der Bundeskasse, die die Zahlungen für die Behörden vornimmt (Ist-Zahlungen), kann mittels Formulare oder in Form der F 15-Schnittstelle erfolgen, wobei letztere Option einen elektronisch gesteuerten Datenaustausch vorsieht. Unter-

[221] Siehe Bundesministerium der Finanzen (Hrsg.): Kosten- und Leistungsrechnung...(1997), S. 109.
[222] Siehe Bundesministerium der Finanzen (Hrsg.): Kosten- und Leistungsrechnung...(1997), S. 109.

schiede zwischen diesen beiden Verfahren existieren lediglich beim Datenaustausch zwischen der Behörde und der Bundeskasse, da sich der Datentransfer zwischen der Haushaltsrechnung und der Kosten- und Leistungsrechnung innerhalb der Behörde selbstverständlich auch beim Formularweg IT-gestützt vollzieht. Einzelheiten über den konkreten Ablauf sowie die Vor- und Nachteile der beiden Verfahren können der spezifischen Literatur zur Standard-KLR des Bundes entnommen werden[223] und sollen nicht Gegenstand dieser Untersuchung sein.

Die Zuordnung von Haushaltstiteln zu den Kosten- und Leistungsarten kann mit erheblichen Problemen verbunden sein, auf deren Relevanz hier ausdrücklich hinzuweisen ist. Eindeutige Zuordnungen bilden primär bei den Obergruppen 24, 28, 64, 65, 67 und 68 des Haushalts eher die Ausnahme als die Regel. Bei den angeführten Titeln handelt es sich nämlich um sogenannte Mischtitel, welche zum einen durchaus mehreren Konten der KLR zugewiesen werden können. Zum anderen kann es der Fall sein, daß diese Titel, in Abhängigkeit vom spezifischen Geschäftsvorfall, überhaupt keine Relevanz bezüglich der Kosten- und Leistungsrechnung aufweisen.[224] Umgekehrt ist bei den KLR-Buchungen zu überprüfen, inwieweit diese auf liquiditätswirksamen Vorgängen beruhen und wenn ja, welche Haushaltstitel (einer oder mehrere) davon tangiert werden.[225] Überall dort, wo Zuordnungsprobleme auftauchen, gilt es für die Verwaltung einige typische Geschäftsvorfälle heranziehen, auf Basis derer, unter Zuhilfenahme gängiger Abgrenzungskriterien, die Bestimmung der KLR-Relevanz sowie der konkreten Zuordnung erfolgt.[226]

Neben den Zuordnungsproblemen bei den Mischtiteln können sich für die Bundesverwaltungen generell Probleme der Datenzuordnung bei allen Haushaltstiteln ergeben. Der Grund hierfür ist in der divergenten Durchführung der Haushaltsrechnung bei den einzelnen Bundesverwaltungen zu sehen. Da der bundeseinheitliche Kontenrahmen bezüglich der Kosten- und Leistungsrechnung gleichermaßen für alle Bundesverwaltungen gilt, treten wegen der divergenten Haushaltsbuchungen bei den Behörden Zuordnungsprobleme auf.[227] Ferner kann es vorkommen, daß der Verwaltungsprozeß einer Behörde Kosten verursacht, welcher von einer übergeordneten Institution (z. B. Ministerium) finanziert wird. Der Ressourcenverzehr erfolgt hierbei in der Bundesverwaltung und ist demzufolge auch auf das entsprechende Kostenartenkonto zu buchen, während hingegen der dazugehörige Haushaltstitel (z. B. Beihilfen) nicht bei der Verwaltung selbst, sondern bei einer übergeordneten Institution vorzufinden ist. Um trotz der fehlenden Haushaltstitel in den Bundesbehörden den gesamten Ressourcenverzehr abbilden zu können, müssen die entsprechenden Titel auf einem separaten Abgrenzungskonto der KLR erfaßt werden.[228]

---

223 Siehe hierzu detailliert Seeger, Tilman – Walter, Matthias: Kosten- und Leistungsrechnung...(1999), S. 76 – 80. Siehe ebenfalls bezüglich der F 15-Schnittstelle Müller, Peter u. a.: In zehn Schritten zur Kosten- und Leistungsrechnung...(1998), S. 32.

224 Siehe Bundesministerium der Finanzen (Hrsg.): Kosten- und Leistungsrechnung...(1997), S. 47; Müller, Peter u. a.: In zehn Schritten zur Kosten- und Leistungsrechnung...(1998), S. 24.

225 Vgl. Liebe, Rüdiger: Kosten- und Leistungsrechnung...(1999), S. 160.

226 Siehe Müller, Peter u. a.: In zehn Schritten zur Kosten- und Leistungsrechnung...(1998), S. 24.

227 Siehe Müller, Peter u. a.: In zehn Schritten zur Kosten- und Leistungsrechnung...(1998), S. 24 – 25.

228 Siehe Müller, Peter u. a.: In zehn Schritten zur Kosten- und Leistungsrechnung...(1998), S. 24 – 25.

Das größte Problem bei der Überführung der Daten zwischen Haushaltsrechnung und Kostenrechnung rufen sicherlich die unterschiedlichen Wertansätze in diesen beiden Rechensystemen hervor. Während die Haushaltsrechnung auf Zahlungsströme ausgerichtet ist, kommen in der Kostenrechnung der Bundesinstitutionen verstärkt kalkulatorische Kosten zum Ansatz.[229] Bezüglich der Wertkomponente der Kosten enthält das KLR-Handbuch einheitliche Regelungen, welche Bundesverwaltungen entsprechend einzuhalten haben. Das Operieren mittels möglichst einheitlicher Kostendaten, hinter denen sich jeweils kalkulatorische Kosten verbergen, eröffnet den Bundesbehörden die Möglichkeit für ein zwischenbehördliches Benchmarking. Jedoch widerstrebt das Abstellen auf kalkulatorische Kosten in der Kostenartenrechnung der Kompatibilität zwischen Haushaltsrechnung und Kostenrechnung. Kalkulatorische Kosten verhindern einen durchgängigen Datenfluß von der Haushaltsrechnung zur Kostenrechnung und umgekehrt. Die Bundesverwaltungen haben allerdings zwecks optimaler Datengenerierung und –nutzung eine Harmonisierung der beiden Rechensysteme anzustreben, was nur durch ein weitgehendes Arbeiten mittels pagatorischer Kosten erfolgen kann.[230]

Abbildung 3-10

**Abgrenzung zwischen Haushalts- und Kosten- und Leistungsrechnung**

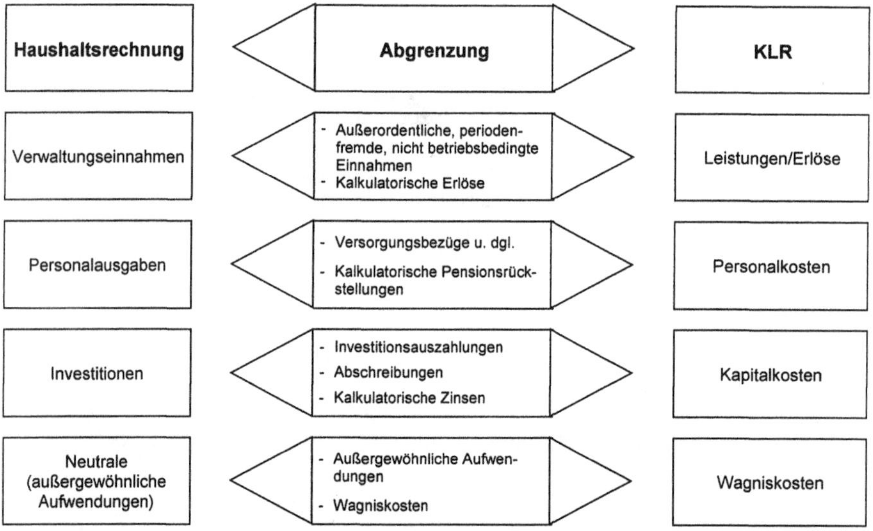


Entnommen aus Bundesministerium der Finanzen (Hrsg.): Kosten- und Leistungsrechnung...(1997), S. 110; Bundesministerium der Finanzen (Hrsg.): Einführung von Kosten- und Leistungsrechnung...(1997), S. 26.

Einmal pro Jahr ist gemäß den Vorgaben der Standard-KLR das Haushaltsergebnis mit dem KLR-Ergebnis durch eine Abgrenzungsrechnung abzustimmen, wodurch

[229] Siehe hierzu die nachfolgenden Ausführungen.
[230] Dies fordert der Verfasser der vorliegenden Arbeit.

Divergenzen zwischen den Ergebnissen transparent werden sollten, was ebenfalls der Vergleichbarkeit der Ergebnisse dienlich ist.[231] Die Abstimmung von KLR-Ergebnis und Haushaltsergebnis gebietet insbesondere die Tatsache, daß der Großteil der Geschäftsvorfälle - ca. 80 % - identisch in die KLR und in die Haushaltsrechnung eingeht.[232] Demzufolge dürfte sich der Aufwand für die Abgrenzung der nicht zahlungsgleichen Kosten und Leistungen in Grenzen halten. Ferner erfolgt während der Rechnungsperiode eine entsprechende Dokumentation von divergenten Buchungen (Haushaltstitel versus Kosten- und Leistungsarten) auf den Abgrenzungskonten in der Kontenklasse 9 des Bundeskontenrahmens, welche bei vollständiger, lückenloser und genauer Durchführung sogar eine automatisierte Überführung des KLR-Ergebnisses in das HKR-Ergebnis erlaubt.[233] Diese Überführung spiegelt sich im Abgrenzungsbericht wider, der von der Bundesverwaltung nach Ablauf der Rechnungsperiode zu erstellen ist. Für die Abgrenzung von KLR-Ergebnis und HKR-Ergebnis bedarf es einer Reihe unterschiedlicher Abgrenzungsschritte, die im Rahmen des standardisierten Abgrenzungsberichts (Standardberichtsstruktur) des KLR-Handbuches als einheitliches Abgrenzungsprocedere für alle Bundesverwaltungen verbindlich vorgegeben sind.[234] Den Nukleus der Abgrenzung bilden nicht zahlungsgleiche respektive kalkulatorische Kosten und Leistungen, wie es Abbildung 3-10 verdeutlichen soll. Als Abgrenzungsobjekte kommen hierbei insbesondere neutrale Einnahmen, kalkulatorische Erlöse, Versorgungsbezüge, kalkulatorische Pensionsrückstellungen, Investitionszahlungen, Abschreibungen, kalkulatorische Zinsen, neutrale Aufwendungen sowie Wagniskosten in Frage.[235]

Die soeben diskutierte Überführungsrechnung wird selbstverständlich nicht zum Selbstzweck betrieben, sondern soll bei den Bundesverwaltungen die Verfolgung folgender Ziele gewährleisten:[236]

- Vermeidung von Doppelerfassungen für HKR und KLR;
- Sicherstellung der Datenkonsistenz zwischen HKR und KLR;
- Ermöglichung der Erfassung aller relevanten Geschäftsvorfälle in der KLR;
- Akzeptanz von HKR und KLR bei den Mitarbeitern aufgrund vergleichbarer Ergebnisse;
- Ermöglichung der Integration der Kosten- und Leistungsdaten in die Haushaltsplanung.

---

[231] Siehe Bundesministerium der Finanzen (Hrsg.): Kosten- und Leistungsrechnung...(1997), S. 110; Müller, Peter u. a.: In zehn Schritten zur Kosten- und Leistungsrechnung...(1998), S. 32.

[232] Vgl. Bundesministerium der Finanzen (Hrsg.): Kosten- und Leistungsrechnung...(1997), S. 107; Müller, Peter u. a.: In zehn Schritten zur Kosten- und Leistungsrechnung...(1998), S. 32.

[233] Siehe Müller, Peter u. a.: In zehn Schritten zur Kosten- und Leistungsrechnung...(1998), S. 33; Bundesministerium der Finanzen (Hrsg.): Kosten- und Leistungsrechnung...(1997), S. 108.

[234] Siehe bezüglich Aufbau und Vorgehensweise des als Standard vorgegebenen Abgrenzungsberichts Bundesministerium der Finanzen (Hrsg.): Kosten- und Leistungsrechnung...(1997), S. 110 – 111.

[235] Siehe hierzu den standardisierten Abgrenzungsbericht bei Bundesministerium der Finanzen (Hrsg.): Kosten- und Leistungsrechnung...(1997), S. 111. Siehe ebenfalls Abbildung 3-10. Siehe auch Müller, Peter u. a.: In zehn Schritten zur Kosten- und Leistungsrechnung...(1998), S. 32 – 33; Bundesministerium der Finanzen (Hrsg.): Kosten- und Leistungsrechnung...(1997), S. 108 und 110.

[236] Siehe Bundesministerium der Finanzen (Hrsg.): Kosten- und Leistungsrechnung...(1997), S. 107; Liebe, Rüdiger: Kosten- und Leistungsrechnung...(1999), S. 159.

Wie die angeführten Ziele belegen, ist die Überführungsrechnung, bei entsprechend adäquater Umsetzung, ein sehr sinnvolles Instrument zur Generierung von Daten für die Kosten- und Leistungsrechnung und wird deshalb im Rahmen der Standard-KLR des Bundes zu Recht als verbindliche Vorgabe festgelegt.

**B. Anlagenbuchhaltung und Anlagenrechnung**

Aufgrund der reinen Zahlungsorientierung sowie der fehlenden Inventarisierung und Bestandsführung von Vermögensgegenständen kann die Haushaltsrechnung die für die Kosten- und Leistungsrechnung erforderlichen Daten nicht zur Gänze zur Verfügung stellen. Für eine genaue und periodengerechte Abbildung des Kostenanfalls bedarf es neben der Haushaltsrechnung ebenfalls einer Anlagenbuchhaltung, welche einen wichtigen Generator des Dateninputs der Kosten- und Leistungsrechnung darstellt.[237] Analog zur Haushaltsrechnung gilt die Anlagenbuchhaltung nach dem Konzept der Standard-KLR als Vorsystem, deren Daten mittels der Anlagenrechnung (= Erfassungsmodul) in einen adäquaten Input für die Kostenrechnung transformiert werden,[238] wozu auf Abbildung 3-1 zu verweisen ist. Genauso wie bei der Haushaltsmittelbewirtschaftung soll die Nutzung der Daten der Anlagenbuchhaltung für die Kosten- und Leistungsrechnung dem Prinzip der Einmalerfassung von Daten Rechnung tragen.[239] Während der Anlagenbuchhaltung die Aufgaben der systematischen Verwaltung der Anlagegegenstände nach beliebigen Hierarchien (siehe hierzu Abbildung 3-11) sowie der Berechnung der optimalen Ersatzzeitpunkte zukommen, fungiert die Anlagenrechnung als Rechensystem zur automatischen Berechnung von Abschreibungen und Zinsen für die Kosten- und Leistungsrechnung.[240]

Wie aus Abbildung 3-11 zu ersehen ist, bildet die Anlagenbuchhaltung die Grundlage für die Berechnung der Abschreibungen, der Zinsen auf das im Vermögen gebundene Kapital sowie der kalkulatorischen Miete.[241] Abschreibungen und Zinsen gelten gemäß Standard-KLR des Bundes als Kapitalkosten und sollen eine periodengerechte Erfassung und Abbildung der mit der Investition anfallenden Kosten gewährleisten, wofür sowohl eine Verteilung des Investitionsbetrages auf die Jahre der Nutzung als auch die adäquate Berücksichtigung der Verzinsung des für die Investition erforderlichen Kapitals vonnöten ist.[242] Mit den kalkulatorischen Abschreibungen und Zinsen können die Kosten für die Bereitstellung, Bereithaltung und Nutzung des für die Verwaltungsprozesse notwendigen Vermögens weitgehend abgebildet werden.[243]

---

[237] Siehe hierzu die detaillierten Ausführungen zu Punkt I.C.4. sowie zu Punkt IV.A.4. des 2. Kapitels.
[238] Siehe hierzu Bundesministerium der Finanzen (Hrsg.): Kosten- und Leistungsrechnung...(1997), S. 19 und 21.
[239] Siehe Bundesministerium der Finanzen (Hrsg.): Kosten- und Leistungsrechnung...(1997), S. 20.
[240] Siehe Bundesministerium der Finanzen (Hrsg.): Kosten- und Leistungsrechnung...(1997), S. 21.
[241] Siehe Bundesministerium der Finanzen (Hrsg.): Kosten- und Leistungsrechnung...(1997), S. 54.
[242] Siehe Bundesministerium der Finanzen (Hrsg.): Kosten- und Leistungsrechnung...(1997), S. 49; Liebe, Rüdiger: Kosten- und Leistungsrechnung...(1999), S. 166; Seeger, Tilman – Walter, Matthias: Kosten- und Leistungsrechnung...(1999), S. 94.
[243] Siehe hierzu ausführlich die detaillierten Ausführungen zu Punkt IV.A.4. des 2. Kapitels.

Abbildung 3-11

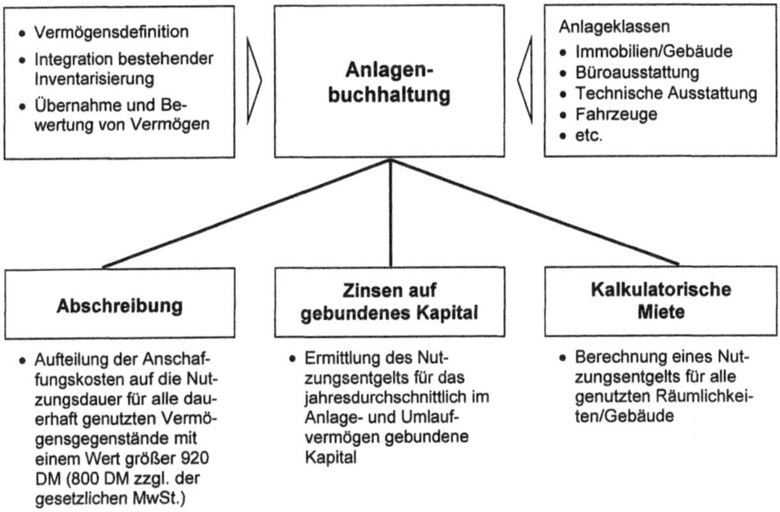


Entnommen aus Bundesministerium der Finanzen (Hrsg.): Kosten- und Leistungsrechnung...(1997), S. 54; Bundesministerium der Finanzen (Hrsg.): Einführung von Kosten- und Leistungsrechnung...(1997), S. 14.

Neben den kalkulatorischen Mieten und Risikokosten (Wagniskosten) zählt man bei der Standard-KLR die Abschreibungen und Zinsen zu den kalkulatorischen Kostenarten.[244] „Die kalkulatorischen Kosten stellen den tatsächlichen Werteverzehr einer Periode (z. B. das Haushaltsjahr) dar und periodisieren andererseits auch das betriebliche Geschehen."[245] Hierbei stellt sich die Frage, was unter tatsächlichem Werteverzehr zu verstehen ist. Diesbezüglich findet sich im KLR-Handbuch keine Erläuterung respektive Präzisierung. In Abhängigkeit von der Wertkomponente der Kosten muß der abgebildete Ressourcenverzehr immer relativ gesehen werden, womit es den tatsächlichen Ressourcenverzehr schlechthin so nicht gibt.[246] Entscheidend ist vielmehr die Abbildung eines rechnungszweckadäquaten Werteverzehrs, welcher der Kostenrechnung die Generierung aussagefähiger Informationen erlaubt.[247]

Ferner dürfen die Abschreibungen nicht generell unter den kalkulatorischen Kosten subsumiert werden. Kalkulatorische Kosten verkörpern Anders- und Zusatzkosten,[248] den Ausgaben in anderer Höhe oder überhaupt keine Ausgaben in der Haushalts-

[244] Siehe Bundesministerium der Finanzen (Hrsg.): Kosten- und Leistungsrechnung...(1997), S. 49 und 54.
[245] Bundesministerium der Finanzen (Hrsg.): Kosten- und Leistungsrechnung...(1997), S. 52.
[246] Bezüglich dieser Problematik ist auf die detaillierten Ausführungen zu Punkt II.B.2. sowie zu Punkt III.D. des 2. Kapitels zu verweisen.
[247] Siehe hierzu ausführlich die detaillierten Ausführungen zu Punkt II.B.2. sowie IV.A.4. des 2. Kapitels.
[248] Genauso sieht man das auch bei der Standard-KLR. Siehe hierzu Bundesministerium der Finanzen (Hrsg.): Kosten- und Leistungsrechnung...(1997), S. 53.

rechnung gegenüberstehen. Die zeitliche Ausgabenwirksamkeit ist hierbei nicht von Bedeutung. Nur wenn die genannten Bedingungen zutreffen, handelt es sich um kalkulatorische Kosten. Als Basis für die Berechnung der Abschreibungen fungieren jedoch im Normalfall bei der Standard-KLR – wie später noch aufgezeigt wird – die Anschaffungs- bzw. Herstellungskosten,[249] wodurch die Abschreibungen entsprechend als pagatorische Kosten einzustufen sind. Die falsche Klassifizierung der Abschreibungen als kalkulatorische Kosten ist ebenfalls in der Literatur zur verwaltungsbetrieblichen Kostenrechnung weit verbreitet, was bereits im 2. Kapitel eingehend kritisiert wurde.[250]

Sehr klar bringen diese Sichtweise ebenfalls *Seeger* und *Walter* zum Ausdruck: „Da den Abschreibungen keine echten Zahlungen zugrunde liegen und deshalb auch ein Pendant im Haushaltsplan fehlt, geht es um eine kalkulatorische Betrachtungsweise:“[251] Dem muß entgegengehalten werden, daß der durch die Abschreibungen abgebildete Ressourcenverzehr sehr wohl irgendwann mit Zahlungen verbunden ist und zwar zu dem Zeitpunkt, in welchem das abzuschreibende Investitionsgut durch die Behörde beschafft wird. Die zeitliche Divergenz zwischen Zahlung und Abschreibung spielt hierbei keine Rolle. Den Aufgabe der Abschreibungen ist es ja gerade, die einmaligen Investitionsausgaben auf die Dauer der Nutzung der Investitionsgüter zu verteilen.

Im folgenden sollen kurz die wesentlichen Standardvorgaben für die Ermittlung von Abschreibungen, Zinsen sowie kalkulatorischen Mieten nach dem Konzept der Standard-KLR des Bundes aufgezeigt werden:

- **Abschreibungen**

  Die Abschreibungen sind generell auf der Basis der Anschaffungs- bzw. Herstellungskosten[252] nach der linearen Methode vorzunehmen.[253] Zwecks Gebührenkalkulationen können allerdings als Option Wiederbeschaffungszeitwerte zur Anwendung kommen.[254] Für die Nutzungsdauern der einzelnen Gegenstände des allgemeinen Verwaltungsbereichs existieren in der Nutzungsdauer-Tabelle der Standard-KLR klare Richtwerte, welche die Bundesbehörden so auch übernehmen müssen.[255] Grundsätzlich sind alle Vermögensgegenstände mit einem Wert von über 920 DM (800 DM zzgl. gesetzlicher MwSt.) zu aktivieren und die Res-

[249] Siehe Bundesministerium der Finanzen (Hrsg.): Kosten- und Leistungsrechnung...(1997), S. 54 – 55.

[250] Siehe hierzu die Ausführungen zu Punkt II.B.1. des 2. Kapitels.

[251] Seeger, Tilman – Walter, Matthias: Kosten- und Leistungsrechnung...(1999), S. 90.

[252] Herstellungskosten bilden bei den Bundesbehörden eher die Ausnahme als die Regel.

[253] Siehe Bundesministerium der Finanzen (Hrsg.): Einführung von Kosten- und Leistungsrechnung...(1997), S. 14; Bundesministerium der Finanzen (Hrsg.): Kosten- und Leistungsrechnung...(1997), S. 55.

[254] Siehe Bundesministerium der Finanzen (Hrsg.): Kosten- und Leistungsrechnung...(1997), S. 55.

[255] Siehe Bundesministerium der Finanzen (Hrsg.): Kosten- und Leistungsrechnung...(1997), S. 55; Müller, Peter u. a.: In zehn Schritten zur Kosten- und Leistungsrechnung...(1998), S. 25. Im Anhang 3 des KLR-Handbuches sind die Nutzungsdauertabellen für die einzelnen Vermögensgegenstände mit den konkreten Zahlen aufgeführt. Siehe hierzu Bundesministerium der Finanzen (Hrsg.): Kosten- und Leistungsrechnung...(1997), S. 257 – 264.

sourcenverbräuche mittels Abschreibungen entsprechend auf die Nutzungsdauern zu verteilen.[256]

Der Ansatz von Anschaffungs- respektive Herstellungskosten als Abschreibungssumme schließt die Möglichkeit der Substanzerhaltung über Abschreibungen aus. Da Bundesverwaltungen ihre Leistungen zumeist ohne direktes Entgelt abgeben, spielt für sie die Finanzierung von Ersatzinvestitionen über Abschreibungsgegenwerte[257] sowieso kaum eine Rolle. Dennoch wird den Bundesbehörden die Möglichkeit der substantiellen Kapitalerhaltung eingeräumt, indem sie im Rahmen der Gebührenkalkulation Wiederbeschaffungszeitwerte verwenden dürfen und das natürlich unter der Prämisse, daß die Leistungen entsprechend entgeltpflichtig sind. Als pagatorische Kosten erlauben Abschreibungen auf der Basis von Anschaffungs- bzw. Herstellungskosten eine enge Verknüpfung zwischen Haushaltsrechnung und Kostenrechnung. Eine möglichst weitgehende Übernahme von Daten aus der Haushaltsrechnung in die Kostenrechnung dient der Kompatibilität zwischen diesen beiden Rechensystemen, welche öffentliche Verwaltungen anstreben sollen. Ferner kann man hierdurch den Aufwand für die Datenerfassung einigermaßen in Grenzen halten. Die soeben angeführten Gründe lassen eine grundsätzliche Verwendung von Anschaffungs- oder Herstellungskosten für die Berechnung der Abschreibungen bei den Bundesbehörden als sinnvoll erscheinen.

- **Zinsen auf gebundenes Kapital**

Als Berechnungsbasis für die Ermittlung der Zinsen fungiert das jahresdurchschnittlich betriebsnotwendige Kapital.[258] Konkret ausgedrückt, wird sowohl das im Anlagevermögen als auch im Umlaufvermögen gebundene Kapital verzinst, wobei lt. KLR-Handbuch auch hier generell Anschaffungs- bzw. Herstellungskosten der Wertermittlung zugrunde zu legen sind.[259] Anschaffungs- respektive Herstellungskosten sind sinnvollerweise deshalb heranzuziehen, weil mit dem Erwerb eines Vermögensgegenstandes die Bindung von Kapital in gleicher Höhe einhergeht. Hingegen beziehen sich Wiederbeschaffungswerte nicht auf das im Vermögen tatsächlich gebundene Kapital, sondern stellen jenes Volumen an Finanzmitteln dar, welches für die Beschaffung von Ersatzinvestitionen aufzubringen ist. Das Wort „durchschnittlich" verleitet zu der Annahme, daß für die Vermögensermittlung der abnutzbaren Gegenstände die Durchschnittswertmethode Anwendung findet. Dies ist jedoch nicht der Fall. Vielmehr sieht die Standard-KLR die Restbuchwertmethode vor, bei der jedes Jahr eine Durchschnittsbildung aus den jeweiligen Rest-

---

[256] Siehe Bundesministerium der Finanzen (Hrsg.): Kosten- und Leistungsrechnung...(1997), S. 49, 54; Scholz, Jörg Thomas: KLR-Handbuch...(1997), S. 27; Seeger, Tilman – Walter, Matthias: Kosten- und Leistungsrechnung...(1999), S. 94; Liebe, Rüdiger: Kosten- und Leistungsrechnung...(1999), S. 166.

[257] Siehe zur wiederbeschaffungswertorientierten Abschreibung Hummel, Siegfried – Männel, Wolfgang: Kostenrechnung 1...(1986), S. 166 – 172 sowie Schweitzer, Marcell – Küpper, Hans-Ulrich: Kosten- und Erlösrechnung...(1998), S. 115.

[258] Siehe Bundesministerium der Finanzen (Hrsg.): Kosten- und Leistungsrechnung...(1997), S. 54, 57; Bundesministerium der Finanzen (Hrsg.): Einführung von Kosten- und Leistungsrechnung...(1997), S. 14.

[259] Siehe Bundesministerium der Finanzen (Hrsg.): Kosten- und Leistungsrechnung...(1997), S. 54, 56 und 57; Bundesministerium der Finanzen (Hrsg.): Einführung von Kosten- und Leistungsrechnung...(1997), S. 14.

buchwerten erfolgt. Explizit werden im KLR-Handbuch weder Durchschnittswertmethode noch Restbuchwertmethode angeführt, jedoch sind dortige Vorgaben ein klares Indiz für die Restbuchwertmethode.[260] Besonders deutlich kann man die vorgesehene Verwendung der Restbuchwertmethode erkennen, wenn man sich die Bedeutung und den Informationsgehalt der Zinsen auf das betriebsnotwendige Kapital für die Bundesverwaltungen vor Augen führt. „Im Rahmen der KLR signalisiert diese Kostenart die Anlagenintensität und ‚Neuigkeitsgrad des gesamten Vermögens'."[261]

Die Restbuchwertmethode hat gegenüber der in der gängigen Literatur zur Kostenrechnung ebenfalls vorzufindenden Durchschnittswertmethode den Vorteil, daß sich das in den einzelnen Perioden jeweils gebundene Kapital wesentlich genauer berechnen läßt. Mit Abnahme der Restbuchwerte verringern sich in den fortschreitenden Perioden ebenfalls die kalkulatorischen Zinsen, was unter dem Gesichtspunkt der Stetigkeit nicht gerade als vorteilhaft anzusehen ist.[262] Durch progressive Abschreibungen lassen sich jedoch sinkende Zinsen ausgleichen, um in der Summe pro Teilperiode einen konstanten Kostenanfall zu erhalten. Zumeist gehen mit zunehmendem Alter der Anlagen steigende Instandhaltungskosten einher, weshalb auch bei linearen Abschreibungen eine einigermaßen gleichmäßige Kostenverrechnung (Zinskosten + Instandhaltungskosten) erfolgen kann. Außerdem sorgt bereits die unterschiedliche Altersstruktur der Anlagen, welche in der Regel bei privaten und öffentlichen Institutionen vorzufinden ist, für in etwa gleiche Zinskosten je Periode.[263] Demnach können Bundesverwaltungen getrost die Restbuchwertmethode verwenden,[264] wobei allerdings mit der erhöhten Genauigkeit der Kostendaten ebenfalls ein erhöhter Durchführungsaufwand[265] einhergeht. Die Grundstücke, als nicht abnutzbare Anlagegüter, sind natürlich mit den Anschaffungskosten zu berücksichtigen; als Ersatz hierfür kann aber auch der Bodenrichtwert vom Gutachterausschuß fungieren.[266] Obwohl Gebäude der Abnutzung unterliegen, ist für diese aus bestimmten Gründen – wie etwa die nicht mehr ermittelbaren Anschaffungs- oder Herstellungskosten bei historischen Gebäuden – in der Regel keine Abschreibung vorgesehen (Gewährleistung der Vergleichbarkeit der generierten Daten), wodurch die Anschaffungs- bzw. Herstellungskosten (bei Neubauten) oder der Feuerversicherungswert mit entsprechender Berücksichtigung des Baupreisindexes zum Ansatz kommen können.[267] Das Nutzungsentgelt für das eingesetzte Kapital richtet sich nach der Umlaufrendite börsennotierter Bundeswertpapiere, welche jedes Jahr vom BMF publiziert wird.[268]

---

260 Siehe Bundesministerium der Finanzen (Hrsg.): Kosten- und Leistungsrechnung...(1997), S. 57. Siehe dort insbesondere die Abbildung zu den Standards und Optionen für die Ermittlung des betriebsnotwendigen Kapitals.

261 Bundesministerium der Finanzen (Hrsg.): Kosten- und Leistungsrechnung...(1997), S. 53.

262 Vgl. Hummel, Siegfried – Männel, Wolfgang: Kostenrechnung 1...(1986), S. 175; Haberstock, Lothar: Kostenrechnung 1...(1997), S. 96.

263 Vgl. Hummel, Siegfried – Männel, Wolfgang: Kostenrechnung 1...(1986), S. 175.

264 Haberstock hingegen lehnt die Restbuchwertmethode kategorisch ab, ohne auf die Ausgleichsfaktoren einzugehen. Siehe hierzu Haberstock, Lothar: Kostenrechnung 1...(1997), S. 97 – 98.

265 Hierauf verweist Haberstock, Lothar: Kostenrechnung 1...(1997), S. 97.

266 Siehe Bundesministerium der Finanzen (Hrsg.): Kosten- und Leistungsrechnung...(1997), S. 57.

267 Siehe detailliert Bundesministerium der Finanzen (Hrsg.): Kosten- und Leistungsrechnung...(1997), S. 57 – 58.

268 Siehe Müller, Peter u. a.: In zehn Schritten zur Kosten- und Leistungsrechnung...(1998), S. 25.

- **Kalkulatorische Miete**

Mit dem Ansatz der kalkulatorischen Miete will man die Nutzung sämtlicher Räumlichkeiten der Bundesverwaltungen in der Kostenrechnung entsprechend adäquat abbilden.[269] Es soll verhindert werden, daß die im Eigentum des Bundes für die Verwaltungsprozesse genutzten Gebäude keine entsprechende Berücksichtigung in der Kosten- und Leistungsrechnung finden.[270] Die kalkulatorische Miete fungiert als Surrogat bei der Ermittlung der Kapitalkosten für die Gebäude der Bundesverwaltungen.[271] Läßt sich der Gebäudewert (ursprüngliche AK/HK bzw. aktueller Wert) nicht (mehr) oder nur mit größtem Aufwand feststellen, bleibt es der Bundesbehörde versagt, Gebäudeabschreibungen sowie Verzinsungen auf das in Gebäuden gebundene Kapital vorzunehmen.[272] Deshalb sieht das Konzept der Standard-KLR ein Operieren mit kalkulatorischer Miete vor. In Divergenz hierzu hat die kalkulatorische Miete für Institutionen der Erwerbswirtschaft lediglich eine marginale Bedeutung. Personen- bzw. Kapitalgesellschaften schließen mit den Gesellschaftern Mietverträge bzw. Leasingverträge ab, in denen für die Nutzungsüberlassung von privatem Vermögen ein bestimmtes Nutzungsentgelt festgelegt wird. Demgemäß erfolgen auch entsprechende Zahlungen.[273] Aufgrund des Selbstkontrahierungsverbots nach § 181 BGB bleibt es den Einzelunternehmen verwehrt, die Nutzung von Privatvermögen für betriebliche Zwecke mittels Verträge zu regeln. Die Nutzung unentgeltlich überlassener Anlagegüter können Einzelunternehmungen durch den Ansatz von kalkulatorischer Miete in der Kostenrechnung entsprechend berücksichtigen, weshalb ausschließlich hier die kalkulatorische Miete überhaupt eine Rolle spielt.[274] Anhand der kalkulatorischen Miete sollen Einzelunternehmungen den Personen- bzw. Kapitalgesellschaften hinsichtlich der Kosten für die Anlagennutzung gleichgestellt werden. Dadurch schafft man eine einheitliche Datenbasis, die zwischenbetriebliche Vergleiche ermöglicht und gleiche Bedingungen für die Preiskalkulation gewährleistet. Letzterem Gedanken folgt beispielsweise das öffentliche Preisrecht, welches bei der Kalkulation öffentlicher Aufträge den Einbezug kalkulatorischer Mieten erlaubt.[275] Ansonsten führt die kalkulatorische Miete heutzutage bei den Kostenarten erwerbswirtschaftlicher Betriebe eher ein Schattendasein, zumal der Großteil der neu gegründeten Firmen in der Rechtsform einer Kapitalgesellschaft betrieben wird.

Während die kalkulatorischen Mieten lt. KLR-Handbuch zum einen als direkter Ersatz für die Gebäudeabschreibungen dienen sollen,[276] sind sie zum anderen bei den Zinsen lediglich für die Ermittlung des gebundenen Kapitals vorgesehen.[277] Die kalkulatorischen Mieten fungieren hier also nicht als Ersatz für die Zinsen, sondern als Hilfsmittel für die Eruierung des gebundenen Kapitals, welches die Bewertungsgrundlage der kalkulatorischen Zinsen widerspiegelt. Das gebundene

---

[269] Siehe Bundesministerium der Finanzen (Hrsg.): Kosten- und Leistungsrechnung...(1997), S. 49, 54 und 58.
[270] Vgl. Seeger, Tilman – Walter, Matthias: Kosten- und Leistungsrechnung...(1999), S. 91.
[271] Siehe hierzu auch die Ausführungen zu Punkt IV.A.4.c des 2. Kapitels.
[272] Siehe Bundesministerium der Finanzen (Hrsg.): Kosten- und Leistungsrechnung...(1997), S. 58.
[273] Vgl. Hummel, Siegfried – Männel, Wolfgang: Kostenrechnung 1...(1986), S. 182.
[274] Vgl. Haberstock, Lothar: Kostenrechnung 1...(1997), S. 100.
[275] Vgl. Hummel, Siegfried – Männel, Wolfgang: Kostenrechnung 1...(1986), S. 182 – 183.
[276] Siehe Bundesministerium der Finanzen (Hrsg.): Kosten- und Leistungsrechnung...(1997), S. 49.
[277] Siehe Bundesministerium der Finanzen (Hrsg.): Kosten- und Leistungsrechnung...(1997), S. 58.

Kapital ergibt sich dabei durch eine spezielle Hochrechnung der Jahresnettomiete für ein entsprechend vergleichbares Mietobjekt. Konkret wird die Jahresmiete durch den Zinsfaktor (der Zinsfaktor bringt das Nutzungsentgelt für das eingesetzte Kapital zum Ausdruck und richtet sich nach der Umlaufrendite börsennotierter Bundeswertpapiere)[278] dividiert und mit 100 multipliziert.[279] Die Basis für den Ansatz kalkulatorischer Mieten bilden die ortsüblichen Vergleichsmieten.[280] Den Umweg der Hochrechnung der Mieten auf das gebundene Kapital, welches die Berechnung der Zinsen ermöglicht, könnte man sich jedoch ersparen und anstatt der Zinsen direkt die kalkulatorischen Mieten ansetzen, die neben den Zinsen auch noch die Abschreibungen berücksichtigen und somit den gesamten Kapitaldienst abzubilden vermögen. Ein Operieren mit kalkulatorischen Mieten kann generell für alle Anlagengegenstände, unabhängig von ihrem Alter, erfolgen. Dies trägt zur Vergleichbarkeit unterschiedlich strukturierter Verwaltungen bei und erlaubt es außerdem, den Aufwand für die Durchführung der Kostenrechnung in Grenzen zu halten. Ferner können mittels kalkulatorischer Mieten bereits Kostendaten generiert werden, wenn noch keine Anlagenbuchhaltung existiert. Somit bieten kalkulatorische Mieten insbesondere bei der Einführung der Kosten- und Leistungsrechnung, also auf kurzfristige Sicht, eine wertvolle Möglichkeit der Berücksichtigung von Kapitalkosten. Langfristig ist jedoch von kalkulatorischen Mieten eher abzuraten.[281]

Die Anlagenbuchhaltung hat zwecks Erfüllung der vorhin genannten Aufgaben alle Vermögensgegenstände der Bundesverwaltung mit einem Wert von über 920 DM zu erfassen[282] und soll für diese den Vermögensbestand, Vermögenszuwachs sowie Vermögensverzehr entsprechend systematisch abbilden.[283] Läuft die Kosten- und Leistungsrechnung bereits im Wirkbetrieb, müssen generell die neu angeschafften und zugegangenen Vermögensgegenstände zeitgleich mit der Beschaffung erfaßt werden.[284] Bei der Einführung der Kosten- und Leistungsrechnung ist eine Nacherfassung der bis dato vorhandenen Vermögensgegenstände erforderlich.[285] Hierzu kann man sich größtenteils der in den Bundesverwaltungen praktizierten Inventarisierung bedienen, wobei die Inventarisierungsinformationen in Form von Inventarlisten vorliegen.[286] Erfolgt die Führung der Inventarlisten DV-gestützt, hält sich der Erfassungsaufwand in Grenzen. Neben der Bewertung der aufgeführten Vermögensgegenstände ist durch den Kostenrechner zu klären, welche Anlagenbestände KLR-relevant sind.[287] Ein Großteil der Inventarlisten wird jedoch bis heute nicht IT-gestützt

278 Siehe hierzu obige Ausführungen zu den kalkulatorischen Zinsen.

279 Siehe Bundesministerium der Finanzen (Hrsg.): Kosten- und Leistungsrechnung...(1997), S. 58.

280 Siehe Müller, Peter u. a.: In zehn Schritten zur Kosten- und Leistungsrechnung...(1998), S. 25; Bundesministerium der Finanzen (Hrsg.): Kosten- und Leistungsrechnung...(1997), S. 58.

281 Siehe hierzu detailliert die Ausführungen zu Punkt IV.A.4.c des 2. Kapitels.

282 Vermögensgegenstände mit einem Wert bis zu 920 DM werden sofort abgeschrieben. Siehe Bundesministerium der Finanzen (Hrsg.): Kosten- und Leistungsrechnung...(1997), S. 58.

283 Siehe Bundesministerium der Finanzen (Hrsg.): Kosten- und Leistungsrechnung...(1997), S. 21, 54 und 58.

284 Siehe Bundesministerium der Finanzen (Hrsg.): Kosten- und Leistungsrechnung...(1997), S. 58; Liebe, Rüdiger: Kosten- und Leistungsrechnung...(1999), S. 178.

285 Siehe Bundesministerium der Finanzen (Hrsg.): Kosten- und Leistungsrechnung...(1997), S. 58.

286 Siehe Bundesministerium der Finanzen (Hrsg.): Kosten- und Leistungsrechnung...(1997), S. 58; Seeger, Tilman – Walter, Matthias: Kosten- und Leistungsrechnung...(1999), S. 93.

287 Vgl. Seeger, Tilman – Walter, Matthias: Kosten- und Leistungsrechnung...(1999), S. 93.

verwaltet, sondern findet sich in den Bundesbehörden in Papierform wieder.[288] Egal ob die Inventarisierungsinformationen auf Papier (z. B. Karteikarten) oder auf Datei vorliegen, müssen diese durch KLR-spezifische Informationen ergänzt werden.[289] Hierbei kann es sich beispielsweise um den Wert des Vermögensgegenstandes, die Nutzungsdauer, die Zuordnung zu einer Kostenstelle, etc. handeln.[290] Gewöhnlicherweise enthalten die Anlagenkonten der Anlagenbuchhaltung, auf welche die Vermögensgegenstände zu buchen sind, Daten bezüglich: Bezeichnung des Anlagegegenstandes und Identifizierungsmerkmal (Inventar- oder Bestandsnummer), Anlagegruppe, Anschaffungswert, ggf. Wiederbeschaffungswert, Restbuchwert bzw. bisherige Abschreibungsbeträge, ggf. Wagniskosten und/oder Hinweis auf Versicherungsbeiträge, Nutzungsdauer, Beschaffungsdatum, Zuordnung zu einer Kostenstelle, Zuschreibungen bzw. werterhaltende Reparaturen sowie bei Gebäuden Angaben über Nutzungsflächen.[291] Diese Daten sollen eine adäquate Berücksichtigung des in der Rechnungsperiode aufgetretenen Ressourcenverzehrs in der Kosten- und Leistungsrechnung ermöglichen.

### C. Bundeskontenrahmen für den Kosten- und Leistungsartenplan

Der Bundeskontenrahmen gilt als inhaltlicher Standard[292] und gibt den Bundesverwaltungen die grundlegende Struktur ihrer Kosten- und Leistungsartenpläne vor. Im Bundeskontenrahmen spiegelt sich das für die Bundesinstitutionen vorgesehene Kontenordnungssystem der standardisierten Kosten- und Leistungsrechnung wider.[293] Er ist somit als strukturelles Pendant zur Haushaltssystematik des Bundes zu sehen.[294] Die verbindliche Strukturvorgabe des Bundeskontenrahmens soll eine bundesweit einheitliche Systematisierung der Konten der Kosten- und Leistungsrechnung aller Bundesbehörden und –ministerien gewährleisten.[295] Das einheitliche und logisch aufgebaute Numerierungssystem ermöglicht den Bundesverwaltungen die Generierung vergleichbarer Kosteninformationen sowie die relativ problemlose und schnelle Realisierung der KLR-Buchungen.[296] Um ein bestimmtes Maß an Einheitlichkeit zu gewährleisten, enthält der Bundeskontenrahmen alle Konten, die für den Betrieb der Kosten- und Leistungsrechnung relevant sind, in Form einer Mindestgliederungstiefe[297] und regelt damit auf einer obersten Aggregationsebene die Belegung sowie den Inhalt der einzelnen Kontenklassen.[298] Die Grundstruktur des Bundeskontenrahmens findet sich in Abbildung 3-12 wieder.

---

288 Siehe Seeger, Tilman – Walter, Matthias: Kosten- und Leistungsrechnung...(1999), S. 93.
289 Siehe Bundesministerium der Finanzen (Hrsg.): Kosten- und Leistungsrechnung...(1997), S. 54.
290 Vgl. Liebe, Rüdiger: Kosten- und Leistungsrechnung...(1999), S. 176.
291 Siehe genauer Liebe, Rüdiger: Kosten- und Leistungsrechnung...(1999), S. 175 – 176.
292 Siehe hierzu Abbildung 3-2. Siehe hierzu ebenfalls Bundesministerium der Finanzen (Hrsg.): Kosten- und Leistungsrechnung...(1997), S. 17 – 18.
293 Siehe Bundesministerium der Finanzen (Hrsg.): Kosten- und Leistungsrechnung...(1997), S. 43; Seeger, Tilman – Walter, Matthias: Kosten- und Leistungsrechnung...(1999), S. 71; Liebe, Rüdiger: Kosten- und Leistungsrechnung...(1999), S. 157.
294 Vgl. Seeger, Tilman – Walter, Matthias: Kosten- und Leistungsrechnung...(1999), S. 71.
295 Siehe Bundesministerium der Finanzen (Hrsg.): Kosten- und Leistungsrechnung...(1997), S. 43.
296 Vgl. Seeger, Tilman – Walter, Matthias: Kosten- und Leistungsrechnung...(1999), S. 71.
297 Siehe Bundesministerium der Finanzen (Hrsg.): Kosten- und Leistungsrechnung...(1997), S. 43.
298 Siehe Liebe, Rüdiger: Kosten- und Leistungsrechnung...(1999), S. 157.

Abbildung 3-12

**Grundaufbau des Bundeskontenrahmens**

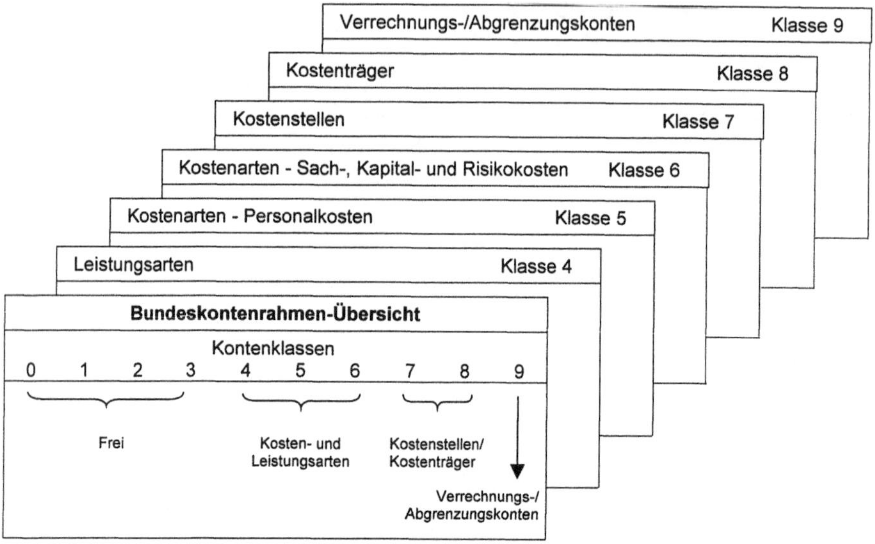


Entnommen aus Bundesministerium der Finanzen (Hrsg.): Kosten- und Leistungsrechnung...(1997), S. 44; Bundesministerium der Finanzen (Hrsg.): Einführung von Kosten- und Leistungsrechnung...(1997), S. 13.

Der Bundeskontenrahmen enthält die 10 Kontenklassen 0 – 9 (siehe hierzu Abbildung 3-12) und wurde auf der Basis der Erfahrungen aus existierenden KLR-Konzepten in der Privatwirtschaft kreiert.[299] Vorrangige Aufgabe des Bundeskontenrahmens ist die Sicherstellung der systematischen Abbildung aller Geschäftsvorfälle, die für die Kosten- und Leistungsrechnung Relevanz besitzen.[300] Dies erfolgt durch die Kontenklassen 4 – 9. Insbesondere in den Kontenklassen 4 – 6 und 9 finden sich konkrete Regelungen zwecks einer adäquaten Abbildung und Kategorisierung des verwaltungsbetrieblichen Geschehens in Form von Kosten- und Leistungsarten. Während sich die Kontenklassen 4 – 6 den einzelnen Kosten- und Leistungsarten widmen, dient die Kontenklasse 9 der Verrechnung und Abgrenzung (Abgrenzung zwischen HKR und KLR) von Kosten.[301] Inhalt, Bezeichnung sowie Systematik der Konten dieser vier Kontenklassen finden sich im Kosten- und Leistungsartenplan entsprechend detailliert wieder und sind so von den Bundesverwaltungen als Standard verbindlich zu übernehmen,[302] worauf nachfolgend noch genauer einzugehen ist. In Divergenz zu den Kontenklassen 4 – 6 und 9 sind die Kontenklassen 7

[299] Siehe Bundesministerium der Finanzen (Hrsg.): Kosten- und Leistungsrechnung...(1997), S. 43; Bundesministerium der Finanzen (Hrsg.): Einführung von Kosten- und Leistungsrechnung...(1997), S. 13; Liebe, Rüdiger: Kosten- und Leistungsrechnung...(1999), S. 157.

[300] Siehe Bundesministerium der Finanzen (Hrsg.): Kosten- und Leistungsrechnung...(1997), S. 43.

[301] Siehe Bundesministerium der Finanzen (Hrsg.): Kosten- und Leistungsrechnung...(1997), S. 43 – 44.

[302] Siehe Bundesministerium der Finanzen (Hrsg.): Kosten- und Leistungsrechnung...(1997), S. 43.

und 8 nicht mit konkreten Vorgaben belegt, sondern lassen den Bundesinstitutionen Freiraum für behördenspezifische Ausgestaltungen. Die für die Kostenstellen sowie Kostenträger reservierten Kontenklassen 7 und 8 enthalten keinerlei inhaltliche Konkretisierung und erlauben so den Bundesbehörden, je nach Bedarf, die Entwicklung eigener und zweckadäquater Systematiken für die Gestaltung der Kostenstellen- und Kostenträgerrechnung.[303]

Neben den für die Kosten- und Leistungsrechnung vorgesehenen Kontenklassen 4 – 9 enthält der Bundeskontenrahmen ebenfalls noch die Kontenklassen 0 – 3, welche als Reserveklassen keine spezifische Belegung haben und damit den Bundesbehörden zur freien Verwendung zur Verfügung stehen. Im KLR-Handbuch sind als Beispiele für die Nutzung der noch offenen Klassen 0 – 3 das Anlagevermögen, die Rückstellungen sowie die Risikokosten angeführt, wobei die Zuordnung der einzelnen Positionen zu den verschiedenen Klassen beliebig erfolgen kann.[304] Konkretere Vorstellungen hat hingegen *Liebe*. Nach dessen Dafürhalten sollten die Klasse 0 für das Anlagevermögen, die Klasse 1 für das Umlaufvermögen, die Klasse 2 für die Rückstellungen und schließlich die Klasse 3 für die Verbindlichkeiten genutzt werden. Hierdurch sieht *Liebe* die Möglichkeit der systematischen Integration von Kosten- und Leistungsrechnung, Finanzrechnung sowie Vermögens- und Schuldenrechnung.[305] Welchen Sinn es macht, die Kontenklassen 0 – 3 frei zu lassen und erst mit der Kontenklasse 4 zu beginnen, läßt sich aus dem KLR-Handbuch nicht eruieren. Üblicherweise belegt man zunächst einmal die unteren Kontenklassen und benutzt sodann die restlichen, übriggebliebenen Klassen als Lückenfüller, wonach im konkreten Fall mit der Kontenklasse 0 als Medium für den Ausweis der Standardvorgaben zu beginnen wäre. Außerdem würde es zweckmäßig sein, die Kontenklasse 4 mit den Personalkosten sowie die Kontenklasse 5 mit den Sach-, Kapital- und Risikokosten zu belegen, um ein entsprechendes Äquivalent zu den Obergruppen 4 und 5 des Haushaltswesens zu schaffen, wodurch wiederum ein durchgängigerer Datenfluß zwischen der Kosten- und Leistungsrechnung und der Haushaltsrechnung realisiert werden könnte. Dies geschieht aber beim Konzept der Standard-KLR gerade nicht, was der Verfasser bereits vorhin bei den Ausführungen zur Verbindung zwischen Haushaltstiteln und Kostenarten monieren mußte.

Aus dem Bundeskontenrahmen haben die Bundesverwaltungen ihre behördenspezifischen Kontenpläne für die Kosten- und Leistungsrechnung abzuleiten.[306] Bezüglich des Kosten- und Leistungsartenplans gelten die im Bundeskontenrahmen festgelegten Kosten- und Leistungsarten als verbindliche Vorgaben, welche Abbildung 3-13 vollständig aufzeigt. Hierbei handelt es sich um ein Strukturierungssystem, dessen Detaillierungsgrad in der vorgegebenen Weise auch so als Mindestdifferenzierung zu übernehmen ist.[307] Im KLR-Handbuch heißt es: „Der Bundeskontenrahmen ist auf der dargestellten Ebene bindend, behördenspezifische Detaillierungen sind jedoch

[303] Siehe Bundesministerium der Finanzen (Hrsg.): Kosten- und Leistungsrechnung...(1997), S. 44.
[304] Siehe Bundesministerium der Finanzen (Hrsg.): Kosten- und Leistungsrechnung...(1997), S. 43.
[305] Siehe Liebe, Rüdiger: Kosten- und Leistungsrechnung...(1999), S. 158.
[306] Siehe Bundesministerium der Finanzen (Hrsg.): Kosten- und Leistungsrechnung...(1997), S. 43, 45; Seeger, Tilman – Walter, Matthias: Kosten- und Leistungsrechnung...(1999), S. 71.
[307] Siehe Bundesministerium der Finanzen (Hrsg.): Kosten- und Leistungsrechnung...(1997), S. 50; Müller, Peter u. a.: In zehn Schritten zur Kosten- und Leistungsrechnung...(1998), S. 24.

möglich."[308] Weitere behördenspezifische Detaillierungen können somit die Bundesbehörden je nach Bedarf vornehmen. Das Bedürfnis weitergehender Differenzierungen erwächst allein schon aus dem Streben nach einer adäquaten Zuordnung der Haushaltstitel zu den Kosten- und Leistungsarten.[309] Der Kosten- und Leistungsartenplan soll nämlich die fachliche Kompatibilität zwischen dem Haushaltswesen und der Kosten- und Leistungsrechnung sicherstellen. D. h. konkret, daß HKR-Konten und KLR-Konten ineinander überführbar sind,[310] was bereits die Ausführungen zur Schnittstellenkonzeption Haushaltstitel – Kostenarten verdeutlichen.[311] Deshalb muß sich auch die Kontenstruktur des Kosten- und Leistungsartenplans an der Kontenstruktur des Gruppierungsplans des Haushalts ausrichten.[312] Einen positiven Beitrag zur Kompatibilität zwischen Haushaltswesen und Kosten- und Leistungsrechnung vermag ebenfalls die weiter oben erläuterte Zuordnungsliste zu leisten.[313] Aus diesem Grunde erscheint es als selbstverständlich, daß sich dort neben den Haushaltstiteln ebenfalls die Kosten- und Leistungsarten wiederfinden und zwar genau in der Form, wie sie der Kosten- und Leistungsartenplan des Bundeskontenrahmens vorsieht.[314] Die Zuordnung der Haushaltstitel zu den Kosten- und Leistungsarten erfolgt bei der Standard-KLR auf der Ebene der Obergruppen des Gruppierungsplans des Haushalts.[315] Deshalb können weitergehende Differenzierungen in der Haushaltsrechnung ebenfalls einen höheren Differenzierungsgrad im Kosten- und Leistungsartenplan erforderlich machen. Einer vom Kosten- und Leistungsartenplan des Bundeskontenrahmens abweichenden, tiefergehenden Systematisierung bedarf es auch, wenn die Bundesverwaltung besondere Rechenzwecke verfolgt oder ihre spezifische Organisation eine spezielle Ausgestaltung der Kosten- und Leistungsrechnung nötig macht.[316] Der Erkenntnisgewinn sollte jedoch immer den Durchführungsaufwand des Rechensystems rechtfertigen.

Die Aufstellung des Kosten- und Leistungsartenplans spiegelt die Festlegung der Konten wider, welche die jeweils anfallenden Kosten- und Leistungsarten in einer systematischen Form abzubilden vermögen.[317] Hierdurch wird die Basis für eine weitgehend automatisch ablaufende Buchung in der Kostenrechnung geschaffen, wobei die Buchungsinformationen überwiegend aus der Haushaltsrechnung stammen. Als Hilfsmittel fungiert dabei die Überführungsrechnung auf der Grundlage der Zuordnungsliste, die die Buchungsvorschriften verkörpert, bei welchen Haushaltstitelbuchungen gleichzeitig welche Buchungen in der Kosten- und Leistungsrechnung einhergehen sollen.[318]

---

[308] Bundesministerium der Finanzen (Hrsg.): Kosten- und Leistungsrechnung...(1997), S. 50, 337.
[309] Siehe Müller, Peter u. a.: In zehn Schritten zur Kosten- und Leistungsrechnung...(1998), S. 24.
[310] Siehe Bundesministerium der Finanzen (Hrsg.): Kosten- und Leistungsrechnung...(1997), S. 45.
[311] Siehe hierzu die Ausführungen zu Punkt IV.A. dieses Kapitels.
[312] Siehe Bundesministerium der Finanzen (Hrsg.): Kosten- und Leistungsrechnung...(1997), S. 45.
[313] Bezüglich der Zuordnungsliste siehe die Ausführungen zu Punkt IV.A. dieses Kapitels.
[314] Siehe hierzu Bundesministerium der Finanzen (Hrsg.): Kosten- und Leistungsrechnung...(1997), S. 339 – 355. Siehe ebenfalls Müller, Peter u. a.: In zehn Schritten zur Kosten- und Leistungsrechnung...(1998), S. 24.
[315] Siehe Bundesministerium der Finanzen (Hrsg.): Kosten- und Leistungsrechnung...(1997), S. 46; Müller, Peter u. a.: In zehn Schritten zur Kosten- und Leistungsrechnung...(1998), S. 24.
[316] Vgl. Müller, Peter u. a.: In zehn Schritten zur Kosten- und Leistungsrechnung...(1998), S. 24.
[317] Siehe Bundesministerium der Finanzen (Hrsg.): Kosten- und Leistungsrechnung...(1997), S. 45.
[318] Siehe Liebe, Rüdiger: Kosten- und Leistungsrechnung...(1999), S. 160 – 161; Bundesministerium der Finanzen (Hrsg.): Kosten- und Leistungsrechnung...(1997), S. 45; Bundesministerium der Finanzen (Hrsg.): Einführung von Kosten- und Leistungsrechnung...(1997), S. 13.

Abbildung 3-13

## Kosten- und Leistungsartenplan der Standard-KLR

| Kontenklassen | | | | | | | |
|---|---|---|---|---|---|---|---|
| | | Kostenarten | | | | | |
| 4 | Leistungsarten | 5 | Personalkosten | 6 | Sach-, Kapital- und Risikokosten | 9 | Verrechnungs-/ Abgrenzungs-/ Abschlußkonten |
| 4 | Leistungen/Erlöse | 5 | Personalkosten | 6 | Sach-, Kapital- und Risikokosten | 9 | Verrechnungs-/ Abgrenzungs-/ Abschlußkonten |
| 40 | Verwaltungserlöse (11) | 50 | Kosten für ehrenamtlich Tätige | 60 | Büro- und Verwaltungskosten sowie Kosten für Sammlungen und für Aus- und Weiterbildung* | 90 | Verrechnungskonten (inner-/zwischenbehördliche Verrechnungen) |
| 41 | Erlöse aus Erstattungen (23, 27) | 51 | Dienstbezüge und dgl. (42) | 61 | Kommunikations- und Reisekosten* | 91 | Abgrenzungskonten |
| | | | | | | 911 | Investitionen (51-54, 55, 7, 81, 82,88) |
| 42 | Kalkulatorische Erlöse | 52 | Beihilfen, Unterstützungen und dgl. (44) | 62 | Material-, Hilfs- und Betriebskosten sowie Kosten für Fuhrpark, Geräte und Ausstattungen* | 912 | Versorgungsbezüge und dgl. (43) |
| 43-47 | frei | 53 | Personalbezogene Sachkosten (45) | 63 | Kosten der Unterhaltung und Bewirtschaftung von Immobilien* | 913-918 | frei |
| 48 | Sonstige Erlöse | 54 | Vesorgungsrückstellungen und dgl. | 64 | Dienstleistungen Dritter sowie Kosten für (wehr-) technische F&E* | 919 | Sonstige Abgrenzungen |
| 49 | Neutrale Erträge<br>- betriebsfremd<br>- periodenfremd<br>- außergewöhnlich | 55-57 | frei | | | 92 | Abschlußkonten |
| | | 58 | Sonstige Personalkosten | 65 | Kapitalkosten | 94-99 | frei |
| | | 59 | Neutrale Personalaufwendungen<br>- betriebsfremd<br>- periodenfremd<br>- außergewöhnlich | 66 | Risikokosten | | |
| | | | | 67 | Erstattungen | | |
| | | | | 68 | Sonstige Kosten aus dienstlicher Veranlassung | | |
| | | | | 69 | Neutrale Sachaufwendungen<br>- betriebsfremd<br>- periodenfremd<br>- außergewöhnlich | | |
| | | | | | * soweit nicht aktivierungspflichtig | | |

Entnommen aus Bundesministerium der Finanzen (Hrsg.): Kosten- und Leistungsrechnung...(1997), S. 337.

Alle Leistungsarten haben die Bundesverwaltungen in der Kontenklasse 4 zu erfassen und auszuweisen (siehe dazu Abbildung 3-13). Hierbei differenziert man im Rahmen der Standard-KLR zwischen ordentlichen und neutralen Leistungen. Unter den ordentlichen Leistungen sind alle Leistungen zu subsumieren, welche regelmäßig wiederkehren sowie periodenbezogen anfallen und außerdem in Verbindung mit dem behördlichen Auftrag erbracht werden. Eine zentrale Position der ordentlichen Leistungen bilden die Verwaltungseinnahmen, deren Daten aus der Obergruppe 11 des Gruppierungsplans des Haushalts stammen.[319] In Divergenz zu den ordentlichen Leistungen (Verwaltungserlöse, Erlöse aus Erstattungen, kalkulatorische und sonstige Erlöse) spiegeln neutrale Leistungen behördenfremde, periodenfremde oder außergewöhnliche Erlöse wider.[320]

Die Personalkosten finden ihren Niederschlag in der Kontenklasse 5.[321] Elementare Bedeutung der Personalkosten haben die Dienstbezüge (Kostenarten-Nr. 51), die Beihilfen und Unterstützungen (Kostenarten-Nr. 52) sowie die personalbezogenen Sachkosten (Kostenarten-Nr. 53), welche aus den Obergruppen 42, 44 und 45 des Haushalts zu übernehmen sind.[322] Ferner sollen die Versorgungsrückstellungen (Kostenarten-Nr. 54) die vollständige Berücksichtigung des pesonalbezogenen Werteverzehrs auf Behördenebene gewährleisten.[323] Im KLR-Handbuch wird der Ausweis der Versorgungsaufwendungen auf der Ebene der Behörden propagiert, damit die jeweiligen Bundesverwaltungen ihre Versorgungsrückstellungen mit den Versorgungsaufwendungen auf Behördenebene zumindest langfristig abgleichen können.[324] Der Kosten- und Leistungsartenplan des Bundes sieht für die Abgrenzung zwischen Versorgungsausgaben und Versorgungsrückstellungen das Konto mit der Nummer 912 vor.[325] Analog zu den neutralen Leistungsarten erfahren die neutralen Personalausgaben eine entsprechende Abgrenzung von den ordentlichen Personalkosten, deren Buchung auf das Konto Nummer 59 zu erfolgen hat.[326]

Sachkosten stellen neben den Personalkosten ein großes Kostenvolumen in den Bundesverwaltungen dar und finden sich in der Kontenklasse 6 des Bundeskontenrahmens wieder.[327] Zu ihnen gehören Büro- und Verwaltungskosten sowie Kosten für Sammlungen und für Aus- und Weiterbildung (Konto-Nr. 60), Kommunikations- und Reisekosten (Konto-Nr. 61), Material-, Hilfs- und Betriebskosten sowie Kosten für Fuhrpark, Geräte und Ausstattungen (Konto-Nr. 62), Kosten der Unterhaltung und Bewirtschaftung von Immobilien (Konto-Nr. 63) und letztendlich Kosten für Dienstleistungen Dritter oder für wehrtechnische F&E (Konto-Nr. 64).[328] Die Sachkosten haben ihr Pendant vorwiegend in den Titeln der Obergruppen 51 bis 54 des Gruppierungsplans[329] und können zumeist unmittelbar aus der Haushaltsrechnung übernommen werden.[330] Auch hier gilt es die Sachkosten von den neutralen Sachausgaben (Konto-Nr. 69) abzugrenzen.[331]

[319] Siehe hierzu speziell Bundesministerium der Finanzen (Hrsg.): Kosten- und Leistungsrechnung...(1997), S. 340.
[320] Siehe Bundesministerium der Finanzen (Hrsg.): Kosten- und Leistungsrechnung...(1997), S. 48.
[321] Siehe hierzu Abbildung 3-13.
[322] Siehe diesbezüglich konkret Bundesministerium der Finanzen (Hrsg.): Kosten- und Leistungsrechnung...(1997), S. 344.
[323] Siehe Bundesministerium der Finanzen (Hrsg.): Kosten- und Leistungsrechnung...(1997), S. 48.
[324] Siehe Bundesministerium der Finanzen (Hrsg.): Kosten- und Leistungsrechnung...(1997), S. 48.
[325] Siehe Abbildung 3-13. Siehe ebenfalls Bundesministerium der Finanzen (Hrsg.): Kosten- und Leistungsrechnung...(1997), S. 48.
[326] Siehe Bundesministerium der Finanzen (Hrsg.): Kosten- und Leistungsrechnung...(1997), S. 48. Siehe ebenfalls Abbildung 3-13.
[327] Vgl. Bundesministerium der Finanzen (Hrsg.): Kosten- und Leistungsrechnung...(1997), S. 49.
[328] Siehe Abbildung 3-13.
[329] Vgl. ausführlich Bundesministerium der Finanzen (Hrsg.): Kosten- und Leistungsrechnung...(1997), S. 345 – 349.
[330] Siehe Bundesministerium der Finanzen (Hrsg.): Kosten- und Leistungsrechnung...(1997), S. 49.
[331] Siehe Abbildung 3-13.

Übersteigen Sachausgaben die Wertgrenze von 920 DM, gelangen sie nicht mehr als Sachkosten in die Kostenrechnung, sondern gelten als Investitionen und erfordern dementsprechend vorzunehmende Abschreibungen. Denn die Abschreibungen erlauben eine periodengerechte Erfassung des mit der Investitionsausgabe verbundenen Ressourcenverzehrs. Das Problem der Herausfilterung der Investitionsausgaben zwecks Aktivierung und periodengerechten Abgrenzung tritt bei Sachausgaben zwischen 920 DM und 10.000 DM auf. Ausgaben über 10.000 DM erfahren hingegen generell bereits eine Buchung auf einem Investitionstitel der Haushaltsrechnung und kommen deshalb auf einem Sachausgabenkonto überhaupt nicht zum Vorschein.[332] Während Sachausgaben bis 920 DM auf ein entsprechendes Sachkostenkonto zu buchen sind, müssen größere Beträge auf dem Investitionskonto (Konto-Nr. 911) erfaßt werden. Folglich tauchen Sachausgaben über 920 DM in der Kostenrechnung in Form von Abschreibungen als Kapitalkosten auf und nicht als Sachkosten.[333]

Unter den Kapitalkosten (Konto-Nr. 65) erfolgt die Subsumierung der Abschreibungen sowie der Zinsen auf das gebundene Kapital.[334] Abschreibungen und Zinsen dienen der periodengerechten Erfassung und Abbildung des mit Investitionen verbundenen Kostenanfalls, wozu es der Verteilung der Investitionsausgaben auf die einzelnen Perioden der Nutzung der Gegenstände und der Berücksichtigung der Verzinsung des in den Vermögensgegenständen gebundenen Kapitals bedarf.[335] Für die Ermittlung der Abschreibungen nutzt man bei der Standard-KLR das Abgrenzungskonto Investitionen mit der Nummer 911, auf welches der Zugang von Vermögensgegenständen entsprechend zu speichern ist.[336]

Mit den Risikokosten (Konto-Nr. 66) soll den bundesbehördlichen Wagnissen wegen unvorhersehbarer Ereignisse Rechnung getragen werden. Bundesverwaltungen schließen in der Regel keine Versicherungen gegen künftige Schadensfälle oder Ersatzansprüche ab, weshalb Wagniskosten für die Bundesinstitutionen besondere Relevanz besitzen. Wegen der Sicherstellung der Transparenz propagiert das KLR-Handbuch die Einrichtung von separaten Wagniskonten für jede einzelne Wagniskostenart.[337]

Neben den Konten für die Kosten- und Leistungsarten schreibt die Standard-KLR spezielle Verrechnungs- und Abgrenzungskonten in konkreter Weise vor.[338] Auf die Abgrenzungskonten für Investitionen und Versorgungsbezüge wurde bereits vorhin bei den Personalkosten sowie Kapitalkosten entsprechend eingegangen. Sinn und Zweck dieser Konten ist die periodengerechte Ermittlung des verwaltungsbehördlichen Ressourcenverzehrs. Hingegen dienen die Verrechnungskonten, wie der Name schon sagt, der inner- und zwischenbehördlichen Leistungsverrechnung. Dabei handelt es sich um die Verrechnung von Leistungen, welche nicht mit Zahlungen ver-

[332] Siehe Bundesministerium der Finanzen (Hrsg.): Kosten- und Leistungsrechnung...(1997), S. 49; Liebe, Rüdiger: Kosten- und Leistungsrechnung...(1999), S. 166.
[333] Siehe Bundesministerium der Finanzen (Hrsg.): Kosten- und Leistungsrechnung...(1997), S. 49.
[334] Siehe Bundesministerium der Finanzen (Hrsg.): Kosten- und Leistungsrechnung...(1997), S. 49.
[335] Siehe hierzu die detaillierten Ausführungen zu Punkt IV.B. dieses Kapitels.
[336] Siehe Abbildung 3-13. Siehe insbesondere Bundesministerium der Finanzen (Hrsg.): Kosten- und Leistungsrechnung...(1997), S. 353 – 354.
[337] Siehe Bundesministerium der Finanzen (Hrsg.): Kosten- und Leistungsrechnung...(1997), S. 49.
[338] Siehe Abbildung 3-13.

bunden sind.[339] Die in Abbildung 3-13 aufgeführten und hier kurz erläuterten Kosten- und Leistungsarten sind für die Bundesverwaltungen als Standard verbindlich vorgegeben. Wie sich diese Kosten- und Leistungsarten im einzelnen konkret aus den verschiedenen Titeln der Haushaltsrechnung ableiten lassen, erfahren die Bundesinstitutionen aus der Zuordnungsliste im Anhang 6 des KLR-Handbuches.[340]

### D. Bedeutsame Regelungen bezüglich der Kostenerfassung und -bewertung

Mehr oder minder detailliert wurden wichtige bundeseinheitliche Regelungen bezüglich der Erfassung der Mengen- und Wertkomponenten von Kosten in Bundesverwaltungen bereits mit den Abschnitten Ressourcenbedarf für die Produkterstellung, Schnittstellenkonzeption Haushaltstitel – Kostenarten, Anlagenbuchhaltung und Anlagenrechnung sowie Bundeskontenrahmen für den Kosten- und Leistungsartenplan angesprochen.[341] Der folgende Abschnitt dient deshalb der Ergänzung sowie der Systematisierung der Erfassungs- und Bewertungsvorschriften nach Kostenarten gemäß der Struktur im Bundeskontenrahmen.

#### 1. Personalkosten

Die Mengenkomponente der Personalkosten spiegelt sich in der Arbeitszeit wider, welche beim Konzept der Standard-KLR durch entsprechende dezentrale Zeitaufschriebe zu erfassen ist.[342] Der Personalzeiterhebung zwecks Ermittlung der Personalkosten widmen sich in intensiver Weise die Ausführungen zu Punkt II.D. des 3. Kapitels, worauf an dieser Stelle verwiesen werden kann. Jedoch erscheint es notwendig, den mit der Zeiterfassung verbundenen Arbeitsaufwand hier nochmals explizit vor Augen zu führen. Durch die separate Erfassung der Personalausgaben in der Haushaltsrechnung und der Personalkosten in der Kostenrechnung wird dem eindringlich geforderten Prinzip der Einmalerfassung nicht Folge geleistet.[343] Vielmehr opfert man für die akribischen Zeiterhebungen ein beträchtliches Volumen an personellen und informationstechnischen Ressourcen, ohne die hierdurch generierten Daten in der Haushaltsrechnung adäquat nutzen und damit einhergehend den Durchführungsaufwand für die Haushaltsbuchungen beschränken zu können. Die Nichtnutzung der Haushaltsdaten zur Generierung der Kostendaten und umgekehrt wirkt sich außerdem negativ auf die Konvergenz zwischen Haushaltsrechnung und Kostenrechnung aus und verschleiert die Gründe für die abweichenden Ergebnisse der beiden getrennt geführten Rechenwerke. Darüber hinaus erfordert die mindestens einmal jährlich durchzuführende Abgrenzungsrechnung zusätzliche Abstimmungs- sowie Abgrenzungstätigkeiten, um HKR-Ergebnis und KLR-Ergebnis ineinander überführen zu können.

Als Wertkomponente der Personalkosten sieht die Standard-KLR den Ansatz von verwaltungsspezifischen Durchschnittssätzen vor. Die Berechnung der Personal-

339 Siehe Bundesministerium der Finanzen (Hrsg.): Kosten- und Leistungsrechnung...(1997), S. 49.
340 Siehe Bundesministerium der Finanzen (Hrsg.): Kosten- und Leistungsrechnung...(1997), S. 337 – 355.
341 Siehe hierzu die Ausführungen zu den Punkten II.D., IV.A., IV.B. sowie IV.C. in diesem Kapitel.
342 Siehe hierzu nochmals Bundesministerium der Finanzen (Hrsg.): Kosten- und Leistungsrechnung...(1997), S. 59.
343 Hierauf wird ebenfalls bei Seeger, Tilman – Walter, Matthias: Kosten- und Leistungsrechnung...(1999), S. 85 hingewiesen.

kostensätze erfolgt dabei jeweils für Beamte, Angestellte und Arbeiter nach einem einheitlichen Schemata unter Berücksichtigung möglichst gleicher Kostenkomponenten.[344] Berechnungsbasis für sämtliche Personalkostensätze bilden die Ist-Werte des Vorjahres. Demzufolge haben die Bundesverwaltungen die Personalkostensätze für Beamte nach folgendem Standardschema zu ermitteln:[345]

- **Bezüge der Beamten gemäß Besoldungsgruppe**

  Ansatz durchschnittlicher Ist-Werte des Vorjahres je Behörde und Besoldungsgruppe.

- **Personalnebenkosten (Beihilfe, Trennungsgeld etc.)**

  Ansatz der Durchschnittswerte des Vorjahres einheitlich für alle Mitarbeiter der gesamten Behörde.

- **Kalkulatorische Kosten für Pensions- und Pflegerückstellungen**

  Berücksichtigung durch die BMI-Versorgungspauschale mit derzeit 30 %.

- **Kalkulatorische Kosten der Unkündbarkeit**

  Keine Berücksichtigung.

In Divergenz hierzu muß zur Berechnung der Kostensätze für Gehälter und Löhne folgendes einheitliches Schema Anwendung finden:[346]

- **Vergütung/ Lohn gemäß Vergütungs-/Lohngruppe**

  Ansatz durchschnittlicher Ist-Werte des Vorjahres je Behörde und Vergütungs- bzw. Lohngruppe.

- **Arbeitgeberanteil zur Krankenversicherung und Pflegeversicherung**

  Ansatz der Durchschnittswerte des Vorjahres je Behörde.

- **Arbeitgeberanteil zur Rentenversicherung**

  Berücksichtigung wie Vergütung.

- **Arbeitgeberanteil zur Arbeitslosenversicherung**

  Berücksichtigung wie Vergütung.

Der bundeseinheitliche Berechnungsvorgang zur Ermittlung der Personalkostensätze läuft über das Bundesamt für Finanzen, das den Bundeseinrichtungen die behördenspezifischen Daten in Form von Monatsbezügen zur Verfügung stellt, woraus sich die Kostensätze gemäß der verwendeten Zeiteinheiten ableiten lassen.[347] Hierdurch soll die Vergleichbarkeit der generierten Kostendaten auf Bundesebene gewährleistet werden. Daneben können die Bundesverwaltungen auf die vom Bundesministerium des Innern zentral für alle Bundesinstitutionen herausgegebenen Personalkostensät-

---

[344] Siehe Bundesministerium der Finanzen (Hrsg.): Kosten- und Leistungsrechnung...(1997), S. 62.

[345] Siehe Bundesministerium der Finanzen (Hrsg.): Kosten- und Leistungsrechnung...(1997), S. 62.

[346] Siehe Bundesministerium der Finanzen (Hrsg.): Kosten- und Leistungsrechnung...(1997), S. 62.

[347] Siehe Bundesministerium der Finanzen (Hrsg.): Kosten- und Leistungsrechnung...(1997), S. 62; Seeger, Tilman – Walter, Matthias: Kosten- und Leistungsrechnung...(1999), S. 88. Siehe zur Ermittlung der Personalkostensätze ebenfalls die Ausführungen zu Punkt II.D. dieses Kapitels sowie die dort angeführten Kritikpunkte.

ze zurückgreifen, falls eine spezifische Kostenberechnung, aus welchen Gründen auch immer, nicht in Erwägung gezogen wird.[348] Die Personalkostensätze des BMI werden ebenfalls nach obigen Berechnungsschematas ermittelt.[349] Das Bundesministerium des Innern aktualisiert die Werte regelmäßig und stellt sie sodann separiert nach obersten Bundesbehörden und nachgeordneten Bundesbehörden zur entsprechenden Nutzung zur Verfügung. Die konkreten Personalkostensätze für Bundesverwaltungen, eingeteilt nach Beamte, Verwaltungsangestellte und Lohnempfänger sowie differenziert nach den verschiedenen Besoldungs-, Vergütungs- und Lohngruppen, finden sich neben dem konkreten Berechnungsprocedere in der Anlage 1 der vom Bundesministerium des Innern bereitgestellten Kostensatzübersichten wieder.[350]

## 2. Sachkosten

Die Sachkosten können zu einem großen Teil direkt aus der Haushaltsrechnung in die Kosten- und Leistungsrechnung übernommen werden.[351] Aufgrund des Ansatzes der Haushaltswerte auch in der Kostenrechnung handelt es sich hierbei um pagatorische Kosten, was mitunter ebenfalls für die Abbildung der Verbrauchs- und Materialkosten gilt. Im KLR-Handbuch findet sich dazu folgender Wortlaut: „Grundsätzlich werden die bezahlten Rechnungsbeträge auch als Wertansatz für die Verbräuche betrachtet."[352] Dem liegt die Annahme zugrunde, daß der Zugang genau dem Verbrauch entspricht, weshalb Veränderungen der Lagerbestände außen vor bleiben. Die Unterstellung konstanter Lagerbestände erfolgt generell bei Anwendung des Festwertverfahrens, womit die Bundesverwaltungen nur ungenaue Daten hinsichtlich des Anfalls von Sachkosten generieren können.[353] Anwendungsgebiete einer solchen Verbrauchserfassung sind vorwiegend Verbräuche des täglichen Verwaltungsbedarfs, wozu Papier und Schreibwerkzeuge gehören.[354]

Von diesem Standard gilt es abzuweichen, wenn der Verbrauch eines spezifischen Repetiergutes mehr als 5 % der gesamten Materialeinzelkosten eines Kostenträgers beträgt. Dann muß die Bundesbehörde die verbrauchte Menge an Verwaltungsmaterialien nach folgender Formel ermitteln: [355]

***Verbrauch = Anfangsbestand + Zugang – Endbestand***

Hierbei handelt es sich um die aus dem Schrifttum zur Kostenrechnung bekannten Inventurmethode, die auch des öfteren als Befundrechnung oder Bestandsdifferen-

[348] Siehe Bundesministerium des Innern (Hrsg.): Übersichten...(1997), Anlage 1, S. 1.
[349] Siehe Bundesministerium des Innern (Hrsg.): Übersichten...(1997), Anlage 1, S. 1.
[350] Siehe Bundesministerium des Innern (Hrsg.): Übersichten...(1997), Anlage 1. Hierbei handelt es sich um den Stand vom September 1997.
[351] Siehe hierzu die entsprechenden Ausführungen zu Punkt IV.C. dieses Kapitels. Siehe ebenfalls Bundesministerium der Finanzen (Hrsg.): Kosten- und Leistungsrechnung...(1997), S. 49. Siehe darüber hinaus Seeger, Tilman – Walter, Matthias: Kosten- und Leistungsrechnung...(1999), S. 85.
[352] Bundesministerium der Finanzen (Hrsg.): Kosten- und Leistungsrechnung...(1997), S. 51.
[353] Vgl. Hummel, Siegfried – Männel, Wolfgang: Kostenrechnung 1...(1986), S. 144; Kilger, Wolfgang: Kostenrechnung...(1992), S. 79.
[354] Siehe Bundesministerium der Finanzen (Hrsg.): Kosten- und Leistungsrechnung...(1997), S. 51.
[355] Siehe Bundesministerium der Finanzen (Hrsg.): Kosten- und Leistungsrechnung...(1997), S. 51.

zenrechnung bezeichnet wird.[356] Zur Feststellung der Bestände bedarf es natürlich der Durchführung einer Inventur, mit welcher entsprechende Kosten verbunden sind. Monatliche Abrechnungsperioden erfordern monatliche Bestandsaufnahmen.[357] Den Durchführungsaufwand letzterer Methode müssen die Erkenntnisgewinne der körperlichen Bestandsaufnahme rechtfertigen. Zumeist findet sich die Legitimation dieser etwas aufwendigeren Erfassungsmethode in der Bedeutsamkeit des betreffenden Verbrauchsgutes sowie in der gewollten Einflußnahme auf die entsprechende Kostenart wieder.[358] Neben dem Durchführungsaufwand haftet der Inventurmethode der Nachteil an, daß sie nicht aufzeigt, ob die Materialien für die Leistungserstellung eingesetzt wurden oder aufgrund von Schwund, Diebstahl oder Verderb untergegangen sind. Solche außergewöhnlichen Bestandsminderungen lassen sich mit der Inventurmethode nicht eruieren und demzufolge auch nicht beeinflussen, da Differenzen zwischen Istverbrauch und Sollverbrauch einer entsprechenden Analyse versperrt bleiben. Ferner kann man mit der Inventurmethode nicht feststellen, welche Kostenstellen bzw. Kostenträger den Materialverbrauch hervorrufen.[359] Für die Ermittlung des Materialkostensatzes sind die gesamten Anschaffungskosten durch die in der Periode beschafften Mengeneinheiten zu dividieren.[360] Der so ermittelte Materialkostensatz dient sodann als Wertgerüst für die verbrauchten Materialien. Schwanken die Einkaufspreise des Materials während des Jahres um mehr als 15 %, sollte die Bewertung des Verbrauchs nach der Methode des gewogenen Durchschnitts erfolgen.[361]

Eine weitere Möglichkeit der Erfassung des Materialverbrauchs bietet der Einsatz des Materialentnahmescheins, auf dem sämtliche Lagerentnahmen festzuhalten sind, womit die Fortschreibungsmethode respektive Skontrationsmethode angesprochen ist.[362] Mit Hilfe des Materialentnahmescheins gelingt es, die Kosten direkt auf die betroffenen Kostenstellen und Kostenträger zu verrechnen. Addiert man zum Anfangsbestand die Zugänge und subtrahiert anschließend die Abgänge lt. Materialentnahmescheine, erhält man den buchmäßigen Endbestand. Ein Vergleich des so ermittelten buchmäßigen Endbestandes mit dem Endbestand gemäß Inventur – wobei die Bestandsaufnahme in größeren Zeitabständen stattfinden kann – ermöglicht die Aufdeckung von Bestandsminderungen wegen Diebstahl, Verderb oder Schwund.[363] Außerdem können bei dieser Methode die tatsächlich geleisteten Anschaffungskosten als Wertgerüst fungieren. Wegen der genannten Gründe sieht die

[356] Vgl. Hummel, Siegfried – Männel, Wolfgang: Kostenrechnung 1...(1986), S. 144; Haberstock, Lothar: Kostenrechnung 1...(1997), S. 64; Kloock, Josef u. a.: Kosten- und Leistungsrechnung...(1999), S. 81; Kilger, Wolfgang: Kostenrechnung...(1992), S. 79.

[357] Vgl. Hummel, Siegfried – Männel, Wolfgang: Kostenrechnung 1...(1986), S. 145; Haberstock, Lothar: Kostenrechnung 1...(1997), S. 65; Kloock, Josef u. a.: Kosten- und Leistungsrechnung...(1999), S. 81; Kilger, Wolfgang: Kostenrechnung...(1992), S. 80.

[358] Siehe Bundesministerium der Finanzen (Hrsg.): Kosten- und Leistungsrechnung...(1997), S. 51.

[359] Vgl. Hummel, Siegfried – Männel, Wolfgang: Kostenrechnung 1...(1986), S. 145; Haberstock, Lothar: Kostenrechnung 1...(1997), S. 65; Kloock, Josef u. a.: Kosten- und Leistungsrechnung...(1999), S. 81; Kilger, Wolfgang: Kostenrechnung...(1992), S. 80.

[360] Siehe Bundesministerium der Finanzen (Hrsg.): Kosten- und Leistungsrechnung...(1997), S. 51.

[361] Siehe Bundesministerium der Finanzen (Hrsg.): Kosten- und Leistungsrechnung...(1997), S. 51.

[362] Vgl. Hummel, Siegfried – Männel, Wolfgang: Kostenrechnung 1...(1986), S. 145; Haberstock, Lothar: Kostenrechnung 1...(1997), S. 65; Kilger, Wolfgang: Kostenrechnung...(1992), S. 80 – 82.

[363] Vgl. Hummel, Siegfried – Männel, Wolfgang: Kostenrechnung 1...(1986), S. 145; Haberstock, Lothar: Kostenrechnung 1...(1997), S. 66; Schweitzer, Marcell – Küpper, Hans-Ulrich: Kosten- und Erlösrechnung...(1998), S. 106.

Standard-KLR die Erfassung der Verbrauchs- und Materialkosten mittels Materialentnahmescheine als Option zu den beiden oben aufgezeigten Verfahren vor. Die Verbrauchserfassung durch Materialentnahmescheine ist eine einigermaßen genaue Methode, verursacht jedoch einen beträchtlichen Arbeitsaufwand. Deshalb soll sie lt. KLR-Handbuch nur subsidiär, beim Versagen der anderen Methoden zur hinreichend genauen Erfassung des Ressourcenverbrauchs, Anwendung finden.[364]

Zumeist werden die aus dem Lager entnommenen Materialien nicht sofort verbraucht, sondern landen vorübergehend in Handmagazinen, welche die Kostenstellen für eine reibungslose Leistungserstellung führen. Solche zeitliche Diskrepanzen zwischen Lagerentnahme und tatsächlichem Materialverbrauch haben zur Folge, daß eine exakte Erfassung des Materialverbrauchs mittels der Fortschreibungsmethode mißlingt. Deshalb bedarf es zu einer präzisen Abbildung des Materialverbrauchs entsprechender Verbrauchsaufschreibungen an den Kostenplätzen, die genau dokumentieren, wieviel Mengeneinheiten von welchen Materialien für welche Leistungen erforderlich waren.[365] Da jedoch bei öffentlichen Verwaltungen der Anteil der Materialkosten an den Gesamtkosten recht gering ist, dürften die Erkenntnisgewinne solcher genauen Verbrauchsaufschreibungen den damit verbundenen Durchführungsaufwand kaum rechtfertigen. Unter Kosten-Nutzen-Aspekten kann somit den Bundesverwaltungen diese Methodik der Materialverbrauchserfassung nicht empfohlen werden.

Einen relativ begrenzten Durchführungsaufwand verursacht die Rückrechnung, auch retrograde Methode genannt. Charakteristisch für diese Methode ist der Ansatz von Standardverbräuchen respektive Normverbräuchen. Dazu müssen detaillierte Kenntnisse bezüglich der für die Erstellung bestimmter Leistungen erforderlichen Materialien vorhanden sein, was in der Industrie über Stücklisten bzw. Rezepturen geschieht. Öffentliche Verwaltungen verfügen allerdings zumeist nicht über ein solches Dokument, mit dem der Materialbedarf einer zu erstellenden Leistung adäquat abgebildet wird. Demzufolge läßt sich auch retrograd kein Materialverbrauch als Sollwert ermitteln, der sich durch Multiplikation der pro Stück angesetzten Normverbräuche mit der jeweils erstellten Leistungsmenge ergibt.[366] Besitzt hingegen die öffentliche Verwaltung die zur Durchführung der Rückrechnung notwendigen Daten, muß sie bedenken, daß der mit dieser Methode errechnete Sollverbrauch keinen Informationscharakter hinsichtlich außerplanmäßiger Bestandsminderungen hat. Möchte die Verwaltungsführung Mehr- oder Minderverbräuche bzw. generell nicht plankonforme Bestandsminderungen aufdecken, muß die Inventurmethode und/oder Fortschreibungsmethode herangezogen werden.[367]

---

[364] Siehe Bundesministerium der Finanzen (Hrsg.): Kosten- und Leistungsrechnung...(1997), S. 51.

[365] Vgl. Hummel, Siegfried – Männel, Wolfgang: Kostenrechnung 1...(1986), S. 145. Siehe ebenfalls Männel, Wolfgang: Kostenrechnung...(2000), S. 35.

[366] Vgl. Hummel, Siegfried – Männel, Wolfgang: Kostenrechnung 1...(1986), S. 146; Haberstock, Lothar: Kostenrechnung 1...(1997), S. 66.

[367] Vgl. Haberstock, Lothar: Kostenrechnung 1...(1997), S. 66; Hummel, Siegfried – Männel, Wolfgang: Kostenrechnung 1...(1986), S. 146.

## 3. Kapitalkosten

Unter den Kapitalkosten sind lt. KLR-Handbuch die Abschreibungen und die Zinsen auf das gebundene Kapital zu subsumieren. Bezüglich der Berechnung der Höhe der Kapitalkosten enthält die Standard-KLR ganz klare Vorgaben. Konkret macht das KLR-Handbuch zu den Determinanten der Abschreibungen folgende Aussagen:

- **Abschreibungssumme**[368]

  Generell werden die Anschaffungs- bzw. Herstellungskosten angesetzt. In Ausnahmefällen ist ebenfalls der Wiederbeschaffungszeitwert zulässig, welcher der substantiellen Kapitalerhaltung dienen soll. Eine Operation mit dem Wiederbeschaffungszeitwert kann bei der Gebührenkalkulation, Preisfindung oder bei Vergleichen mit Privaten erfolgen. Zur Ermittlung des Wiederbeschaffungszeitwertes sind die Anschaffungs- bzw. Herstellungskosten mit dem Preisindex der Abrechnungsperiode zu multiplizieren und zugleich mit dem Preisindex der Anschaffungsperiode zu dividieren.

- **Abschreibungsmethode**[369]

  Als Standard ist die lineare Abschreibung vorgesehen. Falls die Inanspruchnahme der Ressourcen großen Schwankungen unterliegt, dürfen die Bundesverwaltungen auch ein verbrauchs- respektive leistungsbezogenes Abschreibungsverfahren anwenden, wobei sie die Schwankungen entsprechend nachzuweisen haben.

- **Nutzungsdauer**

  Das KLR-Handbuch gibt den Bundesverwaltungen klare Richtwerte für die Festlegung der Nutzungsdauer der Vermögensgegenstände des allgemeinen Verwaltungsbereichs vor. Die Richtwerte sind im Anhang 3 des KLR-Handbuches aufgeführt.[370] Von den Richtwerten darf nur abgewichen werden, wenn behördenspezifische Gegebenheiten der Ressourcennutzung dies unbedingt erfordern, was zudem plausibel zu belegen ist. Während der Phase der Nutzung der Gegenstände hat eine Änderung der Nutzungsdauer zu unterbleiben. Im Falle einer verkürzten Nutzung muß eine Sonderabschreibung den Delta-Betrag auffangen. Dauert die tatsächliche Nutzung länger, entfallen die Abschreibungen in der Kostenstellenrechnung.[371] Ferner erlaubt die Standardregelung keine Abschreibung unter Null. Nur im Rahmen von Sonderrechnungen kann zur Verstetigung der Kalkulationsbasis eine Abschreibung unter Null erfolgen. [372] Bezüglich der Fachbereiche existieren beim Konzept der Standard-KLR keine Richtwertvorgaben zu den Nutzungsdauern der Vermögensgegenstände. Ebenfalls unterbleiben explizite Aussagen, um welche Art von Nutzungsdauer es sich bei den Richtwerten des allgemeinen Verwaltungsbereichs handelt, ob wirtschaftliche, technische oder steuerliche Nutzungsdauer. Die in der Nutzungsdauertabelle angeführten Zahlen lassen

---

368 Siehe Bundesministerium der Finanzen (Hrsg.): Kosten- und Leistungsrechnung...(1997), S. 55.

369 Siehe Bundesministerium der Finanzen (Hrsg.): Kosten- und Leistungsrechnung...(1997), S. 55. Siehe ebenfalls Bundesministerium der Finanzen (Hrsg.): Einführung von Kosten- und Leistungsrechnung...(1997), S. 14.

370 Siehe Bundesministerium der Finanzen (Hrsg.): Kosten- und Leistungsrechnung...(1997), S. 257 – 264.

371 Siehe Bundesministerium der Finanzen (Hrsg.): Kosten- und Leistungsrechnung...(1997), S. 55.

372 Siehe Bundesministerium der Finanzen (Hrsg.): Kosten- und Leistungsrechnung...(1997), S. 55.

allerdings die Zugrundelegung der wirtschaftlichen Nutzungsdauer vermuten.[373] Außerdem dürfen die Bundesverwaltungen in Ausnahmefällen die AfA-Tabellen zur Festlegung behördenspezifischer Nutzungsdauern heranziehen.[374]

Bei der Ermittlung der kalkulatorischen Zinsen haben die Bundesinstitutionen nachfolgende Regelungen der Standard-KLR hinsichtlich der Zinskostenkomponenten zu berücksichtigen:

- **Kapitalbindung**

  Das jahresdurchschnittlich im verwaltungsbetriebsnotwendigen Vermögen gebundene Kapital bildet die eine der beiden Komponenten der Zinskosten. Für dessen Berechnung werden die in der Anlagenbuchhaltung geführten Werte der jeweiligen Anlagegegenstände herangezogen.[375] Um den Jahresdurchschnitt zu erhalten, sind die Periodenanfangsbestände und die Periodenendbestände in den Kalkül zu involvieren. Die in der Anlagenbuchhaltung ausgewiesenen Bestandswerte sind die Resultate der um die Abschreibungen geminderten Anschaffungs- respektive Herstellungskosten. Lassen sich aus welchen Gründen auch immer die Anschaffungs- oder Herstellungskosten und damit verbunden die aktuellen Werte nicht ermitteln, können ersatzweise der Bodenrichtwert – bei Grundstücken – oder der Feuerversicherungswert – bei Gebäuden – als Kapitalsurrogat fungieren.[376] Weitere Informationen bezüglich der Kapitalbindung bei Grundstücken, Gebäuden sowie generell beim Anlagevermögen finden sich in den entsprechenden Ausführungen zu Punkt IV. B. dieses Kapitels.[377] Neben dem Anlagevermögen bindet ebenfalls das Umlaufvermögen Kapital, jedoch hält sich das Volumen bei öffentlichen Verwaltungen in Grenzen. Für die Ermittlung des jahresdurchschnittlichen Bestandes an Umlaufvermögen sieht die Standard-KLR den Einsatz der Formel: Endbestand = Anfangsbestand + Zugang – Verbrauch vor. Nur in Ausnahmefällen können Verbrauchsfolgeverfahren sowie körperliche Bestandsaufnahmen zur Anwendung kommen, wozu wirtschaftliche Aspekte legitimieren.[378] Das in der Erwerbswirtschaft in den Kalkül miteinfließende Abzugskapital hat für die Bundesverwaltungen nur marginale Bedeutung und bleibt deshalb im KLR-Handbuch außen vor.[379]

- **Zinssatz**

  Der Zinssatz als zweite und restliche Komponente der Zinskosten richtet sich bei den Bundesverwaltungen nach der Umlaufrendite börsennotierter Bundeswertpapiere. Die Höhe dieser Rendite gibt das BMF den Bundesinstitutionen jedes Jahr neu bekannt und gilt als einheitliches Nutzungsentgelt für das gesamte im Ver-

---

[373] Siehe hierzu Bundesministerium der Finanzen (Hrsg.): Kosten- und Leistungsrechnung...(1997), S. 257 – 264.

[374] Siehe Bundesministerium der Finanzen (Hrsg.): Kosten- und Leistungsrechnung...(1997), S. 257.

[375] Siehe Bundesministerium der Finanzen (Hrsg.): Kosten- und Leistungsrechnung...(1997), S. 54, 57; Bundesministerium der Finanzen (Hrsg.): Einführung von Kosten- und Leistungsrechnung...(1997), S. 14.

[376] Vgl. genauer Bundesministerium der Finanzen (Hrsg.): Kosten- und Leistungsrechnung...(1997), S. 57 – 58.

[377] Siehe hierzu die entsprechenden Ausführungen zu Punkt IV. B. in diesem Kapitel.

[378] Siehe detailliert Bundesministerium der Finanzen (Hrsg.): Kosten- und Leistungsrechnung...(1997), S. 57.

[379] Genauso findet sich auch in den Bundesverwaltungen kaum nicht verwaltungsbetriebsnotwendiges Vermögen wieder.

waltungsvermögen gebundene Kapital.[380] Der Kalkulationszinssatz schwankt um die 6 %[381] und betrug im Jahre 1996 konkret 6,18 %.[382]

### 4. Risikokosten

Mit den Risikokosten respektive Wagniskosten sollen die Bundesverwaltungen die Einhaltung der mit der Kostenrechnung verbundenen Grundsätze der Periodisierung und Normalisierung sicherstellen. Die Risiken und künftigen Schäden der Bundesinstitutionen können durch den Ansatz von Wagniskosten entsprechende Berücksichtigung in der verwaltungsbetrieblichen Kostenrechnung finden. Außergewöhnliche Zahlungen im Haushalt erfahren eine Normalisierung und Periodisierung gemäß dem Prinzip der Bildung von Rückstellungen.[383] Gerade für die Bundesverwaltungen sind die Wagniskosten sehr wichtig, da sie als Selbstversicherer keinerlei Versicherungen für Wagnisse und Risiken abschließen. Auf lange Sicht gilt es die tatsächlich eintretenden Schäden und die kalkulierten Wagniskosten in Einklang zu bringen.[384] Bezüglich des Volumens an jährlichen Wagniskosten erfolgt eine Ausrichtung an der statistisch belegbaren Schadenshöhe der betreffenden Behörde und des jeweiligen spezifischen Einzelrisikos. Orientieren können sich dabei die Bundesverwaltungen an der Höhe vergleichbarer Versicherungsprämien, wobei das spezielle Risiko auch tatsächlich versicherbar sein muß. Subsidiär sieht die Standard-KLR den Ansatz eines Wertes vor, welcher den objektiven Tatbeständen entspricht und zudem von einem gutgläubigen Dritten jederzeit nachvollzogen werden kann.[385]

## E. Wertgehalt der Standardvorgaben zur Kostenartenrechnung

Die Ausführungen zur Kostenartenrechnung belegen, daß die Bundesverwaltungen verstärkt mit kalkulatorischen Kosten arbeiten. Hinsichtlich der Kostenerfassung und –bewertung propagiert das KLR-Handbuch ein Abstellen auf kalkulatorische Kosten.[386] Das KLR-Handbuch enthält einheitliche Regelungen, nach denen die Bundesbehörden die Kostendaten zu erfassen und zu strukturieren haben. Als wichtige Instrumente zur Umsetzung dienen hierbei der Bundeskontenrahmen, die Zuordnungsliste (Überführung von Haushaltstiteln in Kostenarten) sowie das Zeitaufschreibungsformular. Einheitliche Regelungen existieren ebenfalls für die Bestimmung der Wertkomponente anfallender Kosten. Bei den Personalkosten kommen nicht die realen Entgelte zum Ansatz, die in gleicher Höhe mit Ausgaben verbunden sind, sondern behördenspezifische Durchschnittswerte, welche auf den Haushaltsdaten der Vergangenheit beruhen. Die Basis für die Berechnung der Abschreibungen und Zinsen bilden die Anschaffungs- bzw. Herstellungskosten. Finanzierungen über Abschreibungsgegenwerte spielen bei Bundesbehörden kaum eine Rolle, da die Ver-

---

380 Siehe Müller, Peter u. a.: In zehn Schritten zur Kosten- und Leistungsrechnung...(1998), S. 25.

381 Als Kalkulationszinssatz für Wirtschaftlichkeitsuntersuchungen sieht ebenfalls das BMI 6 % vor. Siehe hierzu Bundesministerium des Innern (Hrsg.): Übersichten...(1997), Anlage 2, S. 2 – 3.

382 Siehe Müller, Peter u. a.: In zehn Schritten zur Kosten- und Leistungsrechnung...(1998), S. 25.

383 Siehe Bundesministerium der Finanzen (Hrsg.): Kosten- und Leistungsrechnung...(1997), S. 49, 53; Müller, Peter u. a.: In zehn Schritten zur Kosten- und Leistungsrechnung...(1998), S. 25.

384 Siehe Bundesministerium der Finanzen (Hrsg.): Kosten- und Leistungsrechnung...(1997), S. 49, 53; Müller, Peter u. a.: In zehn Schritten zur Kosten- und Leistungsrechnung...(1998), S. 25.

385 Siehe Bundesministerium der Finanzen (Hrsg.): Kosten- und Leistungsrechnung...(1997), S. 53; Müller, Peter u. a.: In zehn Schritten zur Kosten- und Leistungsrechnung...(1998), S. 25.

386 Siehe dazu Bundesministerium der Finanzen (Hrsg.): Kosten- und Leistungsrechnung...(1997), S. 53.

waltungsleistungen zumeist ohne direktes Entgelt abgegeben werden, womit den Wiederbeschaffungswerten nur eine sehr geringe Bedeutung beigemessen wird.

Bundesweit einheitliche Kostendaten schaffen die Basis für ein zwischenbehördliches Benchmarking, das beim Konzept der Standard-KLR des Bundes im Vordergrund des Interesses steht. Hierdurch lassen sich auch unterschiedlich strukturierte Behörden einigermaßen vergleichen und somit die hinter dem Benchmarking steckenden Potentiale der Effizienzsteigerung ausschöpfen. Den Operationen mittels weitgehend einheitlichen Kostendaten, die zugleich kalkulatorische Kosten verkörpern, haftet jedoch der große Nachteil an, daß behördenspezifische Gegebenheiten nicht adäquat abgebildet werden können und somit die generierten Kostendaten für die einzelne Behörde nur noch einen begrenzten Aussagegehalt besitzen. Insbesondere für die Budgetierung sowie für die Integration von Kostenplanung und Finanzmittelplanung bedarf es Rechenoperationen mit pagatorischen Kosten. Das gleiche gilt für das Kostencontrolling und die Kostenanalyse. Außerdem entfernt man sich durch die Verwendung kalkulatorischer Kosten in der Kostenrechnung von den finanzwirtschaftlichen Daten der Haushaltsrechnung, womit das Streben nach einer integrierten Gesamtlösung der Verwaltungsrechnung gefährdet wird. Mehrfacherfassungen von Daten werden dadurch notwendig und die Transparenz der Verbindung zwischen Haushaltsrechnung und Kostenrechnung geht somit verloren, was ebenfalls negative Auswirkungen auf den Datentransfer zwischen diesen beiden Rechensystemen hat.

## V. Kostenstellenrechnung

### A. Aufgaben und Kategorien von Kosten- und Leistungsstellen sowie Kriterien für ihre Bildung

Da Kostenstellen sowohl Orte der Kostenverursachung als auch Orte der Leistungserstellung sind, verwendet man bei der Standard-KLR des Bundes richtigerweise das Begriffspaar der Kosten- und Leistungsstellen.[387] Führende Fachvertreter der Kostenrechnung erheben die Forderung, „Kostenstellen zugleich auch als Leistungsstellen zu begreifen und die Kostenrechnung zur Kosten- und Leistungsrechnung auszubauen."[388] Eine kostenstellenbezogene Leistungsrechnung schafft Transparenz hinsichtlich des Leistungsspektrums bzw. Leistungsgefüges der verwaltungsbetrieblichen Ressourcen und ermöglicht so eine weitgehend sinnvolle und effiziente Nutzung derselben. Informationen bezüglich Verfügbarkeit, Auslastung und konkreter Nutzung der Ressourcen respektive Kapazitäten sollen helfen Leerkosten zu vermeiden und ein möglichst günstiges Verhältnis zwischen Input und qualitativ hochwertigem Output zu verwirklichen.[389]

Die Bildung von Kosten- und Leistungsstellen erfolgt nicht zum Selbstzweck, sondern soll bei den Bundesverwaltungen die Erreichung folgender Ziele sicherstellen:[390]

---

[387] Siehe Bundesministerium der Finanzen (Hrsg.): Kosten- und Leistungsrechnung...(1997), S. 75; Seeger, Tilman – Walter, Matthias: Kosten- und Leistungsrechnung...(1999), S. 60.
[388] Männel, Wolfgang: Entwicklungsperspektiven...(1999), S. 131.
[389] Vgl. Männel, Wolfgang: Entwicklungsperspektiven...(1999), S. 131 – 132.
[390] Siehe Bundesministerium der Finanzen (Hrsg.): Kosten- und Leistungsrechnung...(1997), S. 75 – 76; Seeger, Tilman – Walter, Matthias: Kosten- und Leistungsrechnung...(1999), S. 60.

- **Gemeinkostentransparenz und –steuerung**

  Abbildung der Gemeinkosten nach Entstehungsart, Kostentreiber und Leistungserstellung.

- **Gemeinkostenverrechnung**

  Bildung von Kalkulationssätzen für Kosten- und Leistungsstellen oder interne Produkte zur Gemeinkostenverrechnung auf Kostenträger.

- **Kostenverantwortung**

  Bildung eindeutig abgegrenzter Kostenverantwortungsbereiche.

- **Transparenz der innerbehördlichen Leistungsverflechtung**

  Abbildung (mengen- und wertmäßig) der innerbehördlichen Leistungsströme.

Das KLR-Handbuch schreibt vor, daß die Kosten- und Leistungsstellen auf der Basis der bestehenden Organisationsstruktur zu definieren sind. Als Kostenstellen kommen in der Regel die Referate in Frage. Erbringen bestimmte Referate sehr divergente Leistungen, können als Kosten- und Leistungsstellen ebenfalls die jeweiligen Sachgebiete oder Fachgruppen fungieren. Aus Datenschutzgründen sollte jedoch eine Kostenstelle nicht weniger als 3 Mitarbeiter aufweisen.[391] Während auf der einen Seite eine Konvergenz zwischen Fachverantwortung und Kostenverantwortung anzustreben ist, gilt es auf der anderen Seite Verdichtungen auf Referats-, Abteilungs- und Behördenebene zu ermöglichen. Zwecks letzterer Forderung bedarf es der Einrichtung von Verdichtungskostenstellen respektive Knotenkostenstellen.[392] Hierauf müssen die Bundesbehörden im Zuge der Ableitung der Kostenstellen aus der existierenden Organisationsstruktur lt. KLR-Handbuch besonders acht geben.[393] Anstatt dieser funktionsorientierten Kostenstellenbildung können Kostenstellen ebenfalls prozeßorientiert, entsprechend der Wertschöpfungskette der Verwaltungsprodukte, definiert werden. Parallel dazu sind Eingriffe in die Organisationsstruktur derart vonnöten, daß sich die Organisationsstruktur ebenfalls an den Verwaltungsprozessen orientiert.[394] Den mit der Restrukturierung verbundenen Aufwand rechtfertigen jedoch die zukünftig weitaus geringeren und einfacheren Leistungsverrechnungen sowie die leichtere und genauere Allokation der Kostenstellenkosten auf die jeweiligen Kalkulationsobjekte, weshalb der Verfasser der vorliegenden Untersuchung ein solches Vorgehen präferieren würde.

Bei den Vorschriften zur Kostenstellenbildung handelt es sich lediglich um methodische Standards.[395] Dies betrifft mitunter die Numerierung der Kostenstellen, bei der die Bundesverwaltungen weitgehenden Freiraum haben. Der Bundeskontenrahmen

---

391 Siehe Bundesministerium der Finanzen (Hrsg.): Kosten- und Leistungsrechnung...(1997), S. 76 – 77; Seeger, Tilman – Walter, Matthias: Kosten- und Leistungsrechnung...(1999), S. 64 – 65; Müller, Peter u. a.: In zehn Schritten zur Kosten- und Leistungsrechnung...(1998), S. 27.

392 Siehe hierzu die entsprechenden Ausführungen zu den Abrechnungskostenstellen.

393 Siehe Bundesministerium der Finanzen (Hrsg.): Kosten- und Leistungsrechnung...(1997), S. 77.

394 Vgl. Bundesministerium der Finanzen (Hrsg.): Kosten- und Leistungsrechnung...(1997), S. 63.

395 Siehe Bundesministerium der Finanzen (Hrsg.): Kosten- und Leistungsrechnung...(1997), S. 77. Siehe ebenfalls Abbildung 3-2.

schreibt vor, daß alle Kostenstellennummern mit der Ziffer 7 beginnen müssen.[396] Die restlichen Ziffern können hingegen frei gewählt werden, wobei jedoch aus Zweckmäßigkeitsgründen eine bestimmte Systematik zu fordern wäre.[397]

Ein führungsorientiertes Rechnungswesen muß auf mehr Eigenverantwortung der Mitarbeiter abstellen.[398] Gegen den Willen der Mitarbeiterinnen und Mitarbeiter läßt sich ein sinnvolles System der Kostenrechnung auf Dauer nicht oder nur sehr schwer durchsetzen. Die Verwaltungsangehörigen dürfen in der Kosten- und Leistungsrechnung nicht ein Instrument der personenbezogenen Leistungskontrolle sehen, mit der außerdem zusätzlicher Arbeitsaufwand verbunden ist, sondern müssen dieses Rechensystem als Chance zur Verwirklichung eigener Ideen begreifen, wodurch sie sich entsprechend profilieren können. Hierzu bedarf es der Ausstattung der Mitarbeiter mit umfangreichen Kompetenzen, wozu neben der Aufgabenverantwortung selbstverständlich ebenfalls die Ressourcenverantwortung gehört.[399] „Die Zusammenführung von Aufgaben- und Kostenverantwortung fördert die Motivation und setzt bei den Mitarbeiterinnen und Mitarbeitern Flexibilität, Kreativität und ökonomische Vernunft frei.“[400] Mit der Übertragung der Verantwortung für Ressourcen auf die operativen Einheiten sowie der Gewährung von mehr Freiräumen für die Mittelverwendung geht bei den Verwaltungsangehörigen eine beträchtliche Leistungssteigerung einher.[401] Hierbei muß sich die Verwaltungsführung stets vor Augen führen, daß man die Verantwortung für Kosten nur übernehmen kann, wenn für den Kostenstellenleiter die Möglichkeit besteht, den Kostenanfall entsprechend zu beeinflussen.[402] Generell sind mit der Kostenstellenrechnung selbst steuernde Organisationseinheiten anzustreben, in denen über den Ressourcen- und Zeiteinsatz eigenverantwortlich entschieden wird. Diese Forderung geht konform mit dem Instrument der Budgetierung, welche als Leitmaxime die dezentrale Verantwortlichkeit hat und dessen Einsatz üblicherweise effizienzfördernd für eine Institution wirkt.[403]

Wie bereits ausführlich dargelegt, erfolgt beim Konzept der Standard-KLR die Verrechnung der Kosten über Produkte, wozu ebenfalls – wie bei der industriellen Kostenrechnung – abgegrenzte Kostenstellen vonnöten sind. Durch die Bildung von Kosten- und Leistungsstellen sollen Bundesverwaltungen primär organisatorischen Aspekten Rechnung tragen – eine zentrale Rolle spielt dabei die Kostenverantwortung –, wohingegen das Kreieren von internen Produkten die Outputorientierung von Vor- und Serviceleistungen zu forcieren vermag. Zwischen den Kostenstellen und den internen Produkten herrschen lt. KLR-Handbuch substitutionale Beziehungsverhältnisse vor. Je größer die Anzahl und der Detaillierungsgrad interner Produkte, desto weniger Bedeutung kommt den Kosten- und Leistungsstellen bei der Kosten-

---

[396] Siehe hierzu Abbildung 3-12. Siehe ebenfalls Bundesministerium der Finanzen (Hrsg.): Kosten- und Leistungsrechnung...(1997), S. 44, 79.
[397] Vgl. Seeger, Tilman – Walter, Matthias: Kosten- und Leistungsrechnung...(1999), S. 65.
[398] Vgl. Bundesministerium der Finanzen (Hrsg.): Kosten- und Leistungsrechnung...(1997), S. 75.
[399] Vgl. Bundesministerium der Finanzen (Hrsg.): Kosten- und Leistungsrechnung...(1997), S. 75; Seeger, Tilman – Walter, Matthias: Kosten- und Leistungsrechnung...(1999), S. 60 – 61.
[400] Seeger, Tilman – Walter, Matthias: Kosten- und Leistungsrechnung...(1999), S. 61.
[401] Vgl. Seeger, Tilman – Walter, Matthias: Kosten- und Leistungsrechnung...(1999), S. 61; Bundesministerium der Finanzen (Hrsg.): Kosten- und Leistungsrechnung...(1997), S. 75.
[402] Siehe Bundesministerium der Finanzen (Hrsg.): Kosten- und Leistungsrechnung...(1997), S. 75. Siehe ebenfalls die entsprechenden Ausführungen zu Punkt IV.B.2. des 2. Kapitels.
[403] Vgl. Seeger, Tilman – Walter, Matthias: Kosten- und Leistungsrechnung...(1999), S. 60 – 61.

verrechnung zu. Kostenstellen dienen lediglich der Sammlung von Kosten zwecks Verteilung auf interne und externe Produkte, falls das Verrechnungssystem auf interne Produkte zugeschnitten und dementsprechend differenziert ausgebaut ist.[404]
Um sinnvolle Verrechnungen und Auswertungen zu gewährleisten, sieht die Standard-KLR die Bildung drei grundlegend verschiedener Kategorien von Kosten- und Leistungsstellen vor:[405]

- **Hauptkostenstellen**

  Hauptkostenstellen erbringen externe Produkte. Diese stellen Leistungen dar, welche nach außen an die Verwaltungsumwelt abgegeben werden.[406] Als Hauptkostenstellen kommen somit die Fachaufgabenbereiche in Frage. Da die Fachaufgabenbereiche der Bundesverwaltungen eine sehr große Heterogenität aufweisen, kann es logischerweise die typische Hauptkostenstelle schlechthin nicht geben. Während z. B. beim Deutschen Patentamt die einzelnen Patentabteilungen (unterschiedliche Zuständigkeit wie etwa für Maschinenelemente, Wärmekraftmaschinen, Werkzeugmaschinen, Arbeitsmaschinen, Kunststoffverarbeitung usw.) jeweils als Hauptkostenstellen fungieren,[407] zählen zu den Hauptkostenstellen des Deutschen Wetterdienstes die Flugwetterwarten in den Städten Bremen, Hannover, Hamburg, Frankfurt, Berlin oder Düsseldorf, um nur einige Beispiele zu nennen.

  Die Beispiele belegen, daß je nach Spezifika des Auftrages und der Struktur der jeweiligen Bundesbehörde entsprechend adäquate Hauptkostenstellen gebildet werden, die sich von Behörde zu Behörde gewaltig unterscheiden. Hingegen findet sich in der gängigen Kostenrechnungsliteratur eine Reihe klassischer Hauptkostenstellen vor, welche bei Industriebetrieben üblicherweise eingerichtet sind. Hierzu gehören Forschung und Entwicklung, Einkauf, Lager, Gießerei, Dreherei, Fräserei, Schmiede, Härterei, Montage, Endkontrolle sowie Vertrieb.[408] Diese Leistungsbereiche gelten allgemein als Hauptkostenstellen, da sich die Kostenrechnung im industriellen Bereich herausbildete und die Grundstruktur vieler Industriebetriebe ähnlich ist. Für die informationsverarbeitenden Verwaltungsbetriebe des Bundes erscheint jedoch eine Auflistung einheitlicher Hauptkostenstellen wegen der divergenten Struktur der Leistungsbereiche als wenig sinnvoll.

- **Hilfskostenstellen**

  Bei den Hilfskostenstellen differenziert das KLR-Handbuch zwischen Service-, Administrations- und Leitungs- bzw. Managementkostenstellen. Leistungen der Servicekostenstellen unterstützen direkt den Leistungsprozeß, d. h. diese Kostenstellen erbringen unmittelbare Leistungen für das Verwaltungsendprodukt. Für Servicekostenstellen lassen sich die Druckerei sowie die DV-Abteilung anführen. Wie der Name schon sagt, erstellen Administrationskostenstellen administrative

---

404 Siehe Bundesministerium der Finanzen (Hrsg.): Kosten- und Leistungsrechnung...(1997), S. 76.

405 Siehe Bundesministerium der Finanzen (Hrsg.): Kosten- und Leistungsrechnung...(1997), S. 78.

406 Siehe Bundesministerium der Finanzen (Hrsg.): Kosten- und Leistungsrechnung...(1997), S. 78; Seeger, Tilman – Walter, Matthias: Kosten- und Leistungsrechnung...(1999), S. 66.

407 Siehe hierzu Abbildung 4-9.

408 Siehe Kloock, Josef u. a.: Kosten- und Leistungsrechnung...(1999), S. 112 – 113; Haberstock, Lothar: Kostenrechnung 1...(1997), S. 111 – 112. Siehe ebenfalls Männel, Wolfgang: Kostenrechnung...(2000), S. 39; Männel, Wolfgang: Kostenrechnungssysteme...(1999), S. 65.

Produkte, zu denen die Beschaffungs- und die Personalabteilung gehören. Leitungs- bzw. Managementleistungen erfahren keine unmittelbare Nachfrage, sind jedoch für die Existenz einer Bundesorganisation vonnöten, wie etwa die Behördenleitung, die Planung oder die Koordination. Sämtliche Hilfskostenstellen erbringen natürlich interne Produkte und keine externen Produkte.[409]

In Divergenz zu den Hauptkostenstellen finden sich die Hilfskostenstellen in gleicher oder ähnlicher Form im gesamten Bereich der Bundesinstitutionen wieder, weshalb die aufgezeigten Beispiele einen gewissen Grad an Allgemeingültigkeit für Hilfskostenstellen beim Bund aufweisen. Der Unterteilung der Hilfskostenstellen in Service-, Administrations- und Leitungskostenstellen liegt als Differenzierungskriterium die Nähe des leistungserbringenden Bereichs zum Verwaltungsendprodukt zugrunde. Hierdurch wird transparent, ob und wie sich bestimmte Kosten sinnvoll auf die an die Verwaltungsumwelt abzugebenden Produkte verrechnen lassen. Dabei weicht diese Differenzierung von der klassischen Typisierung der Hilfskostenstellen ab, bei der unter rein abrechnungstechnischen Gesichtspunkten zwischen Allgemeinen Hilfskostenstellen und Fertigungshilfskostenstellen unterschieden wird.[410] Industriebetriebe weisen einerseits Leistungsbereiche (z. B. Grundstücke und Gebäude, Instandhaltung, Rechenzentrum) auf, die Leistungen an den Großteil anderer verschiedener Unternehmensbereiche abgeben. Andererseits finden sich Leistungsbereiche (z. B. Fertigungsplanung, Arbeitsvorbereitung, Werkzeugbau) vor, welche ausschließlich den Fertigungsbereich unterstützen. Demzufolge ist eine Unterscheidung zwischen Allgemeinen Hilfskostenstellen und Fertigungshilfskostenstellen sinnvoll.

Bei öffentlichen Verwaltungen ist hingegen die Existenz derart bereichsbezogener Hilfskostenstellen kaum festzustellen. Leistungsverflechtungen sind hier noch wesentlich intensiver ausgeprägt und die Hilfskostenstellen erbringen größtenteils Leistungen an das gesamte Spektrum der Hauptkostenstellen. Inwieweit diese Leistungen in das Verwaltungsendprodukt eingehen, vermag eine Differenzierung zwischen Service-, Administrations- und Leitungskostenstellen recht gut aufzuzeigen. Somit kann die in Bundesverwaltungen vorgenommene Unterscheidung der Hilfskostenstellen als zweckmäßig angesehen werden.

- **Abrechnungskostenstellen**

Hierbei handelt es sich um Verrechnungskostenstellen und Verdichtungskostenstellen.[411] Während Verrechnungskostenstellen (z. B. Verrechnungskostenstelle einer einzelnen bestimmten Abteilung) der Sammlung und Verdichtung sekundärer Gemeinkosten innerhalb einer Organisationseinheit dienen, erlauben Verdich-

409 Siehe Bundesministerium der Finanzen (Hrsg.): Kosten- und Leistungsrechnung...(1997), S. 78; Seeger, Tilman – Walter, Matthias: Kosten- und Leistungsrechnung...(1999), S. 66.

410 Siehe Hummel, Siegfried – Männel, Wolfgang: Kostenrechnung 1...(1986), S. 192 – 193; Kloock, Josef u. a.: Kosten- und Leistungsrechnung...(1999), S. 113; Haberstock, Lothar: Kostenrechnung 1...(1997), S. 113; Schweitzer, Marcell – Küpper, Hans-Ulrich: Kosten- und Erlösrechnung...(1998), S. 130. Siehe ebenfalls Männel, Wolfgang: Kostenrechnungssysteme...(1999), S. 65.

411 Siehe zu den Abrechnungskostenstellen ebenfalls die entsprechenden Ausführungen weiter oben.

tungskostenstellen (z. B. Bereich Technik)[412] die Verdichtung von Daten aus mehreren verschiedenen Kostenstellen.[413] Mit der Definition von Verdichtungskostenstellen geht die hierarchische Anordnung der Kostenstellen für Berichtszwecke einher.[414] Abrechnungskostenstellen sollen die Auswertung generierter Kostendaten erleichtern und werden deshalb zu Recht eingerichtet.

Die unter abrechnungstechnischen Gesichtspunkten vorgenommene Kategorisierung der Kosten- und Leistungsstellen dient nicht nur der Auswertung von Kostendaten, sondern erleichtert ebenfalls die Verrechnung der Kosten für innerbehördliche und zwischenbehördliche Leistungen (siehe hierzu Abbildung 3-14),[415] welcher sich der folgende Abschnitt widmet.

## B. Verrechnung inner- und zwischenbehördlicher Leistungen

Mit der Erfassung, Bewertung und Verrechnung der Leistungsströme innerhalb und zwischen den Bundesbehörden sollen laut Standard-KLR des Bundes alle Verwaltungsendleistungen (Verwaltungsprodukte) eine vollständige und verursachungsgerechte Zurechnung der anfallenden Kosten erfahren.[416] Diese Forderung ist durchaus berechtigt, läßt sich jedoch in der Verwaltungspraxis nicht durchsetzen. Es kann in gemeinkostenintensiven Dienstleistungsbetrieben niemals gelingen, den gesamten Kostenanfall verursachungsgerecht auf die erstellten Verwaltungsleistungen zu verrechnen. Als Leitmotiv der Leistungsverrechnung fungiert bei den Bundesverwaltungen die Eruierung der Leistungsverflechtungen zwischen den Kostenstellen und damit einhergehend die Dokumentation der unterschiedlichen Nutzung der Verwaltungsressourcen, womit die Basis für eine möglichst genaue und steuerndmotivierende Kostenverrechnung geschaffen werden soll.[417] Wie bereits weiter oben erwähnt, erfolgt beim Konzept der Standard-KLR des Bundes die Leistungsverrechnung in erster Linie mittels Produkten (siehe hierzu Abbildung 3-14).[418] Während interne Produkte der innerbehördlichen Leistungsverrechnung dienen, werden externe Produkte zur zwischenbehördlichen Leistungsverrechnung herangezogen.[419]

---

[412] Siehe zu den Verdichtungskostenstellen exemplarisch Abbildung 4-6. Siehe ebenfalls die untere Abbildung in Bundesministerium der Finanzen (Hrsg.): Kosten- und Leistungsrechnung...(1997), S. 77.

[413] Siehe Bundesministerium der Finanzen (Hrsg.): Kosten- und Leistungsrechnung...(1997), S. 78.

[414] Siehe hierzu die untere Abbildung in Bundesministerium der Finanzen (Hrsg.): Kosten- und Leistungsrechnung...(1997), S. 77.

[415] Siehe ebenfalls die entsprechenden Ausführungen zu Punkt IV.B.2. des 2. Kapitels.

[416] Siehe Bundesministerium der Finanzen (Hrsg.): Kosten- und Leistungsrechnung...(1997), S. 87, 89.

[417] Vgl. Bundesministerium der Finanzen (Hrsg.): Kosten- und Leistungsrechnung...(1997), S. 87.

[418] Siehe hierzu die entsprechenden Ausführungen zu Punkt II.B. dieses Kapitels. Siehe ebenfalls Bundesministerium der Finanzen (Hrsg.): Kosten- und Leistungsrechnung...(1997), S. 89.

[419] Vgl. Liebe, Rüdiger: Kosten- und Leistungsrechnung...(1999), S. 189.

Abbildung 3-14

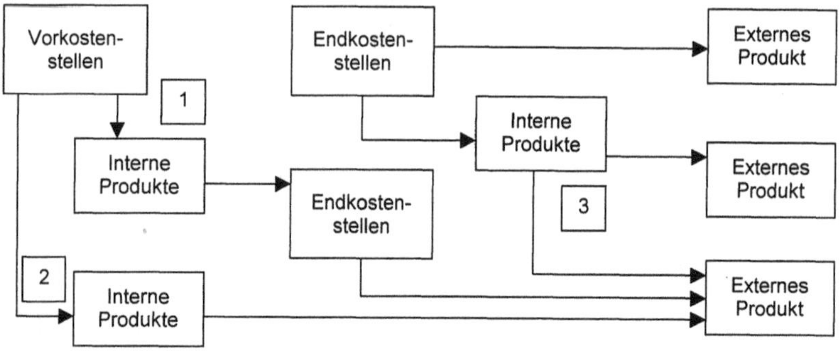


Entnommen aus Bundesministerium der Finanzen (Hrsg.): Kosten- und Leistungsrechnung...(1997), S. 90; Bundesministerium der Finanzen (Hrsg.): Einführung von Kosten- und Leistungsrechnung...(1997), S. 21.

### 1. Verrechnung über Produkte

Die Leistungsverrechnung über Produkte ist ein wichtiges spezifisches Merkmal des Konzepts der Standard-KLR, welche auf Selbständigkeit und Eigenverantwortung in den Verwaltungsbereichen abstellt und einen positiven Beitrag zur Transparenz sowie Steuerbarkeit des Leistungserstellungsprozesses zu leisten vermag. Darüber hinaus wird mit dieser Methodik ein verstärktes Bewußtsein bei den Verwaltungsangehörigen bezüglich der kostenverursachenden Zusammenhänge angestrebt.[420] Das Konzept der produktorientierten Leistungsverrechnung ist das Resultat der Adaption respektive Weiterentwicklung der traditionellen Verfahren zur inner- und zwischenbehördlichen Leistungsverrechnung der industriellen Kostenrechnung entsprechend den spezifischen Erfordernissen der Bundesverwaltungen.[421] Zur Verrechnung der ausgetauschten Leistungen zwischen den Vor- und Endkostenstellen sieht die Standard-KLR den Einsatz dreier Verfahren mit unterschiedlichem Genauigkeitsgrad vor, die von der Schlüsselung über die Weiterwälzung angefallener Kosten für beanspruchte Leistungsmengen bis hin zu Verrechnungen der jeweiligen ausgehandelten Verrechnungspreise reichen.[422]

Die Schlüsselung als einfachste und ungenaueste Methode bietet sich für die Einführungsphase der Kosten- und Leistungsrechnung an. Dabei werden den Kostenstellen Kosten angelastet, die keinen Kausalnexus zum tatsächlich beanspruchten Leistungsvolumen aufweisen. Voraussetzung für die Anwendbarkeit dieses Verfahrens sind feste Leistungs- und Austauschbeziehungen zwischen den Kostenstellen, wel-

[420] Siehe Bundesministerium der Finanzen (Hrsg.): Kosten- und Leistungsrechnung...(1997), S. 89; Liebe, Rüdiger: Kosten- und Leistungsrechnung...(1999), S. 190.

[421] Siehe Bundesministerium der Finanzen (Hrsg.): Einführung von Kosten- und Leistungsrechnung...(1997), S. 21; Liebe, Rüdiger: Kosten- und Leistungsrechnung...(1999), S. 190. Siehe ebenfalls die entsprechenden Ausführungen zu Punkt II.B. dieses Kapitels.

[422] Siehe Bundesministerium der Finanzen (Hrsg.): Kosten- und Leistungsrechnung...(1997), S. 87 – 88; Liebe, Rüdiger: Kosten- und Leistungsrechnung...(1999), S. 192.

che sich in der Verwaltungspraxis jedoch eher selten vorfinden.[423] Nur bei Vorliegen konstanter Leistungsströme, die zudem bekannt sein müssen, können durch Schlüsselungen einigermaßen brauchbare Kosteninformationen generiert werden. Mit Verursachungsgerechtigkeit haben jedoch Schlüsselungen nichts zu tun und sind deshalb auf Dauer so weit wie möglich zu vermeiden.

In Divergenz zur Schlüsselung berücksichtigt eine Verrechnung nach beanspruchten Leistungsmengen die bestehenden Leistungszusammenhänge zwischen den Kostenstellen.[424] In Abhängigkeit vom tatsächlich beanspruchten Leistungsvolumen erfahren die empfangenden Kostenstellen eine entsprechende Zurechnung sekundärer Kosten. Die Kostenverrechnung erfolgt in der Höhe, wie sie in der abgebenden Kostenstelle für die erbrachte Leistungsmenge angefallen ist. Angestrebt wird mit dieser Methode eine möglichst genaue Verrechnung ausgetauschter Leistungen, was sowohl das Kriterium Leistungsempfänger als auch das Kriterium Kostenhöhe betrifft.[425] Nachteilig wirkt jedoch hierbei die statische Ausrichtung. Die empfangende Kostenstelle muß die in der abgebenden Kostenstelle anfallenden Kosten akzeptieren und übernehmen. Auf Unwirtschaftlichkeiten zurückzuführende Kostenblöcke beim Leistungsersteller (Vorkostenstelle) hat der Leistungsempfänger (Endkostenstelle) keinen Einfluß. Der Leistungsersteller kann demzufolge überhöhte Kostenvolumina jederzeit auf die Leistungsempfänger weiterwälzen, was bestimmt nicht effizienzfördernd für die Bundesverwaltung wirkt.[426] Außerdem erfolgen Anpassungen der Verrechnungspreise, falls das realisierte Leistungsvolumen der leistenden Kostenstelle vom geplanten Leistungsvolumen abweicht.[427] Hierdurch kommt es zu schwankenden Kostensätzen und damit verbunden zu unstetigen Kostenverrechnungen, welche wiederum negative Auswirkungen auf die Konstanz der Kostendaten haben.

Mit dem Instrument der Kosten- und Leistungsrechnung sind aber Impulse für Organisationsveränderungen sowie für Verhaltenswandelungen zu geben. Zwecks künftiger Kostensenkungen und Qualitätssteigerungen bedarf es der Einrichtung adäquater Lieferer-Kunden-Beziehungen zwischen den verschiedenen Verwaltungsteilbereichen. Hierbei spielt der Preismechanismus eine zentrale Rolle. Zu Beginn der Periode haben Leistungsersteller und Leistungsempfänger Preisverhandlungen über die internen Serviceleistungen zu führen, deren Ergebnisse sodann die Basis für die Verrechnung der tatsächlich ausgetauschten Leistungen bilden.[428] Die Verrechnungspreise bleiben natürlich während der Periode konstant.[429] Aufgrund des Aufbaus interner Marktbeziehungen mit Wettbewerbsorientierung werden sich die Vorkostenstellen bemühen, die Serviceleistungen möglichst günstig und kundengerecht anzubieten, wohingegen die nachfragenden Kostenstellen stets auf eine sparsame Inan-

[423] Siehe Bundesministerium der Finanzen (Hrsg.): Kosten- und Leistungsrechnung...(1997), S. 87 – 89; Liebe, Rüdiger: Kosten- und Leistungsrechnung...(1999), S. 192.

[424] Siehe Bundesministerium der Finanzen (Hrsg.): Kosten- und Leistungsrechnung...(1997), S. 88, 93; Liebe, Rüdiger: Kosten- und Leistungsrechnung...(1999), S. 192.

[425] Siehe Liebe, Rüdiger: Kosten- und Leistungsrechnung...(1999), S. 192.

[426] Vgl. Liebe, Rüdiger: Kosten- und Leistungsrechnung...(1999), S. 191 – 192.

[427] Siehe Liebe, Rüdiger: Kosten- und Leistungsrechnung...(1999), S. 192.

[428] Siehe Bundesministerium der Finanzen (Hrsg.): Kosten- und Leistungsrechnung...(1997), S. 93; Liebe, Rüdiger: Kosten- und Leistungsrechnung...(1999), S. 190 – 192.

[429] Siehe Liebe, Rüdiger: Kosten- und Leistungsrechnung...(1999), S. 192 – 193.

spruchnahme und Verwendung interner Leistungen bedacht sind. Die Leistungsverrechnung mittels ausgehandelter Verrechnungspreise trägt somit zu mehr Effizienz in Bundesverwaltungen bei und soll deshalb auf lange Sicht auch entsprechend zur Anwendung kommen.[430] Das Konzept der organisationsinternen Marktbeziehungen der Standard-KLR beruht auf ein Operieren mit Produkten, wobei für die innerbehördliche Leistungsverrechnung entsprechend interne Produkte zum Einsatz kommen.[431]

Grundsätzlich sollte die Zurechnung von Kosten auf interne und externe Produkte so genau wie möglich erfolgen. Deshalb präferiert die Standard-KLR bei der Ermittlung des Ressourcenverzehrs der jeweiligen Kalkulationsobjekte eine weitestgehend direkte Erfassung und Zuordnung der anfallenden Kosten.[432] Jedoch läßt sich aufgrund der Dominanz fixer Gemeinkosten nur ein sehr kleiner Teil des Kostenvolumens den Kostenträgern direkt zurechnen. Das Gros der Kosten müssen die Bundesverwaltungen hingegen auf die Verwaltungsleistungen aufteilen. Dies geschieht, wie bereits ausführlich erläutert, in Form von Zeitaufschreibungen, mittels derer die Personalkosten als dominante Kostenart den erbrachten Verwaltungsprodukten angelastet werden (siehe hierzu Abbildung 3-7).[433] Hierbei handelt es sich um die Allokation der für die Vorhaltung personeller Ressourcen entstehenden Kapazitätskosten auf die erbrachten Verwaltungsleistungen, womit aber keine verursachungsgerechte Kostenverrechnung verbunden ist.[434] Für die Erstellung der externen Verwaltungsprodukte benötigen die Fachabteilungen (Endkostenstellen) eine Vielzahl von Vorleistungen der Servicebereiche (Vorkostenstellen), dessen Kosten sich nicht unmittelbar auf die Endleistungen zuordnen lassen. Der Ressourcenverzehr zur innerbehördlichen Leistungserbringung soll gemäß der Standard-KLR primär eine Verrechnung mittels interner Produkte (siehe Abbildung 3-14) und ausgehandelter Preise erfahren. Schlüsselungen und Kostenverrechnungen nach mengenmäßigen Leistungsinanspruchnahmen sind hingegen nur subsidiär bei der Einführung der organisationsinternen Märkte vorgesehen.[435]

Wie aus Abbildung 3-14 zu ersehen ist, können interne Produkte drei unterschiedliche Funktionen bei der Leistungsverrechnung wahrnehmen. Im ersten Fall dienen interne Produkte der Verrechnung von Leistungen von Vorkostenstellen auf Endkostenstellen. Hierbei kommt den internen Produkten die Aufgabe der Schaffung von Transparenz bezüglich der erbrachten Serviceleistungen sowie der Gründe für die entsprechende Verrechnung von Kosten zwischen den Kostenstellen in der ange-

---

430 Siehe Liebe, Rüdiger: Kosten- und Leistungsrechnung...(1999), S. 190 – 191.

431 Siehe Liebe, Rüdiger: Kosten- und Leistungsrechnung...(1999), S. 190.

432 Siehe Bundesministerium der Finanzen (Hrsg.): Kosten- und Leistungsrechnung...(1997), S. 87, 89.

433 Siehe hierzu die entsprechenden Ausführungen zu Punkt II.C. sowie Punkt II.D. dieses Kapitels.

434 Mit der Anwendung der Standard-KLR soll bei den Bundesverwaltungen eine verursachungsgerechte Kostenverrechnung sichergestellt werden. Siehe Bundesministerium der Finanzen (Hrsg.): Einführung von Kosten- und Leistungsrechnung...(1997), S. 21. Dies kann jedoch aufgrund des Vorherrschens fixer Gemeinkosten nicht gelingen. Siehe hierzu ebenfalls die entsprechenden Ausführungen zu Punkt II.C. dieses Kapitels.

435 Siehe Bundesministerium der Finanzen (Hrsg.): Kosten- und Leistungsrechnung...(1997), S. 92 – 93; Müller, Peter u. a.: In zehn Schritten zur Kosten- und Leistungsrechnung...(1998), S. 22. Siehe hierzu ebenfalls die entsprechenden Ausführungen zu Punkt II.B. dieses Kapitels.

messenen Höhe zu.[436] Neben der Leistungsverrechnung zwischen den Kostenstellen ermöglichen interne Produkte ebenfalls die unmittelbare Verrechnung von Vorleistungen auf externe Produkte respektive Kostenträger, ohne die Endkostenstellen zu tangieren, womit die zweite Funktion angesprochen wird.[437] Aufgrund der internen Produkte läßt sich bei den Bundesverwaltungen eine unmittelbare Verrechnung der Kosten der Serviceleistungen auf die Verwaltungsendleistungen realisieren. Das KLR-Handbuch propagiert diesbezüglich die weitestgehende Ablösung von Kostenstellen durch interne Produkte.[438]

Von Endkostenstellen erbrachte Verwaltungsprodukte können sowohl als externe Produkte als auch als interne Produkte auftreten, wenn die nach außen abzugebenden Verwaltungsleistungen in der gleichen Form ebenfalls als Wiedereinsatzleistungen für andere komplexere Verwaltungsendleistungen benötigt werden. In diesem dritten Fall übernehmen interne Produkte die Funktion der transparenten Verrechnung von Kosten der Endkostenstellen auf externe Produkte sowie der Abgrenzung der Verwaltungsendleistungen von den Wiedereinsatzleistungen.[439]

Keine klaren Aussagen macht das KLR-Handbuch darüber, wie die internen Produkte auf die empfangenden Kostenstellen bzw. auf die externen Produkte zu verrechnen sind. Für die Allokation der internen Produkte auf die Abnehmer können wiederum verschiedene Methoden mit unterschiedlichem Genauigkeitsgrad Anwendung finden, wie etwa die Schlüsselung oder die Belastung nach tatsächlich beanspruchter Produktmenge. In einem Anwendungsbeispiel[440] zeigt das KLR-Handbuch lediglich die Produktverrechnung mittels Expertenschätzungen auf, wobei fraglich ist, ob Schätzungen die geforderte Genauigkeit bei der Leistungsverrechnung gewährleisten können. Hingegen propagiert die Standard-KLR beim Wertgerüst der zu verrechnenden Produkte eindeutig Preise, welche im Vorfeld der Allokation auf der Basis von Kosteninformationen auszuhandeln sind.[441]

Ferner geht aus dem Konzept der Standard-KLR nicht hervor, wie die Kosten der Kostenstellen auf die Produkte zu verteilen sind.[442] Angesprochen sind dabei die Kosten, die sich nicht unmittelbar mittels Zeitaufschreibungen für die jeweiligen Produkte erfassen lassen. Hierzu zählen insbesondere Sachkosten, Energiekosten, Abschreibungen, Zinsen oder Mietkosten der Service- oder Fachabteilungen. Wegen der Spezifika der diversen Bundesverwaltungen sieht die Standard-KLR aus verständlichen Gründen lediglich einen methodischen Standard für die inner- und zwi-

---

436 Siehe Bundesministerium der Finanzen (Hrsg.): Kosten- und Leistungsrechnung...(1997), S. 90 – 91. Siehe ebenfalls die entsprechenden Ausführungen zu Punkt II.B. dieses Kapitels. Siehe ferner Seeger, Tilman – Walter, Matthias: Kosten- und Leistungsrechnung...(1999), S. 52.

437 Siehe Bundesministerium der Finanzen (Hrsg.): Kosten- und Leistungsrechnung...(1997), S. 90.

438 Siehe Bundesministerium der Finanzen (Hrsg.): Kosten- und Leistungsrechnung...(1997), S. 76.

439 Siehe Bundesministerium der Finanzen (Hrsg.): Kosten- und Leistungsrechnung...(1997), S. 90.

440 Beim Anwendungsbeispiel handelt es sich um den Deutschen Wetterdienst. Siehe Bundesministerium der Finanzen (Hrsg.): Kosten- und Leistungsrechnung...(1997), S. 90.

441 Siehe Bundesministerium der Finanzen (Hrsg.): Kosten- und Leistungsrechnung...(1997), S. 93.

442 Hierbei handelt es sich um die Problematik der Zuordnung der Ressourcen auf die zu verrechnenden Produkte. Das Problem der Zuordnung von Sach-, Kapital- und Risikokosten auf interne und externe Verwaltungsprodukte wurde ebenfalls schon unter Punkt II.D. dieses Kapitels behandelt, worauf an dieser Stelle zu verweisen ist.

schenbehördliche Leistungsverrechnung vor, bei dem der Einsatz von Produkten die zentrale Rolle spielt.[443]

Das Konzept der Leistungsverrechnung über interne Produkte entspricht im wesentlichen der in der einschlägigen Literatur zur Kostenrechnung als Kostenträgerverfahren bezeichneten Verrechnungsmethodik.[444] Beim Kostenträgerverfahren werden die innerbetrieblichen Leistungen genauso wie die zum Absatz bestimmten Kostenträger kalkuliert und abgerechnet. Die Erwerbswirtschaft setzt das Kostenträgerverfahren ein, wenn die innerbetrieblichen Leistungen sehr heterogen oder komplex sind oder wenn eine Aufnahme dieser in die Bestandsrechnung vorgesehen ist.[445] Leistungsverrechnungen mit dem Kostenträgerverfahren gewährleisten gewöhnlicherweise eine relativ genaue Kostenallokation, denn die Kostenanlastung erfolgt nicht nach irgendwelchen pauschalen Schlüsseln, sondern entsprechend der Inanspruchnahme interner Leistungen von den leistungserbringenden Ressourcen.[446]

Obwohl der Fokus obiger Ausführungen auf der innerbehördlichen Leistungsverrechnung liegt, gelten diese größtenteils in gleicher Weise auch für die zwischenbehördliche Leistungsverrechnung. Da zwischenbehördliche Leistungen nach außen an andere Behörden abgegeben werden, bildet das Verrechnungsmedium nicht das interne Produkt, sondern das externe Produkt, wobei aber letzteres eine Vielzahl interner Produkte erforderlich machen kann. Grundsätzlich sind für die internen und externen Produkte die selben Verrechnungsmethodiken und Kalkulationsverfahren anzuwenden.[447] Unterschiede bestehen hinsichtlich der Verrechnungspreise, welche auf der Basis der ermittelten Selbstkosten der jeweiligen internen oder externen Produkte auszuhandeln sind.[448] Vorwiegend handelt es sich bei externen Produkten um die erstellten Leistungen von Endkostenstellen,[449] die es mit Hilfe von internen Produkten möglichst genau zu kalkulieren gilt und die dementsprechend primär Kostenträger widerspiegeln.[450] Zur zwischenbehördlichen Leistungsverrechnung bedarf es also einer präzisen Kalkulation externer Produkte, wozu die Standard-KLR neben den bereits angeführten Verrechnungsmethoden ebenfalls den Einsatz bestimmter Bezugsgrößen sowie Prozeßkostensätze vorsieht.[451] Bezugsgrößenkalkulationen sowie Prozeßkostenkalkulationen gehören zum Aufgabengebiet der Kostenträgerrechnung, die hierzu erforderlichen Daten stammen jedoch aus der Kostenstellenrechnung.

---

[443] Siehe hierzu Abbildung 3-2. Siehe ebenfalls Bundesministerium der Finanzen (Hrsg.): Kosten- und Leistungsrechnung...(1997), S. 18.
[444] Dies geht ebenfalls aus Liebe, Rüdiger: Kosten- und Leistungsrechnung...(1999), S. 197 hervor.
[445] Vgl. Hummel, Siegfried – Männel, Wolfgang: Kostenrechnung 1...(1986), S. 241 – 244; Kloock, Josef u. a.: Kosten- und Leistungsrechnung...(1999), S. 125. Siehe zudem Männel, Wolfgang: Kostenrechnung...(2000), S. 47.
[446] Vgl. Hummel, Siegfried – Männel, Wolfgang: Kostenrechnung 1...(1986), S. 242.
[447] Siehe Bundesministerium der Finanzen (Hrsg.): Kosten- und Leistungsrechnung...(1997), S. 89.
[448] Siehe Bundesministerium der Finanzen (Hrsg.): Kosten- und Leistungsrechnung...(1997), S. 20 und 93.
[449] Siehe Bundesministerium der Finanzen (Hrsg.): Kosten- und Leistungsrechnung...(1997), S. 78.
[450] Vgl. Seeger, Tilman – Walter, Matthias: Kosten- und Leistungsrechnung...(1999), S. 68 – 69.
[451] Siehe Bundesministerium der Finanzen (Hrsg.): Kosten- und Leistungsrechnung...(1997), S. 20 sowie 87 – 88.

## 2. Verrechnung über Prozesse

Wie bereits mehrfach dargelegt, erfolgt beim Konzept der Standard-KLR die Kostenverrechnung, insbesondere für innerbehördliche und überbehördliche Leistungen, generell über das Medium Produkt. Hierzu werden die Kostenstellenkosten unmittelbar den Produkten angelastet, ohne den Prozeß der Produkterstellung im Auge zu haben. Eine Zurechnung des Ressourcenverzehrs auf Aktivitäten bzw. Verwaltungsabläufe und von dort aus weiter auf Verwaltungsprodukte unterbleibt somit.[452] Will man jedoch den im KLR-Handbuch gestellten Forderungen der Aufdeckung der Leistungsverflechtungen zwischen den Verwaltungseinheiten und der unterschiedlichen Nutzung der Verwaltungsressourcen sowie der kritischen Analyse des Leistungserstellungsprozesses adäquat nachkommen,[453] erscheint eine prozeßorientierte Kostenverrechnung als unabdingbar. Detaillierte Kenntnisse bezüglich der tatsächlich ablaufenden Prozesse und Vorgänge und damit verbunden der relevanten Kosteneinflußgrößen bilden die zentrale Grundlage für eine genaue Kostenverrechnung,[454] eine effiziente Verwaltungssteuerung und schließlich für ein wirkungsvolles Gemeinkostenmanagement. Aus diesem Grunde erfolgen im Rahmen der für Bundesverwaltungen zu fordernden Prozeßkostenrechnung ablaufanalytische Untersuchungen der verwaltungsbehördlichen Arbeitsprozesse in Form von Prozeßanalysen, mittels derer das Leistungsgeflecht innerhalb und zwischen den Bundesbehörden aufgedeckt und abgebildet werden kann.[455]

Prozeßanalysen sind mit beträchtlichem Arbeitsaufwand verbunden, weshalb das Konzept der Standard-KLR für den Regelfall keine prozeßorientierte, sondern eine produktorientierte Kostenrechnung vorsieht.[456] Nur in besonderen Fällen wie etwa bei beabsichtigter Änderung der Aufbau- bzw. Ablauforganisation und gleichzeitigem Vorliegen überwiegend repetitiver Tätigkeiten in der Bundesbehörde befürwortet die Standard-KLR als Option die prozeßorientierte Kostenverrechnung.[457] Weiter oben wurde bereits des öfteren diskutiert, daß in die Verwaltungsprozesse Ressourcen eingehen, die zu spezifischen Verwaltungsprodukten transformiert werden. Verwaltungsleistungen erfordern Prozesse, welche wiederum Ressourcen in Anspruch nehmen. Mit der prozeßorientierten Kostenverrechnung wird diesem Beziehungszusammenhang entsprechend Rechnung getragen. Deshalb fordert der Verfasser die Zuordnung der für die Vorhaltung und Nutzung von Ressourcen anfallenden Kapazitätskosten der Kostenstellen auf die in den jeweiligen Verwaltungsbereichen ablaufenden Prozesse, bevor diese den Verwaltungsprodukten zugerechnet werden.

Die Allokation der Prozeßkosten auf die hervorgebrachten Produkte (Ergebnisse) erfährt in der einschlägigen Literatur eine intensive und detaillierte Diskussion, wodurch für das Kalkulieren mittels Prozeßmengen und Prozeßkostensätzen bereits

---

[452] Siehe hierzu ebenfalls die entsprechenden Ausführungen zu Punkt II.C. und II.D. dieses Kapitels.

[453] Diese Forderungen finden sich in Bundesministerium der Finanzen (Hrsg.): Kosten- und Leistungsrechnung...(1997), S. 87 und 91 vor.

[454] Vgl. Seeger, Tilman – Walter, Matthias: Kosten- und Leistungsrechnung...(1999), S. 69.

[455] Siehe hierzu die entsprechenden Ausführungen zu Punkt II.C. dieses Kapitels sowie zu Punkt I.B.9. und zu Punkt IV.B.3. des 2. Kapitels.

[456] Siehe Bundesministerium der Finanzen (Hrsg.): Kosten- und Leistungsrechnung...(1997), S. 63; Liebe, Rüdiger: Kosten- und Leistungsrechnung...(1999), S. 186.

[457] Siehe Bundesministerium der Finanzen (Hrsg.): Kosten- und Leistungsrechnung...(1997), S. 38 und 63.

ausgefeilte Lösungen existieren. Hieran können sich die Bundesverwaltungen orientieren. Defizite weist hingegen die Literatur bei der Zuordnung der Kapazitäten der Kostenstellen auf die Prozesse auf. Die entsprechend globalen Ausführungen behandeln zumeist die prozentuale Aufspaltung der Kostenstellenkapazität durch den zeitbezogenen Schlüssel der Mitarbeiterjahre, wofür selbstverständlich auch kleinere Einheiten wie Minutenwerte vorgesehen sind. Dem mit der Prozeßkostenrechnung propagierten hohen Genauigkeitsgrad wird jedoch eine zeitmäßige Aufteilung der Kapazitätskosten nicht gerecht. Dieser läßt sich nur durch analytische Kostenplanungen jeder einzelnen Prozesse sicherstellen,[458] wofür entsprechend aufwendige Zeitstudien und Verbrauchsstudien vonnöten sind.

Der mit einer analytischen Kostenplanung verbundene Arbeitsaufwand muß natürlich adäquate Informationsgewinne nach sich ziehen und von den Bundesbehörden getragen werden können. Auf kurze Zeit gelingt eine Realisierung der Forderung der Gewinnung genauester Kostendaten bei Bundesverwaltungen mit wenig betriebswirtschaftlichen Kenntnissen mit hoher Wahrscheinlichkeit nicht.[459] Deshalb gilt es einen gangbaren Weg einzuschlagen, der sowohl der Genauigkeit als auch dem Durchführungsaufwand einigermaßen Rechnung trägt. Auf der Basis durchgeführter Zeitaufschreibungen (während der Pilotphase)[460] lassen sich die dominanten Personalkosten (teilweise über 85 % der Gesamtkosten) der jeweiligen Verwaltungsteilbereiche mittels Standard-Zeitwerten den ablaufenden Verwaltungsprozessen zuordnen. Für die restlichen Kapazitätskosten, wie etwa den Sachkapazitäten, können ebenfalls standardisierte Zeitwerte oder mengenmäßige Verbrauchswerte (Grundlage: Verbrauchsaufschreibungen mit zeitlich limitierter Dauer) zur Anwendung kommen. Solch ein Vorgehen bietet den Bundesverwaltungen die Möglichkeit der Generierung wertvoller Kosteninformationen bei verhältnismäßig begrenztem und auch tragbarem Durchführungsaufwand.

Beträchtliche Informationsgewinne versprechen die mit der prozeßorientierten Kostenverrechnung induzierten kostenstellenübergreifenden Betrachtungen der verwaltungsbetrieblichen Wertschöpfungsketten. Die Verwaltungsführung sieht genau, welche Verwaltungskostenstellen in welchem Ausmaß an der Erstellung der verschiedenen Verwaltungsleistungen beteiligt sind. Dementsprechend lassen sich sodann die entstehenden Kosten einigermaßen präzise den erbrachten Verwaltungsprodukten zuordnen, was die Grundlage für eine leistungsgerechte Kostenverrechnung bildet. Ferner sind organisationsbedingte Kostenschwerpunkte sowie übermäßig viel existierende Schnittstellen zu erkennen, die Ansatzpunkte für Verbesserungen der verwaltungsbetrieblichen Organisation bieten.[461]

---

[458] Vgl. Horváth, Péter – Mayer, Reinhold: Prozeßkostenrechnung...(1989), S. 217; Zimmermann, Gebhard – Grundmann Ralf: Prozeßkostenrechnung...(1996), S. 111; Remer, Detlef: Prozeßkostenrechnung...(1997), S. 53; Zimmermann, Gebhard: Leistungsfähigkeit...(1993), S. 187.

[459] Vgl. Zimmermann, Gebhard – Grundmann Ralf: Prozeßkostenrechnung...(1996), S. 111. Siehe ebenfalls die entsprechenden Ausführungen zu Punkt V.E. des 2. Kapitels.

[460] Für die Ermittlung von Standard-Zeitwerten sind gelegentliche Zeitaufschreibungen mit begrenzter Dauer durchzuführen, die aufzeigen, wieviel Zeiteinheiten an Mitarbeiterkapazität ein Prozeß in Anspruch nimmt.

[461] Siehe die entsprechenden Ausführungen zu Punkt II.C. dieses Kapitels sowie zu Punkt V.E. des 2. Kapitels.

Die Bundesverwaltungen haben im Sinne der Generierung genauer Kostendaten darauf zu achten, daß möglichst alle ausgetauschten Leistungen auch entsprechend verrechnet werden. Das Procedere der Leistungsverrechnung sollte dabei weitgehend prozeßorientiert bzw. leistungsorientiert erfolgen. Jedoch lassen sich nicht alle Kosten der verschiedenen Verwaltungsteilbereiche leistungsorientiert verrechnen. Behördenleitung oder Abteilungsleitung erbringen Grundleistungen in Form von Infrastrukturleistungen. Solche Infrastrukturleistungen dienen vorwiegend der Erhaltung der Leistungsfähigkeit der jeweiligen Ressourcen respektive Kostenstellen. Demzufolge bietet sich eine Anlastung der Kosten der Infrastrukturleistung auf die betreffende Kostenstelle an, welche die angesprochene Grundleistung für die Aufrechterhaltung der Betriebsbereitschaft benötigt. Die nicht volumenabhängigen Kosten werden in diesem Fall als Verfügbarkeitsverluste betrachtet, bei denen kein Beitrag zur Erstellung von Verwaltungsprodukten geleistet wird. Deshalb fallen hier die Gesamtkosten der Ressource für eine Minderauslastung der vorgehaltenen Kapazität an, mit der die Ausführung volumenabhängiger Prozesse vollzogen wird. Durch die Allokation der Vollkosten auf die Minderauslastung ergibt sich ein erhöhter Kostensatz, welcher mittels Zeiterhebung und Mengenerfassung eine Weiterwälzung der Gesamtkosten der Kostenstelle auf die erbrachten Verwaltungsprodukte erlaubt. Ein anderer gangbarer Weg besteht darin, zunächst die Kosten der volumenabhängigen Prozesse leistungsorientiert auf die Verwaltungsprodukte zu verrechnen und anschließend die Kosten der Infrastrukturleistungen über prozentuale Zuschläge den volumenabhängigen Kosten aufzusatteln, womit die Kosten der Grundleistung Infrastruktur nicht als Kosten der Ressourcenerhaltung auf den Kostenstellen landen, sondern sofort auf die jeweiligen Verwaltungsprodukte verteilt werden.

Während die Abbildung des Mengen-, Zeit- oder Prozeßgerüsts mit Istdaten für die Leistungsverrechnung Sinn macht, ist eine Bewertung derselben mit Istkostensätzen abzulehnen. Durch Veränderungen der Leistungsmengen verändern sich bei Verwendung von Istdaten ebenfalls die Kostensätze, weshalb für die Leistungsverrechnung Planverrechnungssätze zu fordern sind, welche auf der Basis einer langfristigen Planbeschäftigung ermittelt wurden. Hierdurch lassen sich Schwankungen bei den Kostensätzen ausschalten und damit verbunden stetige Kostendaten genieren.

### 3. Bestimmung der Bezugsgrößen respektive Kostentreiber

Das Konzept der Standard-KLR des Bundes sieht eine Verrechnung der Gemeinkosten der jeweiligen Kostenstellen auf die Kostenträger mittels entsprechender Verrechnungssätze vor. Für die Verrechnungssatzkalkulation kommen Bezugsgrößen zur Anwendung, welche die kostenmäßigen Beziehungen zwischen den Leistungsvolumina der Kostenstellen und den erstellten Verwaltungsprodukten realitätsgetreu zum Ausdruck bringen sollen.[462] „Die Bezugsgrößen der KL-Stellen sind die Zähleinheiten für Mengen interner Produkte, die in direkter Beziehung zu externen Produkten stehen."[463] Da die internen Produkte die erbrachten Leistungen der Service-Kostenstellen darstellen, wird mit den Bezugsgrößen eine möglichst genaue Verrechnung der Service-Leistungen auf die Verwaltungsendleistungen angestrebt.[464]

---

[462] Siehe Bundesministerium der Finanzen (Hrsg.): Kosten- und Leistungsrechnung...(1997), S. 75; Müller, Peter u. a.: In zehn Schritten zur Kosten- und Leistungsrechnung...(1998), S. 27.
[463] Bundesministerium der Finanzen (Hrsg.): Kosten- und Leistungsrechnung...(1997), S. 76.
[464] Vgl. Bundesministerium der Finanzen (Hrsg.): Kosten- und Leistungsrechnung...(1997), S. 79.

Soll die Kostenverrechnung verursachungsgerecht erfolgen, müssen sich die Leistungsquanten und die Kostenstellenkosten proportional zueinander verhalten, was bei den Bundesverwaltungen eher die Ausnahme sein dürfte. Bezugsgrößen sind einerseits Maßgrößen der Kostenverursachung, andererseits müssen sie die Quantifizierung der Kostenstellenleistungen ermöglichen. Durch die Kenntnis der Menge an erforderlichen Bezugsgrößeneinheiten (z. B. erbrachte Rechnerminuten durch die DV-Abteilung) für externe Produkte lassen sich so die Kosten der Service-Kostenstellen auf die Verwaltungsendleistungen verrechnen. Explizite Hinweise zur Verwendung von Bezugsgrößen zwecks Verrechnung der Kosten der Endkostenstellen (Fachbereiche) auf die externen Verwaltungsprodukte fehlen im KLR-Handbuch. Dies erscheint nicht verwunderlich, da eine Kostenzuordnung der Fachbereiche auf die erbrachten Verwaltungsendprodukte durch die präzise Aufschreibung der aufgewendeten Arbeitszeit zu erfolgen hat.[465] Selbstverständlich handelt es sich auch hier um eine (direkte) Bezugsgröße.

Eine spezifische Bezugsgröße stellt der Kostentreiber – auch Cost Driver genannt – dar. „Cost Driver sind die kostenbeeinflussenden Größen eines Prozesses und dienen als Meß- bzw. Zählgröße für die Anzahl der Prozeßdurchführungen."[466] Als Kosteneinflußfaktor muß der Kostentreiber eine hohe Korrelation zum Verbrauch der Aktivitäten und damit verbunden zur Inanspruchnahme der Ressourcen aufweisen.[467] Für die jeweiligen Prozesse und erst recht für die kostenstellenübergreifenden Hauptprozesse werden in der Regel mehrere Kosteneinflußgrößen existieren. Trotzdem schlagen *Horváth* und *Mayer* aus Gründen der Durchführbarkeit des Systems der Prozeßkostenrechnung vor, jedem Hauptprozeß nur eine Bezugsgröße zuzuweisen.[468] Sinnvollerweise ist hierbei jene Kosteneinflußgröße als Cost Driver zu definieren, welche unter den relevanten kostenbeeinflussenden Faktoren dominiert.[469] Generell gelten als Kostenantriebskräfte die Komplexität sowie die Vielfalt der Varianten der erstellten Leistungen einer Verwaltung.[470] Je komplexer eine Verwaltungsleistung ist, desto mehr Prozesse und somit Ressourcen werden für die Leistungserstellung erforderlich. Als Beispiele für Kostentreiber in Bundesverwaltungen lassen sich die Anzahl der Anhörungen für ein Gesetz sowie die Komplexität einer Genehmigung anführen.[471] Zumeist ruft die Anzahl der Instanzen bei einem Genehmigungsverfahren mehr Kosten hervor als die Anzahl der Prozeßschritte.[472] Ferner nimmt die Stückzahl bestimmter Verwaltungsleistungen (z. B. Leistungen der Druckerei) nur bedingt Einfluß auf die Kostenhöhe, was allgemein für den gemeinkostenintensiven Verwaltungsbereich gilt.[473] Mit der Eruierung der Kostentreiber wird die Basis für ein effektives Gemeinkostenmanagement gelegt.[474] Die Verwaltungsführung kann durch die Reduktion des Cost Driver-Volumens eine erhebliche Senkung der Kosten in den Verwaltungsteilbereichen erzielen. Als konkrete Maßnahmen hierfür bieten sich die

[465] Siehe hierzu die entsprechenden Ausführungen zu Punkt II.C. sowie insbesondere zu Punkt II.D. dieses Kapitels.
[466] Mayer, Reinhold: Prozeßkostenrechnung...(1998), S. 10.
[467] Vgl. Cooper, Robin: Activity-Based Costing...(1990), S. 274.
[468] Vgl. Horváth, Péter – Mayer, Reinhold: Prozeßkostenrechnung – Konzeption...(1993), S. 18.
[469] Vgl. Mayer, Reinhold: Prozeßkostenrechnung...(1998), S. 10.
[470] Vgl. Liebe, Rüdiger: Kosten- und Leistungsrechnung...(1999), S. 186.
[471] Siehe Bundesministerium der Finanzen (Hrsg.): Kosten- und Leistungsrechnung...(1997), S. 79.
[472] Siehe Bundesministerium der Finanzen (Hrsg.): Kosten- und Leistungsrechnung...(1997), S. 63.
[473] Vgl. Köberle, Gisela: Prozeßkostenrechnung...(1994), S. 68 – 69.
[474] Vgl. Bundesministerium der Finanzen (Hrsg.): Kosten- und Leistungsrechnung...(1997), S. 79.

Umstellung auf kostengünstigere Prozesse (z. B. Erstellung von Sammelleistungen anstatt von Einzelleistungen), die Verringerung der Leistungsvielfalt im Zuge einer Komplexitätsreduktion sowie die Senkung des Servicegrades, insbesondere interner Leistungen, an.[475]

Mit dem Verzicht des Konzepts der Standard-KLR auf eine prozeßorientierte Kostenverrechnung sowie bereichsübergreifende Kostenbetrachtung geht ebenfalls der Verlust bezüglich der Informationen über die Kostentreiber, der in Bundesverwaltungen vorherrschenden Kosteneinflußfaktoren, einher. Ohne das detaillierte Wissen zu den kostenbeeinflussenden Faktoren können die Bundesbehörden nur einen geringen Part des Potentials der Kostenrechnung für die Steigerung der Verwaltungseffizienz nutzen. Trotzdem ist die Prozeßkostenrechnung mit dementsprechend verbundener Kostentreiberidentifizierung nicht als Standardrechensystem für die Bundesverwaltungen vorgesehen, da solch ein anspruchsvolles Kostenrechnungssystem ein hohes Maß an betriebswirtschaftlichen Kenntnissen erfordert, das bei den Verwaltungsangehörigen zum Zeitpunkt der Ersteinführung einer Kostenrechnung nicht unbedingt ausreichend gegeben ist.[476]

### C. Bildung von Kalkulationssätzen

Ein wichtiger Zweck der Kostenstellenrechnung bei Bundesverwaltungen ist die Bildung von Kalkulationssätzen für Kostenstellen oder interne Produkte, um die Gemeinkosten möglichst genau auf die Kostenträger verrechnen zu können.[477] Während Bezugsgrößen respektive interne Produkte die Mengenkomponente der zu verrechnenden Kosten auf die Verwaltungsendprodukte darstellen, bilden Kalkulationssätze die Wertkomponente. Mit den Kalkulationssätzen werden also die Bezugsgrößenmengen bewertet. Die Ermittlung der Kalkulationssätze erfolgt mittels Division der Kostenstellenkosten durch die geplante Kostenstellenleistung (Bezugsgrößenmenge).[478] Wichtig für die Kostenverrechnung ist die Generierung von Planverrechnungssätzen, die auf einer langfristigen Planbeschäftigung beruhen, um so eine Verstetigung der Kostendaten zu erreichen. Je nach verwendeter Bezugsgröße können als Kalkulationssätze Stundensätze (z. B. für Personalstunden, Rechnerstunden, Stystemstunden), Volumensätze (z. B. für die Stückzahl durchgeführter Buchungen bzw. Vervielfältigungen) oder generell adäquate Kostensätze für interne Produkte in Frage kommen.

Einen wertvollen Beitrag zur Sicherstellung einer genauen Kalkulation von Verwaltungsleistungen vermögen Prozeßkostensätze zu leisten.[479] Diese errechnen sich durch Division der jeweiligen Prozeßkosten durch die zugehörigen Prozeßmengen[480]

[475] Vgl. Kieninger, Michael: Reengineering und Prozeßoptimierung...(1998), S. 41.

[476] Siehe Bundesministerium der Finanzen (Hrsg.): Kosten- und Leistungsrechnung...(1997), S. 63; Liebe, Rüdiger: Kosten- und Leistungsrechnung...(1999), S. 186.

[477] Siehe Bundesministerium der Finanzen (Hrsg.): Kosten- und Leistungsrechnung...(1997), S. 75 – 76. Grundsätzlich sind für Kalkulationszwecke Kostensätze zu ermitteln. Vgl. Olshagen, Christoph: Prozeßkostenrechnung...(1991), S. 51.

[478] Dies geht nur implizit aus dem KLR-Handbuch hervor. Siehe Bundesministerium der Finanzen (Hrsg.): Kosten- und Leistungsrechnung...(1997), S. 75.

[479] Siehe hierzu die entsprechenden Ausführungen zu Punkt V.E. des 2. Kapitels.

[480] Vgl. Horváth, Péter – Mayer, Reinhold: Prozeßkostenrechnung...(1989), S. 217; Olshagen, Christoph: Prozeßkostenrechnung...(1991), S. 51.

und bilden die Basis für eine prozeßorientierte Produktkalkulation. Den Einsatz von Prozeßkostensätzen zur Verrechnung von Gemeinkosten auf Kostenträger sieht das Konzept der Standard-KLR des Bundes für den Fall vor, daß sich bestimmte Tätigkeiten in gleicher oder ähnlicher Form sehr häufig wiederholen.[481] Diesbezüglich wird mit Standardwerten operiert, weshalb als Kostenrechnungssystem die prozeßorientierte Standard-Einzelkostenrechnung zur Anwendung kommt.[482] Die Berechnung der Kostensätze erfolgt bei der prozeßorientierten Standard-Einzelkostenrechnung in folgenden fünf Schritten:[483]

**Schritt 1: Erstellung eines Produktkataloges**

Der Produktkatalolg enthält alle Verwaltungsleistungen, die von der Verwaltung erbracht werden.

**Schritt 2: Durchführung von Arbeitsablaufstudien und Identifikation der relevanten Aktivitätenbündel**

Hierdurch ermittelt die Bundesverwaltung die notwendigen Aktivitätenbündel für jedes einzelne Produkt.

**Schritt 3: Ermittlung des Zeit- und/oder Mengengerüsts für jedes Produkt**

Während beanspruchte Personalleistungen sowie EDV-Leistungen durch Zeitstudien zu eruieren sind, kann der Verbrauch an Sachmitteln durch Verbrauchsstudien festgestellt werden. Auf der Basis der gewonnenen Erkenntnisse gilt es sodann für jedes Produkt Standard-Bearbeitungszeiten sowie Standard-Verbrauchsmengen festzulegen.

**Schritt 4: Bewertung des Zeit-/Mengengerüsts**

Für Personal- und IT-Leistungen sind Einzelkosten-Zeitfaktoren zu bestimmen. In Divergenz hierzu benötigt man für die Bewertung der Sachmittelleistungen Einzelkostenstückfaktoren. Eine Erläuterung der abstrakten Begriffe Einzelkosten-Zeitfaktor und Einzelkosten-Stückfaktor unterbleibt im KLR-Handbuch. Bei den Einzelkosten-Zeit- bzw. Stückfaktoren handelt es sich um Standard-Kostensätze für Personal, EDV und Sachmittel, worauf die Ausführungen des KLR-Handbuchs („Plan-Kosten bei Standard-Auslastung") schließen lassen.[484]

**Schritt 5: Multiplikation der Standardzeiten- bzw. –verbrauchsmengen mit den Einzelkosten-Zeit- bzw. Stückfaktoren und Addition über alle Aktivitäten für jedes Produkt**

Als Ergebnis der Prozedur erhält die Bundesverwaltung für jedes Produkt prozeßorientierte Standard-Einzelkostensätze. Der Terminus Kostensatz wurde bereits vorhin erläutert. Unter prozeßorientierten Standard-Einzelkosten wird hier die Zurechnung der Kosten als Einzelkosten auf die Aktivitäten im Rahmen einer normierten

---

[481] Siehe Bundesministerium der Finanzen (Hrsg.): Kosten- und Leistungsrechnung...(1997), S. 38, 87 und 88.

[482] Siehe Bundesministerium der Finanzen (Hrsg.): Kosten- und Leistungsrechnung...(1997), S. 38.

[483] Siehe Bundesministerium der Finanzen (Hrsg.): Kosten- und Leistungsrechnung...(1997), S. 39.

[484] Siehe diesbezüglich Bundesministerium der Finanzen (Hrsg.): Kosten- und Leistungsrechnung...(1997), S. 38.

Inanspruchnahme von Leistungen auf der Grundlage dezidierter Arbeits- und Zeitablaufstudien verstanden.[485]

Die Vorgehensweise der prozeßorientierten Standard-Einzelkostenrechnung bei der Ermittlung von Kostensätzen erscheint sinnvoll. Solche Kostensätze ermöglichen die Gewinnung wesentlich besserer Produktkosteninformationen als prozentuale Zuschlagssätze auf bestimmte Wertbasen. Ferner handelt es sich hierbei um Planverrechnungssätze, die auf einer Standardauslastung beruhen, und somit ein Schwanken der Verrechnungspreise vermeiden. Trotzdem können die nach obiger Prozedur ermittelten Kostensätze den Genauigkeitsgrad von Prozeßkostensätzen in Reinform nicht erreichen. Deshalb gilt es je nach verwaltungsspezifischer Situation den Informationsgewinn mit den Durchführungsaufwendungen abzuwägen und dementsprechend das am besten geeignete Kostenrechnungssystem auszuwählen.

## D. Beurteilung der Kostenstellenrechnung der Standard-KLR

Zu Recht betrachten Bundesverwaltungen die Kostenstellen zugleich auch als Leistungsstellen. Mit einer kostenstellenbezogenen Leistungsrechnung können die Behörden das Leistungsspektrum der verwaltungsbetrieblichen Ressourcen abbilden und somit eine sinnvolle und effiziente Nutzung derselben sicherstellen. Kostenstellenübergreifende Aspekte bleiben bei der Standard-KLR außen vor, wodurch auf wichtige Informationen verzichtet wird, die für ein reibungsloses und wirtschaftliches Verwaltungshandeln notwendig sind. Die Definition der Kostenstellen richtet sich nach der jeweils existierenden Organisationsstruktur der Bundesinstitutionen, weshalb in der Regel die Referate als Kostenstellen dienen. Hierdurch trägt man der geforderten Konvergenz zwischen Aufgabenverantwortung und Ressourcenverantwortung Rechnung. Anstatt dieser funktionsorientierten Kostenstellenbildung können Kostenstellen auch prozeßorientiert, entlang der Wertschöpfungskette der Verwaltungsprodukte, definiert werden. Parallel dazu sind entsprechende Eingriffe in die Organisationsstruktur notwendig, damit sich auch diese an den Verwaltungsprozessen orientiert. Den mit der Restrukturierung verbundenen Aufwand sehen die Bundesverwaltungen als großes Hindernis für eine prozeßorientierte Definition der Kostenstellen an. Allerdings ließen sich in Zukunft durch die Restrukturierungsmaßnahmen die Leistungsverrechnungen verringern und damit verbunden die Kosten der Leistungsstellen wesentlich einfacher und genauer auf die Kalkulationsobjekte verteilen. Deshalb fordert der Verfasser im Sinne der Verwaltungseffizienz und der Genauigkeit der Kostendaten eine prozeßorientierte Organisationsstruktur, auf der eine prozeßorientierte Kostenrechnung aufbaut.

Unter abrechnungstechnischen Gesichtspunkten erfolgt eine Differenzierung der Kostenstellen zwischen Hauptkostenstellen, Hilfskostenstellen und Abrechnungskostenstellen. Bei den Hilfskostenstellen unterscheidet man zusätzlich zwischen Servicekostenstellen, Administrationskostenstellen sowie Leitungskostenstellen, um die Nähe der Verwaltungsteilbereiche zum Wertschöpfungsprozeß deutlich machen zu können. Die vorgenommene Kategorisierung dient der Verrechnung der Kosten innerbehördlicher und zwischenbehördlicher Leistungen sowie der Auswertung generierter Kostendaten. Für die Leistungsverrechnung bedienen sich die Bundesverwal-

[485] Siehe Bundesministerium der Finanzen (Hrsg.): Kosten- und Leistungsrechnung...(1997), S. 38.

tungen verschiedener Produkte, welche die zentralen Abrechnungsobjekte der Standard-KLR des Bundes darstellen. Das Procedere der Leistungsverrechnung über Produkte entspricht im wesentlichen dem aus dem Schrifttum bekannten Kostenträgerverfahren und ermöglicht damit eine genaue Allokation der anfallenden Kosten für die Vorhaltung und Nutzung der Verwaltungsressourcen auf die entsprechend ausgetauschten Verwaltungsleistungen. Hierbei handelt es sich um eine leistungsorientierte Kostenverrechnung zu Vollkosten, die aus Gründen der Aussagekraft der Kosteninformationen zu fordern ist. Jedoch existieren bestimmte Grundleistungen in Form von Infrastrukturleistungen, welche sich nicht leistungsorientiert verrechnen lassen, sondern die nur über prozentuale Zuschläge auf die Verwaltungsendleistungen weitergewälzt werden können oder entsprechend auf diejenigen Kostenstellen zu verteilen sind, bei denen durch die Infrastrukturleistungen irgendeine Form der Ressourcenerhaltung angenommen wird. Grundsätzlich gilt es allerdings die Kostenverrechnung soweit wie möglich leistungsorientiert durchzuführen.

Die Erfassung des Leistungsvolumens erfolgt im Rahmen der Standard-KLR über Zeitaufschreibungen und Mengenaufschreibungen. Dadurch wird das Zeit- bzw. Mengengerüst mit Istdaten abgebildet. Zur Bewertung der ausgetauschten Leistungen zieht man hingegen Plankostensätze heran. Angestrebtes Ziel beim Konzept der Standard-KLR ist es, daß leistende und empfangende Kostenstelle zu Beginn der Periode jeweils Verrechnungspreise aushandeln und diese während der Periode auch entsprechend anwenden. Veränderungen des Leistungsvolumens der Servicekostenstellen ziehen somit keine Veränderungen bei den Verrechnungspreisen nach sich. Zum Zwecke der Generierung stetiger Kostendaten sollte die Leistungsverrechnung generell über Planverrechnungssätze erfolgen, die sich an der langfristigen Planbeschäftigung orientieren. Istkostensätze sind hingegen abzulehnen, da mit einer Veränderung der Kapazitätsauslastung auch eine Veränderung des Kostensatzes einhergeht, was zur Volatilität der jeweiligen Ausprägung der Kostendaten führt.

## VI. Kostenträgerrechnung

### A. Aufgaben der Kostenträgerrechnung

Die Kostenträgerzeitrechnung und die Kostenträgerstückrechnung sind die beiden Bestandteile der Kostenträgerrechnung in Bundesverwaltungen. Der Kostenträgerzeitrechnung kommt dabei die Aufgabe des strukturierten Ausweises des Periodenergebnisses, differenziert nach den jeweiligen Kosten- und Leistungsarten, zu.[486] Diesbezüglich werden die Kosten und Leistungen der Bundesbehörde auf diversen Ebenen der Produkthierarchie einander gegenübergestellt und demgemäß entsprechende Salden gebildet.[487] Da jedoch Bundesverwaltungen nicht auf Gewinnerzielung ausgerichtet sind und den Kosten nur selten direkte Erlöse gegenüberstehen, spielt die Kostenträgerzeitrechnung lediglich eine untergeordnete Rolle. Dennoch liefert die Kostenträgerzeitrechnung der Verwaltungsführung wichtige Hinweise darüber, welche Verwaltungsleistungen welche Ressourcenverbräuche respektive Defizite hervorrufen. In Divergenz zur Kostenträgerzeitrechnung widmet sich die Kostenträgerstückrechnung der Kalkulation der Kosten für eine Mengeneinheit einer Verwaltungsleistung. Mit der Kostenträgerstückrechnung wird das Ziel verfolgt, die

486 Siehe Bundesministerium der Finanzen (Hrsg.): Kosten- und Leistungsrechnung...(1997), S. 81.
487 Siehe Bundesministerium der Finanzen (Hrsg.): Kosten- und Leistungsrechnung...(1997), S. 84.

Stückkosten für die Verwaltungsprodukte einer Bundesverwaltung zu ermitteln.[488] Im Rahmen der Kalkulation ist darauf zu achten, ob die generierten Kosteninformationen für interne Steuerungszwecke oder für die Gebührenfestlegung benötigt werden.[489] Dementsprechend bedarf es unterschiedlicher konkreter Kalkulationsverfahren, die den spezifischen Anforderungen auch genügen. Während für die Verwaltungssteuerung die jeweiligen Steuerungsbedarfe beträchtlichen Einfluß auf die Kalkulationsmethodik nehmen, müssen bei der Gebührenermittlung vorrangig rechtliche Belange Berücksichtigung finden.[490] Jedoch können die durch die Kalkulationsdaten gewonnenen Erkenntnisse Impulse für eine Änderung der rechtlichen Rahmeneinflüsse geben. Zumindest langfristig müssen die rechtlichen Kalkulationsvorgaben nicht unbedingt als Datum betrachtet werden, sondern lassen sich auf der Basis plausibler Argumentationen den entsprechenden Erfordernissen anpassen.

## B. Anwendung gängiger Kalkulationsverfahren in Abhängigkeit von der Tätigkeitsstruktur

Für die Ermittlung der Kosten der erbrachten Verwaltungsleistungen sind beim Konzept der Standard-KLR des Bundes die in der industriellen Praxis gängigen Verfahren zur Produktkostenkalkulation vorgesehen.[491] Eine genaue Zuordnung der Kosten auf die Verwaltungsleistungen ist nur möglich, wenn entsprechend des Leistungserstellungstyps ein adäquates Kalkulationsverfahren Anwendung findet. Deshalb greifen Bundesverwaltungen bei der Auswahl des für sie geeigneten Kalkulationsverfahrens auf die vorherrschende Tätigkeitsstruktur zurück. In Abhängigkeit von der Tätigkeitsstruktur ist darüber zu entscheiden, welche Kalkulationsmethode von den in der Praxis vorzufindenden Methoden am besten den Aufgabenspezifika der Behörde entspricht und demzufolge zum Einsatz kommt.[492] Wie aus Abbildung 3-3 zu ersehen ist, wird bei der Tätigkeitsstruktur zwischen repetitiver Tätigkeit, Auftragstätigkeit und Projekttätigkeit differenziert.[493] Bestehen die Leistungserstellungsprozesse der Verwaltungsprodukte aus überwiegend gleichartigen Tätigkeiten mit einheitlicher Aktivitätenfolge und gleicher Bearbeitungszeit je Aktivität, liegt also der Leistungserstellungstyp einer homogenen Massenproduktion vor,[494] genügen für die Ermittlung der Stückkosten einfache Kalkulationsverfahren, wie etwa die Divisionskalkulation.[495] Sind die Verwaltungsprozesse hingegen sehr divergent und komplex, wobei individuelle Prozeßschritte mit unterschiedlicher Intensität ausgeführt werden,[496] bedarf es anspruchsvoller Kalkulationsmethoden mit hohem Genauigkeitsgrad, wozu die pro-

---

[488] Siehe Bundesministerium der Finanzen (Hrsg.): Kosten- und Leistungsrechnung...(1997), S. 81; Bundesministerium der Finanzen (Hrsg.): Einführung von Kosten- und Leistungsrechnung...(1997), S. 20.

[489] Siehe Bundesministerium der Finanzen (Hrsg.): Kosten- und Leistungsrechnung...(1997), S. 18.

[490] Siehe Bundesministerium der Finanzen (Hrsg.): Kosten- und Leistungsrechnung...(1997), S. 25, 82.

[491] Siehe Bundesministerium der Finanzen (Hrsg.): Kosten- und Leistungsrechnung...(1997), S. 81; Bundesministerium der Finanzen (Hrsg.): Einführung von Kosten- und Leistungsrechnung...(1997), S. 20.

[492] Siehe Bundesministerium der Finanzen (Hrsg.): Kosten- und Leistungsrechnung...(1997), S. 81.

[493] Siehe Abbildung 3-3.

[494] Siehe diesbezüglich die entsprechenden Ausführungen zu Punkt II.A. dieses Kapitels.

[495] Vgl. Bundesministerium der Finanzen (Hrsg.): Kosten- und Leistungsrechnung...(1997), S. 81.

[496] Siehe diesbezüglich die entsprechenden Ausführungen zu Punkt II.A. dieses Kapitels; insbesondere siehe Abbildung 3-3.

zeßorientierte Kalkulation gehört.[497] Je nach Heterogenität der Leistungserstellung haben die Bundesverwaltungen unterschiedliche, der Tätigkeitsstruktur adäquate, Verfahren zur Ermittlung der Stückkosten anzuwenden, wobei mit zunehmendem Heterogenitätsgrad auch das Anspruchsniveau an das Kalkulationsverfahren steigt. Hierzu können die Bundesverwaltungen zwischen der Divisionskalkulation (einstufig oder mehrstufig), Äquivalenzziffernkalkulation, Zuschlagskalkulation oder prozeßorientierten Kalkulation auswählen. Die vier Verfahren unterscheiden sich sowohl durch ihre spezifischen Berechnungsprozeduren als auch durch ihre Anwendungsvoraussetzungen, welche sich in den jeweiligen Tätigkeitsstrukturen widerspiegeln.[498] Im folgenden sollen nun kurz die einzelnen Methoden den verschiedenen Tätigkeitsstrukturen zugeordnet werden.[499]

- **Divisionskalkulation**

  Anwendung bei repetitiver Tätigkeit (z. B. Führen eines Registers).

- **Äquivalenzziffernkalkulation**

  Falls es sich um Auftragstätigkeit mit repititivem Charakter (z. B. Erstellung vergleichbarer Informationsbroschüren) handelt, ist diese Methode heranzuziehen.

- **Zuschlagskalkulation**

  Das Konzept der Standard-KLR sieht die Zuschlagskalkulation für die Auftragstätigkeit und die Projekttätigkeit vor (z. B. Erstellung einer Genehmigung).

- **Prozeßorientierte Kalkulation**

  Haben Bundesverwaltungen produktionsnahe repetitive Tätigkeiten auszuführen, bietet sich eine prozeßorientierte Produktkostenkalkulation an (z. B. Verrechnung von Rechenzentrumsleistungen auf ein Verwaltungsprodukt).

Die Regelung hinsichtlich der Auswahl eines adäquaten Kalkulationsverfahrens bei Vorliegen einer bestimmten Tätigkeitsstruktur entspricht einer methodischen Standardisierung.[500] Mit der Orientierung der Kalkulationsmethodik an der Tätigkeitsstruktur und somit am Leistungserstellungstyp schafft die Standard-KLR eine solide Grundlage für die Generierung aussagekräftiger Kosteninformationen bezüglich der Verwaltungsleistungen, was aus wissenschaftlicher Warte nur begrüßt werden kann.

## C. Zuschlagskalkulation zwecks Gebührenermittlung

Für die Kalkulation von Gebühren haben die Bundesverwaltungen die Zuschlagskalkulation gemäß dem in Abbildung 3-15 angeführten Kalkulationsschema anzuwenden. Hierbei handelt sich um eine ganz klare und konkrete Vorgabe der Standard-KLR an die Bundesbehörden, wodurch die inhaltliche Standardisierung der Vorgehensweise bei der Gebührenermittlung zum Ausdruck kommt.[501]

---

[497] Vgl. Bundesministerium der Finanzen (Hrsg.): Kosten- und Leistungsrechnung...(1997), S. 81.
[498] Siehe Bundesministerium der Finanzen (Hrsg.): Kosten- und Leistungsrechnung...(1997), S. 81.
[499] Siehe zu dieser kurzen Auflistung Bundesministerium der Finanzen (Hrsg.): Kosten- und Leistungsrechnung...(1997), S. 82.
[500] Siehe Bundesministerium der Finanzen (Hrsg.): Kosten- und Leistungsrechnung...(1997), S. 81.
[501] Siehe Bundesministerium der Finanzen (Hrsg.): Kosten- und Leistungsrechnung...(1997), S. 81 und 83; Müller, Peter u. a.: In zehn Schritten zur Kosten- und Leistungsrechnung...(1998), S. 27.

Abbildung 3-15

**Schema Zuschlagskalkulation**
**- Vollkosten -**

+ Personal-EK
+ Kosten für bezogene Leistungen
+ Sach-EK
+ Sonder-EK

**Herstell-EK**

+ Produktionsnahe GK
+ Andere Material- und Herstell-GK

**Herstellkosten**

+ Zuschlag für GK der Entwicklung und Herstellungsvorbereitung
+ Verwaltungs-GK-Zuschlag (eventuell differenziert nach Kostenstellen bzw. internen Produkten)

**Selbstkosten**

+ Kalkulatorischer Nutzenzuschlag (Äquivalenzprinzip)

**Selbstkostengebühr**

EK = Einzelkosten GK = Gemeinkosten HK = Herstellkosten

**Erläuterungen**

* Personal- und Sach-EK werden als Standardverbrauch kalkuliert
* Bewertung der Personalstunden mit behördenspezifischem Standardkostensatz (einschl. Pensions-/Pflegerückstellungen)
* Bewertung von Verbräuchen der Sach-EK zu Standardkosten
* Ansatz von bezogenen Leistungen und Sonder-EK, die zusätzlich für die Produkterstellung beschafft werden müssen
* Für die produktionsnahen GK ist der Einsatz einer prozeßorientierten Kalkulation zu prüfen
* Produktionsnahe GK enthalten Wagniskostenanteile
* Zuschläge werden so weit wie möglich mengenbasiert (Bezugsgrößenkalkulation) und ansonsten wertbasiert auf die HK berechnet
* Verwaltungsgemeinkosten schließen
  - Vertriebskosten, wenn diese für im marktlichen Wettbewerb erbrachte Produkte anfallen und
  - sonstige Rückstellungen

  ein

Entnommen aus Bundesministerium der Finanzen (Hrsg.): Kosten- und Leistungsrechnung...(1997), S. 84.

Die Zuschlagkalkulation wird in der speziellen Literatur zur Standard-KLR des Bundes als das geeignete Kalkulationsverfahren für Bundesverwaltungen dargestellt.[502] Diesbezüglich beruft man sich auf die Erfahrungen, die Bundesbehörden mit ihren entsprechenden KLR-Konzepten bis jetzt so gemacht haben.[503] Bei den vorhandenen KLR-Konzepten der Bundesinstitutionen findet in der Regel die Zuschlagskalkulation Anwendung für die Ermittlung der Gebührenhöhe.[504] „Da dieses Verfahren der rechtlichen Anforderung nach der direkten Zurechnung von Kosten zu öffentlichen Leistungen am besten gerecht wird, empfiehlt es sich als Standard für die Gebührenkalkulation im Rahmen der KLR."[505] Wie die im KLR-Handbuch gemachte Aussage belegt, halten die Konzeptentwickler der Standard-KLR die Zuschlagskalkulation für das adäquate Kalkulationsverfahren bei der Gebührenermittlung. Aufgrund des großen Blocks fixer Gemeinkosten in Bundesverwaltungen muß die Zuschlagskalkula-

[502] Siehe Müller, Peter u. a.: In zehn Schritten zur Kosten- und Leistungsrechnung...(1998), S. 26.
[503] Siehe Müller, Peter u. a.: In zehn Schritten zur Kosten- und Leistungsrechnung...(1998), S. 26; Bundesministerium der Finanzen (Hrsg.): Kosten- und Leistungsrechnung...(1997), S. 83.
[504] Siehe Bundesministerium der Finanzen (Hrsg.): Kosten- und Leistungsrechnung...(1997), S. 83.
[505] Bundesministerium der Finanzen (Hrsg.): Kosten- und Leistungsrechnung...(1997), S. 83.

tion im klassischen Sinne jedoch als unzweckmäßig angesehen werden und der Verfasser fordert demzufolge die strikte Ablehnung des Einsatzes dieses Kalkulationsverfahrens in öffentlichen Verwaltungen. Eine direkte Zurechnung von Kosten auf erbrachte Leistungen ist dort wegen der Dominanz von Gemeinkosten nur in sehr begrenztem Umfang möglich. Die Allokation von Personalkosten auf die Verwaltungsprodukte gemäß der für die jeweiligen Leistungen erforderlichen Arbeitszeit spiegelt dem Grunde nach eine Personalstundensatzrechnung wider, führt aber nicht zu Personaleinzelkosten. Lediglich die Kosten für verbrauchte Materialien können den Verwaltungsleistungen direkt als Einzelkosten zugerechnet werden. Überall dort, wo kein direkter Bezug zu den Verwaltungsendleistungen gegeben ist, haben die Bundesverwaltungen bei der Gebührenkalkulation lt. KLR-Handbuch Zuschlagssätze anzuwenden. Das in Abbildung 3-15 dargestellte Kalkulationsschema bezieht sich demzufolge auf eine Kombination zwischen Personalstundensatzrechnung und Zuschlagskalkulation.

Im Rahmen der Gebührenkalkulation haben die Bundesverwaltungen einige Besonderheiten zu beachten. Hierzu gehören rechtliche Grundlagen, wie das Verwaltungskostenrecht, ressortspezifische Fachgesetze oder die aktuelle Rechtsprechung. Weitere Spezifikas finden sich im Kostendeckungsprinzip und im Äquivalenzprinzip vor. Letzteres drückt die Adäquanz des Leistungsentgelts für die empfangene Leistung aus. Es darf zur Anwendung kommen, wenn der (wirtschaftliche) Nutzen auf seiten des Leistungsempfängers im Verhältnis zu den anfallenden Kosten außerordentlich hoch ist. Zudem muß die Vorgabe der Kostendeckung als Kalkulationsobergrenze im Fachgesetz fehlen. Bei der Bildung der Kostenträger haben die Bundesbehörden vor allem darauf zu achten, daß alle relevanten Gebührenpositionen entsprechende Berücksichtigung finden. Dies kann durch einen Kostenträger oder durch die Aggregation mehrerer Kostenträger erfolgen. Ein letzter wichtiger Aspekt ist die Verstetigung der Gebührenkalkulation. Deshalb sind für Abschreibungen und Zinsen Standardkosten anzusetzen. Berechnungsbasis für Abschreibungen und kalkulatorische Zinsen bilden die Anschaffungs- respektive Herstellungskosten; außerdem wird bei der Ermittlung der Abschreibungen mit der linearen Abschreibungsmethode operiert.[506]

Die Eignung einer Kalkulationsmethodik für die Ermittlung der Stückkosten, welche bei den Bundesverwaltungen mitunter zur Festlegung der Gebühren dienen, hängt im wesentlichen davon ab, wie genau den Verwaltungsleistungen die dafür entstehenden Kosten zugeordnet werden können. Im Sinne der Kostendeckung gilt es bei der Gebührenkalkulation den tatsächlichen Kostenanfall für die Verwaltungsleistungen weitestgehend zu ermitteln. Je genauer sich mit dem verwendeten Kalkulationsverfahren die Kosten den einzelnen Verwaltungsprodukten zuordnen lassen, desto besser wird man dem Prinzip der Kostendeckung gerecht, da dementsprechend Kostenanfall und Kostenverrechnung (Weiterbelastung) konvergieren.

Zur Beurteilung der Eignung der Zuschlagskalkulation für die Gebührenkalkulation in Bundesverwaltungen erscheint es notwendig, die konkrete Form der Ausgestaltung

[506] Siehe zu den Besonderheiten bezüglich der Gebührenkalkulation Bundesministerium der Finanzen (Hrsg.): Kosten- und Leistungsrechnung...(1997), S. 82 – 83. Siehe ebenfalls Bundesministerium der Finanzen (Hrsg.): Einführung von Kosten- und Leistungsrechnung...(1997), S. 20.

hinsichtlich der Genauigkeit der hierdurch generierbaren Kosteninformationen zu überprüfen. Das im KLR-Handbuch angeführte Kalkulationsschema soll eine möglichst genaue Gebührenkalkulation ermöglichen. Die Erläuterungen zu den einzelnen Positionen des Kalkulationsschema finden sich in Abbildung 3-15 wieder, auf die hier zu verweisen ist. Dennoch bedarf es aus Gründen der Verständlichkeit sowie Evaluierung des spezifischen Kalkulationsverfahrens der Bundesbehörden weiterer Hinweise, Konkretisierungen und Ergänzungen.

Grundsätzlich sieht die Standard-KLR bei der Gebührenkalkulation den Ansatz von Personalkosten, Sachkosten und kalkulatorischen Kosten einschließlich der jeweiligen Gemeinkostenanteile vor. Dabei müssen die anfallenden Kosten den öffentlichen Leistungen soweit wie möglich direkt als Einzelkosten zugerechnet werden.[507] Diese Forderung ist zwar sehr berechtigt, läßt sich jedoch in praxi wohl kaum realisieren, herrschen doch in Bundesverwaltungen fixe Gemeinkosten vor. Einzelkosten sind nur sehr begrenzt anzutreffen und finden sich, wenn überhaupt, bei den Sachkosten (z. B. Formular) wieder. Die im KLR-Handbuch durchgängig bezeichneten Personaleinzelkosten gehören eigentlich nicht zu der Kategorie Einzelkosten, sondern verkörpern Gemeinkosten. Personalkosten resultieren aus der Bereitstellung von Arbeitskraft durch die Bediensteten der Bundesverwaltungen, bei denen es sich überwiegend um Beamte handelt.[508] Diese Kosten fallen völlig unabhängig von einer einzelnen Verwaltungsleistung an,[509] beziehen sich auf ein Konglomerat an Verwaltungsleistungen und stellen deshalb fixe Gemeinkosten dar. Auch die leistungsorientierte Zuordnung der Personalkosten auf die Verwaltungsprodukte mittels Zeitaufschreibung ändert nichts an der Tatsache, daß es sich bei den Personalkosten um Gemeinkosten handelt. Jedoch ist die Belastung der Verwaltungsleistungen mit Personalkosten auf der Basis der direkten „mengenmäßigen" Bezugsgröße Arbeitszeit eine sehr sinnvolle Vorgehensweise, die im wesentlichen einer Personalstundensatzrechnung entspricht und der Genauigkeit zu generierender Kosteninformationen dient. Hierbei handelt es sich aber um die Allokation von Kapazitätskosten auf die Verwaltungsprodukte gemäß dem Prinzip der anteiligen Ressourceninanspruchnahme und nicht um eine Zurechnung von Einzelkosten.

Aus dem KLR-Handbuch geht nicht hervor, was mit produktionsnahen Gemeinkosten bzw. mit anderen Material- und Herstell-Gemeinkosten gemeint ist. Es wird lediglich darauf hingewiesen, daß produktionsnahe Gemeinkosten Anteile von Wagniskosten enthalten. Wagniskosten dürfen nur in dem Umfang Berücksichtigung finden, soweit die Bundesverwaltung statistische oder fallbezogene Nachweise für deren Notwendigkeit erbringen kann.[510] Für den produktionsnahen Gemeinkostenbereich empfiehlt das KLR-Handbuch die Verwendung einer prozeßorientierten Kalkulation, „wenn der Gemeinkostenanteil an den Selbstkosten insgesamt 100 % übersteigt."[511] Da aber die Gemeinkosten eine Teilmenge der Selbstkosten darstellen, können die Gemeinkosten die Selbstkosten niemals übersteigen. Gemeint ist wohl das Verhältnis zwischen Gemeinkosten und Einzelkosten, was aus einem anderen Schrifttum zur

---

507 Siehe Bundesministerium der Finanzen (Hrsg.): Kosten- und Leistungsrechnung...(1997), S. 83.
508 Siehe hierzu ebenfalls die entsprechenden Ausführungen zu Punkt IV.A.2. des 2. Kapitels.
509 Beamte beziehen kein Leistungsentgelt.
510 Siehe Bundesministerium der Finanzen (Hrsg.): Kosten- und Leistungsrechnung...(1997), S. 83.
511 Bundesministerium der Finanzen (Hrsg.): Kosten- und Leistungsrechnung...(1997), S. 84.

Standard-KLR hervorgeht.[512] Sind die Gemeinkosten höher als die Einzelkosten und führt der produktionsnahe Bereich außerdem überwiegend repetitive Tätigkeiten aus, ist nach *Müller* eine prozeßorientierte Kostenverrechnung in Erwägung zu ziehen.[513] Wie aber vorhin verdeutlicht wurde, handelt es sich bei den hier angesprochenen Einzelkosten eigentlich auch um Gemeinkosten. Deshalb ist grundsätzlich der Einsatz einer prozeßorientierten Kalkulation zu fordern. Die prozeßorientierte Kalkulation basiert genauso wie die Zuordnung der Personalkosten auf die Verwaltungsprodukte mittels Zeitaufschreibung auf dem Prinzip der anteiligen Ressourceninanspruchnahme. Beide Kalkulationsmethodiken erlauben deshalb eine leistungsorientierte Kostenallokation der direkt an der Erstellung der Verwaltungsendprodukte beteiligten Kostenstellen und damit verbunden die Generierung brauchbarer Kostendaten. Jedoch bietet die Prozeßkostenkalkulation den Vorteil, daß auch die Kosten der nur mittelbar für die Verwaltungsendleistungen tätigen Kostenstellen leistungsgerecht verteilt werden und eine nicht korrekte Differenzierung zwischen Einzelkosten und Gemeinkosten wegen des Verzichts auf Zuschläge unterbleiben kann. Mit dem Zuschlag für Entwicklung und Herstellungsvorbereitung werden beispielsweise die Kosten für die Generierung von Vorschriften als Grundlage für die Aufgabenerledigung berücksichtigt.[514] Hierbei handelt es sich um sogenannte Vorlaufkosten. Diese sind neben den Verwaltungsgemeinkosten soweit wie möglich mittels mengenbasierter Bezugsgrößen auf die Verwaltungsprodukte zu verteilen. Nur subsidiär dürfen wertbasierte Zuschläge auf die Herstellkosten zum Einsatz kommen.[515]

Im Sinne einer leistungsgerechten Kostenkalkulation kann die im KLR-Handbuch verankerte Forderung nach einer Kostenverteilung durch mengenmäßige Bezugsgrößen ausdrücklich begrüßt werden. Bezugsgrößenkalkulationen führen zu wesentlich genaueren Kosteninformationen als prozentuale Zuschläge auf eine bestimmte Wertbasis (z. B. Herstellkosten). Eine sehr spezifische Kalkulationsposition im Kalkulationsschema bei Bundesverwaltungen zur Ermittlung der Gebührenhöhe bildet der kalkulatorische Nutzenzuschlag. Hierdurch soll – wie bereits erläutert – gewährleistet werden, daß der Leistungsempfänger ein adäquates Entgelt für den durch die Verwaltungsleistung bewirkten Nutzen entrichtet.[516]

Wie die Ausführungen belegen, bestehen nur sehr wenig Gemeinsamkeiten zwischen der Zuschlagskalkulation der Bundesverwaltungen zwecks Gebührenkalkulation und der traditionellen industriellen Zuschlagskalkulation. Bei der traditionellen Zuschlagskalkulation der Industriebetriebe werden die Gemeinkosten durch prozentuale Zuschläge einer bestimmten wertmäßigen Bezugsbasis (z. B. Materialeinzelkosten, Fertigungseinzelkosten oder Herstellkosten) angelastet. Diese Vorgehensweise basiert auf dem Kostentragfähigkeitsprinzip. Hingegen gleicht die als Zuschlagskalkulation bezeichnete Kalkulationsmethodik der Bundesverwaltungen einer Bezugsgrößenkalkulation, die überwiegend mit mengenmäßigen Bezugsgrößen operiert und dem Prinzip der anteiligen Ressourceninanspruchnahme folgt. Letzteres Verfahren vermag wesentlich genauere Kostendaten zu generieren als eine Zu-

[512] Siehe Müller, Peter u. a.: In zehn Schritten zur Kosten- und Leistungsrechnung...(1998), S. 27.
[513] Siehe Müller, Peter u. a.: In zehn Schritten zur Kosten- und Leistungsrechnung...(1998), S. 27.
[514] Siehe Bundesministerium der Finanzen (Hrsg.): Kosten- und Leistungsrechnung...(1997), S. 83.
[515] Siehe Abbildung 3-15.
[516] Siehe hierzu nochmals Bundesministerium der Finanzen (Hrsg.): Kosten- und Leistungsrechnung...(1997), S. 82.

schlagskalkulation in Reinform, bei der ausschließlich wertmäßige Bezugsbasen zum Einsatz kommen. Divergenzen bestehen ebenfalls hinsichtlich der Klassifizierung Einzelkosten versus Gemeinkosten. Während es sich bei den in der industriellen Zuschlagskalkulation ausgewiesenen Einzelkosten auch tatsächlich um Einzelkosten handelt, denen die Gemeinkosten mittels prozentualen Zuschlägen hinzugerechnet werden, verkörpern die als Einzelkosten bezeichneten Kalkulationspositionen der spezifischen Zuschlagskalkulation der Bundesbehörden zu einem großen Teil Gemeinkosten.

Für Institutionen mit einem Gemeinkostenanteil von mehr als 80 % des gesamten Kostenvolumens kann die Zuschlagskalkulation keinesfalls ein adäquates Kalkulationsverfahren sein. Das auf die Spezifika der Bundesverwaltungen zugeschnittene Kalkulationsverfahren der Zuschlagskalkulation hat nur noch begrenzt mit einer Zuschlagskalkulation zu tun. Hierbei erhalten mengenmäßige Bezugsgrößen den Vorzug gegenüber wertmäßigen Bezugsgrößen, was der Genauigkeit der Kostendaten dienlich ist und die Generierung durchaus brauchbarer Stückkosteninformationen erlaubt. Dennoch würde eine prozeßorientierte Kostenkalkulation eine Verfeinerung des Kalkulationsschemas bewirken[517] und somit den Aussagehalt der generierten Verwaltungsproduktkosteninformationen steigern. Außerdem könnten die tatsächlichen Einzelkosten und die tatsächlichen Gemeinkosten auch als solche realitätsgetreu im Kalkulationsschema ausgewiesen werden, da bei der Prozeßkostenrechnung die Einzelkosten nicht als Verrechnungsbasis für die Verrechnung der Gemeinkosten fungieren.

### D. Prozeßorientierte Kalkulation als genaue Kalkulationsmethodik

Bundesverwaltungen erbringen vorwiegend sehr heterogene Leistungsarten, wofür mehrstufige, komplexe sowie unterschiedliche Leistungserstellungsprozesse ablaufen, welche die Ressourcen unterschiedlich in Anspruch nehmen. Aufgrund dieser Gegebenheiten ist die prozeßorientierte Kalkulation die adäquate Kalkulationsmethodik für Bundesinstitutionen,[518] bei der anstelle von Zuschlagssätzen eine differenzierte Verrechnung der Gemeinkosten vorgenommen wird.[519] Im Rahmen der prozeßorientierten Kalkulation erfolgt die Allokation der Gemeinkosten auf die einzelnen Verwaltungsprodukte nicht pauschal mittels wertbezogener Zuschlagsbasen, sondern auf der Grundlage der jeweils in Anspruch genommenen verwaltungsbetrieblichen Ressourcen.[520] Dazu werden die für die Verwaltungsendleistungen benötigten Mengen an Prozessen mit den jeweiligen Prozeßkostensätzen multipliziert. Während durch die Prozeßmengen, mit dem Medium der Bezugsgröße respektive des Kostentreibers, eine entsprechend genaue (leistungsorientierte) Verrechnung des für die Leistungen erforderlichen Volumens an Prozessen und somit Ressourcen gewähr-

---

[517] Dies wird ebenfalls im KLR-Handbuch als Option in Betracht gezogen. Siehe Bundesministerium der Finanzen (Hrsg.): Kosten- und Leistungsrechnung...(1997), S. 84.

[518] Vgl. Horváth, Péter – Mayer, Reinhold: Konzeption und Entwicklungen der Prozeßkostenrechnung...(1995), S. 77. Siehe außerdem die Ausführungen zu Punkt IV.C.3.a sowie zu Punkt IV.C.3.b des 2. Kapitels.

[519] Siehe hierzu Bundesministerium der Finanzen (Hrsg.): Kosten- und Leistungsrechnung...(1997), S. 81 – 82.

[520] Vgl. Köberle, Gisela: Prozeßkostenrechnung...(1994), S. 91 – 92. Siehe zudem Olshagen, Christoph: Prozeßkostenrechnung...(1991), S. 61.

leistet wird (Mengenkomponente der Kosten),[521] kommt in den Prozeßkostensätzen die Wertkomponente der Kosten zum Ausdruck.[522]

Die Zurechnung der Gemeinkosten der Verwaltungskostenstellen auf die Verwaltungsleistungen mittels Prozeßmengen und Prozeßkostensätze erlaubt eine wesentlich genauere Kalkulation der Verwaltungsendleistungen als die Verwendung wertmäßiger Zuschläge[523] und ermöglicht so die Generierung fundierter Kosteninformationen für jegliche Entscheidungen.[524] Dies gilt sowohl für die Festsetzung der Gebührenhöhe als auch für Entscheidungen, die der wirtschaftlichen Verwaltungssteuerung dienen. Dennoch sieht die Standard-KLR den Einsatz einer prozeßorientierten Kostenkalkulation für die Gebührenermittlung nur in einem begrenzten Umfang und zwar bei den erzeugnisnahen Bereichen vor, wobei die prozeßorientierte Kostenverrechnung lediglich als Option zum Standard der Zuschlagskalkulation zu verstehen ist.[525] Wie die Ausführungen zu Beginn dieses Kapitels belegen, erfolgt bei der Standard-KLR die Zurechnung der Kostenstellenkosten auf die Verwaltungsprodukte in einem Schritt, ohne die Kosten in einem Zwischenschritt den Prozessen der Leistungserstellung anzulasten. Die mittels Aufschreibungen den Verwaltungsprodukten unmittelbar zugeordneten Kosten werden als Einzelkosten[526] angesehen, denen die Kosten der indirekten Bereiche durch entsprechende Zuschläge aufzusatteln sind.[527] Stellen letztere einen überaus großen Kostenblock dar und werden in den genannten Bereichen repetitive Tätigkeiten ausgeführt, empfiehlt das KLR-Handbuch den Einsatz einer prozeßorientierten Kalkulation.[528] Die Ergänzung des Kalkulationsschemas um prozeßbezogene Kalküle erlaubt eine differenzierte Verrechnung der Gemeinkosten auf die Verwaltungsleistungen gemäß der in Anspruch genommenen Ressourcen und damit verbunden die Generierung genauer Kostendaten.

Neben dem Allokationseffekt,[529] der die leistungsorientierte Kostenverrechnung gemäß dem Prinzip der anteiligen Ressourceninanspruchnahme zum Ausdruck bringt, kommen durch die prozeßorientierte Kostenkalkulation noch zwei weitere positive Effekte zum Tragen. Anhand des Komplexitätseffekts sieht die Verwaltung, daß komplexe Verwaltungsleistungen mehr Ressourcen in Anspruch nehmen als weniger komplexe Verwaltungsleistungen. Diesbezüglich sind auch die Kosten unterschiedlich, was die Zuschlagskalkulation nicht richtig aufzuzeigen vermag. Die Prozeßkostenrechnung bildet hingegen den Kostenanfall für unterschiedlich komplexe Verwaltungsprodukte entsprechend der beanspruchten Ressourcen in korrekter Weise ab.[530] Der dritte und zugleich letzte positive Effekt der Prozeßkostenkalkulation spiegelt sich im Degressionseffekt wider. Bundesverwaltungen erstellen bestimmte Vor-

---

[521] Siehe hierzu die Ausführungen zu Punkt V.B.3. dieses Kapitels.
[522] Siehe hierzu die Ausführungen zu Punkt V.C. dieses Kapitels.
[523] Vgl. Köberle, Gisela: Prozeßkostenrechnung...(1994), S. 93. Siehe außerdem die entsprechenden Ausführungen zu Punkt IV.C.3.b des 2. Kapitels.
[524] Siehe hierzu die entsprechenden Ausführungen zu Punkt IV.C.3.b des 2. Kapitels.
[525] Siehe Bundesministerium der Finanzen (Hrsg.): Kosten- und Leistungsrechnung...(1997), S. 84; Müller, Peter u. a.: In zehn Schritten zur Kosten- und Leistungsrechnung...(1998), S. 27.
[526] Hierbei handelt es sich aber tatsächlich zum großen Teil nicht um Einzelkosten, sondern um Gemeinkosten.
[527] Siehe Bundesministerium der Finanzen (Hrsg.): Kosten- und Leistungsrechnung...(1997), S. 82.
[528] Siehe Bundesministerium der Finanzen (Hrsg.): Kosten- und Leistungsrechnung...(1997), S. 82.
[529] Siehe hierzu Olshagen, Christoph: Prozeßkostenrechnung...(1991), S. 61.
[530] Vgl. Olshagen, Christoph: Prozeßkostenrechnung...(1991), S. 62 – 63.

leistungen (z. B. Vorschriften), deren Kosten nicht von der Stückzahl der an die Bürger abgegebenen Verwaltungsendleistungen abhängig sind. Solche Kosten fallen einmalig in einer bestimmten Höhe an, egal wieviel Verwaltungsendleistungen für die Bürger erbracht werden.[531] Hierbei handelt es sich um sogenannte lebenszyklusfixe Kosten. Mit steigendem Volumen an Verwaltungsendleistungen sinkt der Betrag, welcher dem einzelnen Stück an Verwaltungsendleistung kostenmäßig anzulasten ist, da sich der konstante Kostenbetrag auf mehrere Verwaltungsleistungen verteilt. Die Prozeßkostenrechnung wird diesem Phänomen gerecht und belastet die erbrachten Leistungen in adäquater Weise mit anteiligen Kosten, während hingegen bei der Zuschlagskalkulation in Abhängigkeit von der Höhe der Zuschlagsbasen eine Kostenbelastung vorgenommen wird, welche völlig losgelöst vom tatsächlichen Kostenanfall erfolgt.[532]

## VII. Auswertungsrechnungen

### A. Kostenstrukturrechnung

In Bundesverwaltungen findet sich ein enormer Block an fixen Kosten vor, der aus der Vorhaltung von entsprechend großen Kapazitäten resultiert.[533] Der Anteil der Fixkosten an den Gesamtkosten beträgt bei den Bundesverwaltungen ca. 90 %. Deshalb gehört zum Instrumentarienrepertoire der Standard-KLR eine Fixkostenstrukturrechnung, mittels derer ein differenzierter Ausweis der Fixkosten erfolgen soll.[534] Die „Abbildung der Fixkosten entsprechend der zeitlichen Abbaufähigkeit"[535] spiegelt die zentrale Aufgabe einer Fixkostenstrukturrechnung wider. Detaillierte Kenntnisse bezüglich der Beeinflußbarkeit fixer Kosten bilden die Basis für ein solides Kostenmanagement, was in Bundesverwaltungen nur ein Fixkostenmanagement sein kann.[536] Die Fixkosten müssen gezielt beeinflußt und gestaltet werden, will man in Bundesverwaltungen deutliche Effizienzsteigerungen verwirklichen. Hierzu ist es erforderlich, die Dispositionsmöglichkeiten etwaiger Fixkostenpotentiale zu eruieren.[537] Ferner gilt es, die Auswirkungen von Investitionsentscheidungen auf die Fixkostenstruktur im voraus entsprechend aufzuzeigen, damit ein proaktives Management in Richtung einer Reduktion der langfristig nicht abbaubaren Kosten ermöglicht werden kann.[538] Informationen zur Abbaubarkeit der Fixkosten (siehe hierzu Abbildung 3-16) sind insbesondere dann unverzichtbar, wenn Entscheidungen über Eigenfertigung und Fremdbezug anstehen. Bundesverwaltungen können Privatisierungen nur in dem Umfang durchführen, in welchem sich die für die Leistungserstellung vorgehaltenen Potentiale eliminieren lassen.[539]

---

531 Siehe in ähnlicher Form Olshagen, Christoph: Prozeßkostenrechnung...(1991), S. 64 – 65.
532 Siehe in ähnlicher Form Olshagen, Christoph: Prozeßkostenrechnung...(1991), S. 64 – 65.
533 Siehe hierzu die Ausführungen zu Punkt V.F. des 2. Kapitels.
534 Siehe Bundesministerium der Finanzen (Hrsg.): Kosten- und Leistungsrechnung...(1997), S. 29.
535 Bundesministerium der Finanzen (Hrsg.): Kosten- und Leistungsrechnung...(1997), S. 25.
536 Vgl. Bundesministerium der Finanzen (Hrsg.): Kosten- und Leistungsrechnung...(1997), S. 29.
537 Siehe ausführlich die Ausführungen zu Punkt V.F. des 2. Kapitels.
538 Siehe Bundesministerium der Finanzen (Hrsg.): Kosten- und Leistungsrechnung...(1997), S. 29.
539 Vgl. Bundesministerium der Finanzen (Hrsg.): Kosten- und Leistungsrechnung...(1997), S. 25. Siehe genauer die Ausführungen zu Punkt V.F. des 2. Kapitels.

Abbildung 3-16

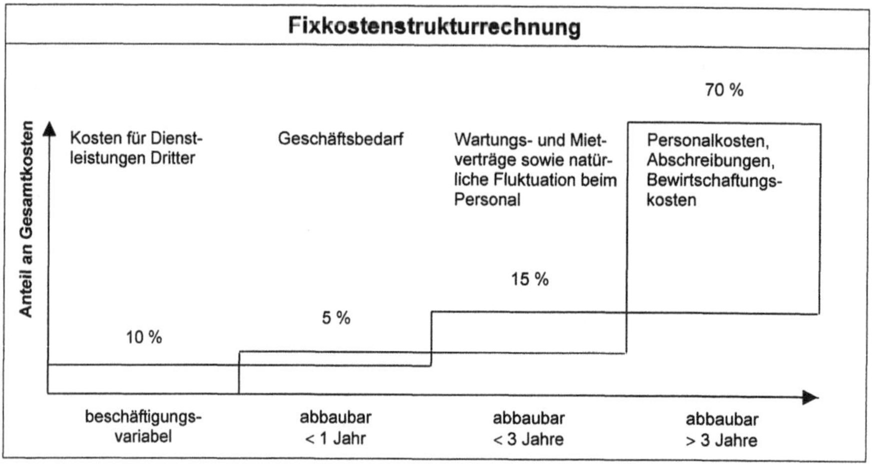


Entnommen aus Bundesministerium der Finanzen (Hrsg.): Kosten- und Leistungsrechnung...(1997), S. 30.

Neben der Abbaufähigkeit der Fixkosten kann die Kostenstruktur einer Bundesverwaltung selbstverständlich auch nach anderen Dimensionen abgebildet werden. Je nach Systematisierung und zweckadäquater Aufbereitung der Kostendaten ergeben sich unterschiedliche Möglichkeiten des Ausweises von Kostenstrukturinformationen für Bundesinstitutionen. Besonders hervorzuheben ist hierbei die Eruierung der Kostenartenstruktur, die bei entsprechender Kenntnis Rückschlüsse auf das Kostenverhalten erlaubt.[540] In der Kostenartenstruktur kommt der relative Anteil der Personalkosten, Sachkosten und Kapitalkosten an den Gesamtkosten zum Ausdruck. Weiterhin kann ein Ausweis einzelner Kostenarten hinsichtlich der Bedeutung für verschiedene Verwaltungsleistungen oder Organisationseinheiten (Kostenstellen) erfolgen.[541] Stellen Bundesverwaltungen hingegen Durchschnittsbetrachtungen an, erlangen sie Kenntnisse bezüglich der Kostensituation im Vergleich zum Bundesdurchschnitt, wozu sich beispielsweise die Personalkosten pro Beschäftigten einer Verwaltung besonders gut eignen.[542] Die Abbildung der diversen Kostenstrukturinformationen erfolgt bei Bundesbehörden mittels Kennzahlen.[543] Damit die generierten Kennzahlen entsprechend aussagefähig werden, bedarf es der Durchführung von Kennzahlenvergleichen.[544] Das KLR-Handbuch sieht diesbezüglich den Zeitver-

540 Siehe hierzu die entsprechenden Ausführungen zu Punkt IV.A.1. des 2. Kapitels.

541 Siehe Bundesministerium der Finanzen (Hrsg.): Kosten- und Leistungsrechnung...(1997), S. 98; Müller, Peter u. a.: In zehn Schritten zur Kosten- und Leistungsrechnung...(1998), S. 29.

542 Siehe Bundesministerium der Finanzen (Hrsg.): Kosten- und Leistungsrechnung...(1997), S. 98; Müller, Peter u. a.: In zehn Schritten zur Kosten- und Leistungsrechnung...(1998), S. 29.

543 Siehe Bundesministerium der Finanzen (Hrsg.): Kosten- und Leistungsrechnung...(1997), S. 97 – 98; Müller, Peter u. a.: In zehn Schritten zur Kosten- und Leistungsrechnung...(1998), S. 29. Siehe bezüglich der Kennzahlen in Bundesverwaltungen ausführlich Seeger, Tilman – Walter, Matthias: Kosten- und Leistungsrechnung...(1999), S. 113 – 121.

544 Vgl. Müller, Peter u. a.: In zehn Schritten zur Kosten- und Leistungsrechnung...(1998), S. 29.

gleich, Soll-Ist-Vergleich sowie Behördenvergleich vor.[545] Die angeführten Vergleichsarten stellen keine Spezifikas der Bundesverwaltungen dar, sondern kommen grundsätzlich in allen möglichen Institutionen zur Anwendung.

## B. Abweichungsanalysen

Als Grundsystem der Standard-KLR des Bundes fungiert die flexible Plankostenrechnung auf Vollkostenbasis.[546] Mit der flexiblen Plankostenrechnung können sich Bundesverwaltungen notwendige Daten für das Controlling beschaffen. Anhand der Gegenüberstellung von Plandaten und Istdaten sieht man, ob die veranschlagten Werte auch eingehalten wurden oder ob sich Abweichungen zwischen dem geplanten und dem tatsächlich realisierten Verwaltungshandeln ergeben.[547] Auftretende Abweichungen gilt es zu analysieren und damit verbunden die Ursachen der Abweichungen zu eruieren. Die aus den Abweichungsanalysen gewonnenen Erkenntnisse bilden sodann die Grundlage für die Steuerung respektive Regelung des Verwaltungshandelns.[548] Abbildung 3-17 zeigt exemplarisch eine differenzierende Abweichungsanalyse im Rahmen der flexiblen Plankostenrechnung auf.[549]

Abbildung 3-17

**Genehmigung xy**

| Kostenart (I) | Plan (II) | Ist (III) | Abweichung (IV = III - II) | Abweichungsart |
|---|---|---|---|---|
| **Personal** | | | | |
| - Aufwand (h) | 2 | 5 | 3 | Verbrauch |
| - Stundensatz (DM) | 130,- | 140,- | 10 | Preis |
| **Material** (Urkunden) | | | | |
| - Einsatz (Stück) | 1 | 2 | 1 | Verbrauch |
| - Stückkosten (DM) | 10,- | 15,- | 5,- | Preis |
| Stückkosten gesamt | 270,- | 745,- | 475,- | |
| Leistungsmenge (Stück) | 100 | 50 | - 50 | Beschäftigung |
| **Gesamtkosten (DM)** | **27.000,-** | **37.250,-** | **10.250,-** | **gesamt** |

**Verbrauchsabweichung**
20.500 DM

**Preisabweichung**
3.250 DM

**Beschäftigungsabweichung**
13.500 DM
Sollkosten: 13.500 DM

**Gesamtabweichung**
Plankosten: 10.250 DM
Sollkosten: 23.750 DM

Entnommen aus Bundesministerium der Finanzen (Hrsg.): Kosten- und Leistungsrechnung...(1997), S. 27.

[545] Siehe Bundesministerium der Finanzen (Hrsg.): Kosten- und Leistungsrechnung...(1997), S. 98; Müller, Peter u. a.: In zehn Schritten zur Kosten- und Leistungsrechnung...(1998), S. 29.

[546] Siehe Bundesministerium der Finanzen (Hrsg.): Kosten- und Leistungsrechnung...(1997), S. 2, 26; Bundesministerium der Finanzen (Hrsg.): Einführung von Kosten- und Leistungsrechnung...(1997), S. 11; Müller, Peter u. a.: In zehn Schritten zur Kosten- und Leistungsrechnung...(1998), S. 16.

[547] Vgl. Seeger, Tilman – Walter, Matthias: Kosten- und Leistungsrechnung...(1999), S. 112

[548] Vgl. Bundesministerium der Finanzen (Hrsg.): Kosten- und Leistungsrechnung...(1997), S. 27; Seeger, Tilman – Walter, Matthias: Kosten- und Leistungsrechnung...(1999), S. 112 und 114; Liebe, Rüdiger: Kosten- und Leistungsrechnung...(1999), S. 198.

[549] Die Daten wurden 1:1 aus dem KLR-Handbuch übernommen.

Die bloße Kenntnis der summarischen Abweichung zwischen geplanter und tatsächlich eingetretener Kostenhöhe ist nicht ausreichend, um etwaige Effizienzsteigerungen in Bundesverwaltungen herbeizuführen. Vielmehr bedarf es hierzu detaillierter Informationen über die Einflußfaktoren, die für die Veränderungen der Kostenhöhe ursächlich sind.[550] Diesbezüglich fordert das KLR-Handbuch die Eruierung sowie den entsprechend separaten Ausweis[551] von Beschäftigungsabweichungen, Preisabweichungen und Verbrauchsabweichungen (siehe hierzu Abbildung 3-17).[552] Beschäftigungsabweichungen spiegeln Abweichungen bei der Leistungsmenge wider. Verantwortung für Beschäftigungsabweichungen wird in der Regel auf der Abteilungsebene von Behörden getragen; vorausgesetzt, die Beschäftigung läßt sich aktiv beeinflussen. Beschäftigungsabweichungen sind ein wichtiger Stimulus für die Ingangsetzung von Lernprozessen bei der outputorientierten Kostenplanung, was insbesondere die frühe Phase des Wirkbetriebes der Kostenrechnung betrifft, da es während dieser Phase noch an Erfahrungswerten mangelt.[553] Preisabweichungen beziehen sich auf Abweichungen zwischen Plan-Preisen und Ist-Preisen und müssen von den Verwaltungskostenstellen verantwortet werden, die für die Beschaffung zuständig sind.[554] Die wichtigste Abweichung ist generell die Verbrauchsabweichung, welche die Unwirtschaftlichkeiten in den einzelnen Verwaltungskostenstellen zum Ausdruck bringt. Mit den Verbrauchsabweichungen werden Abweichungen im Verbrauch der eingesetzten Ressourcen erfaßt. Verantwortlich für die Verbrauchsabweichung ist im Normalfall der zuständige Leiter der jeweiligen Kostenstelle.[555]

Die in Abbildung 3-17 angeführte Abweichungsanalyse bedarf zum besseren Verständnis noch einiger Erläuterungen, Ergänzungen sowie Korrekturen. Das hierbei unterstellte Rechenprocedere führt nur dann zu den ausgewiesenen Werten bei den jeweiligen Abweichungen sowie zum Teil auch bei den Stückkosten sowie Gesamtkosten, wenn eine entsprechende Korrektur der Datenbasis vorgenommen wird. Der Istverbrauch an Material darf nicht 2 Stück betragen, sondern muß sich auf 3 Stück beziehen. Demzufolge ergibt sich auch ein Mehrverbrauch an Material gegenüber der Planung von 2 Stück anstatt der ausgewiesenen mengenmäßigen Abweichung von einem Stück. Würden die im KLR-Handbuch getroffenen Annahmen bezüglich des Materialverbrauchs beibehalten, ergäben sich Stückkosten im Ist in Höhe von 730,- DM, woraus eine Abweichung pro Stück in Höhe von 460,- DM resultieren würde. Dies hätte wiederum Gesamtkosten im Ist in Höhe von 36.500,- DM (50 Stück x 730,- DM/Stück) sowie eine Abweichung der gesamten Istkosten von den Plankosten von 9.500,- DM zur Folge. Der korrekte Betrag wäre somit jeweils um 750,- DM niedriger anzusetzen, was in gleicher Weise ebenfalls für die Abweichung der Istkosten von den Sollkosten (korrekter Betrag: 23.000,- DM) gelten würde. Für die Verbrauchsabweichung ergäbe sich ein Wert von 20.000,- DM und schließlich wäre

---

550 Siehe Bundesministerium der Finanzen (Hrsg.): Kosten- und Leistungsrechnung...(1997), S. 27.

551 Folgende Ausführungen zur Beschäftigungs-, Preis- und Verbrauchsabweichung beziehen sich ausschließlich auf das im KLR-Handbuch verlautbarte Verständnis von Abweichungsanalyse.

552 Siehe Bundesministerium der Finanzen (Hrsg.): Kosten- und Leistungsrechnung...(1997), S. 27.

553 Siehe zur Beschäftigungsabweichung Bundesministerium der Finanzen (Hrsg.): Kosten- und Leistungsrechnung...(1997), S. 27 – 28.

554 Siehe zur Preisabweichung Bundesministerium der Finanzen (Hrsg.): Kosten- und Leistungsrechnung...(1997), S. 27 – 28.

555 Siehe zur Verbrauchsabweichung Bundesministerium der Finanzen (Hrsg.): Kosten- und Leistungsrechnung...(1997), S. 27 – 28.

eine dementsprechende Preisabweichung in Höhe von 3.000,- DM auszuweisen. Lediglich die Beschäftigungsabweichung würde von dem Materialverbrauch im Ist mit 2 Stück nicht tangiert und es bliebe bei den 13.500,- DM.

Bei den unter der Rubrik Gesamtabweichung ausgewiesenen Beträgen handelt es sich um die Abweichungen der Istkosten von den Plankosten[556] sowie der Istkosten von den Sollkosten.[557] Der Terminus Gesamtabweichung hat also hier eine doppelte Bedeutung. Er steht auf der einen Seite für die gesamte Abweichung zwischen geplanten Kosten und tatsächlich realisierten Kosten. Auf der anderen Seite soll er zum Ausdruck bringen, daß sich Verbrauchsabweichung und Preisabweichung zur Abweichung zwischen Sollkosten und Istkosten kumulieren. Im Umkehrschluß bedeutet dies eine notwendige Aufspaltung der Abweichung der Istkosten von den Sollkosten in eine Preisabweichung und in eine Verbrauchsabweichung. In Divergenz hierzu verwendet man üblicherweise den Begriff der Gesamtabweichung einzig und allein für die Abweichung zwischen Plankosten und Istkosten,[558] um die Eindeutigkeit der Termini der Plankostenrechnung zu wahren.

Der im KLR-Handbuch als Beschäftigungsabweichung ausgewiesene Betrag ist eigentlich keine Beschäftigungsabweichung im Sinne der flexiblen Plankostenrechnung auf Vollkostenbasis, sondern stellt eine Auslastungsabweichung respektive Kapazitätsauslastungsabweichung gemäß dem System der Grenzplankostenrechnung dar.[559] Denn bei dem angeführten Abweichungsvolumen handelt es sich um die Differenz zwischen Plankosten und Sollkosten, welche aus einer Minderauslastung (50 % der geplanten Leistungsmenge) resultiert, und die demzufolge eine Auslastungsabweichung widerspiegelt. Die Auslastungsabweichung bezieht sich ausschließlich auf die proportionalen, also auf die variablen Kosten. Veränderungen bei der Leistungsmenge ziehen ebenfalls Veränderungen bei den leistungsmengenabhängigen Kosten nach sich. Solche Kostenveränderungen werden durch die Auslastungsabweichung erfaßt.[560] In Divergenz hierzu errechnet sich die Beschäftigungsabweichung im Rahmen der flexiblen Plankostenrechnung auf Vollkostenbasis durch Subtraktion verrechneter Plankosten von den Sollkosten.[561] Die Beschäftigungsabweichung zeigt jenes Volumen an fixen Kosten auf, welches aufgrund einer Minderauslastung zu wenig (Leerkosten) oder wegen einer Überauslastung zu viel auf die erbrachten Leistungen verrechnet wurde.[562] Untersuchungsobjekt der Beschäftigungsabweichung sind ausschließlich fixe Kosten. Bei der im KLR-Handbuch exemplarisch aufgezeigten Abweichungsanalyse kommen jedoch nur proportionale Kosten vor. Fixe Kosten fehlen gänzlich. Ein solches Kostenverhalten ist als realitätsfern einzustufen, da in Bundesverwaltungen enorme Fixkostenblöcke existieren und proportionale Kosten nur sehr begrenzt auftreten. Die Personalkosten lassen sich zumindest

[556] Die Abweichung der Istkosten von den Plankosten ist mit der Bezeichnung Plankosten versehen.
[557] Die Abweichung der Istkosten von den Sollkosten ist mit der Bezeichnung Sollkosten versehen.
[558] Siehe hierzu exemplarisch Männel, Wolfgang: Kostenrechnung...(2000), S. 44.
[559] Bezüglich der korrekten Bezeichnung und genauen Berechnung der einzelnen Abweichungsarten innerhalb der flexiblen Plankostenrechnung auf Vollkostenbasis siehe Männel, Wolfgang: Kostenrechnung...(2000), S. 91. Siehe hierzu ebenfalls Männel, Wolfgang: Kostenrechnung...(2000), S. 44 und 92 – 95. Zur Berechnung der Auslastungsabweichung siehe Männel, Wolfgang: Kostenrechnung...(2000), S. 45.
[560] Vgl. Männel, Wolfgang: Kostenrechnung...(2000), S. 45.
[561] Vgl. Männel, Wolfgang: Kostenrechnung...(2000), S. 44, 91 und 94.
[562] Vgl. Männel, Wolfgang: Kostenrechnung...(2000), S. 94.

kurzfristig kaum den Leistungsmengen anpassen und sind deshalb nicht variabel, sondern gelten als fix. Aus diesem Grunde vermag auch die Grenzplankostenrechnung mit entsprechender Abweichungsanalyse nur marginale Beiträge zu Effizienzsteigerungen zu leisten. Verbrauchsabweichungen, die die Unwirtschaftlichkeiten in den Verwaltungskostenstellen zum Ausdruck bringen und sich ausschließlich auf proportionale Kosten beziehen, dürften in Bundesbehörden kaum auftreten.[563] Deshalb ist ebenfalls die flexible Plankostenrechnung auf Vollkostenbasis kein adäquates Kostenrechnungssystem für die Wirtschaftlichkeitskontrolle in Bundesverwaltungen, bei der zudem keine wirklich saubere Kostenspaltung vorgenommen wird. Ein geeignetes Kostenrechnungssystem zur Effizienzsteigerung bei den fixkostenintensiven Bundesbehörden ist hingegen die strategisch ausgerichtete Prozeßkostenrechnung. Die Prozeßkostenrechnung liefert die erforderlichen Informationen für eine leistungsmengenadäquate Dimensionierung der Kapazitäten, wobei Abweichungen zwischen den geplanten und den im Ist entstandenen Prozeßkostensätzen den Stimulus für Kapazitätsanpassungen bilden.[564]

Die Werthaltigkeit von Informationen über Preisabweichungen darf nicht unterschätzt werden. Insbesondere Veränderungen beim Entgelt für das Personal (Erhöhung der Beamtenbezüge oder Gehaltserhöhungen bei den Angestellten) können in den personalintensiven Bundesbehörden enorme Kostensteigerungen hervorrufen. Hierauf haben die Kostenstellenleiter gewöhnlich keinen Einfluß. Dennoch gilt es die Ressource Mensch gezielt und effizient einzusetzen. Wenn möglich, sind entsprechende Substitutionen (Ersatz eines Beamten durch einen Angestellten oder Automatisierung) in Betracht zu ziehen. Beschäftigungsabweichungen sollen zu Anpassungen der Kapazitäten an die benötigten Leistungsmengen anregen. Sie zeigen bei Unterauslastung die Kosten der nicht genutzten Kapazität als Leerkosten auf, wobei es sich um Fixkosten für die Bereithaltung von entsprechenden Ressourcen handelt. Demnach spielt die Beschäftigungsabweichung eine wichtige Rolle für das Verwaltungscontrolling. Der Aufdeckung von Beschäftigungsabweichungen im Sinne der Schaffung von Transparenz bezüglich der Kapazitätsauslastungen wird die Prozeßkostenrechnung am besten gerecht.[565]

[563] Siehe hierzu die detaillierten Ausführungen zu Punkt IV.B.4. des 2. Kapitels.
[564] Siehe hierzu die detaillierten Ausführungen zu Punkt IV.B.4. des 2. Kapitels.
[565] Siehe hierzu auch die detaillierten Ausführungen zu Punkt IV.B.4. des 2. Kapitels.

# 4. Kapitel: Bedeutsame Spezifikas und Entwicklungen hinsichtlich der konkreten Ausgestaltung der Kostenrechnung in ausgewählten Bundesverwaltungen

Aufbauend auf den Ausführungen zum Basiskonzept der Kostenrechnung in Bundesbehörden, der Standard-KLR, sollen mit diesem Kapitel besonders bedeutsame behördenspezifische Konzeptionen an Kostenrechnungssystemen sowie deren Umsetzung in Bundesverwaltungen aufgezeigt werden. Die Standard-KLR bildet die Grundlage für die Entwicklung individueller Kostenrechnungskonzepte der einzelnen Behörden in der Bundesverwaltung.[1] Entsprechend der speziellen Informationsbedarfe und der spezifischen verwaltungsbetrieblichen Gegebenheiten haben Bundesbehörden die einheitlichen Rahmenregelungen der Standard-KLR für ein behördenadäquates Kostenrechnungskonzept zu konkretisieren, zu selektieren und damit einhergehend auch zu justieren.[2] Die Adaption des Rahmenkonzepts der Standard-KLR an die Behördenspezifikas kann mehr oder minder umfangreiche Gestaltungsprozesse erforderlich machen. Je nach Individualität der Ausgestaltung der Kostenrechnungssysteme der einzelnen Bundesinstitutionen divergieren diese in unterschiedlichem Maße von den Rahmenvorgaben der Standard-KLR.

Wie noch zu zeigen sein wird, besteht zwischen den Bundesverwaltungen eine weitgehende Konvergenz bezüglich der Grundstruktur der Kostenrechnungskonzepte, welche selbstverständlich dem Rahmenkonzept der Standard-KLR entspricht. Das Basiskonzept der Kosten- und Leistungsrechnung in Bundesverwaltungen war Gegenstand der Ausführungen des 3. Kapitels der vorliegenden Untersuchung und spiegelt die vorhandenen Gemeinsamkeiten wider. Dementsprechend bezieht sich das 4. Kapitel auf konkrete behördenspezifische Ausgestaltungen der Kosten- und Leistungsrechnung in exemplarisch ausgewählten Bundesverwaltungen. Hierbei handelt es sich vorwiegend um Konkretisierungen, Detaillierungen und Spezifizierungen der Standardvorgaben des KLR-Handbuches sowie insbesondere um gewollte Abweichungen von den einheitlichen Standards, welche das Regelwerk der Standard-KLR als Option zu den Standards zuläßt. Zudem entspricht bis dato der Entwicklungsstand der behördenspezifischen Kostenrechnungskonzepte in Bundesbehörden bei weitem noch nicht dem Anspruchsniveau der Vorgaben im KLR-Handbuch. Die anvisierten bundeseinheitlichen Standards lassen sich von den Bundesverwaltungen zum Teil nur in mehreren Stufen realisieren und finden sich deshalb in praxi dementsprechend begrenzt vor, was vor allem für die innerbehördliche Leistungsverrechnung mittels interner Produkte und die Systematik der Kostenrechnung gilt. Dies erscheint nicht verwunderlich, befindet sich doch die Implementierung der Kosten- und Leistungsrechnung in den einzelnen Institutionen der Bundesverwaltung erst im Anfangsstadium. Ein regulärer Wirkbetrieb der Kostenrechnung bildet bei den Bundesverwaltungen eher die Ausnahme als die Regel. Als erste Bundesbe-

---

1 Siehe Bundesministerium der Finanzen (Hrsg.): Einführung von Kosten- und Leistungsrechnung...(1997), S. 2 und 4; Bundesministerium der Finanzen (Hrsg.): Kosten- und Leistungsrechnung...(1997), S. 2 – 4; Seeger, Tilman u. a.: Vorwort...(1999), S. VII; Budig, Peter: Umsetzung des Kabinettsbeschluß...(1997), S. 41; Scholz, Jörg Thomas: Entwicklung...(1997), S. 207; Scholz, Jörg Thomas: Standard-KLR...(1997), S. 28; Scholz, Jörg Thomas: KLR-Handbuch...(1997), S. 25.

2 Vgl. Bundesministerium der Finanzen (Hrsg.): Kosten- und Leistungsrechnung...(1997), S. 2.

hörde[3] hatte 1994 das damalige Bundesamt für Post und Telekommunikation (BAPT), welches 1998 zusammen mit dem Bundesministerium für Post und Telekommunikation (BMPT) zur Regulierungsbehörde für Telekommunikation und Post (RegTP) umfunktioniert wurde, eine Kosten- und Leistungsrechnung eingeführt.[4] Neben der Regulierungsbehörde für Telekommunikation und Post gehören ebenfalls Deutscher Wetterdienst, Deutsches Patentamt sowie etliche Dienststellen der Bundeswehr zu den Vorreitern bezüglich der Durchführung von KLR-Projekten in Bundesinstitutionen. Die angeführten Institutionen haben entweder bereits ein KLR-System eingeführt oder zumindest ein konkretes behördenspezifisches KLR-System entwickelt, was ebenfalls für einige weitere Bundesbehörden zutrifft.[5] Außerdem verfügen Presse- und Informationsamt der Bundesregierung, Auswärtiges Amt sowie Kraftfahrt-Bundesamt über ausgebaute Kostenrechnungssysteme. Diese sind das Ergebnis der Pilotprojekte, die das Bundesministerium der Finanzen bezüglich der Kosten- und Leistungsrechnung in den zuletzt genannten, hierfür ausgewählten Bundesbehörden durchführte.[6]

Das Konzept der Standard-KLR basiert auf den Erkenntnissen aus bereits vorhandenen Kostenrechnungssystemen, womit zum überwiegenden Teil die Kostenrechnungskonzepte vorhin genannter Behörden angesprochen werden, und spiegelt deren Gemeinsamkeiten wider.[7] Die in Bundesverwaltungen existierenden Kostenrechnungskonzepte weisen nicht nur Gemeinsamkeiten auf, sondern divergieren aufgrund behördenspezifischer Belange mehr oder weniger stark. Während mit dem 3. Kapitel die Gemeinsamkeiten abgehandelt wurden, bezieht sich dieses Kapitel vorrangig auf behördenspezifische Ausgestaltungsformen der Kosten- und Leistungsrechnung in den Bundesverwaltungen. Bei den exemplarisch hierfür ausgewählten Bundesinstitutionen handelt es sich überwiegend um solche Einrichtungen, deren Erfahrungen mit einer Kosten- und Leistungsrechnung in die Entwicklung der Standard-KLR einflossen.[8] Hierdurch soll ein gewisses Maß an Kontinuität gewährleistet werden. Außerdem findet man in diesen Bundesverwaltungen einige bedeutsame Entwicklungen und Besonderheiten (Detaillierungen der Standards oder Abweichungen von den Standards) hinsichtlich der konkreten Ausgestaltung der Kosten- und Leistungsrechnung vor.

3 Etliche Dienststellen der Bundeswehr verfügten schon lange vor dem Bundesamt für Post und Telekommunikation über eine Kosten- und Leistungsrechnung. Bei den Dienststellen der Bundeswehr handelt es sich jedoch um keine Behörden.

4 Siehe Keller, Bernhard: Controlling...(1997), S. 199; Buchholtz, Klaus – Meierhofer, Hans: Kosten- und Leistungstransparenz...(1994), S. 1.

5 Siehe Scholz, Jörg Thomas: Standard-KLR...(1997), S. 28; Scholz, Jörg Thomas: Entwicklung...(1997), S. 207.

6 Siehe Scholz, Jörg Thomas: Entwicklung...(1997), S. 207; Scholz, Jörg Thomas: Standard-KLR...(1997), S. 28.

7 Siehe Scholz, Jörg Thomas: Entwicklung...(1997), S. 207; Scholz, Jörg Thomas: Standard-KLR...(1997), S. 28.

8 Deshalb bezieht sich auch das KLR-Handbuch bei den Beispielen zumeist auf die in diesem Kapitel als Betrachtungsobjekte herangezogenen Bundesinstitutionen. Siehe hierzu Bundesministerium der Finanzen (Hrsg.): Kosten- und Leistungsrechnung...(1997), S. 6, 45, 59, 75, 84 – 85, 90 – 91, 109 und 134 – 135.

## I. Generelle Konvergenz der Grundstruktur der Kostenrechnungskonzepte in den jeweiligen Bundesverwaltungen entsprechend den Rahmenvorgaben der Standard-KLR

Die Grundstruktur der Kostenrechnungskonzepte in den diversen Bundesverwaltungen kann als weitgehend identisch bezeichnet werden und entspricht im wesentlichen dem Rahmenkonzept gemäß den Vorgaben der Standard-KLR. Exemplarisch hierfür lassen sich die Konzepte der Kosten- und Leistungsrechnung vom Geschäftsbereich des Bundesministeriums des Innern, Kraftfahrt-Bundesamt, Presse- und Informationsamt der Bundesregierung, Bundesamt für Sicherheit in der Informationstechnik, Deutschen Wetterdienst, Deutschen Patentamt, Auswärtigen Amt sowie von der Regulierungsbehörde für Telekommunikation und Post anführen.[9] Einheitlichkeit besteht insbesondere bei der Schnittstellenkonzeption zwischen Haushaltstiteln und Kosten- und Leistungsarten, dem Kosten- und Leistungsartenplan auf der zweiten Gliederungsebene, der Erfassung und Bewertung anfallender Kosten sowie bei der Bildung interner Produkte für den allgemeinen Verwaltungsbereich mit den entsprechenden Kennzahlen. Hierbei handelt es sich um inhaltliche Standards[10] – zum Teil mit begrenztem Detaillierungsgrad –, welche die Bundesverwaltungen ohne weitere Anpassungen aus dem KLR-Handbuch zu übernehmen haben.

Inhaltliche Standards führen zwangsläufig zur Konvergenz der Kostenrechnungskonzepte. Die aufgrund der Umsetzung der inhaltlichen Standards geschaffene Einheitlichkeit der Kosten- und Leistungsrechnung in der Bundesverwaltung spiegelt sich in detaillierter Form in den entsprechenden Ausführungen des KLR-Handbuches wider, auf die hier zu verweisen ist. Für ein einheitliches Rahmenkonzept sorgen ebenfalls die methodischen Standards, wie etwa die Vorgaben zur Vorgehensweise bei der Kostenstellenbildung, der inner- und zwischenbehördlichen Leistungsverrechnung sowie bei der Kalkulation von Verwaltungsleistungen.[11] Jedoch gewähren methodische Standards bewußt gewisse Freiräume für die Ausgestaltung der Kostenrechnung entsprechend den behördenspezifischen Belangen. Hierdurch kommt es zu mehr oder minder großen Divergenzen zwischen den individuellen Kostenrechnungskonzepten der Bundesbehörden, die gemäß der Standard-KLR auch so gewollt sind. Den Spezifikas bezüglich der konkreten Ausgestaltung der Kosten- und Leistungsrechnung einzelner Bundesinstitutionen widmen sich deshalb die nachfolgenden Abhandlungen.

---

[9] Siehe hierzu im einzelnen ausführlich Bundesministerium des Innern (Hrsg.): KLR-Referenzmodell...(1999); Arthur D. Little: Kosten- und Leistungsrechnung im KBA...(1996); Arthur D. Little: Kosten- und Leistungsrechnungssystem im Kraftfahrt-Bundesamt...(1996); Arthur D. Little: Controlling im Presse- und Informationsamt...(1996); Bundesakademie für öffentliche Verwaltung: Controlling im Presse- und Informationsamt...(1997); Bundesamt für Sicherheit in der Informationstechnik: Handbuch der Kosten- und Leistungsrechnung...(1998); Deutscher Wetterdienst: Kostenartenplan...(1999); Deutscher Wetterdienst: Kostenstellenplan...(1999); Deutscher Wetterdienst: Kostenträgerplan...(1999); KPMG: Einführung der Kosten- und Leistungsrechnung...(1999); Auswärtiges Amt: Controlling-Handbuch...(2000); Buchholtz, Klaus – Meierhofer, Hans: Kosten- und Leistungstransparenz...(1994); Buchholtz, Klaus – Meierhofer, Hans: Kosten- und Leistungsrechnung...(1994).

[10] Siehe hierzu Abbildung 3-2.

[11] Siehe hierzu Abbildung 3-2.

## II. Überblick über das Leistungsspektrum und die Gesamtkonzeption der Kosten- und Leistungsrechnung einzelner Bundesverwaltungen

### A. Bundesamt für die Anerkennung ausländischer Flüchtlinge

Das Bundesamt für die Anerkennung ausländischer Flüchtlinge ist zuständig für die Abwicklung von Asylverfahren. Der Prozeß der Bearbeitung eines Asylantrages läuft grundsätzlich in vier Schritten ab (siehe Abbildung 4-1), falls der Antragsteller bei Ablehnung keine Rechtsmittel einlegt. Ansonsten kommen für den Rechtsweg noch etliche Arbeitsschritte hinzu.[12]

Abbildung 4-1

**Verfahrensschritte bei der Bearbeitung eines Asylantrages**

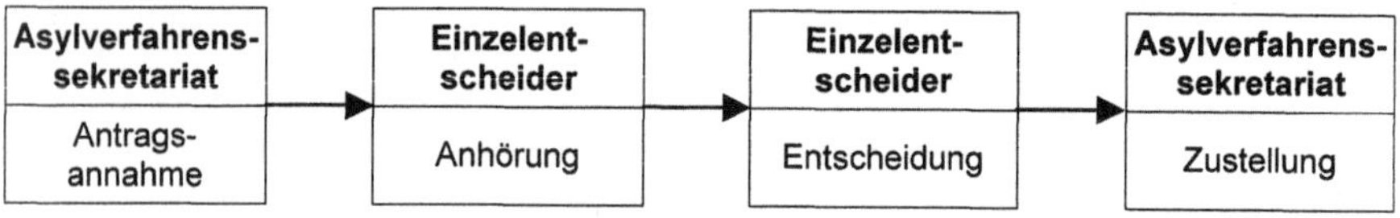


In Anlehnung an Bundesamt für die Anerkennung ausländischer Flüchtlinge: Asylverfahren...(2000).

Das Asylverfahren beginnt mit der Entgegennahme des Antrags auf Asyl durch das Asylverfahrenssekretariat. Hierbei nimmt das Asylverfahrenssekretariat die Personalien des Antragstellers auf und legt eine entsprechende Akte an. In einem zweiten Schritt befragt der Einzelentscheider den Asylsuchenden über den Antragsgrund, den Reiseweg sowie über das Herkunftsland, was als Anhörung bezeichnet wird. Diesbezüglich fertigt der Einzelentscheider ein Anhörungsprotokoll an. Für die Durchführung der Anhörung benötigt das BAFI eine ganze Reihe von Dolmetschern. Nach Aktenstudium und umfangreicher Informationsbeschaffung über den Asylanten und dessen Herkunftsland fällt der Einzelentscheider die Entscheidung über die Anerkennung oder die Ablehnung des Asylantrages. Der letzte Verfahrensschritt bezieht sich auf die Zustellung der getroffenen Entscheidung durch das Asylverfahrenssekretariat an den Asylantragsteller. Zudem werden die beteiligten Stellen über das Ergebnis der Entscheidung informiert.[13]

Damit die Bearbeitung von Asylanträgen wirtschaftlich durchgeführt werden kann, benötigt das BAFI eine aussagefähige Kosten- und Leistungsrechnung, dessen Einführung schon seit geraumer Zeit geplant ist. Mit der Implementierung der Kosten- und Leistungsrechnung verfolgt das Bundesamt im wesentlichen vier zentrale Ziele. Hierzu gehören die Schaffung von Transparenz bezüglich Kosten und Leistungen, die Planung, Steuerung und Kontrolle von Kosten und Leistungen verbunden mit einer adäquaten Unterstützung der Haushaltsplanung, die Verrechnung inner- und zwischenbehördlicher Leistungen sowie die Abbildung der Kosten für externe Verwaltungsleistungen.[14] Beginnen möchte das BAFI den Wirkbetrieb mit einer Vollkostenrechnung auf Istkostenbasis. Auf diesem Grundkonzept soll später einmal eine

[12] Siehe Bundesamt für die Anerkennung ausländischer Flüchtlinge: Asylverfahren...(2000).

[13] Siehe Bundesamt für die Anerkennung ausländischer Flüchtlinge: Asylverfahren...(2000). Siehe ebenfalls Bundesamt für die Anerkennung ausländischer Flüchtlinge: Asylrecht...(2000), S. 3.

[14] Siehe Bundesamt für die Anerkennung ausländischer Flüchtlinge: Kosten- und Leistungsrechnung...(1996), S. 3.

Plankostenrechnung aufgesetzt werden, um die anvisierten Ziele auch vollständig erreichen zu können.[15] Keinerlei Hinweise finden sich hingegen zu einem möglichen Einsatz der Prozeßkostenrechnung. Als klassische Hohheitsverwaltung orientiert sich das Bundesamt bei der Ausgestaltung der Kostenartenrechnung an der Struktur des Haushaltsplans. Sowohl die Art als auch der Grad der Detaillierung des Kostenartenplans sind auf die Spezifikas dieser Institution zugeschnitten, wobei auf den oberen Differenzierungsebenen Kompatibilität zum Haushaltswesen besteht. Mit der Bildung von Kostenstellen will das BAFI die funktionalen Einheiten kostenrechnerisch in überschneidungsfreier Form abbilden. Als Kostenstellen sind mit den Abteilungen und Referaten die bereits existierenden Organisationseinheiten vorgesehen. Hierdurch soll der Konvergenz zwischen Aufgabe, Entscheidungsbefugnis und Verantwortung entsprechend Rechnung getragen werden.[16] Im Rahmen der Leistungsverrechnung werden interne Produkte zum Einsatz kommen. Hingegen dienen externe Produkte der Ermittlung der Kosten von Verwaltungsendleistungen.[17] Zwecks Zuordnung der Kosten auf interne und externe Produkte plant man die Durchführung von Zeiterhebungen. Konkrete Verfahren der Leistungsverrechnung und Kalkulation stehen beim BAFI allerdings noch nicht fest.

**B. Deutscher Wetterdienst**

Der Deutsche Wetterdienst ist eine technisch-wissenschaftliche Behörde und erbringt Leistungen im meteorologischen Bereich.[18] Typische Leistungen des DWD sind Vorhersagen (z. B. Landewettervorhersage für die Luftfahrt, Windvorhersagen für die Seefahrt, Pollenflugvorhersage), Warnungen (z. B. Unwetterwarnungen, Wind- und Sturmwarnungen für See und deutsche Küsten), Gutachten (z. B. Planungsgutachten, Gutachten für technische Klimatologie, Niederschlagsgutachten, Verdunstungsgutachten, bioklimatologische Gutachten), Auskünfte, Beratungen, Berichte (z. B. Wintersportbericht) oder Veröffentlichungen.[19] Das vielseitige Leistungsspektrum des Deutschen Wetterdienstes bezieht sich auf sehr unterschiedliche Geschäftsfelder, auf denen der DWD agiert. Zu den Geschäftsfeldern gehören Luftfahrt, Seeschiffahrt, Vorhersagekunden, Medien, Klima- und Umweltberatung, Medizinmeteorologie, Hydrometeorologie und Landwirtschaft.[20] Auf jedem dieser Geschäftsfelder bietet der Deutsche Wetterdienst jeweils ganz spezifische Leistungen an. Für deren Erbringung sind neben den personellen Ressourcen eine ganze Reihe von technischen Betriebsmitteln in Form von Meßnetzen und Meßsystemen erforderlich. Um die erhobenen Daten zweckentsprechend auswerten zu können, bedarf es außer den Meßeinrichtungen ebenfalls eines komplexen Systems der Datenverarbeitung.[21] Zentrale Prozesse der Leistungserstellung im Deutschen Wetterdienst stellen Meßvorgänge, Datenaufbereitungen, Datenauswertungen und entsprechend adäquate Präsentationen eruierter Ergebnisse dar, deren Realisierung den Einsatz der soeben genannten

[15] Siehe Bundesamt für die Anerkennung ausländischer Flüchtlinge: Kosten- und Leistungsrechnung...(1996), S. 7.
[16] Siehe Bundesamt für die Anerkennung ausländischer Flüchtlinge: Kosten- und Leistungsrechnung...(1996), S. 4.
[17] Siehe Bundesamt für die Anerkennung ausländischer Flüchtlinge: Kosten- und Leistungsrechnung...(1996), S. 13.
[18] Siehe Deutscher Wetterdienst: Kosten- und Leistungsrechnung...(1999), S. 1.
[19] Siehe Deutscher Wetterdienst: Kostenträgerplan...(1999), S. 1 – 8.
[20] Siehe Deutscher Wetterdienst: Kostenstellenplan...(1999), S. 4 – 9.
[21] Siehe Deutscher Wetterdienst: Kostenstellenplan...(1999), S. 10 – 17.

Ressourcen notwendig macht. Wie die Ausführungen belegen, handelt es sich beim DWD um keine idealtypische Behörde, sondern um eine technisch geprägte Einrichtung.

Vorrangige Ziele der beim Deutschen Wetterdienst zum 1. Januar 1997 eingeführten Kosten- und Leistungsrechnung stellen die Steuerung der Wirtschaftlichkeit in den Kostenstellen, die Eruierung und Abbildung interner Leistungsströme sowie die Ermittlung von Gebühren für erbrachte Leistungen dar.[22] Da in der Einführungsphase ein möglichst schlankes und praktikables Kostenrechnungskonzept zur Anwendung kommen sollte, startete man den Wirkbetrieb mit einer Vollkostenrechnung auf Istkostenbasis. Mit diesem Rechensystem operiert der DWD bis in die Gegenwart. Als Erweiterung hiervon sind in naher Zukunft Deckungsbeitragsrechnungen vorgesehen, zu welchen der Deutsche Wetterdienst gesetzlich verpflichtet wurde.[23] Die Kostenartenrechnung des DWD geht nicht konform mit dem Bundeskontenrahmen und der Struktur des Haushaltsplans. Statt dessen sind die eingerichteten Kostenartenkonten auf die spezifischen Informationsbedarfe des Deutschen Wetterdienstes zugeschnitten, was als sinnvoll erachtet werden kann. Denn der DWD ist keine klassische Hoheitsverwaltung, sondern verkörpert eine spezielle Dienstleistungsinstitution. Beispielsweise differenziert dieser die Personalkosten zum Zwecke der Wirtschaftlichkeitssteuerung in den Kostenstellen nach Laufbahngruppen und nicht, wie bei Bundesverwaltungen üblich, nach Entgeltempfängern.[24]

Als Kostenstellen dienen primär die mit der Aufbauorganisation abgegrenzten Leistungsbereiche. In der Regel bildet ein Referat genau eine Kostenstelle. Der Referatsleiter übernimmt dabei neben der Fachverantwortung auch die Ressourcenverantwortung.[25] Die interne Leistungsverrechnung erfolgt beim DWD nach dem Muster des Stufenleiterverfahrens. Im Rahmen des mehrstufigen Verrechnungsprozesses verwendet der Deutsche Wetterdienst auf den einzelnen Verrechnungsstufen interne Produkte sowie diverse Umlageschüssel, wobei letztere zum Teil auf Expertenschätzungen beruhen.[26] Gemäß der Bearbeitungszeiten, welche die Bediensteten im Durchschnitt für die Erstellung der externen Leistungen aufbringen müssen, erfolgt schließlich die Allokation der Kostenstellenkosten auf die Kostenträger.[27] Diese Kalkulationsmethodik entspricht im wesentlichen einer Personalstundensatzrechnung.

## C. Auswärtiges Amt

Die vom Auswärtigen Amt zu erbringenden Leistungen beziehen sich auf die Bereiche Politik (hierzu gehören die Produktgruppen: allgemein bilaterale Beziehungen, Parlaments- und Kabinettangelegenheiten, bilaterale politische Beziehungen und regionale Fragen, Dritte Welt übergreifende Themen, Afrika, Hilfsmaßnahmen soweit nicht WZ sowie politische Stiftungen), Protokoll (hierzu gehören die Produktgruppen: allgemeine Aufgaben, Besuche und Reisen, Konferenzen und Konsultationen, Ver-

[22] Siehe Deutscher Wetterdienst: Kosten- und Leistungsrechnung...(1999), S. 2 – 3.
[23] Siehe Deutscher Wetterdienst: Kosten- und Leistungsrechnung...(1999), S. 4 – 5.
[24] Siehe Deutscher Wetterdienst: Kostenartenplan...(1999).
[25] Siehe Deutscher Wetterdienst: Kosten- und Leistungsrechnung...(1999), S. 3.
[26] Siehe Deutscher Wetterdienst: Kosten- und Leistungsrechnung...(1999), S. 4 – 5. Siehe ebenfalls Bundesministerium der Finanzen (Hrsg.): Kosten- und Leistungsrechnung...(1997), S. 90.
[27] Siehe Deutscher Wetterdienst: Kosten- und Leistungsrechnung...(1999), S. 5.

anstaltungen und Gästehäuser, fremde Missionen und internationale Organisationen in Deutschland sowie Zeremonien), politische Öffentlichkeitsarbeit (hierzu gehören die Produktgruppen: Pressearbeit und Öffentlichkeitsarbeit), Wirtschaft (hierzu gehören die Produktgruppen: allgemeine bilaterale Wirtschaftsfragen, multilaterale Wirtschafts- und Finanzpolitik, Verschuldungsfragen, bilaterale Wirtschaftsbeziehungen, Außenwirtschaftsförderung, Exportkontrollfragen, Landwirtschafts- und Energiepolitik, wissenschaftliche Forschung und technologische Entwicklung, Verkehrspolitik, Tourismusfragen und Entwicklungspolitik), Kultur (hierzu gehören die Produktgruppen: bilaterale Kulturbeziehungen, Kulturarbeit, Mittlerorganisationen, UNESCO, Medienpolitik, Kirchen, Deutsche Sprache, Sport, Austausch und Partnerschaften sowie Auslandsschulwesen), Rechts- und Konsularwesen (hierzu gehören die Produktgruppen: rechtliche und allgemein konsularische Bereiche, Visumsangelegenheiten und andere konsularische Tätigkeiten) sowie auf multilaterale Fragen und internationale Organisationen (hierzu gehören die Produktgruppen: Vereinte Nationen, Menschenrechtsfragen, Europapolitik, andere Organisationen, Abrüstung und Rüstungskontrolle sowie Regionalforen).[28] Aus dem Leistungsartenkatalog des AD wird ersichtlich, daß die Leistungen des Auswärtigen Amtes sehr spezifisch sind und zum Teil Projektcharakter aufweisen. Dementsprechend laufen im AD komplexe Prozesse ab, welche mit der Verarbeitung enormer Volumina an Informationen verbunden sind.

Die Leistungsprozesse des Auswärtigen Dienstes beziehen sich im wesentlichen auf zwei große Aufgabenbereiche, zu denen sich dessen umfangreiches Aufgabenspektrum zusammenfassen läßt. Der AD fungiert vor allem als zentrales Instrument der deutschen Außenpolitik. Daneben tritt er als weltweiter Dienstleister auf. Solche Dienstleistungen betreffen insbesondere die Förderung der deutschen Außenwirtschaft, die konsularische Betreuung deutscher Staatsangehöriger im Ausland, die Betreuung von amtlichen Delegationen im In- und Ausland sowie die Visaerteilung an ausländische Staatsangehörige.[29] Zur Bewältigung seiner Aufgaben beschäftigt der Auswärtige Dienst ca. 8.700 Mitarbeiter und stellt somit eine relativ große öffentliche Einrichtung dar. Permanente Ausweitungen anstehender Aufgaben und stetig wachsende Anforderungen bei gleichzeitiger Verringerung personeller und finanzieller Ressourcen zwingen den AD zu mehr Effizienz bei den Geschäftsprozessen. Damit eine wirtschaftliche Steuerung der Verwaltungsprozesse gewährleistet werden kann, baute das Auswärtige Amt ein Controllingsystem auf, zu dessen Kern die Kosten- und Leistungsrechnung gehört.[30]

Wichtige Ziele der Kosten- und Leistungsrechnung im Auswärtigen Dienst bilden die Steigerung der Effizienz bei der Leistungserstellung, die Zusammenführung von Fach- und Ressourcenverantwortung, die Unterstützung der Haushaltsplanung, die Kalkulation von Gebühren und Entgelten sowie interne und externe Leistungsvergleiche im Rahmen des Benchmarking.[31] Im Sinne der Verfolgung anvisierter Rechenziele generiert das Kostenrechnungssystem des AD neben Istdaten auch Plandaten. Dabei handelt es sich um eine Vollkostenrechnung. [32] Die Struktur des Kostenarten-

[28] Siehe hierzu Auswärtiges Amt: Produktkatalog...(2000).

[29] Siehe Landes, Helmut: Controlling...(1997), S. 183.

[30] Siehe Landes, Helmut: Controlling...(1997), S. 183 – 186. Siehe ebenfalls Auswärtiges Amt: Controlling-Handbuch...(2000), S. 7.

[31] Siehe Auswärtiges Amt: Controlling-Handbuch...(2000), S. 4.

[32] Siehe Auswärtiges Amt: Controlling-Handbuch...(2000), S. 8, 24, 27 und 28.

plans des AD orientiert sich am Bundeskontenrahmen der Standard-KLR und damit verbunden ebenfalls am Haushaltsplan. Aufgrund spezifischer Informationsbedarfe weist der Kontenplan vom Auswärtigen Amt einen höheren Detaillierungsgrad auf als der Bundeskontenrahmen.[33]

In Anlehnung an die bestehende Organisationsstruktur definierte der AD seine Kostenstellen. Im Rahmen der Kostenstellenbildung legte man besonders großen Wert auf klare und eindeutige Kostenverantwortung sowie auf diverse Möglichkeiten der Aggregation und Auswertung von Kostenstellendaten entsprechend der jeweils geforderten Kosteninformationen. Länderkostenstellen stellen zudem ein Spezifikum des Auswärtigen Amtes dar.[34] Die Abrechnung interner Leistungen erfolgt sowohl über Umlageschlüssel als auch über leistungsbezogene Bezugsgrößen.[35] Zum Zwecke einer aussagefähigen Kosten- und Leistungsrechnung strebt der Auswärtige Dienst eine weitgehend leistungsorientierte Kostenverrechnung an, die sich an den mengenmäßigen Volumina beanspruchter Kostenstellenleistungen orientiert. Als Verrechnungsmedium setzt das Auswärtige Amt bei der innerbehördlichen Leistungsverrechnung ebenfalls wie andere Bundesinstitutionen interne Produkte ein.[36] Genauso wie die interne Leistungsabrechnung erfolgt die Allokation der Kostenstellenkosten auf externe Verwaltungsprodukte so weit wie möglich leistungsbezogen. Gemäß dem Prinzip der anteiligen Ressourceninanspruchnahme werden die anfallenden Kosten den Endleistungen angelastet. Zum Ende der Verrechnungsprozedur müssen sich beim AD alle Kosten auf den Fachprodukten befinden. Die Zuordnung der Kosten auf die erbrachten Leistungen geschieht auf der Basis durchgeführter Zeit- und Mengenerhebungen, mit denen das beanspruchte Leistungsvolumen erfaßt und abgebildet wird.[37]

## D. Regulierungsbehörde für Telekommunikation und Post

Die Regulierungsbehörde für Telekommunikation und Post ist eine Flächenbehörde mit einer Vielzahl von Außenstellen und weist eine dezentrale Organisationsstruktur auf. Um die recht unterschiedlichen, vorwiegend telekommunikationstechnischen Aufgaben erfüllen zu können, welche hoheitlichen respektive regulatorischen Charakter aufweisen, muß diese Behörde im gesamten Bundesgebiet präsent sein und kann demzufolge die Leistungserbringung nicht wie andere Verwaltungen in einer zentralen Einrichtung realisieren. Zu den Hauptaufgaben der RegTP gehören die Mitwirkung bei der Lizenzierung von Post- und Telekommunikationsdiensten sowie von Telekommunikationsnetzen, die Erteilung von Genehmigungen für leitergebundene Fernmeldeanlagen sowie für Funkanlagen und andere elektrische und elektronische Geräte, die nationale und internationale Standardisierung technischer Vorschriften, die Akkreditierung von Prüflabors, die Funkfrequenzverwaltung, die nationale und internationale Frequenzkoordinierung, die Überprüfung der elektromagnetischen Verträglichkeit von Geräten, das meßtechnische Beobachten und Bewerten

---

[33] Siehe Auswärtiges Amt: Controlling-Handbuch...(2000), S. 11 – 15.

[34] Siehe Auswärtiges Amt: Controlling-Handbuch...(2000), S. 15 – 17; Landes, Helmut: Controlling...(1997), S. 187.

[35] Siehe Auswärtiges Amt: Controlling-Handbuch...(2000), S. 24.

[36] Siehe Auswärtiges Amt: Controlling Handbuch...(2000), S. 24 – 32.

[37] Siehe Auswärtiges Amt: Controlling-Handbuch...(2000), S. 24, 25 und 28.

des Frequenzspektrums sowie die Kontrolle bezüglich der Einhaltung von bestimmten Genehmigungs- und Lizenzauflagen.[38]

Sehr großen Wert legt die RegTP auf eine möglichst kosteneffiziente Leistungserstellung im Rahmen der Erledigung obiger Aufgaben bei gleichzeitiger Sicherung eines Mindeststandards an Qualität für die zu erbringenden Leistungen. Zwecks Umsetzung dieser Ansprüche führte man 1994 eine Kosten- und Leistungsrechnung ein. Zentrale Rechenziele der Kosten- und Leistungsrechnung in der RegTP stellen die Schaffung von Kosten- und Leistungstransparenz, die Schärfung des Kostenbewußtseins, die Erhöhung der Wirtschaftlichkeit am Ort der Leistungserstellung, die Generierung entscheidungsrelevanter Informationen sowie die kostengerechte Gestaltung von Abgaben dar.[39]

Die Regulierungsbehörde für Telekommunikation und Post begann den Wirkbetrieb mit einer Istkostenrechnung auf Vollkostenbasis. Für die Durchführung kostenstellenbezogener Wirtschaftlichkeitsanalysen beabsichtigt die RepTP die Erweiterung der Istkostenrechnung mit Plandaten.[40] Als klassische Hoheitsverwaltung hat die RegTP die Kostenartenstruktur an der Titelstruktur des Haushalts ausgerichtet. Hierdurch wird sichergestellt, daß die Kosten für Beamte als dominanter Kostenblock separat zum Ausweis kommen. Außerdem sollen damit die Voraussetzungen für die Vergleichbarkeit der Ergebnisse von Haushaltsrechnung und Kostenrechnung geschaffen werden.[41] Mit der Definition von Kostenstellen kreierte die RegTP klare Verantwortungsbereiche für anfallende Kosten und leitete eine entsprechende Harmonisierung zwischen Fachverantwortung und Ressourcenverantwortung ein.[42] Während sich die direkten Bereiche in den Hauptkostenstellen wiederfinden, grenzte man die indirekten Bereiche durch Hilfskostenstellen ab.

Die Abrechnung innerbehördlich erbrachter Leistungen erfolgt über Umlagen, wobei in mehreren Stufen vorgegangen wird. Durch die innerbehördliche Leistungsverrechnung will die RegTP vorrangig ein effizientes Handeln in den internen Servicebereichen sicherstellen. Langfristig versucht diese Behörde sogar interne Kunden-Lieferanten-Beziehungen aufzubauen und dementsprechend einen internen Markt zu schaffen. Anhand von Zeitaufschrieben verteilt die Regulierungsbehörde für Telekommunikation und Post den Großteil anfallender Kosten auf die Kostenträger. Dabei handelt es sich um die Kosten der direkten Leistungsbereiche. Jene Kosten, welche nicht direkt mit der Erstellung von Endleistungen verbunden sind, gelangen hingegen über Umlagen auf die Verwaltungsprodukte.[43] Diese Vorgehensweise bei der Produktkostenkalkulation ermöglicht in Grenzen eine leistungsorientierte Allokation

---

38 Siehe Buchholtz, Klaus – Meierhofer, Hans: Kosten- und Leistungstransparenz...(1994), S. 1 – 2; Buchholtz, Klaus – Meierhofer, Hans: Kosten- und Leistungsrechnung...(1994), S. 2.

39 Siehe Buchholtz, Klaus – Meierhofer, Hans: Kosten- und Leistungstransparenz...(1994), S. 2 – 6 und 9; Buchholtz, Klaus – Meierhofer, Hans: Kosten- und Leistungsrechnung...(1994), S. 3, 7 und 12.

40 Siehe Buchholtz, Klaus – Meierhofer, Hans: Kosten- und Leistungstransparenz...(1994), S. 14 und 23 – 24; Buchholtz, Klaus – Meierhofer, Hans: Kosten- und Leistungsrechnung...(1994), S. 29.

41 Siehe Buchholtz, Klaus – Meierhofer, Hans: Kosten- und Leistungsrechnung...(1994), S. 17; Buchholtz, Klaus – Meierhofer, Hans: Kosten- und Leistungstransparenz...(1994), S. 14.

42 Siehe Buchholtz, Klaus – Meierhofer, Hans: Kosten- und Leistungstransparenz...(1994), S. 14.

43 Siehe Buchholtz, Klaus – Meierhofer, Hans: Kosten- und Leistungstransparenz...(1994), S. 12 und 14 – 16; Buchholtz, Klaus – Meierhofer, Hans: Kosten- und Leistungsrechnung...(1994), S. 17 – 19.

des Kostenanfalls. Die Kostenträgerrechnung führt die RegTP ausschließlich in Form einer Vollkostenrechnung durch. Dadurch sollen alle Kosten vollständig den diversen Kostenträgern angelastet werden.[44]

## E. Presse- und Informationsamt der Bundesregierung

Das Presse- und Informationsamt der Bundesregierung ist keine klassische Hoheitsverwaltung, sondern stellt eine Dienstleistungsverwaltung dar, welche sehr spezielle Dienstleistungen in Form von Informationen generiert. Folglich beträgt der Anteil der Beamten an den Bediensteten nur 20 % und die Quote der Angestellten beläuft sich hingegen auf 80 %.[45] Die Unterrichtung der Bundesregierung über die weltweite Nachrichtenlage spiegelt einen wichtigen Leistungsbereich des BPA wider. Einzelne Leistungen dieses Bereiches sind die Anfertigung von Pressespiegeln, Nachrichtenspiegeln sowie von Fernseh- und Hörfunkspiegeln jeweils getrennt nach In- und Ausland, die Durchführung von Presseauswertungen, die Sicherstellung spezieller Unterrichtungen (z. B. Übertragung von Bundestagssitzungen, Auslandswahlbeobachtung, Übersetzungen für die Amtsleitung), die Aufrechterhaltung interner Informationseinrichtungen (z. B. Recherche auf Einzelanfrage, Bibliothek, Pressearchiv, Filmarchiv), die Informationserforschung (z. B. Meinungsforschung, Nachwahluntersuchung Europawahl, Wirkungsanalysen und Evaluationen, Medienforschung) sowie die entsprechende Betreuung von Sitzungen (z. B. Stenographischer Dienst, Vor- und Nachbereitungen von Kabinettsitzungen und hierfür angemessene Informationsvermerke).

Den zweiten großen Leistungsbereich des BPA bildet die Öffentlichkeitsarbeit. Leistungen der Öffentlichkeitsarbeit beziehen sich auf die Bereitstellung und Nutzung bestimmter Medien. Hierzu gehören neue Medien (Internet, Disketten, Kassetten und CD-ROM), Publikationen (Broschüren, Faltblätter, Verlagsobjekte, Magazine), bildhafte Darstellungen (Anzeigen, Plakate, Poster, Kalender, Beilagen), audiovisuelle Medien (Fotos, Hörfunk, Filme, Videos, Fernsehspots), Ausstellungen und schließlich Messen. Pressearbeit und Multiplikatorenansprache stellen einen weiteren Leistungsbereich dar, für den das BPA zuständig ist. Diesbezüglich handelt es sich konkret um Artikel- und Pressedienste, Presseinformationen (z. B. Pressedienst, Pressekonferenz, Bundesbildstelle), Fachtagungen, Besucherdienste, Vortragsprogramme, Konferenzen, Konsultationen, Staatsbesuche, Großveranstaltungen, Empfänge, Einladungen sowie um die Betreuung der Auslandskorrespondenten.[46] Die angeführten Leistungen bringen das breite Leistungsspektrum des BPA zum Ausdruck.

Das BPA bekundet großes Interesse daran zu wissen, welche Volumina an Ressourcen für die Erstellung der einzelnen Leistungen vonnöten sind. Mit der Kosten- und Leistungsrechnung will man im BPA das Verhältnis zwischen den erbrachten Verwaltungsprodukten und den entstandenen Kosten eruieren. In diesem Sinne ordnet man alle bei der Leistungserstellung anfallenden Kosten den generierten Verwaltungsleistungen nach bestimmten Kriterien zu. Demnach handelt es sich um eine

[44] Siehe Buchholtz, Klaus – Meierhofer, Hans: Kosten- und Leistungstransparenz...(1994), S. 16.
[45] Siehe Presse- und Informationsamt der Bundesregierung: Controlling...(2000), S. 9.
[46] Siehe Http: Produkt...(2000), S. 1 – 21; Presse- und Informationsamt der Bundesregierung: Controlling...(2000), S. 9.

Istkostenrechnung auf Vollkostenbasis.[47] Um bestehende Unwirtschaftlichkeiten in den Verwaltungsteilbereichen ergründen zu können, erweitert das BPA die Istkostenrechnung um Plandaten zur flexiblen Plankostenrechnung auf Vollkostenbasis.[48] Der Kostenartenplan des BPA entspricht nur bedingt den Rahmenvorgaben des Bundeskontenrahmens und divergiert damit marginal von der Struktur des Haushaltsplans.[49] Als spezifische Dienstleistungsbehörde hat das BPA ganz spezielle Informationsbedarfe, zwecks deren Befriedigung die Kostenartenrechnung eine bestimmte, den Informationserfordernissen adäquate, Gestalt anzunehmen hat.

Für jede definierte Kostenstelle ist eine entsprechende organisatorische Einheit im BPA vorhanden. Dadurch wurden klare und eindeutige Verantwortungsbereiche geschaffen, in denen die Bereichsverantwortlichen neben der Fachverantwortung auch die Ressourcenverantwortung übernehmen und Kompetenzüberschneidungen außen vor bleiben.[50] Gemäß der Nähe zum Wertschöpfungsprozeß differenziert das BPA ihre Kostenstellen in unterschiedliche Kostenstellenkategorien und will somit weitgehende Transparenz bezüglich des Kosten- und Leistungsgefüges schaffen.[51] Genaue Kenntnisse über das Leistungsgeflecht erlauben eine vollständige Verrechnung der Kosten der Vorkostenstellen auf die Hauptkostenstellen.

Der Prozeß der innerbehördlichen Leistungsverrechnung erfolgt beim BPA über mehrere Stufen hinweg unter Verwendung interner Produkte. Auf den einzelnen Abrechnungsstufen kommen sowohl Umlagen als auch eine leistungsorientierte Methodik zum Einsatz.[52] Im Rahmen der leistungsbezogenen Kostenverrechnung werden die Kosten der leistenden Kostenstellen den internen Produkten anhand von Zeitaufschreibungen zugeordnet.[53] Zeitaufschreibungen führt das BPA ebenfalls zur Ermittlung der Kosten externer Produkte durch. Je nach beanspruchter Arbeitszeit belastet man die Verwaltungsendleistungen entsprechend mit Kosten. Diese leistungsbezogene Kostenallokation zielt primär auf die dominanten Personalkosten ab[54] und entspricht damit im wesentlichen einer Personalstundensatzrechnung.

### F. Kraftfahrt-Bundesamt

Auskünfte an die Bürger und Behörden über etwaige Eintragungen von Verkehrssündern im Zentralregister stellen einen der drei Leistungsbereiche des KBA dar. Daneben fertigt das KBA spezielle Statistiken an, worin sich ein weiteres Leistungsgebiet dieser Behörde widerspiegelt. Konkret handelt es sich hierbei um Kfz-Statistiken (z. B. Veröffentlichungsstatistik des Kfz-Bestandes, Statistik der Fahrzeugmängel, Veröffentlichungsstatistik der Kfz-Bestandsveränderung), Straßenverkehrsstatistiken (z. B. Veröffentlichungsstatistik für grenzüberschreitenden Straßenverkehr, Auftragsstatistik Straßenverkehr) sowie um Fahrerlaubnisstatistiken. Mit der

[47] Siehe Http: Controlling...(2000), S. 1.
[48] Siehe Walter, Matthias: Controlling...(1997), S. 134.
[49] Siehe hierzu Arthur D. Little: Controlling im Presse- und Informationsamt...(1996), Anhang A. 1.
[50] Siehe Arthur D. Little: Controlling im Presse- und Informationsamt...(1996), S. 45 und 47.
[51] Siehe Arthur D. Little: Controlling im Presse- und Informationsamt...(1996), S. 48.
[52] Siehe Presse- und Informationsamt der Bundesregierung: Controlling...(2000), S. 52; Mach Software GmbH: Leistungsverrechnung...(2000), S. 3 – 15.
[53] Siehe Mach Software GmbH: Leistungsverrechnung...(2000), S. 8; Presse- und Informationsamt der Bundesregierung: Controlling...(2000), S. 52; Http: Zeitaufschreibung...(2000), S. 1 – 4.
[54] Siehe Http: Zeitaufschreibung...(2000), S. 1 – 4.

Erteilung von Genehmigungen erbringt das KBA Leistungen, welche zum Teil sehr umfangreiche und komplexe Prozesse hervorrufen. Zum Leistungsspektrum Genehmigungen gehören diverse Leistungen wie Zugangsvoraussetzungen (z. B. Akkreditierung, Bewertung von Qualitätsmangagementsystemen), Typgenehmigungen (z. B. ABE Fahrzeugteile, ABE für zulassungsfreie Fahrzeuge, ABE für zulassungspflichtige Fahrzeuge, ABE für Fahrzeugteile, EG-Genehmigung für Fahrzeuge), Konformitätsprüfungen (z. B. Prüfung der Übereinstimmung der Produktion, Produktprüfung) oder sonstige Dienstleistungen (z. B. Unfallanalysen, Umweltdaten, Rückrufe, Typblätter).[55]

Damit eine sinnvolle Planung und Steuerung der Leistungsprozesse ermöglicht werden kann, will das Kraftfahrt-Bundesamt ein umfassendes Controlling-System aufbauen. Die Basis des Controlling-Systems soll die Kosten- und Leistungsrechnung bilden, welche der Verwaltungsführung bedarfsgerechte Kosten- und Leistungsinformationen zur Verfügung zu stellen hat. Zentrale Ziele der im KBA implementierten Kosten- und Leistungsrechnung sind die Schaffung von Transparenz bezüglich Kosten und Leistungen, die Ermittlung kostendeckender Gebühren und Entgelte, die Planung, Steuerung und Kontrolle von Produktkosten sowie die Unterstützung der Haushaltsplanung.[56] Für die Verfolgung der angeführten Rechenziele betreibt das KBA eine flexible Plankostenrechnung auf Vollkostenbasis. Zusätzlich setzt diese Behörde auftragsbezogene Deckungsbeitragsrechnungen in bestimmten Bereichen ein, welche mit der Leistungserbringung in Wettbewerb zu anderen Behörden stehen. Eine Cost Center-Rechnung kommt hingegen im IT-Bereich des KBA zur Anwendung.[57] Die Struktur der Kostenartenrechnung orientiert sich am Haushaltsplan, um eine möglichst einfache Überführung der Daten zwischen Haushaltsrechnung und Kostenrechnung zu gewährleisten.[58] Bei jedem Konto der Kostenartenrechnung differenziert das KBA zwischen Einzel- und Gemeinkosten, beeinflußbaren und nicht beeinflußbaren Kosten sowie zwischen variablen Kosten und fixen Kosten. Darüber hinaus wird die zeitliche Abbaufähigkeit der Fixkosten aufgezeigt.[59]

Im Zuge der Implementierung der Kostenstellenrechnung unterteilte das KBA die gesamte Organisation in entsprechende Kostenstellen. Mit den definierten Kostenstellen finden sich jeweils abgegrenzte Organisationseinheiten vor, die den kostenrechnerischen Belangen des KBA Rechnung tragen sollen. Diesbezüglich erfolgte eine Kategorisierung der Kostenstellen in 6 verschiedene Kostenstellenkategorien. Die vorgenommene Kostenstelleneinteilung bildet das Fundament für die Durchführung der Leistungsverrechnung sowie für die Generierung möglichst umfangreicher Daten

---

55 Siehe Arthur D. Little: Kosten- und Leistungsrechnungssystem im Kraftfahrt-Bundesamt...(1996), S. 16 – 18.

56 Siehe Arthur D. Little: Kosten- und Leistungsrechnungssystem im Kraftfahrt-Bundesamt...(1996), S. 4 – 5; Arthur D. Little: Kosten- und Leistungsrechnung im KBA...(1996), S. 1.

57 Siehe Arthur D. Little: Kosten- und Leistungsrechnungssystem im Kraftfahrt-Bundesamt...(1996), S. 22; Arthur D. Little: Kosten- und Leistungsrechnung im KBA...(1996), S. 5.

58 Siehe Arthur D. Little: Kosten- und Leistungsrechnungssystem im Kraftfahrt-Bundesamt...(1996), S. 24 – 26 und 48.

59 Siehe Arthur D. Little: Kosten- und Leistungsrechnungssystem im Kraftfahrt-Bundesamt...(1996), S. 48.

zwecks Ermöglichung diverser Auswertungen entsprechend der vorhandenen Informationsbedarfe.[60]

Das Procedere der Leistungsverrechnung läuft auf der Grundlage des Stufenleiterverfahrens ab. Innerhalb der einzelnen Verrechnungsstufen bedient sich das KBA unterschiedlicher Methodiken. Dabei kommen Umlageschlüssel, Gleichungs- und Iterationsverfahren sowie adäquate Bezugsgrößen für eine leistungsbezogene Kostenallokation zum Einsatz.[61] Für die Kalkulation der Verwaltungsendprodukte werden Zeiterhebungen durchgeführt. Entsprechend der beanspruchten Arbeitszeit erfahren die einzelnen Kostenträger jeweils eine kostenmäßige Belastung. Demzufolge handelt es sich hier um eine leistungsbezogene Verteilung von Gemeinkosten. Daneben setzt das KBA in der Kostenträgerrechnung ebenfalls Zuschlagssätze ein. Die Verwendung von Zuschlagssätzen hat subsidiären Charakter und spielt dann eine Rolle, wenn bei den Leistungsbereichen kein direkter Leistungsbezug zu den Verwaltungsendleistungen gegeben ist und deshalb eine Bezugsgrößenkalkulation ausscheidet.[62]

### G. Deutsches Patentamt

Die Erteilung von Patenten stellt das zentrale Leistungsgebiet des Deutschen Patentamtes dar. Daneben nimmt das Deutsche Patentamt Recherchen nach § 29 (3) PatG vor und erbringt bestimmte Leistungen für laufende Einspruchsverfahren. Im Rahmen der Patenterteilung sind diverse Leistungsprozesse erforderlich. Zu den Kernprozessen der Patenterteilung gehören die Formalprüfung, die Vorprüfung sowie das Patenterteilungsverfahren im engeren Sinne, wobei letzterer Prozeß wiederum aus einer Reihe von Teilprozessen besteht, welche sich auf einzelne verschiedenartige Prüfungsverfahren beziehen.[63] Außer den Kernprozessen laufen bei der Patenterteilung ebenfalls Prozesse ab, die den eigentlichen Patentierungsvorgang unterstützen. Solche, die reine Patentvergabe unterstützenden, Prozesse betreffen die Tätigkeiten des Gruppenleiters (Kontrolle der Patenterteilungsverfügungen oder Zurückweisungsbeschlüsse der Gruppenmitglieder), die Prüfstoffbereitung und -verwaltung, die Registratur und Aktenbewirtschaftung, die Datenerfassung, die Sachbearbeitung, den Schreibdienst, die Druckerei, die fachspezifischen DV-Anwendungen sowie die Benutzerbetreuung.[64] Abbildung 4-2 gewährt einen Einblick in das Prozeßgerüst der Patenterteilung des DPMA.

---

60 Siehe Arthur D. Little: Kosten- und Leistungsrechnungssystem im Kraftfahrt-Bundesamt...(1996), S. 49 – 50; Arthur D. Little: Kosten- und Leistungsrechnung im KBA...(1996), S. 9.

61 Siehe Arthur D. Little: Kosten- und Leistungsrechnung im KBA...(1996), S. 9; Arthur D. Little: Kosten- und Leistungsrechnungssystem im Kraftfahrt-Bundesamt...(1996), S. 50.

62 Siehe Arthur D. Little: Kosten- und Leistungsrechnungssystem im Kraftfahrt-Bundesamt...(1996), S. 37 – 39 und 50; Arthur D. Little: Kosten- und Leistungsrechnung im KBA...(1996), S. 9.

63 Siehe KPMG: Einführung der Kosten- und Leistungsrechnung...(1999), S. 23 und 25.

64 Siehe KPMG: Einführung der Kosten- und Leistungsrechnung...(1999), S. 23 und 25.

Abbildung 4-2

**Prozeßgerüst der Patenterteilung**

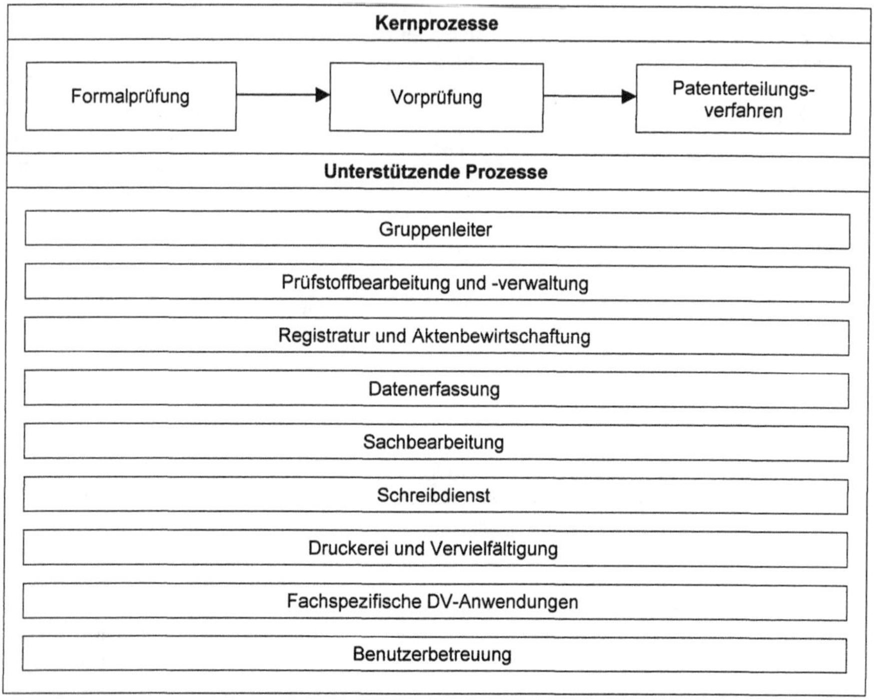


In Anlehnung an KPMG: Einführung der Kosten- und Leistungsrechnung...(1999), S. 23.

Die Leistungsprozesse im DPMA divergieren nur marginal. Durch Hinzufügung oder Eliminierung einzelner Prozeßschritte eines Standardprozesses kann das Deutsche Patentamt die geforderten, einigermaßen ähnlichen Leistungen generieren. Grundsätzlich herrschen dort repetitive Tätigkeiten und Auftragstätigkeiten mit repetitivem Charakter vor. Deshalb bedient sich das DPMA für die Ermittlung der Kosten seiner Leistungen zunächst einmal der Divisionskalkulation mit Äquivalenzziffern. Später soll die prozeßorientierte Kalkulation folgen, welche den generellen Betrieb einer Prozeßkostenrechnung erfordert.[65] Dieses Rechnungssystem ist jedoch nicht für die Einführungsphase vorgesehen, sondern bildet lt. Implementierungsplan die letzte Ausbaustufe der Kosten- und Leistungsrechnung im Deutschen Patentamt. Begonnen wird hingegen mit einer Istkostenrechnung auf Vollkostenbasis. Hieran schließt sich als nächste Stufe die Erweiterung zur Plankostenrechnung an, bevor in einer dritten und letzten Stufe der Übergang zur Prozeßkostenrechnung erfolgen soll.[66]

Gemäß den Vorgaben des Bundeskontenrahmens orientiert sich der Kostenartenplan des DPMA an der Struktur des Haushaltsplans. Dadurch wird die Basis für die

[65] Siehe KPMG: Einführung der Kosten- und Leistungsrechnung...(1999), S. 45.
[66] Siehe KPMG: Einführung der Kosten- und Leistungsrechnung...(1999), S. 9 – 11.

Schaffung eines integrierten finanzwirtschaftlichen und leistungswirtschaftlichen Rechnungswesens gelegt. Zudem ist es für eine Hoheitsverwaltung wichtig zu wissen, wie hoch die dort dominierenden Kosten für Beamten konkret sind, um entsprechend sinnvolle Kostenanalysen durchführen zu können. Generell wurden Gliederungssystematik und Gliederungstiefe des Kostenartenplans auf die spezifischen Informationsbedürfnisse des DPMA ausgelegt.[67] Die im Deutschen Patentamt existierende Organisationsstruktur diente im Zuge der Definition der Kostenstellen als Vorlage bei der Abgrenzung der Verantwortungsbereiche für anfallende Kosten. Demnach harmonieren Fachverantwortung und Ressourcenverantwortung. Je nach Nähe der Leistungsbereiche zur Verwaltungsendleistung erfolgte eine Kategorisierung derselben in Hauptkostenstellen und Hilfskostenstellen. Vorrangiges Ziel dabei war es, Transparenz bezüglich des Leistungsgeflechts sowie des großen Blocks an Gemeinkosten zu schaffen.[68]

Für die Verrechnung innerbehördlicher Leistungen wählte man das Umlageverfahren, welches während der Einführungsphase der Kosten- und Leistungsrechnung Anwendung findet. Im späteren Wirkbetrieb soll diese Methodik weitgehend – wo möglich – durch ein leistungsorientiertes Verfahren der internen Kostenverrechnung abgelöst werden. Als zentrale Medien letzterer Methodik dienen interne Produkte sowie Zeit- und Mengenerhebungen. Den damit verbundenen erhöhten Durchführungsaufwand rechtfertigt die Generierung weitaus genauerer und aussagefähigerer Kostendaten.[69]

## H. Bundeswehr

Die zentrale Aufgabe der Bundeswehr besteht in der Landes- und Bündnisverteidigung, welche durch das Grundgesetz und den NATO-Vertrag entsprechend geregelt wird. Demzufolge sind Organisation und Strukturen der Bundeswehr primär auf die Verteidigung möglicher Angriffe von außen ausgerichtet, was in Friedenszeiten die Aufrechterhaltung der Verteidigungsbereitschaft bedeutet.[70] Daneben hat die Bundeswehr noch etliche andere Aufgaben wahrzunehmen, wie die Zusammenarbeit mit den Ländern der NATO, die Zusammenarbeit mit bestimmten Ländern außerhalb der NATO, die Durchführung von Rüstungskontrollen oder die Not- und Katastrophenhilfe.[71] Aufgrund der signifikanten Veränderung der sicherheitspolitischen Lage im europäischen Raum kommt es ebenfalls zu Veränderungen beim Aufgabengebiet der Bundeswehr, was mit einer Ausweitung des Aufgabenspektrums einhergeht. Insbesondere erlangt die Beteiligung an Friedenseinsätzen eine immer größere Bedeutung. Diesen veränderten Rahmenbedingungen muß sich die Bundeswehr in vertretbaren Zeiträumen anpassen können.[72]

Die militärische Verteidigung ist eine sehr abstrakte Leistung und bedarf zur adäquaten Erfüllung eines Konglomerats an diversen und komplexen Teilleistungen. In ausgebildeten Soldaten, voll einsatzfähigem wehrtechnischen Gerät sowie in der Be-

67 Siehe KPMG: Einführung der Kosten- und Leistungsrechnung...(1999), S. 12 – 17.
68 Siehe KPMG: Einführung der Kosten- und Leistungsrechnung...(1999), S. 18 – 19.
69 Siehe KPMG: Einführung der Kosten- und Leistungsrechnung...(1999), S. 41 – 43.
70 Siehe Bundesministerium der Verteidigung: Die Bundeswehr...(1999), S. 2 und 19 – 21.
71 Siehe Bundesministerium der Verteidigung: Die Bundeswehr...(1999), S. 32 – 39.
72 Siehe Bundesministerium der Verteidigung: Die Bundeswehr...(1999), S. 2.

reithaltung von sonstigem Wehrmaterial konkretisiert sich die Verteidigungsbereitschaft der Bundeswehr.[73] Um diese gewährleisten zu können, erbringt die Bundeswehr umfangreiche Ausbildungsleistungen für ihre Soldaten, beschafft wehrtechnisches Gerät und sorgt für eine angemessene Instandhaltung desselben.[74] Hierfür laufen in den jeweiligen Dienststellen der Bundeswehr unzählige Prozesse ab. Die Prozesse der einzelnen Dienststellen bestehen zumeist aus repetitiven Tätigkeiten, welche nach vorgegebenen Standards auszuführen sind. Übergeordnete Behörden geben den Dienststellen Art und Umfang der Tätigkeiten weitgehend vor, so daß diese nur über einen geringen Entscheidungsspielraum verfügen.[75] Da die Dienststellen der Bundeswehr generell keine Produkte erstellen, die sie anschließend am Markt veräußern, erfolgt dort die Bewertung existierender Leistungserstellungsprozesse.[76] Mit Hilfe der Kosten- und Leistungsrechnung verschafft sich die Bundeswehr die nötige Transparenz über die Vorgänge der Leistungserstellung, wobei in den meisten Dienststellen als Rechensystem die Prozeßkostenrechnung zur Anwendung kommt. Erfahrungsgemäß lassen sich Leistungsspektrum und Leistungsflüsse der Bundeswehr durch die Prozeßkostenrechnung am besten abbilden und kostenmäßig bewerten.[77] Die Prozeßkostenrechnung der Bundeswehr ist als Vollkostenrechnung ausgestaltet und beruht auf Istdaten. Anhand von Zeitaufschreibungen werden die Kosten den Tätigkeiten zugeordnet, welche sodann eine Aggregation zu Prozessen und Hauptprozessen erfahren.[78] Auf der Grundlage dieses Datengerüsts erfolgt sodann die prozeßorientierte Kalkulation der Leistungen der Dienststellen der Bundeswehr. Pauschale Zuschlagskalkulationen will die Bundeswehr hingegen möglichst weitgehend vermeiden.[79] Angestrebtes Ziel ist dabei eine genaue Zuordnung anfallender Kosten auf die erbrachten Leistungen.[80]

Neben der Kalkulation werden mit der Prozeßkostenrechnung in den Dienststellen der Bundeswehr noch etliche andere Rechenzwecke verfolgt. Die Schaffung von Kosten- und Leistungstransparenz, die Erhöhung des Kostenbewußtseins, die Wahrnehmung von Kosten- und Leistungsverantwortung, die Ermöglichung von Kosten- und Leistungsvergleichen, die dienststellenübergreifende Leistungsverrechnung, die Identifizierung von Schwächen im Leistungserstellungsprozeß sowie die Unterstützung der Haushaltsplanung stellen die wesentlichen Ziele der Kosten- und Leistungsrechnung im Bereich der deutschen Streitkräfte dar.[81] Kostenartenrechnung, Kostenstellenrechnung und Kostenträgerrechnung bilden die Subsysteme der Bundeswehr-Kostenrechnung, mit denen die genannten Ziele erreicht werden sollen.[82]

---

[73] Siehe Bundesministerium der Verteidigung: Die Bundeswehr...(1999), S. 46 – 84.

[74] Siehe Bundesministerium der Verteidigung: Die Bundeswehr...(1999), S. 46 – 84.

[75] Siehe Hubbert, Michael – Uhl, Franz: Prozeßkostenrechnung in der Bundeswehr...(1998), S. 63.

[76] Siehe Hubbert, Michael – Uhl, Franz: Prozeßkostenrechnung in der Bundeswehr...(1998), S. 64.

[77] Siehe Hubbert, Michael – Uhl, Franz: Prozeßkostenrechnung in der Bundeswehr...(1998), S. 59.

[78] Siehe Hubbert, Michael – Uhl, Franz: Prozeßkostenrechnung in der Bundeswehr...(1998), S. 59 – 67.

[79] Siehe Hubbert, Michael – Uhl, Franz: Prozeßkostenrechnung in der Bundeswehr...(1998), S. 59 – 60.

[80] Siehe Arthur Andersen: Kosten- und Leistungsverantwortung...(1994), S. 46.

[81] Siehe Bundesministerium der Verteidigung: Rahmenkonzept...(1998), S. 3; Hubbert, Michael – Uhl, Franz: Prozeßkostenrechnung in der Bundeswehr...(1998), S. 63 – 64.

[82] Siehe Bundesministerium der Verteidigung: Rahmenkonzept...(1998), S. 4; Bundesministerium der Verteidigung: Bundeswehr-Kostenrechnung...(1985), S. 27.

Der speziell für die Streitkräfte entwickelte Kontenrahmen der Bundeswehr enthält einen Katalog an bundeswehreinheitlichen Kostenarten, welche die Dienststellen in der Kostenartenrechnung zu verwenden haben. Dieser Kontenrahmen ist an den Gemeinschaftskontenrahmen angelehnt und orientiert sich außerdem an der Kontenstruktur der Haushaltsrechnung. In der Kontenklasse 4 des Kontenrahmens der Bundeswehr findet sich der aus zehn Kontengruppen bestehende Kostenartenplan wieder, aus dem die Dienststellen die jeweils benötigten Kostenarten auswählen können[83] (siehe hierzu Abbildung 4-3).

Abbildung 4-3

**Struktur des Kostenartenplans der Bundeswehr**

| Kontengruppe | Bezeichnung | Beispiel |
|---|---|---|
| 40 | Einzelkosten Personal | Instandhaltung Kampfpanzer Leo 2 |
| 41 | Einzelkosten Material | Instandhaltung Kampfpanzer Leo 2 |
| 42 | Einzelkosten Betriebs- und Hilfsstoffe | Instandhaltung Kampfpanzer Leo 2 |
| 43 | Dienstbezüge, etc. | Bezüge Kompanie-Chef |
| 44 | Personalzusatzkosten | Trennungsgeld |
| 45 | Materialgemeinkosten | Bewirtschaftung Infrastruktur |
| 46 | Verwaltungskosten | Telefongebühren |
| 47 | Finanzzuweisungen | Deutsche Bahn AG |
| 48 | Kalkulatorische Kosten | Abschreibungen |
| 49 | Sondereinzelkosten | |

Entnommen aus Arthur Andersen: Internes Rechnungswesen der Bundeswehr...(1998), S. 37.

Während die Kontengruppen 40 – 42 für die Durchführung der Kostenträgerrechnung eingerichtet wurden, beziehen sich die Kontengruppen 43 – 49 ausschließlich auf die Kostenartenrechnung. Die aufgelisteten Kontengruppen geben die Grobstruktur des Kostenartenplans vor und subsumieren jeweils die einzelnen Kostenarten der Kostenartenrechnung. Beispielsweise enthält die Kontengruppe 43 (Dienstbezüge) die Kostenart 43000 (Dienstbezüge Soldaten), welche wiederum die Unterkostenart 430002 (Zulagen/Aufwandsentschädigungen Soldaten) involviert. Das gleiche gilt analog für die anderen Kontengruppen.[84] Standardisiert wurden die ersten drei Gliederungsebenen der Kostenartenrechnung der Dienststellen der Bundeswehr. Ab der vierten Gliederungsebene können die einzelnen Dienststellen die Kostenarten entsprechend ihrer speziellen Bedürfnisse frei gestalten.[85] Einheitliche Regelungen bestehen grundsätzlich für die Ermittlung, Erfassung sowie monetären Bewertung des Ressourcenverzehrs.[86] Mit der Standardisierung will man eine einheitliche Datengenerierung sicherstellen, um die Kosten- und Leistungsdaten verschiedener Dienststellen vergleichen zu können.

Die Kostenstellen lehnen sich an die Aufbauorganisation der Dienststellen an. Mit der Definition der Kostenstellen schaffte die Bundeswehr klare Verantwortungsbereiche

[83] Siehe Bundesministerium der Verteidigung: Rahmenkonzept...(1998), S. 4; Arthur Andersen: Internes Rechnungswesen der Bundeswehr...(1998), S. 37.
[84] Siehe Arthur Andersen: Internes Rechnungswesen der Bundeswehr...(1998), S. 38.
[85] Siehe Arthur Andersen: Internes Rechnungswesen der Bundeswehr...(1998), S. 38.
[86] Siehe Bundesministerium der Verteidigung: Rahmenkonzept...(1998), S. 4.

für zu erbringende Leistungen und dafür anfallende Kosten.[87] Im Zuge der Kostenstellenrechnung will die Bundeswehr bereichsbezogene Wirtschaftlichkeitskontrollen durchführen, bestehende Leistungsverflechtungen transparent machen sowie die Kosten für erbrachte Leistungen verrechnen, wofür entsprechende Kalkulationssätze gebildet werden.[88] Die Abrechnung interner Leistungen trägt bei der Bundeswehr den Terminus „Dienststellenübergreifende Leistungsverrechnung (DÜLV)".[89] Diese erfolgt nicht mittels pauschaler Umlageschlüssel, sondern unter Zuhilfenahme mengenmäßiger Bezugsgrößen und damit verbunden leistungsorientiert.[90] Ebenfalls leistungsorientiert verteilt die Bundeswehr entstandene Kosten auf die Kalkulationsobjekte im Rahmen der Kostenträgerrechnung. Wie bereits vorhin dargelegt, führt man dort prozeßorientierte Kalkulationen durch.[91]

## III. Angestrebtes Kostenrechnungssystem und konkreter Stand der Implementierung

Die mit der Kosten- und Leistungsrechnung verfolgten Rechnungsziele determinieren das zur Anwendung kommende behördenindividuelle Kostenrechnungssystem. Eine Bundesverwaltung hat ihr Rechnungssystem so auszugestalten, daß die festgelegten Rechenziele möglichst weitgehend erreicht werden.[92] Ferner spielt bei der konkreten Ausgestaltung des Kostenrechnungssystems der Leistungserstellungstyp der jeweiligen Verwaltung eine wichtige Rolle. In Bundesverwaltungen dominieren zumeist informationsverarbeitende Prozesse, welche die Vorhaltung enormer Verwaltungskapazitäten erfordern und den Anfall überwiegend fixer Gemeinkosten zur Folge haben. Für eine solche Kostenstruktur bietet sich die Prozeßkostenrechnung als adäquates Rechnungssystem an.[93] Trotzdem sieht das Konzept der Standard-KLR als Basissystem für Bundesverwaltungen die flexible Plankostenrechnung auf Vollkostenbasis vor.[94] Der Einsatz der Prozeßkostenrechnung ist hingegen nur als Option im KLR-Handbuch geregelt.[95] Dabei wird aus Gründen des Implementierungs- und Durchführungsaufwandes sowie der Komplexität des Kostenrechnungssystems die prozeßorientierte Standard-Einzelkostenrechnung propagiert.[96] Sowohl die flexible Plankostenrechnung auf Vollkostenbasis als auch die Prozeßkostenrechnung können Bundesverwaltungen mit ihren begrenzten betriebswirtschaftlichen Kenntnissen zumeist nur mittel- bis langfristig verwirklichen. Das in Bundesverwaltungen vorzufin-

---

87 Siehe Bundesministerium der Verteidigung: Rahmenkonzept...(1998), S. 5; Arthur Andersen: Internes Rechnungswesen der Bundeswehr...(1998), S. 42 – 44; Hubbert, Michael – Uhl, Franz: Prozeßkostenrechnung in der Bundeswehr...(1998), S. 59.

88 Siehe Arthur Andersen: Internes Rechnungswesen der Bundeswehr...(1998), S. 42.

89 Siehe Arthur Andersen: Internes Rechnungswesen der Bundeswehr...(1998), S. 70.

90 Siehe Arthur Andersen: Internes Rechnungswesen der Bundeswehr...(1998), S. 76.

91 Siehe ebenfalls Bundesministerium der Verteidigung: Rahmenkonzept...(1998), S. 5; Hubbert, Michael – Uhl, Franz: Prozeßkostenrechnung in der Bundeswehr...(1998), S. 59 – 64.

92 Siehe hierzu die detaillierten Ausführungen zu Punkt VII. des 3. Kapitels.

93 Siehe hierzu die entsprechenden Ausführungen zu Punkt VII. des 3. Kapitels.

94 Siehe Bundesministerium der Finanzen (Hrsg.): Kosten- und Leistungsrechnung...(1997), S. 26; Bundesministerium der Finanzen (Hrsg.): Einführung von Kosten- und Leistungsrechnung...(1997), S. 11; Müller, Peter u. a.: In zehn Schritten zur Kosten- und Leistungsrechnung...(1998), S. 16; Liebe, Rüdiger: Kosten- und Leistungsrechnung...(1999), S. 151.

95 Siehe Bundesministerium der Finanzen (Hrsg.): Kosten- und Leistungsrechnung...(1997), S. 35 und 63.

96 Siehe Bundesministerium der Finanzen (Hrsg.): Kosten- und Leistungsrechnung...(1997), S. 38 und 63.

dende Kostenrechnungssystem entspricht deshalb in der Regel bei weitem noch nicht dem Niveau, welches Bundesbehörden im Zuge der Gewinnung von Kosteninformationen anpeilen. Zu Beginn des Betriebes einer Kosten- und Leistungsrechnung findet sich das Rechnungssystem von Bundesinstitutionen üblicherweise in Form einer Istkostenrechnung wieder. Deswegen zielen die nachfolgenden Ausführungen auf die von einzelnen Bundesbehörden zur Anwendung beabsichtigten Kostenrechnungssysteme sowie deren konkrete Stände der Implementierung. Die hierfür ausgewählten Bundesinstitutionen wollen langfristig entweder mit der flexiblen Plankostenrechnung auf Vollkostenbasis oder mit der Prozeßkostenrechnung arbeiten, jene zwei Kostenrechnungssysteme, welche das Konzept der Standard-KLR zur Anwendung in Bundesverwaltungen fordert.

## A. Flexible Plankostenrechnung auf Vollkostenbasis

### 1. Deutscher Wetterdienst

Die Einführung der Kosten- und Leistungsrechnung beim Deutschen Wetterdienst erfolgte in Form einer Istkostenrechnung auf Vollkostenbasis. Dieses Rechensystem hat auch heute noch Bestand für die Kostenstellenrechnung und die Kostenträgerrechnung.[97] Zwecks Steuerung der Wirtschaftlichkeit in den Kostenstellen, worin sich eines der primären Rechenziele der Kosten- und Leistungsrechnung dieser Einrichtung widerspiegelt,[98] benötigt jedoch der Deutsche Wetterdienst ebenfalls Plandaten, deren Generierung bis dato noch nicht erfolgt. Ohne Plankostenrechnung ist es wohl kaum möglich, effizientes Verwaltungshandeln in den Verwaltungsteilbereichen zu erreichen, was der Deutsche Wetterdienst mit Hilfe der Kosten- und Leistungsrechnung anstrebt.[99] Das neue Gesetz über den Deutschen Wetterdienst verpflichtet diesen, „Deckungsbeitragsrechnungen für die Kosten- und Preiskalkulation einzuführen."[100] Hierbei stellt sich die berechtigte Frage, inwieweit Deckungsbeitragsrechnungen für den Deutschen Wetterdienst Sinn machen. Die fehlende Gewinnerzielungsabsicht und die Pflicht zur Erstellung von bestimmten Leistungen lassen Ergebnisrechnungen in Form von Deckungsbeitragsrechnungen eher als unzweckmäßig erscheinen. Vielmehr wäre eine prozeßorientierte Kalkulation angebracht, die im Rahmen der Kostenträgerrechnung eine vollständige und genaue Allokation der Kosten auf die erbrachten Verwaltungsleistungen erlaubt. Hierdurch würden die dominierenden fixen Gemeinkosten der Behörde entsprechend adäquat berücksichtigt und die veranschlagten Gebühren könnten die Kostendeckung der Verwaltungsprodukte sicherstellen.

### 2. Regulierungsbehörde für Telekommunikation und Post

Die Regulierungsbehörde für Telekommunikation und Post arbeitet schon seit geraumer Zeit mit einer Istkostenrechnung auf Vollkostenbasis. Diese bildet jedoch nur den Zwischenschritt im Zuge der Implementierung eines leistungsfähigen Controllingsystems. Dennoch konnten mit der Istkostenrechnung bereits erste Erfolge verzeichnet werden, indem man das Kosten- und Leistungsgefüge transparent machte, das Kostenbewußtsein der Mitarbeiter schärfte und die Kosten- und Leistungsdaten

---

97 Siehe Deutscher Wetterdienst: Kosten- und Leistungsrechnung...(1999), S. 3 und 5.
98 Siehe hierzu Deutscher Wetterdienst: Kosten- und Leistungsrechnung...(1999), S. 3.
99 Vgl. Deutscher Wetterdienst: Kosten- und Leistungsrechnung...(1999), S. 3.
100 Deutscher Wetterdienst: Kosten- und Leistungsrechnung...(1999), S. 5.

für bestimmte anstehende Entscheidungen nutzte.[101] Für die Durchführung von kostenstellenbezogenen Wirtschaftlichkeitsanalysen beabsichtigt die Regulierungsbehörde für Telekommunikation und Post die Erweiterung der Istkostenrechnung mit Planwerten. Aufgrund der mittels flexibler Plankostenrechnung auf Vollkostenbasis eruierten Beschäftigungsabweichung lassen sich wichtige Aussagen über die Kapazitätsauslastung machen und somit Kapazitätsanpassungen initiieren. Ferner dienen die Plandaten der Kostenstellenrechnung in Form von Kostenstellenbudgets der Mittelzuweisung im Rahmen der Aufstellung des Haushaltsplans.[102] Als Vollkostenrechnung gewährleistet das Rechensystem die Kostendeckung der erbrachten und abgegebenen Verwaltungsleistungen. Ein Großteil der Leistungen wird nur gegen Entgelt bereitgestellt, weshalb die Kalkulation von Abgaben einen wichtigen Rechenzweck darstellt. Dabei haben die Gebühren die für die Erstellung der Leistungen anfallenden Kosten möglichst zu decken, was die Allokation der vollen Kosten auf die Verwaltungsprodukte erfordert. Deckungsbeitragsrechnungen zieht die Regulierungsbehörde für Telekommunikation und Post nicht in Betracht, da über das angebotene Leistungsprogramm nicht frei entschieden werden kann.[103] Die Pflicht zur Erstellung bestimmter Leistungen sowie die fehlende Gewinnabsicht lassen eine Betriebsergebnisrechnung in Form einer Teilkostenrechnung als unzweckmäßigen Informationsgenerator erscheinen. Ebenfalls ist in absehbarer Zukunft keine prozeßorientierte Kostenrechnung vorgesehen.

### 3. Presse- und Informationsamt der Bundesregierung

Das Presse- und Informationsamt der Bundesregierung begann den Wirkbetrieb der Kosten- und Leistungsrechnung mit einer Istkostenrechnung auf Vollkostenbasis und führt derzeit eine flexible Plankostenrechnung auf Vollkostenbasis, die auch gleichzeitig das Endstadium des angestrebten Kostenrechnungssystems darstellt.[104] Für den Einstieg wählte man die Istkostenrechnung, um den Durchführungsaufwand in Grenzen zu halten und somit die Mitarbeiter nicht mit einem neuen Rechensystem zu überfordern.[105] Anhand von Istdaten werden den erbrachten Verwaltungsprodukten sämtliche angefallenen Kosten angelastet. Hierdurch will man das bestehende Verhältnis zwischen Ressourcenverzehr und hervorgebrachten Leistungen aufdecken. Entwicklungen beim Verhältnis zwischen Kosten und Leistungen verfolgt das Presse- und Informationsamt der Bundesregierung durch den Vergleich der jeweiligen Istwerte unterschiedlicher Perioden. Die Vollkostenperspektive des Rechnungssystems gewährleistet dem Amt, daß auch wirklich alle entstandenen Kosten den Kostenträgern zugeordnet werden.[106]

Zwecks Eruierung von Unwirtschaftlichkeiten im Verwaltungshandeln ergänzt das Presse- und Informationsamt die Istdaten um Plandaten. Mit der flexiblen Plankostenrechnung sollen Auslastungsabweichungen und Abweichungen bezüglich ver-

[101] Siehe Buchholtz, Klaus – Meierhofer, Hans: Kosten- und Leistungstransparenz...(1994), S. 24; Buchholtz, Klaus – Meierhofer, Hans: Kosten- und Leistungsrechnung...(1994), S. 29.
[102] Siehe Buchholtz, Klaus – Meierhofer, Hans: Kosten- und Leistungsrechnung...(1994), S. 18 und 29; Buchholtz, Klaus – Meierhofer, Hans: Kosten- und Leistungstransparenz...(1994), S. 24.
[103] Siehe Buchholtz, Klaus – Meierhofer, Hans: Kosten- und Leistungsrechnung...(1994), S. 18.
[104] Siehe Walter, Matthias: Controlling...(1997), S. 134.
[105] Siehe Walter, Matthias: Controlling...(1997), S. 134.
[106] Siehe Arthur D. Little: Controlling im Presse- und Informationsamt...(1996), S. 44; Walter, Matthias: Controlling...(1997), S. 134; Http: Controlling...(2000), S. 1.

brauchter Ressourcen in den Kostenstellen aufgedeckt und entsprechend adäquate Gegensteuerungsmaßnahmen eingeleitet werden, die zu einem effizienten Handeln der Verwaltungsteilbereiche führen.[107] Der Ansatz von Planwerten erfolgt nicht nur in der Kostenstellenrechnung, sondern ebenfalls auch in der Kostenträgerrechnung. Hierdurch eröffnen sich umfangreiche Möglichkeiten der Beeinflussung der Kosten von Verwaltungsprodukten.[108] Differenzierende Abweichungsanalysen bei den Kostenträgern gewähren der Verwaltungsführung Einblick in das Zustandekommen bestimmter Kostenvolumina für erbrachte Verwaltungsleistungen und zeigen entsprechende Handlungsbedarfe auf.[109] Dies bildet die Grundlage für eine möglichst effiziente Generierung von Verwaltungsprodukten in zukünftigen Perioden. Die Gewinnung von Plandaten für die Kosten- und Leistungsrechnung läuft im Bundespresseamt über die Ebenen: Aufgabe, Produkte, Prozesse und Ressourcen,[110] ohne jedoch generell eine Prozeßkostenrechnung als Informationsgenerator einsetzen zu wollen.

## 4. Kraftfahrt-Bundesamt

Die flexible Plankostenrechnung auf Vollkostenbasis stellt das Basissystem der Kostenrechnung des Kraftfahrt-Bundesamtes dar. Seit Einführung der Kostenrechnung werden sowohl Plandaten als auch Istdaten erhoben, so daß es sich zu Beginn an bereits um eine Plankostenrechnung handelte.[111] Mit den Istdaten versucht man vorrangig das Kosten- und Leistungsgefüge des Amtes transparent zu machen. Ebenso kommen Istwerte bei der Gebührenkalkulation zur Anwendung, wobei die Datenerfassung auf Zeitaufschreibungen beruht.[112] Hingegen dienen Plandaten in erster Linie der Steuerung der Kosten in den Kostenstellen. Dabei soll die flexible Plankostenrechnung Kostenvorgaben für unterschiedliche Beschäftigungsgrade ermöglichen. Dies gilt als Voraussetzung für eine differenzierende Abweichungsanalyse. Während Beschäftigungsabweichungen die Auslastung der Kapazitäten aufzeigen, spiegeln Verbrauchsabweichungen Mehr- oder Minderverbräuche der eingesetzten Ressourcen wider.[113] Neben der bereichsbezogenen Kostensteuerung bezieht sich das Aufgabenfeld der Plankostenrechnung auf die Planung der Produktkosten sowie die Unterstützung der Haushaltsplanung. Die Planung der Kosten der zu erstellenden Leistungen bildet die Grundlage für die Durchführung einer outputorientierten Haushaltsplanung.[114]

---

[107] Siehe Walter, Matthias: Controlling...(1997), S. 134; Http: Controlling...(2000), S. 2; Arthur D. Little: Controlling im Presse- und Informationsamt...(1996), S. 38 und 69.

[108] Siehe Walter, Matthias: Controlling...(1997), S. 134; Arthur D. Little: Controlling im Presse- und Informationsamt...(1996), S. 67.

[109] Siehe hierzu die Abbildung bei Arthur D. Little: Controlling im Presse- und Informationsamt...(1996), S. 67.

[110] Siehe Walter, Matthias: Controlling...(1997), S. 134 – 135; Presse- und Informationsamt der Bundesregierung: Controlling...(2000), S. 60 – 61.

[111] Siehe Arthur D. Little: Kosten- und Leistungsrechnungssystem im Kraftfahrt-Bundesamt...(1996), S. 41; Arthur D. Little: Kosten- und Leistungsrechnung im KBA...(1996), S. 5.

[112] Siehe Arthur D. Little: Kosten- und Leistungsrechnungssystem im Kraftfahrt-Bundesamt...(1996), S. 41 und 47.

[113] Siehe Arthur D. Little: Kosten- und Leistungsrechnungssystem im Kraftfahrt-Bundesamt...(1996), S. 41 und 44 – 46.

[114] Siehe Arthur D. Little: Kosten- und Leistungsrechnungssystem im Kraftfahrt-Bundesamt...(1996), S. 51 – 52.

Die flexible Plankostenrechnung auf Vollkostenbasis erfährt in ausgewählten Bereichen des Kraftfahrt-Bundesamtes eine Ergänzung durch auftragsbezogene Deckungsbeitragsrechnungen. Solche Bereiche stehen mit der Leistungserbringung im Wettbewerb zu anderen Einrichtungen, wozu auch europäische Behörden gehören. In der Abteilung 4 finden sich die Referate 42 (Typgenehmigung) und 43 (Konformitätsprüfung) vor, welche Leistungen erbringen, die auch von anderen Behörden erhältlich sind. Bei den Leistungen des Referats Typgenehmigung handelt es sich vorwiegend um die Erteilung der Allgemeinen Betriebserlaubnis (ABE) für Fahrzeuge oder Fahrzeugteile. Die Leistungen des Referats Konformitätsprüfung treten primär in Form von diversen Produktprüfungen auf.[115] Für die Entscheidung über die Auftragsannahme ist von Bedeutung, ob der jeweilige Auftrag einen positiven Deckungsbeitrag einbringt.[116]

Ferner erfolgt eine Erweiterung des Basissystems um eine Cost Center-Rechnung. Diese kommt im IT-Bereich zum Einsatz und soll eine möglichst genaue und vollständige Verrechnung der Kosten von IT-Leistungen sicherstellen.[117] Zur betriebswirtschaftlichen Fundierung spezifischer Entscheidungen wird die Kostenträgerrechnung des Kraftfahrt-Bundesamtes nicht nur als Vollkostenrechnung (erforderlich für Gebührenkalkulation) geführt, sondern ebenfalls als Teilkostenrechnung. Die Deckungsbeitragsrechnung in Form einer differenzierten Einzelkostenrechnung ermöglicht dem Bundesamt weitgehende Transparenz bei den Kostenträgergemeinkosten hinsichtlich Art und Struktur und schafft somit die Basis für ein produktorientiertes Verwaltungscontrolling.[118] Wegen des hohen Durchführungsaufwandes kommt die Prozeßkostenrechnung für das Kraftfahrt-Bundesamt in absehbarer Zukunft nicht in Frage. Vielmehr basiert das Gemeinkostenmanagement des Kraftfahrt-Bundesamtes auf kostentreiberorientierten Kennzahlen, welche eine Detaillierung der Spitzenkennzahl Gemeinkostensatz darstellen. Der Gemeinkostensatz einer Kostenstelle ergibt sich durch Division der dort anfallenden Kosten durch die von der Kostenstelle geleisteten produktiven Arbeitsstunden.[119]

### B. Prozeßorientierte Kostenrechnung

#### 1. Deutsches Patentamt

Der Aufbau der Kosten- und Leistungsrechnung beim Deutschen Patentamt erfolgt stufenweise, wobei als letzte Stufe die prozeßorientierte Standard-Einzelkostenrechnung vorgesehen ist. Begonnen wird mit einer Istkostenrechnung auf Vollkostenbasis.[120] Dieses Kostenrechnungssystem soll Transparenz hinsichtlich Kosten und Leistungen schaffen. Zudem beabsichtigt man mit der Istkostenrechnung auf Vollkostenbasis die Verrechnung der behördlichen Leistungen sowie die Ermittlung kos-

---

[115] Siehe Arthur D. Little: Kosten- und Leistungsrechnungssystem im Kraftfahrt-Bundesamt...(1996), S. 17 – 18.

[116] Siehe Arthur D. Little: Kosten- und Leistungsrechnungssystem im Kraftfahrt-Bundesamt...(1996), S. 41; Arthur D. Little: Kosten- und Leistungsrechnung im KBA...(1996), S. 6.

[117] Siehe Arthur D. Little: Kosten- und Leistungsrechnungssystem im Kraftfahrt-Bundesamt...(1996), S. 41; Arthur D. Little: Kosten- und Leistungsrechnung im KBA...(1996), S. 6.

[118] Siehe Arthur D. Little: Kosten- und Leistungsrechnungssystem im Kraftfahrt-Bundesamt...(1996), S. 41 – 43.

[119] Siehe Arthur D. Little: Kosten- und Leistungsrechnungssystem im Kraftfahrt-Bundesamt...(1996), S. 43 und 54 – 55; Arthur D. Little: Kosten- und Leistungsrechnung im KBA...(1996), S. 6.

[120] Siehe KPMG: Einführung der Kosten- und Leistungsrechnung...(1999), S. 1 und 9.

tendeckender Gebühren und Entgelte.[121] Als zweite Stufe der Implementierung eines modernen Kostenrechnungssystems sieht das Patentamt die Erweiterung der Istkostenrechnung zur Plankostenrechnung vor.[122] Durch die Kostenplanung wird im voraus bestimmt, welche Ressourcen für die Erstellung der Verwaltungsprodukte erforderlich sind. Entsprechend der für die Leistungserstellung notwendigen Ressourcen sollen die Kostenstellen ein bestimmtes Budget zugeteilt bekommen. Die Kostenstellenbudgets bilden sodann die Grundlage für die Vergabe der Mittel im Rahmen der Haushaltsplanung. Auf diese Weise unterstützt die Kosten- und Leistungsrechnung die Haushaltsplanung, was einen wichtigen Grund für die Verwendung von Plandaten in der Kostenrechnung darstellt.[123] Zudem dienen Plandaten der Steuerung des wirtschaftlichen Verwaltungshandelns in den Kostenstellen. Weichen die Istkosten von den Plankosten ab, gilt es den Ursachen der Abweichungen in den leistungserbringenden Verwaltungsteilbereichen nachzugehen und eventuell adäquate Maßnahmen der Korrektur anzustoßen.[124] Die Kalkulation von Verwaltungsleistungen wird von der Planungsrechnung nicht tangiert. In der Kostenträgerrechnung möchte das Deutsche Patentamt auch bei der zweiten Stufe des Aufbaus eines leistungsfähigen Kostenrechnungssystems ausschließlich mit Istkosten operieren. Dies gilt insbesondere für die Ermittlung kostendeckender Gebühren und Entgelte der erstellten Verwaltungsprodukte.[125]

Als dritte und letzte Stufe der Implementierung der Kosten- und Leistungsrechnung strebt das Deutsche Patentamt den Ausbau des Kostenrechnungssystems zu einer prozeßorientierten Standard-Einzelkostenrechnung an.[126] Bei der prozeßorientierten Standard-Einzelkostenrechnung wird mit Standards hinsichtlich Prozesse, Bearbeitungszeiten, Verbrauchsmengen und Auslastung gearbeitet, welche deshalb nur für repetitive Tätigkeiten geeignet ist. Durch den Ansatz von Standardwerten kann sich das DPMA permanente Zeitaufschreibungen für die Ermittlung der Kosten der Verwaltungsprodukte ersparen. Wesentliche Merkmale der prozeßorientierten Standard-Einzelkostenrechnung sind die Prozeßorientierung, d. h. die Zuordnung der Kosten auf ablaufende Prozesse, die Abbildung der Kosten als prozeßabhängige Einzelkosten – unter Aufgabe des strengen Einzelkostenprinzips werden die Kosten anhand von Arbeits- und Zeitablaufstudien den Aktivitäten als Einzelkosten angelastet, wobei eine dauerhaft normierte Leistungsinanspruchnahme unterstellt wird – sowie die Anwendung des Prinzips der flexiblen Plankostenrechnung auf Vollkostenbasis, bei der die Bewertung der Istmengen zu Planwerten erfolgt, die auf eine Standard-Auslastung abstellen.[127]

Das Deutsche Patentamt möchte die prozeßorientierte Standard-Einzelkostenrechnung implementieren, um im Rahmen der Kostenträgerrechnung prozeßorientierte Kalkulationen durchführen zu können.[128] Die Kalkulation der Kosten einzelner Verwaltungsleistungen erfolgt dabei auf der Basis der für deren Erstellung notwendigen

[121] Siehe KPMG: Einführung der Kosten- und Leistungsrechnung...(1999), S. 9.
[122] Siehe KPMG: Einführung der Kosten- und Leistungsrechnung...(1999), S. 1 und 10.
[123] Siehe KPMG: Einführung der Kosten- und Leistungsrechnung...(1999), S. 10 und 56 – 57.
[124] Siehe KPMG: Einführung der Kosten- und Leistungsrechnung...(1999), S. 10 und 56.
[125] Siehe KPMG: Einführung der Kosten- und Leistungsrechnung...(1999), S. 9 – 10.
[126] Siehe KPMG: Einführung der Kosten- und Leistungsrechnung...(1999), S. 1 und 10.
[127] Siehe genauer KPMG: Einführung der Kosten- und Leistungsrechnung...(1999), S. 11.
[128] Siehe KPMG: Einführung der Kosten- und Leistungsrechnung...(1999), S. 1 und 10.

Kernprozesse und unterstützenden Prozesse, worauf weiter unten noch detailliert eingegangen wird. Kernprozesse und unterstützende Prozesse bilden das Prozeßgerüst bzw. Mengengerüst, das mit Plankosten respektive Standardkosten eine entsprechende Bewertung erfährt.[129]

## 2. Bundeswehr

Die Bundeswehr war die erste Institution des Bundes, die eine Kosten- und Leistungsrechnung einführte (bereits im Jahre 1970)[130] und ist derzeit die einzige Organisation auf Bundesebene, welche als Kostenrechnungssystem die Prozeßkostenrechnung verwendet.[131] Die Prozeßkostenrechnung gilt als Herzstück der Kosten- und Leistungsrechnung in den Dienststellen der Bundeswehr,[132] auf deren konkrete Ausgestaltung deshalb im folgenden näher eingegangen wird. Mit der Prozeßkostenrechnung versucht die Bundeswehr alle in den Dienststellen erbrachten Leistungen monetär zu bewerten und deren Erstellungsprozesse entsprechend abzubilden. Dabei gilt es die verbrauchten Ressourcen den erstellten Leistungen möglichst genau und vollständig zuzuordnen.[133] Durch die Prozeßkostenrechnung erfolgt eine Ergänzung der Kostenstellenrechnung derart, daß die Leistungserstellung nicht nur funktionsorientiert, sondern auch ablauforientiert abgebildet wird.[134] Hierdurch läßt sich eruieren, welche Ressourcen eine Kostenstelle verbraucht und für welche betrieblichen Abläufe diese erforderlich sind.[135]

Primär soll die Prozeßkostenrechnung Transparenz hinsichtlich der in den Dienststellen der Bundeswehr erbrachten Leistungen sowie der dafür angefallenen Kosten schaffen. Von großer Bedeutung sind dabei Informationsgewinne über die Entstehungsgründe von Kosten, „um die Frage zu beantworten, in welcher Höhe Kosten für welche erbrachten Leistungen angefallen sind."[136] Dieses Wissen gilt als unabdingbare Voraussetzung für die Überprüfung der Effizienz und Effektivität der Leistungserbringung in den einzelnen Dienststellen, worin die Bundeswehr den vorrangigen Nutzen der Kosten- und Leistungsrechnung sieht.[137] Die Empirie belegt, daß Dienststellen mit der Einführung der Prozeßkostenrechnung eine bis dahin ungeahnte Kosten- und Leistungstransparenz verzeichnen konnten, welche ebenfalls mit einem enormen Anstieg des Kosten- und Leistungsbewußtseins bei den Mitarbeitern einherging. Ferner schaffte man durch die Identifizierung und Analyse der Prozesse die Grundlage für Ablaufoptimierungen in den Dienststellen und setzte diese entspre-

---

[129] Siehe KPMG: Einführung der Kosten- und Leistungsrechnung...(1999), S. 47.

[130] Siehe Bundesministerium der Verteidigung: Bundeswehr-Kostenrechnung...(1985), S. 13.

[131] Dies geht ebenfalls aus dem KLR-Handbuch hervor. Siehe hierzu Bundesministerium der Finanzen (Hrsg.): Kosten- und Leistungsrechnung...(1997), S. 59.

[132] Siehe Hubbert, Michael – Uhl, Franz: Prozeßkostenrechnung in der Bundeswehr...(1998), S. 59.

[133] Siehe Arthur Andersen: Internes Rechnungswesen der Bundeswehr...(1998), S. 52; O.V.: Prozeßkostenrechnung...(1999), Nr. 4501; Hubbert, Michael – Uhl, Franz: Prozeßkostenrechnung in der Bundeswehr...(1998), S. 59; Bundesministerium der Verteidigung: Kosten- und Leistungsverantwortung...(1998), S. 14 und 27.

[134] Vgl. O.V.: Prozeßkostenrechnung...(1999), Nr. 4501; Bundesministerium der Verteidigung: Kosten- und Leistungsverantwortung...(1998), S. 14.

[135] Vgl. Sterz, Josef: Auf Heller und Pfennig...(1996), S. 525.

[136] Arthur Andersen: Internes Rechnungswesen der Bundeswehr...(1998), S. 52; Bundesministerium der Verteidigung: Kosten- und Leistungsverantwortung...(1998), S. 27.

[137] Siehe Arthur Andersen: Internes Rechnungswesen der Bundeswehr...(1998), S. 52; Hubbert, Michael – Uhl, Franz: Prozeßkostenrechnung in der Bundeswehr...(1998), S. 59.

chend um.[138] Aufgrund der kostenstellenübergreifenden Betrachtung der betrieblichen Wertschöpfungsketten ermöglicht die Prozeßkostenrechnung der Bundeswehr in hervorragender Weise die Aufdeckung bestehender Leistungsverflechtungen sowie etwaiger Abhängigkeiten zwischen einzelnen organisatorischen Bereichen der Leistungserstellung, worin sich eine zweite wichtige Aufgabe dieses Rechnungssystems widerspiegelt.[139] Nicht minder bedeutsam ist die möglichst genaue Zuordnung der Kosten auf die hervorgebrachten Leistungen, womit die Prozeßkostenrechnung die Generierung von aussagefähigen Kosteninformationen für standardisierte Produkte respektive Leistungen gewährleistet.[140]

### a) Zuordnung der Kosten auf die Prozesse und von dort aus weiter auf die erbrachten Leistungen

In Divergenz zu den generellen Rahmenvorschriften des KLR-Handbuches des Bundes verwenden die Dienststellen der Bundeswehr die dort vorzufindenden Aktivitäten bzw. Abläufe als Abrechnungsobjekte für die anfallenden Kosten.[141] Bei der Bundeswehr ordnet man die Kosten der Kostenstellen zunächst den Aktivitäten zu, die zusammengefaßt zu den Prozeßkosten eine Weiterwälzung (über Prozeßkostensätze) auf die erbrachten Leistungen erfahren.[142] Hierdurch wird dem in der Realität anzutreffenden Beziehungszusammenhang zwischen Ressourcen, Prozessen und Ergebnissen (Produkte oder Dienstleistungen) Rechnung getragen. Denn Produkte erfordern Prozesse, welche wiederum Ressourcen in Anspruch nehmen. Den für die Ausführung der Aktivitäten erforderlichen Einsatz von personellen Ressourcen erfassen die Dienststellen durch die Allokation der Mitarbeiterkapazität der Kostenstelle auf die jeweiligen Aktivitäten gemäß ihrer Beanspruchung. Anhand von Zeitaufschreibungen der Mitarbeiter erfolgt die Zuordnung der Personalkosten auf die ausgeführten Aktivitäten. Je nach aufgewendeter Arbeitszeit erfahren die Aktivitäten und somit auch die Prozesse eine entsprechende kostenmäßige Belastung.[143] Die Aufteilung der Mitarbeiterkapazität mittels Zeitaufschreibung auf die durchgeführten Aktivitäten erfolgt gemäß dem Prinzip der anteiligen Ressourceninanspruchnahme, was aber nicht mit einer verursachungsgerechten Kostenallokation verwechselt werden darf. Konkret handelt es sich bei den Zeitaufschreibungen um eine Erfassung der Leistungszeiten für Leistungsmengen im Ist, womit keine Planwerte oder Standardwerte zum Ansatz kommen, sondern Istwerte. Arbeiten bestimmte Organisationseinheiten der Bundeswehr mit Vorgabezeiten bei der Ausführung ihrer Aufgaben, so können diese Leistungsstandards in der Kostenrechnung als Planwerte für den Res-

[138] Siehe Panenka: Kostenträgerrechnung in der Bundeswehr...(1999), S. 1.

[139] Siehe Bundesministerium der Verteidigung: Kosten- und Leistungsverantwortung...(1998), S. 28; Arthur Andersen: Internes Rechnungswesen der Bundeswehr...(1998), S. 52.

[140] Siehe Arthur Andersen: Internes Rechnungswesen der Bundeswehr...(1998), S. 52; Bundesministerium der Verteidigung: Kosten- und Leistungsverantwortung...(1998), S. 28.

[141] Siehe Bundesministerium der Finanzen (Hrsg.): Kosten- und Leistungsrechnung...(1997), S. 59 und 63.

[142] Siehe Bundesministerium der Verteidigung: Kosten- und Leistungsverantwortung...(1998), S. 32 – 33; Hubbert, Michael – Uhl, Franz: Prozeßkostenrechnung in der Bundeswehr...(1998), S. 62.

[143] Siehe Bundesministerium der Verteidigung: Kosten- und Leistungsverantwortung...(1998), S. 32; Arthur Andersen: Internes Rechnungswesen der Bundeswehr...(1998), S. 58. Siehe ebenfalls Bundesministerium der Finanzen (Hrsg.): Kosten- und Leistungsrechnung...(1997), S. 59.

sourceneinsatz je auszuführender Aktivität dienen.[144] Aufwendige Arbeiten der Zeiterfassung im Ist erübrigen sich hierdurch.

Stehen die Kosten pro Aktivität fest, erfolgt mit Hilfe des Prozeßgerüsts die Aggregation der Aktivitätenkosten zu den Kosten der Prozesse respektive Hauptprozesse. Durch Division der Prozeßkosten durch die Kostentreibermenge des Prozesses bzw. Prozeßmenge erhalten die Dienststellen den Prozeßkostensatz. Der Prozeßkostensatz bringt das Verhältnis zwischen Leistung und Kosten zum Ausdruck und spiegelt deshalb eine wichtige Steuerungsgröße für den effizienten Betrieb der Dienststellen wider.[145] Anhand der Prozeßkostensätze ermittelt man bei der Bundeswehr die Kosten für die erbrachten Leistungen im Rahmen einer prozeßorientierten Kalkulation, worauf später noch genauer eingegangen wird.[146] Die Kalkulation mittels Prozeßkostensätzen stellt eine sehr genaue Methodik dar, mit der die Dienststellen der Bundeswehr die Allokation der anfallenden Kosten auf die generierten Leistungen vornehmen.[147]

### b) Kostenerfassung und –zuordnung mittels Aktivitätenerfassungsblatt

Mit der Prozeßkostenrechnung möchte die Bundeswehr den Ressourcenverbrauch prozeßbezogen ermitteln.[148] Um die in den Dienststellen ablaufenden Prozesse zweckmäßig abbilden und monetär bewerten zu können, bedarf es vorher der Definition und eindeutigen Abgrenzung der von der Bundeswehr hergestellten Leistungen.[149] „Die Leistung einer Dienststelle ist die Erfüllung des vorgegebenen Auftrages."[150] Diesen abstrakten Leistungsbegriff gilt es zu operationalisieren, weshalb man im Rahmen der Kostenrechnung auf die den Leistungen zugrundeliegenden Aktivitäten zurückgreift und sodann zu Prozessen bzw. Hauptprozessen verdichtet.[151] „Aktivitäten setzen sich aus einer oder aus mehreren in der Dienststelle bzw. in den Kostenstellen der Dienststelle ausgeführten Tätigkeiten zusammen, die direkt oder indirekt der Leistungserstellung dienen. Sie stellen damit eine eindeutig abgrenzbare Leistung dar. Jede im Rahmen des Dienststellenbetriebes durchgeführte Tätigkeit geht in eine Aktivität ein bzw. stellt eine solche dar. Aktivitäten sind eindeutig einem Prozeß zuzuordnen."[152] Die Erfassung der Kosten für die jeweiligen Aktivitäten erfolgt bei der Bundeswehr mittels Aktivitätenerfassungsbögen. Alle Mitarbeiter haben Aktivitätenerfassungsblätter auszufüllen, welche genau aufzeigen, wie lange der einzelne Mitarbeiter für die Durchführung einer bestimmten Aktivität braucht.[153] Im Aktivitätenerfassungsblatt schreibt das Personal die Zeiten auf, die verschiedene

---

[144] Siehe Bundesministerium der Verteidigung: Kosten- und Leistungsverantwortung...(1998), S. 32; Arthur Andersen: Internes Rechnungswesen der Bundeswehr...(1998), S. 58.

[145] Siehe Hubbert, Michael – Uhl, Franz: Prozeßkostenrechnung in der Bundeswehr...(1998), S. 62; Bundesministerium der Verteidigung: Kosten- und Leistungsverantwortung...(1998), S. 33; Arthur Andersen: Internes Rechnungswesen der Bundeswehr...(1998), S. 59.

[146] Siehe hierzu die Ausführungen zu Punkt V.B. dieses Kapitels.

[147] Vgl. Panenka: Kostenträgerrechnung in der Bundeswehr...(1999), S. 3; Bundesministerium der Verteidigung: Rahmenkonzept...(1998), S. 5.

[148] Vgl. KPMG: Controlling...(1998), S. 13.

[149] Siehe Arthur Andersen: Internes Rechnungswesen der Bundeswehr...(1998), S. 52.

[150] Bundesministerium der Verteidigung: Kosten- und Leistungsverantwortung...(1998), S. 28.

[151] Siehe Bundesministerium der Verteidigung: Kosten- und Leistungsverantwortung...(1998), S. 28.

[152] Arthur Andersen: Internes Rechnungswesen der Bundeswehr...(1998), S. 53.

[153] Siehe Hartung, Dietmar: Pfennigfuchser...(1998), S. 32; Hubbert, Michael – Uhl, Franz: Prozeßkostenrechnung in der Bundeswehr...(1998), S. 60.

Aktivitäten von der Gesamtkapazität einer Kostenstelle in Anspruch nehmen. Dementsprechend erfolgt die Allokation der für die Bereithaltung und Nutzung der Ressourcen entstehenden Kosten. Auf die Zeitaufschreibungen wurde bereits vorhin intensiv eingegangen.

Der Aktivitätenerfassungsbogen bezieht sich jeweils auf einen Kalendermonat und enthält die für eine Kostenstelle relevanten Aktivitäten in strukturierter Form (siehe hierzu Abbildung 4-4). Für jeden Tag trägt der Soldat in den jeweiligen Feldern der betreffenden Aktivitäten die Zeiten ein, die er für diese aufgewendet hat. Allen Aktivitäten sind entsprechende Nummern zugeordnet. Dies erleichtert die Eingabe in das Softwaresystem sowie die Verdichtung der Aktivitäten zu Prozessen und Hauptprozessen. Am Monatsende geben die Aktivitätenbuchhalter die Daten des Aktivitätenerfassungsblatts in das DV-System KOLIBRI ein, welches eine automatische Aggregation der Daten zu Prozessen und Hauptprozessen vornimmt.[154] Das Muster eines solchen Aktivitätenerfassungsblatts der Bundeswehr gibt Abbildung 4-4 wieder.

Abbildung 4-4

**Aktivitätenerfassungsblatt**

Dienststelle: Monat: ____________

Kostenstelle:

Kostenstellenleiter: Mitarbeiter: ____________ Personalnummer: ____________

| **Bezeichnung** | **HP-P-A** | **Summe** | **Monatstage: 1 – 31** |
|---|---|---|---|
| Ausbildung Schießen mit Handwaffen durchführen | 4000-0030-0010 | | |
| Verwendungs-, Fach- und sonstige Lehrgänge | 4000-0040-0020 | | |
| Aus- und Weiterbildungen am Arbeitsplatz durchführen | 4000-0040-0030 | | |
| Offiziersweiterbildung und Unteroffiziersweiterbildung | 4000-0050-0010 | | |
| Allgemeine Sportausbildung | 4000-0070-0010 | | |
| Sportliche Ergänzungsausbildung | 4000-0070-0020 | | |
| Körperliche Ertüchtigung | 4000-0070-0030 | | |
| Besprechungen durchführen | 5000-0010-0010 | | |
| Presse- und Öffentlichkeitsarbeit | 5000-0010-0020 | | |
| Berichts- und Meldewesen erstellen | 5000-0010-0030 | | |
| Externe Besprechungen/Tagungen | 5000-0010-0080 | | |
| Allgemeiner Dienstbetrieb z. B. Administration/Koordination | 5000-0020-0005 | | |
| Vorschriften verwalten | 5000-0020-0040 | | |
| Bekleidung/Ausrüstung überprüfen und pflegen | 5000-0020-0080 | | |
| Personalführung und –verwaltung | 5000-0030-0005 | | |
| Einsatz-/Ausbildungsplanung und –steuerung | 5000-0040-0005 | | |
| Haushalts- und Kassenwesen | 5000-0050-0005 | | |
| KLR durchführen | 5000-0060-0010 | | |
| Wach-/Sonderdienste durchführen | 5100-0010-0010 | | |
| IT-Nutzerbetreuung durchführen | 5100-0020-0070 | | |
| Urlaub/Sonderurlaub/Feiertage | 9000-0010-0010 | | |
| Krankheit, Kur | 9000-0030-0010 | | |
| Arztbesuche/Untersuchungen | 9000-0030-0020 | | |

Auszugsweise entnommen aus Bundesministerium der Verteidigung: Aktivitätenerfassungsblatt, S. 3.

[154] Siehe Hartung, Dietmar: Pfennigfuchser...(1998), S. 32.

### c) Eruierung und Abbildung der Prozeßstruktur

Anhand der Prozeßstruktur versucht man im Rahmen der Kosten- und Leistungsrechnung das Leistungsspektrum einer Dienststelle abzubilden.[155] Durch die Visualisierung der Prozeßstrukturen wird ersichtlich, welche Kostenstellen an der Erbringung welcher Leistungen beteiligt sind. Die Erstellung einer bestimmten Leistung kann Aktivitäten unterschiedlicher Kostenstellen erforderlich machen. Mit der Zuordnung der bereichsbezogenen Aktivitäten zu schnittstellenübergreifenden Prozessen können die Dienststellen die gesamte Leistungserstellung transparent machen.[156] Hierdurch lassen sich wirtschaftliche Schwachstellen im Leistungserstellungsprozeß aufdecken und entsprechende Maßnahmen der Optimierung betrieblicher Abläufe einleiten.[157] Ferner ist die Prozeßsicht für die Kostenrechnung der Bundeswehr besonders wichtig, da die Dienststellen generell kein am Markt veräußerbares Produkt erstellen und deshalb eine monetäre Bewertung auf der Ebene des Leistungserstellungsprozesses zu erfolgen hat, die mit entsprechenden prozeßbezogenen Analysen und Beurteilungen einhergeht.[158]

Im Rahmen der Durchführung der Prozeßkostenrechnung sind die Aktivitäten zu Prozessen und die Prozesse zu Hauptprozessen zu aggregieren, wodurch die Prozeßhierarchie der Dienststellen entsprechend ersichtlich wird.[159] Auf die Aktivitäten wurde bereits vorhin detailliert eingegangen. „Prozesse fassen Aktivitäten zusammen, die als Tätigkeiten im Rahmen der Erstellung einer spezifischen Leistung durch die Dienststelle erbracht werden."[160] Bei einem Prozeß kann es sich um die Instandhaltung eines Motors, die Durchführung eines Gefechtsschießens, die Bereitstellung der Verpflegung oder die Bewachung einer Anlage handeln.[161] Hauptprozesse bestehen aus Prozessen, welche aufgrund ihres sachlichen Kontextes zusammengehören. Jeder Prozeß ist einem Hauptprozeß zuzuordnen. Die Ergebnisse der Hauptprozesse stellen die wesentlichen Leistungen der Dienststelle dar. Die Gesamtheit aller Hauptprozesse spiegelt den Auftrag einer Dienststelle wider.[162] Wie so eine Prozeßhierarchie konkret aussehen kann, soll Abbildung 4-5 demonstrieren. Die Abbildung 4-5 bezieht sich auf den Hauptprozeß „Führung und Verwaltung" und gibt klar zu erkennen, daß die Prozedur der Führung und Verwaltung aus einer Vielzahl verschiedener Prozesse und Aktivitäten besteht. Durch die Strukturierung der Prozesse entsprechend den Hierarchieebenen Aktivität, Prozeß und Hauptprozeß erhalten die Dienststellen der Bundeswehr einen systematischen Überblick über ihr

---

[155] Siehe KPMG: Controlling...(1998), S. 14; Arthur Andersen: Internes Rechnungswesen der Bundeswehr...(1998), S. 53; Bundesministerium der Verteidigung: Kosten- und Leistungsverantwortung...(1998), S. 29.

[156] Siehe Arthur Andersen: Internes Rechnungswesen der Bundeswehr...(1998), S. 53; Bundesministerium der Verteidigung: Kosten- und Leistungsverantwortung...(1998), S. 29; Hubbert, Michael – Uhl, Franz: Prozeßkostenrechnung in der Bundeswehr...(1998), S. 69.

[157] Siehe Schuster, Bernd: Kosten- und Leistungsverantwortung...(1997), S. 3; Hubbert, Michael – Uhl, Franz: Prozeßkostenrechnung in der Bundeswehr...(1998), S. 63 und 69.

[158] Siehe Hubbert, Michael – Uhl, Franz: Prozeßkostenrechnung in der Bundeswehr...(1998), S. 64.

[159] Siehe Bundesministerium der Verteidigung: Kosten- und Leistungsverantwortung...(1998), S. 28.

[160] Arthur Andersen: Internes Rechnungswesen der Bundeswehr...(1998), S. 53; Bundesministerium der Verteidigung: Kosten- und Leistungsverantwortung...(1998), S. 28.

[161] Siehe Schuster, Bernd: Kosten- und Leistungsverantwortung...(1997), S. 3.

[162] Siehe Hubbert, Michael – Uhl, Franz: Prozeßkostenrechnung in der Bundeswehr...(1998), S. 60; Arthur Andersen: Internes Rechnungswesen der Bundeswehr...(1998), S. 53; Bundesministerium der Verteidigung: Kosten- und Leistungsverantwortung...(1998), S. 20.

Leistungsgefüge, womit wertvolle Informationen für das Kostenmanagement sowie für eine genaue Kalkulation erbrachter Leistungen verbunden sind.[163]

Abbildung 4-5

**Prozeßstruktur bezüglich Führung und Verwaltung**

| **Hauptprozeß** | **Führung und Verwaltung** | | | | | |
|---|---|---|---|---|---|---|
| **Prozesse** | Allgemeine Führung und Verwaltung | Allgemeiner Dienstbetrieb | Personalführung und -verwaltung | Einsatz-/ Ausbildungsplanung und -steuerung | Haushalts- und Kassenwesen | KLV und Controlling |
| **Aktivitäten** | Besprechungen bzw. Beratungen durchführen | Koordination, Kommunikation und Administration | Dienst- und Fachaufsicht durchführen | Einsatzdokumente auswerten und umsetzen | Haushalt bearbeiten | KLR durchführen |
| | Presse- und Öffentlichkeitsarbeit durchführen | Schreibarbeiten ausführen | Allgemeine Personalbearbeitung durchführen | Befehle und Regelungen bearbeiten | Rechnungs- und Kassenwesen bearbeiten | KVP durchführen |
| | Berichts- und Meldewesen erstellen | Datenpflege und –sicherung durchführen | Nachwuchsplanung durchführen | Dienst planen | Betreuungsaufgaben überwachen | Controlling durchführen |
| | Militärische Sicherheitsaufgaben bearbeiten | Postangelegenheiten bearbeiten | Disziplinarangelegenheiten bearbeiten | Ausbildung planen und steuern | Vergütungsangelegenheiten bearbeiten | |
| | Gebäude verwalten | Vorschriften verwalten | Belehren von Personal | Arbeiten planen und steuern | | |
| | usw. | usw. | usw. | usw. | | |

In Anlehnung an Bundesministerium der Verteidigung: Prozeßstruktur, S. 2 – 7.

Neben der hierarchischen Strukturierung von Prozessen nehmen die Dienststellen der Bundeswehr zusätzlich eine Differenzierung der Prozesse hinsichtlich ihres Wertschöpfungsanteils vor. Je nach Bezug zum Kernauftrag der Dienststelle unterscheidet man zwischen Kernprozessen, unterstützenden Prozessen und neutralen Prozessen.[164] Kernprozesse beziehen sich auf jene Leistungen, die eine Dienststelle zur Erfüllung des Kernauftrages erbringt. Dabei handelt es sich um unmittelbar wertschöpfende Prozesse. Beispiele für Kernprozesse sind die Ausbildung von Piloten in einem Transportgeschwader, die Ausbildung der Besatzungen in einem Panzerbataillon, die Ausbildung der Besatzungen eines Schnellbootes in einem Schnellbootgeschwader, die Materiallagerung in einem Marinedepot, die Musterung in einem Kreiswehrersatzamt, die Entwicklung und Erprobung von wehrtechnischem Gerät, die Durchführung von Lehrgängen und Seminaren an Bundeswehrhochschulen sowie die Behandlung von Patienten in einem Bundeswehrkrankenhaus.[165]

Unterstützende Prozesse sind Serviceprozesse, welche eine reibungslose Leistungserstellung im Rahmen der Erfüllung des Kernauftrages gewährleisten sollen,

[163] Siehe KPMG: Controlling...(1998), S. 53.

[164] Siehe Hubbert, Michael – Uhl, Franz: Prozeßkostenrechnung in der Bundeswehr...(1998), S. 60; Bundesministerium der Verteidigung: Kosten- und Leistungsverantwortung...(1998), S. 29 – 30; Arthur Andersen: Internes Rechnungswesen der Bundeswehr...(1998), S. 54.

[165] Siehe Arthur Andersen: Internes Rechnungswesen der Bundeswehr...(1998), S. 54; Bundesministerium der Verteidigung: Kosten- und Leistungsverantwortung...(1998), S. 29; Hubbert, Michael – Uhl, Franz: Prozeßkostenrechnung in der Bundeswehr...(1998), S. 60.

die jedoch nicht unmittelbar zur Wertschöpfung beitragen. Solche Prozesse beziehen sich vorwiegend auf die Planung, Steuerung und Koordination sowie auf die generell unterstützenden Maßnahmen der eigentlichen Leistungserbringung. Als Beispiele hierfür lassen sich die Personalverwaltung in einem Jagdbombergeschwader, der Betriebsschutz in einem Marinedepot, die Materialerhaltung in einem Panzergrenadierbataillon sowie die Leitung einer Standortverwaltung anführen.[166] Neutrale Prozesse haben weder unmittelbar noch mittelbar mit der Leistungserstellung zu tun. Hierunter subsumiert man beispielsweise Urlaub, Krankheit, Feiertage sowie sonstige Abwesenheit aus persönlichen Gründen.[167] Abbildung 4-6 soll einen Überblick über die Strukurierung der Prozesse bei der Bundeswehr gemäß den Dimensionen Prozeßhierarchie und Wertschöpfungsbeitrag geben.

Mittels der Kernprozesse und unterstützenden Prozesse erfolgt eine vollständige Abbildung der Leistungen einer Dienststelle. Deshalb basiert die Planung, Optimierung und Kalkulation überwiegend auf diesen Prozeßtypen. Neutrale Prozesse werden lediglich für zusätzliche Auswertungen in Betracht gezogen. Aggregiert man die Kosten der Kernprozesse, unterstützenden Prozesse sowie neutralen Prozesse, ergeben sich die Gesamtkosten einer Dienststelle. Möchte der Controller die Selbstkosten der Kernprozesse ermitteln, muß er die Kosten der neutralen Prozesse auf die der Leistungserstellung dienenden Prozesse umlegen (siehe dazu Abbildung 4-6).[168]

Abbildung 4-6

**Strukturierung der Prozesse bei der Bundeswehr**

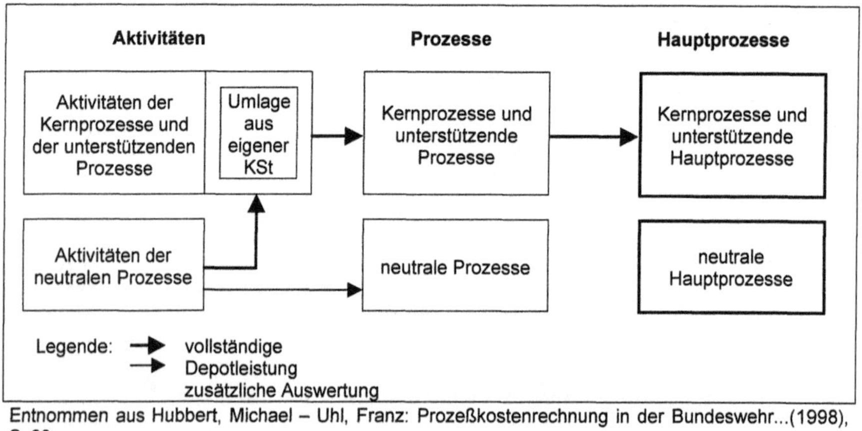


Entnommen aus Hubbert, Michael – Uhl, Franz: Prozeßkostenrechnung in der Bundeswehr...(1998), S. 63.

[166] Siehe Arthur Andersen: Internes Rechnungswesen der Bundeswehr...(1998), S. 54; Bundesministerium der Verteidigung: Kosten- und Leistungsverantwortung...(1998), S. 29; Hubbert, Michael – Uhl, Franz: Prozeßkostenrechnung in der Bundeswehr...(1998), S. 60.

[167] Siehe Arthur Andersen: Internes Rechnungswesen der Bundeswehr...(1998), S. 54; Bundesministerium der Verteidigung: Kosten- und Leistungsverantwortung...(1998), S. 30; Hubbert, Michael – Uhl, Franz: Prozeßkostenrechnung in der Bundeswehr...(1998), S. 60.

[168] Siehe Hubbert, Michael – Uhl, Franz: Prozeßkostenrechnung in der Bundeswehr...(1998), S. 63; Arthur Andersen: Internes Rechnungswesen der Bundeswehr...(1998), S. 54 – 55; Bundesministerium der Verteidigung: Kosten- und Leistungsverantwortung...(1998), S. 30.

Der differenzierte Ausweis von Kernprozessen, unterstützenden Prozessen und neutralen Prozessen ist sicherlich sinnvoll und erlaubt den Dienststellen einen wertvollen Einblick in ihre Prozeßstruktur. Dennoch stellt sich die Frage, ob die Bezeichnung „neutrale Prozesse" die Abwesenheit der Mitarbeiter wegen Urlaub, Feiertagen oder Krankheit richtig zum Ausdruck bringt, da es sich hierbei eigentlich um gar keine Prozesse handelt. Stehen keine Ressourcen zur Nutzung zur Verfügung, können auch keine Prozesse stattfinden. Ferner involvieren auch Kernprozesse des öfteren nicht wertschöpfende Elemente, die es separat auszuweisen und zu eliminieren gilt. Informationen über die Verfügbarkeit, Auslastung sowie spezifische Nutzung von Ressourcen respektive Kapazitäten ermöglichen der Bundeswehr eine weitgehende Vermeidung von Leerkosten und haben deshalb eine besonders große Bedeutung für eine effiziente Leistungserbringung. Im Sinne eines ressourcenorientierten Leistungscontrolling gilt es daher diese Informationen mittels einer ausgebauten Leistungsrechnung zu generieren. Eine kostenstellenbezogene Leistungsrechnung schafft Transparenz hinsichtlich des Leistungsspektrums respektive Leistungsgefüges der Ressourcen der Bundeswehr und erlaubt somit eine weitgehend sinnvolle und effiziente Nutzung derselben.[169] Die Leitung einer Standortverwaltung bzw. die Personalverwaltung sind reine Querschnittfunktionen, welche unabhängig von dem mengenmäßigen Output an militärischen Grundleistungen durchzuführen sind. Diesbezüglich empfiehlt sich die in der Literatur zur Prozeßkostenrechnung übliche Kategorisierung als leistungsmengenneutrale Prozesse. Als unterstützende Prozesse sollten hingegen Prozesse ausgewiesen werden, die einen gewissen Bezug zur Erstellung von Kernleistungen aufweisen, wie etwa die Instandhaltung eines Jagdflugzeuges.

**d) Bedeutung des Prozeßkatalogs**

Die Bundeswehr hat einen Prozeßkatalog angelegt, in dem alle relevanten Hauptprozesse und Prozesse der verschiedenen Typen von Dienststellen mit Angabe der jeweiligen Kostentreiber in einheitlicher Form aufgeführt sind. Dieser Prozeßkatalog erfährt eine stetige Weiterentwicklung und Aktualisierung. Durch den Prozeßkatalog will man bei den Dienststellen eine konvergente Prozeßstruktur in bezug auf die Hauptprozesse und Prozesse erreichen.[170] Die Dienststellen bedienen sich im Rahmen der Entwicklung der dienststellenspezifischen Struktur der Hauptprozesse und Prozesse der Daten des Prozeßkatalogs. Falls eine Dienststelle typgleich mit der im Prozeßkatalog aufgelisteten Dienststelle ist und zugleich den gleichen Auftrag auszuführen hat, muß sie die standardisierten Hauptprozesse und Prozesse des Prozeßkatalogs übernehmen und darf diese nur in begründeten Ausnahmefällen modifizieren bzw. ergänzen. Auf der Ebene der Aktivitäten besitzen die Dienststellen hingegen weitgehende Gestaltungsfreiheit, um den Dienststellenspezifikas entsprechend Rechnung tragen zu können. Zur Vervollständigung des auf die individuellen Gegebenheiten justierten Prozeßgerüsts fügen deshalb die Dienststellen den Hauptprozessen und Prozessen die dienststellenspezifischen Aktivitäten hinzu. Die Verwendung einer möglichst einheitlichen Prozeßstruktur in den Dienststellen dient dem Benchmarking, wovon sich die Bundeswehr einen besonders großen Beitrag zur Ef-

[169] Vgl. Männel, Wolfgang: Entwicklungsperspektiven...(1999), S. 131 – 132.

[170] Siehe Hubbert, Michael – Uhl, Franz: Prozeßkostenrechnung in der Bundeswehr...(1998), S. 67; Arthur Andersen: Internes Rechnungswesen der Bundeswehr...(1998), S. 55.

fizienzsteigerung verspricht.[171] Abbildung 4-7 zeigt einen konkreten Auszug aus dem Prozeßkatalog eines Lufttransportgeschwaders. Die Ziffern in Abbildung 4-7 beziehen sich nicht auf die Anzahl der Prozesse, sondern auf die Identifikationsnummern der Prozesse.[172] Der Kommandantenlehrgang C-160 findet durch Prozeß Nummer 4 seine kostenrechnerische Abbildung und gehört zum Hauptprozeß mit der Nummer 30. Für diesen Prozeß müssen 5 verschiedene Aktivitäten ausgeführt werden, die fortlaufend von 1 bis 5 numeriert sind. Im Prozeßkatalog ist der jeweiligen Aktivität der entsprechende Kostentreiber zugeordnet. Die Lehrgangstage stellen dabei den Kostentreiber für den Prozeß Kommandantenlehrgang dar.

Abbildung 4-7

**Prozeßstruktur eines Lufttransportgeschwaders für Kommandantenlehrgang**

| **Bezeichnung** | **HP** | **P** | **A** | **KT/LME** |
|---|---|---|---|---|
| **Kommandantenlehrgang C-160 LP 301** | **30** | **4** | **0** | **Lehrgangstage** |
| Theoretische Ausbildung Kommandant C-160 | 30 | 4 | 1 | Anzahl Unterrichtseinheiten |
| Vorbereitung Ausbildungsmission C-160<br>alle Tätigkeiten im Zusammenhang des jeweiligen Fluges/Simulatorfluges bis zum Beginn der Flugzeit | 30 | 4 | 2 | Anzahl Vorbereitungen |
| Ausbildungsmission Kommandant C-160 im Simulator | 30 | 4 | 3 | Teilnehmer/Einsatz |
| Ausbildungsmission Kommandant C-160<br>alle Tätigkeiten innerhalb der Flugzeit | 30 | 4 | 4 | Flugstunden |
| Nachbereitung Ausbildungsmission Kommandant C-160<br>alle Tätigkeiten des jeweiligen Fluges/Simulatorfluges nach Ende der Flugzeit | 30 | 4 | 5 | Anzahl Nachbereitungen |

**Legende:**
HP = Hauptprozeß
P = Prozeß
A = Aktivität
KT = Kostentreiber
LME = Leistungsmengeneinheit

Auszug geringfügig modifiziert entnommen aus Hubbert, Michael – Uhl, Franz: Prozeßkostenrechnung in der Bundeswehr...(1998), S. 69.

## C. Kritische Betrachtung der eruierten Ergebnisse bezüglich des von Bundesinstitutionen verwendeten Kostenrechnungssystems

### 1. Vorherrschen der Vollkostenrechnung mit Istdaten

Der Aufbau einer aussagefähigen Kosten- und Leistungsrechnung befindet sich im Bereich der Bundesverwaltungen erst im Anfangsstadium. Viele Bundesinstitutionen sind gerade dabei, erste Erfahrungen mit der Kosten- und Leistungsrechnung zu sammeln. Das Gros der Bundesbehörden betreibt derzeit noch keinen regulären Wirkbetrieb, sondern macht sich Gedanken über ein adäquates Konzept einer möglichen Kosten- und Leistungsrechnung. Die Implementierung von modernen und leistungsfähigen Kostenrechnungssystemen nimmt einige Zeit in Anspruch und läßt sich von den Bundesverwaltungen generell nur in mehreren Schritten realisieren. Demzufolge entspricht der Entwicklungsstand der Kosten- und Leistungsrechnung in Bundesbehörden bei weitem noch nicht dem Niveau, wie es von einem anspruchs-

[171] Siehe Hubbert, Michael – Uhl, Franz: Prozeßkostenrechnung in der Bundeswehr...(1998), S. 67; Arthur Andersen: Internes Rechnungswesen der Bundeswehr...(1998), S. 55.
[172] Siehe hierzu die Ausführungen zum Aktivitätenerfassungsblatt.

vollen Rechensystem verlangt wird. Als Einstieg wählen die Bundesverwaltungen zumeist die Istkostenrechnung. Überall dort, wo bereits der Wirkbetrieb läuft, erfolgt die Generierung von Istdaten über die in der Vergangenheit angefallenen Kosten. Durch die Ausgestaltung des Kostenrechnungssystems als Vollkostenrechnung versuchen die Bundesinstitutionen ihren Werteverzehr zur Gänze abzubilden und zu verrechnen. Da Bundesverwaltungen als Gemeinwirtschaften nicht auf Gewinnerzielung ausgerichtet sind und bestimmte Pflichtleistungen erstellen müssen, versprechen Teilkostenrechnungssysteme nur geringe Informationsgewinne. Darüber hinaus erfordert die Dominanz fixer Gemeinkosten ein Rechnungssystem mit strategischem Charakter auf der Basis von Vollkosten, das die Bundesbehörden zu Recht einsetzen.

Während alle sich im Wirkbetrieb befindlichen Kostenrechnungssysteme mit Istkosten operieren, sind Ergänzungen um Plandaten in den Rechensystemen der Bundesverwaltungen nur begrenzt anzutreffen. Die Ausgestaltung der Kostenrechnung als Plankostenrechnung ist jedoch notwendig, um wichtige Rechenzwecke, wie die Steuerung der Wirtschaftlichkeit in den Kostenstellen, die Unterstützung der outputorientierten Haushaltsplanung oder die Durchführung eines verwaltungsproduktbezogenen Kostencontrolling, erfüllen zu können. Deshalb wollen die betreffenden Bundesverwaltungen das Kostenrechnungssystem zur Plankostenrechnung ausbauen. Dies ist ein wichtiger erster Schritt im Zuge der Implementierung eines leistungsfähigen Controllingsystems. Beabsichtigt wird beim Gros der Bundesbehörden der langfristige Wirkbetrieb mit der flexiblen Plankostenrechnung auf Vollkostenbasis. Genau dieses Rechensystem sehen die Rahmenvorgaben der Standard-KLR als Basissystem für die Bundesverwaltungen vor. Die flexible Plankostenrechnung auf Vollkostenbasis ermöglicht den Bundesbehörden die Generierung wertvoller Kosteninformationen zur Verfolgung wichtiger Rechenziele. Vollständige Transparenz in den indirekten Leistungsbereichen, schnittstellenübergreifende Betrachtungen und damit verbunden präzise Produktkostenkalkulationen sowie effektives Kostenmanagement vermag dieses Rechnungssystems jedoch nicht zu leisten. Solchen Ansprüchen wird nur die Prozeßkostenrechnung gerecht, welche die letzte Ausbaustufe der Kosten- und Leistungsrechnung in Bundesinstitutionen bilden sollte.

## 2. Mangelnde Überzeugung von der Notwendigkeit einer Prozeßkostenrechnung

Die Prozeßkostenrechnung stellt das adäquate Kostenrechnungssystem für öffentliche Verwaltungen dar und ist deshalb für den Einsatz in den Bundesverwaltungen zu empfehlen. Trotzdem findet sich im Konzept der Standard-KLR des Bundes als Basissystem die flexible Plankostenrechnung auf Vollkostenbasis wieder und nicht die Prozeßkostenrechnung. Das KLR-Handbuch sieht eine prozeßorientierte Kostenrechnung lediglich als Option zum Standard der flexiblen Plankostenrechnung vor. Die Gründe für den Verzicht der Anwendung der Prozeßkostenrechnung im Bereich der Bundesverwaltungen sind der hohe Implementierungs- und Durchführungsaufwand sowie die Komplexität dieses Rechensystems.[173] Den mit der Prozeßkostenrechnung verbundenen Aufwand schätzen die Bundesbehörden höher ein als den erwarteten Nutzen. Aus Wirtschaftlichkeitsgründen kommt deshalb beim überwie-

[173] Siehe Bundesministerium der Finanzen (Hrsg.): Kosten- und Leistungsrechnung...(1997), S. 63.

genden Teil der Bundesbehörden die Prozeßkostenrechnung in naher Zukunft nicht in Frage.[174] Dabei darf jedoch nicht übersehen werden, daß mit der Tätigkeits- bzw. Prozeßanalyse die Leistungsverflechtungen und etwaige Schwächen in den Prozeßabläufen sichtbar werden, welche eine solide Informationsbasis für eventuelle Restrukturierungsmaßnahmen bieten. Mit der Restrukturierung von Organisation und Prozessen läßt sich die Komplexität in den Verwaltungen reduzieren, was für die Kostenrechnung geringere und einfachere Leistungsverrechnungen sowie leichtere und genauere Kalkulationen der Verwaltungsprodukte bedeutet. Setzt man also die Prozeßkostenrechnung auf eine optimierte Organisationsstruktur auf, so läßt sich der laufende Durchführungsaufwand durchaus in Grenzen halten, dem aber enorme Informationsgewinne gegenüberstehen. Lediglich die im Rahmen der Einführung der Prozeßkostenrechnung notwendige Prozeßanalyse verursacht einen einmaligen nicht zu vernachlässigenden Aufwand, den viele Institutionen scheuen. Dieser kann jedoch als positive Investition in die Steigerung der Verwaltungseffizienz gesehen werden, woran die Bundesverwaltungen langfristig bestimmt profitieren. Mit der Prozeßkostenrechnung können die Bundesverwaltungen die für ein effizientes Verwaltungshandeln so wichtige Kosten- und Leistungstransparenz schaffen, wertvolle Informationen für das Kostenmanagement generieren und die Produktkalkulation zwecks Genauigkeit der Kostendaten verfeinern. Dennoch sehen die Bundesinstitutionen bis dato grundsätzlich keine Notwendigkeit, eine prozeßorientierte Kostenrechnung zu implementieren.

In der Anfangsphase geben sich die Behörden des Bundes mit einem gröberen und damit verbunden auch ungenaueren Rechensystem zufrieden, das natürlich auch einfacher umzusetzen ist und weniger Durchführungsaufwand verursacht. Jedoch ist auch langfristig keine Prozeßkostenrechnung vorgesehen, weil man glaubt, die für eine einigermaßen effiziente Verwaltungssteuerung notwendigen Daten ebenfalls mit der flexiblen Plankostenrechnung auf Vollkostenbasis in Verbindung mit der Definition von Verwaltungsprodukten generieren zu können. Diese Ansicht findet man gleichermaßen im KLR-Handbuch, wo das Konzept der Standard-KLR des Bundes dokumentiert ist. Jeden zusätzlichen Informationsgewinn, den man durch die Prozeßkostenrechnung erzielen kann, halten die Bundesverwaltungen für geringfügig, im Gegensatz zum Durchführungsaufwand und der Komplexität einer prozeßorientierten Kostenrechnung. Ausnahmen hiervon bilden die Bundeswehr und das Deutsche Patentamt. Während die Bundeswehr bereits mit der Prozeßkostenrechnung arbeitet, beabsichtigt das DPMA die Implementierung eines solchen Rechensystems. In Divergenz zur Mehrheit der Bundesverwaltungen sind die beiden Bundesinstitutionen von der Prozeßkostenrechnung als Informationsgenerator für eine effiziente Steuerung der Leistungsprozesse überzeugt.

## IV. Detaillierung der im Bundeskontenrahmen verbindlich standardisierten Konten zwecks Deckung des behördenspezifischen Informationsbedarfs

Der Bundeskontenrahmen gibt die Struktur für die Kosten- und Leistungsartenpläne in den Bundesverwaltungen vor. Die im Bundeskontenrahmen angeführten Konten

---

[174] Siehe beispielsweise Arthur D. Little: Kosten- und Leistungsrechnungssystem im Kraftfahrt-Bundesamt...(1996), S. 43; siehe ebenfalls Bundesministerium der Finanzen (Hrsg.): Kosten- und Leistungsrechnung...(1997), S. 63.

zu den Kosten- und Leistungsarten sind für die Bundesbehörden bindend. Diese beziehen sich auf die Ebene der Obergruppen des Gruppierungsplanes des Haushalts und verkörpern deshalb nur einen begrenzten Detaillierungsgrad. Weitere Detaillierungen können die Bundesinstitutionen entsprechend ihrer jeweiligen behördenspezifischen Informationsbedarfe vornehmen.[175] Deshalb interessieren hier konkrete, für die jeweilige Behörde typische und spezifische Kostenkonten. Ferner gilt es die Differenzierung der Personalkosten wegen ihrer Dominanz entsprechend genau zu analysieren.

## A. Darstellung konkreter Kostenarten einzelner Bundesinstitutionen

### 1. Bundesamt für die Anerkennung ausländischer Flüchtlinge

Abbildung 4-8

**Differenzierung der Personalkosten beim BAFI**

| **Kontoklasse 5: Personalkosten** | |
|---|---|
| **Kontogruppe 51: Kosten für Bezüge, Vergütungen und Löhne** | |
| **Konto-Nr.** | **Kostenart** |
| **51.100** | **Beamtenbezüge** |
| 51.110 | Bezüge der planmäßigen Beamten |
| 51.120 | Bezüge der beamteten Hilfskräfte |
| **51.200** | **Vergütungen für Angestelle und Auszubildende; Löhne der Arbeiter; Zeitbefristete Kräfte** |
| 51.210 | Vergütungen Angestellte |
| 51.220 | Vergütungen Auszubildende |
| 51.230 | Löhne Arbeiter |
| 51.240 | Zeitbefristete Kräfte |
| **Kontogruppe 52: Beihilfen, Unterstützungen und dergleichen** | |
| **Konto-Nr.** | **Kostenart** |
| **52.000** | **Beihilfen und Fürsorgemaßnahmen** |
| **Kontogruppe 53: Personalbezogene Sachkosten** | |
| **Konto-Nr.** | **Kostenart** |
| **53.000** | **Trennungsgeld, Fahrtkostenzuschüsse, Umzugskosten** |
| 53.110 | TG, FKZ, UK: planmäßige Beamte |
| 53.120 | TG, FKZ, UK: beamtete Hilfskräfte |
| 53.210 | TG, FKZ, UK: Angestellte |
| 53.220 | TG, FKZ, UK: Auszubildende |
| 53.230 | TG, FKZ, UK: Arbeiter |
| 53.240 | TG, FKZ, UK: zeitbefristete Kräfte |
| **Kontogruppe 54: Versorgungsrückstellungen und dergleichen** | |
| **Konto-Nr.** | **Kostenart** |
| **54.000** | **Versorgungsrückstellungen** |

Auszug entnommen aus Bundesamt für die Anerkennung ausländischer Flüchtlinge: Kosten- und Leistungsrechnung...(1996), Anlage 1.

[175] Siehe Bundesministerium der Finanzen (Hrsg.): Kosten- und Leistungsrechnung...(1997), S. 45. Siehe ausführlicher die entsprechenden Ausführungen zu Punkt III.C. des 3. Kapitels.

Abbildung 4-8 zeigt einen Ausschnitt aus dem Kosten- und Leistungsartenplan des Bundesamtes für die Anerkennung ausländischer Flüchtlinge (BAFI). Der gewählte Auszug bezieht sich auf die Personalkosten, womit die Kontenklasse 5 des Bundeskontenrahmens angesprochen ist. Man sieht, daß die im Bundeskontenrahmen geregelte Konteneinteilung entsprechend den Vorgaben übernommen wurde.[176] Zusätzlich erfolgt jedoch beim BAFI eine weitergehende Differenzierung der auf der Ebene der Kontengruppen verbindlich vorgegebenen Personalkostenkonten. Die behördenindividuelle Detaillierung der Personalkosteninformationen bezieht sich auf die Unterscheidung der Personalkosten zwischen Beamten, Angestellten, Auszubildenden, Arbeitern und Hilfskräften. Das gilt sowohl für die Personalgrundkosten als auch für die Personalnebenkosten. Hierdurch wird eine einigermaßen reibungslose Bewertung des Mengengerüsts[177] der Personalkosten ermöglicht, für dessen Durchführung die – nach Entgeltgruppen differenzierten – Daten aus den Entgelttabellen[178] des öffentlichen Dienstes dienen.[179] Da das BAFI eine klassische Hoheitsverwaltung darstellt, erfolgt die Ausführung der Verwaltungsprozesse primär durch Beamte. Dementsprechend wichtig erscheint der separate Ausweis des durch den Einsatz von Beamten entstehenden Kostenvolumens in der Kosten- und Leistungsrechnung.

Mindestens genauso wertvoll ist die mit der vorgenommenen Differenzierung der Personalkosten einhergehende Schaffung der Kompatibilität zwischen den Personalkostenarten und den Haushaltstiteln.[180] Denn auch im Haushaltsplan folgt man einer Strukturierung nach dem Entgeltempfänger. Ferner bietet eine Unterscheidung der Personalkosten nach Beamten, Angestellten, Auszubildenden und Arbeitern umfangreiche Möglichkeiten der Auswertung der generierten Kostendaten. Die Abbildung der Kostenstruktur hinsichtlich der Dimension der Art des Dienstverhältnisses erlaubt insbesondere Rückschlüsse auf die Abbaubarkeit vorhandener Kostenvolumina. Zudem erleichtert dies die Herstellung der Beziehung zu den Personalnebenkosten, deren Zusammensetzung in Abhängigkeit vom Typ des Dienstverhältnisses divergiert (Pensionsrückstellungen und Beihilfen versus Sozialversicherungsbeiträge).[181] Die Personalnebenkosten (Beihilfen, Trennungsgeld, Fahrtkostenzuschüsse und Umzugskosten) sind im Kosten- und Leistungsartenplan des BAFI getrennt von den Grundbezügen aufgeführt und sinnvollerweise genauso wie die Grundbezüge nach Beamten, Angestellten und Arbeitern unterteilt (siehe Abbildung 4-8).

---

[176] Siehe zum Vergleich Abbildung 3-13.

[177] Siehe zu den Wertansätzen bei den Personalkosten Bundesministerium der Finanzen (Hrsg.): Kosten- und Leistungsrechnung...(1997), S. 62.

[178] Bei den Dienstbezügen erfolgt eine grundsätzliche Differenzierung zwischen den Entgelten für Beamte, Angestellte, Auszubildende und Arbeiter.

[179] Vgl. Bundesamt für die Anerkennung ausländischer Flüchtlinge: Kosten- und Leistungsrechnung...(1996), S. 8 – 9.

[180] Siehe Bundesamt für die Anerkennung ausländischer Flüchtlinge: Kosten- und Leistungsrechnung...(1996), S. 10.

[181] Vgl. Bundesministerium der Finanzen (Hrsg.): Kosten- und Leistungsrechnung...(1997), S. 62.

Abbildung 4-9

**Konkretisierung der Kosten für Dienstleistungen Dritter beim BAFI**

| Kontoklasse 6: Sach-, Kapital- und Risikokosten | |
|---|---|
| Kontogruppe 64: Dienstleistungen Dritter | |
| **Konto-Nr.** | **Kostenart** |
| **64.500** | **Gerichts- und ähnliche Kosten** |
| 64.510 | Asylangelegenheiten |
| 64.520 | Personalangelegenheiten |
| **64.600** | **Kosten für Sachverständige** |
| 64.610 | Dolmetschereinsätze |
| 64.620 | Übersetzungsaufträge |
| 64.630 | Sprachanalytische Gutachten im Asylverfahren |
| 64.640 | Amtsärztliche Gutachten im Asylverfahren |
| 64.650 | Sonstige Kosten für Dienstleistungen Dritter |

Auszug entnommen aus Bundesamt für die Anerkennung ausländischer Flüchtlinge: Kosten- und Leistungsrechnung...(1996), Anlage 1.

Als für das BAFI typische Kosten sind die Sachverständigenkosten anzusehen, die unter den Kosten für Dienstleistungen Dritter (Kontengruppe 64) subsumiert werden (siehe Abbildung 4-9). Hierzu zählen Dolmetschereinsätze, Übersetzungsaufträge, sprachanalytische Gutachten im Asylverfahren, amtsärztliche Gutachten im Asylverfahren sowie sonstige Kosten für Dienstleistungen Dritter. Neben den Sachverständigenkosten fallen im BAFI große Summen an Gerichtskosten an. Gegen abgelehnte Asylanträge legen die Asylbewerber zumeist Rechtsmittel ein. Der Großteil der an Verwaltungsgerichten geführten Prozesse bezieht sich schon seit geraumer Zeit auf Asylangelegenheiten. Dementsprechend hoch sind folglich die vom BAFI zu tragenden Kosten für Rechtsstreitigkeiten.

## 2. Deutsches Patentamt

Der Kosten- und Leistungsartenplan des Deutschen Patentamtes orientiert sich an den Vorgaben des Bundeskontenrahmens,[182] was Abbildung 4-10 exemplarisch für die Personalkosten belegt. Die Abbildung der Personalkosten erfolgt beim Deutschen Patent- und Markenamt (DPMA) differenziert nach Beamten, Angestellten und Arbeitern. Damit entspricht die Gliederungssystematik des DPMA hinsichtlich der Personalkosten grundsätzlich der des BAFI. Lediglich bei den personalbezogenen Sachkosten unterbleibt eine solche Unterteilung, womit die Detaillierungstiefe des BAFI dort nicht erreicht wird,[183] was ebenfalls mit einer geringeren Kostentransparenz einhergeht. Jedoch kommen die personalbezogenen Sachkosten zumindest getrennt von den Dienstbezügen zum Ausweis.

[182] Siehe hierzu KPMG: Einführung der Kosten- und Leistungsrechnung...(1999), S. 13 und Anlage 1.

[183] Dies verdeutlicht ein Vergleich zwischen Abbildung 4-8 und Abbildung 4-10.

Abbildung 4-10

**Differenzierung der Personalkosten beim Deutschen Patentamt**

| Kontoklasse 5: Personalkosten | |
|---|---|
| **Kontogruppe 51: Dienstbezüge und dergleichen** | |
| **Konto-Nr.** | **Kostenart** |
| 5110 | Dienstbezüge Beamtinnen und Beamte |
| 5120 | Dienstbezüge beamtete Hilfskräfte |
| 5130 | Dienstbezüge Angestellte |
| 5140 | Dienstbezüge Arbeiterinnen und Arbeiter |
| 5150 | Dienstbezüge Aushilfskräfte |
| 5190 | sonstige Dienstbezüge |
| **Kontogruppe 53: Personalbezogene Sachkosten** | |
| **Konto-Nr.** | **Kostenart** |
| 5310 | Trennungsgeld, Fahrtkostenzuschüsse sowie Umzugskosten |

Auszug entnommen aus KPMG: Einführung der Kosten- und Leistungsrechnung...(1999), S. 14.

Mit der Differenzierung der Personalkosten nach der Art des Dienstverhältnisses schafft das Deutsche Patentamt die Voraussetzungen für eine weitgehend problemlose Bewertung des Mengengerüsts derselben sowie für eine durchgängige und transparente Verbindung zum Haushaltswesen. Hierauf wurde bereits bei den Ausführungen zum BAFI eingegangen, weshalb an dieser Stelle ein entsprechender Verweis angebracht ist.[184] Das gleiche gilt ebenfalls für die Auswertungen der mit der Kostenrechnung hervorgebrachten Daten.[185] Als Hoheitsverwaltung weist das DPMA einen großen Block an Dienstbezügen für Beamte auf, der 36,4 % der gesamten Kosten beträgt. Damit rangieren die Personalkosten für Beamte bei den Kostenarten des DPMA bezüglich des Kostenvolumens an erster Stelle, gefolgt von den Dienstbezügen für Angestellte, welche 26 % der Gesamtkosten ausmachen.[186] Die separate Abbildung der Dienstbezüge für Beamte und Angestellte in der Kosten- und Leistungsrechnung ist schon aus diesem Grunde als sinnvoll zu erachten.

Unter den sonstigen Kosten aus dienstlicher Veranlassung (Kontogruppe 68) finden sich bestimmte Kostenarten wieder, welche speziell auf die Informationsbedarfe des Deutschen Patent- und Markenamtes zugeschnitten sind und deshalb in der angeführten Form wohl kaum in anderen Bundesbehörden vorkommen dürften. Dabei handelt es sich um anfallende Kosten für ausländische Patentschriften, Recherchen in externen Datenbanken, Prüfvergütungen sowie Zeitungsveröffentlichungen (siehe hierzu Abbildung 4-11), um nur einige Beispiele zu nennen. Für Veröffentlichungen entstehen im DPMA enorme Kosten, die knappe 11 % des gesamten Kostenvolumens erreichen.[187] Entsprechend wichtig sind konkrete Informationen über diese Kostenart. Mit den Personalkosten und den Kosten für Veröffentlichungen wird das Gros der Gesamtkosten im DPMA abgedeckt. Die restlichen Kostenarten verkörpern

[184] Siehe diesbezüglich die entsprechenden Ausführungen zu Punkt IV.A.1. dieses Kapitels.
[185] Siehe hierzu ebenfalls die entsprechenden Ausführungen zu Punkt IV.A.1. dieses Kapitels.
[186] Siehe KPMG: Einführung der Kosten- und Leistungsrechnung...(1999), S. 17.
[187] Siehe KPMG: Einführung der Kosten- und Leistungsrechnung...(1999), S. 15.

jeweils nur ein geringes Kostenvolumen. Ferner weist der Kosten- und Leistungsartenplan des DPMA keine auffälligen Spezifikas auf, die erwähnenswert wären.

Abbildung 4-11

**Konkretisierung der sonstigen Kosten aus dienstlicher Veranlassung beim Deutschen Patentamt**

| **Kontoklasse 6: Sach-, Kapital- und Risikokosten** | |
|---|---|
| **Kontogruppe 68: Sonstige Kosten aus dienstlicher Veranlassung** | |
| **Konto-Nr.** | **Kostenart** |
| 6810 | Ausländische Patentschriften |
| 6820 | Recherche in externen Datenbanken |
| 6830 | Kosten für Aufträge und Dienstleistungen |
| 6840 | PATDPA Einspeisung aus DB |
| 6850 | Prüfvergütung |
| 6860 | Verlegung von Dienststellen |
| 6870 | Zeitungsveröffentlichung |
| 6880 | Öffentlichkeitsarbeit |
| 6890 | Sonstige Verwaltungskosten |

Auszug entnommen aus KPMG: Einführung der Kosten- und Leistungsrechnung...(1999), Anlage 1, S. 3.

### 3. Presse- und Informationsamt der Bundesregierung

Der Kosten- und Leistungsartenplan des Presse- und Informationsamtes der Bundesregierung (BPA) entspricht nur bedingt den im Bundeskontenrahmen festgelegten Rahmenvorgaben zur Kontenstruktur in der Bundesverwaltung. Während sich die Kontenklassen mit der bundeseinheitlichen Norm decken, kommt es bei den Kostenartengruppen zu mehr oder minder großen Divergenzen zwischen behördenspezifischem Kosten- und Leistungsartenplan und Bundeskontenrahmen.[188] Dabei stimmt die Grobstruktur der Konten einigermaßen überein; die existierenden Abweichungen finden sich hingegen in Verschiebungen der Kostenartengruppen, unterschiedlicher Gestaltung der Gliederungsebenen und/oder divergenten Numerierungen wieder, wie es Abbildung 4-12 exemplarisch für die Personalkosten aufzeigt.[189] Die Diskrepanzen zum Bundeskontenrahmen erscheinen nicht verwunderlich, da das BPA keine idealtypische Verwaltung darstellt, sondern eine Dienstleistungsverwaltung verkörpert, welche spezielle Dienstleistungen in Form von Informationen anbietet. Den speziellen Informationsbedürfnissen muß natürlich der Kostenartenplan entsprechend Rechnung tragen.

[188] Ein Vergleich zwischen Bundeskontenrahmen und Kosten- und Leistungsartenplan des BPA bringt die bestehenden Divergenzen zum Vorschein. Siehe hierzu Bundesministerium der Finanzen (Hrsg.): Kosten- und Leistungsrechnung...(1997), S. 50. Siehe ebenfalls Arthur D. Little: Controlling im Presse- und Informationsamt...(1996), S. 42. Siehe außerdem Arthur D. Little: Controlling im Presse- und Informationsamt...(1996), Anhang A. 1.

[189] Hierzu ist natürlich ein Vergleich mit dem Bundeskontenrahmen vonnöten. Siehe deshalb zusätzlich Bundesministerium der Finanzen (Hrsg.): Kosten- und Leistungsrechnung...(1997), S. 50.

Aus Abbildung 4-12 geht hervor, daß die Detaillierung der Personalkosten beim BPA einigermaßen intensiv ausgeprägt ist. Genauso wie BAFI und DPMA separiert das BPA die Personalkosten grundsätzlich nach Beamten, Angestellten, Arbeitern und Aushilfskräften. Entsprechend strukturiert stehen die Personalkostendaten den Informationsempfängern zur Auswertung zur Verfügung. Relevanz hat diese Form der Strukturierung der Personalkosten für die Eruierung der zeitlichen Abbaufähigkeit bestimmter Kostenvolumina sowie für die Transparenz bezüglich der lebenszyklusbezogenen[190] Zahlungswirksamkeit von Personalnebenkosten (z. B. Pensionen versus Sozialversicherungsbeiträge).

Abbildung 4-12

**Differenzierung der Personalkosten beim BPA**

| **Kontoklasse 5: Personalkosten** | |
|---|---|
| **Kostenartengruppe 51: Dienstbezüge** | |
| **Konto-Nr.** | **Kostenart** |
| 5101 | Bezüge der planmäßigen Beamtinnen und Beamten |
| 5102 | Bezüge der beamteten Hilfskräfte |
| **Kostenartengruppe 52: Vergütung Angestellte/Arbeiter** | |
| **Konto-Nr.** | **Kostenart** |
| 5201 | Vergütung der Angestellten |
| 5202 | Löhne der Arbeitnehmer und Arbeiter |
| **Kostenartengruppe 53: Sonstiges Personal und Aushilfskräfte** | |
| **Konto-Nr.** | **Kostenart** |
| 5301 | Vergütung und Löhne für Aushilfskräfte |
| **Kostenartengruppe 54: Weitere Personalkosten** | |
| **Konto-Nr.** | **Kostenart** |
| 5401 | Trennungsgeld |
| 5402 | Fahrtkostenzuschüsse |
| 5403 | Umzugskostenvergütung |
| 5410 | Aus- und Fortbildung, Umschulung |
| 5411 | Aus- und Fortbildung, Umschulung |

Auszug entnommen aus Arthur D. Little: Controlling im Presse- und Informationsamt...(1996), Anhang A. 1.

Ferner ermöglicht die vorgenommene Personalkostendifferenzierung eine relativ unproblematische Bewertung des mengenmäßigen Verbrauchs an personellen Ressourcen und erleichtert darüber hinaus den Datenfluß zum Haushaltswesen, worauf bereits die Ausführungen weiter oben Bezug nehmen.[191] In Divergenz zu BAFI und DPMA handelt es sich beim BPA primär um eine Dienstleistungsverwaltung, deren zentrale Aufgaben darin bestehen, Bundesregierung, Bundespräsidenten, Bürger

[190] Mit der Lebenszyklusbetrachtung soll bestimmten Vorlaufkosten und Nachlaufkosten Rechnung getragen werden. Denn der Betrachtungshorizont darf sich nicht auf die Dauer des Dienstverhältnisses beschränken, wenn alle Personalkosten adäquat erfaßt werden sollen.

[191] Siehe hierzu die entsprechenden Ausführungen zum BAFI und zum DPMA.

und Medien mit entsprechenden Informationen zu versorgen. Demzufolge beträgt der Anteil der Beamten an den Bediensteten nur ca. 20 %, während hingegen die Quote der Angestellten bei ca. 80 % liegt.[192] Entsprechend fällt logischerweise auch das Verhältnis bezüglich der Kosten zwischen Beamten und Angestellten aus. Die Detaillierung der Personalkosten nach der Art des Dienstverhältnisses erlaubt somit dem BPA die Generierung wertvoller Kosteninformationen. Genauso positiv zu würdigen ist ebenfalls der getrennte Ausweis von Trennungsgeld, Fahrtkostenzuschüsse, Umzugskostenvergütung sowie von Aus- und Fortbildungskosten, wodurch die für das BPA notwendige Transparenz bei den Personalnebenkosten geschaffen wird.

Abbildung 4-13

**Differenzierung der Kosten für Dienstleistungen Dritter beim BPA**

| Kontoklasse 6: Sach- und sonstige Kosten | |
|---|---|
| Kostenartengruppe 63: Dienstleistungen Dritter | |
| **Konto-Nr.** | **Kostenart** |
| 6301 | Gerichts- und ähnliche Kosten |
| 6302 | Kosten der Sachverständigen |
| 6303 | Informationstagungen |
| 6304 | Abgeltung von Ansprüchen nach dem Urheberrecht |
| 6305 | Erforschung der öffentlichen Meinung durch demoskopische Umfragen |
| 6306 | Nachrichtenagenturdienste, Informationsdienste und Pressekorrespondenzen |
| 6307 | Kosten aus Anlaß von internationalen Konferenzen |

Auszug entnommen aus Arthur D. Little: Controlling im Presse- und Informationsamt...(1996), Anhang A. 1.

In ihrer Eigenart für das Presse- und Informationsamt der Bundesregierung typische Kostenarten sind die Kosten für Informationstagungen, Abgeltung von Ansprüchen nach dem Urheberrecht, Erforschung der öffentlichen Meinung durch demoskopische Umfragen, Nachrichtenagenturdienste, Informationsdienste und Pressekorrespondenzen sowie Kosten aus Anlaß von internationalen Konferenzen (siehe Abbildung 4-13). Diese Kostenarten werden unter der Kostenartenguppe „Dienstleistungen Dritter“ (Konto-Nr. 63) subsumiert.[193] Zu den behördenspezifischen Kostenarten des BPA gehören ebenfalls bestimmte Kosten der Informationsinfrastruktur, wie etwa die Kosten für den Unterhalt der Bundesbildstelle, der Datenfernübertragung, der Nachrichtentechnik sowie spezielle Kosten für die Datenerfassung.[194] Hiermit wären die wesentlichen Spezifikas zum Kosten- und Leistungsartenplan des BPA angesprochen. Weitere behördenspezifische Detaillierungen sind hingegen nur von marginaler Art. Die vom BPA speziell eingerichteten und hier kurz aufgezeigten Kostenartenkonten verdeutlichen die Funktion dieser Bundesinstitution als Generator und Verteiler bestimmter Informationen.

[192] Siehe Presse- und Informationsamt der Bundesregierung: Controlling...(2000), S. 9.
[193] Siehe Arthur D. Little: Controlling im Presse- und Informationsamt...(1996), Anhang A. 1, S. 5 – 6.
[194] Siehe diesbezüglich Arthur D. Little: Controlling im Presse- und Informationsamt...(1996), Anhang A. 1, S. 6 – 7.

### 4. Deutscher Wetterdienst

Zum Schluß dieses Abschnitts soll auf eine Bundesbehörde eingegangen werden, dessen Kostenartenplan gerade nicht mit den Vorgaben des Bundeskontenrahmens konform geht. Abweichend von den Standards im Bundeskontenrahmens beginnen beim Deutschen Wetterdienst (DWD) sämtliche Kostenartennummern mit der Ziffer 4 und die Kontennummern der Leistungsarten jeweils mit der Zahl 8.[195] Die Art der eingesetzten Ressourcen fungiert im Kostenartenplan des Deutschen Wetterdienstes als primäres Differenzierungskriterium für den strukturierten Ausweis der Kostenarten. Daneben dienen als Strukturierungskriterien verwaltungsbetriebliche Funktionen (z. B. Marketing und Öffentlichkeitsarbeit) sowie verrechnungstechnische Aspekte.[196]

Abbildung 4-14

**Differenzierung der Personalkosten beim DWD**

| Kontoklasse 4: Kostenarten | |
|---|---|
| **Kontogruppe 41: Personalkosten** | |
| **Konto-Nr.** | **Kostenart** |
| **411** | **Bezüge inkl. Arbeitgeberanteile und Personalnebenkosten** |
| 4111 | Laufbahngruppe höherer Dienst und vergleichbare Angestellte |
| 4112 | Laufbahngruppe gehobener Dienst und vergleichbare Angestellte |
| 4113 | Laufbahngruppe mittlerer Dienst und vergleichbare Angestellte |
| 4114 | Laufbahngruppe einfacher Dienst und vergleichbare Angestellte und Lohnempfänger |
| 4116 | Beamtenanwärter |
| 4117 | Auszubildende |
| 4118 | Vergütung und Löhne für Aushilfskräfte und Zeitpersonal |
| 4119 | sonstige Personalkosten |
| **417** | **Fortbildung** |
| 4171 | Seminarkosten |
| 4172 | Seminarvorbereitungskosten |
| 4173 | Seminarkostenzuschüsse |
| 4174 | Seminarkosten für „Nicht-DWD-Mitarbeiter“ |

Auszug entnommen aus Deutscher Wetterdienst: Kostenartenplan...(1999), S. 1.

Abbildung 4-14 zeigt die Einteilung der Personalkosten beim Deutschen Wetterdienst auf. Wie aus Abbildung 4-14 zu ersehen ist, erfolgt die behördenindividuelle Differenzierung der Personalkostenkonten des DWD vorrangig nach Laufbahngruppen, in Divergenz zu den vorher behandelten Bundesbehörden, welche für die Detaillierung der Personalkosteninformationen primär die konkrete Art des Dienstverhältnisses (Beamte, Angestellte oder Arbeiter) heranziehen. Da für die Bewertung des Mengengerüsts der Personalkosten jeweils Durchschnittssätze des BMI zur Anwendung kommen,[197] die sich an den Entgeltgruppen der verschiedenen Laufbahnen orientie-

[195] Siehe Deutscher Wetterdienst: Kostenartenplan...(1999).
[196] Siehe Deutscher Wetterdienst: Kosten- und Leistungsrechnung...(1999), S. 2. Siehe ebenfalls Deutscher Wetterdienst: Kostenartenplan...(1999), S. 7 und 9.
[197] Für die Bewertung werden die Durchschnittssätze des BMI verwendet. Siehe hierzu Deutscher Wetterdienst: Kostenartenplan...(1999), S. 1.

ren,[198] erscheint eine Unterteilung der Personalkosten nach Laufbahngruppen als sinnvoll. Hingegen ermöglicht diese Form der Personalkostendifferenzierung keine durchgängige und transparente Verbindung zum Haushaltswesen. Denn die Haushaltstitel bezüglich der Personalausgaben sind nach Beamten, Angestellten und Arbeitern geordnet und nicht nach Laufbahngruppen.[199] Trotzdem mag eine solche Differenzierung der Personalkosten zweckmäßig sein. Der Deutsche Wetterdienst ist eine technisch-wissenschaftliche Behörde,[200] die nicht die Struktur einer idealtypischen Verwaltung aufweist. Dieser erbringt sehr spezielle Dienstleistungen, wodurch eine Orientierung an den einheitlichen Vorgaben des Bundeskontenrahmens ausscheidet. Mit der Distanzierung vom Bundeskontenrahmen entfernt man sich jedoch auch automatisch vom Haushaltsplan. Als sehr wichtig sieht der Deutsche Wetterdienst die kostenrechnerische Durchdringung und Abbildung der verwaltungsbetrieblichen Funktionen mit ihren spezifischen Leistungen an. Hierdurch soll die Basis für die Steuerung der Wirtschaftlichkeit in den Kostenstellen geschaffen werden, was als eines der wesentlichen Ziele der Kosten- und Leistungsrechnung des Deutschen Wetterdienstes gilt.[201] Wegen der Ausstattung der verwaltungsbetrieblichen Funktionen mit personellen Ressourcen gemäß der betreffenden Funktionsbeschreibung, die eine bestimmte Entgeltgruppe einer konkreten Laufbahn für den jeweiligen Arbeitsplatz vorsieht, dient die vom Deutschen Wetterdienst vorgenommene Differenzierung der Personalkosten der Ermittlung von Kostensätzen für die Planung und Kontrolle der Kostenstellenkosten.

Aufgrund der Unterscheidung der Personalkosten nach Laufbahngruppen, die neben den Dienstbezügen ebenfalls die Personalnebenkosten enthalten, lassen sich die Kostensätze im Plan und im Ist der speziellen Kostenstellen des DWD zum Zwecke des kostenstellenbezogenen Gemeinkostencontrolling relativ problemlos generieren. Der Verzicht auf einen separaten Ausweis der Personalnebenkosten bedeutet für den DWD zwangsläufig eine Einschränkung der Transparenz über konkret anfallende Personalkosten. Lediglich die immer wichtiger werdenden Kosten der Fortbildung finden sich beim DWD getrennt von den Dienstbezügen in einer stark differenzierten Form vor, wodurch sich entsprechende Möglichkeiten der Auswertung der generierten Kostendaten eröffnen.

---

198 Siehe hierzu Bundesministerium des Innern (Hrsg.): Übersichten...(1997), Anlage 1. Siehe ebenfalls Bundesministerium der Finanzen (Hrsg.): Kosten- und Leistungsrechnung...(1997), S. 62.

199 Siehe hierzu Abbildung 2-9.

200 Siehe Deutscher Wetterdienst: Kosten- und Leistungsrechnung...(1999), S. 1.

201 Siehe Deutscher Wetterdienst: Kosten- und Leistungsrechnung...(1999), S. 3.

Abbildung 4-15

**Konkretisierung der sonstigen Aufwendungen für „Internationale Zusammenarbeit" beim DWD**

| | |
|---|---|
| **Kontoklasse 4: Kostenarten** | |
| **Kontogruppe 44: Neutraler Aufwand** | |
| **Konto-Nr.** | **Kostenart** |
| **441** | **Sonstige Aufwendungen „Internationale Zusammenarbeit"** |
| 4411 | Beitrag EUMETSAT |
| 4412 | Beitrag EZMW |
| 4413 | Beitrag ESA |
| 4414 | Beitrag Organisationen und Vereine |
| 4415 | Beitrag EIG ECOMET |
| 4416 | Beitrag DLR |
| 4417 | Beitrag WMO-Fachkommission |
| 4418 | Beitrag EUMETNET |
| 4419 | Beitrag Wetterbeobachtungssystem im Nordatlantik |

Auszug entnommen aus Deutscher Wetterdienst: Kostenartenplan...(1999), S. 6.

Als für den Deutschen Wetterdienst typische und demgemäß institutionenspezifische Kostenarten gelten die sonstigen Aufwendungen „Internationale Zusammenarbeit" (siehe Abbildung 4-15). Unter der Kontengruppe sonstige Aufwendungen „Internationale Zusammenarbeit" werden die Konten Beitrag EUMETSAT (Europäische Organisation zur Nutzung meteorologischer Satelliten), Beitrag EZMW (Europäisches Zentrum für mittelfristige Wettervorhersage), Beitrag ESA (Europäische Weltraumagentur für Technologie-Programme), Beitrag Organisationen und Vereine (Deutsche meteorologische Gesellschaft/Vereinsbeiträge, Innungen, Vereinigungen), Beitrag EIG ECOMET (Zusammenarbeit der europäischen Wetterdienste auf dem kommerziellen Sektor), Beitrag DLR (Deutsches Zentrum für Luft- und Raumfahrt e. V.), Beitrag WMO-Fachkommission (Internationale Organisationen, hier WMO), Beitrag EUMETNET (Zusammenarbeit der europäischen Wetterdienste auf dem nicht kommerziellen Sektor) sowie Beitrag Wetterbeobachtungssystem im Nordatlantik (Beitrag zum Wetterbeobachtungssystem im Nordatlantik, EGOS-Programm [driftende Bojen in Norwegen] sowie Radiosondenprojekt ECOFISC) subsumiert.[202] Fraglich ist, warum der DWD die sonstigen Aufwendungen „Internationale Zusammenarbeit" als neutrale Aufwendungen ausweist, wozu neben betriebsfremden Aufwendungen ebenfalls periodenfremde und außerordentliche Aufwendungen gehören.[203] Würde es sich hierbei tatsächlich um neutrale Aufwendungen handeln, so kämen diese Positionen als Kostenarten überhaupt nicht in Frage, da ja dann ex definitione gar keine Kosten vorlägen. Bei genauerer Betrachtung der einzelnen Positionen der sonstigen Aufwendungen „Internationale Zusammenarbeit" sieht man indes sehr wohl den Bezug zur Leistungserstellung des DWD, wobei zudem kein periodenfremder oder außerordentlicher Charakter feststellbar ist. Es bedarf keiner weitergehenden Erläuterungen um zu erkennen, daß diese Kostenarten speziell nur für den Deutschen Wetterdienst Relevanz besitzen. Dementsprechend ist die Ausgestaltung des Kos-

[202] Siehe Deutscher Wetterdienst: Kostenartenplan...(1999), S. 6.
[203] Siehe Deutscher Wetterdienst: Kostenartenplan...(1999), S. 6.

tenartenplans des DWD zum Teil sehr behördenspezifisch und divergiert somit erheblich von Kostenartenplänen anderer Bundesbehörden. Hierzu tragen ebenfalls bestimmte Arten von Kommunikationskosten bei, wie etwa die Kosten für Satellitenübertragungen, für internationale Miet- und Sonderleitungen, für Rundfunk und Fernsehen sowie für Funkdienste und Seefernmeldedienste.[204]

## B. Vergleichende Beurteilung der Kostenartenstruktur aufgezeigter Bundesverwaltungen

### 1. Weitgehende Einheitlichkeit bei den direkten Personalkosten

Die Ausführungen zur Differenzierung der Personalkosten in den einzelnen Bundesverwaltungen lassen eine weitgehende Konvergenz bei der Strukturierung der direkten Personalkosten erkennen. Durch die Differenzierung der Personalgrundkosten nach Beamten, Angestellten, Arbeitern, Auszubildenden und Hilfskräften schaffen die Bundesverwaltungen die Voraussetzungen für einen durchgängigen und transparenten Datenfluß zwischen Kostenartenrechnung und Haushaltsrechnung, da letzteres Rechensystem die gleiche Unterscheidung vorsieht. Ferner erlaubt eine Unterscheidung der Personalkosten nach Entgeltempfängern eine relativ einfache Bewertung des Mengengerüsts derselben, für dessen Durchführung man sich den nach Entgeltgruppen differenzierten Daten aus den Entgelttabellen des öffentlichen Dienstes bedient. Mit der Transparenz bezüglich des Anfalls von Personalkosten für eine bestimmte Art von Dienstverhältnis gehen umfangreiche Möglichkeiten der Auswertung generierter Kostendaten einher. Insbesondere Erkenntnisse über die zeitliche Abbaufähigkeit der Personalkosten sowie über die lebenszyklusbezogene Zahlungswirksamkeit der Personalnebenkosten können auf diese Weise gewonnen werden. Damit verbunden ist natürlich auch die Aufdeckung der konkreten Art von Personalnebenkosten, die je nach Typ des Dienstverhältnisses divergieren. Während für Angestellte, Arbeiter und Auszubildende Sozialversicherungsbeiträge zu leisten sind, fallen für Beamte Kosten aufgrund von Pensionen und Beihilfen an. Eine Unterscheidung der Personalkosten nach Entgeltempfänger findet sich primär in idealtypischen Hoheitsverwaltungen vor, bei denen die Verwaltungsprozesse überwiegend von Beamten ausgeführt werden. Dort macht die Orientierung der Kostenartenrechnung am Haushaltsplan besonders großen Sinn, wonach die Beamtenbezüge einen separaten Ausweis im Kostenartenplan erfahren. Die Struktur des Haushaltsplans findet sich ebenfalls im Bundeskontenrahmen der Standard-KLR wieder, an der klassische Hoheitsverwaltungen ihre Kostenartenpläne ausrichten.

Hingegen lösen sich Dienstleistungsverwaltungen, welche spezielle Dienstleistungen erbringen, von den einheitlichen Vorgaben des Bundeskontenrahmens. Wegen der spezifischen Form der Generierung von Dienstleistungen, können Dienstleistungsverwaltungen die bundeseinheitliche Struktur des Bundeskontenrahmens aus Zweckmäßigkeitsgründen nicht oder nur zum Teil übernehmen. Damit einher geht ebenfalls eine Abkehr vom Haushaltsplan. Beispielsweise differenziert der Deutsche Wetterdienst die Personalkosten nach Laufbahngruppen und nicht nach Entgeltempfängern. Diese Unterteilung dient der kostenstellenbezogenen Wirtschaftlichkeitskontrolle, worin der Deutsche Wetterdienst einen zentralen Rechenzweck der Kosten- und Leistungsrechnung sieht. Da die Ausstattung eines konkreten Arbeits-

[204] Siehe Deutscher Wetterdienst: Kostenartenplan...(1999), S. 8.

platzes einer spezifischen verwaltungsbetrieblichen Funktion mit personellen Ressourcen gemäß Funktionsbeschreibung erfolgt, die eine bestimmte Entgeltgruppe der entsprechenden Laufbahn für den zu leistenden Dienst als Entgelt vorsieht, lassen sich durch eine Differenzierung der Personalkosten nach Laufbahngruppen die Plankosten für die jeweils speziellen Verwaltungsfunktionen zum Zwecke der Wirtschaftlichkeitskontrolle relativ einfach bestimmen. Zur unkomplizierten Generierung von Daten für die kostenstellenbezogene Effizienzkontrolle trägt ebenfalls positiv bei, daß die vom Deutschen Wetterdienst nach Laufbahngruppen unterteilten Personalkosten außer den Personalgrundkosten auch die Personalnebenkosten involvieren.

Entscheidend für die Strukturierung der Personalkosten und generell der gesamten Kostenarten ist grundsätzlich die Zweckadäquanz der konkreten Ausgestaltung der Kostenartenrechnung. Je nach behördenindividuellen Gegebenheiten und verfolgten Rechnungszwecken weisen die einzelnen Behörden entsprechend adäquate Differenzierungen bei den Personalkosten auf, die sich an den Entgeltempfängern oder Laufbahngruppen orientieren.

## 2. Berücksichtigung von Personalnebenkosten

Getrennt von den Dienstbezügen bilden jene Bundesverwaltungen ihre Personalnebenkosten ab, die eine Differenzierung der Personalgrundkosten nach dem Entgeltempfänger vornehmen. Trennungsgeld, Fahrtkostenzuschüsse und Umzugskosten können dabei einzeln angeführt sein oder als Block in der Kostenartenrechnung zum Ansatz kommen, wobei im letzten Fall ebenfalls eine Unterscheidung nach der Art des Dienstverhältnisses in Betracht gezogen wird, um die Durchgängigkeit der Daten zu den Personalgrundkosten zu gewährleisten. Die in den Bundesverwaltungen vorzufindende unterschiedliche Detaillierungstiefe bei den Personalnebenkosten geht einher mit einem unterschiedlichen Grad an Kostentransparenz und damit verbunden mit einem mehr oder minder umfangreich durchführbaren Kostenartencontrolling. Im Sinne der Verwertungsmöglichkeiten der Kostendaten ist eine möglichst weitgehende Differenzierung der Kostenarten zu fordern, wobei jedoch der Informationsgewinn den Durchführungsaufwand rechtfertigen muß.

Der Detaillierungsgrad der Personalnebenkosten hält sich bei den Bundesverwaltungen in Grenzen. Versorgungsrückstellungen findet man in den Kostenartenplänen der Bundesinstitutionen als eigene Position kaum wieder, obwohl der Bundeskontenrahmen eine solche als verbindlich vorschreibt. Trotzdem ist die Harmonie zwischen individuellen Kontenplänen und Bundeskontenrahmen beim Großteil der Behörden zumindest teilweise gegeben, da auch diese die Personalnebenkosten separat von den Personalgrundkosten ausweisen, wie es das Konzept der Standard-KLR vorsieht. Das betrifft vor allem klassische Hoheitsverwaltungen, die sich bei der Struktur des Kostenartenplans am Haushaltsplan orientieren. Hingegen verzichten spezifische Dienstleistungsverwaltungen eher auf eine Ausrichtung der Kostenarten an den Haushaltstiteln und orientieren sich statt dessen an den individuellen Gegebenheiten bzw. Informationsbedürfnissen. So kann es vorkommen, daß atypische Verwaltungsbetriebe, wie etwa der Deutsche Wetterdienst, auf eine Differenzierung zwischen Personalgrundkosten und Personalnebenkosten verzichten, um beispielsweise durch den Ansatz von jeweils ganzheitlicher Personalkosten entsprechend der betreffenden

Laufbahngruppe eine möglichst einfache Kostenplanung in den Verwaltungsteilbereichen im Rahmen der Wirtschaftlichkeitskontrolle zu ermöglichen.

### 3. Einrichtung verwaltungsspezifischer Kostenarten

Die für die jeweiligen Bundesinstitutionen spezifischen Kostenarten finden sich vorwiegend in den Kontengruppen „Dienstleistungen Dritter" und „Sonstige Kosten aus dienstlicher Veranlassung" wieder. Logischerweise beziehen sich die in den Kostenartenplänen der einzelnen Bundesverwaltungen ausgewiesenen institutionenspezifischen Kostenarten primär auf Fremdleistungen, weil die zur Eigenerstellung von Leistungen benötigten Ressourcen der Verwaltungsbetriebe weitgehend identisch sind und deshalb auch annähernd gleiche Arten von Kosten zur Folge haben, wie etwa Personalkosten, Abschreibungskosten, Zinskosten, Instandhaltungskosten oder Materialkosten. Hingegen treten individuelle Formen an Sachverständigenkosten (Dolmetschereinsätze, Übersetzungsaufträge, sprachanalytische Gutachten, amtsärztliche Gutachten), Informationskosten (Pressekorrespondenzen, Zeitungsveröffentlichungen), Kommunikationskosten (Satellitenübertragungen, Rundfunk und Fernsehen, Funkdienste, Seefernmeldedienste), Recherchekosten (Recherche in externen Datenbanken, demoskopische Umfragen) sowie von Beiträgen für internationale Organisationen zwecks Nutzung spezieller Dienste (Europäische Organisation zur Nutzung meteorologischer Satelliten, Wetterbeobachtungssystem im Nordatlantik, Europäische Weltraumagentur für Technologieprogramme) jeweils nur in bestimmten Verwaltungsinstitutionen auf. Hierbei handelt es sich um spezielle Arten von Fremdleistungskosten.

Aufgrund der Heterogenität solcher Kostenarten kann ein bis ins letzte Detail geregelter Bundeskontenrahmen den individuellen Bedürfnissen einzelner Bundesbehörden nicht gerecht werden, weshalb sich der Detaillierungsgrad des Bundeskontenrahmens zu Recht nur in engen Grenzen hält. Die Vorgabe bezieht sich bei den Fremdleistungskosten lediglich auf die Ebene der Kostenartengruppen mit den jeweiligen Bezeichnungen „Dienstleistungen Dritter" sowie „Sonstige Kosten aus dienstlicher Veranlassung".[205] Unter diesen beiden Kostenartengruppen subsumieren die Bundesverwaltungen ihre behördenindividuellen Kostenarten, wozu ihnen der Bundeskontenrahmen ausreichende Freiräume läßt.

## V. Berücksichtigung der speziellen Gegebenheiten einer Verwaltungsorganisation bei der Kostenstellenbildung

Bei der Kostenstellenbildung haben die Bundesverwaltungen weitgehende Freiräume. Das KLR-Handbuch gibt ihnen diesbezüglich lediglich einen methodischen Standard vor, der die Bildung von Verwaltungskostenstellen nach einheitlichen Kriterien gewährleisten soll.[206] Dieser methodische Standard bezieht sich auf die Vorgehensweise beim Aufbau der Kostenstellenstruktur, welche in einer bestimmten Sequenz abzulaufen hat. Die hierfür festgelegten vier Schritte reichen von der Definition der Kostenstellen auf der Basis der bestehenden Organisationsstruktur über die Zuordnung der definierten Kostenstellen zu einer bestimmten Kostenstellenkategorie (Haupt-, Hilfs- oder Abrechnungskostenstelle) und über die genaue Beschreibung

[205] Siehe Bundesministerium der Finanzen (Hrsg.): Kosten- und Leistungsrechnung...(1997), S. 337.
[206] Siehe Bundesministerium der Finanzen (Hrsg.): Kosten- und Leistungsrechnung...(1997), S. 75.

der Kostenstellen zwecks Ermöglichung der Gemeinkostenverrechnung bis hin zur Festlegung der Kostenstellenverantwortung.[207] Da die heterogenen Bundesbehörden zwangsläufig auch sehr unterschiedliche Organisationsstrukturen aufweisen, kann es für deren Kostenstellen kein bundeseinheitliches Profil geben, was insbesondere für die Fachaufgabenbereiche gilt. Der methodische Standard trägt dem Rechnung und läßt den Bundesverwaltungen adäquate Spielräume bei der Bildung von Kostenstellen, die an den Spezifkas der jeweiligen Verwaltungsorganisation auszurichten sind, damit die behördenindividuellen Informationsbedarfe angemessene Berücksichtigung finden. Anhand konkreter Beispiele soll deshalb auf spezielle Gestaltungsformen von Kostenstellenstrukturen in Bundesinstitutionen eingegangen werden.

### A. Auswärtiges Amt

Das Auswärtige Amt verfügt weltweit über 1.500 Kostenstellen.[208] Die eingerichteten Kostenstellen orientieren sich an der Organisationsstruktur des Auswärtigen Dienstes (AD), wobei die dem Kostenstellenplan zugrunde gelegte Systematik Auswertungen auf vier Aggregationsstufen zuläßt, welche wiederum bestimmten Steuerungszwecken dienlich sind.[209] Besonders wichtig hält das Auswärtige Amt eine regionenbezogene Aggregation der Controlling-Daten. Hierzu definierte man 7 Regionalbereiche und 3 multilaterale Bereiche, die als Bezugsobjekt für zweckadäquate globale Steuerungen fungieren.[210] Entsprechend den Vorgaben des Bundeskontenrahmens beginnen die Kostenstellennummern mit der Ziffer 7 und weisen jeweils 6 Stellen auf.[211] Durch die stringente Differenzierung der Kostenstellen zwischen Endkostenstellen (typische Endkostenstellen des AD sind beispielsweise die Referate der Abteilung Wirtschaft, wie etwa Außenwirtschaftsförderung, internationale Verkehrs- und Tourismuspolitik oder Entwicklungspolitik), Vor- oder Hilfskostenstellen (z. B. Gebäudekostenstellen oder Materialkostenstellen) sowie Produktkostenstellen schafft der Auswärtige Dienst ein den Informationsbedürfnissen entsprechendes System der Kostenstellenkategorisierung.

In Divergenz zu den Endkostenstellen werden die Kosten der Vor- oder Hilfskostenstellen nicht direkt auf die erstellten Verwaltungsprodukte verrechnet. Vor- oder Hilfskostenstellen sind erforderlich, um die Kosten für den innerbehördlichen Leistungsaustausch auf die Verwaltungsprodukte weiterwälzen zu können. Ebenso sieht der AD Vor- oder Hilfskostenstellen vor, wenn bestimmte Kosten einen gesonderten Ausweis erfahren sollen, womit ein positiver Beitrag zur Kostentransparenz geleistet wird. Als Beispiel hierfür dienen die Planungskostenstellen zwecks Aufdeckung der Kosten für die Abteilungsplanung.[212] Eine Ausgestaltung von Hilfskostenstellen als Cost Center nimmt der AD nicht vor. Zu den Hilfskostenstellen zählen Gebäudekostenstellen, Materialkostenstellen sowie Kostenstellen der Zentralabteilung, womit die wesentlichen Hilfskostenstellen des AD angesprochen wären. Kostenstellen der Zentralabteilung erbringen sogenannte allgemeine Verwaltungsprodukte, welche ei-

[207] Siehe hierzu Bundesministerium der Finanzen (Hrsg.): Kosten- und Leistungsrechnung...(1997), S. 76 – 77.
[208] Siehe Landes, Helmut: Controlling...(1997), S. 187.
[209] Siehe Landes, Helmut: Controlling...(1997), S. 187.
[210] Siehe Landes, Helmut: Controlling...(1997), S. 187.
[211] Siehe Auswärtiges Amt: Controlling-Handbuch...(2000), S. 15.
[212] Siehe Auswärtiges Amt: Controlling-Handbuch...(2000), S. 15.

ne Abgrenzung entsprechend den einheitlichen Vorgaben der Standard-KLR des Bundes erfahren.[213] Somit lassen sich die Vorleistungen dieser Servicebereiche bundesweit mit anderen Behörden vergleichen. Mit den vorhin erwähnten Produktkostenstellen will der AD die Verrechnung der Kosten innerbehördlicher Leistungen an die Endkostenstellen ermöglichen, falls sich diese bereits auf bestimmten Kostenträgern befinden. Beispielsweise aggregiert das Auswärtige Amt alle Kostenträger der Fortbildung auf der Produktkostenstelle „Fortbildung“ und verrechnet deren Kosten von dort aus weiter auf die jeweiligen Kostenstellen der Seminarteilnehmer.[214]

Als rein behördenspezifisch sind die Länderkostenstellen des Auswärtigen Dienstes anzusehen. Die Länderkostenstellen spiegeln kostenrechnerische Objekte wider, welche eine Verrechnung von Personalkosten, Sachkosten und Transferzahlungen der Zentrale auf die jeweils verschiedenen Länder erlauben.[215] Zwischen den Länderkostenstellen und den übrigen Kostenstellen erfolgt eine klare Abgrenzung. Deswegen weisen die Kostenstellennummern der Länderkostenstellen nur vier Stellen auf und beginnen jeweils mit der Ziffer 5.[216]

Eindeutige Kostenverantwortung, homogene technische/funktionale Ausstattung in einer weitgehend räumlichen Einheit sowie Effizienz der Datengenerierung sind die wesentlichen Grundsätze, die beim Auswärtigen Dienst für die Bildung von Endkostenstellen gelten. Keinerlei explizite Hinweise finden sich darüber, ob diese Grundsätze auch bei den Hilfskostenstellen ihre Gültigkeit haben.

Abbildung 4-16

**Kostenstellenhierarchie beim Auswärtigen Dienst**

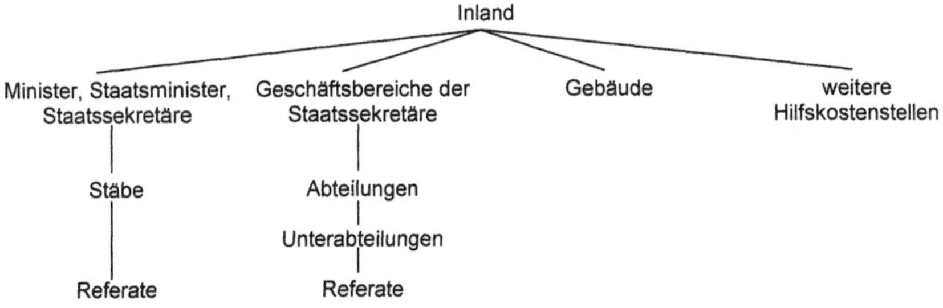


Entnommen aus Auswärtiges Amt: Controlling-Handbuch...(2000), S. 17.

Abbildung 4-16 gewährt einen Einblick in die Kostenstellenhierarchie der Zentrale des Auswärtigen Amtes im Inland. Die Kostenstellenstruktur wurde im wesentlichen an die bestehende Organisationsstruktur angelehnt. Da im Organisationsplan eine Differenzierung der Gesamtverwaltung nach Funktionen erfolgt, orientieren sich die Kostenstellen ebenfalls an den verwaltungsbetrieblichen Funktionen und beziehen sich demzufolge als definierte Abgrenzungsbereiche nicht auf die Verwaltungsob-

[213] Siehe Auswärtiges Amt: Controlling-Handbuch...(2000), S. 19.
[214] Siehe Auswärtiges Amt: Controlling-Handbuch...(2000), S. 15.
[215] Siehe Auswärtiges Amt: Controlling-Handbuch...(2000), S. 16.
[216] Siehe Auswärtiges Amt: Controlling-Handbuch...(2000), S. 16.

jekte.[217] Das Organigramm des Auswärtigen Dienstes weist bei den verschiedenen Geschäftsbereichen jeweils die Gliederungsebenen „Abteilungen“, „Unterabteilungen“ sowie „Referate“ auf.[218] Dementsprechend erfolgt auch die Differenzierung der einzelnen Organisationseinheiten. Diese Struktur geht weitgehend konform mit der Einteilung der Kostenstellen, wie Abbildung 4-16 entsprechend belegt.[219] Als Kostenstellen fungieren beim AD die jeweiligen Referate. Mit den Referaten werden gleichzeitig die Verantwortungsbereiche für die Kosten und Leistungen abgegrenzt. Da als Verantwortungsbereiche die Referate dienen und nicht die einzelnen Kostenplätze, hält sich die Gliederungstiefe der Kostenstellenhierarchie des AD in Grenzen, was Abbildung 4-16 versinnbildlichen soll.

Die Kostenstellenstruktur des AD erlaubt Auswertungen mit aggregierten Daten, wozu man sich sogenannter Knoten bedient.[220] Der Aggregationsgrad steigt parallel mit der Hierarchieebene an, weshalb auch die Knoten stets voluminöser werden. So lassen sich auf insgesamt vier Aggregationsstufen benötigte Daten zur verwaltungsbetrieblichen Steuerung generieren, wobei die Gesamtverwaltung die oberste Ebene der Verwaltungssteuerung darstellt. Je nach Informationsbedarf erfolgt eine mehr oder minder ausgeprägte Verdichtung von Kostendaten, aufgrund derer sowohl globale als auch individuelle Steuerungsmaßnahmen zur Anwendung kommen können. Die Gesamtheit aller Kostenstellen, strukturiert nach dem Konzept in Abbildung 4-16, findet sich im SAP-System des Auswärtigen Amtes wieder, auf welches hier zu verweisen ist.[221]

Wegen der Signifikanz der Auslandsvertretungen beim Auswärtigen Dienst sollen auch diese hier nicht unerwähnt bleiben. Das Ausmaß der Differenzierung der operativen Kostenstellen hängt bei den Auslandsvertretungen von der jeweiligen Größe der Verwaltungseinheit ab. Demzufolge können die Auslandsvertretungen eine sehr unterschiedliche Zahl an operativen Kostenstellen aufweisen. Während Kleinstvertretungen (weniger als 15 Entsandte) mit nur einer Endkostenstelle auskommen, führen größere Vertretungen für jeden Fachbereich (Politik, Wirtschaft, Presse, Kultur usw.) jeweils eine separate Kostenstelle. Zudem existiert in jeder Großbotschaft eine Leitungskostenstelle.[222] Auslandsvertretungen haben in der Regel vier Hilfskostenstellen eingerichtet. Hierbei handelt es sich um drei Gebäudekostenstellen (Residenz, Kanzlei und Dienstwohnungen) sowie um eine Verrechnungskostenstelle.[223]

## B. Deutsches Patentamt

Das Deutsche Patentamt will mit der Kostenstellenrechnung die anfallenden Kosten und Leistungen am Ort ihrer Entstehung erfassen und ausweisen und das Leistungsgeflecht zwischen den Kostenstellen abbilden. Hierdurch soll der exorbitante Block an Gemeinkosten transparent werden, worauf die Konzeptentwickler im Rah-

[217] Siehe hierzu Auswärtiges Amt: Organisationsplan...(2000). Siehe ebenfalls Auswärtiges Amt: Controlling-Handbuch...(2000), S. 20.
[218] Siehe hierzu Auswärtiges Amt: Organisationsplan...(2000).
[219] Ein Vergleich zwischen Kostenstellenhierarchie und Organisationsplan bestätigt diese Konformität. Siehe hierzu Abbildung 4-16 sowie Auswärtiges Amt: Organisationsplan...(2000).
[220] Siehe Auswärtiges Amt: Controlling-Handbuch...(2000), S. 17.
[221] Siehe Auswärtiges Amt: Controlling-Handbuch...(2000), S. 17.
[222] Siehe Auswärtiges Amt: Controlling-Handbuch...(2000), S. 16.
[223] Siehe Auswärtiges Amt: Controlling-Handbuch...(2000), S. 16.

men der Kostenstellenbildung in besonderem Maße achteten.[224] Zur Steigerung der Kostentransparenz differenziert man im Deutschen Patenamt die Kostenstellen nach bestimmten Kategorien. Entsprechend den Vorgaben im KLR-Handbuch unterscheidet das DPMA zwischen den drei Hauptkategorien Hauptkostenstellen, Hilfskostenstellen und Verrechnungskostenstellen, wobei die Hilfskostenstellen eine weitere Differenzierung in Managementkostenstellen, Administrationskostenstellen und Servicekostenstellen erfahren.[225] Lediglich die von der Standard-KLR vorgesehenen Verdichtungskostenstellen bleiben unberücksichtigt, weshalb ebenfalls die mit Verdichtungskostenstellen verbundenen Auswertungsmöglichkeiten entfallen.[226]

Die Definition der Kostenstellen im DPMA erfolgte in Anlehnung an die dort vorhandene Organisationsstruktur (siehe hierzu Abbildung 4-17). Hiermit wurde das Ziel verfolgt, der Kostenstelle die Doppelfunktion als selbständiger Verantwortungsbereich und als abgegrenzter Abrechnungsbereich wahrnehmen zu lassen. Infolgedessen übernimmt der Leiter des Verwaltungsteilbereichs neben der Fachverantwortung ebenfalls die Ressourcenverantwortung. Die Verantwortung für die Kosten bleibt jedoch auf jene Bereiche beschränkt, in welchen der Kostenstellenleiter die Möglichkeit einer aktiven Kosteneinflußnahme hat.[227]

Abbildung 4-17

**Auszug aus dem Kostenstellenplan des DPMA**

| Kosten-stellen-Nr. | Referenz Abteilung | Kostenstellenbezeichnung | Kostenstellenart |
|---|---|---|---|
| 1100 | Hauptabteilung 1 | Patente | Managementkostenstelle |
| 1101 | Referat 1.0.1 | Verwaltung Hauptabteilung 1 | Managementkostenstelle |
| 1102 | Sachgebiet 1 | Leitung Prüfergeschäftsstelle | Servicekostenstelle |
| 1103 | Geschäftsstelle 610 | Prüfergeschäftsstelle | Servicekostenstelle |
| 1104 | Geschäftsstelle 620 | Prüfergeschäftsstelle | Servicekostenstelle |
| 1105 | Geschäftsstelle 630 | Prüfergeschäftsstelle | Servicekostenstelle |
| 1108 | Sachgebiet 2 | Leitung Prüfergeschäftsstelle | Servicekostenstelle |
| 1109 | Geschäftsstelle 660 | Prüfergeschäftsstelle | Servicekostenstelle |
| 1112 | Geschäftsstelle 670 | Publikation | Servicekostenstelle |
| 1114 | Sachgebiet 3 | Verwaltung und Registratur | Servicekostenstelle |
| 1115 | Patentabteilung 1.11 | Vorprüfungsabteilung | Servicekostenstelle |
| 1116 | Patentabteilung 1.12 | Maschinenelemente | Hauptkostenstelle |
| 1117 | Patentabteilung 1.13 | Wärmekraftmaschinen | Hauptkostenstelle |
| 1118 | Patentabteilung 1.14 | Werkzeugmaschinen | Hauptkostenstelle |
| 1119 | Patentabteilung 1.15 | Arbeitsmaschinen | Hauptkostenstelle |
| 1120 | Patentabteilung 1.16 | Kunststoffverarbeitung | Hauptkostenstelle |
| 1200 | Hauptabteilung 2 | Information, Dokumentation | Managementkostenstelle |
| 1205 | Referat 2.1.3 | Literaturerschließung | Servicekostenstelle |
| 1207 | Referat 2.1.5 | Statistik | Servicekostenstelle |

Auszug entnommen aus KPMG: Einführung der Kosten- und Leistungsrechnung...(1999), S. 21 und Anlage 4, S. 1 – 2.

[224] Siehe KPMG: Einführung der Kosten- und Leistungsrechnung...(1999), S. 18.
[225] Siehe KPMG: Einführung der Kosten- und Leistungsrechnung...(1999), S. 18.
[226] Siehe KPMG: Einführung der Kosten- und Leistungsrechnung...(1999), S. 18.
[227] Siehe KPMG: Einführung der Kosten- und Leistungsrechnung...(1999), S. 19.

Abbildung 4-17 verdeutlicht den Beziehungszusammenhang zwischen den eingerichteten Kostenstellen und den beim Deutschen Patentamt existierenden Organisationseinheiten, auf Basis derer die Kostenstellenbildung erfolgte.[228] Wie man sieht, können sich die Kostenstellen auf Abteilungen, Referate oder Geschäftsstellen beziehen. Die Einteilung der Gesamtverwaltung in einzelne Kostenstellen weist also je nach Hauptabteilung einen recht unterschiedlichen Differenzierungsgrad auf. Teilweise hält sich die Differenzierung in engen Grenzen; zum Teil kann aber die Differenzierung auch sehr weit gehen. Insbesondere das Referat 1.0.1 (Verwaltungsbereich der Hauptabteilung 1) wurde durch die Aufteilung in 12 Kostenstellen zu einem kostenrechnerisch stark differenzierten Verwaltungsbereich. Dies war erforderlich, da das Referat 302 Mitarbeiter involviert und somit als Kostenstelle viel zu groß wäre.[229] Der Großteil der Kostenstellen umfaßt zwischen 10 und 40 Mitarbeiter. Entsprechend umfangreich sind auch die Verantwortungsbereiche für Kosten und Leistungen abgegrenzt. Jedoch existieren ebenfalls etliche Kostenstellen mit nur einem Mitarbeiter, wohingegen es eine Kostenstelle gibt, welche sich sogar auf 156 Mitarbeiter bezieht.[230] Der Verantwortungsbereich kann somit sehr groß oder sehr klein sein. Die Kongruenz zwischen der Struktur der Kostenstellen und der Organisationsstruktur belegt der Vergleich des Organisationsschaubildes mit dem Kostenstellenplan des Deutschen Patent- und Markenamtes.[231] Da sich die einzelnen Organisationseinheiten an den jeweiligen Verwaltungsobjekten orientieren, kann ein Objektbezug der Kostenstellen des DPMA konstatiert werden, was der genauen Allokation der Kostenstellenkosten auf die erbrachten Verwaltungsleistungen dienlich ist.

Bezüglich der Numerierung der Kostenstellen hält sich das DPMA nicht an die Vorgaben im KLR-Handbuch. Die Kostenstellennummern beginnen nicht, wie durch den Bundeskontenrahmen einheitlich geregelt, mit der Ziffer 7, sondern mit den Ziffern 1, 3 oder 4 und weisen insgesamt vier Stellen auf.[232] Hierbei informiert die erste Stelle darüber, in welchem Ort sich die betreffende Kostenstelle befindet. Während die Kostenstellen der Hauptverwaltung in München die Ziffer 1 belegen, sind den Kostenstellen der Dienststelle Jena die Ziffer 3 und der Außenstelle Berlin die Ziffer 4 zugeordnet worden.[233] Durch die zweite Stelle der Kostenstellennummern erfolgt eine Differenzierung der Kostendaten zwischen den einzelnen Hauptabteilungen.[234] Wie Abbildung 4-17 aufzeigt, steht die Ziffer 1 für die Hauptabteilung 1 und die Ziffer 2 logischerweise für die Hauptabteilung 2. Entsprechend dieser Systematik lassen sich die Schlüsselnummern für die weiteren Kostenstellen fortführen.[235] Für eine fortlaufende Numerierung der Kostenstellen hat das Deutsche Patentamt schließlich die Stellen drei und vier eingerichtet, welche die ersten beiden Ziffern der Kostenstellennummer ergänzen.[236]

---

[228] Siehe KPMG: Einführung der Kosten- und Leistungsrechnung...(1999), S. 20.
[229] Siehe KPMG: Einführung der Kosten- und Leistungsrechnung...(1999), S. 21.
[230] Siehe KPMG: Einführung der Kosten- und Leistungsrechnung...(1999), Anlage 4.
[231] Für den Vergleich siehe Deutsches Patentamt: Organisationsschaubild...(2000) sowie KPMG: Einführung der Kosten- und Leistungsrechnung...(1999), Anlage 4.
[232] Siehe KPMG: Einführung der Kosten- und Leistungsrechnung...(1999), S. 20 und Anlage 4.
[233] Siehe KPMG: Einführung der Kosten- und Leistungsrechnung...(1999), S. 20 und Anlage 4.
[234] Siehe KPMG: Einführung der Kosten- und Leistungsrechnung...(1999), S. 20 – 21.
[235] Siehe genauer KPMG: Einführung der Kosten- und Leistungsrechnung...(1999), Anlage 4.
[236] Siehe KPMG: Einführung der Kosten- und Leistungsrechnung...(1999), S. 21.

Die Unterschiede zwischen Managementkostenstellen, Servicekostenstellen und Hauptkostenstellen sollen anhand der Abbildung 4-17 versinnbildlicht werden. Bei den Kostenstellen „Patente“ (Nr. 1100) sowie „Information und Dokumentation“ (Nr. 1200) handelt es sich um Organisationseinheiten mit dispositiven Tätigkeiten, weshalb sie unter die Kategorie der Managementkostenstellen fallen. In Divergenz dazu erbringen die Prüfergeschäftsstellen, die Publikation, die Registratur sowie die Vorprüfung bestimmte Leistungen, welche den Leistungsprozeß der Patenterteilung unterstützen und deshalb als Servicekostenstellen fungieren.[237] Die einzelnen Patentabteilungen für Maschinenelemente, Wärmekraftmaschinen, Werkzeugmaschinen, Arbeitsmaschinen und Kunststoffverarbeitung nehmen jeweils die Patenterteilung vor. Demzufolge spiegeln sie die Hauptkostenstellen wider.[238] Administrationskostenstellen findet man in Abbildung 4-17 nicht vor. Natürlich erstellt jedoch auch das Patentamt administrative Produkte für allgemeine Verwaltungsangelegenheiten, wozu Administrationskostenstellen vonnöten sind. Hierzu zählen die Referate 4.1.2. (Haushalt), 4.1.3. (Technischer Hausdienst) sowie 4.1.5. (Aus- und Fortbildung).[239] Die Leistungen solcher allgemeiner Verwaltungsbereiche lassen sich für Vergleiche mit anderen Bundesinstitutionen heranziehen und erfahren deshalb zu Recht einen separaten Ausweis.

Verrechnungskostenstellen werden hingegen aus rein abrechnungstechnischen Gründen gebildet und dienen der ausschließlichen Sammlung und Verdichtung sekundärer Kosten. Vorrangig die von der Gebäudebewirtschaftung ausgelösten Kosten, wie etwa Mietkosten oder Reinigungskosten, faßt das DPMA zunächst auf entsprechenden Verrechnungskostenstellen zusammen, bevor diese eine Verteilung auf die jeweiligen Hauptkostenstellen oder auch empfangenden Hilfskostenstellen erfahren.[240] Auf die Ausgestaltung der Hilfskostenstellen als Cost Center nimmt das Konzept der Kosten- und Leistungsrechnung des DPMA keinen Bezug.

### C. Presse- und Informationsamt der Bundesregierung

Die Kostenstellen des BPA weisen folgende Wesensmerkmale auf, welche auf den Prozeß der Kostenstellenbildung entsprechenden Einfluß genommen haben:[241]

- **Abgrenzbarer Verantwortungsbereich**

  Für die definierte Kostenstelle muß eine entsprechende organisatorische Einheit vorhanden sein.

- **Zurechenbarkeit von Kosten und Leistungen**

  Die von der Kostenstelle ausgelösten Kosten sowie hervorgebrachten Leistungen müssen ermittelt und zugerechnet werden können.

---

237 Siehe KPMG: Einführung der Kosten- und Leistungsrechnung...(1999), S. 18.
238 Siehe KPMG: Einführung der Kosten- und Leistungsrechnung...(1999), S. 18.
239 Siehe KPMG: Einführung der Kosten- und Leistungsrechnung...(1999), S. 18 und Anlage 4, S. 3.
240 Siehe KPMG: Einführung der Kosten- und Leistungsrechnung...(1999), S. 18.
241 Siehe zu den einzelnen Punkten Arthur D. Little: Controlling im Presse- und Informationsamt...(1996), S. 45 und 47.

- **Gleichartige/vergleichbare Aufgabeninhalte**

  In der Kostenstelle sollen ausschließlich ähnliche oder vergleichbare Aktivitäten ausgeführt werden. Divergente Tätigkeiten lösen beispielsweise Grundsatzfragen sowie die Administration aus.

- **Klar definierte Leistungsbeziehungen mit anderen Kostenstellen**

  Das Leistungsgeflecht zwischen den Kostenstellen muß transparent sein. Jede Kostenstelle weiß Bescheid, welche Leistungen nach Art und Menge an andere Kostenstellen abgegeben werden. Dabei soll die abgegebene Leistung entsprechend quantitativ erfaßbar sein.

- **Eindeutige Kostenverantwortung**

  Die Kostenverantwortung wird so zugeteilt, daß Kompetenzüberschneidungen mit der existierenden Organisationsstruktur außen vor bleiben. Da die Referate als Kostenstellen fungieren, beziehen sich die Verantwortungsbereiche auf die Ebene der Referate und nicht etwa auf tiefer gegliederte Kostenplätze.

- **Größe der Kostenstelle darf keine personenbezogene Leistungskontrolle zulassen, soll aber hinreichende Transparenz gewährleisten**

  Für die Definition der Kostenstellen dienen grundsätzlich die Referate. Hierdurch hält sich die Gliederungstiefe der Kostenstellenhierarchie in Grenzen. Zwecks Transparenz von Kosten und Leistungen darf die Gesamtzahl der Mitarbeiter einer Kostenstelle nicht über 15 liegen. Umgekehrt soll die Kostenstelle pro Entgeltgruppe mindestens 3 Mitarbeiter aufweisen, damit personenbezogene Leistungskontrollen unterbleiben, welche aufgrund genauer Zeitaufschreibungen ermöglicht würden. Die positiven Wirkungen der Kosten- und Leistungsrechnung lassen sich nämlich nur dann uneingeschränkt entfalten, wenn die Verwaltungsangehörigen dieses Instrument akzeptieren und nicht als Druckmittel zur Erhöhung der eigenen Leistung ansehen.

Mit der Kostenstellenverantwortung übernehmen die beim Presse- und Informationsamt der Bundesregierung dafür zuständigen Personen eine Reihe umfangreicher Aufgaben. Hierzu gehören die Aufstellung der Kosten- und Leistungsplanung sowie die Durchführung von Kosten- und Leistungskontrollen auf der Basis von Kostenstellenberichten. Ferner haben die Kostenstellenverantwortlichen Soll-Ist-Abweichungen zu ermitteln sowie entsprechende Maßnahmen der Regelung einzuleiten und den vorgesetzten Führungskräften über die jeweilige Situation zu berichten. Einen wichtigen Part im Aufgabenbereich des Kostenstellenverantwortlichen bildet die Organisation und Durchführung der Zeitaufschreibung in der Kostenstelle. Diesbezüglich ist darauf zu achten, daß die Daten fehlerfrei und einigermaßen genau erhoben werden. Grundsätzlich sind von den Verantwortungsträgern alle erfaßten Kosten- und Leistungsdaten auf deren Plausibilität hin zu prüfen.[242]

Das BPA nimmt eine Differenzierung der Kostenstellen anhand von 6 Kategorien vor. Als Kategorien für die Einteilung dienen Hauptkostenstellen (H), Servicekostenstellen (S), Administrationskostenstellen (A), Leitungs- und Managementkostenstellen (LM),

[242] Siehe Arthur D. Little: Controlling im Presse- und Informationsamt...(1996), S. 49. Die Plausibilitätsprüfung gewährleistet die Aussagekraft der eruierten Ergebnisse.

Verrechnungskostenstellen (VR) sowie Verdichtungskostenstellen (VD).[243] Hauptkostenstellen erbringen extern nachgefragte Produkte. Als Hauptkostenstellen fungieren vorwiegend die Referate der Nachrichtenabteilung (z. B. „Presse, Agenturen Inland" oder „Fernsehen, Hörfunk Inland"), der Abteilung für Öffentlichkeits- und Pressearbeit Inland (z. B. „Printmedien" oder „Besucherdienst") sowie der Abteilung für Öffentlichkeits- und Pressearbeit Ausland (z. B. „Internationale Medien" oder „Staatsbesuche").[244] Servicekostenstellen gehören neben den Administrationskostenstellen und den Leitungs- bzw. Managementkostenstellen zu den Hilfskostenstellen. Der Output von Servicekostenstellen bezieht sich auf intern nachgefragte Produkte, welche direkt den Leistungserstellungsprozeß der externen Produkte unterstützen. Als Beispiele für Servicekostenstellen beim BPA lassen sich die Kostenstellen für Informationstechnologie, Vervielfältigung und Nachrichtentechnik anführen.[245]

Die Verwaltungsteilbereiche Haushalt, Personal und Organisation sind typische Beispiele für Administrationskostenstellen.[246] Wie der Name schon zum Ausdruck bringt, erstellen Administrationskostenstellen administrative Produkte, die ausschließlich intern nachgefragt werden. Solche administrativen Vorleistungen eignen sich für ein zwischenbehördliches Benchmarking und kommen deshalb gesondert zum Ausweis. In Divergenz zu den Servicekostenstellen und Administrationskostenstellen erbringen Leitungs- bzw. Managementkostenstellen Leistungen, für welche keine unmittelbare Nachfrage besteht. Trotzdem bedarf es für den Bestand der Organisation des BPA solcher Leistungen. Beispiele für Leitungskostenstellen sind die Kostenstellen der Amtsleitung, Mittelbewirtschaftung oder Grundsatzreferate.[247] Cost Center richtet das BPA für die Vorkostenstellen nicht ein.

Verrechnungskostenstellen und Verdichtungskostenstellen werden unter dem Oberbegriff der Abrechnungskostenstellen subsumiert.[248] Verrechnungskostenstellen (z. B. Verrechnungskostenstelle Abteilung) dienen der Sammlung und Verrechnung sekundärer Gemeinkosten. Solche Verrechnungskostenstellen benötigt das BPA, um die Kosten der Abteilungsleitung auf deren Vorkostenstellen verteilen zu können, von denen diese wiederum Leistungen empfängt.[249] Verdichtungskostenstellen (z. B. Gesamtabteilung) fungieren als sogenannte Berichtskostenstellen, welche durch die Verdichtung der Daten diverser Kostenstellen einer Abteilung die Generierung steuerungsrelevanter Informationen für die Abteilungsleitung (siehe hierzu Abbildung 4-18) gewährleisten sollen.[250] Ihrem Wesen nach könnten Verdichtungskostenstellen ebenfalls als Summenkostenstellen bezeichnet werden. Wie die Ausführungen bele-

243 Siehe Arthur D. Little: Controlling im Presse- und Informationsamt...(1996), S. 48.

244 Siehe hierzu Arthur D. Little: Controlling im Presse- und Informationsamt...(1996), S. 48 und Anhang A. 2, S. 4 – 7.

245 Siehe Arthur D. Little: Controlling im Presse- und Informationsamt...(1996), S. 48 und Anhang A. 2, S. 3 und 5.

246 Siehe Mach Software GmbH: Leistungsverrechnung...(2000), S. 8.

247 Siehe Arthur D. Little: Controlling im Presse- und Informationsamt...(1996), S. 48.

248 Siehe Arthur D. Little: Controlling im Presse- und Informationsamt...(1996), S. 48.

249 Siehe Presse- und Informationsamt der Bundesregierung: Controlling...(2000), S. 52. Siehe ebenfalls Arthur D. Little: Controlling im Presse- und Informationsamt...(1996), S. 48.

250 Siehe zu den Ausführungen der Kostenstellendifferenzierung beim BPA Arthur D. Little: Controlling im Presse- und Informationsamt...(1996), S. 48.

gen, entspricht die Kategorisierung der Kostenstellen des BPA genau den methodischen Vorgaben im KLR-Handbuch.[251]

Das Zusammenspiel der einzelnen Kategorien von Kostenstellen beim Presse- und Informationsamt der Bundesregierung soll Abbildung 4-18 überblicksartig versinnbildlichen. In Abbildung 4-18 spiegelt sich die Kostenstellenstruktur des BPA in ihren Grundzügen wider.

Abbildung 4-18

**Kostenstellenstruktur beim BPA**

Entnommen aus Arthur D. Little: Controlling im Presse- und Informationsamt...(1996), S. 51.

Entsprechend den Vorschriften im Bundeskontenrahmen beginnen beim BPA die Kostenstellennummern mit der Ziffer 7. Während die Kostenstellen der Behördenleitung zur Kontengruppe 70 gehören, subsumiert das BPA die Kostenstellen der Abteilung 1 (Verwaltung) unter der Kontengruppe 79, die Kostenstellen der Abteilung 2 (Nachrichten) unter der Kontengruppe 71, die Kostenstellen der Abteilung 3 (Öffentlichkeits- und Pressearbeit Inland) unter der Kontengruppe 72 und die Kostenstellen der Abteilung 4 (Öffentlichkeits- und Pressearbeit Ausland) unter der Kontengruppe 73.[252] Gemäß dieser Einteilungssystematik findet sich jede Abteilung des BPA in einer separaten Kontengruppe wieder.[253] Die Kostenstellenstruktur entspricht somit weitgehend der Struktur der Verwaltungsorganisation, was ebenfalls Abbildung 4-18 zum Ausdruck bringen soll. Da sich die Organisationsstruktur an den verwaltungsbetrieblichen Funktionen orientiert und diese keinen objektspezifischen Bezug aufweisen,[254] stellt ebenfalls die Abgrenzung der Kostenstellen nicht auf einzelne Verwaltungsobjekte ab.

[251] Siehe Bundesministerium der Finanzen (Hrsg.): Kosten- und Leistungsrechnung...(1997), S. 78.

[252] Siehe hierzu Bundesakademie für öffentliche Verwaltung: Controlling im Presse- und Informationsamt...(1997), S. 22. Siehe ebenfalls Presse- und Informationsamt der Bundesregierung: Controlling...(2000), S. 37.

[253] Siehe hierzu die Struktur des Kostenstellenplans in Bundesakademie für öffentliche Verwaltung: Controlling im Presse- und Informationsamt...(1997), S. 22.

[254] Siehe hierzu Arthur D. Little: Controlling im Presse- und Informationsamt...(1996), Anhang A. 2.

Abbildung 4-19 zeigt einen Ausschnitt aus dem Kostenstellenplan des BPA.[255] Dieser bezieht sich auf die Abteilung 1, womit konkrete Kostenstellen der allgemeinen Verwaltung angesprochen werden. Da der allgemeine Verwaltungsbereich keine externen Produkte erstellt, scheidet hier die Kategorie der Hauptkostenstellen aus. Die Kostenstelle mit der Nummer 7900 ist der Abteilungsleitung gewidmet, weshalb sie logischerweise als Leitungs- respektive Managementkostenstelle geführt wird. Kostenstellen der Administration sind Haushaltswesen, Personalwesen, Botendienst, Beschaffung, Fahrbereitschaft, Telefonzentrale sowie die Registratur. Diese stellen das Gros der allgemeinen Verwaltung dar, worauf eigentlich schon die Bezeichnung Administration hindeutet. Als Servicekostenstelle fungiert die Rechtsabteilung. Die Rechtsabteilung bringt Leistungen hervor (z. B. Vertragsentwürfe), die unmittelbar für externe Verwaltungsprodukte benötigt werden.

Abbildung 4-19

**Auszug aus dem Kostenstellenplan des BPA**

| **Kostenstellen-Nr.** | **Kostenstellenbezeichnung** | **Kategorie** |
|---|---|---|
| **7900** | **Abteilung 1 – Verwaltung** | **LM** |
| 7905 | Haushalt | A |
| 7913 | Personal | A |
| 7916-10 | Post-, Boten- und Pförtnerdienst | A |
| 7916-15 | Beschaffung | A |
| 7916-20 | Fahrbereitschaft | A |
| 7916-25 | Telefonzentrale | A |
| 7916-30 | Registraturen | A |
| 7919 | Recht | S |

Zusammengestellt aus Bundesakademie für öffentliche Verwaltung: Controlling im Presse- und Informationsamt...(1997), S. 22; Presse- und Informationsamt der Bundesregierung: Controlling...(2000), S. 37; Arthur D. Little: Controlling im Presse- und Informationsamt...(1996), Anhang A. 2, S. 1; Mach Software GmbH: Leistungsverrechnung...(2000), S. 8 – 9.

Die im Presse- und Informationsamt der Bundesregierung vorgenommene Strukturierung der Kostenstellen gewährleistet Transparenz bezüglich der Leistungserstellung und des Kostenanfalls. Insbesondere wird klar ersichtlich, inwieweit einzelne Kostenstellen unmittelbar oder mittelbar an der Erstellung externer Verwaltungsprodukte beteiligt sind. Die genaue Kenntnis der Leistungsverflechtungen erlaubt eine vollständige Verrechnung der Kosten der Hilfskostenstellen auf die Endkostenstellen und somit ebenfalls auf die externen Verwaltungsprodukte, was das BPA auch so praktiziert.[256] Darüber hinaus ermöglichen Verdichtungskostenstellen Auswertungen von aggregierten Kostenstellendaten auf Abteilungsebene entsprechend des jeweiligen Informationsbedarfs der Abteilungsleitung.[257]

[255] Die einzelnen Kategorien des Verwaltungsbereiches in Abbildung 4-19 betreffen Leitungs- respektive Managementkostenstellen, Administrationskostenstellen sowie Servicekostenstellen.
[256] Siehe hierzu Mach Software GmbH: Leistungsverrechnung...(2000), S. 3 – 16.
[257] Siehe hierzu Abbildung 4-18 sowie die entsprechenden obigen Ausführungen.

## D. Kraftfahrt-Bundesamt

Genauso wie das BPA unterscheidet das Kraftfahrt-Bundesamt bei den Kostenstellen zwischen Hauptkostenstellen (z. B. Verwaltungsteilbereiche für Auskünfte an Bürger oder an andere Behörden, Kfz-Statistik, Straßenverkehrsstatistik, Typgenehmigung, Konformitätsprüfung),[258] Servicekostenstellen (z. B. IT-Kostenstellen, Druckerei, Grundsatzangelegenheiten), Administrationskostenstellen (z. B. Beschaffung, Personal), Leitungs-/Managementkostenstellen (z. B. Behördenleitung, Planung, Koordination, Kosten- und Leistungsrechnung), Verrechnungskostenstellen (Sammlung und Verrechnung sekundärer Gemeinkosten als gleiche Prozedur wie beim BPA) und Verdichtungskostenstellen (Berichtskostenstellen, mit denen eine Verdichtung der Daten der Kostenstellen einer Abteilung erfolgt, um Kosteninformationen auf der Abteilungsebene zu erhalten), wobei diese 6 Kostenstellenkategorien ebenfalls für die selben Abgrenzungskriterien stehen.[259] Damit geht die Kategorisierung der Kostenstellen des KBA konform mit den methodischen Vorgaben der Standard-KLR.

Die Kostenstellen wurden aus der Aufbauorganisation des KBA abgeleitet und jeweils einer der 6 Kategorien zugeordnet, so daß man die gesamte Organisation des KBA in einer für die kostenrechnerischen Belange adäquaten Form vorfindet. Neben der Erhöhung der Transparenz bei den Gemeinkosten schafft die vorgenommene Kategorisierung der Verwaltungsteilbereiche die Basis für umfangreiche Auswertungsmöglichkeiten der mit der Kostenrechnung generierten Kostendaten.[260] Insbesondere erlauben die Leistungen der Administrationskostenstellen ein zwischenbehördliches Benchmarking, wodurch sich wiederum enorme Möglichkeiten an Effizienzsteierungen eröffnen. Zudem soll die im KBA praktizierte Einteilung der Kostenstellen eine möglichst genaue Verrechnung von Gemeinkosten zwischen Kostenstellen und zwischen Kostenstellen und Kostenträgern ermöglichen.[261] Die Kostenstellen beim KBA weisen eine sehr enge Beziehung zu den Verwaltungsobjekten auf, wodurch sich die angestrebte Genauigkeit bezüglich der Kostenverrechnung einigermaßen verwirklichen läßt. Durch den Objektbezug der Kostenstellen wird es ebenfalls möglich, Harmonie zwischen Kostenstellenverantwortung und Produktverantwortung sowie Fachverantwortung herzustellen.[262] Da gewöhnlicherweise die existierenden Referate als Kostenstellen dienen, bezieht sich im Normalfall der Verantwortungsbereich auf die Referatsebene. Dementsprechend hält sich auch der Differenzierungsgrad bei der Kostenstellendefinition in Grenzen.

In Abbildung 4-20 sind die für das IT-Referat eingerichteten Kostenstellen des KBA aufgeführt. Wie aus Abbildung 4-20 hervorgeht, bildet im IT-Bereich des KBA ausnahmsweise ein Referat nicht genau eine Kostenstelle, sondern ist in mehrere Kostenstellen unterteilt. Dennoch erreicht die Gliederungstiefe der Kostenstellen nur be-

---

[258] Siehe Arthur D. Little: Kosten- und Leistungsrechnungssystem im Kraftfahrt-Bundesamt...(1996), S. 16 – 18.

[259] Siehe Arthur D. Little: Kosten- und Leistungsrechnungssystem im Kraftfahrt-Bundesamt...(1996), S. 50 und 84; Arthur D. Little: Kosten- und Leistungsrechnung im KBA...(1996), S. 9.

[260] Siehe Arthur D. Little: Kosten- und Leistungsrechnungssystem im Kraftfahrt-Bundesamt...(1996), S. 49 – 50; Arthur D. Little: Kosten- und Leistungsrechnung im KBA...(1996), S. 9.

[261] Siehe Arthur D. Little: Kosten- und Leistungsrechnungssystem im Kraftfahrt-Bundesamt...(1996), S. 49.

[262] Siehe Arthur D. Little: Kosten- und Leistungsrechnungssystem im Kraftfahrt-Bundesamt...(1996), S. 76. Die dortigen Ausführungen beziehen sich insbesondere auf den IT-Bereich.

dingt den Detaillierungsgrad der Aufbauorganisation. Beispielsweise subsumiert das KBA unter der Kostenstelle Anwendungsentwicklung die Bereiche „Führung von Dateien", „Auswertung von Registern", „Datenbanken" sowie „Programmdokumentation", welche im Organigramm einen separaten Ausweis erfahren.[263] Hierdurch kann die Kostenstellenhierarchie einigermaßen flach gehalten werden. Da das IT-Referat als einziger Bereich des KBA als Cost Center ausgestaltet ist und zudem eine Abbildung der Leistungen als interne Produkte ausschließlich bei diesem Servicebereich erfolgt, bietet sich hier eine kurze Darstellung der Kostenstellenstruktur des IT-Referats an.

Abbildung 4-20

**Kostenstellen im IT-Referat des KBA**

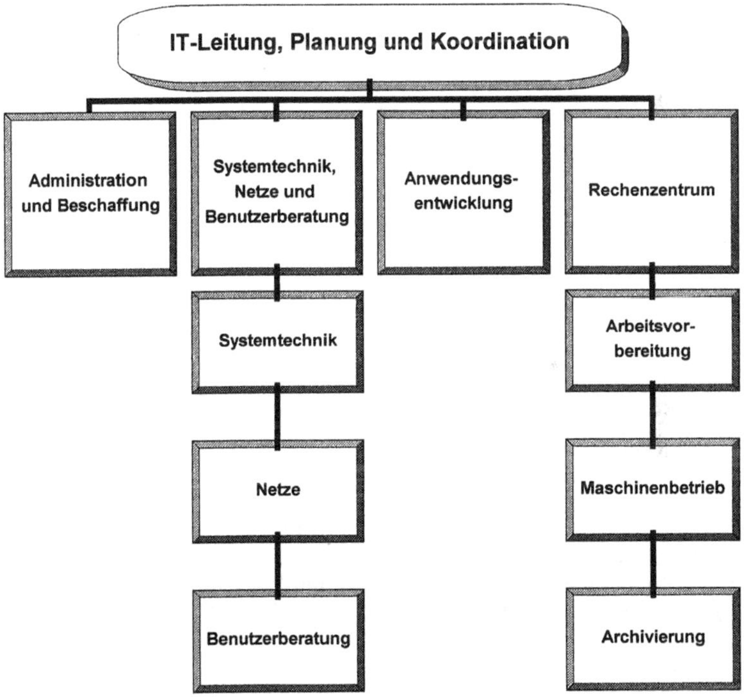


In modifizierter Form entnommen aus Arthur D. Little: Kosten- und Leistungsrechnungssystem im Kraftfahrt-Bundesamt...(1996), S. 77.

Das IT-Referat des KBA wurde nach Leistungstypen gegliedert. Jede Kostenstelle bezieht sich auf einen bestimmten Leistungstyp. Wie später noch aufgezeigt wird, erbringt das IT-Referat des KBA als Servicebereich für andere Verwaltungsbereiche

[263] Siehe hierzu Arthur D. Little: Kosten- und Leistungsrechnungssystem im Kraftfahrt-Bundesamt...(1996), S. 77.

IT-Leistungen in Form von „Individuelle DV", „Netzbereitstellung", „Anwendungsentwicklung" und schließlich „Rechenzentrumsleistungen", so daß sich die definierten Kostenstellen weitgehend mit den abgegrenzten IT-Leistungen decken.

Administration und Beschaffung erstellen keine IT-Leistungen, sind aber für ein reibungsloses Funktionieren des IT-Referats erforderlich und kommen deshalb als allgemeine Verwaltungskostenstelle zu Recht gesondert von den direkten Servicebereichen zum Ausweis. Die Kostenstelle Systemtechnik widmet sich vorwiegend der Bereitstellung und Bereithaltung von Hardware. Das KBA bildet die konkreten Leistungsarten der Kostenstelle Systemtechnik mittels der Produktgruppe „Individuelle DV" (siehe hierzu Abbildung 4-26) ab. Zur technischen Ausstattung des IT-Referats gehören aber ebenfalls die Netze, welche durch die gleichnamige Kostenstelle entsprechend kostenrechnerisch berücksichtigt werden. Der Umgang mit technischen Geräten erfordert natürlich mehr oder minder umfangreiche Beratungsleistungen für die Nutzer der EDV, wozu die Kostenstelle Benutzerberatung zuständig ist. Neben den für die technische Ausstattung definierten Kostenstellen gibt auch die Anwendungsentwicklung unmittelbar Serviceleistungen an die Fachbereiche ab. Hierbei handelt es sich um die Bereitstellung von Software entsprechend der Belange der jeweiligen Anwender. Die verschiedenen Verwaltungsteilbereiche des KBA empfangen vom Rechenzentrum bestimmte Transaktionsleistungen (siehe Abbildung 4-26). Diese stammen von den Kostenstellen Maschinenbetrieb und Archivierung. Damit die beiden Leistungsbereiche die von ihnen geforderten Serviceleistungen auch erbringen können, sind zunächst Leistungen der Arbeitsvorbereitung vonnöten, welche als bereichsbezogene Hilfskostenstelle keine Leistungen außerhalb des IT-Referats abgibt, sondern ausschließlich der Aufrechterhaltung des Leistungspotentials des Rechenzentrums dient.

### E. Würdigende Zusammenfassung der Definition und Kategorisierung von Kostenstellen unterschiedlich strukturierter Bundesinstitutionen

Trotz der Individualität der Bundesverwaltungen gehen diese bei der Bildung von Kostenstellen grundsätzlich nach dem gleichen Muster vor, das dem in der Standard-KLR des Bundes verankerten methodischen Standard zur Kostenstellendefinition entspricht. Auf der Grundlage der bestehenden Organisationsstruktur richten die Bundesinstitutionen ihre Kostenstellen ein. Hierdurch wollen sie sicherstellen, daß die Verwaltungsangehörigen neben der Fachverantwortung ebenfalls die Ressourcenverantwortung übernehmen und es zu keinerlei Überschneidungen bezüglich der Verantwortungsbereiche kommt. Wegen der Verschiedenartigkeit der Behörden in den Fachbereichen fällt logischerweise das Profil der Hauptkostenstellen der jeweiligen Verwaltungen recht unterschiedlich aus. Als Kostenstellen dienen grundsätzlich die Referate, mit denen gleichzeitig auch die Verantwortungsbereiche festgelegt werden. Da die Kostenverantwortung jeweils auf der Referatsebene angesiedelt ist und nicht auf der Ebene des Kostenplatzes, hält sich die Gliederungstiefe der Kostenstellenhierarchie bei den Bundesinstitutionen in Grenzen. Die Größe einer Kostenstelle unterschreitet im Bereich des Bundes gewöhnlich nicht die Zahl von 3 Personen, um eine personenbezogene Leistungskontrolle ausschließen zu können. Betrachten die Bediensteten die Kosten- und Leistungsrechnung als personenbezogenes Kontrollinstrument und damit verbunden als Druckmittel, so geht dies zu Lasten der Akzeptanz des verwendeten Rechensystems und die erwünschten Effizienzsteigerungen lassen sich demzufolge nicht verwirklichen. Der Einsatz der Kostenrechnung könnte hier sogar kontraproduktiv wirken. Umgekehrt darf eine Kostenstelle wegen der Transparenz von Kosten und Leistungen nicht zu groß sein. Die Obergrenze liegt daher zumeist bei ca. 20 Personen.

Mit der in den Bundesverwaltungen vorzufindenden Strukturierung der Kostenstellen (Hauptkostenstellen, Servicekostenstellen, Administrationskostenstellen, Leitungskostenstellen, Verrechnungskostenstellen, Verdichtungskostenstellen) wird ein positiver Beitrag zur Schaffung von Transparenz bezüglich der Leistungserstellung und des Kostenanfalls geleistet. Insbesondere kann man dadurch ersehen, inwieweit einzelne Kostenstellen unmittelbar oder mittelbar an der Erstellung externer Verwaltungsprodukte beteiligt sind. Die genaue Kenntnis der Leistungsverflechtungen erlaubt eine vollständige Verrechnung der Kosten der Hilfskostenstellen auf die Endkostenstellen und somit ebenfalls auf die externen Verwaltungsprodukte. Ausschließlichen Objektbezug weisen die Kostenstellen hingegen nur sehr selten auf, was zu Lasten der Genauigkeit der Allokation der Kostenstellenkosten auf die Verwaltungsleistungen geht. Der separate Ausweis der Kosten für allgemeine Verwaltungsleistungen mittels Administrationskostenstellen erlaubt den Bundesbehörden ein bundesweites Benchmarking für einigermaßen gleiche Leistungsarten und verkörpert somit ein großes Potential bezüglich anzustrebender Effizienzsteigerungen. Darüber hinaus ermöglichen Verdichtungskostenstellen Auswertungen von aggregierten Kostenstellendaten auf unterschiedlichen Hierarchieebenen entsprechend des jeweiligen Informationsbedarfs des betreffenden Informationsempfängers. Kostenstellen als Cost Center finden sich bei den Bundesverwaltungen sehr selten vor, womit eine mögliche Form der Steigerung der Verwaltungseffizienz ungenutzt bleibt.

## VI. Entwicklungsstand der innerbehördlichen Leistungsverrechnung mittels interner Produkte

Das Konzept der Standard-KLR sieht für die Bundesverwaltungen eine Verrechnung innerbehördlicher Leistungen mittels interner Produkte vor. Bei dieser Regelung handelt es sich um einen methodischen Standard (siehe Abbildung 3-2), welcher den Bundesinstitutionen entsprechende Freiräume in der konkreten Ausgestaltung der Leistungsverrechnung gewährt, damit diese ihren behördenspezifischen Bedürfnissen Rechnung tragen können.[264] Die mit der Standard-KLR propagierte Methode der internen Leistungsverrechnung über interne Produkte zielt auf Selbständigkeit und Eigenverantwortung in möglichst vielen Verwaltungsteilbereichen ab, läßt sich jedoch in den mit nur sehr begrenzten betriebswirtschaftlichen Kenntnissen ausgestatteten Bundesverwaltungen nicht gleich auf Anhieb in der angestrebten Form realisieren.[265] Der Aufbau organisationsinterner Marktbeziehungen mit Wettbewerbsorientierung und funktionierendem Preismechanismus, wie vom Konzept der Standard-KLR für den langfristigen Wirkbetrieb vorgesehen, erfordert von den Verwaltungsangehörigen ein gewaltiges Umdenken und nimmt ein enormes Volumen an Zeit sowie Ressourcen in Anspruch. Demzufolge kann die Umsetzung eines solchen anspruchsvollen Projekts nur sukzessive und in Stufen erfolgen.[266]

[264] Siehe hierzu genauer die entsprechenden Ausführungen zu Punkt IV.B.1. des 3. Kapitels.
[265] Vgl. Liebe, Rüdiger: Kosten- und Leistungsrechnung...(1999), S. 190 – 192.
[266] Vgl. Liebe, Rüdiger: Kosten- und Leistungsrechnung...(1999), S. 190 – 192.

Im KLR-Handbuch wird den Bundesverwaltungen deshalb für die Einführungsphase der Kosten- und Leistungsrechnung eine Leistungsverrechnung mittels klassischer Kostenstellenrechnung empfohlen, wobei als konkrete Methodik das Umlageverfahren in einer ersten Stufe zur Anwendung vorgesehen ist.[267] Mit der zweiten Stufe erhöht sich die Genauigkeit der Kostenverrechnung, da diese auf der Basis der tatsächlich ausgetauschten Leistungen zu erfolgen hat. Schließlich sollen in der Endstufe marktähnliche Bedingungen vorherrschen, die den Verwaltungsteilbereichen einen Austausch von Verwaltungsprodukten über den Preismechanismus erlauben, was wiederum höhere Verwaltungseffizienz zur Folge hat.[268] Entsprechend des Fortschritts der Implementierung der Kostenrechnung können die einzelnen Bundesbehörden einen unterschiedlichen Entwicklungsstand bezüglich der internen Leistungsverrechnung aufweisen. Aus diesem Grunde erscheint es geboten, konkrete Konzepte der Leistungsverrechnung von Bundesverwaltungen hinsichtlich Entwicklungsstadium und spezifischer Ausgestaltung aufzuzeigen.

### A. Deutscher Wetterdienst

Grundlegende Merkmale der innerbehörlichen Leistungsverrechnung beim Deutschen Wetterdienst sind die Verwendung von internen Kostenträgern (Produkten) und der Einsatz von Umlageschlüsseln auf der Basis vorgenommener Expertenschätzungen (siehe hierzu Abbildung 4-21).[269] Die Durchführung der Leistungsverrechnung setzt die Kenntnis bestehender Leistungsverflechtungen voraus. Deshalb hat der DWD Leistungsverflechtungsmatrizen entwickelt, in denen genau abgebildet ist, welche Kostenstellen welche Verwaltungsleistungen erbringen und an welchen Leistungsempfänger sie diese Leistungen abgeben. Die Leistungsverflechtungsmatrizen sind das Resultat aus der Aggregation der Leistungsbeschreibungen, welche von den Verwaltungsangehörigen in den einzelnen Abteilungen durchgeführt wurden.[270]

Abbildung 4-21 dient zur Illustration der Vorgehensweise bei der internen Leistungsverrechnung des Deutschen Wetterdienstes und bezieht sich auf ein konkretes Anwendungsbeispiel, das dem KLR-Handbuch geringfügig modifiziert entnommen wurde, wobei die Modifikation eine Korrektur der angeführten Zahlenwerte widerspiegelt.

---

[267] Siehe Bundesministerium der Finanzen (Hrsg.): Kosten- und Leistungsrechnung...(1997), S. 92 – 93. Siehe ebenfalls Liebe, Rüdiger: Kosten- und Leistungsrechnung...(1999), S. 192. Siehe ferner Müller, Peter u. a.: In zehn Schritten zur Kosten- und Leistungsrechnung...(1998), S. 22. Siehe schließlich die entsprechenden Ausführungen zu Punkt IV.B.1. des 3. Kapitels.

[268] Siehe hierzu Liebe, Rüdiger: Kosten- und Leistungsrechnung...(1999), S. 191 – 192. Siehe zusätzlich Bundesministerium der Finanzen (Hrsg.): Kosten- und Leistungsrechnung...(1997), S. 92 – 93. Siehe ferner Müller, Peter u. a.: In zehn Schritten zur Kosten- und Leistungsrechnung...(1998), S. 22.

[269] Siehe hierzu Deutscher Wetterdienst: Kosten- und Leistungsrechnung...(1999), S. 4 – 5. Siehe ebenfalls Bundesministerium der Finanzen (Hrsg.): Kosten- und Leistungsrechnung...(1997), S. 90.

[270] Siehe Deutscher Wetterdienst: Kosten- und Leistungsrechnung...(1999), S. 4.

Abbildung 4-21

**Innerbehördliche Leistungsverrechnung beim DWD**

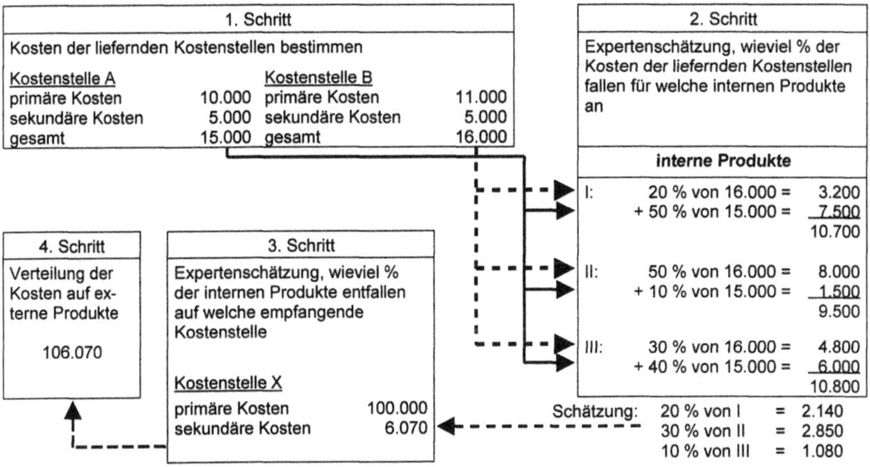


Geringfügig modifiziert entnommen aus Bundesministerium der Finanzen (Hrsg.): Kosten- und Leistungsrechnung...(1997), S. 90.

Das Procedere der innerbehördlichen Leistungsverrechnung im DWD läßt sich grundsätzlich in zwei Verfahrensabschnitte einteilen. Der erste Abschnitt ist der Eruierung der Kosten der leistenden Kostenstellen gewidmet (siehe hierzu Schritt 1 in Abbildung 4-21). Da auch die leistenden Kostenstellen bestimmte Leistungen empfangen, fallen dort neben primären Kosten zusätzlich sekundäre Kosten an. Bei diesen im ersten Schritt ermittelten sekundären Kosten handelt es sich konkret um Kosten der Liegenschaftsbewirtschaftung sowie um Kosten der Kommunikation. Kosten der Liegenschaftsbewirtschaftung und Kommunikation werden zunächst auf spezifischen Verrechnungs- respektive Gemeinkostenkonten gesammelt und anschließend von dort aus weiter gemäß der Formel:

$$\frac{\text{Anzahl der Mitarbeiter einer Kostenstelle}}{\text{Gesamtzahl der Mitarbeiter einer Liegenschaft}} \times 100$$

auf die einzelnen Referate (Kostenstellen) verteilt. Als Gemeinkostenstelle fungiert z. B. die Kostenstelle „Liegenschaft Frankfurter Straße 135, Offenbach", deren Kosten für die Bereitstellung der Infrastruktur es nach obigem Allokationssatz auf die dort befindlichen Kostenstellen umzulegen gilt. Der für die Umlage solcher Kosten verwendete Schlüssel ist weder verursachungsgerecht noch leistungsorientiert, weshalb hier von einer reinen Kostenumlage gesprochen werden kann.

Im zweiten Abschnitt der innerbehördlichen Leistungsverrechnung verwendet der Deutsche Wetterdienst interne Produkte als Verrechnungsmedien.[271] Hierbei wird in zwei Schritten vorgegangen. Anhand von Umlageschlüsseln sind die Kosten der leistenden Kostenstellen zunächst einmal auf die internen Produkte zu verteilen (sie-

[271] Siehe hierzu Abbildung 4-21.

he hierzu Schritt 2 in Abbildung 4-21). Die Basis für die Festlegung der Umlageschlüssel bilden Expertenschätzungen. Als Experten gelten dabei die Referatsleiter respektive Abteilungsleiter der betreffenden Verwaltungsteilbereiche. Bei der Bestimmung der Umlageschlüssel der leistenden Kostenstellen stützen sich die Experten auf die durchschnittlichen Personalzeitanteile, welche von der Mitarbeiterkapazität auf die jeweiligen internen Kostenträger (Produkte) für deren Erbringung entfallen.[272] Allerdings stellt sich dabei die berechtigte Frage, inwieweit sich durch Schätzungen genaue Kostendaten generieren lassen.

Nach Abschluß dieses Vorgangs erfolgt die Allokation der Kosten der internen Produkte auf die empfangenden Kostenstellen (siehe hierzu Schritt 3 in Abbildung 4-21). Auch hier kommen Umlageschlüssel zur Anwendung. Die Umlageschlüssel bringen zum Ausdruck, welches Volumen an internen Produkten leistungsempfangende Kostenstellen in Anspruch nehmen. Für die Bildung dieser Umlageschlüssel greift der DWD wiederum auf Expertenschätzungen zurück.[273] Genauso wie beim ersten Abschnitt erfolgt beim zweiten Abschnitt der innerbehördlichen Leistungsverrechnung eine Kostenallokation über Umlageschlüssel, womit natürlich auch eine bestimmte Einbuße an Genauigkeit einhergeht. Der in Abbildung 4-21 angeführte Schritt 4 dient der Verteilung der Kosten der Endkostenstellen auf die externen Produkte, womit er nicht zur innerbehördlichen Leistungsverrechnung gehört und deshalb hier nicht weiter behandelt wird.

Wie man sieht, verwendet der Deutsche Wetterdienst bei der innerbehördlichen Leistungsverrechnung das Medium des internen Produkts, was Konformität mit dem methodischen Standard im KLR-Handbuch bedeutet. Der methodische Standard gewährt den Institutionen Freiräume beim Operieren mittels internen Produkten, wie etwa die konkrete Zuordnung der Kosten der leistenden Kostenstellen auf die Produkte oder die spezifische Verteilung der Kosten der Produkte auf die empfangenden Kostenstellen. Der DWD bedient sich diesbezüglich bestimmter Umlageschlüssel, welche auf Expertenschätzungen beruhen. Zudem kommen Umlageschlüssel bei der Verteilung der Kosten der Liegenschaftsbewirtschaftung und der Kommunikation zum Einsatz. Die Verwendung von Umlageschlüssel bezieht sich jeweils auf die einzelnen Stufen der Leistungsabrechnung und birgt entsprechende Ungenauigkeiten in sich. Als Rahmen für die innerbehördliche Leistungsverrechnung des Deutschen Wetterdienstes fungiert jedoch das Stufenleiterverfahren, bei dem eine einseitige, mehrstufige Kostenweiterwälzung erfolgt. Innerhalb dieses Rahmens verwendet der DWD sodann auf den jeweiligen Verrechnungsstufen entsprechende Umlageschlüssel.

### B. Presse- und Informationsamt der Bundesregierung

Der Prozeß der innerbehördlichen Leistungsverrechnung läuft im BPA in mehreren Stufen ab, wie es ebenfalls beim DWD der Fall war. Die Leistungsverrechnung beginnt bei den Vorkostenstellen Gebäude und IT-Service, da deren Leistungen von allen anderen Kostenstellen genutzt werden, seien es Hauptkostenstellen oder ande-

[272] Siehe Deutscher Wetterdienst: Kosten- und Leistungsrechnung...(1999), S. 5.
[273] Siehe Deutscher Wetterdienst: Kosten- und Leistungsrechnung...(1999), S. 5.

re Vorkostenstellen.[274] Beide Vorkostenstellen erfahren eine Verrechnung über ihre jeweiligen internen Produkte Gebäudebewirtschaftung bzw. Informationstechnik, Nachrichtenbearbeitung, Netzwerke und Systemverwaltung.[275] Während die Kosten der Vorkostenstelle Gebäude nach der genutzten Fläche an Quadratmetern auf die empfangenden Kostenstellen verteilt werden, erfolgt die Kostenallokation der Vorkostenstelle IT-Service nach der Anzahl der sich in den einzelnen Kostenstellen befindlichen PC-Arbeitsplätze (siehe hierzu Abbildung 4-22).[276] Hierbei handelt es sich jeweils um pauschale Umlageschlüssel. Zuerst erfolgt die Umlage der Gebäudekosten, woran sich die Verteilung der Kosten der Vorkostenstelle IT-Service anschließt. Da bei diesen beiden Vorkostenstellen ein wechselseitiger Leistungsfluß auftritt, müßte als adäquates Verrechnungsverfahren eigentlich das Gleichungsverfahren oder das Iterationsverfahren zur Anwendung kommen, was aber nicht geschieht. Gleichungsverfahren und Iterationsverfahren sind zwar theoretisch richtig und sauber, lassen sich jedoch in praxi kaum realisieren, da sie einen viel zu großen Durchführungsaufwand hervorrufen. Das BPA nimmt deshalb zu Recht Abstand von diesen beiden Methoden.

Abbildung 4-22

**Innerbehördliche Leistungsverrechnung beim BPA**

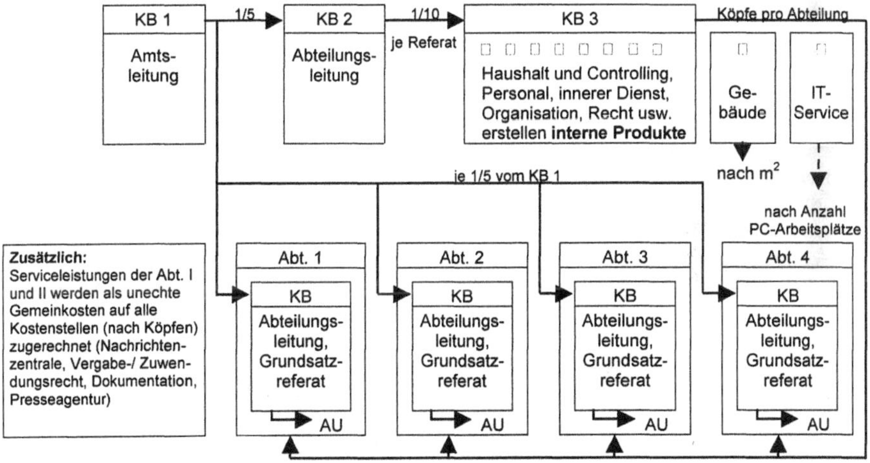


KB = Kostenblock; AU = Abteilungsumlage

Geringfügig modifiziert entnommen aus Bundesministerium der Finanzen (Hrsg.): Kosten- und Leistungsrechnung...(1997), S. 91.

[274] Siehe Mach Software GmbH: Leistungsverrechnung...(2000), S. 4 – 7; Presse- und Informationsamt der Bundesregierung: Controlling...(2000), S. 52.

[275] Siehe Presse- und Informationsamt der Bundesregierung: Controlling...(2000), S. 52; Mach Software GmbH: Leistungsverrechnung...(2000), S. 5 und 7.

[276] Siehe Presse- und Informationsamt der Bundesregierung: Controlling...(2000), S. 52; Mach Software GmbH: Leistungsverrechnung...(2000), S. 5 und 7; Bundesakademie für öffentliche Verwaltung: Controlling im Presse- und Informationsamt...(1997), S. 26.

Die Kosten der internen Produkte der Vorkostenstelle Gebäude werden zu Beginn der Verrechnungsprozedur auf alle empfangenden Kostenstellen verteilt, wozu auch die Vorkostenstelle IT-Service gehört. Sodann verteilt das BPA die Kosten der internen Produkte der Vorkostenstelle IT-Service auf die entsprechenden Leistungsempfänger, einschließlich der in der ersten Verrechnungsstufe abgerechneten Gebäudekostenstelle.[277] Demzufolge müssen sich nach Abschluß der Verrechnungsprozedur noch Restkosten auf der Vorkostenstelle Gebäude befinden.

Das Gros der innerbehördlichen Leistungsverrechnung im BPA betrifft die Kostenstellen des Allgemeinen Service mit den jeweiligen Funktionen Haushalt, Personal, Organisation, Recht, Pförtnerdienst, Fahrbereitschaft, Controlling usw. (Kostenblock 3 in Abbildung 4-22), deren Kosten in einer nächsten Verrechnungsstufe eine entsprechende Allokation erfahren. Der Kostenanfall dieser Vorkostenstellen wird mittels den von den Servicebereichen erstellten internen Verwaltungsprodukten auf die Hauptkostenstellen verrechnet, wozu zwei Abrechnungsschritte vonnöten sind.[278] In einem ersten Schritt gilt es die Kosten der Servicekostenstellen auf die erbrachten Serviceleistungen (Serviceprodukte) zu verteilen. Interne Serviceprodukte der Funktion Haushalt sind z. B. die jeweiligen Abrechnungen für Reisekosten, Umzugskosten, Trennungsgeld oder Beihilfen. Zu den internen Produkten des Bereichs Haushalts gehören ebenfalls die Haushaltsplanung und Haushaltsaufstellung sowie die Durchführung der Kosten- und Leistungsrechnung. Als Beispiele für interne Produkte der Funktion Personal lassen sich Personalplanung, Personalbestandsverwaltung oder Maßnahmen der Personalentwicklung anführen. Entsprechende Serviceprodukte existieren auch für die anderen Servicekostenstellen des BPA.[279] Die Belastung der internen Produkte mit den Kosten der Sevicekostenstellen erfolgt auf der Basis der je Produkt aufgewandten Arbeitszeit.[280] Damit geht das Konzept des BPA konform mit der Standard-KLR, welche eine Zuordnung der Verwaltungsressourcen auf die Verwaltungsprodukte mittels Zeiterfassung fordert.[281] Für die anschließende Allokation der Kosten der Serviceprodukte auf die Hauptkostenstellen verwendet das BPA eine sehr einfache respektive robuste Methodik. Nach der Anzahl der Köpfe in den Hauptkostenstellen werden diese mit Kosten interner Produkte belastet (siehe hierzu Abbildung 4-22).[282] Aufgrund des Einsatzes eines solchen pauschalen Umlageschlüssels distanziert sich das BPA von einer genauen Kostenallokation, da der angewandte Umlageschlüssel einer leistungsorientierten Kostenverrechnung widerstrebt.

Daneben legt das BPA die Kosten für die Amtsleitung und die diversen Abteilungsleitungen auf die Hauptkostenstellen um. Die Kosten der Amtsleitung werden zunächst auf die definierten Kostenstellen der jeweiligen Abteilungsleitung verbucht.

---

277 Siehe Mach Software GmbH: Leistungsverrechnung...(2000), S. 7.

278 Siehe Presse- und Informationsamt der Bundesregierung: Controlling...(2000), S. 52; Mach Software GmbH: Leistungsverrechnung...(2000), S. 8 – 10.

279 Siehe Http: Produkt...(2000), S. 22 – 24.

280 Siehe Mach Software GmbH: Leistungsverrechnung...(2000), S. 8; Presse- und Informationsamt der Bundesregierung: Controlling...(2000), S. 52.

281 Siehe hierzu die entsprechenden Ausführungen zu Punkt II.D. des 3. Kapitels.

282 Siehe Presse- und Informationsamt der Bundesregierung: Controlling...(2000), S. 52; Mach Software GmbH: Leistungsverrechnung...(2000), S. 10; Bundesakademie für öffentliche Verwaltung: Controlling im Presse- und Informationsamt...(1997), S. 26. Mit Verursachungsgerechtigkeit oder Leistungsorientierung hat diese Methode bestimmt nichts zu tun.

Hierbei erfährt jede empfangende Kostenstelle eine gleichmäßige Kostenbelastung (siehe hierzu Abbildung 4-22).[283] Im Anschluß daran erfolgt die Verteilung der Kosten der Kostenstellen Abteilungsleitung auf die jeweiligen Hauptkostenstellen der betreffenden Abteilung (Abteilungsumlage), wobei jede Hauptkostenstelle den gleichen Kostenblock zugeteilt bekommt.[284] Durch die Allokation der Kosten nach dem Gießkannenprinzip kann das BPA nur in sehr begrenztem Maße verwertbare Kosteninformationen generieren. Denn mit einer leistungsorientierten Kostenverrechnung hat diese Methodik nichts zu tun. Zum Schluß befindet sich das Gros der Kosten der Vorkostenstellen auf den Hauptkostenstellen, von denen aus weiter die Kostenbelastung der externen Produkte auf der Grundlage beanspruchter Zeitvolumina vorgenommen wird.[285]

Die Verrechnung der innerbehördlichen Leistungen über mehrere Stufen hinweg ist ein klares Indiz für das Vorliegen des Stufenleiterverfahrens. Als Stufenleiterverfahren bezeichnet logischerweise ebenfalls die Bundesinstitution BPA ihre Verrechnungsmethodik.[286] Auf den einzelnen Verrechnungsstufen wendet das BPA jeweils bestimmte Umlageschlüssel an, was mit entsprechend ungenauen Kostenumlagen einhergeht. Trotz teilweise gegenseitiger Leistungsverflechtungen bleiben Gleichungsverfahren oder Iterationsverfahren außen vor, jene beiden Methodiken, die adäquate Verrechnungsverfahren darstellen würden. Die Anwendung solch komplexer Verrechnungsmethodiken zieht natürlich einen enormen Durchführungsaufwand nach sich, den man verständlicherweise vermeiden will. Bei der innerbehördlichen Leistungsverrechnung bedient man sich im BPA hingegen interner Produkte. Trotz genauer Zuordnung der Kostenstellenkosten über Zeitaufschreibungen auf die internen Produkte, kann jedoch die Werthaltigkeit der Kosteninformationen nicht gesteigert werden, da die Verteilung der Kosten interner Produkte auf die empfangenden Kostenstellen über pauschale Umlageschlüssel erfolgt und demgemäß nicht leistungsorientiert vonstatten geht.

## C. Deutsches Patentamt

Die Verteilung der Kosten der leistenden Kostenstellen auf die die innerbehördlichen Leistungen empfangenden Kostenstellen erfolgt beim Deutschen Patentamt über das Umlageverfahren sowie über ein Verfahren der Leistungsverrechnung, das dem Prinzip der Leistungsinanspruchnahme[287] folgt. Vom Umlageverfahren wird während der Phase der Einführung der Kosten- und Leistungsrechnung verstärkt Gebrauch gemacht, da es eine rasche Umsetzung ermöglicht.[288] Im Laufe des späteren Wirkbetriebes der KLR gilt es sodann das Umlageverfahren durch ein genaueres Verfahren der Leistungsverrechnung zu substituieren, soweit dies möglich ist.[289] Abbildung 4-23 soll die Vorgehensweise des Umlageverfahrens demonstrieren.

[283] Siehe Presse- und Informationsamt der Bundesregierung: Controlling...(2000), S. 52.
[284] Siehe Presse- und Informationsamt der Bundesregierung: Controlling...(2000), S. 52; Mach Software GmbH: Leistungsverrechnung...(2000), S. 12; Bundesakademie für öffentliche Verwaltung: Controlling im Presse- und Informationsamt...(1997), S. 26.
[285] Siehe Presse- und Informationsamt der Bundesregierung: Controlling...(2000), S. 52.
[286] Siehe Presse- und Informationsamt der Bundesregierung: Controlling...(2000), S. 52.
[287] Siehe zu diesem Verfahren Abbildung 4-24.
[288] Siehe KPMG: Einführung der Kosten- und Leistungsrechnung...(1999), S. 41.
[289] Siehe hierzu Abbildung 4-24.

Abbildung 4-23

**Innerbehördliche Kostenallokation des DPMA mittels Umlageverfahren**

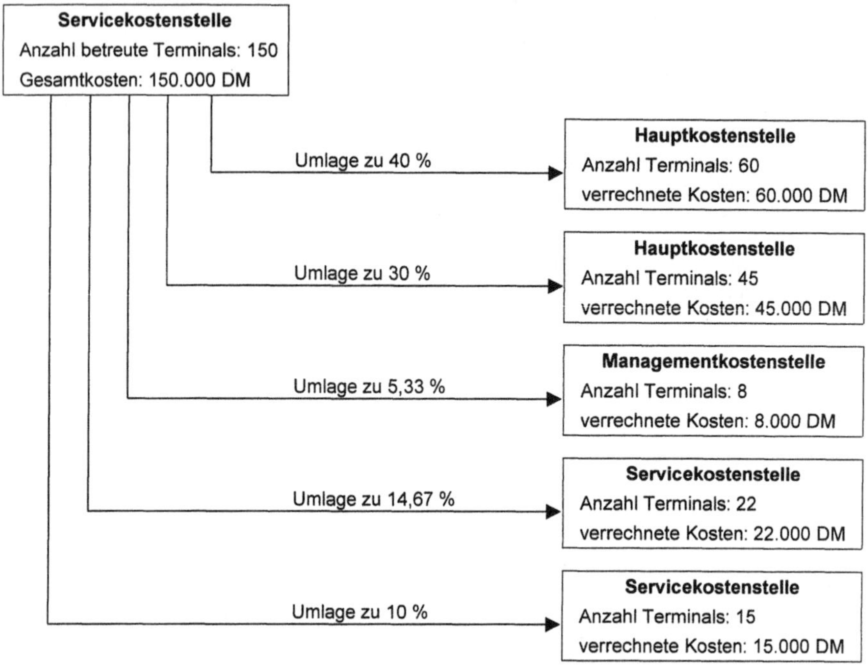


Entnommen aus KPMG: Einführung der Kosten- und Leistungsrechnung...(1999), S. 42.

Charakteristisch für das Umlagefahrens ist, daß die Verteilung der Kosten anhand bestimmter Schlüsselgrößen vorgenommen wird. Für die Schlüsselgröße verwendet das DPMA synonym den Terminus Bezugsgröße.[290] In Abhängigkeit von den konkreten Leistungen der abgebenden Kostenstellen können die Schlüsselgrößen unterschiedliche Formen an Maßzahlen verkörpern. Diesbezüglich definierte das Deutsche Patentamt für alle leistenden Kostenstellen adäquate Maßzahlen, welche eine einigermaßen plausible Kostenallokation erlauben sollen.[291]

Jedoch vermag es das Umlageverfahren aufgrund der Operation mittels Schlüsseln nicht zu leisten, die Kosten verursachungsgerecht oder leistungsgerecht zu verteilen. Als Schlüsselgrößen respektive Maßzahlen für die Verteilung der Kosten der Managementkostenstellen fungieren beim DPMA jeweils die Volumina der betreuten Abteilungen, Geschäftsstellen und Sachgebiete.[292] Wie aus Abbildung 4-25 zu ersehen ist, verwendet das Deutsche Patentamt die soeben genannten Verteilungsschlüssel ebenfalls für die Servicekostenstellen. Darüber hinaus kommen für die Servicekostenstellen noch weitere Bezugsgrößen zur Anwendung, wie etwa die Anzahl der Mit-

[290] Siehe KPMG: Einführung der Kosten- und Leistungsrechnung...(1999), S. 41 – 42.
[291] Siehe KPMG: Einführung der Kosten- und Leistungsrechnung...(1999), S. 42.
[292] Siehe KPMG: Einführung der Kosten- und Leistungsrechnung...(1999), S. 42 und Anlage 7.

arbeiter oder die Anzahl der Terminals. Gleiches gilt für die Administrationskostenstellen.[293]

Die Umlage der Kosten der Servicekostenstelle Informationstechnik mittels der Schlüsselgröße „Anzahl Terminals“ zeigt Abbildung 4-23 exemplarisch auf. Dividiert man die Gesamtkosten (150.000 DM) durch die Anzahl der betreuten Terminals, erhält man die Kosten pro betreutem Terminal in Höhe von 1.000 DM. Mit diesem Betrag werden die leistungsempfangenden Kostenstellen für jeden genutzten Terminal kostenmäßig belastet. Befinden sich in der Kostenstelle beispielsweise 60 Terminals, ergibt sich eine Kostenumlage in Höhe von 60.000 DM, welche 40 % der Gesamtkosten entspricht.[294]

Wesentlich genauer als das Umlageverfahren ist die Verrechnung von Kosten für innerbehördliche Leistungen gemäß dem Prinzip der Leistungsinanspruchnahme. In Divergenz zum Umlageverfahren erfolgt hierbei die Kostenallokation nicht pauschal nach irgendwelchen Schlüsseln, sondern entsprechend dem Volumen an beanspruchten Leistungen der leistungsempfangenden Kostenstellen. Als Medien für die Messung der innerbehördlichen Leistungen fungieren im Deutschen Patentamt interne Produkte sowie Zeitaufschreibungen.[295] Abbildung 4-24 versinnbildlicht die Methodik der Leistungsverrechnung gemäß dem Prinzip der Leistungsinanspruchnahme beim DPMA anhand der Servicekostenstelle „Zentraler Schreibdienst“.

Die vom zentralen Schreibdienst in der Betrachtungsperiode geleisteten 2.000 Schreibstunden ziehen Gesamtkosten in Höhe von 80.000 DM nach sich. Für eine Schreibstunde ergibt sich somit ein Verrechnungssatz von 40 DM. Aufgrund der Inanspruchnahme von 500 Schreibstunden, erfährt die Patentabteilung eine Kostenbelastung in Höhe von 20.000 DM. Analoges gilt für die Gebrauchsmusterabteilung, die Markenabteilung sowie für die Rechtsabteilung. Von den geleisteten 2.000 Stunden lassen sich jedoch nur 1.500 Stunden direkt bestimmten Kostenstellen zuordnen. Die restlichen 500 Stunden verkörpern Kosten in Höhe von 20.000 DM, welche keinen unmittelbaren Bezug zu einzelnen Kostenstellen aufweisen. Für diese den einzelnen Verwaltungsteilbereichen nicht direkt zurechenbaren Kosten verwendet das Deutsche Patentamt folglich das Umlageverfahren, um eine vollständige Kostenallokation zu gewährleisten.[296]

---

293 Siehe KPMG: Einführung der Kosten- und Leistungsrechnung...(1999), S. 42 und Anlage 7.

294 Siehe Abbildung 4-23.

295 Siehe KPMG: Einführung der Kosten- und Leistungsrechnung...(1999), S. 42. Siehe ebenfalls Abbildung 4-25.

296 Siehe KPMG: Einführung der Kosten- und Leistungsrechnung...(1999), S. 43.

Abbildung 4-24

**Innerbehördliche Leistungsverrechnung des DPMA nach dem Prinzip der Leistungsinanspruchnahme**

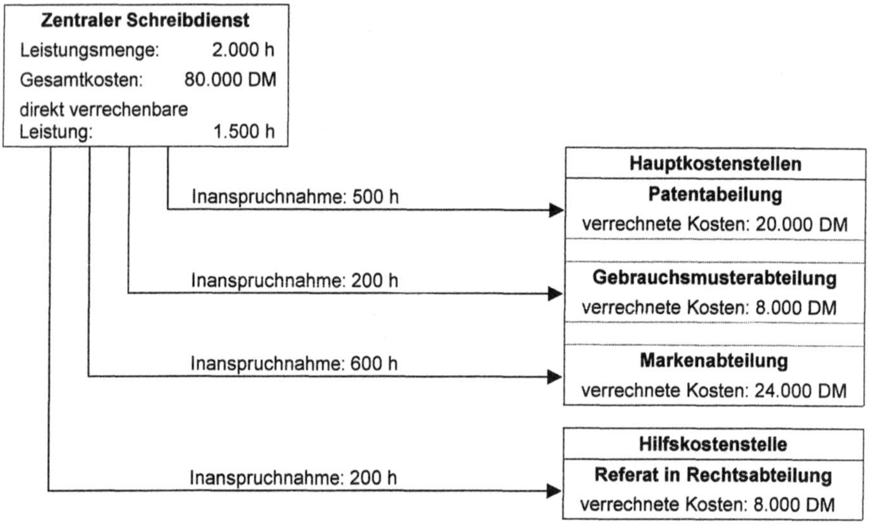


| **Kostenstelle 1409 Zentraler Schreibdienst** | |
|---|---|
| Gesamtkosten in dem betrachteten Zeitraum | 80.000 DM |
| Leistungsmenge in dem betrachteten Zeitraum | 2.000 h |
| direkt auf Kostenstelle zurechenbar | 1.500 h |
| direkt verteilte Kosten | 60.000 DM |
| verbleibende Kosten für die Umlage auf Kostenstellen | 20.000 DM |

Entnommen aus KPMG: Einführung der Kosten- und Leistungsrechnung...(1999), S. 43.

Wie aus Abbildung 4-25 ersichtlich ist, erfolgt die Verteilung der Kosten der Managementkostenstellen auf die leistungsempfangenden Kostenstellen ausschließlich über Umlagen. Gleiches gilt für die Administrationskostenstellen sowie für bestimmte Servicekostenstellen.[297] Da die Leistungen der genannten Kategorien von Kostenstellen keinen unmittelbaren Bezug zu anderen Kostenstellen aufweisen, muß die Kostenallokation zwangsläufig über Umlagen erfolgen. Eine Substitution des Umlageverfahrens durch genauere Methoden der Leistungsverrechnung während des Wirkbetriebes der Kostenrechnung scheidet somit bei diesen Verwaltungsteilbereichen aus und die Kostenumlage mittels Schlüsselgrößen kommt deshalb hier auch über die Einführungsphase hinaus zur Anwendung.

[297] Siehe KPMG: Einführung der Kosten- und Leistungsrechnung...(1999), Anlage 7.

Abbildung 4-25

**Auszug aus der Kostenstellenabrechnung des DPMA**

| Kostenstellen-Nr. | Kostenstellenbezeichnung | Kategorie | Verteilung | Bezugsgröße |
|---|---|---|---|---|
| 1101 | Verwaltungsbereich der Hauptabteilung 1 | Managementkostenstelle | Umlage | anteilig auf Anzahl betreuter Sachgebiete |
| 1102 | Leitung Prüfergeschäftsstellen | Managementkostenstelle | Umlage | anteilig auf Anzahl betreuter Geschäftsstellen |
| 1103 | Prüfergeschäftsstelle | Servicekostenstelle | Umlage<br>Leistungsverrechnung | anteilig auf Anzahl betreuter Patent-Abteilungen<br>interne Produkte |
| 1104 | Prüfergeschäftsstelle | Servicekostenstelle | Umlage<br>Leistungsverrechnung | anteilig auf Anzahl betreuter Patent-Abteilungen<br>interne Produkte |
| 1108 | Leitung Prüfergeschäftsstellen | Managementkostenstelle | Umlage | anteilig auf Anzahl betreuter Geschäftsstellen |
| 1109 | Prüfergeschäftsstelle | Servicekostenstelle | Umlage<br>Leistungsverrechnung | anteilig auf Anzahl betreuter Patent-Abteilungen<br>interne Produkte |
| 1115 | Vorprüfungsabteilung | Servicekostenstelle | Leistungsverrechnung | internes Produkt |
| 1201 | Verwaltungsbereich: Dokumentation, Klassifikation, Prüfstoff | Servicekostenstelle | Leistungsverrechnung | internes Produkt |

Auszug entnommen aus KPMG: Einführung der Kosten- und Leistungsrechnung...(1999), S. 44 und Anlage 7, S. 1 – 2.

Wo es möglich ist (Großteil der Servicekostenstellen), ersetzt das Deutsche Patentamt das Umlageverfahren nach der Einführungsphase der Kostenrechnung durch das vorhin angeführte Verfahren der Leistungsverrechnung auf der Basis der Leistungsinanspruchnahme, welches eine wesentlich genauere Kostenallokation ermöglicht. Hierbei kommen Zeitaufschreibungen und interne Produkte (siehe hierzu Abbildung 4-25) zur Anwendung.[298] Natürlich sind mit der Zeitaufschreibung und der Produktbildung bzw. Produktverwaltung entsprechende Durchführungsaufwendungen verbunden, die jedoch das DPMA zum Zwecke der Generierung genauer Kostendaten gerne in Kauf nimmt.[299] Die beiden Verrechnungsverfahren beziehen sich jeweils nur auf die einzelnen Verrechnungsstufen einer mehrstufigen Verrechnungsprozedur, welche das DPMA aufgrund des mehrstufigen Leistungsflusses durchführt.

Größtenteils geht der Leistungsfluß nur in eine Richtung, so daß sich die Kosten für die Vorleistungen mit dem übergeordneten Stufenleiterverfahren einigermaßen gut weiterwälzen lassen.[300] Eine genaue Analyse des Konzepts der Kostenstellenverrechnung des DPMA bringt die Anwendung des Stufenleiterverfahrens zum Vor-

[298] Siehe detailliert KPMG: Einführung der Kosten- und Leistungsrechnung...(1999), Anlage 7.
[299] Siehe KPMG: Einführung der Kosten- und Leistungsrechnung...(1999), S. 43.
[300] Siehe KPMG: Einführung der Kosten- und Leistungsrechnung...(1999), S. 27.

schein.[301] Allerdings weisen die Kostenstellen Personalverwaltung, zentraler Haushaltsdienst, technischer Hausdienst, Sicherheitsdienst, Aus- und Fortbildung, Aufbau- und Ablauforganisation sowie Programmierung gegenseitige Leistungsverflechtungen auf. Der Leistungsaustausch dieser Kostenstellen wird nicht über das Gleichungsverfahren oder das Iterationsverfahren abgerechnet, da hierdurch eine enorme Komplexität der Kosten- und Leistungsrechnung verursacht würde. Statt dessen kommen auch dort Umlageschlüssel (z. B. Anzahl betreuter Kostenstellen oder Terminals, Anzahl der Mitarbeiter) sowie Leistungsverrechnungen über Zeitaufschreibungen zur Anwendung, wenn ein entsprechender Leistungsaustausch durchgeführt wird.[302]

## D. Kraftfahrt-Bundesamt

Die innerbehördliche Leistungsverrechnung des Kraftfahrt-Bundesamtes erfolgt auf der Grundlage des Stufenleiterverfahrens. Für die einzelnen Verrechnungsstufen zieht das KBA dabei verschiedene Verfahren heran.[303] Die Allokation der Kosten der Personalverwaltung und des Liegenschaftsmanagements erfolgt durch entsprechende Schlüsselungen. In Divergenz hierzu werden Leistungen der Beschaffungsabteilung sowie Vervielfältigungen über Bezugsgrößen abgerechnet. Dabei handelt es sich jeweils um die Verteilung anfallender Kosten der Vorkostenstellen auf die Endkostenstellen. Mit Verrechnungspreisen arbeitet das KBA hingegen, wenn interne Aufträge oder interne Produkte abzurechnen sind. Leistungen aufgrund interner Aufträge erbringen z. B. Druckerei und Schreibdienst.[304] Als zentrale Medien für die innerbehördliche Leistungsverrechnung fungieren also beim KBA Umlageschlüssel, Bezugsgrößen sowie Verrechnungspreise. Lediglich auf einer Verrechnungsstufe (Kostenverrechnung der Abteilungsleitung) bedient sich das KBA ergänzend des Iterations- bzw. Gleichungsverfahrens.[305] Die Abbildung der Leistungen als interne Produkte geschieht zunächst nur ausschließlich beim IT-Referat.[306] Soweit die Verwaltungsmitarbeiter mit IT-Produkten bereits ausreichende Erfahrungen gesammelt haben, weitet das KBA in naher Zukunft die Operation mittels interner Produkte auf andere Verwaltungsteilbereiche aus. Hierzu gehören die Schreibdienste, die Beschaffung, die Stellenbesetzung, die Fortbildung, die Personalbetreuung, die Vervielfältigung, der Druckservice sowie diverse Organisationsmaßnahmen.[307]

Das IT-Referat des KBA ist als Cost Center ausgestaltet. Erbrachte IT-Leistungen werden den leistungsempfangenden Kostenstellen zu jährlich festgelegten Verrechnungspreisen belastet. Wie der Terminus Cost Center bereits verdeutlicht, gilt es für das IT-Referat weder Gewinne noch Verluste zu erwirtschaften, sondern kostende-

301 Siehe diesbezüglich KPMG: Einführung der Kosten- und Leistungsrechnung...(1999), S. 27 und Anlage 7.

302 Siehe KPMG: Einführung der Kosten- und Leistungsrechnung...(1999), Anlage 7.

303 Siehe Arthur D. Little: Kosten- und Leistungsrechnungssystem im Kraftfahrt-Bundesamt...(1996), S. 50.

304 Siehe Arthur D. Little: Kosten- und Leistungsrechnung im KBA...(1996), S. 9.

305 Siehe Arthur D. Little: Kosten- und Leistungsrechnungssystem im Kraftfahrt-Bundesamt...(1996), S. 50.

306 Siehe Arthur D. Little: Kosten- und Leistungsrechnung im KBA...(1996), S. 9; Arthur D. Little: Kosten- und Leistungsrechnungssystem im Kraftfahrt-Bundesamt...(1996), S. 14.

307 Siehe Arthur D. Little: Kosten- und Leistungsrechnungssystem im Kraftfahrt-Bundesamt...(1996), S. 14 – 15.

ckend zu agieren.[308] Die zwecks Verrechnung von IT-Leistungen definierten internen Produkte gehören zu den vier Produktgruppen „Individuelle DV“, „Netzbereitstellung“, „Anwendungsentwicklung“ und „Rechenzentrum“ (siehe hierzu Abbildung 4-26).

Abbildung 4-26

**IT-Leistungen im KBA**

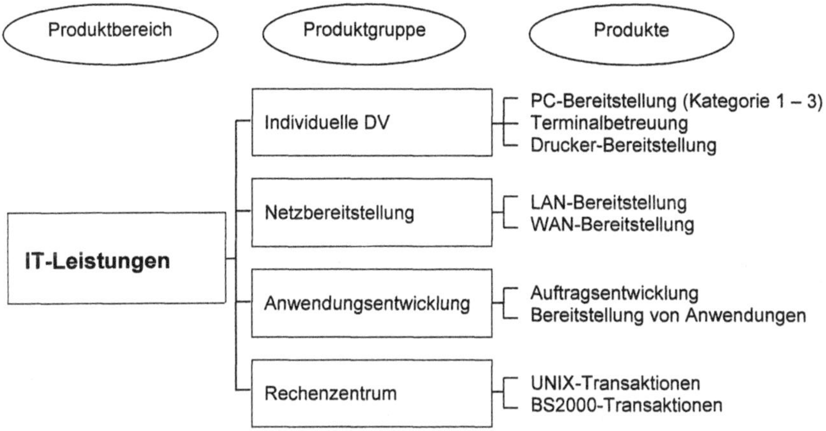


Entnommen aus Arthur D. Little: Kosten- und Leistungsrechnungssystem im Kraftfahrt-Bundesamt...(1996), S. 65.

Die Produktgruppe Individuelle DV setzt sich aus den fünf Einzelprodukten Terminals, PC`s der Kategorie 1 – 3 sowie Druckgeräte zusammen. Terminals erbringen keine eigenständige Rechnerleistung und sind deshalb an Abteilungs- bzw. Zentralrechnern angeschlossen. In Abhängigkeit vom Leistungsvermögen des jeweiligen Rechners erfolgt eine Kategorisierung der PC`s von Gruppe 1 bis 3, wobei die Kategorie 1 für relativ leistungsschwache Typen vorgesehen ist und mit aufsteigender Nummer die Leistungsfähigkeit zunimmt. Bei den Druckern handelt es sich um lokale und dezentrale Netzdrucker. Das für diese fünf Produkte auflaufende Kostenvolumen wird mittels pauschalen Verrechnungspreisen auf die leistungsempfangenden Kostenstellen verteilt. Mit der in den Kostenstellen existierenden Endgerätezahl kommt die jeweilige Produktmenge zum Ausdruck. Bezüglich der Standorte der Endgeräte und deren Nutzer verfügt das IT-Referat über detaillierte Listen.[309]

Als Produktgruppe Netzbereitstellung wurden die zwei Einzelprodukte LAN-Bereitstellung und WAN-Bereitstellung definiert. Das Produkt LAN-Bereitstellung verkörpert den Anschluß von PC`s und Terminals an das lokale Netz. Hingegen spiegelt das Produkt WAN-Bereitstellung den Anschluß an das Weitverkehrsnetz wider. Letzteres Produkt kommt primär für Außenstellen und externe Stellen in Frage. Beide Produkte beziehen sich neben der Bereitstellung der erforderlichen Infrastruktur

[308] Siehe Arthur D. Little: Kosten- und Leistungsrechnungssystem im Kraftfahrt-Bundesamt...(1996), S. 60.

[309] Siehe detailliert Arthur D. Little: Kosten- und Leistungsrechnungssystem im Kraftfahrt-Bundesamt...(1996), S. 65 – 68.

ebenfalls auf die damit verbundenen Serviceleistungen. Entsprechend der Zahl der genutzten Anschlüsse werden die Netzwerkkosten mit einem pauschalen Kostensatz auf die einzelnen Hauptkostenstellen verteilt.[310]

Zur Produktgruppe Anwendungsentwicklung gehören die zwei Einzelprodukte Auftragsentwicklung und Anwendungsbereitstellung. Die Auftragsentwicklung bezieht sich auf die Planung, Realisierung und Pflege von Batch- und Onlineanwendungen über alle Plattformen hinweg, wofür Aufträge von einzelnen Kostenstellen vorliegen. Entstehende Kosten für die Auftragsentwicklung erfahren eine Abrechnung über einen pauschalen Verrechnungssatz für geleistete Entwicklungsstunden. Dabei gilt es die erbrachten Entwicklungsstunden per Zeitaufschreibung festzuhalten.[311] In der Anwendungsbereitstellung spiegelt sich die zentrale Bereitstellung von Individual- und Standardsoftware wider.[312] Selbst entwickelte Software, welche mehreren Nutzern zur Verfügung steht, wird zunächst auf einem Anwendungskonto aktiviert und dann über die voraussichtliche Nutzungsdauer abgeschrieben. Für die Aktivierung der Entwicklungsleistungen bedarf es des Aufschriebs der benötigten Entwicklungsstunden, deren Wert mittels eines Anwendungsinventars auf die nutzenden Kostenstellen zu verteilen ist. Anhand der Abschreibungen gilt es sodann die jährlichen Anwendungskosten festzulegen. Entsprechend der Anzahl der Nutzer errechnet man im Anschluß den jeweiligen Kostensatz für die Allokation der Entwicklungskosten.[313] Ebenfalls bei gekaufter Standardsoftware erfolgt zunächst eine Aktivierung und dann eine Kostenverteilung über Abschreibungen. Hierzu zählen Kosten für Lizenzen sowie für externe Beratungs- und Implementierungsleistungen.[314]

Rechenzentrumsleistungen können UNIX-Transaktionen oder BS2000-Transaktionen sein. Entsprechend der Abwicklung von Geschäftsvorfällen auf UNIX- oder BS2000-Systemen ergeben sich jeweils die zwei unterschiedlichen Produkte. Für die Verrechnung der Kosten der beiden Produkte bedient sich das KBA differenzierender Bezugsgrößen. Als Bezugsgrößen fungieren dabei CPU-Sekunde, Plattenspeicherbedarf, Plattenzugriff, Druckseite sowie Datenträgeraustausch. Während der Implementierungsphase der Kosten- und Leistungsrechnung bleibt jedoch der Detaillierungsgrad diverser Transaktionen auf einige wenige Verrechnungskategorien beschränkt. Die Differenzierung bezieht sich hierbei auf die Anwendung unterschiedlicher Verrechnungssätze für einfache Transaktionen (Lesen und Anzeigen von wenigen Datenfeldern einer Datenbank), mittlere Transaktionen (Lesen, Schreiben und Weiterverarbeitung in der Datenbank) sowie umfangreiche Transaktionen (Batchläufe, Auswertungen, Listenerzeugung, Statistiken mit umfangreichen Datenbank- und Rechenoperationen).[315]

[310] Siehe Arthur D. Little: Kosten- und Leistungsrechnungssystem im Kraftfahrt-Bundesamt...(1996), S. 68 – 69.

[311] Siehe Arthur D. Little: Kosten- und Leistungsrechnungssystem im Kraftfahrt-Bundesamt...(1996), S. 69 – 70.

[312] Siehe Arthur D. Little: Kosten- und Leistungsrechnungssystem im Kraftfahrt-Bundesamt...(1996), S. 69.

[313] Siehe Arthur D. Little: Kosten- und Leistungsrechnungssystem im Kraftfahrt-Bundesamt...(1996), S. 70 – 71.

[314] Siehe Arthur D. Little: Kosten- und Leistungsrechnungssystem im Kraftfahrt-Bundesamt...(1996), S. 72.

[315] Siehe detailliert Arthur D. Little: Kosten- und Leistungsrechnungssystem im Kraftfahrt-Bundesamt...(1996), S. 73 – 76.

Wie die Ausführungen verdeutlichen, weist die innerbehördliche Leistungsverrechnung des KBA je nach Verrechnungsstufe divergente Genauigkeitsgrade auf. Während die Kosten der Liegenschaftsbewirtschaftung über entsprechende Umlageschlüssel weitergewälzt werden, verrechnet man die Kosten für IT-Leistungen mittels interner Produkte weitgehend leistungsorientiert. Im Laufe des Wirkbetriebes möchte das KBA die Leistungsverrechnung verfeinern und das Gros innerbehördlicher Leistungen über interne Produkte entsprechend leistungsorientiert abrechnen. Nach dem Vorbild des IT-Referats sollen diesbezüglich die Servicebereiche als Cost Center fungieren. Damit macht das KBA einen wichtigen Schritt im Sinne des Auf- und Ausbaus einer aussagefähigen Kosten- und Leistungsrechnung.

## E. Evaluation der grundsätzlich übereinstimmenden innerbehördlichen Leistungsverrechnung von Bundesverwaltungen

Die Leistungsverrechnung erfolgt in den Bundesverwaltungen entsprechend des Leistungsflusses über mehrere Stufen hinweg auf der Grundlage des Stufenleiterverfahrens. Das Stufenleiterverfahren bildet grundsätzlich den Rahmen der Kostenweiterwälzung, innerhalb dessen auf den einzelnen Verrechnungsstufen unterschiedlich genaue Belastungsmethodiken zur Anwendung kommen. Kostenumlagen mittels pauschaler Umlageschlüssel stellen das Gros der Leistungsabrechnung bei den Bundesverwaltungen dar und beziehen sich jeweils auf eine bestimmte Abrechnungsstufe einer mehrstufigen Verrechnungsprozedur. Als Umlageschlüssel dienen hierbei die Anzahl betreuter Abteilungen, die Anzahl der Köpfe einer Abteilung oder die Quadratmeterzahl einer Raumfläche. Ferner erfolgt eine Gleichverteilung der Kosten gemäß dem Gießkannenprinzip. Im Sinne der Genauigkeit zu generierender Kostendaten sind Kostenumlagen abzulehnen, welche einer leistungsorientierten Kostenverrechnung widerstreben. Die mangelnde Genauigkeit von Kostenumlagen wird dadurch bekräftigt, daß die dabei verwendeten Umlageschlüssel teilweise auf Schätzungen beruhen.

In begrenztem Maße führen die Bundesverwaltungen auch leistungsorientierte Kostenverrechnungen durch und beabsichtigen diese in Zukunft auszubauen. Zum Zwecke der Schaffung einer aussagefähigen Kosten- und Leistungsrechnung ist eine leistungsorientierte Verrechnung der Kosten innerbehördlicher Leistungen mit Nachdruck zu fordern, weshalb der von den Bundesinstitutionen beabsichtigte Schritt nur begrüßt werden kann. Im Rahmen der leistungsorientierten Kostenverrechnung bedienen sich die Bundesverwaltungen interner Produkte. Diesbezüglich werden die Verwaltungsressourcen zunächst den internen Produkten mittels Zeiterfassungen zugeordnet. Von dort aus gelangen die Kosten für die innerbehördlichen Leistungen in einem folgenden Rechenschritt auf die leistungsempfangenden Kostenstellen. Entsprechend der beanspruchten Menge an internen Produkten erfolgt dabei die kostenmäßige Belastung der Endkostenstellen.

Im Bereich des Bundes kommt es aber auch vor, daß die Kosten der internen Produkte über Umlageschlüssel auf die Hauptkostenstellen verteilt werden. Hierdurch leidet die Genauigkeit der Kostenallokation und dem Aufwand für die Durchführung der Zeiterhebungen steht somit kein entsprechender Nutzen mehr gegenüber. Grundsätzlich sind die Kosten für die internen Verwaltungsleistungen so weit wie möglich leistungsorientiert zu verrechnen. Läßt sich eine leistungsorientierte Verrechnung nicht realisieren, so kann man subsidiär auch Kostenumlagen in Betracht ziehen. Dies betrifft hauptsächlich die Kosten für die Liegenschaftsbewirtschaftung und für das Management. Den Beginn der Leistungsverrechnung bilden zumeist die Kostenstellen Gebäude und IT-Service, da diese beiden Leistungsbereiche Serviceleistungen an alle anderen Kostenstellen abgeben. Zwischen den beiden Leistungsbereichen besteht sogar ein wechselseitiger Leistungsfluß, für den als adäquate Verrechnungsverfahren das Gleichungsverfahren und das Iterationsverfahren in Frage kommen. Wegen der Komplexität und des Durchführungsaufwandes finden jedoch die theoretisch richtigen und sauberen Verfahren mittels mathematischer Gleichungen und Iteration in der Verwaltungspraxis zu Recht kaum Anwendung. Wechselseitige Leistungsverflechtungen existieren zwischen diversen Kostenstellen so mancher Bundesverwaltungen. Um solche Leistungen dennoch einigermaßen genau abrechnen zu können, wurden Verrechnungskostenstellen geschaffen. Mit den Verrechnungskostenstellen soll trotz schlanker kostenrechnerischer Lösungen der überwiegende Part anfallender Kosten letztlich plausibel auf die Verwaltungsendleistungen verteilt werden.

## VII. Prozeßorientiertes Kalkulationsverfahren

In Abhängigkeit vom Leistungserstellungstyp bedarf es der Anwendung eines adäquaten Kalkulationsverfahrens, um eine genaue Zuordnung der Kosten auf die erstellten Verwaltungsendleistungen zu gewährleisten. Deshalb sieht das Konzept der Standard-KLR vor, die in den Bundesverwaltungen vorherrschende Tätigkeitsstruktur als Entscheidungskriterium für die Auswahl eines geeigneten Kalkulationsverfahrens heranzuziehen.[316] Dieser methodische Standard läßt den Bundesbehörden genügend Spielraum, ihren behördenspezifischen Interessen bei der Kostenträgerstückrechnung entsprechend Rechnung zu tragen und ist aus kostentheoretischer Sicht als sehr sinnvoll einzustufen.

Da die Leistungserstellungsprozesse in den Bundesverwaltungen zumeist sehr divergent und komplex sind und dabei individuelle Prozeßschritte mit unterschiedlicher Intensität ablaufen, kann nur ein anspruchsvolles Kalkulationsverfahren in Form einer prozeßorientierten Kalkulation der Forderung der Generierung genauer Kostendaten nachkommen.[317] Zudem handelt es sich bei den Verwaltungsprozessen der Bundesverwaltungen überwiegend um informationsverarbeitende Prozesse, welche eine Dominanz fixer Gemeinkosten zur Folge haben. Im Falle des Vorliegens einer solchen Kostenstruktur bietet das prozeßorientierte Kalkulationsverfahren die Möglichkeit der Gewinnung von Kosteninformationen mit der höchsten Aussagekraft.[318] Dennoch bildet die Anwendung prozeßorientierter Kalkulationsmethodiken in Bundesbehörden bis dato eher die Ausnahme als die Regel. Die Anwendung der prozeßorientierten Kalkulation ist beim Deutschen Patentamt in naheliegender Zukunft vorgesehen und wird bei der Bundeswehr bereits seit geraumer Zeit verwirklicht, wes-

---

[316] Siehe diesbezüglich Bundesministerium der Finanzen (Hrsg.): Kosten- und Leistungsrechnung...(1997), S. 81. Siehe ebenfalls die Ausführungen zu Punkt V.B. des 3. Kapitels.

[317] Vgl. die Ausführungen zu Punkt V.B. des 3. Kapitels.

[318] Vgl. Furch, Kristian: Kosten- und Leistungsrechnung...(1995), S. 19 – 21; Zimmermann, Gebhard – Grundmann Ralf: Prozeßkostenrechnung...(1996), S. 106 – 108; Zimmermann, Gebhard – Grundmann Ralf: Implementierung...(1999), S. 333.

halb diese beiden Bundesinstitutionen die Betrachtungsobjekte folgender Ausführungen darstellen.

## A. Deutsches Patentamt

Repetitive Tätigkeiten und Auftragstätigkeiten mit stark repetitivem Charakter bestimmen im wesentlichen die Tätigkeitsstruktur im Deutschen Patent- und Markenamt. Zur Erstellung der Verwaltungsleistungen laufen primär Verwaltungsprozesse mit stets wiederkehrenden Tätigkeiten ab. Die für die einzelnen Verwaltungsprodukte (z. B. Patenterteilung, Einspruch, Recherche) erforderlichen Leistungserstellungsprozesse hat das DPMA klar definiert. Dabei handelt es sich gewöhnlicherweise um die Generierung gleicher einzelner Teilleistungen. Abweichend vom Regelfall kann auf einzelne Prozeßschritte verzichtet werden oder es bedarf der Ausführung zusätzlicher spezifischer Teilprozesse. Daneben können auch die konkreten Bearbeitungszeiten je Prozeßschritt von den durchschnittlich notwendigen Bearbeitungszeiten divergieren, was aber ebenfalls den Ausnahmefall widerspiegelt.

Aufgrund des vorherrschenden Leistungserstellungstyps mit überwiegend repetitiven Tätigkeiten verwendet das Deutsche Patentamt die Divisionskalkulation mit Äquivalenzziffern sowie die prozeßorientierte Kalkulation, wobei erstere Kalkulationsmethodik für die Einführungsphase der KLR vorgesehen ist und letzteres Verfahren im späteren Wirkbetrieb zum Einsatz kommen soll. Bevor jedoch die prozeßorientierte Kalkulation umgesetzt wird, will das DPMA in einem Zwischenschritt noch die Definition der internen und externen Produkte sowie die Einführung der Planung verwirklichen.[319]

Abbildung 4-27

**Divisionskalkulation mit Äquivalenzziffern beim DPMA**

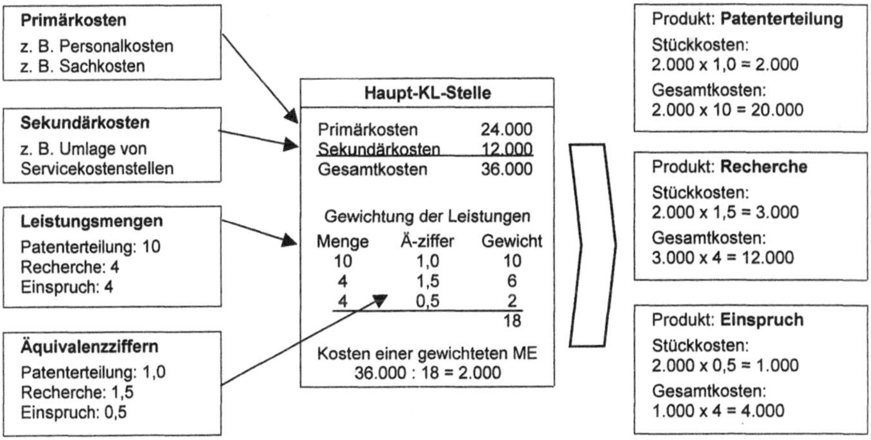


Entnommen aus KPMG: Einführung der Kosten- und Leistungsrechnung...(1999), S. 46.

[319] Siehe KPMG: Einführung der Kosten- und Leistungsrechnung...(1999), S. 45.

Durch einfache Division der Gesamtkosten durch die gesamte erbrachte Leistungsmenge erhält das Deutsche Patentamt die Kosten für eine Mengeneinheit des an die Verwaltungsumwelt abzugebenden Verwaltungsprodukts.[320] Diese Methodik findet Anwendung, wenn eine Kostenstelle ausschließlich eine Verwaltungsleistungsart erbringt, was aber eher den Ausnahmefall darstellt. Der mit der Divisionskalkulation generierte Vollkostensatz involviert sämtliche angefallenen Kosten und gewährleistet deren vollständige Abrechnung über die Verwaltungsleistungsentgelte respektive Gebühren.[321] Zumeist erstellt jedoch ein Verwaltungsteilbereich des DPMA verschiedene Leistungen, wofür natürlich auch unterschiedliche Kosten anfallen. Die Verwaltungsleistungen divergieren dabei nur geringfügig.

Durch die Verwendung von Äquivalenzziffern will das Deutsche Patentamt dem unterschiedlichen Kostenanfall Rechnung tragen.[322] Die Äquivalenzziffern bringen die Kostenrelationen zwischen den divergenten Verwaltungsleistungen zum Ausdruck, d. h. sie spiegeln die für die Generierung der unterschiedlichen Verwaltungsprodukte jeweils entstehenden Kosten im Verhältnis zueinander wider.[323] Mit den Äquivalenzziffern nimmt das DPMA eine kostenmäßige Gewichtung der Leistungsmengen der verschiedenen Verwaltungsprodukte vor[324] (siehe Abbildung 4-27). Sämtliche anhand von Äquivalenzziffern gewichteten Leistungsmengen, die anschließend aggregiert werden, bilden den Leistungsumfang einer Kostenstelle.[325] Der Leistungsumfang beträgt im Beispielfall der Abbildung 4-27 insgesamt 18 Gewichtseinheiten. Der Kostensatz für eine Äquivalenzziffereinheit läßt sich sodann mittels Division der Gesamtkosten durch die Summe der gewichteten Leistungsmengen ermitteln. Durch Multiplikation des auf diese Weise berechneten Kostensatzes mit der entsprechenden Äquivalenzziffer des jeweiligen Verwaltungsprodukts erhält das DPMA schließlich die Stückkosten diverser Verwaltungsleistungen,[326] welche im Beispielfall für die Patenterteilung 2.000 DM betragen (siehe hierzu Abbildung 4-27).

In Divergenz zur Divisionskalkulation bzw. Äquivalenzziffernrechnung werden bei der für einen späteren Zeitpunkt im DPMA vorgesehenen prozeßorientierten Kalkulation die Kosten einzelner Verwaltungsleistungen auf der Basis der für deren Erstellung notwendigen Kernprozesse und unterstützenden Prozesse ermittelt. Sowohl Kernprozesse als auch unterstützende Prozesse spiegeln das Mengen- respektive Prozeßgerüst wider, welches mit Planpreisen bzw. Standardpreisen versehen wird. Dennoch gelingt es nicht, sämtliche Kosten über Prozesse abzurechnen. Diejenigen Kosten, die nicht mit den Kernprozessen oder unterstützenden Prozessen variieren, erfahren eine Verteilung auf die Verwaltungsprodukte mittels Zuschläge, wobei die Zuschlagsbasis die Prozeßkostensumme bildet.[327] Abbildung 4-28 demonstriert exemplarisch den Aufbau der prozeßorientierten Kalkulation im DPMA für das Verwaltungsprodukt der Patenterteilung.

[320] Siehe KPMG: Einführung der Kosten- und Leistungsrechnung...(1999), S. 45.
[321] Siehe KPMG: Einführung der Kosten- und Leistungsrechnung...(1999), S. 45.
[322] Siehe KPMG: Einführung der Kosten- und Leistungsrechnung...(1999), S. 45.
[323] Siehe KPMG: Einführung der Kosten- und Leistungsrechnung...(1999), S. 47.
[324] Siehe KPMG: Einführung der Kosten- und Leistungsrechnung...(1999), S. 45 und 47.
[325] Siehe KPMG: Einführung der Kosten- und Leistungsrechnung...(1999), S. 47.
[326] Siehe KPMG: Einführung der Kosten- und Leistungsrechnung...(1999), S. 47.
[327] Siehe KPMG: Einführung der Kosten- und Leistungsrechnung...(1999), S. 47.

Die in Abbildung 4-28 beispielhaft angeführten Prozeßzeiten und Prozeßkostensätze stützen sich auf Untersuchungen, die das DPMA zwecks genauer Ermittlung der Kosten für zu erbringende Verwaltungsleistungen vorgenommen hat. Parallel zur Einführung der prozeßorientierten Kalkulation überprüft jedoch das Deutsche Patentamt die Werte hinsichtlich deren Gültigkeit.[328]

Abbildung 4-28

**Prozeßorientierte Produktkalkulation beim DPMA**

| **Kostenstellenrechnung** | | | |
|---|---|---|---|
| DM/Std. | Kostenstelle 1101 Formalprüfung | Kostenstelle 1115 Vorprüfung | Kostenstelle 1120 Patenterteilungsverfahren |
| Gesamtkosten | xxxx | xxxx | xxxx |
| Gesamtleistungen | xxxx | xxxx | xxxx |
| **Prozeßkostensatz** | **61,87** | **94,58** | **94,58** |

| **Produktkalkulation** | | | |
|---|---|---|---|
| Produktbezeichnung: | Patenterteilung | | |
| **Kalkulationselemente** | **Prozeßzeit in Minuten** | **Prozeßkostensatz in DM/Std.** | **Prozeßkosten in DM** |
| **1. Kernprozesse** | | | |
| Formalprüfung | 20,43 | 61,87 | 21 |
| Vorprüfung | 45,78 | 94,58 | 72 |
| Patenterteilungsverfahren | 816,38 | 94,58 | 1.287 |
| **Summe Kernprozesse** | 882,59 | | **1.380** |
| **2. Unterstützende Prozesse** | | | |
| Gruppenleiter | 36,87 | 97,50 | 60 |
| Prüfstoffbereitstellung und –verwaltung | 1,00 | 10,00 | 0 |
| Registratur, Aktenbewirtschaftung | 88,50 | 41,63 | 61 |
| Datenerfassung | 29,62 | 41,63 | 21 |
| Sachbearbeitung (gehobener Dienst) | 25,88 | 61,87 | 27 |
| Sachbearbeitung (mittlerer Dienst) | 9,74 | 46,56 | 8 |
| Schreibdienst | 28,84 | 41,63 | 20 |
| Druckerei/Vervielfältigung | 4,00 | 10,00 | 0 |
| Fachspezifische DV-Anwendungen | 1,00 | 10,00 | 0 |
| Benutzerbetreuung | 1,00 | 10,00 | 0 |
| **Summe unterstützende Prozesse** | 223,45 | | **197** |
| **Gesamtsumme** | | | **1.577** |

Geringfügig modifiziert entnommen aus Einführung der Kosten- und Leistungsrechnung...(1999), S. 48, 51 und Anlage 8, S. 1.

Wie aus Abbildung 4-28 zu ersehen ist, ergeben sich die Prozeßkosten aus der Multiplikation von Prozeßzeiten und Prozeßkostensätze. Dieses Procedere führt das Deutsche Patentamt für jeden einzelnen Prozeß des Verwaltungsprodukts durch[329] und kumuliert sämtliche Pozeßkosten zu den gesamten Prozeßkosten einer Verwaltungsendleistung, wobei eine Kategorisierung zwischen Kernprozessen und unterstützenden Prozessen erfolgt, deren jeweiligen Kostensummen als separate Kosten-

[328] Siehe KPMG: Einführung der Kosten- und Leistungsrechnung...(1999), S. 48.
[329] Siehe KPMG: Einführung der Kosten- und Leistungsrechnung...(1999), S. 50.

beträge zum Ausweis kommen. Die Prozeßkostensätze resultieren aus der Division der in den Kostenstellen anfallenden Kosten durch die in den Kostenstellen ausgeführten Prozesse je Art und Menge. Als Bezugsgröße fungiert dabei generell die Prozeß- respektive Bearbeitungszeit.[330] Zum Zwecke einer genauen Kalkulation werden die Prozeßkostensätze aus der Kostenstellenrechnung in die Kostenträgerrechnung übernommen. Im Beispielfall kostet eine Stunde Formalprüfung 61,87 DM. Da für diese konkrete Patenterteilung 20,43 Minuten Formalprüfung notwendig sind, entstehen Prozeßkosten in Höhe von 21 DM. Genauso wie bei der Formalprüfung erfährt das Produkt der Patenterteilung für jeden erforderlichen Prozeß eine kostenmäßige Belastung entsprechend der beanspruchten Prozeßzeit.[331] Die Verrechnung der Kosten auf der Basis der vom Verwaltungsprodukt in Anspruch genommenen Kostenstellenleistungen[332] ermöglicht dem Patentamt die Generierung zuverlässiger und genauer Kostendaten für die Entgeltbemessung der an die Verwaltungsumwelt abzugebenden Verwaltungsleistungen und ist deshalb aus der Sicht des Verfassers möglichst rasch zu verwirklichen.

### B. Bundeswehr

Für die Abbildung der Erstellung sowie monetären Bewertung der diversen Leistungen in den Dienststellen verwendet die Bundeswehr vorrangig die Prozeßkostenrechnung.[333] Mit der Prozeßkostenrechnung möchte die Bundeswehr eine vollständige und „verursachungsgerechte Zuordnung der Kosten zu den Leistungen"[334] sicherstellen.[335] Wie jedoch bereits mehrfach dargelegt, kann auch die Prozeßkostenrechnung keine verursachungsgerechte Kostenallokation gewährleisten, sondern operiert nach dem Prinzip der anteiligen Ressourceninanspruchnahme, was aber durchaus als positiv zu würdigen ist. Zentrale Grundlage für die prozeßorientierte Kalkulation in der Bundeswehr bildet die eindeutige Definition konkreter Leistungen.[336] Bei der Bundeswehr gilt grundsätzlich „die Erfüllung des vorgegebenen Auftrages"[337] als Leistung. Konkrete Leistungen der Dienststellen der Bundeswehr können beispielsweise Ausbildungsleistungen, Instandhaltungsleistungen, Wachleistungen, Transportleistungen, Behandlungsleistungen (Bundeswehrkrankenhaus) oder Führungsleistungen sein.[338] Die Abbildung der Leistungen einer Dienststelle erfolgt im Rahmen der Prozeßkostenrechnung mittels Aktivitäten, Prozesse und Hauptprozesse. Dabei sind Aktivitäten zu Prozessen und schließlich Prozesse zu Hauptprozessen zu

[330] Siehe KPMG: Einführung der Kosten- und Leistungsrechnung...(1999), S. 50.
[331] Zur konkreten Ermittlung der Prozeßzeit siehe KPMG: Einführung der Kosten- und Leistungsrechnung...(1999), S. 49.
[332] Siehe hierzu KPMG: Einführung der Kosten- und Leistungsrechnung...(1999), S. 50.
[333] Siehe Bundesministerium der Verteidigung: Kosten- und Leistungsverantwortung...(1998), S. 27; Arthur Andersen: Internes Rechnungswesen der Bundeswehr...(1998), S. 52; Panenka: Kostenträgerrechnung in der Bundeswehr...(1999), S. 1; O.V.: Prozeßkostenrechnung...(1999), Nr. 4501; Hubbert, Michael – Uhl, Franz: Prozeßkostenrechnung in der Bundeswehr...(1998), S. 59.
[334] Arthur Andersen: Internes Rechnungswesen der Bundeswehr...(1998), S. 52.
[335] Siehe hierzu ebenfalls Panenka: Kostenträgerrechnung in der Bundeswehr...(1999), S. 2; Bundesministerium der Verteidigung: Kosten- und Leistungsverantwortung...(1998), S. 27.
[336] Siehe Bundesministerium der Verteidigung: Kosten- und Leistungsverantwortung...(1998), S. 28; Arthur Andersen: Internes Rechnungswesen der Bundeswehr...(1998), S. 52.
[337] Bundesministerium der Verteidigung: Kosten- und Leistungsverantwortung...(1998), S. 28; O.V.: Prozeßkostenrechnung...(1999), Nr. 4504.
[338] Vgl. Hubbert, Michael – Uhl, Franz: Prozeßkostenrechnung in der Bundeswehr...(1998), S. 61.

aggregieren.[339] Diesbezüglich ist auf die zu Beginn dieses Kapitels detaillierten Ausführungen zum Kostenrechnungssystem der Bundeswehr zu verweisen.

Neben dieser hierarchischen Strukturierung von Prozessen nimmt die Bundeswehr zusätzlich eine Differenzierung der Prozesse bezüglich ihres Wertschöpfungsanteils in Kernprozesse, unterstützende Prozesse sowie neutrale Prozesse vor,[340] worauf ebenfalls bereits weiter oben genauer eingegangen wurde. Alle von einer Dienststelle hervorgebrachten Leistungen finden sich in den Kernprozessen und unterstützenden Prozessen wieder. Deshalb basiert die Kalkulation der Bundeswehr überwiegend auf diesen Prozeßtypen.[341] An der Ausführung eines Prozesses können verschiedene Kostenstellen beteiligt sein. Den Nachweis, welche Kostenstellen zur Erstellung welcher Leistungen beitragen, schafft die Bundeswehr durch die Abbildung der vorhandenen Prozeßstruktur mit den Hierarchieebenen Aktivität, Prozeß und Hauptprozeß.[342] Die Hauptprozesse involvieren dabei sämtliche Prozesse, welche wegen ihres sachlichen oder funktionalen Kontextes zusammengehören.[343] Zwecks Bestimmung der Selbstkosten werden in diesem Sinne für jedes Kalkulationsobjekt die jeweils erforderlichen Aktivitäten identifiziert. Hierzu führt man in den beteiligten Kostenstellen entsprechende Interviews durch.[344] Damit die Kosten von den Aktivitäten auf die Kalkulationsobjekte weiterverrechnet werden können, bedarf es zunächst einmal der Ermittlung der für die Aktivitäten notwendigen Ressourcen. Anhand von Zeitaufschreibungen der Mitarbeiter ordnet die Bundeswehr die Personalkosten den einzelnen Aktivitäten zu. Gemäß der anteilig beanspruchten Mitarbeiterkapazität findet somit die Allokation der Kostenstellenkosten auf die Aktivitäten statt, um so die zur Ausführung der Aktivitäten erforderlichen personellen Ressourcen entsprechend kostenmäßig abbilden und verrechnen zu können.[345]

---

339 Siehe Arthur Andersen: Internes Rechnungswesen der Bundeswehr...(1998), S. 52 – 53; O.V.: Prozeßkostenrechnung...(1999), Nr. 4504 – 4516; Bundesministerium der Verteidigung: Kosten- und Leistungsverantwortung...(1998), S. 28.

340 Siehe Hubbert, Michael – Uhl, Franz: Prozeßkostenrechnung in der Bundeswehr...(1998), S. 60; O.V.: Prozeßkostenrechnung...(1999), Nr. 4519 – 4522; Bundesministerium der Verteidigung: Kosten- und Leistungsverantwortung...(1998), S. 29.

341 Siehe Arthur Andersen: Internes Rechnungswesen der Bundeswehr...(1998), S. 54; Hubbert, Michael – Uhl, Franz: Prozeßkostenrechnung in der Bundeswehr...(1998), S. 63.

342 Siehe Arthur Andersen: Internes Rechnungswesen der Bundeswehr...(1998), S. 53; O.V.: Prozeßkostenrechnung...(1999), Nr. 4516 – 4518; Hubbert, Michael – Uhl, Franz: Prozeßkostenrechnung in der Bundeswehr...(1998), S. 69.

343 Siehe Hubbert, Michael – Uhl, Franz: Prozeßkostenrechnung in der Bundeswehr...(1998), S. 60.

344 Siehe KPMG: Controlling...(1998), S. 13 und 55; Bundesministerium der Verteidigung: Kosten- und Leistungsverantwortung...(1998), S. 31 – 32.

345 Siehe Arthur Andersen: Internes Rechnungswesen der Bundeswehr...(1998), S. 58; Bundesministerium der Verteidigung: Kosten- und Leistungsverantwortung...(1998), S. 32.

Abbildung 4-29

**Prozeßorientiertes Kalkulationsschema für Ausbildungsleistung Panzerschießen**

| Prozeß-menge | Prozesse | Prozeß-kostensatz |
|---|---|---|
| x | Zur Schießbahn an- und abmarschieren (mit Panzer) | x |
| x | Soldaten zur Schießbahn transportieren (mit Rad-Kfz) | x |
| x | Leitungsorganisation Panzerschießen vorbereiten | x |
| x | Panzerschießen mit Betriebsstoff versorgen (inkl. Übernahme/Übergabe) | x |
| x | Panzerschießen mit Munition versorgen (inkl. Übernahme/Übergabe) | x |
| x | Material zum Panzerschießen transportieren | x |
| x | Technischen Dienst am Panzer vor und nach Panzerschießen durchführen | x |
| x | Waffen, Gerät und persönliche Ausrüstung nach Panzerschießen reinigen | x |
| **Gesamte Prozeßkosten für Ausbildungsleistung Panzerschießen** | | |

In Anlehnung an Hubbert, Michael – Uhl, Franz: Prozeßkostenrechnung in der Bundeswehr...(1998), S. 74.

Abbildung 4-29 demonstriert exemplarisch die Ermittlung der Kosten für die Ausbildungsleistung Panzerschießen mittels der prozeßorientierten Kalkulationsmethodik. Alle für das Panzerschießen erforderlichen Prozesse sind im Kalkulationsschema aufgelistet. Durch Multiplikation der beanspruchten Prozeßmenge mit dem entsprechenden Prozeßkostensatz erhält die Dienststelle die jeweiligen Prozeßkosten und kann diese sodann aggregieren, um zu den Gesamtkosten für das durchgeführte Panzerschießen zu gelangen.[346] Die Prozeßkostensätze spiegeln jeweils die durchschnittlichen Kosten für eine Prozeßdurchführung wider. Deshalb macht ein Kalkulieren mit Prozeßkostensätzen nur Sinn, wenn einigermaßen homogene Leistungen erbracht werden.[347] Handelt es sich hingegen um sehr heterogene Leistungen, wie etwa die Entwicklung und Erprobung von wehrtechnischem Gerät oder die Behandlung von Patienten im Bundeswehrkrankenhaus, bedarf es zur Ermittlung genauer Kosteninformationen der Durchführung einer Einzelauftragsabrechnung. Diese spiegelt im wesentlichen eine individuelle Kalkulation zwecks Gewinnung von Einzelwerten für spezifische Leistungsarten wider.[348] Darüber hinaus können wegen der Vollkostenperspektive der Prozeßkostenrechnung für bestimmte Rechnungszwecke ebenfalls Kalkulationen auf Teilkostenbasis ergänzend zur Anwendung kommen.[349] Die Kalkulation mit Prozeßkostensätzen bietet grundsätzlich die Möglichkeit einer genauen Allokation der fixen Gemeinkosten in den Dienststellen der Bundeswehr auf die von ihr erbrachten Leistungen. Damit ist jedoch ein entsprechend umfangreicher Implementierungs- und Durchführungsaufwand verbunden. Deshalb sieht die Bundeswehr grundsätzlich auch die summarische sowie differenzierende Zuschlagskalkulation als mögliche Kalkulationsverfahren vor. Je nach angestrebter Genauigkeit können die Dienststellen darüber entscheiden, welches Kalkulationsverfahren sie einsetzen wollen.[350] Das für die Bundeswehr am besten geeignetste Verfahren stellt

346 Ein ähnliches Procedere findet sich bei KPMG: Controlling...(1998), S. 55.

347 Siehe Arthur Andersen: Internes Rechnungswesen der Bundeswehr...(1998), S. 59; Bundesministerium der Verteidigung: Kosten- und Leistungsverantwortung...(1998), S. 34.

348 Siehe Bundesministerium der Verteidigung: Kosten- und Leistungsverantwortung...(1998), S. 34; Arthur Andersen: Internes Rechnungswesen der Bundeswehr...(1998), S. 59 – 60.

349 Siehe Hubbert, Michael – Uhl, Franz: Prozeßkostenrechnung in der Bundeswehr...(1998), S. 59.

350 Siehe Panenka: Kostenträgerrechnung in der Bundeswehr...(1999), S. 3.

jedoch sicherlich die prozeßorientierte Kalkulation dar und wird deshalb auch zu Recht in den Dienststellen am häufigsten angewandt.

## C. Prozeßorientierte Kalkulation als Ausnahmefall, trotz Adäquanz dieser Methodik für die Kostenstruktur von Bundesinstitutionen

Aufgrund der personalintensiven Erstellung von Dienstleistungen in Bundesinstitutionen fallen dort vorwiegend fixe Gemeinkosten an. Bei Vorliegen einer solchen Kostenstruktur stellt die prozeßorientierte Kalkulation dasjenige Kalkulationsverfahren dar, mit dem sich die Kosten am genauesten den Verwaltungsendleistungen zuordnen lassen. Trotzdem findet die prozeßorientierte Kalkulation in Bundesinstitutionen bis dato nur sehr begrenzt Anwendung. Außer der Bundeswehr bedient sich derzeit keine einzige Bundesinstitution eines prozeßorientierten Kalkulationsverfahrens zur Ermittlung der Stückkosten für die erbrachten Verwaltungsleistungen. Dies erscheint nicht verwunderlich, bedarf es doch hierfür grundsätzlich der Implementierung eines prozeßorientierten Kostenrechnungssystems, dessen Verwirklichung bei den Bundesverwaltungen in der Gegenwart und in naher Zukunft ausscheidet. Lediglich das Deutsche Patentamt beabsichtigt im Rahmen des Aufbaus der Prozeßkostenrechnung die Entwicklung von prozeßbezogenen Kalkulationsschematas. Zunächst kalkuliert aber das DPMA mittels der Äquivalenzziffernrechnung. Mit der Allokation der Kosten auf die Verwaltungsleistungen gemäß den jeweils beanspruchten Prozeßmengen, die mit den entsprechenden Prozeßkostensätzen bewertet werden, können Bundeswehr und Deutsches Patentamt relativ genaue und aussagekräftige Kosteninformationen generieren. Denn eine solche Vorgehensweise entspricht einer leistungsorientierten Kostenallokation und geht mit einer klaren Distanzierung zum Kostentragfähigkeitsprinzip einher.

Leistungsbezogenheit weist in gewissen Grenzen ebenfalls die vom Gros der Bundesverwaltungen angewandte Personalstundensatzrechnung in Kombination mit der Zuschlagsrechnung auf. Mittels Zeitaufschreibungen werden dabei die Personalkosten der direkt an den Verwaltungsprodukten tätigen Mitarbeitern den Kalkulationsobjekten zugeordnet. Das Konglomerat an verbleibenden Kosten erfährt hingegen eine Verteilung über wertmäßige Zuschläge, obwohl es sich hierbei um enorme Kostenvolumina handeln kann.[351] Dadurch leidet die Aussagefähigkeit der generierten Kostendaten. Insbesondere die Kosten der indirekten Verwaltungsbereiche bedürfen zwecks Genauigkeit der Kosteninformationen einer möglichst weitgehenden leistungsorientierten Verrechnung, wozu sich die Bundesverwaltungen der Prozeßkostenkalkulation zu bedienen haben. Sämtliche Bundesinstitutionen arbeiten bei der Kalkulation ihrer Verwaltungsleistungen mit Vollkosten, die auf Istdaten beruhen.[352] Dem liegt der Anspruch zugrunde, den Verwaltungsleistungen alle angefallenen Kosten anzulasten.

[351] Siehe statt vieler Arthur D. Little: Kosten- und Leistungsrechnungssystem im Kraftfahrt-Bundesamt...(1996), S. 22 und 89; Auswärtiges Amt: Controlling-Handbuch...(2000), S. 21 und 27; Bundesministerium des Innern (Hrsg.): KLR-Referenzmodell...(1999); S. 28; Buchholtz, Klaus – Meierhofer, Hans: Kosten- und Leistungstransparenz...(1994), S. 12 und 15.

[352] Siehe beispielsweise Deutscher Wetterdienst: Kosten- und Leistungsrechnung...(1999), S. 3; Arthur D. Little: Kosten- und Leistungsrechnungssystem im Kraftfahrt-Bundesamt...(1996), S. 41; Buchholtz, Klaus – Meierhofer, Hans: Kosten- und Leistungstransparenz...(1994), S. 12.

## 5. Kapitel: Schlußbetrachtung

In der aktuellen Literatur zur verwaltungsbetrieblichen Kostenrechnung besteht weitgehende Einigkeit darüber, daß die Prozeßkostenrechnung als adäquates Kostenrechnungssystem für öffentliche Verwaltungen anzusehen ist. Verwaltungsprozesse sind üblicherweise informationsverarbeitende Prozesse. Diese gilt es aufzudecken und entsprechend kostenrechnerisch abzubilden, will man öffentliche Verwaltungen betriebswirtschaftlich führen respektive steuern. Transparenz bezüglich der Verwaltungsabläufe fördert bei den Verwaltungsangehörigen das Denken in Geschäftsprozessen und ermöglicht damit einhergehend die Identifizierung von organisationsbedingten Schwächen der Verwaltungsprozesse. Hierdurch wird die Basis für den zielgerichteten Einsatz von Maßnahmen zur Optimierung der verwaltungsspezifischen Geschäftsprozesse geschaffen. Aufgrund dessen sind schnittstellenübergreifende Betrachtungen der verwaltungsbetrieblichen Wertschöpfungsketten im Sinne der Prozeßkostenrechnung für die Sicherstellung eines effizienten Verwaltungshandelns unverzichtbar.

Öffentliche Verwaltungen erbringen vorwiegend Dienstleistungen, für welche personalintensive Leistungserstellungsprozesse ablaufen. Da Dienstleistungen nicht lagerfähig sind, müssen für die Gewährleistung der Erfüllung des öffentlichen Auftrages entsprechend große Kapazitäten vorgehalten werden. Zudem konkretisiert sich die Leistungserstellung öffentlicher Institutionen in planenden, vorbereitenden, steuernden, ausführenden, überwachenden und koordinierenden Tätigkeiten. Eine solche Art der Leistungserbringung zieht einen enormen Block an fixen Gemeinkosten nach sich. Durch den Einsatz von Teilkostenrechnungen lassen sich deshalb in öffentlichen Verwaltungsbetrieben nur sehr begrenzt verwertbare Informationen generieren. Hingegen zielt gerade die Prozeßkostenrechnung auf Leistungsbereiche mit sehr hohen Gemeinkosten ab und verkörpert als Vollkostenrechnung ein strategisches Kostenrechnungssystem. Die mit der Prozeßkostenrechnung bereitgestellten langfristig relevanten Kosteninformationen können sich die Entscheidungsträger für ein vom Verfasser gefordertes Verwaltungskostenmanagement nutzbar machen. Hierbei sind die Einflußfaktoren der Kosten antizipativ so zu gestalten, daß sich die notwendige Effizienz beim Verwaltungshandeln einstellt. Besonders durch die gezielte und langfristige Beeinflussung der Fixkosten lassen sich in öffentlichen Verwaltungen enorme Effizienzsteigerungen verwirklichen.

Die Prozeßkostenrechnung gilt als ein für die Kostenstruktur öffentlicher Verwaltungen (Dominanz fixer Gemeinkosten) adäquates Kostenrechnungssystem, mit dem sich die wesentlichen Rechnungszwecke einer aussagefähigen Kosten- und Leistungsrechnung für Verwaltungsbetriebe am besten verfolgen lassen. Durch die Aufdeckung und Abbildung des verwaltungsbetrieblichen Leistungsgeflechts sowie der zentralen Kostentreiber wird bei den Verwaltungsangehörigen die nötige Kosten- und Wertschöpfungstransparenz geschaffen, was mit einem erhöhten Kostenbewußtsein einhergeht. Dies bildet die Grundlage für eine genaue Kalkulation der Verwaltungsleistungen und für ein effizientes Verwaltungshandeln, wozu neben der Eruierung nicht wertschöpfender Prozesse auch die Ermittlung der Kapazitätsauslastung gehört. Als Kennzahlen dienen die mit der Prozeßkostenrechnung generierten Prozeßkostensätze der Überwachung von Kostenentwicklungen, dem zwischen- und überbehördlichen Benchmarking, der inner- und zwischenbehördlichen Leistungsverrechnung, der genauen Bestimmung von Verwaltungsleistungsentgelten sowie der optimalen Dimensionierung der Verwaltungskapazitäten. Hiermit wird das Gros der wichtigen Rechenzwecke weitgehend abgedeckt.

Beim Aufbau und der konkreten Ausgestaltung der Kosten- und Leistungsrechnung haben sich die öffentlichen Verwaltungen grundsätzlich an den verfolgten Rechenzwecken zu orientieren. Diesbezüglich bedarf es im Vorfeld der Festlegung eindeutiger und klarer Rechenzwecke, auf Basis derer es sodann ein zweckmäßiges Kostenrechnungsinstrumentarium zu eruieren gilt. Die Literatur zur verwaltungsbetrieblichen Kostenrechnung stellt jedoch den Beziehungszusammenhang zwischen Rechnungszwecken und Kostenrechnungs(teil)systemen nicht genügend heraus. Infolgedessen war es ein zentrales Anliegen des Verfassers, die Verbindungen zwischen wichtigen Rechenzwecken und den einzelnen Modulen sowie dem System einer verwaltungskonformen Kosten- und Leistungsrechnung aufzuzeigen. Wie bereits vorhin ausführlich dargelegt, muß bei der Auswahl und Verwendung der kostenrechnerischen Instrumentarien ebenfalls die spezielle Struktur öffentlicher Verwaltungen berücksichtigt werden.

Eine für öffentliche Verwaltungen aussagefähige, strukturadäquate und zweckmäßige Kosten- und Leistungsrechnung erfordert den Einsatz folgender Rechenmodule:

- **Kostenartenrechnung**

  Zwischen Kostenartenrechnung und kameralistischer Haushaltsrechnung ist eine weitgehende Konvergenz anzustreben. Die Gliederungssystematik im Haushaltsplan soll im wesentlichen in den Kostenartenplan übernommen werden. Dies erleichtert die Nutzung von Plandaten der Kosten- und Leistungsrechnung für eine outputorientierte Haushaltsmittelplanung in der Kameralistik. Umgekehrt läßt sich hierdurch der Dateninput der Kosten- und Leistungsrechnung in einem hohen Maße direkt aus dem kameralen Haushaltswesen gewinnen, wobei der Datentransfer einigermaßen reibungslos ablaufen kann. Aufgrund der Verwendung von Daten der Haushaltsrechnung auch in der Kosten- und Leistungsrechnung (Prinzip der Einmalerfassung), hält sich der Durchführungsaufwand letzterer in Grenzen. Das Operieren mit überwiegend pagatorischen Kosten und der gleichzeitige Verzicht auf kalkulatorische Kosten gewährleistet die Generierung von Informationen entsprechend den behördenspezifischen Gegebenheiten, wodurch die gewonnenen Informationen für die einzelne Behörde ein gewisses Mindestniveau an Aussagekraft besitzen. Da die Struktur des Haushaltsplans bundesweit einheitlich geregelt ist, erlaubt der Datenoutput einer an der Haushaltsrechnung orientierten Kosten- und Leistungsrechnung (in gewissen Grenzen) zwischenbehördliche Vergleiche.

- **Kostenstellenrechnung**

  Kostenstellen sind zugleich auch als Leistungsstellen zu sehen. Neben den Orten der Kostenverursachung stellen Kostenstellen ebenfalls die Orte der Leistungserstellung dar. Eine kostenstellenbezogene Leistungsrechnung schafft Transparenz hinsichtlich des Leistungsspektrums der verwaltungsbetrieblichen Ressourcen und ermöglicht so eine sinnvolle und effiziente Nutzung derselben. Durch die Bildung von Kostenstellen sollen die Verwaltungsangehörigen zusätzlich zur Aufgabenverantwortung auch die Ressourcenverantwortung übernehmen. Diesbezüglich macht es Sinn, wenn die Struktur der Kostenstellen der Organisationsstruktur entspricht. Der Verfasser fordert eine prozeßorientierte Definition von Kostenstellen entlang der Wertschöpfungskette der Verwaltungsprodukte. Demzufolge sind entsprechende Restrukturierungen der Organisation derart notwendig, daß sich die Organisationsstruktur ebenfalls an den Verwaltungsprozessen orientiert. Den mit den Restrukturierungsmaßnahmen hervorgerufenen Aufwand rechtfertigen jedoch die zukünftig weitaus geringeren und einfacheren Leistungsverrechnungen sowie die leichtere und genauere Allokation der Kostenstellenkosten auf die Verwaltungsprodukte. Die Verrechnung der Kosten für innerbehördliche Leistungen soll nicht nach pauschalen Schlüsseln oder Umlagen erfolgen, sondern nach dem (mengen- oder zeitmäßigen) Volumen, mit dem die vorgehaltenen Kapazitäten in Anspruch genommen werden.

- **Kostenträgerrechnung**

  In Abhängigkeit vom jeweiligen Leistungserstellungstyp haben sich öffentliche Verwaltungen einer adäquaten Kalkulationsmethodik zur Bestimmung der Kosten der Verwaltungsleistungen zu bedienen. Da in öffentlichen Verwaltungsbetrieben vorwiegend repetitive Prozesse in Form der Informationsverarbeitung auftreten und entsprechend fixe Gemeinkosten nach sich ziehen, bietet sich primär die prozeßorientierte Kalkulation an. Wertmäßige Zuschläge sollten bei der Kalkulation so weit wie möglich vermieden werden, weil dies zu Lasten der Genauigkeit der generierten Daten geht. Öffentliche Verwaltungen haben als Gemeinwirtschaften nicht die Absicht einer Gewinnerzielung. Der Großteil der Verwaltungsleistungen wird ohne direktes Entgelt an die Verwaltungsumwelt abgegeben. Ferner können öffentliche Institutionen über ihr Leistungsprogramm nur sehr begrenzt selbst entscheiden und müssen bestimmte Leistungen je nach entsprechendem Bedarf erbringen. Folglich versprechen Betriebsergebnisrechnungen in Form von Deckungsbeitragsrechnungen nur marginale Informationsgewinne und sind deshalb nur in Ausnahmefällen in Erwägung zu ziehen.

- **Leistungsrechnung**

  Öffentliche Leistungen sind vorwiegend Dienstleistungen und können deshalb nicht gelagert werden. Um die Erfüllung des öffentlichen Auftrags zu gewährleisten, müssen die Verwaltungsbetriebe entsprechend große Kapazitäten vorhalten, wodurch enorme Fixkosten anfallen. Effizienzsteigerungen lassen sich deshalb in öffentlichen Verwaltungen primär durch die gezielte Beeinflussung der dominanten Vorhaltekosten erreichen. Hierzu muß das Kostenrechnungssystem das große Volumen an Kapazitätskosten transparent machen und das Leistungsspektrum der bereitgehaltenen Ressourcen, welche die Fixkosten hervorrufen, aufzeigen. Mittels einer kostenstellenbezogenen Leistungsrechnung haben die Verwaltungsbetriebe die Leistungsstruktur, Leistungsarten, Leistungsvolumina, Leistungsintensitäten, Leistungsmengen und Leistungsqualitäten der zur Leistungserbringung eingesetzten Ressourcen abzubilden. Dieser wertvolle Informationsgenerator stellt die notwendigen Informationen bezüglich Verfügbarkeit, Auslastung und spezifischer Nutzung der mit fixen Gemeinkosten verbundenen Kapazitäten zur Verfügung, die für ein zweckmäßiges Kostenmanagement zur Vermeidung von Leerkosten und für die Optimierung des Verhältnisses zwischen Input und Output notwendig sind.

- **Fixkostenstrukturrechnung**

  Die gezielte Beeinflussung respektive Gestaltung fixer Kosten erfordert detaillierte Kenntnisse hinsichtlich ihrer Beeinflußbarkeit, insbesondere ihrer zeitlichen Abbaufähigkeit. Dementsprechend gilt es für öffentliche Verwaltungen präzise zu erfassen und abzubilden, welche Kosten in welcher Höhe zu welchem Zeitpunkt eliminiert werden können. Dabei ist ebenfalls eine entsprechende Bezugnahme zu den Verwaltungsprozessen möglich. Als zweckadäquate Instrumente stehen den Verwaltungsbetrieben hierfür (prozeßorientierte) Vertragsdatenbanken, Fixkostenmatrizen oder die von *Männel* geschaffenen Fixkostenobligorechnungen zur Verfügung.

Ein verwaltungskonformes System der Kosten- und Leistungsrechnung ist wie folgt auszugestalten:

- **Vollkostenrechnung**

  Wegen der Dominanz fixer Gemeinkosten und der überwiegend unentgeltlichen Abgabe der Verwaltungsleistungen vermag eine Teilkostenrechnung nur sehr begrenzt verwertbare Kosteninformationen zu generieren und scheidet damit als Grundmodell einer verwaltungsadäquaten Kosten- und Leistungsrechnung aus. Die spezifische Kostenstruktur öffentlicher Verwaltungen erfordert zur Verfolgung der Rechnungszwecke den Einsatz eines Kosten- und Leistungsrechnungssystems auf der Basis von Vollkosten. Der Fokus muß im öffentlichen Sektor eindeutig auf die fixen Gemeinkosten gerichtet werden. Diese gilt es transparent zu machen und entsprechend zu beeinflussen, wozu eine Vollkostenrechnung notwendig ist. Gezielte Veränderungen der Kosten lassen sich bei öffentlichen Institutionen nur langfristig erreichen. Deshalb ist auch der Betrachtungshorizont langfristig auszulegen. Strategisch ausgerichtete Kostenbeeinflussungsmaßnahmen erfordern natürlich die Bereitstellung strategisch relevanter Kosteninformationen. Das langfristig ausgelegte Kostenmanagement hat entsprechend langfristige Auswirkungen auf die Kosten der Verwaltungsleistungen. Deshalb interessieren im Rahmen der Kalkulation ebenfalls strategische Informationen in Form von Vollkosten. Die Belastung der hervorgebrachten Verwaltungsleistungen zu Vollkosten gewährleistet außerdem die Kostendeckung im Zuge der Gebührenkalkulation. Traditionellen Vollkostenrechnungssystemen haftet der Nachteil der Proportionalisierung fixer Kosten sowie der willkürlichen Schlüsselung von Gemeinkosten an. Für die strategisch orientierte Prozeßkostenrechnung gelten diese Kritikpunkte nur bedingt. Langfristig läßt sich ein Großteil der Kosten sehr wohl an veränderte Leistungsmengen anpassen. Aufgrund der für den öffentlichen Sektor geforderten strategischen Ausrichtung der Kosten- und Leistungsrechnung kommt die Problematik der Fixkostenproportionalisierung nur in Grenzen zum Tragen. Ferner erfolgt bei der Prozeßkostenrechnung die Allokation der Gemeinkosten auf die Kalkulationsobjekte gemäß dem Prinzip der anteiligen Ressourceninanspruchnahme und nicht nach dem Kostentragfähigkeitsprinzip, wodurch eine einigermaßen genaue kostenmäßige Belastung der Verwaltungsleistungen gewährleistet wird.

- **Kostenspaltung**

  Obwohl das Hauptaugenmerk den Vollkosten gilt, kommen öffentliche Verwaltungen nicht an einer Kostenspaltung vorbei. Je nach Differenzierungskriterium lassen sich die Gesamtkosten in variable und fixe Kosten, in Einzelkosten und Gemeinkosten sowie in leistungsmengeninduzierte und leistungsmengenneutrale Kosten auflösen. Um das Kostenverhalten richtig abbilden zu können, sind genaue Informationen über die Bereitschaftskosten und die Leistungskosten vonnöten. Hieran knüpfen Nutzschwellenanalysen an. Nutzschwellenanalysen erbringen für die Fundierung bestimmter Entscheidungen (z. B. Eigenerstellung oder Fremdbezug, Wahl des Verwaltungsverfahrens, Auswahl des Investitionsobjekts) äußerst wertvolle Informationen. Da öffentliche Institutionen auf dieses Instrument der Entscheidungsunterstützung nicht verzichten dürfen, müssen sie (je nach Bedarf und Entscheidungssituation) eine (fallweise) Trennung zwischen Bereitschaftskosten und Leistungskosten vornehmen.

- **Plankostenrechnung**

  Um dem Anspruch einer modernen und leistungsfähigen Kosten- und Leistungsrechnung gerecht zu werden, ist das Kostenrechnungssystem als Plankostenrechnung auszugestalten. Öffentliche Verwaltungen benötigen die mit einer Plankostenrechnung generierbaren Informationen für die kostenstellenbezogene Wirtschaftlichkeitskontrolle, die betriebswirtschaftliche Fundierung von Entscheidungen, die outputorientierte Haushaltsplanung sowie für die Kalkulation und die Verrechnung von Verwaltungsleistungsentgelten. Ferner operiert man in der bereits mehrmals für öffentliche Institutionen geforderten Prozeßkostenrechnung üblicherweise mit Plankosten.

- **Prozeßkostenrechnung**

  Die Notwendigkeit des Einsatzes der Prozeßkostenrechnung in öffentlichen Verwaltungen für ein effizientes Verwaltungshandeln wurde mit den Ausführungen im 2. Kapitel sowie zu Beginn der Schlußbetrachtung bereits des öfteren herausgestellt. Die Prozeßkostenrechnung ist als ein für die Kostenstruktur öffentlicher Verwaltungen adäquates Kostenrechnungssystem anzusehen und wird deshalb in der neueren Literatur zur verwaltungsbetrieblichen Kostenrechnung zur Anwendung im öffentlichen Sektor empfohlen. Mit der Prozeßkostenrechnung können die von einer verwaltungskonformen Kostenrechnung geforderten Informationen zur Verfolgung der zentralen Rechnungszwecke am besten generiert werden. Als Gründe hierfür lassen sich die Vollkostenperspektive, die Orientierung an den Verwaltungsabläufen, die ganzheitliche und bereichsübergreifende Betrachtung der Wertschöpfungsketten sowie der Verzicht auf indirekte Bezugsgrößen bei der Verrechnung von Gemeinkosten anführen. Die Prozeßkostenrechnung stellt auf den Beziehungszusammenhang zwischen Ressource, Prozeß und Verwaltungsleistung ab und ermöglicht eine Allokation der Kosten gemäß dem Prinzip der anteiligen Ressourceninanspruchnahme, was aber keine verursachungsgerechte Kostenbelastung bedeutet. Zudem werden während der Implementierung bereits nicht wertschöpfende Prozesse ersichtlich, welche es entsprechend zu eliminieren gilt.

Abbildung 5-1 soll die Ausführungen zum Aufbau und der Ausgestaltung einer für öffentliche Verwaltungen aussagefähigen, strukturadäquaten und zweckmäßigen Kosten- und Leistungsrechnung überblicksartig zusammenfassen.

Abbildung 5-1

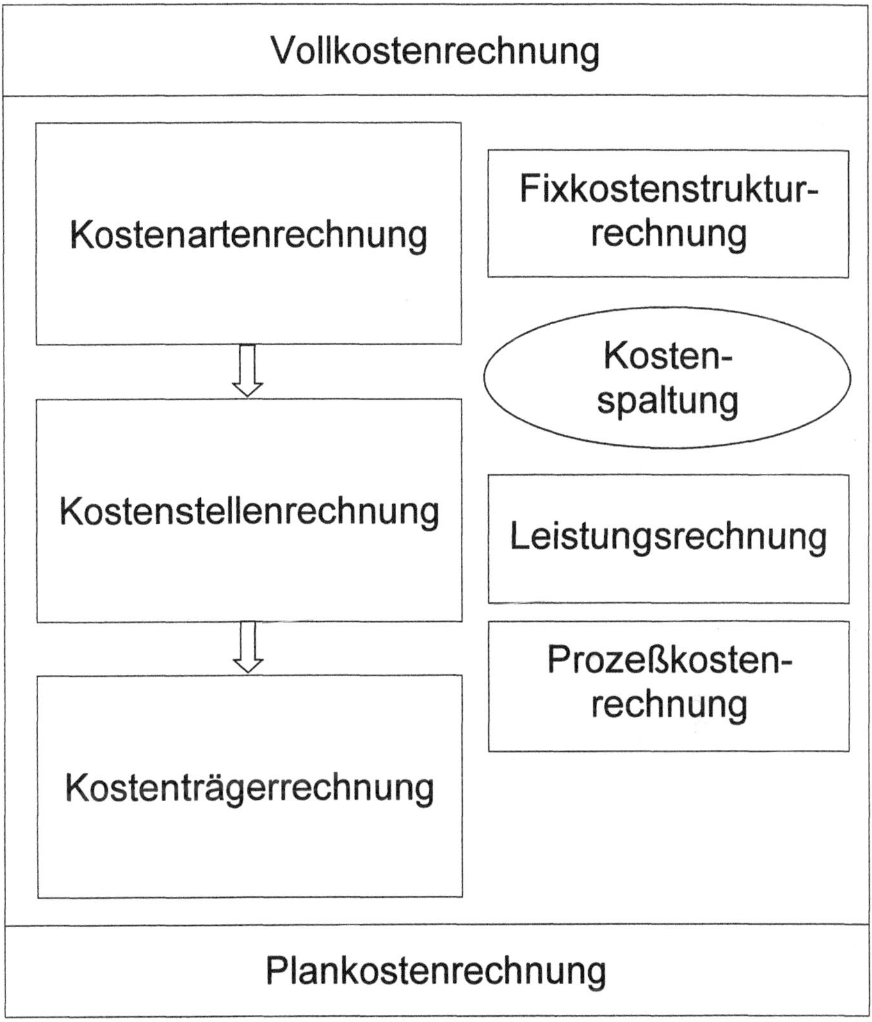


Eigene Darstellung.

Führt man sich die Grundzüge des Konzepts der für Bundesverwaltungen geschaffenen einheitlichen Kosten- und Leistungsrechnung vor Augen, so wird ersichtlich, daß die Standard-KLR des Bundes nur begrenzt der soeben für öffentliche Verwaltungen geforderten Gestaltung einer leistungsfähigen und zweckmäßigen Kosten- und Leistungsrechnung entspricht.

- Auf der Basis von Produkten erfolgt die Verrechnung von Kosten für erbrachte Leistungen. Produkte stellen die zentralen Abrechnungsobjekte dar und zielen auf eine Outputorientierung des Verwaltungshandelns ab. Hierbei differenziert man zwischen internen und externen Produkten.
- Wegen des großen Aufwandes der Realisierung kommt die Prozeßkostenrechnung grundsätzlich nicht zur Anwendung. Gerade aber die Prozeßkostenrechnung gilt als strukturadäquates Kostenrechnungssystem für öffentliche Verwaltungen.
- Der Leistungserstellungstyp fungiert als Differenzierungskriterium für die Systematisierung der externen Produkte der heterogenen Fachbereiche. Je nach Vorliegen bestimmter Leistungserstellungstypen, haben Bundesverwaltungen entsprechend adäquate Kalkulationsverfahren zur Bestimmung der Kosten der Verwaltungsleistungen anzuwenden. Da in Bundesverwaltungen fixe Gemeinkosten vorherrschen, dürfte im Regelfall sicherlich die prozeßorientierte Kalkulation das am besten geeignete Kalkulationsverfahren darstellen. Trotzdem schreibt aber das KLR-Handbuch bei der Gebührenermittlung die Verwendung der Zuschlagskalkulation vor, die in Verbindung mit der Personalstundensatzrechnung in begrenztem Maße eine Generierung von genauen Kosteninformationen erlaubt.
- Im Rahmen der innerbetrieblichen Leistungsverrechnung bedienen sich die Bundesverwaltungen 48 einheitlicher interner Produkte, welche die Leistungen der jeweiligen Servicebereiche zum Ausdruck bringen sollen. Die Leistungsverrechnung mittels interner Produkte entspricht im wesentlichen dem aus dem Schrifttum bekannten Kostenträgerverfahren und ermöglicht somit eine entsprechend genaue Allokation anfallender Kosten, falls die Kostenanlastung auf die internen Produkte und die von dort aus entsprechende Kostenweiterwälzung nicht durch pauschale Schlüsselungen, sondern leistungsorientiert erfolgen. Zudem dienen die einheitlichen Produkte einem zwischenbehördlichen, bundesweiten Benchmarking.
- Da Kostenstellen sowohl Orte der Kostenverursachung als auch Orte der Leistungserstellung sind, verwendet man im Bereich des Bundes zu Recht das Begriffspaar der Kosten- und Leistungsstellen. Kostenstellen werden zugleich auch als Leistungsstellen angesehen, weshalb die Kostendaten sinnvollerweise eine entsprechende Ergänzung mit Leistungsdaten erfahren. Kostenstellenübergreifende Betrachtungen läßt das Konzept der Standard-KLR des Bundes jedoch außen vor. Die Definition der Kostenstellen erfolgt auf der Basis der jeweils vorhandenen Organisationsstruktur. Neben dieser funktionsorientierten Kostenstellenbildung ließen sich die Kostenstellen ebenfalls prozeßorientiert, entlang der Wertschöpfungskette der Verwaltungsleistungen, definieren. Diesbezüglich bedarf es entsprechender Eingriffe in die Organisation, weshalb von den Bundesbehörden ein solches Vorgehen nicht beabsichtigt wird.
- Die Zuordnung der Kosten auf die einzelnen Abrechnungsobjekte geschieht durch Zeitaufschreibungen. Je nach aufgewendeter Arbeitszeit belastet man die internen und externen Produkte entsprechend mit Kosten. Damit handelt es sich um eine Kostenallokation gemäß dem Prinzip der anteiligen Ressourceninanspruchnahme, welche aber keine verursachungsgerechte Kostenverrechnung darstellt. Trotzdem erlaubt diese Vorgehensweise die Generierung einigermaßen genauer Kosteninformationen.

- Durch die Zeitaufschriebe werden die für die jeweiligen Abrechnungsobjekte erforderlichen Leistungszeiten für Leistungsmengen im Ist erhoben. Die in Form von Zeitaufschreibungen empirische Datenerfassung ist notwendig, da in Bundesverwaltungen üblicherweise keine Prozeß- bzw. Arbeitspläne existieren, welche für die Zurechnung von Kosten auf die Verwaltungsleistungen herangezogen werden können.
- Zum Zwecke der kostenstellenbezogenen Wirtschaftlichkeitskontrolle erweitern Bundesverwaltungen die Istkostenrechnung mit Plandaten. Dabei kommt die flexible Plankostenrechnung auf Vollkostenbasis zur Anwendung. Wegen der Dominanz fixer Gemeinkosten empfiehlt sich ein Operieren mit Vollkosten. Die Verbrauchsabweichung, welche sich ausschließlich auf variable Kosten bezieht, macht einen sehr kleinen Teil der Gesamtkosten aus und bietet deshalb nur ein geringes Potential für Effizienzsteigerungen. Hingegen zeigt die Beschäftigungsabweichung die Leerkosten, also die Kosten der nicht genutzten Kapazität auf und fungiert damit als Impulsgeber für Kapazitätsanpassungen. Die notwendigen Informationen für eine leistungsmengenadäquate Dimensionierung der Kapazitäten könnten aber ebenfalls mindestens genauso gut die im Rahmen der Prozeßkostenrechnung berechneten Prozeßkostensätze liefern.
- Erfassung und Strukturierung der Daten von Kosten und Leistungen erfolgen nach einheitlichen Regeln, was ebenfalls für die Ermittlung der Wertkomponente der Kosten gilt. Dabei kommen in der Kostenartenrechnung vermehrt kalkulatorische Kosten zum Ansatz. Das Operieren mittels möglichst einheitlichen Kostendaten, die zugleich kalkulatorische Kosten verkörpern, dient dem zwischenbehördlichen Benchmarking. Jedoch entfernt man sich hierdurch von den behördenspezifischen Gegebenheiten, wodurch die generierten Kostendaten für die einzelne Behörde nur noch eine beschränkte Aussagekraft besitzen. Um den Erfassungsaufwand einigermaßen in Grenzen zu halten, haben Bundesinstitutionen den für die Kosten- und Leistungsrechnung erforderlichen Dateninput soweit wie möglich aus vorgelagerten Systemen (z. B. Haushaltsrechnung, Anlagenbuchhaltung) zu übernehmen, was ebenfalls der Verfasser fordert.
- Eine Fixkostenstrukturrechnung soll Bundesverwaltungen die zeitliche Abbaufähigkeit der Fixkosten aufzeigen, damit diese gezielt beeinflußt werden können.
- Betriebsergebnisrechnungen in Form von Deckungsbeitragsrechnungen sieht das KLR-Handbuch nicht vor, weil Bundesverwaltungen als gemeinwirtschaftliche Institutionen nicht auf Gewinnerzielung ausgerichtet sind.

Die Kosten- und Leistungsrechnung befindet sich im Bereich der Bundesverwaltungen erst im Anfangsstadium. Ein regulärer Wirkbetrieb der Kosten- und Leistungsrechnung bildet beim Großteil der Bundesbehörden bis dato eher die Ausnahme als die Regel. Soweit bereits eine Kostenrechnung implementiert wurde, operiert man derzeit in Bundesbehörden zumeist ausschließlich mit Istkosten. Dennoch beabsichtigen die Bundesverwaltungen den Ausbau des Kostenrechnungssystems zur Plankostenrechnung, was als wichtiger erster Schritt im Zuge des Aufbaus eines leistungsfähigen Controllingsystems angesehen werden kann. Die Implementierung einer modernen und aussagefähigen Kosten- und Leistungsrechnung nimmt einige Zeit in Anspruch und läßt sich im Bereich der Bundesverwaltungen generell nur in mehreren Stufen realisieren. Deshalb entspricht der Entwicklungsstand der behördenindividuellen Kostenrechnungskonzepte in Bundesverwaltungen noch bei weitem nicht dem Anspruchsniveau der Standard-KLR. Diese Abweichung von den Rahmenvorgaben dürfte sich im Laufe der nächsten Jahre verringern und auf lange Sicht sogar fast völlig auflösen. Mit Erreichen des Zeitpunktes, an dem das Gros der Bundesbehörden eine Kosten- und Leistungsrechnung implementiert hat und sodann bereits umfangreiche Erfahrungen mit dem Wirkbetrieb aufweist, wird in den diversen Bundesverwaltungen eine weitgehend identische Grundstruktur bei den jeweiligen behördenbezogenen Kostenrechnungskonzepten vorherrschen, welche sich im Rahmenkonzept gemäß den Vorgaben der Standard-KLR widerspiegelt. Abweichungen hiervon beziehen sich in der Folgezeit lediglich auf einzelne Details und resultieren aus den Bundesbehörden zugestandenen Konkretisierungen und Spezifizierungen der Rahmenvorgaben. Bezüglich der Ausgestaltung der Kosten- und Leistungsrechnung in den untersuchten Bundesverwaltungen lassen sich folgende zentrale Aussagen machen:

- Die Differenzierung der Kostenarten in der Kostenartenrechnung erfolgt bei den Bundesbehörden vorwiegend nach der Struktur der Konten in der Haushaltsrechnung, was insbesondere für Hoheitsverwaltungen gilt. Lediglich Dienstleistungsverwaltungen orientieren sich bei der Einrichtung der Kostenartenkonten nur begrenzt an der Haushaltsrechnung, um den behördenspezifischen Informationsbedürfnissen entsprechend Rechnung tragen zu können. Mit der Orientierung des Aufbaus der Kostenartenrechnung an der Haushaltsrechnung legen die Bundesverwaltungen die Basis für die Schaffung eines integrierten Rechensystems zur Verwaltungssteuerung. Neben den Konten sollten die Bundesverwaltungen ebenfalls bei den Zahlenwerten eine möglichst weitgehende Konvergenz anstreben, womit der Verfasser ein Operieren mit ausgabewirksamen Kosten fordert.

- Bundesverwaltungen definieren ihre Kostenstellen auf der Grundlage der jeweils bestehenden Organisationsstrukturen. Hierdurch versucht man Fachverantwortung und Ressourcenverantwortung in Einklang zu bringen. Wegen der Verschiedenartigkeit der Fachaufgabenbereiche zwischen den einzelnen Bundesbehörden, kann es kein einheitliches Profil für Hauptkostenstellen geben. Entsprechend der Nähe zum Kernprozeß der Leistungserstellung kategorisiert man in Bundesverwaltungen die Kostenstellen, wodurch Transparenz bezüglich des Kosten- und Leistungsgefüges sowie der Leistungsverflechtungen geschaffen wird.

- Auf der Grundlage des Stufenleiterverfahrens werden in den Bundesverwaltungen die Leistungsverrechnungen durchgeführt. Das Stufenleiterverfahren bildet den Rahmen der mehrstufigen Kostenverrechnungsprozeduren, innerhalb dessen auf den einzelnen Verrechnungsstufen unterschiedlich genaue Allokationsmethoden zur Anwendung kommen können. Kostenumlagen mittels pauschaler Umlageschlüssel stellen dabei das Gros der Kostenweiterwälzung dar. Dies geht zu Lasten der Genauigkeit der zu generierenden Kostendaten. Selbst der Einsatz interner Produkte sowie die Durchführung von Zeitaufschreibungen können nur einen geringen Beitrag zur Steigerung der Genauigkeit der Kostenallokation leisten, wenn in Kombination dazu pauschale Kostenumlagen stattfinden.

- Prozeßorientierte Kalkulationsverfahren bilden in Bundesinstitutionen den Ausnahmefall. Gerade aber die prozeßorientierte Kalkulation gilt als adäquate Kalkulationsmethodik für die in öffentlichen Verwaltungen vorzufindende Leistungs- und Kostenstruktur und erlaubt somit eine genaue Kostenallokation auf die Verwaltungsleistungen. Hingegen präferieren Bundesverwaltungen eine Kombination zwischen Personalstundensatzrechnung und Zuschlagskalkulation. Hierdurch lassen sich in Grenzen brauchbare Kosteninformationen generieren.

Neben den Konkretisierungen und Spezifizierungen läßt das Regelwerk der Standard-KLR in beschränktem Ausmaß als gewollte Optionen auch substantielle Abweichungen von den vorgegebenen Standards zu, wie etwa die Verrechnung der Kosten über Prozesse. Die von der Standard-KLR eingeräumte Möglichkeit des Einsatzes der Prozeßkostenrechnung ist als positiv zu würdigen. Jedoch sehen die Bundesverwaltungen derzeit keine Notwendigkeit, eine Prozeßkostenrechnung einzuführen. Nach Ansicht des Verfassers sollte im Rahmen der Implementierung eines leistungsfähigen und strukturadäquaten Kostenrechnungssystem als letzte Ausbaustufe die Prozeßkostenrechnung stehen. Denn langfristig werden die Bundesverwaltungen sicherlich nicht umhinkönnen, die Informationsgewinne der Prozeßkostenrechnung für die Steuerung eines effizienten Verwaltungshandelns zu nutzen.

Mit der bloßen Einführung der Kosten- und Leistungsrechnung in Bundesverwaltungen kann noch kein wirtschaftliches Verwaltungshandeln gewährleistet werden. Die von der Kosten- und Leistungsrechnung bereitgestellten Informationen muß die Verwaltungsführung in den jeweiligen Planungen bezüglich der konkreten Maßnahmen der Verwaltungssteuerung, die es dann auch entsprechend umzusetzen gilt, adäquat berücksichtigen. Wichtig ist für die Bundesverwaltungen die langfristige Perspektive, womit die Kosteninformationen primär dem Kostenmanagement und damit verbunden auch dem generellen Verwaltungsmanagement zu dienen haben. Diesbezüglich bedarf es der Integration der Kosten- und Leistungsrechnung in ein umfassendes und leistungsfähiges Controllingsystem bzw. Managementinformationssystem.

Als zusätzliche, flankierende Maßnahmen sind für das Erreichen der angestrebten Effizienzsteigerungen neben der Implementierung der Kosten- und Leistungsrechnung entsprechende Veränderungen im personellen und organisatorischen Bereich erforderlich. Die Reform des öffentlichen Dienstrechts ist eine unabdingbare Voraussetzung für die Optimierung des Verhältnisses zwischen Ressourceninput und erreichbarem Output an Verwaltungsleistungen, wobei in diesem Zusammenhang ein leistungsbezogenes Entgelt für die Verwaltungsmitarbeiter zu fordern wäre. Als organisatorische Maßnahmen vermögen die Delegation von Verantwortung auf die ausführenden Ebenen sowie damit einhergehend die Dezentralisation der Entscheidungsbefugnisse einen wertvollen Beitrag zu mehr Wirtschaftlichkeit in Bundesverwaltungen zu leisten. In Verbindung mit der Budgetierung fördern diese Maßnahmen ebenfalls die Motivation der Verwaltungsangehörigen, was sich wiederum effizienzsteigernd auf das Verwaltungshandeln auswirkt.

## Literaturverzeichnis

**Aichele, Christian – Kirsch, Jürgen**: *Geschäftsprozeßanalyse* auf Basis von Kennzahlensystemen, in: Management & Computer, 3. Jg. 1995, Heft 2, S. 123 – 132

**Arthur Andersen**: *Kosten- und Leistungsverantwortung*, Bonn 1994

**Arthur Andersen**: Fachkonzept *Internes Rechnungswesen der Bundeswehr* (IntReWeBw), Waldbröl 1998

**Arthur D Little**: KLR-Handbuch – Handbuch für das *Kosten- und Leistungsrechnungssystem im Kraftfahrt-Bundesamt*, Wiesbaden 1996

**Arthur D Little**: Management Summary: Einführung einer *Kosten- und Leistungsrechnung im KBA*, Wiesbaden 1996

**Arthur D Little**: *Controlling im Presse- und Informationsamt* der Bundesregierung, unveröffentlichtes Konzeptpapier, Wiesbaden 1996

**Auswärtiges Amt**: *Controlling-Handbuch* für den Auswärtigen Dienst – Kapitel 2: Controlling- und KLR-Konzept, Berlin 2000

**Auswärtiges Amt**: *Organisationsplan*, unveröffentlichtes Konzeptpapier, Berlin 2000

**Auswärtiges Amt**: Übersicht zum *Produktkatalog*, unveröffentlichtes Konzeptpapier, Berlin 2000

**Backhaus, Jürgen**: *Öffentliche Unternehmen.* Zum Wirtschaftsrecht, den Funktionen und Rechtsformen, 2. Aufl., Frankfurt am Main 1980

**Baier, Niels – Arnaout, Ali**: *Prozeßmanagement* zur kontinuierlichen Prozeßoptimierung in kleinen Kommunen: Das Beispiel der Gemeinde Kupferzell, in: Controlling, 11. Jg. 1999, Heft 3, S. 135 – 142

**Bals, Hansjürgen**: *Kostenrechnung* öffentlicher Verwaltungen, in: Handwörterbuch der Öffentlichen Betriebswirtschaft, hrsg. v. Klaus Chmielewicz – Peter Eichhorn, Stuttgart 1989, Sp. 825 – 837

**Bandemer, Stephan von**: *Benchmarking*, in: Handbuch zur Verwaltungsreform, hrsg. v. Bernhard Blanke u. a., Opladen 1998, S. 362 – 369

**Bauernfeind, Elisabeth – Zimmermann, Franz**: Kommunalabgabengesetz für das Land Nordrhein-Westfalen: *Kommentar*, 2. Aufl., Köln 1979

**Becker, Friedrich – Gruber, Klaus**: Kommunales *Haushaltsrecht* in Bayern, 2. Aufl., München 1988

**Berkau, Carsten**: *Vernetztes Prozeßkostenmanagement*: Konzeption und Realisierung mit einem Blackboardsystem, Wiesbaden 1995

**Besier, Klaus**: *Kostenrechnung* für kommunale Einrichtungen, in: Handbuch Kostenrechnung, hrsg. v. Wolfgang Männel, Wiesbaden 1992, S. 1171 – 1180

**Botta, Volkmar**: *Kennzahlensysteme* als Führungsinstrumente: Planung, Steuerung und Kontrolle der Rentabilität im Unternehmen, 5. Aufl., Berlin 1997

**Bräunig, Dietmar**: *Kosten*, in: Verwaltungslexikon, hrsg. v. Peter Eichhorn u. a., 2. Aufl., Baden-Baden 1991, S. 486 – 487

**Braun, Günter E.**: *Betriebswirtschaftliche Kennzahlen* und Indikatoren zur Verbesserung der Wirtschaftlichkeit des staatlichen Verwaltungshandelns, in: Doppik und Kameralistik, hrsg. v. Peter Eichhorn, 1. Aufl., Baden-Baden 1987, S. 183 – 200

**Brokemper, Andreas – Gleich, Ronald**: Empirische *Analyse* von Gemeinkostenprozessen zur Herleitung eines branchenspezifischen Prozeß(kosten-)modells, in: Die Betriebswirtschaft, 59. Jg. 1999, Heft 1, S. 76 – 89

**Buchholtz, Klaus – Meierhofer, Hans**: *Kosten- und Leistungsrechnung* in der Bundesverwaltung, Hamburg 1994

**Buchholtz, Klaus – Meierhofer, Hans**: *Kosten- und Leistungstransparenz* in der Bundesverwaltung?: Keine Träumerei – aber ein langer Weg in kleinen Schritten!, unveröffentlichtes Konzeptpapier, Mainz 1994

**Buchholz, Werner**: Ein kennzahlenbasiertes *Controllingsystem* für die Universitätsklinika Baden-Württembergs, in: Zeitschrift für öffentliche und gemeinwirtschaftliche Unternehmen, 18. Jg. 1995, Heft 2, S. 161 – 186

**Buchner, Holger – Maurer, Christof**: Schlankes *Prozeßkostenmanagement* für den Mittelstand am Beispiel des Maschinen-Zulieferers RINGSPANN GmbH, in: Controlling, 11. Jg. 1999, Heft 2, S. 81 – 86

**Buchner, Robert**: Finanzwirtschaftliche Statistik und *Kennzahlenrechnung*, München 1985

**Budäus, Dietrich**: *Kostenrechnung* in öffentlichen Unternehmen – Bedingungen und Probleme der Kostenerfassung und Kostenbewertung, in: Handbuch Kostenrechnung, hrsg. v. Wolfgang Männel, Wiesbaden 1992, S. 1160 – 1170

**Budäus, Dietrich**: Von der *Dominanz der Sachziele* im öffentlichen Sektor zum System von Formalzielen als Grundlage zukünftiger Reformentwicklungen, in: Stand und Perspektiven der Öffentlichen Betriebswirtschaftslehre, hrsg. v. Dietmar Bräunig – Dorothea Greiling, Berlin 1999, S. 55 – 65

**Budig, Peter**: Inhalt und Stand der *Umsetzung des Kabinettsbeschluß* vom 7.2.96, in: Modernisierung der Bundesverwaltung: Aktueller Stand und Perspektiven, hrsg. v. Ehrhard Mundhenke – Wilhelm Kreft, Brühl 1997, S. 33 – 42

**Bundesakademie für öffentliche Verwaltung**: *Controlling im Presse- und Informationsamt* der Bundesregierung, Seminar-Nr. JaP-Nr. O 5.02.01: „Controlling als Steuerungsinstrument der öffentlichen Verwaltung", Bad Godesberg 1997

**Bundesamt für die Anerkennung ausländischer Flüchtlinge**: Die *Kosten- und Leistungsrechnung* im Bundesamt, unveröffentlichtes Konzeptpapier, Nürnberg 1996

**Bundesamt für die Anerkennung ausländischer Flüchtlinge**: Schaubild zum *Asylverfahren*, unveröffentlichtes Konzeptpapier, Nürnberg 2000

**Bundesamt für die Anerkennung ausländischer Flüchtlinge**: Wissenswertes rund um das *Asylrecht*, Nürnberg 2000

**Bundesamt für Sicherheit in der Informationstechnik**: *Handbuch der Kosten- und Leistungsrechnung* im Bundesamt für Sicherheit in der Informationstechnik, Bonn 1998

**Bundesministerium der Finanzen (Hrsg.)**: Vorschriftensammlung Bundes-Finanzverwaltung – VSF – Stoffgebiet: Haushaltsrecht, Abschnitt: *Kosten- und Leistungsrechnung*, Bonn 1997

**Bundesministerium der Finanzen (Hrsg.)**: *Einführung von Kosten- und Leistungsrechnung* in der Bundesverwaltung, Bonn 1997

**Bundesministerium des Innern (Hrsg.)**: *Übersichten* über die Personalkostensätze für Beamte, Richter/Staatsanwälte, Hochschullehrer, Angestellte und Lohnempfänger – Sachkostenpauschale eines Arbeitsplatzes/Beschäftigten in der Bundesverwaltung, Bonn 1997

**Bundesministerium des Innern (Hrsg.)**: *KLR-Referenzmodell* für den Geschäftsbereich des Bundesministeriums des Innern, Bonn 1999

**Bundesministerium des Innern (Hrsg.)**: *Moderner Staat* – Moderne Verwaltung: Das Programm der Bundesregierung, Berlin 1999

**Bundesministerium der Verteidigung**: *Bundeswehr-Kostenrechnung*, Bonn 1985

**Bundesministerium der Verteidigung**: Fachkonzept *Kosten- und Leistungsverantwortung* (KLV) in der Bundeswehr, Bonn 1998

**Bundesministerium der Verteidigung**: *Rahmenkonzept* Kosten- und Leistungsrechnung im Geschäftsbereich des BMVg (RK KLR Bw), Bonn 1998

**Bundesministerium der Verteidigung**: Bestandsaufnahme: *Die Bundeswehr* an der Schwelle zum 21. Jahrhundert, Bonn 1999

**Bundesministerium der Verteidigung**: *Aktivitätenerfassungsblatt*, unveröffentlichtes Formblatt, Bonn, S. 3 – 4

**Bundesministerium der Verteidigung**: *Prozeßstruktur*, unveröffentlichtes Konzeptpapier, Bonn

**Bundesrepublik Deutschland**: *Bundeshaushaltsplan* für das Haushaltsjahr 2000, Band 1, Berlin 2000

**Ceynowa, Klaus – Finkeißen, Alexander**: *Prozeßkostenmanagement* in wissenschaftlichen Bibliotheken – Erfahrungen der ULB Münster, in: Prozeßkostenmanagement: Methodik und Anwendungsfelder, hrsg. v. der Horváth und Partner GmbH, Stuttgart, 2. Aufl., München 1998, S. 465 – 480

**Ceynowa, Klaus u. a.**: Prozeßorientiertes *Kostenmanagement* in Hochschulbibliotheken: Ein Projekt der Deutschen Forschungsgemeinschaft, in: Controlling, 12. Jg. 2000, Heft 11, S. 529 – 534

**Coenenberg, Adolf Gerhard – Fischer, Thomas M.**: *Prozeßkostenrechnung* – Strategische Neuorientierung in der Kostenrechnung, in: Die Betriebswirtschaft, 51. Jg. 1991, Heft 1, S. 21 – 38

**Coenenberg, Adolf Gerhard: u. a.**: *Abweichungsanalyse bei Projekten* im F&E-Bereich, in: Handbuch Kostenrechnung, hrsg. v. Wolfgang Männel, Wiesbaden 1992, S. 767 – 781

**Coenenberg, Adolf Gerhard**: *Kostenrechnung* und Kostenanalyse, 4. Aufl., Landsberg am Lech 1999

**Coenenberg, Adolf Gerhard**: *Jahresabschluß* und Jahresabschlußanalyse: Betriebswirtschaftliche, handelsrechtliche, steuerrechtliche und internationale Grundlagen – HGB, IAS, US-GAAP – 17. Aufl., Landsberg am Lech 2000

**Cooper, Robin**: *Activity-Based Costing* – Wann brauche ich ein Activity-Based Cost-System und welche Kostentreiber sind notwendig? (Teil 2), in: Kostenrechnungspraxis, 34. Jg. 1990, Heft 5, S. 271 – 279

**Dahmen, Alois**: Betriebswirtschaftlicher *Kostenbegriff* im Kommunalabgabenrecht der Benutzungsgebühren, in: Kommunale Steuer-Zeitschrift, 39. Jg. 1990, S. 25 – 28

**Deutscher Bundestag**: „*Benchmarking*" – Leistungsvergleich zwischen verschiedenen Behörden zur Beurteilung des Personalaufwandes, Drucksache 13/8550, Nr. 61, Band 588, Bonn 1997, S. 157 – 160

**Deutscher Bundestag**: Einführung von *Kosten- und Leistungsrechnungen in der Bundesverwaltung*, Drucksache 13/8550, Nr. 63, Band 588, Bonn 1997, S. 161 – 162

**Deutsches Patentamt**: *Organisationsschaubild* des Deutschen Patent- und Markenamts, München 2000

**Deutscher Wetterdienst**: *Kostenartenplan* für den DWD, unveröffentlichtes Konzeptpapier, Offenbach 1999

**Deutscher Wetterdienst**: *Kostenstellenplan* für den DWD, unveröffentlichtes Konzeptpapier, Offenbach 1999

**Deutscher Wetterdienst**: *Kostenträgerplan* für den DWD, unveröffentlichtes Konzeptpapier, Offenbach 1999

**Deutscher Wetterdienst**: *Kosten- und Leistungsrechnung*, unveröffentlichtes Konzeptpapier, Offenbach 1999

**Ebert, Günter – Steinhübel, Volker**: *Controlling* in der öffentlichen Verwaltung, in: Finanzwirtschaft, 51. Jg. 1997, Heft 11, S. 247 – 255

**Ebert Günter**: Die Erweiterung der Kosten- und Leistungsrechnung zum neuen *Steuerungsmodell*, in: Kosten-, Leistungsrechnung und Controlling: Ein Erfahrungsbericht für die Praxis über die Einführung der Standard-KLR am Beispiel der Bundesverwaltung, hrsg. v. Tilman Seeger u. a., Heidelberg 1999, S. 214 – 282

**Ebert, Thorsten**: *Prozeßoptimierung* durch schlankes und effizientes Controlling bei der Städtische Werke AG, Kassel, in: Zeitschrift für öffentliche und gemeinwirtschaftliche Unternehmen, 22. Jg. 1999, Heft 4, S. 386 – 400

**Eichhorn, Peter**: *Liquiditätsplanung* und Gelddisposition in öffentlichen Haushalten: Ein Beitrag zum Einsatz betriebswirtschaftlicher Instrumente in der Finanzwirtschaft staatlicher und insbesondere kommunaler Verwaltungen, Frankfurt am Main 1973

**Eichhorn, Peter**: *Kostendenken* im öffentlichen Dienst, in: Öffentlicher Dienst, hrsg. v. Klaus König u. a., Köln 1977, S. 33 – 51

**Eichhorn, Peter**: *Verwaltungshandeln* und Verwaltungskosten: Möglichkeiten zur Verbesserung der Wirtschaftlichkeit in der Verwaltung, 1. Aufl., Baden-Baden 1979

**Eichhorn, Peter**: *Öffentliche Verwaltung*, Rechnungswesen der, in: Handwörterbuch des Rechnungswesens, hrsg. v. Erich Kosiol, 2. Aufl., Stuttgart 1981, Sp. 1223 – 1236

**Eichhorn, Peter**: *Wirtschaftlichkeit der Verwaltung*, in: Handwörterbuch der Öffentlichen Betriebswirtschaft, hrsg. v. Klaus Chmielewicz – Peter Eichhorn, Stuttgart 1989, Sp. 1795 –1803

**Eichhorn, Peter**: *Wirtschaftlichkeit*, in: Verwaltungslexikon, hrsg. v. Peter Eichhorn u. a., 2. Aufl., Baden-Baden 1991, S. 956 – 959

**Eichhorn, Peter**: *Verwaltungskameralistik* und Kostenrechnung, in: Das neue öffentliche Rechnungswesen: Betriebswirtschaftliche Beiträge zur Haushaltsreform in Deutschland, Österreich und der Schweiz, hrsg. v. Helmut Brede – Ernst Buschor, 1. Aufl., Baden-Baden 1993, S. 107 – 117

**Eichhorn, Peter**: *Kosten*denken im öffentlichen Dienst, in: Öffentliche Betriebswirtschaftslehre: Beiträge zur BWL der öffentlichen Verwaltungen und öffentlichen Unternehmen, hrsg. v. Peter Eichhorn, Berlin 1997, S. 51 – 67

**Eichhorn, Peter**: Kosten, *Kostenanalyse* und Kostenrechnung in der Kommunalverwaltung, in: Öffentliche Betriebswirtschaftslehre: Beiträge zur BWL der öffentlichen Verwaltungen und öffentlichen Unternehmen, hrsg. v. Peter Eichhorn, Berlin 1997, S. 85 – 100

**Eichmann, Rainer**: Erfahrungen der KGSt mit steuerungsrelevanten *Kennzahlen* am Beispiel der Heimerziehung, in: IKO-Netz – Dokumentation des Gründungssymposiums, hrsg. v. der KGSt, Köln 1996, S. 57 – 68

**Eisele, Wolfgang**: *Technik des betrieblichen Rechnungswesens*: Buchführung und Bilanzierung – Kosten- und Leistungsrechnung – Sonderbilanzen, 6. Aufl., München 1998

**Ewert, Ralf – Wagenhofer, Alfred**: *Interne Unternehmensrechnung*, 3. Aufl., Berlin 1997

**Feind-Just, Carola**: Das interne *Benchmarking* – ein strategisches Instrument im Marketing-Controlling einer Konzernzentrale mit Beteiligungsgesellschaften, in: Controller Magazin, 24. Jg. 1999, Heft 3, S. 188 – 196

**Fischer, Thomas M.**: Neue Wege im *Kostenmanagement* – Einsatzmöglichkeiten der Prozeßkostenrechnung in öffentlichen Unternehmen, in: Controlling öffentlicher Einrichtungen, hrsg. v. Heinz-Georg Baum u. a., Stuttgart 1997, S. 145 – 167

**Fischer, Thomas M.**: *Prozeßkostencontrolling* – Gestaltungsoptionen in der öffentlichen Verwaltung -, in: Kostenrechnungspraxis, 43. Jg. 1999, Heft 2, S. 115 – 125

**Flätgen, Horst**: *Controlling* im Bundesverwaltungsamt, in: Modernisierung der Bundesverwaltung: Aktueller Stand und Perspektiven, hrsg. v. Ehrhard Mundhenke – Wilhelm Kreft, Brühl 1997, S. 191 – 197

**Franz, Klaus-Peter**: Die *Prozeßkostenrechnung* – Darstellung und Vergleich mit der Plankosten- und Deckungsbeitragsrechnung -, in: Finanz- und Rechnungswesen als Führungsinstrument, hrsg. v. Dieter Ahlert u. a., Wiesbaden 1990, S. 109 – 136

**Fuchs, Manfred**: *Das betriebliche Rechnungswesen* in der Kommunalverwaltung, in: Doppik und Kameralistik, hrsg. v. Peter Eichhorn, 1. Aufl., Baden-Baden 1987, S. 63 – 70

**Fuchs, Manfred**: *Betriebskameralisitk*, in: Handwörterbuch der Öffentlichen Betriebswirtschaft, hrsg. v. Klaus Chmielewicz – Peter Eichhorn, Stuttgart 1989, Sp. 132 –140

**Furch, Kristian**: Welche *Kosten- und Leistungsrechnung* braucht die Öffentliche Verwaltung?, in: Management & Computer, 3. Jg. 1995, Heft 1, S. 19 – 27

**Gerberich, Claus W. – Dahinten, Michael**: *Prozeßcontrolling* und Kundenorientierung in einem EVU, in: Controller Magazin, 24. Jg. 1999, Heft 1, S. 44 – 48

**Gern, Alfons**: *Kommunalrecht* einschließlich Kommunales Abgabenrecht: Ein Lehrbuch für Studium und Praxis, 7. Aufl., Baden-Baden 1998

**Gornas, Jürgen**: *Verwaltungskameralistik*, in: Handwörterbuch der Öffentlichen Betriebswirtschaft, hrsg. v. Klaus Chmielewicz – Peter Eichhorn, Stuttgart 1989, Sp. 1650 – 1658

**Gornas, Jürgen – Beyer, Werner**: *Betriebswirtschaft* in der öffentlichen Verwaltung: Systematische Darstellung der Besonderheiten der öffentlichen Betriebswirtschaftslehre, Köln 1991

**Gornas, Jürgen**: Grundzüge einer *Verwaltungskostenrechnung*: Die Kostenrechnung als Instrument zur Planung und Kontrolle der Wirtschaftlichkeit in der öffentlichen Verwaltung, 2. Aufl., Baden-Baden 1992

**Gornas, Jürgen**: *Kostenrechnung* für die öffentliche Verwaltung, in: Handbuch Kostenrechnung, hrsg. v. Wolfgang Männel, Wiesbaden 1992, S. 1143 – 1159

**Gornas, Jürgen**: *Internes versus externes öffentliches Rechnungswesen*, in: Stand und Perspektiven der Öffentlichen Betriebswirtschaftslehre, hrsg. v. Dietmar Bräunig – Dorothea Greiling, Berlin 1999, S. 313 – 320

**Groll, Karl-Heinz**: *Erfolgssicherung* durch Kennzahlensysteme, 4. Aufl., Freiburg im Breisgau 1991

**Gruber, Klaus**: Dezentrale Budgetierung, *Kosten-Leistungsrechnung* und Controlling: Instrumente des modernen Verwaltungsmanagements, Kronach u. a. 1998

**Haas, Martin**: Finanzielles *Controlling von Projekten* im industriellen Großanlagenbau – Ein betriebswirtschaftliches Konzept und dessen Informatik-Umsetzung, Zürich 1996

**Haberstock, Lothar**: *Kostenrechnung 2* – (Grenz-) Plankostenrechnung mit Fragen, Aufgaben und Lösungen -, 7. Aufl., Nachdruck, Hamburg 1995

**Haberstock, Lothar**: *Kostenrechnung 1* – Einführung -, 9. Aufl., Hamburg 1997

**Haiber, Thomas – Dunker, Klaus**: *Kostenmanagement* in öffentlichen Verwaltungen, in: Handbuch Kosten- und Erfolgs-Controlling, hrsg. v. Thomas Reichmann, München 1995, S. 471 – 497

**Haiber, Thomas**: *Controlling* für öffentliche Unternehmen: Konzeption und instrumentelle Umsetzung aus der Perspektive des New-public-Management, München 1997

**Hartung, Dietmar**: *Pfennigfuchser*: Kosten- und Leistungsverantwortung im Luftwaffenmaterialdepot 81 – Ein Bericht aus Sicht der Truppe, in: Truppenpraxis/Wehrausbildung, 42. Jg. 1998, Heft 1, S. 32 – 36

**Heinen, Edmund – Picot, Arnold**: Können in betriebswirtschaftlichen *Kostenauffassungen* soziale Kosten berücksichtigt werden?, in: Betriebswirtschaftliche Forschung und Praxis, 26. Jg. 1974, Heft 4, S. 345 – 366

**Homann, Klaus**: *Kommunales Rechnungswesen*: Buchführung, Kostenrechnung und Wirtschaftlichkeitsrechnung in Kommunalverwaltungen, 2. Aufl., Schwerte 1991

**Horváth, Péter – Mayer, Reinhold**: *Prozeßkostenrechnung*: Der neue Weg zu mehr Kostentransparenz und wirkungsvolleren Unternehmensstrategien, in: Controlling, 1. Jg. 1989, Heft 4, S. 214 – 219

**Horváth, Péter – Mayer, Reinhold**: *Prozeßkostenrechnung – Konzeption* und Entwicklungen, in: Kostenrechnungspraxis-Sonderheft 2/1993, S. 15 – 28

**Horváth, Péter – Mayer, Reinhold**: *Konzeption und Entwicklungen der Prozeßkostenrechnung*, in: Prozeßkostenrechnung: Bedeutung – Methoden – Branchenerfahrungen – Softwarelösungen, hrsg. v. Wolfgang Männel, Wiesbaden 1995, S. 59 – 86

**Horváth, Péter**: *Controlling*, 7. Aufl., München 1998

**Http://intranet/intern-bpa/**controlling/*controlling*-was.htm, Berlin 2000, S. 1 – 2

**Http://intranet/intern-bpa/**controlling/*produkt*.htm, Berlin 2000, S. 1 – 24

**Http://intranet/intern-bpa/**controlling/*zeitaufschreibung*.htm, Berlin 2000, S. 1 – 4

**Hubbert, Michael – Uhl, Franz**: Realisierung der *Prozeßkostenrechnung in der Bundeswehr*, in: Prozeßkostenrechnung – „Just in Time"?! –, hrsg. v. Bundesverwaltungsamt, Köln 1998, S. 54 – 76

**Hummel, Siegfried – Männel, Wolfgang**: *Kostenrechnung 1*: Grundlagen, Aufbau und Anwendung, 4. Aufl., Wiesbaden 1986

**Karehnke, Helmut**: Zur *Wirtschaftlichkeitsmessung* im staatlichen Bereich, in: Deutsches Verwaltungsblatt, 85. Jg. 1970, S. 949 – 954

**Kauermann, Ralf**: *Betriebsvergleich* und Aktivitätsanalyse, Wiesbaden 1999

**Keller, Bernhard**: *Controlling* im BAPT, in: Modernisierung der Bundesverwaltung: Aktueller Stand und Perspektiven, hrsg. v. Ehrhard Mundhenke – Wilhelm Kreft, Brühl 1997, S. 198 – 206

**Keller, Bernhard**: *Behördenwettbewerb*, in: „Schlanker Staat" – Verwaltungsmodernisierung im Bund: Zwischenbericht, Praxisbeiträge, Kommentare, hrsg. v. Klaus König – Natascha Füchtner, Speyer 1998, S. 291 – 304

**Kern, Werner**: Aufgaben und Dimensionen von *Kapazitätsrechnungen*, in: Finanz- und Rechnungswesen als Führungsinstrument, hrsg. v. Dieter Ahlert u. a., Wiesbaden 1990, S. 221 – 235

**Kerth, Albin – Wolf, Jakob**: *Bilanzanalyse* und Bilanzpolitik, München u. a. 1986

**Kieninger, Michael**: *Reengineering und Prozeßoptimierung*, in: Prozeßkostenmanagement: Methodik und Anwendungsfelder, hrsg. v. der Horváth und Partner GmbH, Stuttgart, 2. Aufl., München 1998, S. 29 – 45

**Kilger, Wolfgang**: Einführung in die *Kostenrechnung*, 3. Aufl., Nachdruck, Wiesbaden 1992

**Kilger, Wolfgang – Vikas, Kurt**: Flexible *Plankostenrechnung* und Deckungsbeitragsrechnung, 10. Aufl., Wiesbaden 1993

**Kloock, Josef u. a.**: *Kosten- und Leistungsrechnung*, 8. Aufl., Düsseldorf 1999

**Klümper, Bernd u. a.**: *Kommunale Kosten- und Wirtschaftlichkeitsrechnung*: Lehrbuch mit Beispielen und praktischen Übungen und Lösungen, 7. Aufl., Witten 1995

**Knauf, Jürgen T.**: *Benchmarking* – das Lernen vom Besten, in: Verwaltung – Organisation – Personal, o. Jg. 1997, Heft 1-2, S. 23 – 25

**Knöll, Heinz-Dieter**: *Verwaltungsökonomie*: Betriebswirtschaftliche Kostenrechnung in der öffentlichen Verwaltung, 1. Aufl., Baden-Baden 1997

**Koch, Helmut**: Zur Diskussion über den *Kostenbegriff*, in: Zeitschrift für handelswissenschaftliche Forschung, 10. Jg. 1958, S. 355 – 399

**Köberle, Gisela**: Die Bedeutung der *Prozeßkostenrechnung* im Entscheidungsablauf des Unternehmens, München 1994

**Köckritz, Sieghardt von u. a.**: Bundeshaushaltsordnung, Kommentar, *Vorläufige Verwaltungsvorschriften zu § 7 Bundeshaushaltsordnung*, 19. Ergänzungslieferung, München 1996

**Köckritz, Sieghardt von u. a.**: Bundeshaushaltsordnung, Kommentar, *Vorläufige Verwaltungsvorschriften zu § 7 Bundeshaushaltsordnung*, 22. Ergänzungslieferung, München 1998

**Köckritz, Sieghardt von u. a.**: Bundeshaushaltsordnung, *Haushaltstechnische Richtlinien des Bundes* (HRB), 22. Ergänzungslieferung, München 1998

**König, Herbert**: *Finanzkontrolle* und Prüfung der Wirtschaftlichkeit in der öffentlichen Verwaltung, in: Zeitschrift für Bergrecht, 1969, Heft 3, S. 331 – 341

**KPMG**: Abschlußbericht zum KLV-Pilotprojekt: Teilhabe am *Controlling* im Bereich LwFüKdo, Köln 1998

**KPMG**: Abschlußbericht zum Projekt DPMA2000 – Phase 2: KLR/Controlling: C2 – Konzeption zur *Einführung der Kosten- und Leistungsrechnung*, München 1999

**Kroll, Michael**: Kauf oder *Leasing*?: Entscheidungsmodell für die Praxis; Vertragsgestaltung, betriebswirtschaftliche Analyse, Vergleichsrechnung, Wiesbaden 1992

**Kroll, Michael**: Nachweis der Wirtschaftlichkeit – *Vergleichsrechnung*: „Kauf oder Leasing?", in: Leasing-Handbuch für die öffentliche Hand, hrsg. v. Michael Kroll, 6. Aufl., Lichtenfels 2000, S. 180 – 235

**Küpper, Hans-Ulrich**: Theoretische Grundlagen der *Kostenrechnung*, in: Handbuch Kostenrechnung, hrsg. v. Wolfgang Männel, Wiesbaden 1992, S. 38 – 53

**Küting, Karlheinz – Lorson, Peter**: *Benchmarking* von Geschäftsprozessen als Instrument der Geschäftsprozeßanalyse, in: Kostenorientiertes Geschäftsprozeßmanagement: Methoden, Werkzeuge, Erfahrungen, hrsg. v. Carsten Berkau – Petra Hirschmann, München 1996, S. 121 – 140

**Küting, Karlheinz – Weber, Claus-Peter**: Die *Bilanzanalyse*: Lehrbuch zur Beurteilung von Einzel- und Konzernabschlüssen, 5. Aufl., Stuttgart 2000

**Kummer, Walter u. a.**: *Projektmanagement*, Zürich 1985

**Lachnit, Laurenz**: Controllingkonzeption für Unternehmen mit *Projektleistungstätigkeit*: Modell zur systemgestützten Unternehmensführung bei auftragsgebundener

Einzelfertigung, Großanlagenbau und Dienstleistungsgroßaufträgen, München 1994

**Lachnit, Laurenz**: Prozeßorientiert erweiterte *Kosten- und Leistungsrechnung* für die öffentliche Verwaltung, in: Kostenrechnungspraxis, 43. Jg. 1999, Heft 1, S. 44 – 51

**Landes, Helmut**: *Controlling* im Auswärtigen Dienst, in: Modernisierung der Bundesverwaltung: Aktueller Stand und Perspektiven, hrsg. v. Ehrhard Mundhenke – Wilhelm Kreft, Brühl 1997, S. 183 – 190

**Lang, Eva**: *Modernisierung der öffentlichen Verwaltung*, in: Modernes Verwaltungsmanagement, hrsg. v. Wolfgang Grubwinkler u. a., Stuttgart u. a. 1996, S. 13 – 47

**Liebe, Rüdiger**: Der Standard in der standardisierten *Kosten- und Leistungsrechnung* für die Bundesverwaltung (Standard-KLR), in: Kosten-, Leistungsrechnung und Controlling: Ein Erfahrungsbericht für die Praxis über die Einführung der Standard-KLR am Beispiel der Bundesverwaltung, hrsg. v. Tilman Seeger u. a., Heidelberg 1999, S. 138 – 213

**Lück, Wolfgang**: *Ausgaben* und Einnahmen, in: Handwörterbuch des Rechnungswesens, hrsg. v. Klaus Chmielewicz u. a., 3. Aufl., Stuttgart 1993, Sp. 101 – 108

**Lüder, Klaus**: *Neues Steuerungsmodell* und öffentliches Rechnungswesen, in: Öffentliches Rechnungswesen 2000: Vorträge und Diskussionsbeiträge einer wissenschaftlichen Arbeitstagung der Hochschule für Verwaltungswissenschaften Speyer, hrsg. v. Klaus Lüder, Berlin 1994, S. 189 – 195

**Lüder, Klaus**: Ressourcenverbrauchsorientiertes *Haushalts- und Rechnungswesen*: Einige Anmerkungen zu den Konsequenzen für die Finanzkontrolle, in: Stand und Perspektiven der Öffentlichen Betriebswirtschaftslehre, hrsg. v. Dietmar Bräunig – Dorothea Greiling, Berlin 1999, S. 344 – 350

**Mach Software GmbH**: Dokumentation zur *Leistungsverrechnung* im BPA, unveröffentlichtes Konzeptpapier, Berlin 2000

**Männel, Wolfgang**: Die *Wahl zwischen Eigenfertigung und Fremdbezug*: Theoretische Grundlagen – Praktische Fälle, 2. Aufl., Stuttgart 1981

**Männel, Wolfgang**: *Besonderheiten der internen Rechnungslegung* öffentlicher Unternehmen und Verwaltungen, in: Zeitschrift für Betriebswirtschaft, 58. Jg. 1988, Heft 8, S. 839 – 857

**Männel, Wolfgang**: *Internes Rechnungswesen öffentlicher Verwaltungen* und Unternehmen als zentrales Controlling-Instrument, in: Kostenrechnungspraxis, 34. Jg. 1990, Heft 6, S. 361 – 367

**Männel, Wolfgang**: *Bilanzlehre*, 8. Aufl., Lauf an der Pegnitz 1996

**Männel, Wolfgang**: Grundlagen der *Kostenrechnung*, 8. Aufl., Lauf an der Pegnitz 1997

**Männel, Wolfgang**: Reorganisation des führungsorientierten Rechnungswesens durch *Integration der Rechenkreise*, in: Kostenrechnungspraxis, 41. Jg. 1997, Heft 1, S. 9 – 19

**Männel, Wolfgang**: *Entwicklungsperspektiven* der Kostenrechnung, 5. Aufl., Lauf an der Pegnitz 1999

**Männel, Wolfgang**: *Kostenrechnungssysteme*, 5. Aufl., Lauf an der Pegnitz 1999

**Männel, Wolfgang**: Grundlagen der *Kostenrechnung*, 9. Aufl., Lauf an der Pegnitz 2000

**Mahnkopf, Rudolf**: *Budgetierung* – die Antwort auf veränderte Anforderungen an den kommunalen Haushalt, in: Modernes Verwaltungsmanagement, hrsg. v. Wolfgang Grubwinkler u. a., Stuttgart u. a. 1996, S. 87 – 143

**Mayer, Reinhold**: *Prozeßkostenrechnung* – State of the Art, in: Prozeßkostenmanagement: Methodik und Anwendungsfelder, hrsg. v. der Horváth und Partner GmbH, Stuttgart, 2. Aufl., München 1998, S. 3 – 27

**Milling, Peter**: *Kostenstellenrechnung*, in: Handwörterbuch des Rechnungswesens, hrsg. v. Klaus Chmielewicz u. a., 3. Aufl., Stuttgart 1993, Sp. 1249 – 1257

**Mühlhaupt, Ludwig – Gornas, Jürgen**: *Finanzwirtschaftliches und betriebswirtschaftliches Rechnen* in Gemeinden, Anmerkungen zur Neuordnung des Gemeindehaushalts, in: Der Öffentliche Haushalt, 14. Jg. 1973, Heft 1 / 2, S. 15 – 46

**Mühlhaupt, Ludwig**: *Theorie und Praxis des öffentlichen Rechnungswesens* in der Bundesrepublik Deutschland, 1. Aufl., Baden-Baden 1987

**Mühlhaupt, Ludwig**: *Rechnungswesen* öffentlicher Verwaltungen, in: Handwörterbuch der Öffentlichen Betriebswirtschaft, hrsg. v. Klaus Chmielewicz – Peter Eichhorn, Stuttgart 1989, Sp. 1366 – 1374

**Mühlhaupt, Ludwig**: *Kameralistik*, in: Verwaltungslexikon, hrsg. v. Peter Eichhorn u. a., 2. Aufl., Baden-Baden 1991, S. 434 – 437

**Müller, Peter u. a.**: *In zehn Schritten zur Kosten- und Leistungsrechnung*: Praxiserfahrungen aus Einführungsprojekten in der öffentlichen Verwaltung, in: Verwaltung – Organisation – Personal-Sonderheft (VOP-Spezial) 1/1998, S. 1 – 42

**Munzert, Eberhard**: *Öffentliches Rechnungswesen* in Deutschland: Bestandsaufnahme und Bewertung aus der Sicht eines Landesrechnungshofes, in: Öffentliches Rechnungswesen 2000: Vorträge und Diskussionsbeiträge einer wissenschaftlichen Arbeitstagung der Hochschule für Verwaltungswissenschaften Speyer, hrsg. v. Klaus Lüder, Berlin 1994, S. 85 – 94

**Nau, Hans-Rainer – Wallner, Gerhard**: *Verwaltungs-Controlling* für Einsteiger: Kosten- und Leistungsrechnung in öffentlichen Unternehmen und Verwaltungen, Breiburg im Breisgau 1998

**Oecking, Georg**: Strategisches und operatives *Fixkostenmanagement*: Möglichkeiten und Grenzen des theoretischen Konzeptes und der praktischen Umsetzung im Rahmen des Kosten- und Erfolgs-Controlling, München 1994

**Oettle, Karl**: Grundlagen und *Systeme des betrieblichen Rechnungswesens*, in: Grundfragen öffentlicher Betriebe II: Ausgewählte Aufsätze zur Finanzierung und Rechnung öffentlicher Betriebe, hrsg. v. Karl Oettle, Baden-Baden 1976, S. 137 – 166

**Olfert, Klaus**: *Kostenrechnung*, 7. Aufl., Ludwigshafen 1987

**Olfert, Klaus u. a.**: Lexikon der *Betriebswirtschaftslehre*, Ludwigshafen 1996

**Olshagen, Christoph**: *Prozeßkostenrechnung*: Aufbau und Einsatz, Wiesbaden 1991

**O.V.**: *Prozeßkostenrechnung* (Standardmodell), Allgemeiner Umdruck Nr. 4501 – 4531, hrsg. v. Bundesministerium der Verteidigung, Bonn 1999

**Panenka**: *Kostenträgerrechnung in der Bundeswehr* – Entwicklung und Sachstand -, Bonn 1999

**Patzig, Werner**: *Haushaltsrecht* des Bundes und der Länder – Band II, Kommentar zu den Rechts- und Verwaltungsvorschriften, 7. Lieferung, Baden-Baden 1989

**Peemöller, Volker H.**: *Controlling*: Grundlagen und Einsatzgebiete, Herne/Berlin 1990

**Peemöller, Volker H.**: *Bilanzanalyse* und Bilanzpolitik: Einführung in die Grundlagen; Rechnungslegung, Jahresabschluß, Bilanzierung und Bewertung, Bilanzpolitik, Bilanzanalyse, Analyseinstrumente, Wiesbaden 1993

**Pfeiffer, Werner – Weiß, Enno**: *Lean Management*: Grundlagen der Führung und Organisation lernender Unternehmen, 2. Aufl., Berlin 1994

**Piduch, Erwin Adolf**: Bundeshaushaltsrecht, Band II, Kommentar, *Vorläufige Verwaltungsvorschriften zu § 7 Bundeshaushaltsordnung*, 35. Ergänzungslieferung, Stuttgart 1998

**Presse- und Informationsamt der Bundesregierung**: unveröffentlichtes Konzeptpapier zum *Controlling*, Berlin 2000

**Rau, Thomas**: *Betriebswirtschaftslehre* für Städte und Gemeinden, München 1994

**Reichard, Christoph**: *Betriebswirtschaftslehre* der öffentlichen Verwaltung, 2. Aufl., Berlin 1987

**Reichmann, Thomas**: Controlling mit *Kennzahlen*: Grundlagen einer systemgestützten Controlling-Konzeption, 2. Aufl., München 1990

**Reiß, Michael – Corsten, Hans**: *Gestaltungsdomänen des Kostenmanagements*, in: Handbuch Kostenrechnung, hrsg. v. Wolfgang Männel, Wiesbaden 1992, S. 1478 – 1491

**Remer, Detlef**: Einführen der *Prozeßkostenrechnung*: Grundlagen, Methodik, Einführung und Anwendung der verursachungsgerechten Gemeinkostenzurechnung, Stuttgart 1997

**Richter, Lieselotte**: *Kosteninformationssystem* – ein notwendiges Instrumentarium des modernen Verwaltungsmanagements, in: Controlling – Eine Chance für öffentliche Unternehmen und Verwaltungen, hrsg. v. Jürgen Weber – Otto Tylkowski, Stuttgart 1988, S. 161 – 186

**Riebel, Paul**: *Einzelkosten- und Deckungsbeitragsrechnung*: Grundfragen einer markt- und entscheidungsorientierten Unternehmensrechnung, 6. Aufl., Wiesbaden 1990

**Rösgen, Klaus**: *Investitionscontrolling*: Konzeption eines lebenszyklusorientierten Controllings von Sachanlagen, Frankfurt am Main u. a. 2000

**Scheer, August-Wilhelm u. a.**: Geschäftsprozeßmodellierung für das *Controlling* im Public Sektor, in: Management & Computer, 3. Jg. 1995, Heft 4, S. 275 – 284

**Scheer, August-Wilhelm u. a.**: *Geschäftsprozeßmodellierung* als Instrument zur Gestaltung von Controlling-Systemen in der öffentlichen Verwaltung, in: Innovative Verwaltungen 2000, hrsg. v. August-Wilhelm Scheer – Johann Friederichs, Wiesbaden 1996, S. 119 – 130

**Scheffler, Wolfram**: *Leasing* im Vergleich zum (Kredit-)Kauf: ein EDV-gestützter Wirtschaftlichkeitsvergleich, Gelsenkirchen 1984

**Schelle, Heinz**: *Projektmanagement*: Erfolgspotentiale in der öffentlichen Verwaltung, in: Modernes Verwaltungsmanagement, hrsg. v. Wolfgang Grubwinkler u. a., Stuttgart u. a. 1996, S. 192 – 214

**Schimank, Christof**: Komplexitätsmanagement und *Process-Benchmarking*, in: Prozeßkostenmanagement: Methodik und Anwendungsfelder, hrsg. v. der Horváth und Partner GmbH, Stuttgart, 2. Aufl., München 1998, S. 47 – 64

**Schlagheck, Bernhard**: Objektorientierte Referenzmodelle für das Prozeß- und *Projektcontrolling*: Grundlagen – Konstruktion – Anwendungsmöglichkeiten, Wiesbaden 2000

**Schmid-Grotjohann, Wolfgang**: Einige Gedanken zur *Prozeßkostenrechnung* im Versicherungsbetrieb am Beispiel der privaten Krankenversicherung, in: Controller Magazin, 24. Jg. 1999, Heft 1, S. 73 – 76

**Schmidberger, Jürgen**: *Controlling* für öffentliche Verwaltungen: Funktionen – Aufgabenfelder – Instrumente, Wiesbaden 1993

**Schmidt, Hans-Jürgen**: *Betriebswirtschaftslehre* für die Verwaltung: Eine Einführung, 3. Aufl., Heidelberg 1995

**Schmithals, Elisabeth u. a.**: Das *IKO-Netz* der KGSt, Sonderdruck aus Managementhandbuch Kommunalverwaltung, hrsg. v. Bernd Adamaschek u. a., Heidelberg 1997

**Schmitz, Hans Georg**: Referat für die *Arbeitstagung* des Finanzwissenschaftlichen Ausschusses des Vereins für Socialpolitik vom 1. bis 3. Juni 2000, Nürnberg 2000

**Schmitz, Heiner – Windhausen, Michael P.**: Projektplanung und *Projektcontrolling*: Planung und Überwachung von besonderen Vorhaben, 3. Aufl., Düsseldorf 1986

**Schneider, Dieter**: *Betriebswirtschaftslehre*, Band 2: Rechnungswesen, München 1994

**Scholl, Claus**: Probleme der Finanzierung kommunaler Investitionen durch *Benutzungsgebühren* und Beiträge nach den neuen Kommunalabgabengesetzen der Länder - mit besonderer Berücksichtigung des n.-w. KAG, in: Kommunale Steuer-Zeitschrift, 22. Jg. 1973, S. 45 – 52

**Scholz, Jörg Thomas**: *Standard-KLR* für die Bundesverwaltung, in: Verwaltung – Organisation – Personal, o. Jg. 1997, Heft 3, S. 28 – 31

**Scholz, Jörg Thomas**: *KLR-Handbuch* für die Bundesverwaltung, in: Verwaltung – Organisation – Personal, o. Jg. 1997, Heft 10, S. 25 – 28

**Scholz, Jörg Thomas**: *Entwicklung* einer standardisierten Kosten-/ Leistungsrechnung (KLR) für die Bundesverwaltung, in: Modernisierung der Bundesverwaltung: Aktueller Stand und Perspektiven, hrsg. v. Ehrhard Mundhenke – Wilhelm Kreft, Brühl 1997, S. 207 – 209

**Schuster, Bernd**: *Kosten- und Leistungsverantwortung* und Market Testing in der Bundeswehr – Punktuation zum Vortrag beim Kongreß vom Handelsblatt: „Verwaltungsreform“, Bonn 1997

**Schwarz, Sabine**: *Kommunales Immobilien-Leasing*: Eine Analyse zur Steigerung der Effizienz in der öffentlichen Verwaltung und Entlastung des Gemeindehaushalts unter Berücksichtigung des gemeindlichen Haushaltsrechts, Frankfurt am Main 1985

**Schwarze, Jochen – Koß, Torsten**: *Prozeßorientierte Kosten- und Leistungsrechnung* in der öffentlichen Verwaltung, Hannover 1996

**Schwarze, Jochen**: Prozeßorientierung als Grundlage eines *Verwaltungscontrolling*, in: Controlling, 10. Jg. 1998, Heft 2, S. 80 – 90

**Schweitzer, Marcell – Küpper, Hans-Ulrich**: Systeme der *Kosten- und Erlösrechnung*, 7. Aufl., München 1998

**Seeger, Tilman u. a.**: *Vorwort*, in: Kosten-, Leistungsrechnung und Controlling: Ein Erfahrungsbericht für die Praxis über die Einführung der Standard-KLR am Beispiel der Bundesverwaltung, hrsg. v. Tilman Seeger u. a., Heidelberg 1999, S. VII – IX

**Seeger, Tilman – Walter, Matthias**: Die Einführung der *Kosten- und Leistungsrechnung* in der Bundesverwaltung, in: Kosten-, Leistungsrechnung und Controlling: Ein Erfahrungsbericht für die Praxis über die Einführung der Standard-KLR am Beispiel der Bundesverwaltung, hrsg. v. Tilman Seeger u. a., Heidelberg 1999, S. 1 – 137

**Seidenschwarz, Bärbel**: *Controlling* für Universitäten, in: Controlling, 5. Jg. 1993, Heft 4, S. 190 – 198

**Seifert, Klaus**: *Prozeßmanagement* für die öffentliche Verwaltung, Wiesbaden 1998

**Serfling, Klaus – Jeiter, Vera**: *Gemeinkostencontrolling* in Dienstleistungsbetrieben auf Basis der Prozeßkostenrechnung, in: Kostenrechnungspraxis, 39. Jg. 1995, Heft 6, S. 321 – 329

**Siegwart, Hans**: *Kennzahlen* für die Unternehmensführung, 5. Aufl., Bern u. a. 1998

**Specht, Dieter – Heina, Jürgen**: Einführung einer *Kostenrechnung* in eine öffentliche Verwaltung, in: Kostenrechnungspraxis, 42. Jg. 1998, Heft 2, S. 78 – 82

**Sterz, Josef**: *Auf Heller und Pfennig* – Aufwandsbegrenzung und Rationalisierung: Erfahrungen und Ergebnisse eines Gerätedepots nach Einführung der Kosten- und Leistungsverantwortung, in: Truppenpraxis/Wehrausbildung, 40. Jg. 1996, Heft 8, S. 524 – 528

**Streim, Hannes**: Der Informationsgehalt einer auf kaufmännischen Grundsätzen basierenden *Rechnungslegung* von Gebietskörperschaften, in: Stand und Perspektiven der Öffentlichen Betriebswirtschaftslehre, hrsg. v. Dietmar Bräunig – Dorothea Greiling, Berlin 1999, S. 321 – 327

**Studt, Jürgen**: *Projektkostenrechnung*, Frankfurt am Main 1983

**Thommen, Jean-Paul**: Allgemeine *Betriebswirtschaftslehre*: umfassende Einführung aus managementorientierter Sicht, 2. Aufl., Wiesbaden 1998

**Troßmann, Ernst**: *Flexible Plankostenrechnung* nach Kilger, in: Handbuch Kostenrechnung, hrsg. v. Wolfgang Männel, Wiesbaden 1992, S. 226 – 246

**Troßmann, Ernst**: *Gemeinkosten-Budgetierung* als Controlling-Instrument in Bank und Versicherung, in: Controlling: Grundlagen – Informationssysteme – Anwendungen, hrsg. v. Klaus Spremann – Eberhard Zur, Wiesbaden 1992, S. 511 – 539

**VG Düsseldorf**: *Urteil* vom 5.2.1975 – 5 K 265-73, in: Kommunale Steuer-Zeitschrift, 25. Jg. 1976, S. 114 – 115

**Vikas, Kurt**: *Controlling im Dienstleistungsbereich* mit Grenzplankostenrechnung, Wiesbaden 1988

**Vikas, Kurt**: Controllingorientierte Systeme der *Leistungs- und Kostenrechnung* für den Dienstleistungsbereich, in: Kostenrechnungspraxis, 34. Jg. 1990, Heft 5, S. 265 – 268

**Vogel, Andrea M.**: *Verwaltungscontrolling*, in: Modernes Verwaltungsmanagement, hrsg. v. Wolfgang Grubwinkler u. a., Stuttgart u. a. 1996, S. 144 – 172

**Walter, Matthias**: *Controlling* im Bundespresseamt, in: Modernisierung der Bundesverwaltung: Aktueller Stand und Perspektiven, hrsg. v. Ehrhard Mundhenke – Wilhelm Kreft, Brühl 1997, S. 123 - 135

**Weber, Jürgen u. a.**: *Benchmarking* als Instrument zur Gestaltung von Prozessen im Führungssystem, in: Management & Computer, 3. Jg. 1995, Heft 2, S. 115 – 121

**Weiß, Dietmar**: Wie kann das Workflow Management die *Prozeßkostenrechnung* unterstützen?, in: Controlling, 11. Jg. 1999, Heft 11, S. 543 – 549

**Wewer, Göttrik**: Globalisierung, Flexibilisierung, *Budgetierung*, in: Handbuch zur Verwaltungsreform, hrsg. v. Bernhard Blanke u. a., Opladen 1998, S. 289 – 295

**Wilmer, Lothar**: *Kostenrechnung* in der öffentlichen Verwaltung, 2. Aufl., Bonn 1992

**Winkelmann, Hans**: *Kameralistische und kaufmännische Rechnungslegung* in öffentlichen Verwaltungen und Betrieben, Berlin 1950

**Wissenschaftliche Kommission „Öffentliche Unternehmen und Verwaltungen"**: *Empfehlungen für das öffentliche Rechnungswesen* im Rahmen der Haushaltsreform, in: Das neue öffentliche Rechnungswesen: Betriebswirtschaftliche Beiträge zur Haushaltsreform in Deutschland, Österreich und der Schweiz, hrsg. v. Helmut Brede – Ernst Buschor, 1. Aufl., Baden-Baden 1993, S. 287 – 294

**Wöhe, Günter**: Einführung in die *Allgemeine Betriebswirtschaftslehre*, 19. Aufl., München 1996

**Zehbold, Cornelia**: *Lebenszykluskostenrechnung*, Wiesbaden 1996

**Zimmermann, Gebhard**: Prozeßorientierte *Kostenrechnung* in der öffentlichen Verwaltung: Ein Ansatz zur Entgeltkalkulation und für ein wirkungsvolles Controlling?, in: Controlling, 4. Jg. 1992, Heft 4, S. 196 – 202

**Zimmermann, Gebhard**: Die *Leistungsfähigkeit* von Kostenrechnungssystemen für den managementorientierten Informationsbedarf, in: Das neue öffentliche Rechnungswesen: Betriebswirtschaftliche Beiträge zur Haushaltsreform in Deutschland, Österreich und der Schweiz, hrsg. v. Helmut Brede – Ernst Buschor, 1. Aufl., Baden-Baden 1993, S. 167 – 197

**Zimmermann, Gebhard**: *Prozeßorientierte Kostenrechnung* in der öffentlichen Verwaltung, in: Kostenrechnungspraxis-Sonderheft 1/1994, S. 71 – 75

**Zimmermann, Gebhard – Grundmann, Ralf**: Die *Prozeßkostenrechnung* als Instrument zur Wirtschaftlichkeitskontrolle und Preisbegründung in der öffentlichen Verwaltung, in: Innovative Verwaltungen 2000, hrsg. v. August-Wilhelm Scheer – Johann Friederichs, Wiesbaden 1996, S. 105 – 117

**Zimmermann, Gebhard – Grundmann, Ralf**: Zur *Implementierung* einer Prozeßkostenrechnung in der öffentlichen Verwaltung, in: Verwaltung und Management, 5. Jg. 1999, Heft 6, S. 333 – 336

**Zimmermann, Gebhard**: *Kostendeckung* bei öffentlichen Dienstleistungen, in: Stand und Perspektiven der Öffentlichen Betriebswirtschaftslehre, hrsg. v. Dietmar Bräunig – Dorothea Greiling, Berlin 1999, S. 328 – 335

**Zimmermann, Gebhard – Jöhnk, Thorsten**: Probleme der Bestimmung der *Eigenkapitalkosten* öffentlicher Unternehmen, in: Zeitschrift für das gesamte Kreditwesen, 52. Jg. 1999, Heft 19, S. 1052 – 1054

Axel Thomas

# Unternehmensinternes Kostenmanagement in Energieversorgungsunternehmen

## Grundlagen effektiver Kostenrechnungsverfahren auf der Basis der SAP-Software

Frankfurt/M., Berlin, Bern, Bruxelles, New York, Oxford, Wien, 2001.
474 S., 113 Abb., 48 Tab.
Kommunalwirtschaftliche Forschung und Praxis.
Herausgegeben von Wolf Gottschalk. Bd. 4
ISBN 3-631-38136-0 · br. € 57.–*

Die innere Ruhe in den Energieversorgungsunternehmen ist verflogen. Sie sind durch die Liberalisierung der Märkte und den zunehmend intensiveren Wettbewerb um Kunden gezwungen zu neuem Denken und Handeln in Bezug auf das Management von Kostenniveau, Kostenstruktur und Kostenverlauf. Axel Thomas gibt einen breitangelegten und fundierten Überblick über das innerbetriebliche Rechnungswesen in dieser volkswirtschaftlich so wichtigen Branche. Er stellt dar, welche Beiträge Informationsmanagement und Controlling auf der Basis der SAP Software erbringen können, um die Transparenz der Geschäftsprozesse zu erhöhen und die Unternehmensperformance zu verbessern. Dieses Buch ist für die betriebliche Praxis, für kostenverantwortliche Techniker und Kaufleute sowie für Studierende eine wichtige Informationsquelle und zugleich ein wertvoller Begleiter.

*Aus dem Inhalt*: Grundlagen der Kostenrechnung und Kostensteuerung im Energieversorgungsunternehmen · Berücksichtigung neuer Kostenrechnungsverfahren (Prozesskostenrechnung) · SAP Software

FSC
www.fsc.org
MIX
Papier | Fördert gute Waldnutzung
FSC® C083411

Kolibri 360 GmbH
Ferdinand-Jühlke-Straße 7
99095 Erfurt, Deutschland
produktsicherheit@kolibri360.de

Druck:
CPI Druckdienstleistungen GmbH
im Auftrag der
Kolibri 360 GmbH
Ferdinand-Jühlke-Str. 7
99095 Erfurt